中国民族统计年鉴 2020

CHINA'S ETHNIC STATISTICAL YEARBOOK 2020

国家民族事务委员会经济发展司
国家统计局国民经济综合统计司 编

图书在版编目（CIP）数据

中国民族统计年鉴. 2020 = China’s Ethnic Statistical Yearbook 2020 / 国家民族事务委员会经济发展司，国家统计局国民经济综合统计司编. -- 北京 : 中国统计出版社, 2021.7

ISBN 978-7-5037-9530-5

Ⅰ. ①中… Ⅱ. ①国… ②国… Ⅲ. ①民族地区－统计资料－中国－2020－年鉴 Ⅳ. ①D633-54

中国版本图书馆 CIP 数据核字(2021)第 123504 号

中国民族统计年鉴—2020

作　　者/国家民族事务委员会经济发展司　国家统计局国民经济综合统计司
责任编辑/郭　栋
封面设计/李雪燕
出版发行/中国统计出版社
通信地址/北京市丰台区西三环南路甲 6 号　邮政编码/100073
电　　话/邮购（010）63376907　书店（010）68783172
网　　址/http://www.zgtjcbs.com
印　　刷/河北鑫兆源印刷有限公司
经　　销/新华书店
开　　本/880×1230mm　1/16
印　　张/50.5
字　　数/1600 千字
版　　别/2021 年 7 月第 1 版
版　　次/2021 年 7 月第 1 次印刷
定　　价/360.00 元

《中国民族统计年鉴—2020》

编辑委员会名单

地方民委系统

彭　博　北京市民族宗教事务委员会一级巡视员
刘佩年　天津市民族和宗教事务委员会一级巡视员
范战考　河北省民族事务委员会副主任
刘国庆　山西省民族事务委员会主任
奇锦玉　内蒙古自治区民族事务委员会主任
赵　瑞　辽宁省民族和宗教事务委员会副主任
孟庆东　吉林省民族事务委员会副主任
刘　明　黑龙江省民族宗教事务委员会主任
花　蓓　上海市民族和宗教事务局局长
邓　飞　江苏省民族宗教事务委员会副主任
金　伟　浙江省民族宗教事务委员会副主任
陆友勤　安徽省民族事务委员会主任
冀萌新　福建省民族与宗教事务厅厅长
王希贤　江西省民族宗教事务局副局长
马　辉　山东省民族宗教事务委员会副主任
郭瑞疆　河南省民族宗教事务委员会副主任
吴红娅　湖北省民族宗教事务委员会副主任
赵仁秀　湖南省民族宗教事务委员会副主任
叶民文　广东省民族宗教事务委员会二级巡视员
杨启标　广西壮族自治区民族宗教事务委员会副主任
彭家典　海南省民族宗教事务委员会副主任
丁时勇　重庆市民族宗教事务委员会主任
刘向鸿　四川省民族宗教事务委员会副主任
邓兆桃　贵州省民族宗教事务委员会副主任
马开能　云南省民族宗教事务委员会副主任
尼玛多吉　西藏自治区民族事务委员会主任
王晓斐　陕西省民族宗教事务委员会副主任
马虎成　甘肃省民族事务委员会主任
马志敏　青海省民族宗教事务委员会副主任
刘长松　宁夏回族自治区民族事务委员会副主任
买合木提·吾斯曼　新疆维吾尔自治区民族事务委员会主任
宋　骏　新疆生产建设兵团民族宗教事务局局长

《中国民族统计年鉴—2020》
编辑工作人员名单

编辑部主任 陈传康

编辑部副主任 万晓璐 石毅华

责任编辑 马帅 侯运

特约编辑

北京	刘刚	丁希松	天津	冯振攀	苏玮
河北	张伟	陈泽辉	山西	王一伶	解全东
内蒙古	李日树	陈平	辽宁	赵经纬	赵瑞
吉林	孟祥超	田永亮	黑龙江	张泽坤	倪晓岩
上海	程挺	蒋悦新	江苏	洪静	鲍蜀生
浙江	潘晶	潘友明	安徽	吴柏林	陆友勤
福建	赖龙娣	李瑛	江西	茅黎	王希贤
山东	李红晓	罗军	河南	王霞	余德海
湖北	陈燕辉	刘来	湖南	黄淼	罗方
广东	余森河	李秀英	广西	翚丽	覃凤前
海南	熊中华	胡莲	重庆	谢婧灵	向远道
四川	李学华	滕明兵	贵州	张发刚	吴继堂
云南	易永红	陈新华	西藏	洛桑群佩	金美
陕西	姚媛	王晓斐	甘肃	孔庆斌	王宇卫
青海	王姿琪	孙勇	宁夏	金晓玲	马汉功
新疆	任波	买合木提·吾斯曼			
新疆生产建设兵团	田惠敏	李卫强			

编者说明

一、由国家民族事务委员会主办的《中国民族统计年鉴（2020）》，是一部全面反映全国少数民族和民族自治地方国民经济社会发展情况统计资料的大型资料性工具书。

二、本书由“综述篇”“统计资料篇”“附录”共3部分组成。

1.综述篇。分“民族自治地方发展综述”“民族乡发展综述”“民委经济工作综述”等3个类目，收录了2019年全国、各省（自治区、直辖市）民族自治地方和民族乡经济社会发展情况及2019年全国和各省区市及兵团民族经济工作情况的综合性文稿。

2.统计资料篇。分“民族自治地方”“陆地边境县”“牧区半牧区县”“民族乡”“全国少数民族发展情况”“其他资料”等6部分。涉及到的全国性统计数据均不包括台湾省和香港特别行政区、澳门特别行政区的资料。统计资料主要来源于国家政府主管部门、各级统计和民族工作部门。部分数据合计数或相对数由于单位取舍不同而产生的计算误差均未作机械调整。全部统计资料均经国家统计局统计设计管理司和国民经济综合统计司审核。

3.附录。收编了各类民族方面的资料。

目　录

综述篇

民族自治地方发展综述

民族乡发展综述

民委经济工作综述

统计资料篇

陆地边境县

牧区半牧区县

其他资料

附　录

综述篇

分“民族自治地方发展综述”“民族乡发展综述”“民族经济工作综述”3个类目，收录了2019年全国、各省区市民族自治地方、民族乡镇经济社会发展情况及2019年全国和各省区市及新疆生产建设兵团民族经济工作情况的综合性文稿。

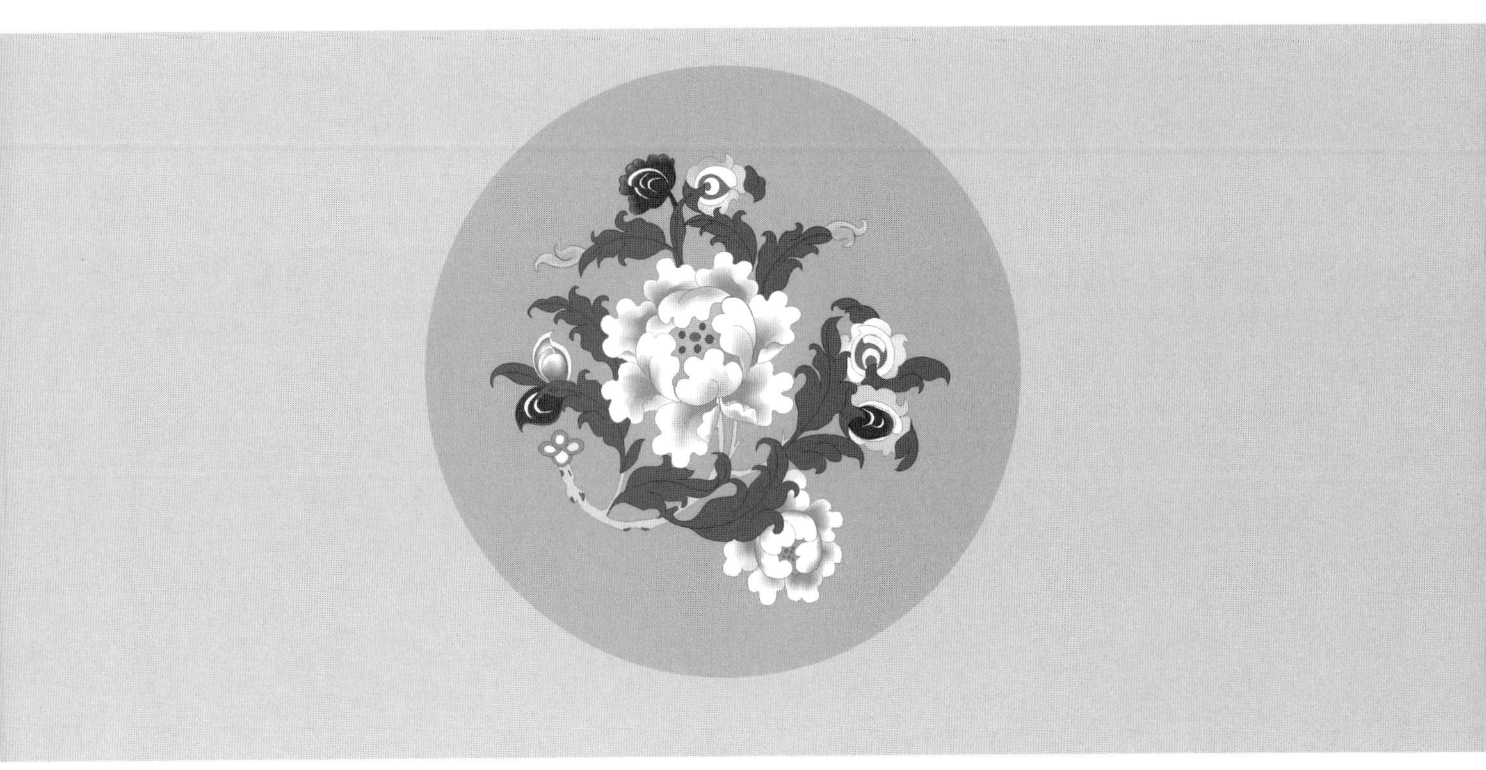

民族自治地方
发展综述

全国民族自治地方经济社会发展综述

2019 年，在党中央和国务院的正确领导下，民族自治地方各族干部群众深入学习习近平新时代中国特色社会主义思想和系列重要讲话精神，认真贯彻落实党的十九大会议以及中央经济工作会议精神，扎实做好“六稳”工作，经济运行总体呈现出稳中有进、稳中向好的良好态势。

一、民族自治地方经济发展情况

（一）生产总值增速较为平稳

2019 年民族自治地方经济保持中高速增长，经济总量保持稳定增长。生产总值完成 84027 万亿元，按可比价格计算，同比增长 6.3%，增速较上年回落 0.4 个百分点。其中，西藏自治区生产总值增长速度达到 8.1%，居于全国首位。其中，第一产业增加值完成 12465 亿元，增长 4.8%；第二产业增加值完成 29157 亿元，增长 6.0%；第三产业增加值完成 42405 亿元，增长 7.0%。三次产业占比为 13.9：35.2：50.9。

（二）农业生产持续稳定

2019 年，民族自治地方农业生产稳中有升，农业生产条件进一步改善。全年完成农林牧渔副业总产值 21727 亿元。农作物总播种面积保持稳定，农作物总产量总体平稳。农作物总播种面积为 3374 万公顷，其中粮食播种面积达到 1989 万公顷，油料播种面积达到 242 万公顷，棉花播种面积达到 254 万公顷。全年粮食产量 10596 万吨，其中棉花产量 500 万吨，油料产量 569 万吨，水果产量 5895 万吨。大牲畜、猪、羊年末存栏头（只）数分别为 5137 万头、5230 万只和 16032 万只，分别占全国总量的 52.0%、16.9%和 53.3%。全年肉类总产量达到 1539 万吨，其中猪肉、牛肉、羊肉产量分别为 684 万吨、260 万吨、268 万吨，牛羊奶产量 1146 万吨，羊毛产量达 25 万吨，水产品产量 500 万吨。农业生产条件进一步改善。民族自治地方农业机械总动力 17951 万千瓦；全年农村用电量 548 亿千瓦小时，农田有效灌溉面积 1383 万公顷。

（三）工业生产平稳发展，产能进一步优化

2019 年，全年工业生产稳步增长，工业总产值及工业品总产量保持平稳增长趋势。民族自治地方规模以上工业企业有 20990 个，完成主营业务收入 60060 亿元。工业产能进一步优化。其中，机制纸及纸板产量 477 万吨，成品糖产量 1092 万吨，卷烟产量 2503 亿支，焦炭产量 7504 万吨，天然气产量 365 亿立方米，发电量 18055 亿千瓦时，生铁产量 7780 万吨，粗钢产量 7124 万吨，水泥产量 38369 万吨。工业生产产销衔接保持稳定，经济效益总体水平保持稳定。全年规模以上工业企业实现利润总额 3544 亿元。

（四）建筑业水平保持平稳

2019 年民族自治地方建筑业实现平稳增长，企业资产规模总额实现新跨越，利润总额大幅提升。全年建筑业总产值完成 13126 亿元。企业资产合计达 12439 亿元。

（五）内需市场强劲增长，服务业贡献明显加强

2019 年民族自治地方消费市场活力持续释放，消费能力进一步提升。全年社会消费品零售总额完成 27590 亿元。企业库存压力有效缓解，限额以上批发零售贸易企业年末库存总额 2330 亿元。

（六）对外贸易继续保持增长

2019 年，民族自治地方进出口回暖。全年进出口贸易总额完成 9541 亿人民币，其中，出口 5417 亿元，进口 4124 亿元。年末实有外商投资企业 13548 个，外商投资企业投资总额 2473 亿美元，外商投资企业注册资本 807 亿美元。

（七）交通运输业稳步增长，邮电通信业有所回落

2019 年民族自治地方国有铁路运营里程 3 万公里，与上年基本持平；公路线路里程达到 129 万公里。民族自治地方铁路和公路完成货物运输周转量

15693 亿吨公里；完成旅客运输周转量 3340 亿人公里。邮电通信业全年完成邮政业务总量 422 亿元，电信业务总量 9735 亿元。移动电话用户 18834 万户，固定电话用户 1858 万户，互联网接入用户 4718 万户。

（八）旅游业强劲增长，旅游收入再创新高

民族自治地方旅游资源丰富。截至 2019 年底，民族自治地方共有世界自然遗产 7 处、文化遗产 5 处、人类口述和非物质遗产 10 处；国家重点自然保护区 126 个，保护区面积达 8152 万公顷；国家历史文化名城、名镇、名村分别为 26 个、36 个和 53 个；国家重点文物保护单位 512 个；国家 5A 级旅游区 52 个；国家级重点风景名胜区 50 处。2017 年国内外旅游产业走势强劲，旅游收入再创新高。民族自治地方共有旅行社 4120 个。国内旅游人次达到 24 亿人次；实现国内旅游收入 2 万亿元，实现国际旅游外汇收入 100 亿美元。

（九）财政收入持续增长，金融业运行健康平稳

2019 年民族自治地方财政收支保持平稳增长。全年完成地方一般公共财政预算收入 7950 亿元，地方一般公共财政预算支出 29699 亿元。金融业运行稳中有增，金融机构存贷款年末余额稳定增加，上市公司利润水平小幅增长。2017 年民族自治地方金融机构各项存款年末余额 12 万亿元，全部金融机构各项贷款余额 11 万亿元，上市公司利润总额 180 亿元；全年实现净利润 42 亿元。

（十）城乡居民收入稳定增长，就业民生持续改善

2019 年民族自治地方城乡居民收入稳定增长，增速高于全国平均水平，人民生活持续明显改善。城镇居民人均可支配收入为 34521 元，城镇居民人均消费支出为 22251 元。农村居民人均可支配收入为 12700 元，农村居民人均消费支出为 10874 元。就业工作持续取得新进展，就业人员劳动报酬水平稳步提高，私营企业对拉动就业的贡献日益突出。民族自治地方单位从业人员 1582 万人，单位就业人员年平均工资为 76339 元。

二、民族自治地方社会事业发展情况

（一）科学研究与技术进一步稳定发展

2019 年末，民族自治地方研究与开发机构及情报文献机构 760 个，从业人员 4.7 万人，从事科技活动人员 3.5 万人。科技活动经费收入 112 亿元，支出 99 亿元。科学研究与技术开发成果数量继续保持快速增长。拥有有效发明专利总数 2739 件，专利申请量 2415 件，专利授权量 1259 件，发表科技论文 9532 篇，出版科技著作 336 种。

（二）教育事业健康稳步发展

2019 年末，民族自治地方共有普通高等院校 253 所，招生 89 万人，在校本、专科生 246 万人。普通高中 1999 所，招生 153 万人，在校学生 349 万人。初中 6302 所，在校学生数 657 万人。普通小学 31053 所，在校学生 1626 万人。

（三）文化事业继续推进

2019 年末，民族自治地方有各种艺术表演团体 1317 个，公共图书馆 769 个，文化馆 800 个，博物馆 661 个。全年报纸出版 17.2 亿份，各类杂志出版 0.9 万册，图书出版 14.8 亿册（张）。共有广播电视台 692 个。民族自治地方广播综合人口覆盖率 97.4%，电视人口综合覆盖率 98.7%。

（四）卫生事业进一步改进

2019 年末，民族自治地方卫生事业条件均得到不同程度改善。其中，共有卫生机构（其中包括医院、基层医疗卫生机构、专业公共卫生机构）5.5 万个，卫生机构床位 110 万张，卫生技术人员 120 万人。

（撰稿：马帅 侯运 审稿：陈传康 万晓璐）

河北省

2019 年，河北省委、省政府坚持以习近平新时代中国特色社会主义思想为指导，深入学习贯彻党的十九届四中全会和全国民族团结进步表彰大会精神，深入贯彻落实习近平总书记对河北提出的“四个加快”“六个扎实”“三个扎扎实实”等重要指示要求，坚持以铸牢中华民族共同体意识为主线，强化担当、主动作为、攻坚克难，持续深化供给侧结构性改革，统筹抓好民族自治地方改革、发展、稳定各项工作，扎实推进民族团结进步事业创新发展，坚决维护民族领域和谐稳定，为民族自治地方加快脱贫攻坚步伐，与全省如期同步实现全面小康奠定了坚实基础。

一、基本情况

河北省共有 6 个自治县（丰宁满族自治县、围场满族蒙古族自治县、宽城满族自治县、青龙满族自治县、大厂回族自治县、孟村回族自治县），行政区域面积 23993.7 平方公里，占河北省总面积的 12.71%；总人口 2140208 人，其中城镇人口 591431 人、乡村人口 1548777 人；共有少数民族人口 1367397 人，占 6 个县总人口的 63.89%；共有 125 个乡镇、街道办事处，1512 个居委、村委会。

二、经济实现较快增长，但仍面临不少困难

年末民族自治地方实现地区生产总值 799.46 亿元，较上年增长 6.68%，低于全省平均增速 0.12 个百分点。其中大厂回族自治县经济总量最大，达 164.8 亿元；经济总量最小的是孟村回族自治县，为 88.04 亿元。分产业看，第一产业增加值 163.12 亿元，较上年增长 6.93%；第二产业增加值 236.31 亿元，较上年增长 4.52%；第三产业增加值 400.03 亿元，较上年增长 9.5%。人均地区生产总值 40710 元，较上年增长 4.2%。第一、二、三产业增加值与 2018 年相比，均呈现较快增长势头。但经济发展中仍然面临诸多问题，经济总量仍然偏低，发展水平相对滞后，基础设施和公共服务水平仍有不小差距；丰宁满族自治县、围场满族蒙古族自治县虽然在 2019 年退出国家级扶贫开发重点县行列，但经济基础仍然较为薄弱；民族自治地方还有 2653 名贫困人口，是脱贫攻坚的坚中之坚。

三、农业基本保持平稳

年末民族自治地方农林牧渔业总产值 265.8 亿元，按可比价计算，较上年增长 9.21%。其中农业产值 132.2 亿元，增长 2.9%；林业产值 23 亿元，增长 40.28%；牧业产值 94.2 亿元，增长 18.4%；渔业产值 0.82 亿元，增长 20.5%。农作物播种面积 258.74 千公顷，较上年减少 3.26 千公顷，其中粮食播种面积 198.53 千公顷，油料播种面积 10.77 千公顷。全年粮食产量 94.4 万吨，较上年减少 3.68%；油料产量 2.27 万吨，较上年增长 13.5%；水果产量 48.79 万吨，较上年增长 0.81%。畜牧业生产方面，大牲畜存栏 38.42 万头，较上年增长 9.7%；出栏 25.65 万头，较上年下降 3.76%。猪存栏 40.22 万头、出栏 85.86 万头，分别较上年下降 22.3%和 19.01%；羊存栏 66.89 万头、出栏 124.57 万头，分别较上年下降 12.13%和 6.76%；奶类产量 8.63 万吨，较上年下降 1.83%。

四、工业和建筑业发展持续回升

年末民族自治地方规模以上企业 264 家，较上年增加 8 家，资产总计 899.9 亿元，较上年下降 3.42%；主营业务收入 672.98 亿元，较上年增长 15.18%；利润总额 38.34 亿元，较上年下降 14.77%。全年建筑业总产值 43.32 亿元，较上年下降 20.02%；增加值 45.03 亿元，较上年下降 18.99%。房屋施工面积 192.17 万平方米，较上年增长 29.63%；竣工面积 94.36 万平方米，较上年增长 21.8%。工业废水排放量 318.64 万吨，较上年下降 6.84%，一般工业固体废物产生量 890 万吨，较上年下降 22.07%，一般工业固体废物综合利用量 280.83 万吨，较上年增长 39.02%。

五、地方财政收入明显增加

年末民族自治地方一般公共预算收入 65.21 亿元、税收收入 50.95 亿元，分别较上年增长 9.41%、16.09%。财政支出结构继续优化，各项民生保障力度进一步加大，地方一般公共预算支出 217.95 亿元，较上年增长 17.58%，其中一般公共服务 20.63 亿元、教育 36.86 亿元、科学技术 0.72 亿元、文化体育与传媒 2.63 亿元、社会保障和就业 25.78 亿元、医疗卫生与计划生育 22.03 亿元、农林水 43.32 亿元。金融机构人民币各项存款余额 1245.77 亿元、城乡居民储蓄存款年末余额 913.14 亿元，分别较上年增长 11.16%、16.72%。

六、城乡居民生活水平不断提高

随着支持少数民族和民族地区差别化政策持续落实，民族自治地方居民收入不断增加。城镇居民人均可支配收入 32308 元，较上年增长 6.23%，为全省平均水平（35738 元）的 90.4%；农村居民人均可支配收入 12788 元，较上年增长 21.82%，为全省平均水平（15373 元）的 83.18 %。城镇居民人均消费支出 18884 元，较上年增长 2.38%；农村居民人均消费支出 10266 元，较上年增长 17.66%。

七、贸易发展相对平稳

年末民族自治地方社会消费品零售总额 286.2 亿元，较上年增长 8.95%；网上零售额 1.95 亿元，较上年增长 6.5%；批发业销售额 25.15 亿元，零售业销售额 19.19 亿元，住宿业营业额 1.6 亿元，餐饮业营业额 0.74 亿元。进出口总额 19416 万元，其中进口总额 798 万元、出口总额 18618 万元。

八、交通、邮电和旅游业快速发展

年末民族自治地方公路总里程达 12633 公里，其中等级公路 5443 公里、高速公路 313 公里。客运量总计 1543.9 万人，较上年下降 1.96%，其中铁路客运量 49 万人，公路客运量 1494.9 万人；货运量总计 5316.5 万吨，较上年增长 0.47%，其中铁路货运量 15 万吨，公路货运量 5301.5 万吨。民用汽车拥有总量 23.89 万辆，较上年增长 16.2%，其中载客汽车 3474 辆，载货汽车 4485 辆。邮政业务总量 2.08 亿元，电信业务总量 8.44 亿元。移动电话用户 163.8 万户，较上年增长 1.11%；固定电话用户 14.45 万户，较上年下降 5.6%。互联网宽带接入用户 46.92 万户。电子商务企业数 6895 个，较上年增长 4.6%；企业拥有网站数 1918 个，较上年增长 4.13%；电子商务销售额 4.01 亿元，较上年增长 12.59%。全年旅游人数 1159.05 万人、国内旅游收入 86.87 亿元，分别较上年增长 13.33%、11.84%。

九、社会事业稳步推进

1. 教育方面：民族自治地方共有普通高中 11 所，在校生 33311 人，毕业生 8675 人，教职工 2688 人；中等职业学校 7 所，在校生 13527 人，毕业生 4140 人，教职工 1147 人；初中 63 所，在校生 13527 人，专任教师 5039 人；普通小学 255 所，在校生 167977 人，专任教师 9976 人。教育经费支出 34.98 亿元，较上年增长 8.13%。

2. 文化方面：民族自治地方共有艺术表演团体 27 个，艺术表演场所 17 个，文化馆 6 个，公共图书馆 6 个，博物馆 5 个。

3. 卫生方面：民族自治地方共有医疗卫生机构 2063 个，较上年增长 9.73%；卫生人员 10953 人，较上年增长 9.96%；医疗机构床位 10728 张，较上年增长 5.36%。

4. 社会保障方面：民族自治地方城镇居民最低生活保障人数 0.94 万人，较上年减少 18.65%；农村居民最低生活保障人数 10.88 万人，较上年增加 5.09%。年末参加城镇职工基本养老保险人数 17.08 万人，年末参加城乡居民基本养老保险人数 109.14 万人，年末参加城镇职工基本医疗保险人数 15.17 万人，年末参加乡居民基本医疗保险人数 173.1 万人。

（撰稿：张伟　审稿：陈泽辉）

内蒙古自治区

初步核算，2019 年，内蒙古生产总值完成 17212.5 亿元，按第四次全国经济普查修订数据后的同口径可比价计算，比上年增长 5.2%。三次产业结构为 10.8：39.6：49.6。

一、粮食生产喜获丰收，畜牧业生产稳定增长

2019 年，内蒙古粮食总产量达 3653 万吨（731

亿斤），比 2018 年增加 100 万吨（20 亿斤），增长 2.8%，延续连年丰收的好形势。主要畜牧产品特别是牛羊肉产量稳定增长，确保了市场供给。全年猪牛羊禽四肉产量 256.9 万吨。

二、工业经济稳步增长，转型升级持续推进

2019 年，内蒙古规模以上工业增加值比上年增长 6.1%，快于全国平均水平 0.4 个百分点。工业转型升级加快推进。现代煤化工产业增加值增长 8.2%，其中煤制气产量增长 8.7%；非煤产业增加值增长 6.6%，快于规模以上工业 0.5 个百分点。新产品产量增长较快。智能电视增长 57.7%，光电子器件增长 21.0%，单晶硅增长 76.8%，稀土化合物增长 11.4%，工业机器人增长 66.7%。企业经济效益有所改善。1—11 月份，内蒙古规模以上工业企业实现利润总额 1355.8 亿元，同比增长 3.2%。

三、服务业加快发展，成为重要动力

2019 年，内蒙古第三产业增加值增长 5.4%，比上半年、前三季度均加快 0.4 个百分点，占 GDP 的比重达 49.6%，近半壁江山，占比分别高于第一产业和第二产业 38.8 个和 10.0 个百分点，成为拉动经济增长的重要动力。

四、消费市场平稳发展，升级类商品持续增长

2019 年，内蒙古社会消费品零售总额比上年增长 4.1%。新能源汽车零售额增长 27.7%，可穿戴智能设备增长 8.4%，体育、娱乐用品类增长 4.9%，计算机及其配套产品增长 44.6%，智能手机增长 67.0%。

五、固定资产投资稳中有升，投资质量逐步提高

2019 年，内蒙古固定资产投资比上年增长 6.8%，快于全国平均水平 1.4 个百分点。投资高质量发展趋势向好。在转型升级的拉动下，工业投资高质量发展步伐加快。制造业投资增长 9.1%；制造业技改投资增长 33.4%，工业技改投资增长 26.1%。房地产开发投资持续增长。2019 年，内蒙古房地产开发投资 1041.9 亿元，比上年增长 18.0%。

六、城乡居民收入水平不断提高，生活质量稳步提升

2019 年，内蒙古全体居民人均可支配收入 30555 元，比上年增长 7.7%。城乡居民收入差距进一步缩小。城乡居民人均可支配收入比值为 2.67，比上年缩小 0.11。居民生活消费升级。全体居民生活消费人均支出 20743 元，增长 5.5%，其中用于教育文化娱乐支出增长 7.2%，医疗保健支出增长 14.1%。稳就业取得成效。随着深入实施就业优先战略，积极落实稳就业各项政策措施。全年城镇新增就业 26.32 万人，完成年度计划的 119.6%；城镇登记失业率为 3.7%，低于 4.5%的控制目标。

七、供给侧结构性改革成效显著，“去降补”成果进一步巩固

企业杠杆率进一步下降，11 月末，内蒙古规模以上工业企业资产负债率为 61.0%，同比降低 2.3 个百分点；全年商品房待售面积比上年下降 13.9%，这是自 2016 年以来的连续 4 年下降；1—11 月份，规模以上工业企业每百元营业收入成本为 79.7 元，低于全国平均水平 4.5 元；补短板持续发力，全年基础设施投资增长 1.1%，交通运输、仓储和邮政业投资增长 15.8%，社会领域投资增长 6.7%，生态保护和环境治理业投资增长 26.8%。

（撰稿：李日树　审稿：陈平）

辽宁省

2019 年，辽宁省民族自治地方紧紧围绕党中央、国家民委和省委省政府关于民族工作的决策部署，

坚持不懈、不折不扣抓落实，坚定不移，凝心聚力促发展，全省民族自治地方经济社会取得长足发展，少数民族群众民生得到改善。

一、基本情况

辽宁省共有岫岩满族自治县、清原满族自治县、新宾满族自治县、本溪满族自治县、桓仁满族自治县、宽甸满族自治县、阜新蒙古族自治县、喀左蒙古族自治县 8 个自治县，行政区域共计 34166.14 平方公里，占省总面积的 23%，共有 29 个乡（其中 2 个民族乡），120 个镇，8 个街道办事处，110 个居民委员会，1515 个村民委员会。

二、经济总量

2019 年全年生产总值 804.9 亿元，按可比价格计算，比上年增长 2.6%。其中，第一产业 210.1 亿元，增加 6.4%；第二产业 196.1 亿元，减少 10.1%；第三产业 398.6 亿元，增长 8.0%。生产总值三次产业构成为 26：24：50。

三、农林牧渔业

2019 年农林牧渔业总产值 433.9 亿元，按可比价格计算，比上一年增加 7.0%。其中，农业产值 180.2 亿元，增长 4.6%；林业产值 49.8 亿元，减少 6.4%；牧业产值 189.8 亿元，增长 26.9%；渔业产值 21.6 亿元，增长 2.4%。

2019 年农作物总播种面积 617.2 千公顷，比上年减少 1.6%。粮食作物播种面积 516.9 千公顷，比上年增加 2.8%。2019 年粮食总产量 212.2 万吨，比上年减少了 7.8%。油料播种面积 88.9 千公顷，比上年增加 46.0%，油料产量 16.3 万吨，比去年增长 40.5%。烟叶产量 5965.1 吨，比上年增长 2.3%。水果产量 31.04 万吨，比去年增长 4.2%。年末农业机械总动力 311.8 万千瓦，比上年末增加 2.8%。农村用电量 28.2 亿千瓦小时，比上年增加 2.7%。

全年大牲畜存栏 58.7 万头，比上年增加 49.4%。猪存栏 130.0 万头，比上年减少 3.1%。羊存栏 230 万头，比上年减少 8.8%。全年大牲畜出栏 43.8 万头，比上年增加 4.3%。猪出栏 313.0 万头，比上年略有增加。羊出栏 405 万头，比上年增长了 31.3%。全年肉类总产量 59.9 万吨，比上年减少 12.7。其中，猪肉产量 27.7 万吨，比上年减少 9.2%；牛肉产量 7.4 万吨，比上年增加 51.0%；羊肉产量 7.8 万吨，比上年增加 30.0%；奶类产量 4.5 万吨；羊绒产量 357.6 吨，比上年增长 51.7%。全年造林面积 41.7 千公顷。

四、工业和建筑业

2019 年规模以上工业企业 307 家，比上年增加了 27 家。规上工业企业中：国有企业 20 个，比上年增加 12 个；集体企业 17 个，比上年增加 14 个；港澳台商投资企业 8 个，与上年持平；外商投资企业 7 个，比上年减少 1 家；规模以上工业企业本年资产总计 576.7 亿元，所有者权益 373.1 亿元，利润总额 35 亿元。

全年建筑企业 182 家，比上年增加 32 家。建筑业增加值 46.7 亿元，从业人员 3.5 万人，建筑业总产值 116.1 亿元。房屋建筑施工面积 370.9 万平方米，房屋建筑竣工面积 167 万平方米，资产总计 82.1 亿元；实现利润 0.6 亿元。

五、贸易

全年社会消费品零售总额 429.4 亿元，比上年减少 9.7%。限额以上批发企业 42 个，批发商品销售额 17.3 亿元；限额以上零售企业 45 个，零售商品销售额 5.04 亿元。全年进出口总额 25.4 亿元，其中进口总额 7.2 亿元，出口总额 18.2 亿元。年末实有外商投资企业 25 个。

六、交通运输、邮电和旅游

全年客运量总计 3655 万人，比上年减少 2.7%。货运总量 7520 万吨，比上年减少 8.5%。旅客周转量 22.1 亿人公里，比上年增加 6.3%。

全年完成邮电业务总量 5.3 亿元，邮电营业网点 232 处，邮路总长度 1.5 万公里，农村投递路线总长度 2.1 万公里，城市邮递线路总长度 678 公里。移动电话用户 184.7 万户，比上年增加 4.4%；固定电话用户 70.2 万户，比上年减少 0.8%，国际互联网络用户 47.6 万户，比上年减少 14.5%。

旅行社总数为 55 家，比上年减少 1 家。全年接待国内外旅游者 4556 万人次，比上年增加 36.6%。其中，接待国内旅游者 4551.7 万人次，比上年增加 36.6%；接待国际旅游者 4.5 万人次，比上年略有增长。

七、财政

全年地方财政一般预算收入 55.1 亿元，比上年增加 7.6%。其中，各项税收 38.9 亿元，比上年增加 6.0%。在各项税收中，国内增值税 15.1 亿元，企业所得税 5.9 亿元，个人所得税 1.1 亿元。全年地方财政一般预算支出 204.7 亿元，比上年增加 1.7%。其中，一般公共服务支出 16.2 亿元，比上年增加 5.2%。

八、金融

全年各个金融机构各项存款 1505.7 亿元，比上年增长 11.1%。其中，城乡居民储蓄存款年末余额 1304.6 亿元，比上年增加 13.0%；全部金融机构各项贷款 759.1 亿元，比上年增长 24.8%。

九、教育

共有普通高中 23 所，在校生 4.3 万人，招生 1.1 万人，毕业生 1.3 万人，教职工 4194 人，其中专任教师 2946 人。共有中等职业学校 8 所，在校生 7338 人，招生 2330 人，毕业生 1530，教职工 831 人，其中专任教师 432。共有初中 117 所，在校生 7.6 万人，专任教师 7622 人。普通小学 315 所，在校生 12.3 万人，专任教师 1.2 万人，教育经费支出 38.4 亿元。

十、文化、卫生

年末有艺术表演团体 78 个，艺术表演场所 12 个，文化馆 8 个，公共图书馆 8 个，博物馆 9 个。全年出版报纸 6 种，出版量 218.9 万份。

年末有各类医疗卫生机构 2722 个。其中，医院 98 个，卫生院 161 个，村卫生院 1905 个。各类卫生机构拥有病床 13084 张。其中，医院有病床 7904 张，卫生院有病床 2611 张。卫生机构人员 18273 人，其中卫生技术人员 14216 人，执业医师 5847 人。

十一、人民生活和社会保障

全年城镇居民人均可支配收入 25545 元，平均每人消费性支出 16844 元；农民人均可支配收入 15587 元，平均每人消费性支出 9651 元。年末城镇居民最低生活保障 2.2 万人，比上年减少 15.4%；城镇居民最低生活保障支出 0.83 亿元，比上年减少 30.8%。农村最低生活保障 9.5 万人，比上年增加了 5.6%；农村最低生活保障支出 1.65 亿元，比上年减少 8.3%。年末参加城镇职工基本养老保险人数 51.7 万人，参加城乡居民基本养老保险人数 115.14 万人；参加城镇职工基本医疗保险人数 39.7 万人，参加城乡居民基本医疗保险人数 192.2 万人。

十二、环境保护和安全生产

全年工业废水排放总量 1416.8 万吨，工业废水中化学需氧量排放 COD 量 0.67 万吨。工业固体废物产生量 733.8 万吨，工业固体废物综合利用量 218.1 万吨。

（撰稿：赵经纬　审稿：赵瑞）

吉林省

一、民族自治地方经济发展

（一）综合

据初步核算，2019 年，全省民族自治地方实现地区生产总值 989.30 亿元，按可比价格计算，比上年降低 14.4%，其中，第一产业 155.91 亿元，按可比价格计算，增长 9.89%；第二产业 279.24 亿元，按可比价格计算，降低 5.77%；第三产业 554.14 亿元，按可比价格计算，降低 22.83%。工业总值 211.03 亿元，建筑业总值 67.80 亿元。

（二）财政

地方一般公共预算收入 73.189 亿元，比上年增加 1.64%，其中，税收收入 43.14 亿元，其中国内增值税 14.31 亿元、企业所得税 4.31 亿元、个人所得税 1.52 亿元；全年完成地方一般公共预算支出 495.11 亿元，比上年降低 1.78%。其中，一般公共服务支出 34.79 亿元、公共安全 16.22 亿元、教育支出 52.05 亿、科学技术支出 1.85 亿、文化体育与传媒 11.33 亿元、社会保障和就业 100.36 亿元、医疗卫生与计划生育 33.10 亿元、农林水 108.24 亿元；全部金融机构人民币各项存款余额 2397.46 亿元，其中城乡居民储蓄存款年末余额 1710.89 亿元，全部金融机构人民币各项贷款余额 1518.02 亿元。

（三）农业

年末实有耕地面积 818.91 千公顷，化肥施用量 43.82 万吨，农村用电量 14.62 亿千瓦小时。民族自治地方农林牧渔业总产值 297.90 亿元，其中，农业产值 136.19 亿元、林业产值 12.60 亿元、牧业产值 135.13 亿元、渔业产值 5.79 亿元，农作物总播种面积 840.48 千公顷，粮食播种面积 744.91 千公顷，油料播种面积 67.08 千公顷，粮食总产量 483.87 万吨，油料总产量 20.48 万吨，水果总产量 8.07 万吨。

（四）畜牧业

大牲畜年末存栏头数为 68.15 万头、猪年末存栏头数为 98.93 万头、羊年末存栏只数为 70.39 万只。当年出栏大牲畜 41.44 万头、当年出栏猪 120.36 万头、当年出栏羊 71.11 万只，全年肉类总产量达到 20.40 万吨，其中猪肉产量为 9.24 万吨、牛肉产量 6.57 万吨、羊肉产量 0.8575 万吨。水产品总产量 2.29 万吨。

（五）工业

规模以上工业企业单位数 368 个，其中，国有企业 6 个，股份合作企业 298 个，港澳台商投资企业 4 个，外商投资企业 15 个。资产总计 813.38 亿元，流动资产合计 385.15 亿元，负债合计 453.56 亿元，所有者权益 359.69 亿元，存货 138.97 亿元。

（六）国内贸易

实现社会消费品零售总额 628.70 亿元，限额以上批发业经营法人企业 45 个，年末从业人数 1849 人，商品购进额 64.21 亿元，商品销售额 95.88 亿元，期末商品库存额 18.17 亿元，主营业务收入 85.86 亿元。

（七）人民生活水平

2019 年全省民族自治地方城镇居民人均可支配收入达到 26523 元，农村居民人均纯收入达到 12998 元。

（八）交通运输和邮电通信业

2019 年，全省民族自治地方公路总里程 1.77 万公里以上，其中，等级公路 1.69 万公里以上，高速公路 1108 公里以上。

（九）旅游业

截至 2019 年末，全省民族自治地方旅游人数 3693.78 万人次，其中国内旅游 3637.2 万人次，国际旅游 56.58 万人次。

二、全省民族自治地方社会发展

（十）教育事业

2019 年末，全省民族自治地方小学 412 所，在校生 12.85 万人，专任教师数 1.02 万人。普通中学 178 所，在校生 7.31 万人，专任教师数 8332 人。中等职业学校 27 所，招生 5660 人，在校学生数 1.33 万人，毕业生 3879 人，教职工数 2151 人，其中，专任教师数 1645 人。普通高中 36 所，招生 15089 人，在校学生数 43660 人，毕业生 14275 人，教职工数 4791 人，其中，专任教师数 3707 人。普通高等学校 3 所，在校研究生 4968 人，招生 10893 人，在校本科、专科学生 32728 人，毕业生 6730 人，专职教师数 1946 人。

（十一）文化事业

截至 2019 年末，全省民族自治地方拥有文化馆 13 个，艺术表演场所 10 个，艺术表演团体 4 个；公共图书馆 12 个；博物馆 16 个。全省民族自治地方出版图书 8846 种，图书总印数 83163 万册；期刊种类 21 种，期刊总印数 492 万册；报纸种类 11 种，报纸总印数 11489 万份。

（十二）卫生事业

截至 2019 年末，全省民族自治地方拥有医疗机构 2228 个，其中医院 96 个，基层医疗卫生机构 2725 个，卫生院 128 个，村卫生室 1445 个，专业公共卫生机构 48 个。拥有卫生人员 28643 人，其中卫生技术人员 21515 人，执业医师 9629 人，乡村医生和卫生员 1570 人。医疗卫生机构拥有病床 15183 张，其中医院有 12503 张，基层医疗卫生机构 1095 张，卫生院 2567 张，专业公共卫生机构 82 张。

（撰稿：孟祥超　审稿：田永亮）

黑龙江省

过去的一年，杜尔伯特蒙古族自治县以习近平新时代中国特色社会主义思想和党的十九大精神为指引，深入学习贯彻习近平总书记重要讲话和重要指示精神，认真贯彻落实中央、省市各项决策部署，坚持稳中求进、以进为主总基调，贯彻新发展理念，落实高质量发展要求，砥砺奋进，开拓创新，迎难而上，经济社会发展取得显著成效。全县地区生产总值增长 11.8%，三次产业比例调整到 42.5：22.2：35.3，一般公共预算收入增长 5.3%，社会消费品零售总额增长 8%；城乡居民人均可支配收入分别增长 6.1%、7%。

一、抓项目、建园区，食品工业加速发展

围绕“粮头食尾”、“农头工尾”，制定出台食品工业发展五年规划，工业发展潜力持续释放。招商引资卓有成效。引进圣泉、裕丰、格润康等千万元以上重点项目 11 个，签约金额 90.54 亿元，前三季度利用内资项目入库数量、资金总量分别位列全省县级第三名、第八名。重点项目推进有力。总投资 40 亿元的山东圣泉项目利用秸秆、芦苇等生产糠醛、乙酸、纤维素等产品，一期工程开工建设；伊品热电联产二期、裕丰废弃资源再利用、伊利二期 25 克条装生产线和六期听装生产线建成投产，伊品尼龙盐中试线、红奥豆制品等 6 个项目加快建设。工业园区扩容升级。与大庆经开区合作挂牌共建，晋升省级开发区，伊品铁路专用线获国铁集团批准、供电线路增容项目启动建设，污水处理厂投入运营，水系连通应急排水工程实施过半，园区排水、供电紧张等困难将有效解决。企业动能加速集聚。县级领导包保、科级干部驻厂、部门联动服务，银企对接 21 家、协调资金 6.1 亿元，减税降费 6135 万元，伊品公司收购玉米 60 万吨、实现产值 18 亿元，伊利公司实缴税金 1.4 亿元，瑞相制动、奥德燃气等 4 家企业晋级规上，规上工业企业达到 39 家，工业用电量 3 亿千瓦时、增长 2.4 倍，规上工业实现产值 56 亿元、增加值 8.5 亿元，分别增长 58.6%、45%，拉动 GDP 增长 4.1 个百分点，其中规上食品工业企业 20 家、产值占比 66%。

二、抓“三农”、夯基础，乡村振兴扎实推进

立足项目建设，在产业发展和人居环境改善上攻坚发力，着力补齐“三农”短板。种植业基础更加巩固。新建高标准农田面积 4.9 万亩，新增机电井 122 眼、配套喷灌设备，旱田有效灌溉率、农业机械化程度分别达到 65.2%、97.5%，成功申报绿标企业 2 家、有机标农产品 15 个，获评全省中药材基地建设示范县，“小蒿子”防风地理标志通过省级评审，他拉哈“五优稻”获评第二届黑龙江国际大米节优秀奖，粮食总产量达到 24 亿斤。多元牧业健康发展。36 处规模化牧场奶牛存栏 2.23 万头，平均单产 8.7 吨，交售商品奶 9 万吨；元盛和牛育肥场达到 5 处，累计繁改和牛 1.8 万头，北京牛码头牧业落户我县，引进纯种和牛 2000 头，盘活闲置牧场 2 处；谷实生猪出栏 13.6 万头，全县生猪饲养量 35 万头，鹅鸭、狐貉、肉羊饲养量分别增长 4%、5.7%、5.4%。水产业发展势头强劲。全省大银鱼研究基地暨博士工作站挂牌成立，现代渔业生产科技园建成投用，举办第四届冰雪渔猎文化旅游节，“连环湖鳙鱼”荣获全国最受欢迎名优农产品称号，“杜尔伯特蟹”在辽宁盘锦设立直销基地，水产品产量达到 4.8 万吨、实现产值 8.5 亿元。乡村面貌持续改善。投入资金 2.03 亿元，实施饮水安全提升工程 55 处，改造危房 1461 户、厕所 1129 个，升级改造道路 175.5 公里；组建村级股份经济合作社 79 家，获评省市示范家庭农场 25 家，环湖高粱种植合作社晋升省级农民专业合作社示范社，村集体土地确权多地收入 406 万元；扎实推进村庄清洁行动，东吐莫村、江湾村新型垃圾处理站试点运行，新配备村屯保洁车辆 174 台，绿化村屯 60 个，农村人居环境考核排名位居全市前列。

三、抓生态、优环境，旅游产业日益繁荣

厚植“绿水青山就是金山银山”绿色发展理念，在优化生态环境上持续发力。生态建设持续加强。封山育林 1 万亩，人工造林 1.4 万亩，草原围栏 28

万亩，恢复草原 4.2 万亩、湿地 1.7 万亩，防沙治沙工作顺利通过国家中期检查，全县秸秆综合利用率达到 85%，秸秆还田面积位居全市首位。环境执法高压推进。全面落实绿卫绿盾、森林督察、违建清底各项任务，秸秆禁烧全域网格化监管，环境空气质量优良天数达到 345 天。特色旅游成效显著。阿木塔蒙古风情岛污水处理厂全面竣工，嘎日迪景区木质民宿、栈道等基础设施日益完善，连环湖温泉景区被评为“黑龙江省健康旅居养老示范基地”，南岗村入围首批全国乡村旅游重点村，我县获评“中国最佳康养旅居度假名县”，全年接待游客 260 万人次、实现旅游收入 15 亿元，分别增长 18.2%、25%。

四、抓建管、强功能，城市面貌整体跃升

投资 6.7 亿元，城乡开发面积 28.5 万平方米。居住条件显著改善。2016 年以来实施的棚户区改造 7 万平方米回迁楼建设全部竣工投用，885 户回迁户喜迁新居，131 个老旧小区改造计划纳入省级项目平台，老旧供水管网改造完成可研初设编制，铁路“三供一业”顺利移交，管道天然气覆盖 47 个居民小区。基础设施全面升级。生活污水处理厂提标改造工程顺利推进，南城雨排项目启动实施，6.3 公里杜尔伯特路全线贯通，两侧 6.9 万平方米绿化景观带建设完工；设置城市道路指引标识 70 处，增设停车泊位 160 个，新增出租车 591 台，群众乘车需求充分保障。140 吨生活垃圾日产日清，铁路沿线外部环境全面整治。

五、抓扶贫、提质效，脱贫成果持续巩固

坚持“四不摘”原则，健康扶贫、控辍保学、金融保险、保障兜底政策全面落实，年度脱贫 594 户、1206 人，累计脱贫 3662 户、7618 人，贫困人口全部“清零”。责任压实到位。县处级领导一线指挥，责任部门全程跟进，帮扶单位真帮实扶，141 个饮水安全工程问题、272 户住房安全问题全部解决。产业支撑到位。举办首届消费扶贫暨庭院经济农副产品展销会，在太平庄村、民主村、前进村、万丈村设立爱心超市，整合产业扶贫资金 3725 万元，新续建扶贫产业项目 21 个，庭院经济发展到 2721 户，伊品、九阳、谷实等企业带动贫困户户均增收 1000 元。政策保障到位。713 名贫困学生享受资助，“一免五减”惠及 1439 名贫困患者，1141 名贫困户获得保险理赔，发放贫困户低保金 625.11 万元、残疾人补贴资金 124.15 万元，落实贫困户就业创业奖补资金 112 万元，设立村屯保洁岗位 606 个，贫困群众的幸福感和满意度大幅提升。

六、抓民生、促和谐，社会事业全面进步

牢固树立以人民为中心发展理念，民生投入只增不减，全年民生支出占一般公共预算支出的 85%。公共服务实现新提升。教育幼儿园、他拉哈中心学校教学楼建成投用，研学实践基地“七馆一园”对外开放，中医馆实现乡镇全覆盖，招录教师、医护人员 81 人，高质量承办全省首届民族教育教学成果现场会，义务教育“四零承诺”全面铺开，北京、哈尔滨等地多家医院专家到县出诊 436 次、手术 840 例，65 岁以上老人、全体教师免费体检，学有所教、病有所医的民生承诺落实兑现。保障水平迈上新台阶。全面开展城乡低保清查工作，动态调整低保对象 2501 户、4665 人，发放各类救助资金 7000 余万元，救助困难群众 2.3 万人次，城乡居民基本医疗保险参保率达到 96.27%；城镇新增就业 3033 人、再就业 1751 人，城镇登记失业率控制在 2.96%以内。民族事业呈现新繁荣。累计争取扶持少数民族发展资金 1.1 亿元，省长办公会议议定 8 个具体事项已落实 6 个，建设省级以上少数民族特色村寨 4 个，蒙古族聚居村村容村貌显著改善；马头琴音乐、蒙古族安代舞等 5 项非遗项目入选省级名录，庆祝新中国成立 70 周年暨全县第 25 届那达慕成功举办，《杜尔伯特蒙古语方言研究》、《杜尔伯特渔猎研究》相继出版，蒙古族语言文字规范使用，泰康镇更名杜尔伯特镇，县政府获评全国民族团结进步模范集体。

七、抓改革、谋创新，发展活力明显增强

行政机构改革基本完成，退役军人服务实现县乡村三级全覆盖，事业单位行政职能剥离工作顺利推进，企事业单位公车改革全面完成，ETC 推广发行工作扎实开展，农垦体制改革有序承接，殡仪馆即将收归国有管理。强化国有资源资产监管，出台《国有资源资产经营管理办法》，处置国有资源资产收入 7652 万元，三年累计达到 2.04 亿元。累计清

收贷款 3000 万元、清缴拖欠税款 874 万元。营商环境进一步优化，为伊品、伊利、九阳等 7 家企业申报省级奖补项目，到位资金 3774 万元；政务服务中心建成投用，医保、社保、不动产登记等 9 大类、近 700 项政务服务事项纳入大厅统一管理，进驻窗口单位 35 家、开设窗口 95 个，实现“只进一扇门、最多跑一次”。网上办事大厅上线运行，实现市县乡三级信息共享、业务办理“一网通办”，网办率达到 90%以上。“六小行业”审批纳入综合窗口受理，开办企业审批只需 1 个工作日，新增市场主体 4120 家、增长 33.7%。电商活力不断释放，卓创科技、额吉食品、大拉哈图米业等 35 家企业线上交易额达到 8578 万元、增长 5%。

（撰稿：张泽坤　审稿：倪晓岩）

浙江省

2019 年是新中国成立 70 周年，是决胜全面建成小康社会、实施“十三五”规划的关键之年，也是景宁畲族自治县成立 35 周年。全县上下以习近平新时代中国特色社会主义思想为指导，全面贯彻党的十九大和十九届二中、三中、四中全会以及中央、省委、市委经济工作会议精神，坚持稳中求进工作总基调，坚持新发展理念，统筹稳增长、促改革、调结构、惠民生、防风险，克难攻坚抓发展，凝神聚力大赶考，全县经济运行总体平稳、稳中有进，基本完成年初确定的目标任务。

一、强产业、扩增量，产业结构不断优化

农业生产保持稳定。实现农林牧渔业增加值 6.5 亿元，同比增长 3.0%，增幅全市排名并列第三。全面推进“丽水山耕+景宁 600+X”母子品牌体系建设，整合农村各类资源，提升“景宁 600”县域农产品公共品牌，积极推进“景宁 600”生态产业体系建设，新建海拔 600 米以上绿色有机农林产品基地 6.1 万亩，“丽水山耕”品牌农产品年销售额 6.9 亿元，建成“景宁 600”示范乡镇 4 个、先行村 19 个，示范引领基地 9 个，提升“景宁 600”加盟企业 20 家，加盟主体达到 52 家，成功开发出景宁惠明茶、月子大米、静水土鳖等“景宁 600”系列农产品 7 大类 105 款。

工业经济快速增长。全县规上工业增加值同比增长 11.2%，增速排名全市第八；规上工业总产值同比增长 24.7%，增速排名全市第二。装备制造业增加值同比增长 6.5%，增速排名全市第八；高新技术增加值同比下降 4.5%，增速排名全市第九；新产品产值增长 37.3%，增速排名全市第二。丽景园、澄照农民创业园两大工业主平台持续发力，惠丰建材、利鹏构件、康润新材料等 6 家企业建成投产，飞科电器产业园、网营物联等项目开工建设，宇海幼教木玩产业园一期项目启动试生产。全年培育高新技术企业 3 家，新增规上工业企业 6 家。

服务业发展势头良好。出台《景宁畲族自治县人民政府关于进一步加快发展服务业的若干意见》，进一步激发服务业行业加快发展。出台加快电子商务发展的政策，全年实现电子商务网络零售额 20.96 亿元，同比增长 20%，增速排名全市第七。加快数字经济发展，数字经济五年行动计划通过县政府第 29 次常务会议审议。成功创建省级全域旅游示范县和全省首个高等级景区城，东弄田园综合体、那云·天空之城、惠明禅茶文化产业园、畲王寨景区等一批重大旅游项目积极推进。全年实现服务业增加值 45.6 亿元，同比增长 13%；实现旅游总收入 79.3 亿元，同比增长 20.6%。

二、抓项目、促消费，发展基础不断夯实

有效投资实现“全年红”。全县固定资产投资增幅 13.1%，增速排名全市并列第三。“4+1”投资结构不断优化，民间投资 11.07 亿元，同比增长 20.9%，增速排名全市第二；交通基础设施投资 17.98 亿元，同比增长 469.8%，增速排名全市第一；生态环境建设投资 7.1 亿元，同比下降 27.7%，增速排名全市第九；高新技术投资 3.43 亿元，同比增长 2.1%，增速

排名全市第九；省市县长工程推进顺利，已完成谋划招引 3 个，落地实施 2 个任务，排名全市并列第一。创新项目审批机制，推进企业投资项目审批“最多 80 天”，在线监管平台 3.0 版上线运行。

招商引资工作有序推进。将选商引资作为一号工程来抓，全年引进项目 87 个，合同利用内资 50 亿元。完成内资到位资金 12.08 亿元，落地大项目 14 个，包括总投资 10 亿元的网营物联项目、总投资 10 亿元的那云・天空之城项目、总投资 7000 万元的澄照鳗鱼养殖基地项目等。山海协作全面深化，景宁—温岭山海协作生态旅游文化产业园、景宁—上海静安区 “惠明禅茶文化产业园”、景宁—宁海“消薄飞地”产业园、景宁—海盐“景宁 600 产业园”等 4 个园区建设全面启动。继续推进总部经济企业招引，全年共招引总部经济企业 166 家。

消费市场发展较快。全年实现社会消费品零售总额 37.4 亿元，同比增长 12.2%，增速排名全市第二；批发业销售额 311.6 亿元，同比增长 52.8%，增速排名全市第一；零售业销售额 37.3 亿元，同比增长 13.1%，增速排名全市第三。住宿业营业额 0.23 亿元，同比增长 4.4%，增速排名全市第八；餐饮业营业额 5.5 亿元，同比增长 19.4%，增速排名全市第一。

外贸进出口基本稳定。全县外贸进出口额 33.83 亿元，同比增长 98.73%，增幅全市排名第一，其中，外贸自营出口额 17.97 亿元，同比增长 41.5%，增幅全市排名第二；自营进口额 15.85 亿元，同比增长 267.2%。

市场主体活跃度不断提升。截至 2019 年 12 月末，共有在册市场主体 15554 户，同比增长 11.79%。新设市场主体共 4036 户，同比增长 89.48%。新设内资企业 731 户，同比增长 5.64%，其中非私营内资企业 83 户，同比下降 67.70%，私营企业 648 户，同比增长 48.97%；农民专业合作社新设 3 户，比去年同期减少 20 户；个体工商户新设 3301 户，同比增长 133.29%。

三、防风险、优环境，三大战役扎实推进

金融业保持稳定。截至 2019 年 12 月末，全县金融机构人民币各项存款余额 120.63 亿元，同比增长 13.63%；人民币各项贷款余额 93.28 亿元，同比增长 14.05%；存贷比为 77.33%。不良贷款余额 10913 万元，不良贷款率为 1.17%，比年初的 1.30%下降了 0.13 个百分点。

环境质量持续向好。深入落实两山发展理念，打好蓝天保卫战、碧水持久战、净土防御战和清废攻坚战，继续深化国家级生态文明示范县创建工作，2019 年，县域 16 个地表水断面水质达标率 100%，出境交接断面Ⅰ、Ⅱ类水体占比达到 100%，城市地表水环境质量全市第四。县城空气质量优良率 100%，PM2.5 均值 22 微克/立方米，全省排名第四，全市排名第二；综合指数 2.56，全省排名第八，全市排名第四。全面开展长江经济带安全隐患大排查。

精准扶贫力度加大。全面落实精准扶贫各项举措，加快产业发展、大搬快聚、基础设施建设，资金、政策制度供给持续发力。实施低收入农户全面小康计划，切实打好精准扶贫组合拳。大搬快聚富民安居工程有序推进，全年完成异地搬迁 3259 人。加大“脱贫保”和“防贫保”覆盖面，理赔救助金额 297.2 万元，惠及困难群众 969 人。低收入农户高水平小康计划精准落地，低收入农户人均可支配收入 11229 元，增幅 14.5%，排名全市第五，全省第八。光伏扶贫小康工程顺利推进，完成光伏项目备案 39 个，并网光伏发电竞价项目 49 个。残疾人托养中心、县福利中心投入使用。

四、振乡村、惠民生，群众幸福感切实增强

乡村振兴扎实推进。把乡村振兴作为城乡融合的重要途径，编制乡村振兴发展规划，推进 37 个历史文化古村落、10 个传统村落保护提升，启动 50 个传统村落规划编制。大地、郑坑小城镇环境综合整治通过省级验收，郑坑被评为省级样板乡镇，小城镇环境综合整治实现全覆盖。乡村旅游发展势头强劲，71 个村庄被评为省级 A 级景区村庄。

居民收入持续增收。全县全体居民人均可支配收入 29242 元，同比增长 9.5%，增速排名全市第八。城镇常住居民人均可支配收入 40014 元，同比增长 8.8%，增速排名全市第九；农村常住居民人均可支配收入 20005 元，同比增长 10.1%，增速排名全市第六。城乡居民人均收入倍差 2.0，比 2018 年（2.02）缩小 0.02。

民生事业加快发展。完成“创办景宁二中”、“鹤溪河绿道全县贯通”、“老年人肺炎疫苗接种项目”等 2019 年度十件实事。加大教育基础设施建设，凤凰学校建成投入使用，农村小规模学校办学经验在全国民族地区基础教育发展经验交流会上作典型发言。扎实推进民族医院新院区建设和“双下沉、两提升”工作，成立县域医共体，持续推进医药卫生体制改革，创伤救治院士工作站落户景宁，高血压远程咨询中心正式揭牌。不断完善养老、医疗、失业、工伤等社会保障体系，继续落实就业创业创新扶持政策，全年城镇新增就业岗位 3563 个，城镇失业率控制在 1.70%以内。

重点改革纵深推进。启动全国民族地区城乡融合发展改革试点工作，召开动员大会，部署试点任务，致力成为全国民族地区城乡融合发展样本。大力深化“最多跑一次”改革，有序推进机关内部“最多跑一次”改革，提质提效审批制度改革。积极推进生态产品价值实现机制试点，大均乡成为全国首个发布生态系统总值（GEP）核算报告的乡镇。扎实有序推进国有企业改革。

财政收支有升有降。受减税降费政策、重点税源企业减收及一次性不可比收入减收的影响，全年实现财政总收入 14.95 亿元，同比下降 2.3%。一般公共预算收入 6.98 亿元，同比下降 9.9%，其中，税收收入完成 5.85 亿元，同比下降 12%，占一般公共预算收入的 83.9%。一般公共预算支出 47.54 亿元，同比增长 12.3%，其中财政八项支出 34.8 亿元，同比增长 22%，为民生重点领域支出保障提供有力支撑。

（撰稿：潘晶　审稿：潘友明）

湖北省

2019 年，湖北省民族自治地方“一州两县”（即恩施土家族苗族自治州、五峰土家族自治县和长阳土家族自治县）在省委、省政府的正确领导下，以习近平新时代中国特色社会主义思想为指导，深入学习宣传党的十九大和十九届二中、三中、四中全会精神，全面贯彻落实习近平总书记视察湖北重要讲话精神和关于民族工作的决策部署，着重围绕脱贫攻坚和乡村振兴，制定支持政策，完善工作机制，统筹推进，民族地区经济保持了总体平稳、稳中有进的良好态势，国民经济稳定增长。据统计，2019 年，民族自治地方“一州两县”完成生产总值 1400.51 亿元，同比增长 29.14%。其中，第一产业 243.88 亿元，第二产业 369.66 亿元，第三产业 786.97 亿元。

一、农业生产态势良好

年末实有耕地面积 398.166 千公顷。农业有效灌溉面积 82.89 千公顷。农业机械总动力 272.00 万千瓦。农作物总播种面积 714.41 千公顷，粮食总产量 166.66 亿吨。农林牧渔业总产量 423.34 亿元，比上年增长 4.8%。

二、工业经济稳定发展

规模以上工业企业资产总计 498.48 亿元，比上年增长 1.91%。主营业务收入 273.23 亿元，比上年增长 7.75%。全年规模以上工业企业达到 362 个，国有企业 5 个，集体企业 1 个，股份合作企业 89 个。港澳台商投资企业 1 个，外商投资企业 0 个，企业总体数量相较去年减少，淘汰部分产能落后和亏损企业，民族地区工业质量和效益增加。

三、固定资产投资保持平稳增长

长阳土家族自治县全年固定资产投资比上年增长 12.3%。从企业类型的增长速度看，固定资金投资（不含农户）增长为 11.3%，国营企业增长为 0.93%，私营业企业增长为 0.26%；从资金来源的增长速度看，国家预算资金增长 0.23%，国内贷款增长 0.12%。五峰土家族自治县全年固定资产投资比上年增长 5.9%。恩施土家族苗族自治州固定资金投资（不含农户）增长为 11%。

四、国内贸易市场稳中有进，对外贸易较为平稳

国内贸易全年实现社会消费品零售总额 859.24 亿元，比上年增长 22.39%；限额以上批发业商品销售总额 124.52 亿元；住宿业营业总额 6.21 亿元；餐饮业营业总额 2.45 亿元；进出口总额 14.55 亿元，比上年增长 86.77%。

五、财政收入稳中有进

全年地方一般公共预算收入 91.66 亿元，增长 0.69%。地方一般公共预算支出 498.93 亿元，比上年增加 7.98%。全部金融机构各项存款余额 1777.17 亿元；比上年增加 3.4%。全部金融机构各项贷款余额 1395.28 亿元，比上年增加 13.54%。

六、城乡居民收入稳定增长

全年城镇居民人均可支配收入 92452 元，比上年增 9.98%；城镇居民人均消费支出 62887 元，比上年增加 9.79%。全年农民人均可支配收入 34773 元，比上年增加 10.73%。

七、旅游业发展态势较好

全年旅行社总数为 122 家，比上年增长 4.27%。旅游人数 7521.82 万人次。其中，国际旅游 45.21 万人次，比上年增长 2.79%；国内旅游 7476.60 万人次。国际旅游收入 5454.19 万美元；国内旅游收入 38.76 亿元。

八、建筑业高质量发展

全年建筑业总产值 192.55 亿元，增加值 81.09 亿元。2019 年房屋施工面积 1559.09 万平方米，房屋竣工面积 328.12 万平方米。

九、教育事业加速发展

湖北民族地区认真落实农村义务教育保障新机制，努力改善办学条件，扎实推进素质教育，加强师资队伍建设，不断规范学校管理，教育事业长足发展，专任教师有所增加，教师队伍质量明显提高。2019 年，九年制义务教育成果得到巩固，小学适龄儿童入学率达到 100%。教育经费共支出 84.53 亿元，较上年增长 6.22%。

十、文化、卫生事业健康发展

截至 2019 年末，共有艺术表演团体 12 个。艺术表演场所 10 个，文化馆 11 个。公共图书馆 23 个，比上年增长 9.52%。博物馆 12 个。全年卫生机构数 3264 个。医疗机构床位数 28278 张，比上年增长 3.72%。卫生机构人员数 31272 人。

（撰稿：陈燕辉　审稿：刘来）

湖南省

“十三五”期间，通过认真贯彻落实党的十九大精神和习近平总书记关于民族工作的一系列重要论述精神，紧密结合实际，坚持以习近平新时代中国特色社会主义思想为指导，以国务院印发的《“十三五”促进民族地区和人口较少民族发展规划》为引领，以编制和实施湖南省“十三五”民族工作专项规划为抓手，大力推动新时代民族工作创新发展，开创了民族团结进步事业的新局面。总体来讲，“十三五”民族工作专项规划实施进展顺利，主要目标指标绝大多数达到预期进度，为民族地区经济社会持续健康发展发挥了重要的指导和推动作用。

一是民族地区经济发展取得新成就。在规划的引领下，各级各部门坚持把少数民族和民族地区发展摆在突出位置，与推进区域发展、打赢脱贫攻坚战结合起来，深入推进供给侧结构性改革，不断优化经济结构，民族地区发展基础不断夯实，产业创新驱动力明显增强，经济增长超预期目标。民族地区基础设施建设投入力度不断加大，一大批能源、交通、水利、信息、民生等重大工程项目顺利推进，有效破解了民族地区发展瓶颈制约，极大改善了人

民群众生产生活条件。2019 年，全省民族地区 24 个县市区 GDP 为 2564.34 亿元，规划期间年平均增长率为 7.2%；城镇居民人均可支配收入和农村居民人均可支配分别为 26212 元、10688 元，规划期间年平均增长率分别为 8.69%、11.41%；民族地区的怀邵衡铁路、黔张常铁路、石长铁路，沅水浦市至常德航道、澧水石门至澧县航道，以及张家界荷花机场、湘西机场等一批“水路空”重大工程建设进展顺利，24 个民族县全部实现“县县通高速”，提前实现“村村通客车”、“组组通硬化路”；民族地区特色优势产业发展迅速，24 个民族县共建设现代农业特色产业园省级示范园 126 个、创建省级现代农业产业园 5 个、优质农产品供应基地 6 个，有国家级农业产业化龙头企业 4 家、省级农业产业化龙头企业 108 家；各项分类指标齐头并进。民族地区作为脱贫攻坚主战场，经过几年努力，已取得决定性胜利。

二是民族地区社会事业迈出新步伐。各级各部门始终把改善民生作为实施规划的重中之重，推动民族地区公共服务水平显著提高，教育、文化、科技、医疗卫生、就业和社会保障等基本公共服务资源配置更加合理，居民人均可支配收入增长、基本养老保险参保率等民生指标超规划目标任务。目前，民族地区 24 个县市区的基本医疗保险和基本养老服务补贴实现全覆盖，建档立卡贫困家庭学生义务教育就学保障率 100%。制定出台《湖南省 2016—2020 年培养选拔年轻干部和女干部、少数民族干部、党外干部工作规划》（湘组发〔2016〕17 号），积极落实普通高校招生民族优惠政策，2016—2020 年共有 26.7 万名少数民族考生享受高考加分优惠政策，为民族地区培养了一大批高学历、高层次、高素质的优秀干部人才，民族教育事业得到快速发展。落实“为民族文化寻载体，为民族工作创平台”的指导思想，少数民族优秀传统文化得到有效保护和传承，少数民族非物质文化遗产得到有效保护和开发，民族文化产业持续发展壮大，民族文艺体育活动蓬勃开展。2018 年 10 月，湖南省第九届少数民族传统体育运动会第一次在县级城市——龙山县成功举办；组团参加第五届全国少数民族文艺会演和第十届全国少数民族传统体育运动会，均获得竞赛成绩和精神文明双丰收；湘西土家族苗族自治州 60 周年庆典活动以及 5 个民族自治县、54 个民族乡十周年庆典活动接踵隆重举行；同时，重点打造了吉首鼓文化节、凤凰苗族银饰服饰文化节、通道“大戊梁歌会”侗族文化节等品牌。这一系列的大活动、大庆典不仅是对民族传统文化的一次大传承、大提炼，也是对民族地区经济发展和民生事业的一次大跨越、大提升。

三是民族团结进步创建工作得到新拓展。牢牢把握铸牢中华民族共同体意识这条主线，以省委省政府《关于全面深入持久开展民族团结进步创建工作铸牢中华民族共同体意识的实施方案》和《湖南省武陵山片区民族团结进步创建工作方案（2020—2023）》为引领，推动创建工作更加制度化、规范化、精细化，向更宽领域、更深层次、更高目标迈进，实现创建工作提档升级。积极创新创建工作机制体制，省级成立省民族团结进步行动组委会和创建工作领导小组，确定每年 9 月为“全省民族团结进步宣传教育月”，定期召开全省民族团结进步表彰大会，将创建工作纳入对各级领导班子和领导干部综合考核内容、纳入专项督查工作范围，不断推进民族团结进步创建全面深入持久开展。坚持分类指导、协同共创，把民族团结创建工作由原来的“六进”扩展为“七进”（进机关、进乡镇、进企业、进社区、进学校、进宗教活动场所、进连队），通过成立长株潭三市民族联谊会、湘粤桂三省民族联谊会等搭建沟通桥梁，营造共居、共学、共事、共乐良好环境，构建共有精神家园，促进各民族交往交流交融。截至目前，湘西土家族苗族自治州成功创建“全国民族团结进步示范州”，全省共创建全国民族团结进步创建活动示范区（单位）35 个和教育基地 9 个、全省民族团结进步创建活动示范区（单位）98 个和教育基地 7 个。把创建活动作为加强城市民族工作的重要载体，建立矛盾纠纷跨区域联动协调机制，坚持以社区网络为基础、以创新服务为根本、以对口支援为纽带、以依法管理为标准，切实做好城市少数民族流动人口服务管理工作。按照“让城市更好接纳少数民族群众，让少数民族群众更好融入城市”的要求，重点建设了 23 个民族团结进步创建示范社区、17 个少数民族流动人口服务管理站以及一批涉少数民族群众矛盾调处中心和社区少数民族群众民生服务绿色窗口，使流动少数民族群众在城市中安心就业创业，创造了民族团结“湖南现象”。

四是民族事务依法治理能力获得新提升。积极组织开展民族理论政策研究，获批国家民委民族理论政策基地，在中南大学、吉首大学等高等院校建立 14 个分支基地，强化研究成果的转化运用，为新时代民族工作提供坚实的理论基础，为省委决策提供可靠的决策依据。根据中央文件精神，制定出台了《关于依法治理民族事务促进民族团结的意见》（湘办发〔2017〕30 号）、《关于加强和改进少数民族流动人口服务管理工作的意见》（湘办发〔2017〕16 号），明确依法治理民族事务的目标方向和任务要求。不断完善地方性民族法规体系，2017 年 11 月省人大常委会审议通过并颁布了《湖南省散居少数民族工作条例》（修正案），湘西州、通道、江华、城步、新晃、靖州、芷江、麻阳等 8 个民族自治地方修订了《民族自治地方自治条例》，各地还制定出台了覆盖政治、经济、文化、社会、生态等各个方面的 36 件单行条例。切实加强民族法制宣传教育，制定出台《湖南省民宗委系统法制宣传“七五”普法规划》，将《民族区域自治法》列入全省“七五”普法规划，全面推动民族区域自治“一法两规定”的贯彻落实。依法保障各民族公民合法权益，不断完善民族优惠政策。大力推进民族事务依法治理，进一步规范民族事务职能权力，依法妥善处理影响民族团结的矛盾纠纷，民族工作法治化水平明显提高，民族关系领域保持总体和谐稳定。近年来依法妥善处理了 200 余名回族大学生欲到汉回村非法聚会等多起涉稳事件，有力维护了社会整治大局稳定。

五是少数民族特色村镇建设实现新突破。根据“十三五”民族工作总体规划，专门制定出台了《湖南省少数民族特色村镇保护与发展“十三五”规划》。近年来，按照规划提出的目标要求，狠抓少数民族特色村镇保护与发展，走出了一条以“五特”（即：抓特色民居保护，凸显民族建筑个性；抓特色产业开发，增强自我发展动能；抓特色文化传承，守护共有精神家园；抓特殊人才培养，强化人才支撑作用；抓特色风光打造，建设绿色生态田园）为抓手的特色开发、个性发展的路子，出现了一批“用美丽战胜贫困”的成功案例，有力带动了少数民族群众脱贫致富，推动了民族地区脱贫攻坚。截至目前，进入县市区、市州、省、国家项目库的少数民族特色村镇分别达 1000 个、800 个、500 个、300 个；全省有 37 多个少数民族特色村镇成功创建国家 4A、3A 级景区，87 个少数民族特色村寨列入“中国少数民族特色村寨”名录。

（撰稿：黄淼　审稿：罗方）

广东省

广东省设有连南瑶族自治县、连山壮族瑶族自治县和乳源瑶族自治县等 3 个自治县。3 个自治县行政区划面积共计 4804.91 平方公里，下辖 23 个镇，其中 19 个居民委员会和 219 个村民委员会。3 县总人口 53.18 万人，少数民族人口 20.65 万人。

2019 年，广东民族自治地方认真学习贯彻习近平总书记关于民族地区发展重要论述和重要指示精神，坚决落实省委、省政府工作部署，深入分析发展面临的形势任务，实施乡村振兴战略，贯彻落实全省推动民族地区加快高质量发展工作现场会精神，不断推动民族地区实现高质量发展。

一、经济发展稳步推进

2019 年，连南瑶族自治县、连山壮族瑶族自治县和乳源瑶族自治县分别实现地区生产总值 53.46 亿元、34.19 亿元、94.73 亿元，同比上年增长 3.0%、7.3%、6.5%；3 个自治县共计实现地区生产总值 182.38 亿元，同比上年增长 6.86%。第一产业产值 26.98 亿元、第二产业产值 59.28 亿元、第三产业产值 96.12 亿元。人均地区生产总值 41787.7 元，同比上年增长 6.01%。城乡居民生活水平稳步提高。全年城镇居民人均可支配收入 26296 元，同比上年增长 7.36%。农村居民人均可支配收入 16960 元，同比上年增长 21.37%。从支出结构看，食品、居住、交通通信、教育文化娱乐、医疗保健等项目居前列。

二、农业生产发展平稳

3个自治县全年完成农林牧渔业总产值42.57亿元，同比上年增长10.20%。其中，农业产值243500.58万元，同比上年增长11.64%；林业产值81400.65万元，同比上年增长4.70%；畜牧业产值85607.62万元，同比上年增长12.60%；渔业产值8307.9万元，同比上年增长25.29%。农作物总播种面积52.72千公顷，粮食作物播种面积21.5千公顷，粮食总产量108578吨；茶叶产量1845吨，同比上年增长31.04%；水果产量68671吨，同比上年增长6.15%。

三、商贸旅游快速发展

3个自治县全年社会消费品零售总额41.53亿元。民族地区充分利用免征企业所得税地方分享部分的政策发展总部经济。限额以上批发业主营业务收入210.66亿元；限额以上零售业主营业务收入2.08亿元。限额以上住宿业主营业务收入8406万元。限额以上餐饮业主营业务收入7772.9万元。3个自治县共接待游客1069.85万人次，增长136.19万人次，同比上年增长14.59%。实现旅游收入71.09亿元，增长8.47亿元，同比上年增长13.53%。

四、财政收入有所增长

2019年，3个自治县地方一般公共预算收入9.66亿元，同比上年增长11.94%。其中，连南自治县1.56亿元，同比上年增长20%；连山自治县1.19亿元，同比上年增长12.26%；乳源自治县6.91亿元，同比上年增长10.21%。地方一般预算支出为66.61亿元，同比上年增长14.94%。金融流通运行平稳。3个自治县全部金融机构年末各项存款余额188.35亿元，同比上年增长4.14%。其中，城乡居民储蓄存款年末余额122.91亿元，全部金融机构人民币各项贷款余额73.57亿元。

五、教育事业不断提升

基础教育平稳发展。3个自治县共有普通中学29所，在校学生22522人，专任教师1994人。小学51所，在校学生43568人，专任教师2454人。中等职业学校3所，在校学生数1650人，教职工221人，专任教师191人。2019年广东少数民族聚居区共有1340名少数民族学生考上大学。从2019年起，广东全面实施高考招录新政策改革，按照《广东省招生委员会关于进一步调整广东省高考加分项目和加强管理工作的通知》（粤招〔2015〕6号）和《关于做好普通高校招收广东省少数民族聚居区少数民族考生工作的通知》（粤民宗规〔2017〕1号）执行少数民族高考加分政策，对本省少数民族聚居区的少数民族考生，报考民族院校（普通高校预科班、民族班）按教育部有关规定单独划线；报考其他专科高校可在其高考文化课统考成绩总分的基础上增加5分投档，由高校择优录取。据统计，全省参加高考的少数民族考生1441人，有1340人被各类高校录取，录取率约93%，比2018年录取率提高2个百分点。其中本科录取413人，比2018年增加25人，专科（含高职类）录取937人，少数民族班本科录取277人。

六、文体事业有新成绩

广东省瑶族文化生态实验区（乳源）建设扎实推进，过山瑶文化史料和瑶族语言文化典藏编撰基本完成。原创音乐剧《过山“谣”》荣获广东省“五个一”工程优秀奖并参加第五届中国少数民族戏剧会演，1人入选国家乡村文化和旅游能人支持项目名单，《瑶蓝之恋》陶瓷盘入选广东十佳“非遗新造物”。世界过山瑶风情园被命名为“全国民族团结进步教育基地”，东坪镇、乳源中学被命名为“广东省民族团结进步创建活动示范单位”，1人获评“全国民族团结进步模范个人”。连山壮族瑶族自治县推进文化馆、图书馆总分馆制建设，农村文化室、文化广场等设施不断完善，非遗内容电影《抢花炮》成功拍摄，禾洞镇政岐村被命名为“中国少数民族特色村寨”。连南自治县获评全国民族团结进步示范区、中国最美县域，三江镇金坑村被命名为“中国少数民族特色村寨”，三排镇荣获“中国民间文化艺术之乡”（耍歌堂）称号，寨岗镇杜屋村获评广东美丽乡村特色村，“天下瑶寨·醉美连南”风情精品线路获评20条广东美丽乡村精品线路之一，“瑶寨乡村度假之旅”被纳入首批广东省乡村旅游精品线路名单。广东组队参加第十一届全国少数民族传统体育运动会。本次广东代表团共派出441人出征全国民族运动会，共参加 14 个竞赛项目的 89 个单项赛和 10 个表演项目的比赛，参赛规模创新高，其中竞赛项目获得一等奖 12 个、二等奖 28 个、三等奖 15 个，表演项目获得 2 个一等奖、3 个二等奖和 5 个三等奖，创造了 2007 年来历届运动会最好成绩。

七、卫生社保不断改善

3 个自治县共有医院 6 所，基层医疗卫生机构 296 个。医院床位 1020 个，基层医疗卫生机构 527 个。民族地区积极实施医联体建设，连南瑶族自治县“基于云技术的省县医联体创新与应用”项目获广东省科技进步奖二等奖。连山壮族瑶族自治县成功创建“省健康促进县”，完成县人民医院门诊医技综合楼等一批医疗卫生项目建设。稳步推进县镇医疗一体化管理，县镇村三级联动的县域医疗服务体系得到完善。完成乳源瑶族自治县人民医院新建、妇幼保健院和中医院升级改造项目主体工程，建成县急救指挥中心和人民医院胸痛中心，符合条件的行政村卫生站规范化建设实现全覆盖。

社会保障和福利事业稳步推进。3 个自治县享受城镇居民最低生活保障 492 人。享受农村居民最低生活保障 8917 人。城乡基本医疗保险年末参保人数 49.5612 万人，其中，城乡职工医疗保险年末参保人数 6.5211 万人，城乡居民医疗保险年末参保人数 43.0401 万人。

（撰稿：余森河　审稿：李秀英）

广西壮族自治区

一、综合

全年全区生产总值（GDP）21237.14 亿元，按可比价计算，比上年增长 6.0%。其中，第一产业增加值 3387.74 亿元，增长 5.6%；第二产业增加值 7077.43 亿元，增长 5.7%；第三产业增加值 10771.97 亿元，增长 6.2%。第一、二、三产业增加值占地区生产总值的比重分别为 16.0%、33.3%和 50.7%，对经济增长的贡献率分别为 15.2%、32.5%和 52.3%。按常住人口计算，全年人均地区生产总值 42964 元，比上年增长 5.1%。全员劳动生产率为 74497 元/人，比上年提高 5.8%。年末全区户籍总人口 5695 万人，比上年末增加 36 万人。全区常住人口 4960 万人，比上年末增加 34 万人，其中城镇人口 2534.3 万人，占常住人口比重（常住人口城镇化率）为 51.09%，比上年末提高 0.87 个百分点。

年末全区就业人员 2853.2 万人（按常住人口口径统计），其中城镇就业人员 1314.8 万人。全年城镇新增就业 41.37 万人。年末城镇登记失业率为 2.60%。全区农民工总量 1287.2 万人，比上年增长 1.1%。全年全区居民消费价格比上年上涨 3.7%。固定资产投资价格上涨 2.4%。

供给侧结构性改革继续深化。年末全区规上工业产成品存货比上年末下降 0.1%，产成品存货平均周转天数为 18.8 天，比上年少 0.9 天。年末全区商品房待售面积 1268.96 万平方米，比上年末减少 111.23 万平方米。全年生态保护和环境治理业、互联网和相关服务业、道路运输业投资比上年分别增长 66.3%、11.4%和 14.8%。“放管服”改革深入推进，市场主体大量涌现。全年新登记市场主体 57.81 万户，日均新登记企业 1500 多户，年末市场主体总数达 303.46 万户。

发展新动能逐步增强。全年规模以上工业中，高技术制造业增加值比上年增长 4.0%，占规模以上工业增加值比重为 6.74%。全年规模以上服务业中，软件和信息技术服务业营业收入比上年增长 18.8%。全年高技术产业投资比上年增长 27.0%，其中高技术制造业和高技术服务业投资分别增长 26.5%和 27.4%。全年智能电视产量比上年增长 2.1 倍，手机增长 72.1%，电子元件增长 11.9%。

脱贫攻坚成效明显。年末全区贫困发生率 1.2%，比上年末下降 2.1 个百分点。全年贫困地区

（33 个国家贫困县）农村居民人均可支配收入 11958 元，比上年增长 11.1%，扣除价格因素，实际增长 6.7%。

二、农业

全年全区粮食种植面积 2747 千公顷，比上年减少 55 千公顷。甘蔗种植面积 890.23 千公顷，增加 3.83 千公顷。油料种植面积 253.65 千公顷，增加 10.26 千公顷。蔬菜种植面积 1485.16 千公顷，增加 45.50 千公顷。木薯种植面积 178.04 千公顷，减少 4.21 千公顷。果园面积 1331.88 千公顷，增加 68.27 千公顷。桑园面积 196.89 千公顷，减少 7.44 千公顷。

全年全区粮食总产量 1332.0 万吨，比上年减少 41.0 万吨，减产 3.0%。全年全区油料产量 71.63 万吨，比上年增产 7.5%。甘蔗产量 7490.65 万吨，增产 2.7%。蔬菜产量（含食用菌）3636.36 万吨，增产 6.0%。园林水果产量 2140.17 万吨，增产 19.5%。全年全区猪牛羊禽肉产量 370.8 万吨，比上年下降 11.4 %。全年生猪出栏 2505.8 万头，比上年下降 27.7%。年末生猪存栏 1599.6 万头，比上年末下降 30.4%。全年蚕茧产量 37.87 万吨，比上年增长 2.7%。全年全区水产品产量 340.33 万吨，比上年增长 3.2%。全年全区木材产量 3500 万立方米，比上年增长 10.3%。

三、工业和建筑业

全年全区全部工业增加值比上年增长 4.3%。规模以上工业增加值增长 4.5%。在规模以上工业中，分经济类型看，国有控股企业增加值增长 5.5%；股份制企业增长 6.5%，外商及港澳台商投资企业下降 0.2%；非公有工业企业增长 3.6%。分门类看，采矿业下降 11.4%，制造业增长 3.8%，电力热力燃气及水生产和供应业增长 14.7%。

全年全区规模以上工业中，农副食品加工业增加值比上年下降 1.7%，木材加工和木竹藤棕草制品业增长 25.5%，石油煤炭及其他燃料加工业增长 2.0%，非金属矿物制品业增长 7.3%，黑色金属冶炼及压延加工业增长 10.8%，有色金属冶炼及压延加工业增长 19.7%，专用设备制造业增长 9.0%，汽车制造业下降 7.4%，电气机械及器材制造业增长 0.8%，计算机、通信和其他电子设备制造业增长 5.8%，电力、热力生产和供应业增长 15.2%。

全年全区规模以上工业企业利润比上年下降 15.4%。分经济类型看，国有控股企业利润比上年下降 28.9%；股份制企业下降 17.5%，外商及港澳台商投资企业下降 7.1%；非公有制企业下降 3.8%。分门类看，采矿业利润比上年下降 30.2%，制造业下降 17.8%，电力、热力、燃气及水生产和供应业增长 14.1%。

全年全区全社会建筑业增加值比上年增长 10.4%。全区具有资质等级的总承包和专业承包建筑业企业实现总产值 5407.31 亿元，比上年增长 15.7%。其中国有控股企业 2331.59 亿元，比上年增长 13.6%。

四、固定资产投资

全年全区固定资产投资（不含农户）比上年增长 9.5%，其中，第一产业投资下降 17.9%；第二产业投资增长 5.3%，其中工业投资增长 11.1%；第三产业投资增长 11.8%。

全年全区房地产开发投资 3814.41 亿元，比上年增长 27.0 %。其中住宅投资 982.40 亿元，增长 5.0%；办公楼投资 105.23 亿元，增长 7.3%；商业营业用房投资 321.98 亿元，增长 0.5%。商品房销售面积 6711.77 万平方米，增长 8.0%，其中住宅 6076.88 万平方米，增长 8.7%。

五、国内贸易

全年全区社会消费品零售总额比上年增长 7.0%。按经营地统计，城镇消费品零售额增长 6.9%，乡村消费品零售额增长 7.9%。按消费类型统计，商品零售额增长 6.9%，餐饮收入额增长 8.3%。

在限额以上单位商品零售额中，粮油、食品、饮料、烟酒类零售额比上年增长 6.5%，服装、鞋帽、针纺织品类下降 11.7%，化妆品类增长 1.6%，金银珠宝类下降 7.5%，日用品类下降 1.7%，家用电器和音像器材类下降 8.5%，中西药品类下降 9.4%，文化办公用品类增长 4.5%，家具类增长 7.4%，通讯器材类下降 8.1%，建筑及装潢材料类下降 0.4%，石油及制品类增长 2.2%，汽车类下降 4.8%。

六、对外经济

全年全区货物进出口总额 4694.70 亿元，比上年增长 14.4%。其中，出口 2597.15 亿元，增长 19.4%；进口 2097.56 亿元，增长 8.7%。进出口顺差（进口小于出口）499.59 亿元，比上年增加 252.91 亿元。对东盟国家进出口总额 2334.65 亿元，比上年增长 13.3%。其中，出口 1402.98 亿元，增长 11.4%；进口 931.68 亿元，增长 16.3%。

全年全区对外实际投资额（不含银行、证券、保险）3.12 亿美元，比上年下降 65.3%。全年全区对外承包工程和劳务合作实际完成营业额 6.82 亿美元，比上年下降 5.7%。

七、财政、金融和保险

全年全区财政收入 2969.22 亿元，比上年增长 6.4%；一般公共预算收入 1811.89 亿元，增长 7.8%，其中税收收入 1146.78 亿元，增长 2.2%，占一般公共预算收入的比重为 63.3%。全区一般公共预算支出 5849.02 亿元，比上年增长 10.1%，其中，民生重点领域支出 4691.59 亿元，增长 9.6%，占一般公共预算支出的比重为 80.2%。

全年全区金融业增加值比上年增长 6.2%。年末全区金融机构本外币各项存款余额 31646.01 亿元，比年初增加 1883.22 亿元，其中人民币各项存款余额 31504.98 亿元，增加 1912.07 亿元。年末金融机构本外币各项贷款余额 30497.39 亿元，比年初增加 3691.24 亿元，其中人民币各项贷款余额 29988.52 亿元，增加 3727.52 亿元。年末全区上市公司（A 股）数量 38 家，市价总值 2891.44 亿元。全年全区保险公司原保险保费收入 644.92 亿元，比上年增长 5.7%。

八、交通运输和邮电

年末全区公路总里程 12.78 万公里，比上年末新增 0.24 万公里；其中，高速公路里程 6026 公里，比上年末新增 463 公里。年末铁路营业总里程 5206 公里，比上年末增加 4 公里；其中，高速铁路营业里程 1792 公里。

全年全区货物运输总量 20.53 亿吨，比上年增长 7.6%。货物运输周转量 5382.86 亿吨公里，增长 8.0%。全年港口完成货物吞吐量 3.79 亿吨，比上年增长 27.0%，其中外贸货物吞吐量 1.39 亿吨，增长 9.2%。港口集装箱吞吐量 494.68 万标准箱，增长 34.2%。全年全区旅客运输总量 5.0 亿人次，比上年下降 1.4%。旅客运输周转量 817.45 亿人公里，增长 0.1%。年末全区民用汽车保有量 675.72 万辆，比上年末增长 14.5%，其中私人汽车保有量 615.13 万辆，增长 15.3%。轿车保有量 354.21 万辆，增长 17.8%，其中私人轿车 337.55 万辆，增长 18.1%。

全年全区完成邮政业务总量 159.44 亿元，比上年增长 25.8%。年末全区电话用户总数 5458 万户，其中移动电话用户 5128 万户。移动电话普及率上升至 103.4 部/百人。固定互联网宽带接入用户 1684 万户，比上年末增加 326 万户；移动宽带用户 4373 万户，增加 264 万户。年末全区互联网用户 6135 万户，比上年末增加 646 万户。互联网宽带接入通达的行政村比重达到 100%。全年移动互联网接入流量 42.20 亿 G，比上年增长 84.5%。

九、居民收入消费和社会保障

全年全区居民人均可支配收入 23328 元，比上年名义增长 8.6%，扣除价格因素，实际增长 4.7%。全区居民人均可支配收入中位数 19080 元，名义增长 5.9%。按常住地分，城镇居民人均可支配收入 34745 元，比上年名义增长 7.1%，扣除价格因素，实际增长 3.5%。农村居民人均可支配收入 13676 元，比上年名义增长 10.0%，扣除价格因素，实际增长 5.7%。全区农民工人均月收入 3909 元，比上年增长 7.0%。

全年全区居民人均消费支出 16418 元，比上年名义增长 9.9%，扣除价格因素，实际增长 6.0%。按常住地分，城镇居民人均消费支出 21591 元，名义增长 7.1%，扣除价格因素，实际增长 3.5%；农村居民人均消费支出 12045 元，名义增长 13.5%，扣除价格因素，实际增长 9.0%。全区居民恩格尔系数为 30.6%，其中城镇为 30.5%，农村为 30.9%。

年末全区参加城镇职工（包括企业和机关事业单位）基本养老保险人数 869.52 万人，比上年末增加 43.65 万人。参加城乡居民基本养老保险人数 1983.68 万人，增加 94.06 万人。参加基本医疗保险人数 5207.15 万人，增加 70.46 万人。年末全区社会保障卡持卡人数 4690.1 万人，比上年末增加 656.6 万人。全区共有 30.5 万人享受城市居民最低生活保

障，247.1 万人享受农村居民最低生活保障，24.6 万人享受特困人员救助供养。全年民政部门资助 186 万人参加基本医疗保险，医疗救助 108.2 万人次。

十、科学技术和教育

全年安排科学研究与技术开发计划项目 2649 项，资助经费 81764.8 万元。取得省部级以上登记科技成果 3491 项。全年全区获广西科技进步奖项目 157 项。全年全区专利申请量 41974 件，比上年下降 5.1 %，其中发明专利申请量 12460 件，比上年下降 38.6%。全年全区授权专利 22682 件，比上年增长 10.4%。每万人口发明专利拥有量为 4.6 件，比上年增长 5.5%。全年共签订技术合同 7905 项，技术合同成交金额 39.43 亿元，比上年增长 55.5%。

年末全区共有产品检测实验室（指全区获得省级实验室资质认定的检验检测实验室）1397 个，国家级检测中心 9 个，自治区级检测中心 31 个。全区累计完成产品认证企业个数（有效期内）1377 个。全区共有法定计量技术机构 86 个，全年强制检定计量器具 391.8 万台（件）。累计制、修订地方标准数 2082 个，有效期内广西名牌产品数 517 个，地理标志保护产品 1 个。

全年全区研究生教育招生 1.43 万人，在校研究生 3.82 万人，毕业生 0.99 万人。普通高等教育招生 38.1 万人，在校生 107.6 万人，毕业生 23.3 万人。各类中等职业教育（不含技工）招生 25.9 万人，在校生 68.0 万人，毕业生 19.6 万人。九年义务教育巩固率为 95.2%，高中阶段毛入学率为 90.9%。

十一、文化旅游、卫生健康和体育

年末全区共有县级以上公共图书馆 116 个，文化馆 124 个，博物馆 131 个，国有艺术表演团体 112 个。全区共有 52 个项目列入国家级非物质文化遗产名录，762 个项目列入自治区级非物质文化遗产名录。

年末全区共有广播电视台 90 座。有线广播电视用户 641.03 万户，数字电视用户 635.46 万户。年末广播节目综合人口覆盖率为 97.81%；电视节目综合人口覆盖率为 98.92%。全年出版各类报纸 5.0 亿份，各类期刊 0.38 亿册，图书 2.9 亿册。年末全区共有档案馆 161 个，已开放各类档案 490.1 万卷。

全年全区入境过夜游客 623.96 万人次，比上年增长 11.0%；国际旅游（外汇）消费 35.11 亿美元，增长 26.4%。接待国内旅客 8.70 亿人次，增长 28.4%；国内旅游消费 9998.82 亿元，增长 34.5%。旅游总消费 10241.44 亿元，增长 34.4%。

年末全区共有医疗卫生机构 33683 个，其中医院 678 个，乡镇卫生院 1261 个，社区卫生服务中心 173 个，诊所（卫生所、医务室）10063 个，村卫生室 19877 个，疾病预防控制中心 118 个，卫生监督所（中心）119 个，妇幼保健院（所、站）105 个。年末全区卫生技术人员 44.0 万人，其中执业医师和执业助理医师 11.4 万人，注册护士 15.2 万人，乡村医生和卫生员 3.13 万人。医疗卫生机构床位 27.8 万张，其中医院 18.9 万张，乡镇卫生院 7.0 万张。

十二、资源、环境和应急管理

全年全区国有建设用地供应总量 2.6 万公顷，比上年下降 12.4%。其中，工矿仓储用地 0.6 万公顷，增长 34.1%；住宅用地 0.4 万公顷，增长 2.4%；基础设施用地 1.4 万公顷，下降 27.8%。

年末全区共有国家生态文明建设示范市县 6 个，其中本年新增 3 个。森林面积 1483.9 万公顷，森林覆盖率 62.45%。活立木蓄积量 8.1 亿立方米。全年完成造林面积 202.5 千公顷，其中人工造林面积 83.7 千公顷，占全部造林面积的 41.3%。截至年底，建成自然保护区 78 个，其中国家级自然保护区 23 个，自然保护区面积 125.7 万公顷。新增水土流失治理面积 2000.8 平方公里。

全年全区电力消费量比上年增长 12.0%。重点耗能工业企业单位油气产量综合能耗下降 1.0%，机制纸及纸板综合能耗下降 9.2%，原油加工单位综合能耗下降 6.0%，单位水泥熟料综合能耗上升 0.5%，单位电解铝综合能耗下降 5.5%，每千瓦时火力发电标准煤耗持平。

全年全区总用水量 283.4 亿立方米，比上年下降 1.5%。人均用水量 569 立方米，比上年下降 2.6%。全年全区地表水考核断面水质优良率 96.2%，地级城市集中式饮用水水源地达标率 97.4%，比上年提高 4.9 个百分点。近岸海域 22 个海水水质监测点水质优良率 90.9%。在监测的 14 个设区市中，空气质量达标以上城市 9 个，比上年增加 3 个。年末全区城镇污水处理厂日处理能力 476.7 万立方米，比上年末增长 1.1%；城镇污水处理率 95.6%，提高 1.4 个百分点。城镇生活垃圾无害化处理率 99.9%。城镇建成区绿地率 34.3%；人均公园绿地面积 12.86 平方米，增加 0.17 平方米。

（撰稿：翠丽　审稿：覃凤前）

海南省

一、概况

海南省有 6 个民族自治县，分别是昌江黎族自治县、乐东黎族自治县、陵水黎族自治县、白沙黎族自治县、保亭黎族苗族自治县、琼中黎族苗族自治县。民族自治地区陆地面积约 11488.11 平方公里，占全省陆地面积 33.9%。民族自治地区总人口 176.36 万人，其中少数民族人口 91.16 万人，主要以黎、苗族为主。2019 年，民族自治地方围绕建设海南自由贸易区（港）和"美丽新海南"战略，践行新发展理念，坚决打赢精准脱贫攻坚战，助力海南民族自治地方乡村振兴，经济增速平稳、结构优化、效益提升，全年自治地方生产总值（GDP）623.70 亿元，按可比价格计算，比上年增长 11.39%，保持较快增长。其中，第一产业增加值 222.60 亿元，第二产业增加值 124.59 亿元，第三产业增加值 276.51 亿元；地区生产总值比上年的增长速度（按可比价格计算）为 15.61%、20.16%、15.09%。

二、农业

大力发展热带特色高效农业，不断完善农业基础设施，加快转型农业发展方式，把农业打造成绿色产业、生态产业、品牌产业。全年农林牧渔业增加值 348.20 亿元，比上年增长速度（按可比价格计算）为 38.72%。继续巩固橡胶、槟榔等传统产业，大力发展热带特色高效农业，培育一大批国家农产品地理标志和品牌。保亭推广红毛丹、黄秋葵、百香果、榴莲等热带水果规模化种植，实现农业增加值 20.2 亿元。琼中绿橙加工转化率同比提高 38 个百分点，形成了琼中小黄牛等商标优质农特产品，实现农业增加值 32.6 亿元，增长 6%。海南陵水农业科技园被授予国家级农业科技园区，广陵高科被农业农村部等 8 部委评为农业产业化国家重点龙头企业，自治县被农业农村部评定授予"国家农产品质量安全县"。乐东持续推进"龙头企业+合作社+贫困户"的产业合作帮扶模式，获批全国农民合作社质量提升整县推进试点单位、国家级创建乡村治理体系试点示范县，佛罗镇被评为国家级产业强镇。

三、工业

工业发展良好，积极调整淘汰落后产能，工业年产值 51.76 元，增长率呈负增长。昌江循环经济工业园区基础设施日趋完善，300 万吨尾矿综合利用生态示范线等 7 个招商项目落地开工，国家大宗固体废弃物综合利用基地申报获批，以核电为龙头的清洁能源产业加快培育。琼中加快修编园区总规控规、湾岭镇控规，镇园合一改革扎稳步推进，完成 9 公里路网、2.77 万平方米厂区建设，园区承载力不断提高，入园项目达 46 个，实现年产值 1.86 亿元。乐东投入 3.24 亿元完成龙腾湾 110kV 输变电新建工程，建设天然气站点 2 个，铺设县城、九所新区、龙沐湾等地区燃气管道中压主管 34.5 公里。

四、旅游业

结合自贸区（港）建设，加快建设国际旅游消费中心，加速旅游业转型升级，实施"旅游+"工程，旅游业质量效益不断提升，入境游客增速高于国内游客增速，旅游收入增速高于旅游人次增速。全年接待游客 1280.06 万人，过夜游客总人数 816.34 万人次，旅游总收入 74.26 亿元。乐东主动融入"大三亚"旅游经济圈，启动 11 个镇墟城市化旅游化改造，打造"乡村旅游六大板块"，建设美丽乡村 26

个，毛公山 2A 级景区正式挂牌，实现 A 级景区零的突破。陵水“旅游+”产业融合发展，成功举办国际羽毛球大师赛、元宵喜乐会、国际青年狂欢节等文旅活动。琼中全力配合开展海南热带雨林国家公园建设，百花岭雨林文化旅游区、瓦爱鲁生态旅游区开门迎客。白沙大力推进“体育+旅游”产业发展，中国拳击等 4 个国家级体育协会在白沙挂牌成立训练基地，先后承办全国男女拳击冠军赛、全省田径锦标赛等一批国家和省级体育赛事。昌江霸王岭国家森林公园、海尾国家湿地公园等“国字号”公园和棋子湾旅游度假区建设稳步推进，“春赏木棉红、夏品芒果香、秋游棋子湾、冬登霸王岭”全域全季旅游更具魅力，接待过夜游客首次破百万。保亭成功举办海南七仙温泉嬉水节、2019 国际超模大赛亚洲总决赛和“畅游夜保亭”等特色活动，知名度、旅游吸引力不断提升。

五、重大项目投资建设

建立健全促进投资健康发展长效机制，加大非房地产项目投资，集中开工的五批自贸区项目全部都是非房地产项目，非房地产投资占固定资产投资比重大幅增长，自 2012 年以来占比首度超越房地产投资。继续加强以“五网”为重点的基础设施建设，在去年中线高速全线贯通的基础上，万洋高速全线贯通，五指山至保亭至海棠湾高速公路、儋州至白沙高速公路加速建设。琼中城镇建设步伐加快，省道 S304 县城区段改线、营盘溪改造及综合治理等 8 个项目顺利竣工。陵水建成 4 个省重点产业园区，新汽车站全面建成运营，生活垃圾焚烧发电厂建成投产，新村污水处理厂建成并试运行。昌江清洁能源累计发电量超过 300 亿千瓦时，占全省年度发电量 1/3；核电二期、核电小堆等一批清洁能源项目开工建设，其中核电二期总投资达 390 亿元，为建省以来单体投资量最大的项目。

六、人民生活

城乡居民收入稳定增长，生活水平明显改善。城镇常住居民人均可支配收入 3.52 万元，增长 14.65%；农村常住居民人均可支配收入 1.47 万元，增长 13.07%。自治地方一般公共财政预算收入 62.94 亿元，下降 8%；地方一般公共预算支出 265.41 亿元，增长 11.8%。社会消费品零售总额 146.87 亿元，增长 5.2%。

七、文化体育

2019 年海南黎族苗族传统节日“三月三”节庆活动成功举办活动 120 多项，参与和关注的人数 200 多万人次，获得社会各界广泛好评。陵水主会场，现场参与的市民游客逾 18.92 万人次，拉动旅游消费约 3280 万元。组团参加在河南省郑州市举行的第 11 届全国少数民族传统体育运动会，参加了珍珠球、板鞋竞速、高脚竞速、押加、射弩、蹴球、陀螺、龙舟、独竹漂、民族健身操等 10 个竞赛项目和 2 个表演项目共 55 个小项的比赛，共获得 1 个一等奖，10 个二等奖，21 个三等奖，以及体育道德风尚奖，总体成绩与上届相比有较大提升。举办 2019 年海南省少数民族文学创作研修班，完成《海南苗族文化大观》编撰出版工作，开展黎族传统纺染织绣技艺抢救保护项目，启动龙被复制工程，进行黎族纹身数据库建设、海南苗族服饰文化、黎族骨簪技艺等课题研究工作，取得了阶段性成果。

八、教育

继续实施《海南省教育事业发展“十三五”规划》，加大教育投入，改善办学条件，优化教育结构，教育普及程度、公平程度、教育质量、办学水平均有提升。引进 10 所国内一流高校和 9 所国外知名高校到陵水黎安国际教育创新试验区办学；首都师范大学附属海南白沙中学正式开学。利用“好校长、好教师”引进工程引进一批特级教师、正高级教师，到贫困市县、民族市县、乡镇学校工作。出台《海南省教育脱贫攻坚“十三五”规划》，建立从学前教育到高等教育的全程特惠性资助体系，实现建档立卡贫困家庭学生全覆盖和农村残疾儿童和留守儿童不失学，全面实现义务教育学生营养改善计划全覆盖，惠及中小学生 10 万多人。实施义务教育“全面改薄”工程，全部消除 66 人以上“超大班额”，琼中、陵水等市县新建或改建 100 多个校园游泳池和足球场建设，通过“全国义务教育发展基本均衡县（市、区）”国家督导评估认定。积极开展“民族文化三进校园”和民族团结进步创建活动，乐东思源实验高级中学、昌江思源学校荣获“全国民族团结进步模范集体”，民大附中陵水分校荣获“全国民族团结进步示范单位”称号，琼中思源学校和昌江县一小荣获“全国教育系统先进集体”。省财政对452名考上“双一流”建设高校并符合奖励的少数民族学生、43名攻读研究生毕业少数民族博、硕士发放奖励经费257.2万元。

九、医疗卫生

全面深化“合作办医”，深化医药卫生体制改革，持续完善急救网络体系建设，实现“1小时三级医院服务圈”；开展基层教育卫生专业技术人才激励机制改革试点，招录“县属乡用，乡属村用”机制逐步完善，基层医疗卫生机构标准化建设加快推进。白沙县医院骨科被评为2019年海南省临床重点专科，七坊120急救站建成投用。陵水县妇幼保健院被国家卫健委评为全省唯一一家妇幼保健机构体制机制创新试点。乐东县级医院与16家省内外医院、14家县内乡镇卫生院组建医联体，组建家庭医生团队151个，医疗卫生服务能力明显增强。

十、环境保护

取消了GDP等指标考核，把生态环境保护列为负面扣分和“一票否决”事项，把主要精力放在生态文明建设和环境保护上。探索完善生态文明建设体制机制，开展生态保护红线管控制度试点，建立最严格的环境准入制度和生态红线建设项目准入清单。开展城镇内河内湖水污染防治三年行动，全面建立“河长制”“湾长制”，县、乡设立各级河长、湾长具体治理。落实大气污染防治责任，提前完成国家下达的火电、水泥等重点行业脱硫脱硝除尘设施改造任务，超额完成国家下达的淘汰黄标车任务指标。白沙大力开展人居环境整治，启动农村“厕所革命”和环境卫生整治半年攻坚行动，编制完成全县210条河流“一河（湖）一策”方案，实现管护全覆盖。陵水完成县城污水处理厂提标改造，全县建制镇污水处理设施项目总体完成80%以上，全面排查入海排污口，强化海洋生态环境管控。光坡镇米埇村荣获2019年中国美丽休闲乡村称号。乐东开展田园清洁行动，回收农膜629.96吨，处置废旧农药包装物33吨。

十一、社会保障

实现五项社会保险省级统筹，完善社会保障体系。提高养老保险、工伤保险和失业保险基金共济能力和使用效率。推动形成低保、特困人员和低收入家庭梯度救助格局。完善大病保险、困难群众大病补充医疗保险保障。加强残疾人权益保障。发挥公办养老机构兜底作用，优化养老服务供给。做好城乡低收入家庭专项救助和困难职工解困脱困工作。及时解决拖欠农民工工资问题。白沙落实贫困人口基本医疗保险制度全覆盖，实现25种大病100%救治，贫困户住院和慢性病特殊门诊医疗费用报销比例分别达到90%和80%。陵水城镇职工基本养老保险单位缴费比例统一降至16%，为企业减轻养老保险费和工伤保险费2802万元。昌江完成学生眼科疾病筛查、农贸市场升级改造等8件为民办实事。发放弱势群体生活补贴4220万元，完善“全民健康”关爱行动等社会保障机制，进一步织密民生保障网。扎实做好保供稳价工作，“菜篮子”工作在省政府专题会上作经验发言。琼中民生支出达27.54亿元，8件为民办实事全面完成。农村、城市低保和特困供养人员基本保障标准分别提高至350元、530元、690元；棚户区改造货币化安置835户，公租房分配1703套，新增城镇就业751人，农村劳动力转移就业9953人。

（撰稿：熊中华　审稿：胡莲）

重庆市

一、民族自治地方经济发展

2019年，重庆民族自治地方坚持以习近平新时代中国特色社会主义思想为指导，全面贯彻落实总书记对重庆提出的“两点”定位、“两地”“两高”目标、发挥“三个作用”和营造良好政治生态的重要指示要求，坚持稳中求进工作总基调，深入贯彻新发展理念，落实高质量发展要求，深化供给侧结构性改革，持续打好“三大攻坚战”，大力实施“八项行动计划”，统筹推进稳增长、促改革、调结构、惠民生、防风险、保稳定，全力推动民族地区经社会高质量发展，社会事业全面进步，脱贫攻坚取得决定性成效。民族自治地方地区生产总值（当年价格）达到 8513933 万元。其中：第一产业增加值 1203257 万元，增长 4.4%；第二产业增加值 2819232 万元，减少 2.1%；第三产业增加值 4491444 万元，增长 8.3%。

（一）农村经济全面发展

2019 年，实现农林牧渔业总产值 1971032 万元。其中：农业 1139948 万元，林业 133414 万元，牧业 633141 万元，渔业 35269 万元。农作物总播种面积为 445.994 千公顷，粮食作物播种面积 256.162 千公顷，油料播种面积 96.186 千公顷。全年粮食总产量为 1195387 吨；油料产量 107169 吨；烟叶产量 23189 吨；茶叶产量 10202.4。全年肉类总产量达到 176768 吨，其中猪肉 117325 吨，牛肉 23315 吨，羊肉 10983 吨。

（二）工业稳步推进

2019 年，民族自治地方规模以上工业企业 175 个，资产总计 4586626 万元，实现主营业收入 2245251 万元，利润总额 166378.4 万元。生产主要工业产品产量分别为：水泥 455.87 万吨，发电量 88.5263 亿千瓦时。

（三）固定资产投资增速平稳

2019 年，民族自治地方社会固定资产投资增速为 7.8%。其中：国有企业固定资产增速 15.6%；私营企业固定资产投资增速-19.2%；利用外资增速 1468.1%。

（四）地方财政收支保持稳定，金融机构存贷款额有所增加

2019 年，民族自治地方一般公共预算收入 441053 万元，其中，税收收入 320597 万元；一般公共预算支出 2547501 万元。民族自治地方金融机构存贷款额有所增加。全部金融机构各项存款总额 9738493 万元，其中，城乡居民储蓄存款年末余额 7098264 万元；全部金融机构各项贷款总额 8562848 万元。

（五）城乡贸易市场活跃，对外贸易态势良好

2019 年，民族自治地方全年实现社会消费品零售总额 4877800 万元。其中：限额以上批发业商品销售额 973413 万元，主营业务收入 1097384 万元，限额以上零售业商品销售额 1236609 万元，主营业务收入 1544927 万元；住宿营业总额 25139 万元，实现收入 66250 万元；餐饮业营业总额 48282 万元，实现收入 143588 万元。进出口总额 131626.69 万元。其中：进口总额 66555 万元，出口总额 65071.69 万元。

（六）城乡居民生活不断改善

2019 年，民族自治地方全体城镇居民人均可支配收入 32487 元，城镇居民人均消费支出 19387 元；农村居民人均可支配收入 12244 元，农村居民人均消费支出 10219 元。

（七）交通运输加快完善

重庆民族自治地方加大基础设施建设力度，交通运输条件进一步改善。2019 年民族自治地方公路线路里程总计 23211.115 公里。其中：等级公路 21178.115，比上年增加 1784.977 公里，高速公路 372 公里。完成客运量总计 4232.8112 万人次。完成货运量总计 2097 万吨。

（八）旅游业快速发展

黔江小南海、酉阳桃花源、彭水乌江画廊、石柱黄水国家森林公园、秀山边城等一批旅游资源的进一步开发，武陵山民族文化节、多彩中华·重庆黔江少数民族电影文化周、中国·石柱康养大会、中国·秀山微电影文化艺术节、酉阳全国中老年旅游文化节、彭水苗族文化国际旅游节等文化节庆活动的开展，带动旅游业快速发展。2019 年共接待游客 67539441 人次，较上年增加 16008251 人次，实现旅游收入 3361836 万元，较去年增加 461849 万元。

二、社会发展

2019 年，重庆民族自治地方社会事业得到进一步发展，取得了可喜的成绩。

（一）教育事业稳步发展

2019 年，民族自治地方加大教育投入，教育事业得到进一步发展。共有中等学校 114 所，（普通中学 105 所，职业中学 9 所）；小学 298 所。年末在校学生：普通中学 160639 人，职业中学 16442 人，小学 184787 人。专任教师：普通中学 12273 人，职业中学 1057 人，小学 12688 人。教育经费支出 608810.58 万元，比上年增加 55018.58 万元。

（二）卫生事业进一步发展

2019 年末，民族自治地方拥有医疗卫生机构 1475 个。其中：医院 43 个，基层医疗卫生机构 1235 个，卫生院 139 个，村卫生室 1069 个。拥有医院、卫生院病床 12534 张。卫生技术人员 10254 人。其中：执业（助理）医生 4051 人。医疗卫生基础设施和医疗器械设备得到进一步完善，医疗技术人员能力不断提高，处置突发性公共卫生事件的能力进一步增强。

（三）社会保障体系覆盖面加大，新型农村合作医疗体系进一步健全和完善

2019 年，城镇居民最低生活保障人数 28081 人，最低生活保障支出 17101.2834 万元；农村居民最低生活保障人数 84035 人，最低生活保障支出 37605.4287 万元。

2019 年民族自治地方城镇职工参加基本养老保险 17.08 万人，基本医疗保险 69.7501 万人；城乡居民参加基本养老保险 115.74 万人，基本医疗保险 176.817 万人。

（四）生态环境保护和建设工作不断加强

在发展经济的同时，民族自治地方更加注重生态环境的保护和综合治理，水环境质量、声环境质量、大气环境质量有了明显改善，有力地促进了生态环境质量的改善和经济、社会、环境的协调发展。

（撰稿：谢婧灵　审稿：向远道）

四川省

2019 年，四川省委省政府坚持把稳增长放在突出位置，着力统筹城乡、区域协调发展，着力加快新型城镇化进程，着力深化改革开放，着力加强节能减排和生态建设，保持经济平稳较快发展。民族自治地方在国家有关部委的关心支持下，聚力聚焦精准扶贫精准脱贫，始终把脱贫攻坚作为最大的政治责任、最大的民生工程、最大的发展机遇，扎实推动乡村振兴发展，稳步推进供给侧结构性改革，全力推动中央支持民族地区发展政策措施不折不扣落地落实，促进民族自治地方经济社会发展取得新成效。

一、经济规模继续扩大，经济结构持续优化

2019 年，四川民族自治地方实现地区生产总值（GDP）2627.9 亿元，比上年增长 5.9%，增速比上年提高 0.9 个百分点。其中，凉山州实现 GDP1676.3 亿元，增长 5.6%，占民族自治地方经济总量的 63.8%，对民族自治地方经济的贡献率达到 60.4%。其中，第一产业增加值 529.5 亿元，增长 3.2%；第二产业增加值 672.7 亿元，增长 3.6%；第三产业增加值 1289.9 亿元，增长 80.3%。三次产业结构从上年的 20.7：31.3：48.0 调整为 20.2：30.8：49.0。

二、乡村振兴深入实施，居民收入显著提升

在乡村振兴战略的深入实施和脱贫攻坚的强力推进下，着力培育发展特色农牧业，“圣洁甘孜”入选全省十佳农产品区域公用品牌，“净土阿坝”“大凉山”品牌影响力持续扩大。民族自治地方民生持续改善，居民收入继续保持较快增长。其中，城镇居民人均可支配收入 33613 元，增长 8.7%，增速比上年提高 0.6 个百分点；农村居民人均可支配收 13722 元，增长 10.8%，增速比上年提高 0.8 个百分点，比全省平均水平高 0.8 个百分点。其中，阿坝州、甘孜州、凉山州农村居民人均可支配收入分别增长 10.5%. 10.8%. 10.8%，均高于全省平均水平。

三、着力做强做大产业，推动结构优化升级

农业生产保持稳定。实现第一产业增加值 529.5 亿元，比上年增长 3.2%，增速比全省平均水平高 0.4 个百分点。甘孜州经济作物产量持续较快增长，其

中中药材产量增长 1 倍，油菜籽、蔬菜产量分别增长 14.1%和 29.9%。阿坝州农林牧渔业增加值 70.1 亿元，增长 3.4%。凉山州粮食总产量达 245.2 万吨，比上年增长 1.3%，增速比全省高 1.2 个百分点。工业生产止降回升。实现工业增加值 672.7 亿元，从上年的下降 0.6%转为增长 3.6%。其中，凉山州实现工业增加值 465.1 亿元，占民族自治地方工业比重 69.1%，增速从上年的下降 4.3%转为增长 2.0%；甘放州工业增加值 74.6 亿元，增长 13.2%；阿坝州工业增加值 80.3 亿元，增长 2.2%。服务业稳步发展。实现服务业增加值 1289.9 亿元，比上年增长 8.3%，增速比上年提高 0.8 个百分点。其中，凉山州实现服务业增加值 748.9 亿元，占民族自治地方服务业总量的 58.1%，增长 9.7%，增速比上年提高 1.8 个百分点，居全省第 3 位；阿坝州地震灾区旅游业快速复苏，全年旅游接待 3157.1 万人次，增长 33.2%，实现旅游总收入 227.6 亿元，增长 36.5%，带动全州服务业增长 7.5%，增速比上午提高 2.1 个百分点；甘孜州全年实现服务业增加值 232.9 亿元，增长 4.8%。

四、投资快速回升，消费市场增势平稳

全社会固定资产投资比上年增长 12.2%，增速比上年提高 9 个百分点。凉山州全社会固定资产投资增长 13.8%，增速居全省 21 个市州首位，其中新开工项目投资增长 80.1%，占全社会投资比重达 29.3%，同时主要基础设施投资大幅增长，电、热、燃气和水生产和供应业投资增长近 5 倍，高速公路投资增长 1.7 倍。甘孜州全社会固定资产投资增长 8.2%，其中服务业投资占比超过六成，增长 12.3%，对全社会固定资产投资的贡献宰达 91.3%。阿坝州全社会固定资产投资增长 12.2%，增速比去年提高 0.9 个百分点，其中 5000 万以上项目投资增长 55%。民族自治地方全年实现社会消费品零售总额 975.8 亿元，比上年增长 9.7%。其中，凉山州社会消费品零售总额突破 700 亿元，带动消费品市场稳中有升，达到 715.5 亿元；甘孜州社会消费品零售总额 110.2 亿元，增长 9.7%；阿坝州在地震灾区旅游业快速恢复的带动下，社会消费品零售总额增长 6%。

五、基础设施加快建设，发展瓶颈逐步突破

不断加大对基础设施加快建设投入。甘孜机场投入运营，会东机场已开展选址工作，北川通用机场正加快前期。铁路方面，川藏铁路雅安至林芝段前期工作取得突破性进展，推动成昆铁路峨眉至米易段扩能改造工程、成兰铁路成都至黄胜关段加快建设。推动雅安至康定高速公路全线建成通车，汶川至马尔康高速部分通车，结束阿坝、甘孜州府不通高速公路历史。积极支持民族地区大中型水利工程建设，凉山州大桥水库灌区二期工程开工建设。商财政厅、水利厅提前安排下达省级补助投资，大力支持工程加快建设。积极推进盐源县龙塘水库及灌区项目前期工作。白玉赠科等藏区骨干水利工程推进顺利。继续推进实施藏区彝区 45 个贫困县省级“宽带乡村”工程。加快实施村村通光纤、村村通 4G 和道路沿线移动通信网络覆盖三大工程，同时，积极推进网络扶贫试点相关工作。加快推动“互联网+”政务服务、益民服务、现代农业、电子商务、普惠金融、乡村旅游等向广大民族地区延伸，让广大民族地区群众在共享互联网发展成果上有更多获得感。

六、脱贫攻坚全力推进，加强生态环境保护

大力实施全省十项民生工程及 20 件民生实事，深入落实综合帮扶凉山州脱贫攻坚政策。藏区“六项民生工程计划”持续推进，会同藏区州县和省级相关部门，共同努力、协同推进，打好政策组合拳，各项民生工程有序推进。到位资金超过 70 亿元，中央、省级、州县均已超计划完成年度筹资任务，涉藏州县全部实现整体脱贫。深入实施民族自治地方十五年免费教育，严格落实义务教育“控辍保学”工作。持续实施民族地区卫生发展十年行动计划，务实推进易地扶贫搬迁工程。深入开展天然林资源保护、退耕还林、退牧还草、石漠化综合治理和沙化土地治理等重点生态工程建设，治理中、重度沙化土地 15.2 万亩。大力实施县级污水、垃圾处理工程，已建成 90 个、在建 6 个。奋力推进九寨沟地震、白格堰塞湖、汶川泥石流等灾后恢复重建，加强防

灾减灾项目建设。严格落实《国家重点生态功能区产业准入负面清单》，积极探索建立禁止开发区域保护制度，建立完善生态文明建设信息共享制度。阿坝州成功获评为全国生态保护与建设典型示范区。

（撰稿：李学华　审稿：滕明兵）

贵州省

民族自治地方共辖黔东南、黔南、黔西南 3 个自治州；道真、务川等 11 个自治县，总面积 9.8 万平方公里，占贵州省总面积的 55.5%。年末常住人口 1379.78 万人（户籍人口 1808.8 万人），占全省常住人口的 38.8%，其中少数民族人口 1118.51 万人，占民族自治地方总人口的 81.0%；森林覆盖率 60%，城镇人口占比为 35.3%。

2019 年，贵州省坚持以习近平新时代中国特色社会主义思想为指导，全面贯彻落实党中央、国务院和贵州省委、贵州省政府各项决策部署，坚持稳中求进工作总基调，坚持新发展理念和推动高质量发展，坚持以脱贫攻坚统揽经济社会发展全局，牢牢守好发展和生态两条底线，强力推进三大攻坚战，深入实施三大战略行动，加快建设三大国家级试验区，统筹稳增长、促改革、调结构、惠民生、防风险、保稳定，扎实做好“六稳”工作，全省经济继续保持较快发展势头，为按时高质量打赢脱贫攻坚战，全面建成小康社会和实现“十三五”规划圆满收官打下了坚实基础。贵州省各族人民发挥当家作主的积极性，努力发展和谐的社会主义民族关系，促进了民族自治地方经济社会又好又快发展。

一、地区生产总值

2019 年贵州省民族自治地方地区生产总值为 5100.23 亿元，占全省的 30.4%，比上年增长 8.4%，增加 465.99 亿元；“十三五”期间前四年平均增速为 10.74%，分别比全省及全国高出 1.21 和 4.16 个百分点。地区生产总值中，第一产业增加值 1003.8 亿元，比上年增长 5.9%；第二产业增加值 1523.5 亿元，比上年增长 10.3%；第三产业增加值 2572.93 亿元，比上年增长 9.4%。第一产业、第二产业、第三产业增加值占地区生产总值的比重，分别为 19.7%、29.9%、50.4%。人均地区生产总值 36964 元，比上年增长 12.3%，比全省低 9469 元，“十三五”期间前四年平均增速为 10.8%。全省地区生产总值比上年增长 8.3%，增速高于全国（6.1%）2.2 个百分点，位居全国前列。

二、农业

民族自治地方全年农林牧渔业总产值 1653.11 亿元，比上年增长 6.6%。其中，农业 1027.44 亿元，增长 6.62%；林业 129.45 亿元，增长 11.1%；牧业 394.68 亿元，增长 0.92%；渔业 28.69 亿元，增长 -18.41%。

全年农作物播种面积 2033 千公顷，粮食作物种植面积 1145 千公顷；烟叶产量（未加工烟草）11.78 万吨。粮食总产量 656.77 万吨。茶叶产量 8.8 万吨，水果产量 195.67 万吨，油料产量 33.77 万吨。

年末实有耕地面积 1515 千公顷，有效灌溉面积 594 千公顷，造林面积 181 公顷；农业机械总动力 1178 万千瓦，农村用电量 3711 万千瓦小时。

年末大牲畜存栏 247 万头，猪 538 万头，羊 241 万头。大牲畜出栏 104 万头，猪 703 万头，羊 160 万头。肉类产量 88.08 万吨，水产品产量 2.6 万吨。

全年贵州省农林牧渔业增加值 2408.03 亿元，比上年增长 5.7%。其中，种植业增加值 1566.47 亿元，增长 8.3%；林业增加值 182.09 亿元，增长 7.8%；畜牧业增加值 493.12 亿元，下降 1.8%；渔业增加值 38.88 亿元，增长 4.6%。

全年贵州省粮食种植面积 4064.11 万亩，比上年下降 1.1%。粮食总产量 1051.24 万吨，下降 0.8%，单位面积粮食产量 3879.96 公斤/公顷，增加 12.72 公斤/公顷。全年蔬菜及食用菌种植面积 2153.40 万亩，增长 2.5%，蔬菜及食用菌产量 2735.44 万吨，增长 4.7%。年末果园面积 1029.94 万亩，比上年末增长 18.5%，全年园林水果产量 370.85 万吨，比上年增长 26.5%。

三、工业和建筑业

全年民族自治地方规模以上工业企业 2118 个，其中国有企业 47 个，集体企业 21 个，股份合作企业 346 个，港、澳、台商投资企业 35 个，外商投资企业 82 个。规模以上工业企业资产总计 138.78 亿元，流动资产合计 200.47 亿元，所有者权益合计 2355.64 亿元，全年规模以上工业企业主营业务收入 2274.76 亿元，实现利润总额 107.79 亿元。

原煤产量 1708.08 万吨，农用氮磷钾化肥总计（折纯）357 万吨，比上年增加 1%。发电量 5448329 万千瓦时。水泥 3503.78 万吨。

建筑业总产值 650.4 亿元，建筑业增加值 314.4 亿元，实现利润 12.8 亿元。

全年贵州省规模以上工业增加值比上年增长 9.6%。分经济类型看，国有控股企业增加值增长 9.9%，股份制企业增加值增长 9.5%，外商及港澳台商投资企业增加值增长 6.9%，私营企业增加值增长 6.9%。分门类看，采矿业增加值增长 13.7%，制造业增加值增长 8.5%，电力、热力、燃气及水生产和供应业增加值增长 11.0%。全年全省规模以上工业企业利润总额 886.58 亿元，比上年增长 0.2%。规模以上工业企业资产负债率为 61.0%，比上年下降 1.0 个百分点；营业收入利润率为 9.3%，提高 0.2 个百分点；每百元营业收入中的成本为 75.15 元，下降 0.92 元。

四、固定资产投资

民族自治地方全年全社会固定资产投资完成 4341.57 亿元，比上年增加 1.05%；“十三五”期间前四年平均增速为 6.95%，其中固定资产投资（不含农户）3795.16 亿元，新增固定资产投资 1885.45 亿元，比上年略有下降。

五、市场和物价

民族自治地方全年社会消费品零售总额 1153.7 亿元，比上年增长 2.65%，比全省低 2.45 个百分点，比全国低 6.35 个百分点。“十三五”期间前四年平均增速为 1.24%，比全国及全省都低。按行业分，批发和零售业 912.12 亿元，略有下降；住宿和餐饮业 181.1 亿元，增长 10.0%，其他行业 60.48 亿元。全年居民消费价格比上年上涨 1.8%。其中，食品烟酒价格比上年上涨 0.7%，衣着价格上涨 0.9%，生活用品及服务价格上涨 0.9%，均低于居民消费价格总涨幅。对外贸易、利用外资进出口总额 29.8 亿美元，其中进口总额 3.3 亿美元，出口总额 26.5 万美元。

六、交通运输、邮电和旅游

年末贵州省民族自治地方公路通车里程 101075 公里，其中高速公路通车里程 3343 公里，比上年增长 15.7%；等级公路 71234 公里，比上年增长 9.4%。铁路营业里程 1834 公里，比上年增长 1.78%，内河航道里程 3839 公里，比上年增长 2.6%。公路网密度为 10313 公里/万平方公里，铁路网密度为 183.6 公里/万平方公里。

全年客运量为 192647 万人，其中公路客运量 148777 万人，铁路客运量 50211 万人；货运量总计 174301 万吨，其中公路货运量 64222 万吨，铁路货运量 29318 万吨；旅客周转量为 10795878 万人公里；货物周转量 25471152 万吨，其中公路货运周转量 580207 万吨，铁路货运周转量 24890945 万吨。全年全省铁路、公路、水运货物运输总量 106802.26 万吨，比上年增长 3.7%；货物周转量 1953.89 亿吨公里，增长 8.7%。民航货邮吞吐量 12.74 万吨，增长 8.0%。全年全省铁路、公路、水运旅客运输总量 93756.10 万人，比上年增长 0.8%；旅客周转量 832.94 亿人公里，增长 4.3%。民航旅客吞吐量 3030.88 万人次，增长 8.3%。

贵州省民族自治地方民用汽车 103861 万辆，公路运营汽车 3218 万辆；民用机场 5 个，定期航班航线 43 条。

全年邮电业务总量 183.4 亿元，比上年增长 10.9%。年末移动电话用户 15407 万户，固定电话年末用户 9919 万户，互联网宽带接入用户 530 万户，邮政局所（营业网点）2269 处，邮政总长度 70393 公里，农村投递线路总长度 505231 公里。贵州省邮政业务总量 63.07 亿元，比上年增长 18.5%；电信业务总量 2191.17 亿元，增长 165.5%。全年贵州省邮政行业业务总量 76.05 亿元，比上年增长 20.6%；邮政函件业务 6092.17 万件，下降 34.4%。快递业务收入 46.11 亿元，比上年增长 14.0%；快递业务量 2.46

亿件，增长 16.0%。

全年贵州省电信业务总量 3874.88 亿元，比上年增长 76.8%。年末全省移动电话用户 4386.24 万户，比上年末增长 3.2%；互联网出省带宽 1.20 万 Gbps，增长 31.4%；光缆线路长度 114.14 万千米，增长 17.8%。移动电话普及率提高到 122.52 部/百人。

贵州省民族自治地方电子商务类企业 5891 个，拥有网站 6888 个，有电子商务交易活动的企业 15649 个。全省电信业务总量增长 165.5%，新经济增加值占地区生产总值比重提高到 19%。

旅游业持续 “井喷”，贵州省民族自治地方旅行社总数 389 个，旅游总人数 4.2 亿人次。其中，接待国内旅游人数 3.8 亿人次，增长 41%；接待入境旅游人数 52.6 万人次。实现国内旅游收入 2623 亿元，国际旅游收入 15185 万美元。全省全年旅游总人数 9.69 亿人次，比上年增长 30.2%；旅游总收入 9471.03 亿元，增长 33.1%。

七、财政和金融

贵州省民族自治地方地方一般公共预算收入 331.79亿元,比上年增长-7.9%,其中税收收入217.08 亿元；全年一般公共预算支出 1724.10 亿元，比上年增长 7.7%。十三五”期间前四年一般公共预算收入和收入平均增速分别为-2.14%和 8.61%，特别是一般公共预算收入对比全国及全省的平均增速都较低；其中，教育支出 361.49 亿元，增长 4.2%；社会保障和就业支出 173.57 亿元，增长 7.0%；医疗卫生与计划生育支出 186.15 亿元，增长 4.6%；农林水支出 252.16 亿元，文化体育与传媒支出 20.1 亿元，科技技术支出 29.8 亿元。黔西南州、黔东南州和黔南州一般公共预算财政收入增长率分别为-7.0%、-8.5%和-7.2%，一般公共预算财政支出分别是一般公共预算财政收入的 3.50、8.06 和 3.90 倍，财政收入乏力、支出缺口大的现象更加明显，产业发展对域外“支持型”资金的依赖度高成为 3 个自治州发展的唯一选择。

全年贵州省财政总收入 3047.81 亿元，比上年增长 2.5%。一般公共预算收入 1767.36 亿元，比上年增长 2.3%。其中，税收收入 1203.93 亿元，下降 4.9%；非税收入 563.42 亿元，增长 22.3%。全年全省一般公共预算支出 5921.40 亿元，比上年增长 17.7%。其中，扶贫支出 535.89 亿元，增长 81.3%；农林水支出 947.82 亿元，增长 42.6%；卫生健康支出 549.28 亿元，增长 14.0%；社会保障和就业支出 595.02 亿元，增长 10.7%；教育支出 1076.65 亿元，增长 9.2%。年末全省金融机构人民币各项存款余额 27170.60 亿元，比年初增加 690.08 亿元。其中，住户存款 11527.25 亿元，增加 931.60 亿元。金融机构人民币各项贷款余额 28448.73 亿元，比年初增加 3482.64 亿元。其中，住户贷款 9032.64 亿元，增加 1319.06 亿元。

八、人民生活

居民收入持续增加，贵州省民族自治地方全年城镇常住居民人均可支配收入、农村常住居民人均可支配收入分别为 32741 元和 10617 元，分别比全省低 1663 元和 139 元，比上年名义增长 9.8 和 14.0%。“十三五”期间前四年平均增速分别为 10.68%和 9.07%。

全年贵州省居民人均可支配收入 20397 元，比上年增长 10.7%。按常住地分，城镇居民人均可支配收入 34404 元，增长 8.9%；农村居民人均可支配收入 10756 元，增长 10.7%。全年全省居民人均消费支出 14780 元，比上年增长 7.1%。按常住地分，城镇居民人均消费支出 21402 元，增长 3.0%；农村居民人均消费支出 10222 元，增长 11.5%。年末城镇常住居民人均现住房面积 38.19 平方米，比上年末增长 0.7%；农村常住居民人均现住房面积 35.31 平方米，增长 0.9%。

九、民族教育

贵州省民族自治地方年末普通高等学校、普通中学、中等职业学校、普通小校分别为 12、171、67、3366 所，在校生数分别为 45842、1153177、158127、1478318 人，各级各类学校专任教师数为 171525 人。九年义务教育巩固率 92.0%，高中阶段毛入学率 88.5%，高等教育毛入学率 36.0%，在西部率先实现县域义务教育基本均衡发展。小学学龄儿童入学率 99.6%，比上年提高 0.1 个百分点；初中阶段毛入学率 99.1%，比上年提高 0.1 个百分点；高中阶段毛入学率 88.5%，比上年提高 0.5 个百分点。

年末贵州省拥有普通小学 6943 所，在校生

388.30 万人；初中学校 2008 所，在校生 179.28 万人；普通高中 468 所，在校生 99.21 万人；中等职业教育（学校）185 所，在校生 43.81 万人；普通高等学校 72 所，在校生 76.57 万人；研究生培养单位 10 个，在学研究生 2.37 万人。全省九年义务教育巩固率 93.0%，高中阶段毛入学率 89.0%，高等教育毛入学率 38.0%。

十、文化、卫生和体育

贵州省民族自治地方年末共有艺术表演团体 68 个，文化馆 55 个，公共图书馆 55 个，博物馆 60 个。全年图书印数 40.5 万册，图书种类 516 种，报纸种类 109 种，报纸印数 4291.3 万册。年末电视综合人口覆盖率为 96.74%，广播综合人口覆盖率为 93.93%。

民族自治地方年末共有医疗卫生机构 11383 个。其中，医院 446 个、卫生院 724 个，村卫生室 8938 个。医疗卫生机构床位数 88442 张，比上年末增长 5.0%。卫生机构人员数 116369 人，比上年末增长 5.4%，卫生技术人员 88195 人，比上年末增长 12.3%。其中，执业（助理）医师数 28869 人，乡村医生和卫生员 12924 人。

年末贵州省拥有卫生机构 2.85 万个，其中，医院、卫生院 0.27 万个。专业公共卫生机构 348 个，其中，疾病预防控制中心 100 个。医院、卫生院床位 25.11 万张，比上年末增长 7.9%。卫生技术人员 26.63 万人，其中，执业（助理）医师 8.80 万人，注册护士 12.14 万人。

十一、人口、就业和社会保障

全省民族自治地方年末总人口 1834 万人。其中，少数民族人口 1118 万人。按性别划分，男性 965.6 万人，女性 868.7 万人；按城乡划分，城镇人口为 647.66 万人，乡村人口为 1186.66 万人。年末全省常住人口 3622.95 万人，比上年末增加 22.95 万人。其中，城镇常住人口 1775.97 万人，占年末常住人口的比重为 49.02%，比上年末提高 1.5 个百分点。全年出生人口 49.30 万人，出生率为 13.65‰；死亡人口 25.10 万人，死亡率为 6.95‰；自然增长率为 6.7‰。

社会保障网进一步织密兜牢。民族自治地方年末城镇居民最低生活保障人数 18.67 万人，农村居民最低生活保障人数 181.9 万人，比上年下降 9.4%；城镇社区服务机构 7278 个。新型农村合作医疗参加人数 2511.3 万人，新型农村合作医疗费用支出 78.8 亿元，比上年增长 8.4%；新型农村合作医疗参合率达 99%。年末全省城乡居民基本养老保险参保人数 1855.76 万人，比上年末增长 2.9%。城镇职工基本养老保险参保人数 677.44 万人，增长 5.9%。失业保险参保人数 276.07 万人，增长 7.3%。基本医疗保险参保人数 1060.22 万人，增长 1.9%。工伤保险参保人数 408.26 万人，增长 14.8%。其中，农民工参保人数 106.95 万人，增长 12.9%。生育保险参保人数 349.61 万人，增长 7.2%。

年末贵州省拥有各类提供住宿的社会服务机构 1034 个，其中，养老机构 928 个，儿童福利和救助保护机构 26 个。社会服务床位 18.91 万张，其中养老机构床位 17.81 万张，儿童服务床位 3373 张。

（撰稿：张发刚　审稿：吴继堂）

云南省

2019 年，云南民族自治地方全面贯彻落实党中央、国务院和省委、省政府决策部署，坚持稳中求进工作总基调，坚持新发展理念，落实高质量发展要求，统筹推进稳增长、促改革，调结构，惠民生、防风险、保稳定各项工作，经济保持了持续稳健发展。同时，大力推进民族团结进步示范区建设和脱贫攻坚双融合、双促进工作，针对少数民族困难群体和困难地区，实施了一系列促进加快发展的特殊政策措施，民族自治地方经济社会稳步发展和民族团结进步的局面得到进一步巩固提升。

经济继续保持平稳健康发展。2019 年民族自治地方扎实贯彻落实高质量发展要求，落实稳增长系列政策措施，推进“补短板、增动力”重点项目行动计划，新旧动能转换步伐加快，绿色铝硅产业布局基本完成，生物医药等八大重点产业和世界一流“三张牌”（绿色能源、绿色食品、健康生活目的地）发展势头良好，产业数字化加快发展，数字能源、数字金融、数字环保等快速推进，区域协调发展有效推进，经济总量过千亿的州达 4 个（楚雄州、红河州、文山州、大理州），云南民族自治地方经济发展主要指标增幅保持高于全省平均水平。2019 年，民族自治地方实现地区生产总值 9266.96 亿元，比上年增长 8.4%，增幅高于全省平均水平 0.3 个百分点，其中：第一产业增加值 1689.2 亿元，第二产业增加值 3023.4 亿元，第三产业增加值 4554.36 亿元，分别比上年增长 8.0%、5.6%、10.7%，增幅分别高于全省平均水平 2.5、-3.0、2.4 个百分点。人均地区生产总值 39254 元，比上年增长 7.9%，高于全省平均增速 0.5 个百分点。实现全部工业增加值 1894.75 亿元，比上年增长 9.6%，高于全省平均增速 1.5 个百分点。社会消费品零售总额 2614.65 亿元，比上年增长 10.6%，高于全省平均增速 0.2 个百分点。固定资产投资（不含农户）比上年增长 8.5%，与全省平均增速持平。城镇常住居民人均可支配收入 34954 元，比上年增长 9.1%，比全省平均增速高 0.9 个百分点；农村常住居民人均可支配收入 11902 元，比上年增长 10.8%，高于全省平均增速 0.3 个百分点。

城乡融合发展迈出新步伐。民族自治地方加快推进农业转移人口市民化，蒙自、大理等区域性中心城市加快建设，瑞丽、河口、磨憨等边境口岸城镇快速发展，民族自治地方新型城镇化建设质量提升。乡村振兴步伐加快，全省新建改建农村公路 1 万公里以上，全省所有建制村通硬化路、通邮，具备条件的建制村 98.26%通客车。巩固提升了一批农村人口饮水安全保障水平，完成了永久基本农田、粮食生产功能区和重要农产品生产保护区划定，全面启动了云农大数据应用推广。全省 129 个县市区中有 96 个被列入国家电子商务进农村综合示范县，乡镇快递网点覆盖率 99.5%。创建了一批“一县一业”示范县、特色县，2019 年全省新认证“三品一标”（无公害农产品、绿色食品、有机农产品和农产品地理标志）1525 个，“云系”“滇牌”知名度快速提升，高原特色农业快速发展。全省农业加工业产值与农业总产值之比提高到 1.6∶1。民族自治地方农业经济指标稳步增长，农民收入水平稳步提高。2019 年云南民族自治地方农林牧渔业总产值 2811.27 亿元，比上年增长 5.7%，比全省平均增速高 0.1 个百分点。粮食总产量达到 1034.57 万吨，比上年增长 1.1%；人均粮食产量 438 千克，比上年增加 3 千克，比全省人均粮食产量多 53 千克。水果产量 663.47 万吨，比上年增长 3.1%，人均水果产量 281 千克，比全省人均水果产量多 104 千克；蔬菜产量 1217.36 万吨，比上年增长 4.7%，人均蔬菜产量 516 千克，比上年增加 21 千克，比全省人均蔬菜产量多 42 千克；烤烟产量 42.6 万吨，与上年略有减少；茶叶产量 26.1 万吨，比上年增长 3.1%；油料产量 25.59 万吨，与上年基本持平，人均油料产量 10.8 千克；甘蔗产量 1261.27 万吨，比上年略有减少；猪牛羊肉总产量 192.16 万吨，比上年增长 5%，人均猪牛羊肉产量 81 千克，比全省人均猪牛羊肉产量多 10 千克。年末大牲畜存栏数 575.8 万头，猪存栏 1457.6 万头，羊存栏 715.9 万头。农业机械总动力 1698.1 万千瓦，比上年略有减少。

基础设施建设迈上新台阶。持续稳步推进以综合交通、水利、能源、信息、物流为主要内容的“五网”基础设施建设。2019 年，全省民族自治地方的公路里程达 20.19 万公里，其中高速公路通车里程近 0.31 万公里，等级公路 14.2 万公里。县域高速公路“能通全通”工程全面推进，“互联互通”启动实施，至 2019 年底，云南省高速公路主线基本贯通，全省 129 个县市区有 90 个县市区通高速公路，128 个县市区通高等级公路（镇沅彝族哈尼族拉祜族自治县计划 2020 年通高等级公路）。2019 年丽香高速香格里拉至小中甸段建成，打破迪庆州没有高速公路的历史，怒江州美丽公路建成通车，打破了所辖福贡县、贡山县没有高等级公路的历史。进一步完善云南“五出省、八出境”铁路网通道，2019 年全省高铁里程达 1105 公里，大理至瑞丽铁路，丽江至香格里拉铁路等项目稳步推进，复兴号”动车首次开抵中越边境国门口岸。全省 16 个民用机场有 9 个在民族自治地方，怒江州兰坪通用机场建成通航，打破怒江州没有民航的历史，陇川、蒙自、怒江、元阳、丘北等一批民族自治地方机场新建工作加快推进。建设了一批重点水源工程，乌东德等大型水电站有序推进，全省绿色发电量占 92%。物流网络发展稳步推进，推进物流产业数字化，云南国际“现代物流云”综合信息服务平台上线试运行，截至 2019 年年底，全省 A 级以上物流企业达到 96 户。全省实现 4G 网络全覆盖，全面启动 5G 商用试点，推动农村网络从“用得上”到“用得好”，在实现农村地区网络基本覆盖基础上，云南连续三年开展“百兆乡村”建设，所有行政村实现光纤接入，具备 100M 以上宽带接入能力。此外，全省校园网络包括农村学校“千兆到校、百兆到班”，教育信息高速公路实现了质的飞跃。

生态文明建设不断加强。出台建设成为中国最美丽省份的指导意见，启动国土空间规划编制，调整优化生态保护红线，万元地区生产总值能耗完成国家下达目标。2019 年全省治理水土流失面积 5516 平方公里，纳入国家监管平台监测的 33 条黑臭水体整治消除率为 100%。红河州元阳梯田遗产区、怒江州贡山县成功创建为国家“绿水青山就是金山银山”实践创新基地，西双版纳州、石林县、洱源县、屏边县成功创建为国家生态文明建设示范州市县。截至目前，全省民族地区森林覆盖率达到 65.65%，高于全省平均水平，楚雄州荣获“国家森林城市”，西双版纳州的景洪市荣获“全国森林旅游示范市”称号。地级城市空气质量优良天数比率超过 98.1%。新开工建设了一批海绵城市，气管网、污水配套管网等工程，全省城镇污水处理率、生活垃圾处理率分别达 92.8% 和 96.8%，农村卫生厕所普及率提高到 82%，城镇建成区、A 级景区全部消除旱厕。乡村振兴步伐加快，大理市创建国家级农村人居环境示范市，同时全省创建一批农村人居环境省级示范县和省级示范村。加快推进系统打造美丽县城、美丽乡村、美丽公路建设，云南的生态环境更美了。

民生保障水平不断提高。2019 年全省财政民生支出占比达 73.2%，易地扶贫搬迁安置房建设任务基本完成，存量危房全面清零，基本完成“两不愁三保障”硬任务。全省控辍保学成效显著，九年义务教育巩固率达 94.77%、高中阶段毛入学率达 84.33%。基本医疗保障持续全覆盖，23 个省级临床医学中心和 71 个州、市分中心建设稳步推进，综合能力达标县级医院达 106 所。文化体育等社会事业不断进步，县乡村体育基础设施覆盖率分别达 97.7%、75.7%、92.9%，开展以送戏下乡为主的惠民活动演出 1.4 万余场。城市最低生活保障指导标准提高到 610 元/人/月，农村最低生活保障指导标准提高到 4200 元/人/年，分别比去年底增长 9%、16.3%。积极推进城乡居民养老保险待遇确定和基础养老金正常调整“双机制”措施落地，连续 14 年提高工伤保险伤残津贴、供养亲属抚恤金和生活护理费等三项长期待遇标准。“互联网+智慧养老”平台、“就业彩云南”公共就业服务信息系统上线运行。持续加大农村劳动力转移就业力度，新增农村劳动力省内外转移就业 125.1 万人，全年城镇新增就业人数 53.43 万人，年末全省城镇登记失业率为 3.25%，全省就业形势保持稳定。

对内对外开放水平持续提升。2019 年云南省民族自治地方实现进出口总额 1161.9 亿元。接待国内外游客 3.98 亿人次，比上年同期增长 17.0%，实现国际旅游收入 32.3 亿美元，比上年同期增长 14.9%，实现国内旅游收入 5175.5 亿元，比上年同期增长 19.1%。营商环境建设强力推进，534 个服务事项实现“掌上办”“指尖办”，全面推行政务服务“好差评”和营商环境“红黑榜”制度。启动建设大滇西旅游环线，“一部手机游云南”重构了智慧旅游、全域旅游新生态，“30 天无理由退货”成为诚信云南新标志。

财政金融运行持续稳健。2019 年云南民族自治地方完成地方一般公共预算收入 593.55 亿元，比上年增长 4.7%；完成地方一般公共预算支出 2755.96 亿元，比上年同期增长 8.5%。民族自治地方全部金融机构人民币各项存款余额为 9769.5 亿元，比年初增长 3.3%，其中：城乡居民储蓄存款年末余额 6047.5 亿元，比年初增长 9.2%；全部金融机构各项人民币贷款余额 7370.1 亿元，比年初增长 10.0%。银行业不良贷款率持续下降，地方政府债务率逐步下降。

（撰稿：易永红　审稿：陈新华）

西藏自治区

2019年，在习近平总书记和党中央、国务院的亲切关怀下，自治区党委、政府团结带领全区各族干部群众，坚持以习近平新时代中国特色社会主义思想为指导，全面贯彻党的十九大和十九届二中、三中、四中全会精神和中央经济工作会议、中央第六次西藏工作座谈会精神，紧扣全面建成小康社会目标任务，坚持创新协调绿色开放共享的新发展理念，坚持稳中求进工作总基调，坚持以供给侧结构性改革为主线，落实“六稳”要求，以处理好“十三对关系”为工作方法，全力打好“三大攻坚战”，扎实做好稳增长、促改革、调结构、惠民生、防风险工作，经济运行总体平稳，发展质量稳步提升，经济结构进一步优化，人民生活福祉持续增进，各项社会事业繁荣发展。

一、综合

2019年实现地区生产总值（GDP）1697.82亿元，按可比价计算，比上年增长8.1%。其中，第一产业增加值138.19亿元，增长4.6%；第二产业增加值635.62亿元，增长7.0%；第三产业增加值924.01亿元，增长9.2%。人均地区生产总值48902元，增长6.0%。按年平均美元汇率折算，人均地区生产总值7088.8美元。

在全区生产总值中，第一、二、三产业增加值所占比重分别为8.2%、37.4%、54.4%。与上年相比，第一产业比重下降0.1个百分点，第二产业下降0.2个百分点，第三产业提高0.3个百分点。

根据全区第四次全国经济普查结果显示，全区共有从事第二产业和第三产业活动的法人单位4.7万个，比第三次全国经济普查增长1.2倍。产业活动单位5.4万个，增长1.0倍。从业人员80.4万人，增长55.7%。个体经营户11.2万个。全年全区居民消费价格比上年上涨2.3%。商品零售价格上涨2.0%。农业生产资料价格上涨0.2%。工业生产者出厂价格下降1.1%。

二、农牧业

全年农作物种植面积269.77千公顷，比上年增加0.84千公顷。其中，青稞面积139.19千公顷，减少0.39千公顷；小麦面积32.35千公顷，增加0.61千公顷；油菜籽面积21.45千公顷，减少1.01千公顷；蔬菜面积25.83千公顷，增加1.83千公顷。

全年粮食总产量104.69万吨，比上年增长0.3%，其中，青稞79.29万吨，增长1.9%。油菜籽5.69万吨，下降2.2%。蔬菜77.49万吨，增长6.8%。

年末牲畜存栏总数1702.81万头（只、匹），比上年末减少23.65万头（只、匹）。其中，牛621.89万头，增加15.16万头；羊1016.98万只，减少29.09万只。全年猪牛羊肉产量达27.75万吨，比上年下降0.2%。奶类产量46.66万吨，增长14.2%。

三、工业和建筑业

全年全部工业实现增加值131.72亿元，比上年增长5.1%。规模以上工业增加值增长3.0%。在规模以上工业中，公有工业增长8.5%，非公有工业下降1.9%。分经济类型看，国有控股企业增长7.3%，股份制企业增长1.6%，外商及港澳台企业增长9.7%。分门类看，采矿业下降11.4%，制造业增长5.0%，电力、热力、燃气及水生产和供应业增长26.0%。

全年规模以上工业企业实现利润总额5.17亿元，比上年下降70.3%。分经济类型看，国有控股企业亏损10.66亿元，亏损额增长4.0倍。股份制企业实现利润2.13亿元，下降82.6%。外商及港澳台企业实现利润2.64亿元，下降46.0%。规模以上工业企业产品销售率100.9%。全年完成建筑业增加值503.90亿元，按可比价计算，比上年增长7.5%。

四、固定资产投资

全年固定资产投资总额比上年下降2.1%。按产业分，第一产业投资下降27.5%，第二产业投资下降10.8%，第三产业投资增长1.5%。按经济类型分，国有经济投资下降10.4%，集体经济投资增长69倍，个体经济投资下降9.2%，其他各种经济类型投资增长 17.9%。全年民间投资增长 2.9%。

全年房地产开发投资 129.56 亿元，比上年增长 39.9%。房地产开发施工房屋面积 764.16 万平方米，增长 113.1%；竣工房屋面积 18.87 万平方米，下降 62.2%；商品房销售面积 127.71 万平方米，增长 74.1%；商品房销售额 96.78 亿元，增长 83.2%。

五、国内贸易

全年社会消费品零售总额 649.33 亿元，比上年增长 8.7%。按销售单位所在地分，城镇消费品零售额 540.80 亿元，增长 7.9%；乡村消费品零售额 108.53 亿元，增长 12.8%。按消费形态分，商品零售 539.29 亿元，增长 8.4%；餐饮收入 110.04 亿元，增长 10.0%。

六、对外贸易

2019 年，全区货物进出口总额 48.76 亿元，比上年增长 2.6%。其中，出口 37.45 亿元，增长 31.1%；进口 11.30 亿元，下降 40.4%。

在进出口贸易中，边境小额贸易 29.33 亿元，比上年增长 21.6%。其中，出口 29.01 亿元，增长 21.6%；进口 0.33 亿元，增长 20.0%。

七、交通、邮电和旅游

全年完成货物运输周转量 156.14 亿吨公里。其中，铁路运输 39.91 亿吨公里，增长 20.1%；公路运输 114.47 亿吨公里；民航运输 0.65 亿吨公里，增长 17.3%；管道 1.12 亿吨公里，下降 5.1%。全年旅客运输周转量 130.61 亿人公里，增长 4.4%。其中，铁路运输 18.08 亿人公里，下降 4.1%；公路运输 27.23 亿人公里，下降 2.6%；民航运输 85.30 亿人公里，增长 9.0%。

年末公路总通车里程 103951 公里，比上年增加 6167 公里。其中，有铺装路面总里程 35262 公里。

全年完成邮政业务总量 4.79 亿元，比上年增长 13.9%。快递业务总量 874.34 万件，增长 20.5%；快递业务收入 2.89 亿元，增长 19.0%。全年完成电信业务总量 299.83 亿元，增长 167.8%。建设通信光缆总长度达 20.19 万公里。

全年累计接待国内外游客 4012.15 万人次，比上年增长 19.1%。其中，接待入境游客 54.19 万人次，增长 13.8%；接待国内游客 3957.96 万人次，增长 19.2%。实现旅游总收入 559.28 亿元，增长 14.1%。其中，旅游外汇收入 27907 万美元，增长 12.9%；国内旅游收入 540.44 亿元，增长 14.1%。

八、财政、金融和保险

全年实现一般公共预算收入 222.00 亿元，比上年下降 3.6%。其中，税收收入 157.52 亿元，增长 1.1%。实现一般公共预算支出 2180.88 亿元，增长 10.6%。

年末，全区金融机构人民币存款余额 4973.91 亿元，比上年增长 0.9%。其中，住户存款 960.19 亿元，增长 3.8%。金融机构人民币贷款余额 4695.22 亿元，增长 3.1%。

全年保险公司保费收入 36.65 亿元，比上年增长 9.6%。财产保险保费收入 24.76 亿元，增长 11.7 %。全年共支付各类赔款 22.58 亿元，增长 25.5%。

九、教育、科学技术

全区普通高等教育院校 7 所，年内招生 11720 人，在校生 38671 人，毕业生 10512 人。中等职业学校 11 所，招生 10537 人，在校生 25402 人，毕业生 6601 人。中学 136 所。高中招生 23238 人，在校生 65500 人，毕业生 19159 人；初中招生 48681 人，在校生 139808 人，毕业生 41191 人；小学 821 所，招生 61760 人，在校生 340952 人，毕业生 50998 人。特殊学校招生 172 人，在校生 1021 人。年末幼儿园 2014 所，在园幼儿 141660 人，比上年增加 18669 人。全区小学学龄儿童入学率达 99.7%，比上年提高 0.2 个百分点。

年末西藏气象系统共有 756 个自动气象站，其中，有人值守气象站 39 个，无人值守气象站 717 个。天气雷达站 9 个，其中，多普勒雷达站 4 个，小型 X 波段雷达 5 部。

十、文化、卫生和体育

年末全区共有广播电视台 77 座。广播、电视人口综合覆盖率分别达 98.1%和 98.6%。全年出版期刊 2613 千册，比上年增长 7.0%；图书 1965 万册，增长 49.4%。

年末全区共有卫生机构 1642 个。医疗卫生机构实有床位数 17073 张。每千人医疗卫生机构床位数

4.87 张。每千人卫生技术人员数 5.89 人。每千人执业（助理）医师数 2.58 人。

全区共有健身路径器材 3057 套，农民体育健身工程 5259 个。本年度认证社会体育指导员 806 人。全年销售体育彩票 9.76 亿元，筹集体育彩票公益金 2.73 亿元。我区运动员在国际国内各种竞技体育比赛中共获得金牌 37 枚、银牌 27 枚、铜牌 51 枚。

十一、人口、人民生活和社会保障

根据人口抽样调查资料推算，年末全区常住人口总数为 350.56 万人，比上年净增加 6.74 万人。其中，城镇人口 110.57 万人，占总人口的 31.5%；乡村人口 239.99 万人，占总人口的 68.5%。人口出生率 14.6‰，死亡率 4.5‰，自然增长率 10.1‰。

全体居民人均可支配收入 19501 元，比上年增长 12.8%。其中，城镇居民人均可支配收入 37410 元，增长 10.7%；农村居民人均可支配收入 12951 元，增长 13.1%。

全体居民人均消费支出 13029 元，比上年增长 13.1%。其中，城镇居民人均消费支出 25637 元，增长 11.3%；农村居民人均消费支出 8418 元，增长 13.0%。年末城镇居民人均自有住房面积 33.4 平方米，农牧民人均自有住房面积 41.5 平方米。

全年全区城镇登记失业率控制在 3%以内，城镇新增就业人口 5.2 万人。全区城镇居民共有 25728 人享受政府最低生活保障，共享受低保救助金 1.82 亿元。农村居民共有 132509 人享受政府最低生活保障，共享受低保救助金 4.37 亿元。

（撰稿：洛桑群佩　审稿：金美）

甘肃省

甘肃省是多民族省份，56 个民族俱全，少数民族人口 259.59 万人，占全省常住人口的 9.9%。世居的少数民族有回、藏、东乡、保安、裕固、蒙古、撒拉、哈萨克、土、满等 10 个民族，其中东乡族、保安族、裕固族是甘肃省特有的少数民族。全省有 2 个自治州、7 个自治县。民族自治地方 21 个县（市），国土面积 18.36 万平方公里，占全省总面积的 43%。民族自治地方常住人口 329.4 万人，占全省常住人口的 12.5%。2019 年，是打赢脱贫攻坚战的关键之年，在国家民委的关心支持下，甘肃省委、省政府全面贯彻习近平新时代中国特色社会主义思想和党的十九大、十九届二中、三中、四中全会精神，深入落实习近平总书记视察甘肃重要讲话和指示精神，坚持稳中求进工作总基调，坚持新发展理念，保持定力，迎难而上，认真安排部署和组织实施规划，推动民族地区高质量发展，民族地区保持了经济健康平稳、改革开放步伐加快、脱贫攻坚扎实推进、民生持续改善、社会和谐稳定的良好局面。

一、脱贫攻坚持续推进

始终把民族地区脱贫攻坚作为重要政治任务和第一民生工程来抓，省委省政府坚决扛起脱贫攻坚的政治责任，统筹做好系统谋划、资源调配、夯实基础、推进落实各项工作，把主要精力全部用于脱贫攻坚，在全省上下形成了“聚精会神抓脱贫、全力以赴打硬仗”的鲜明导向和浓厚氛围。2019 年，民族地区有 9 个贫困县申请摘帽，预计减贫 17.66 万人、贫困人口减少到 3.82 万人，贫困发生率下降到 1.32%，藏区实现整体脱贫，剩余东乡县、临夏县明年可如期摘帽。一是全力推进“3+3”冲刺清零。紧盯“两不愁、三保障”突出问题，全力实施 3+3”冲刺清零行动。甘南州深入推进“3+3”冲刺清零和“两州一县”方案项目落地，年内累计到位各类财政资金 44.53 亿元。连续开展三轮义务教育有保障筛查督查，全州 2898 名劝返复学学生（其中僧童 877 名）全部在校，义务教育巩固率达 99.11%，州内无因贫失辍学学生。扎实落实基本医保和政府资助、报销政策，贫困人口医疗保险参保率和资助率均达到 100%，“一站式”结算制度在各级定点医疗机构全面执行。临夏州在全省率先开展“3+1+1”问题清零行动，逐村逐户、逐人逐项“过筛子”，集中解决义务教育、基本医疗、住房安全、饮水安全、户籍管理等方面的突出问题，全州农村群众基本实现“两不愁三保障”。二是切实加大产业扶贫力度。坚持把产业扶贫作为全省民族地区脱贫攻坚的主攻方向，立足民族地区资源禀赋和发展基础，大力培育发展特色优势产业。临夏州把“粮改饲”作为产业扶贫重点，以种带养、以养促种，推广青贮玉米30万亩，全株玉米青贮120万吨，占全省的40%以上，推行“农区种草—牧区繁育—农区育肥”的牛羊产业发展模式，牛饲养量达到237.58万头，比年初增长5.5%；羊饲养量达到793.46万只，比年初增长8.5%，牛羊生产出现产销两旺的良好态势。甘南州重点实施藏中药材种植项目，发展藏中药材35万亩，占全州农作物种植面积的30%以上。全面推进“电商扶贫培训全覆盖”工程，“两州一县”的14个县成功申报创建国家电子商务进农村综合示范县，实现县电商服务中心全覆盖，电子商务交易额增长20%以上。三是基础条件和公共服务不断改善。甘南州组织实施易地扶贫搬迁和农牧村危房改造两大安居扶贫工程，全州四类重点对象住房均已达到安全标准，无新增危房。年内建设农牧村饮水安全巩固提升工程311处，改造冬季冻管工程195处，有效解决了高海拔、偏远高山半高山区供水不稳定问题。张家川县鉴定农村房屋6.4万户，改造农村危房1558户，拆除“空心危房”3581户；农村安全饮水集中供水率达100%，贫困户入户率达97%；易地扶贫搬迁实现“六个全覆盖”。四是对口帮扶深入推进。临夏州不断深化拓展东西部扶贫协作和中央单位定点帮扶，临夏厦门两地高层多次互访，5.7亿厦门财政帮扶资金注入我州、39家厦门企业落户临夏、9000多万中央单位帮扶资金已经发挥效益。甘南州全年落实各类帮扶资金3.02亿元，较上年增长103%，组织实施帮扶项目100多个，受益贫困人口8.3万人。中组部、中海油、中建公司、中国作协等中央定点扶贫单位持续加大帮扶力度，年内落实帮扶资金8664万元，特别是中组部支持舟曲县创建“抓党建促脱贫示范县”，帮助建设中等专业学校，树立了中央单位定点帮扶的典范。省内七市九企落实对口支援资金1.55亿元，有力助推了全州脱贫攻坚和乡村振兴。

二、推动民族地区经济高质量发展

民族地区坚持规划引领，积极应对挑战，奋力攻坚克难，采取有力措施，积极推进民族地区基础设施、特色产业、城镇化建设，促进民族地区经济跨越发展。一是基础设施建设持续加快。临夏州铁路、高速、机场等“十大项目”工程建设实现重大突破，兰临合铁路控制性工程黄家岭道开工建设，临大高速、达板整体开发、南阳渠提质增效及水系连通工程正在加快建设，临夏机场项目通过民航总局评估，兰永高速、永临高速初步设计方案已经完成，全州农村公路“两通”目标全面实现，广河县被评为全国“四好农村路”示范县。甘南州兰合、西成铁路完成可研，王格尔塘至夏河高速、卓合高速一期工程进展顺利，引逃济合工程基本完工，玛曲县城供水，天祝县二道墩水库、石门河引水工程和南阳山片下山入川供水工程项目已建成并投入运行。肃北县肃沙一级公路、巴音朝伦新天地、蒙古大营、棚户区改造、牧农村基础设施等项目进展顺利。二是特色产业培育不断壮大。临夏州把文旅产业作为全州的首位产业来培育，加快基础设施建设、景点开发和品牌打造，和政法台山和桦林万兽谷景区成功获批国家4A级景区，黄河三峡景区成为省级旅游度假区，临夏州先后被国际旅游联合会评为“最美中国旅游城市”。甘南州大力发展牦牛、藏羊、蕨麻猪、从岭藏鸡等生态畜牧业和藏中药材、优质青稞、杂交油菜、经济林果、高原夏菜等特色种植业，推动农牧业由增产向提质转变。张家川县扎实推进农业供给侧结构性改革，新增农民专业合作社123家，家庭农场26家，创建市级乡村振兴示范点7个，初步完成“张家川乌龙头”农产品地理标志认证。天祝县加快推进“牛羊鸡马菜菌藜药”八大特色产业发展步伐，天美白牦牛产业园等12个特色产业园区建设加快推进。成功誉名“中国高原食用菌之乡”“中国高原夏菜之乡”，成功列入第二批国家农村产业融合发展示范园创建名单，天祝白牦牛、天祝藜麦入选“甘味”农产品品牌。三是扎实开展优化营商环境建设。临夏州召开全州民营经济发展暨优化营商环境大会进行安排部署，制定出台项目审批“一个本子管到底”办法、促进中小微企业高质量发展的《若干措施》，推进简政放权，落实减税降费政策措施，最大限度让利给企业。甘南州扎实开展招商引资项目“回头看”“大起底”专项行动，集中力量解决经济发展、招商引资中的突出问题，努力营造良好营商环境。四是城镇化建设全面推进。临夏州部署开展城乡综合整顿整治十大行动，制定实施《临夏州物业管理条例》，加大拆旧排危力度，集中整治“三乱”，深入推进“三改”，加强网格化管理，狠抓乡风文明建设，农村面貌发生了很大变化。积石山县被确定为“全国乡村治理体系建设首批试点示范县”。张家川县投资 7.98 亿元实施城镇基础设施项目 17 项，天祝县改造老旧小区 8 个、棚户区 406 户，改造提升背街小巷 11 条，城区绿地率、绿化覆盖率分别达 24.13%、27.55%。

三、切实保障和改善民生

全力办好民族地区各类教育，实施更加积极的就业政策，大力推动民族地区以创业带动就业，完善社会保障制度，健全公共卫生服务体系，促进民族地区社会事业长足进步。一是教育质量不断提高。临夏州将部分州属国有土地资产及其附属设施划转给临夏市兴办小学和初中，213 所中小学和幼儿园新建改扩建任务顺利完成。积极调整优化全州教育资源布局，探索校长资源、教师资源交流配置的有效办法，着力缩小城乡之间、校际之间差距。甘南州中级职业学校、舟曲县职业中等专业学校、甘南卫校办学条件得到极大改善，招生规模实现翻番，招录特岗教师 269 名，通过“三区支教”计划州派支教教师 109 名，培训教师 4000 余人次。肃南二中等 10 所学校教育薄弱环节改善与能力提升、职教中心校园维修、明德学校暖气改造全面完成。肃北、阿克塞两个自治县学生实行了从学前教育到高中教育的全免两补政策，民族县、乡基本扫除青壮年文盲，初步形成比较完整、具有民族特色的教育体系。二是就业水平着力提升。临夏州千方百计为高校毕业生、退役军人、建档立卡贫困群众、残疾人等群体提供就业岗位，新增城镇就业 2.3 万人。多渠道开拓劳务市场，截至去年 11 月底全州输转劳务 51.3 万人，创收 101.2 亿元。甘南州年内新增城镇就业 5362 人，完成城镇登记失业率 4%。肃北县城镇新增就业人数 113 人，登记失业率控制在 4%以内，发放创业担保贷款 330 万元。张家川县发放创业担保贷款 15170 万元，新增城镇就业 3493 人。肃南县城镇新增就业 737 人，城镇登记失业率为 2.8%。三是社会保障水平不断提高。甘南州按照兜底线、织密网、建机制的要求，实施全民参保计划，切实提高统筹层次，健全转移接续机制，全面推行社会保险制度改革落地见效，全州社保基金收支规模持续扩大，运行总体平稳安全。临夏州进一步织密筑牢社会兜底保障网，认真落实低保、医保、养老保险、特困人员救助、医疗救助、临时救助等民生政策，确保困难居民基本生活不出问题。四是医疗卫生加快发展。临夏州加快公立医院改革和综合性、现代化医院建设，州妇保院、临夏市医院整体搬迁工程正在实施，州中医院成功跻身“三乙”行列。甘南州加大高层次和急需医疗人才引进力度，分配安置天津定向医学本科生 98 名，招聘特岗全科医生 25 名，引进高学历人才 20 名，缓解了全州医疗机构人员紧缺的现状。张家川县投资 1.38 亿元的县医院整体迁建项目投入使用并顺利通过二级甲等评审，投资 1.4 亿元的中医院整体搬迁项目开工建设，乡镇卫生院业务用房和职工周转宿舍、行政村标准化村卫生室实现全覆盖。肃北县落实城乡居民、职工医疗保险待遇和医疗救助 1.3 万人次 2178 万元，省内外异地就医实现“一站式” 结算报销。阿克塞县不断提升慢病管理规范化、精细化水平，全县 12 个家庭医生签约服务团队累计签约常住人口 6892 人，签约率达到 72.6%。五是文化事业繁荣发展。临夏州炳灵寺世界文化遗产旅游区通过国家 5A 级景区景观质量评审。肃南县深入实施文化惠民工程，组织开展送文化下乡、农牧民文艺会演等系列惠民服务活动 160 余场次，成功举办冰雪旅游文化节、乡镇文化艺术节、全域旅游系列节会等活动 60 余场（次），农牧村放映数字电影 1300 余场次。张家川县《马家塬遗址保护总规划》原则通过省级评审，河峪摩崖石刻被公布为第八批全国重大文物保护单位。肃北县雪山蒙古族祝赞词等申报国家非遗工作进展顺利。成功举办第三届“丝绸之路那达慕”暨八省区“孟赫嘎拉”文化旅游节、“草原新春”冬季那达慕等 31 项活动。

四、生态文明建设进一步加强

加强民族地区生态建设和环境保护，构筑以草原、湿地和天然林为主体，生态系统良性循环、人与自然和谐相处的生态安全屏障。一是生态建设持续推进。甘南州扎实推进国家生态文明先行区、国家生态文明示范工程试点、水生态文明县试点建设，狠抓山水林田湖草系统治理和新一轮退耕还草、天然林保护、湿地修复、水土保持等重大生态工程项目，新建 300 个生态文明小康村，惠及 1.4 万户 6.5 万农牧民群众。临夏州深入开展蓝天、碧水、净土三大保卫战，网格化落实大气污染防治各项措施，聘请中咨公司编制黄河流域临夏州生态保护和高质量发展规划，扎实推进生态建设各项工作。肃南县祁连山黑河流域山水林田湖草生态保护修复、祁连山生态保护与建设综合治理规划、国家公园试点建设等重大生态工程项目有序实施，完成祁连山自然保护区缓冲区 146 户 436 名农牧民搬迁任务，完成三北防护林、新一轮退耕还林造林任务 8000 亩，义务植树 20 万株。二是生态环境治理不断加强。甘南州制定《污染防治攻坚方案》，扎实推进大气、水、土壤污染防治，合作市空气质量平均优良天数比例为 98.9%，其他 7 县城区空气质量均达到国家二级标准，环境质量持续改善，各项约束性指标任务均达到国家要求。临夏州严格执行河长制、湖长制，扎实开展“大棚房”专项整治和违建别墅清理整治行动。天祝县祁连山生态环境问题和中央第一轮环保督察反馈问题整改清零，完成燃煤锅炉综合整治任务，14 户碳化硅企业完成烟气治理改造，县城区空气质量优良天数比例占 94.2%。三是着力构建生态产业体系。临夏州按照省上发展十大生态产业的部署要求，把文旅产业作为全州的首位产业来培育，加快基础设施建设、景点开发和品牌打造，成功举办“三区三州”旅游大环线推介等一系列活动。甘南州成功举办“一会一节”开幕式，全方位展示了“如意甘肃”之韵和“九色甘南”之美，“一会一节”荣获 2019 年博鳌国际旅游奖年度节庆活动榜大奖，被文旅部赞誉为文旅融合的典范。

五、专项工作深入推进

一是深入推进兴边富民行动。全面改善边民生产生活条件，优先发展边境地区教育卫生文化科技事业，全面提升边境地区公共服务能力。肃北县肃沙一级公路、巴音朝伦新天地、蒙古大营、棚户区改造、牧农村基础设施等项目进展顺利。肃北县党城农贸市场拆迁进展顺利，马鬃山镇龙旺国际酒店、生活垃圾无害化处理站开工建设，党城湾镇东山村整体搬迁项目建设完工，马鬃山自然村组道路一期项目顺利启动。教育、医疗、科技、就业等公共服务体系建设不断完善。肃北县编制完成《草原生态保护利用与建设项目规划》，祁连山生态保护与建设综合治理规划项目深入实施。二是推动人口较少民族发展。切实加大对人口较少民族扶持力度，在资金投入给予倾斜支持，2019 年下达肃南县少数民族发展资金 2874 万元，下达积石山县 5642 万元，资金全部用于改善人口较少民族聚居行政村群众生产生活条件。2018 年肃南县脱贫摘帽，2019 年积石山县将实现脱贫摘帽，已脱贫 1.35 万人，贫困村退出 53 个，贫困发生率下降到 1.15%。目前，人口较少民族地区中仅剩临夏县未实现脱贫，其中 3 个人口较少民族聚居行政村将在 2020 年实现脱贫摘帽。三是切实加强少数民族特色村镇保护发展。重点从保护特色民居、传承民族文化、培育特色产业、改善群众生产生活条件和推进民族团结进步创建“五位一体”入手，加强对少数民族特色村镇保护与发展。迭部县将特色村寨保护与发展同新农村建设、旅游开发、文明走廊建设、实现藏区经济跨越式发展相结合，以腊子口景区茨日那（旺藏景区）达拉景区（俄界会议遗址）建设为重点，确定茨日那村为特色村寨民俗文化建设示范点。阿克塞县红柳湾镇红柳湾村拓宽经济发展空间，发展现代农牧业，积极培育饲草料基地、蔬菜蛋奶基地、特色林果基地；发展哈萨克风味餐饮业，培育特色餐饮基地、奶制品生产基地、风干羊肉加工基地；发展民族旅游业，建设民俗文化体验基地，不断促进农牧民持续稳定增收。文县铁楼藏族乡麦贡山村根据村民的意见及要求，进行了就地改造，整村重建，恢复了白马藏族民居传统色彩，保持了白马藏族古建筑原貌，突出了生态民俗特色。阿克塞县红柳湾镇红柳湾村加大对国家级非物质文化遗产阿肯阿依特斯，省级非物质文化遗产姑娘追、叼羊、哈萨克毡房、刺绣等非物质文化遗产保护项目，目前有国家级非物质文化遗产传承人 2 名，省级非物质文化遗产传承人 6 名。文县铁楼藏族乡麦贡山村挖掘保护传承白马人民俗文化，出版了白马民俗文化系列丛书，成立了白马民俗文化业余表演队，修建并完善了草河坝、麦贡山等 6 所白马民俗文化传习所和 3 个白马民俗文化博物馆设施工程，建成麦贡山、寨科桥等 10 个村的白马民俗文化广场。

六、深入推进民族团结进步创建

不断深化民族团结进步教育，大力推进民族团结进步创建工作，增强“五个认同”，牢固树立“三个离不开”思想，铸牢中华民族共同体意识。一是大力推进民族团结进步宣传教育。2019 年，组织召开全省第 16 个民族团结进步宣传月活动视频动员会，在全省范围内组织开展民族宗教政策下基层“百场万人”大宣讲活动，邀请有关领导在“富民兴陇”大讲堂作了民族工作专题讲座，分类培训街道社区、全省藏区和示范区（单位）、教育基地创建工作业务人员，与省广播电视台联合制作《民族团结进步创建工作纪实》和《“中华民族一家亲”好故事》68 部，依托“省直机关党课”新媒体传播平台发送宣传短信，指导各地开展了形式多样、内容丰富的宣传教育活动，营造了良好的民族团结氛围。二是着力建立健全创建工作体制机制。认真贯彻落实中办发《关于全面深入持久开展民族团结进步创建工作铸牢中华民族共同体意识的意见》，制定印发了《甘肃省关于全面深入持久开展民族团结进步创建工作铸牢中华民族共同体意识的实施方案》，《甘肃省“一廊一区一带”民族团结进步创建行动方案》《甘肃省民族团结进步示范区（单位）奖励办法》《全省民族团结进步创建示范区（单位）测评指标体系》等制度体系正在修订完善中。三是深入推进民族团结进步示范区（单位）创建工作。指导酒泉、天水、平凉等 4 个市，夏河、永靖、张家川、天祝等 14 个县相继召开创建全国、全省民族团结进步示范区动员推进大会，武威、张掖等市积极申报创建全国民族团结进步示范市。四是深入实施“一廊一区一带”行动。省委、省政府提出以民族团结进步创建总揽民族工作，印发了《甘肃省关于全面深入持久开展民族团结进步创建工作铸牢中华民族共同体意识的实施方案》，积极谋划“一廊一区一带”行动，倾力打造“河西民族团结进步示范走廊”，努力建设“陇东南民族团结进行巩固区”，着力创建“沿黄河—洮河民族团结进步提升带”，召开了 3 个部署片会和 3 个工作推进会，省委主要领导对民族工作作出安排部署。

（撰稿：孔庆斌　　审稿：王宇卫）

青海省

2019 年，在省委省政府坚强领导下，全省上下坚持以习近平新时代中国特色社会主义思想为指导，认真贯彻落实党中央、国务院各项决策部署，坚持稳中求进工作总基调，牢固树立和践行新发展理念，聚焦巩固、提升、增强、畅通“八字方针”，不断深化供给侧结构性改革，全面落实“四个扎扎实实”重大要求，奋力推进“一优两高”，在改革开放中以变促进，在迎接挑战中以稳应变，在化解风险中以进固稳，全年全省经济运行平稳，转型升级扎实推进，新动能不断成长，人民生活持续改善，全面小康社会建设步伐坚实。

一、综合

全年自治地方生产总值 15542750 万元，按可比价格计算，比上年增长 6.6%。分产业看，第一产业增加值 2632578 万元，增长 4.7%；第二产业增加值 7652858 万元，增长 9%；第三产业增加值 5778865 万元，增长 5.2%。第一产业增加值占自治地方生产总值 16.9%，第二产业增加值比重为 49%，第三产业增加值比重为 37.2%。人均生产总值 346069 元。

年末自治地方人口 404.24 万人，比上年末增加 1.8 万人。按城乡分，城镇常住人口 143.483 万人，比上年末增加 2.2 万人。乡村常住人口 268.53 万人，比上年末减少 1.8 万人。

二、民族自治地方种植业和畜牧业

全年农作物总播种面积 421 千公顷，比上年减少 3.6 千公顷。粮食作物播种面积 243.35 千公顷，比上年减少 0.9 千公顷全年粮食产量 924840 吨，比上年增产 13420 吨。

期末存栏大牲畜头数 559.34 万头，比上年增长 2.8%；羊存栏 1331.54 万只，增长 46.5%；生猪存栏 30.46 万头，下降 63%；当年出栏大牲畜头数 186.94 万头，比上年下降 66%。当年猪出栏 59 万头，比上年增长 5%；羊出栏 780.38 万只，下降 39%；全年肉类产量 271107 吨。

三、民族自治地方工业和建筑业

规模以上工业企业单位数 353 个，比去年增加 19 个。其中，国有企业 27 个，比去年增加 6 个；集体企业 27 个，比去年增加 6 个。规模以上工业企业资产总计 36391744 万元，比上年增长 5.8%。

建筑业总产值 1048684 万元，比上年增长 5%。建筑业增加值 769955.4 万元，比上年增加 5.8%。房屋施工面积，220 万平方米，比上年下降 0.8%；房屋竣工面积 123.36，比上年增长 5.8%。

四、民族自治地方服务业

公路里程 65873.2 公里，比上年增加 1792 公里，其中高速公路 2096.6 公里，比上年增加 635.85 公里。

邮电业务总量 26722.28 万元，比上年增长 11%，移动电话用户 181.16 万户，比上年下降 1.5%。电信业务总量 48272.28 万元。互联网宽带接入用户 48.6 万户，比上年增长 51%。电子商务企业数 512 个，比去年减少 23 个。

五、民族自治地方固定资产投资

全社会固定资产投资增长速度 7.6%。按企业类型的增长速度分，其中：国有企业 4.6%，私营企业 -10.8%。按资金来源的增长速度分，其中：国家预算资金-10%，国内贷款-10%。

六、民族自治地方国内贸易

社会消费品零售总额 2724757 万元，比上年增长 5.6%。按限额以上批发业经营情况分，法人企业 38 个，比去年减少 64 人；年末从业人数 2205 人，比去年减少 54 人；商品购进额 270775.2 万元，比上年增长 50%；商品销售额 1311355 万元，比上年增长 0.1%。按限额以上零售业经营情况分，法人企业 71 人，比上年增加 12 人；年末从业人数 2203 人，比上年减少 586 人；商品购进额 19405.2 万元。

七、民族自治地方对外经济

进出口总额 54013.8 万元，比上年下降 25.3%。其中，进口总额 4803 万元，增长 0.1%；出口总额 49199.8 万元，下降 30%。

八、民族自治地方财政和金融

地方一般公共预算收入 855820 万元，比上年下降 0.5%。其中，税收收入 552242 万元，比上年下降 0.4%。地方一般公共预算支出 8787775.9 万元，比上年增长 14%；其中：一般公共服务 799395.6 万元，比上年增长 22%；教育 1314825 万元，比上年增长 25%；科学技术 24565 万元，比上年增长 14%；文化体育与传媒 224017.31，比上年增长 40%； 社会保障和就业 1298702 万元，比上年增长 26.6%；医疗卫生与计划生育 734772.4 万元，比上年增长 30%。全部金融机构人民币各项存款余额 16320371 万元，比上年增长 14.6%。其中：城乡居民储蓄存款年末余额 7213859 万元，比上年增长 6%。全部金融机构人民币各项贷款余额 11358065 万元，比上年增长 23.8%。

九、民族自治地方居民收入消费和社会保障

城镇居民人均可支配收入 33246.5 元，比上年增长 8%。城镇居民人均消费支出 200472.6 元，比上年下降 16%。农村居民人均可支配收入 11640.7 元，比上年增长 4.2%。农村居民人均消费支出 107924.2 元，比上年增长 4.3%。其中生活用品及服务 5744.23 元，下降 25%；医疗保健 11760 元，增长 6%。

年末参加城镇职工基本养老保险人数 38.59 万人；年末参加城乡居民基本养老保险人数 173 万人；年末参加城镇职工基本医疗保险人数 33.7 万人；城乡居民医疗保险年末参保人数 126.48 万人。

（撰稿：王姿棋　审稿：孙勇）

宁夏回族自治区

2019 年，是新中国成立 70 周年，是决胜全面建成小康社会实现第一个百年奋斗目标的关键之年。在党中央、国务院的亲切关怀下，在自治区党委和政府的坚强领导下，面对风险挑战明显上升的复杂局面，全区上下以习近平新时代中国特色社会主义思想为指导，深入贯彻习近平总书记视察宁夏时的重要讲话精神，坚决贯彻落实中央各项决策部署，坚持稳中求进工作总基调，贯彻新发展理念，扎实推进供给侧结构性改革，坚定不移推动高质量发展，着力打好三大攻坚战，深入实施三大战略，扎实做好六稳工作，较好完成全年经济社会发展主要目标任务，全面建成小康社会和“十三五”规划主要目标完成进度符合预期。

经济运行稳中提质。积极发挥财税、金融、产业等政策叠加效应，通过落实减税降费、降成本、纾困、清欠、化解债务风险、改善融资环境等综合措施，全力以赴稳增长。初步核算，全年实现地区生产总值 3748.48 亿元，增长 6.5%，增速比全国高 0.4 个百分点，经济运行保持在合理区间。其中，第一产业增加值 279.93 亿元，增长 3.2%；第二产业增加值 1584.72 亿元，增长 6.7%；第三产业增加值 1883.83 亿元，增长 6.8%。规模以上工业企业利润总额增长 10%左右，增速比全国高 10 个百分点以上。城镇新增就业 7.8 万人，农村劳动力转移就业 79.4 万人，城镇登记失业率低于控制目标 0.76 个百分点。全体居民人均可支配收入 24412 元，增长 9%。其中，城乡常住居民人均可支配收入分别增长 7.6%、9.8%，实现年度预期。加强价格调控，做好保供稳价，居民消费价格指数低于控制目标。投资结构持续优化，制造业和工业技术改造分别增长 10.8%、17.2%，均高于全国平均水平。80 个自治区重点建设项目累计预计完成投资 570 亿元，投资完成率比 2018 年提高 20 个百分点。重大基础设施建设取得重要进展，包银高铁宁夏段全线开工，银西、中兰高铁加快建设，银川至中卫段高铁开通运营。银百高速加快建设，红崖子黄河公路大桥、泾源至华亭高速公路建成通车。都市圈西线供水工程银川段建成通水。

产业结构持续优化。服务业对经济增长的贡献率超过 50%。优质产能不断提升，粮食生产实现“十六连丰”，枸杞、草畜、酿酒葡萄、瓜菜等农业优势特色产业比重达 87.4%。工业转型升级步伐加快，淘汰落后产能 409 万吨，新培育 11 家智能化工厂、19 家数字化车间，制造业增长 9.9%。国能宁煤、共享集团、力成电气、吴忠仪表、银川隆基硅等优质产能加快释放。产品结构不断优化，绿色有机及地理标志农产品达到 377 个，中宁枸杞、盐池滩羊、宁夏大米、中卫硒砂瓜等 8 个品牌入选全国 300 个特色农产品区域公用品牌。动车组铝合金枕梁可替代进口、高端控制阀实现国产化，西北首条对位芳纶生产线投产运行。

创新能力不断增强。创新对高质量发展的支撑引领作用不断提升，区域创新能力综合排名从全国第 27 位升至第 23 位。东西部科技合作持续深化，组织实施东西部科技合作项目 147 项，形成了一批重要成果。成功研制世界最大年产 2000 万吨智能综采输送装备，技术达到国际领先水平。径流式电除尘器获联合国工业发展组织环保蓝天奖。新一代气化技术“神宁炉”获全国创新创业新能源及节能环保组冠军。超大口径调压装置关键控制阀应用于中俄东线天然气管线。渗水地膜穴播技术应用杂交谷子亩产突破千斤。国内首座百万间接空冷智慧电厂投运。创建 5 个自治区高新区。新增国家高新技术企业 50 家，新培育 10 家自治区农业科技创新示范展示区，新入库国家科技型中小企业 85 家，新组建各类自治区创新平台 77 家。宁夏技术市场入库各类科技成果 9 万多项。新增各类国家级“双创”载体 6 家、各类自治区级“双创”载体 30 家。发放创业担保贷款 11 亿元，建成创业孵化基地 173 个，新增创业实体 1.3 万家。

区域协调统筹推进。出台了《关于建立更加有效的区域协调发展新机制的实施方案》，编制了《银川都市圈建设协同发展实施规划》，启动了宁夏黄河流域生态保护和高质量发展的前期研究和相关规划编制。银川都市圈23项年度工作扎实推进，建成典农河至沙湖旅游公路、红崖子黄河大桥等跨区域项目，三市城区公交一卡通实现互联互通，开通4条城际公交。组建新材料、化工、先进装备制造3个产业联盟。乡村振兴深入实施，建设美丽村庄132个、美丽小城镇20个、培育创建特色小（城）镇12个、改造农村危窑危房3.8万户，3个农村产业融合发展示范园通过国家认定。扎实推进农村人居环境整治，65%的村庄生活垃圾有效治理，完成改厕11.8万户，川区卫生厕所普及率达到66%，比2018年提高16个百分点。利通区评为全国农村人居环境整治激励县荣誉称号。

生态环境改善明显。坚决打好污染防治攻坚战，狠抓中央环保督察“回头看”反馈问题整治，六盘山、贺兰山、罗山自然保护区634处人类活动点全部完成整治。开展大规模国土绿化行动，实施引黄灌区平原绿网造林绿化提升、六盘山降水量400毫米以上区域造林绿化、南华山外围区域水源涵养林建设提升等重点工程，全区完成营造林138万亩，森林覆盖率和草原综合植被覆盖度达到15.2%、56.2%。蓝天、碧水、净土保卫战深入实施，地级城市空气优良天数比例达到87.9%。PM2.5、PM10平均浓度分别下降5.9%、14.9%。黄河干流宁夏段出入境断面保持在Ⅱ类优水质，地表水劣Ⅴ类水体实现“清零”目标。全面落实耕地质量提升行动，创建化肥减量示范区85个。大力发展循环经济、全面推广清洁生产、倡导绿色生产生活，建成国家级绿色园区6家、绿色工厂9家、绿色数据中心1家，宁东基地评为全国石化行业绿色园区。新能源装机规模突破2000万千瓦，占全网统调发电总装机容量的41.2%。

改革开放扎实推进。出台自治区推进高质量发展实施意见，明确了主攻方向和重点任务。出台优化营商环境“1+16”政策文件，推出了187项改革措施，并推进全面落实。政务服务事项“不见面、马上办”取得显著进展，90%以上实现“网上办”。新增市场主体9.8万户，累计达到62.3万户。国企混合所有制改革持续推进，年内新增5家，总数达到259家。财税金融改革稳步开展，推动财政事权与支出责任划分，转移支付制度进一步完善。深化农村土地“三权分置，两权抵押”改革，新增确权面积7.3万亩。工程建设项目审批制度改革获国务院第六次大督查通报表扬。积极参与“一带一路”建设，推动内陆开放型经济试验区取得新进展。获批设立中国（银川）跨境电子商务综合试验区，国际贸易“单一窗口”开通货物申报、税费办理等14项功能。银川河东国际机场旅客吞吐量突破1000万人次，跨入大型机场行列。宁夏至中亚国际货运班列稳定运行，开通宁夏至蒙古至俄罗斯国际货运班列，与重庆、广西等13省区市签署合作共建西部陆海新通道框架协议。成功举办第四届中国—阿拉伯国家博览会。

共享发展稳步提升。脱贫攻坚取得关键性进展，红寺堡区、同心县、原州区、海原县可望脱贫摘帽，109个贫困村出列，减贫10.3万人，贫困发生率下降到0.47%。打造扶贫示范村150个、建成扶贫车间306个。1.3万名建档立卡贫困残疾人全部参加基本医疗保险、养老保险，最低生活保障、大病保险和医疗救助实现全覆盖。教育事业取得新进展，普惠性学前教育资源覆盖面达到80%，“互联网+教育”示范区建设扎实推进，率先在全国以省为单位建成面向各级各类教育的资源和管理平台，97%的班级配备数字化教学设备。城镇320多所优质学校与乡村640多所薄弱学校结对帮扶，优质教育资源随网线下沉到乡村。健康宁夏建设稳步推进，大力推进“互联网+医疗健康”示范区建设，自治区远程医疗服务平台上接国家级医疗单位30家，区内接通医疗机构242家，构建起覆盖到乡村的五级远程医疗服务体系。宁夏老年大学建成投入使用。国家公共文化服务体系示范区创建工作位居西部前列。启动社会救助和保障标准与物价上涨挂钩联动机制，向城乡低保、特殊群体发放价格临时补贴4764万元。开展零就业家庭精准帮扶，购买城镇公益性岗位4629个。实施失业保险援企稳岗“护航行动”和“展翅行动”，发放稳岗补贴9500万元。固原市被列为国家居家和社区养老服务改革试点。

（撰稿：金晓玲　审稿：马汉功）

新疆维吾尔自治区

2019 年，面对复杂严峻的国内外形势和持续加大的经济下行压力，全区上下坚持以习近平新时代中国特色社会主义思想为指导，全面贯彻落实党的十九大、十九届二中、三中、四中全会精神，按照自治区党委的部署和要求，聚焦社会稳定和长治久安总目标，坚持稳中求进工作总基调，贯彻新发展理念，着力做好“六稳”工作，统筹做好稳增长、促改革、调结构、惠民生、防风险、保稳定各项工作。自治区国民经济平稳运行，主要指标保持在合理区间，转型升级扎实推进，供给侧结构性改革取得新进展，发展质效不断提升。

一、综合

初步核算，全年实现地区生产总值（GDP）13597.11 亿元，比上年增长 6.2%。其中，第一产业增加值 1781.75 亿元，增长 5.3%；第二产业增加值 4795.50 亿元，增长 3.7%；第三产业增加值 7019.86 亿元，增长 8.1%。第一产业增加值占地区生产总值比重为 13.1%，第二产业增加值比重为 35.3%，第三产业增加值比重为 51.6%。人均地区生产总值 54280 元，比上年增长 4.5%。

2019 年末全区常住人口 2523.22 万人，比上年末增加 36.46 万人，其中，城镇常住人口 1308.79 万人，占总人口比重（常住人口城镇化率）为 51.87%，比上年末提高 0.96 个百分点。全年出生人口 20.54 万人，出生率 8.14‰；死亡人口 11.23 万人，死亡率为 4.45‰；自然增长率为 3.69‰。

全年城镇新增就业 48.09 万人，城镇就业困难人员实现就业 4.91 万人。年末城镇登记失业率 3.14%。全年转移就业农村富余劳动力 286 万人。

全年居民消费价格（CPI）比上年上涨 1.9%。工业生产者出厂价格（PPI）下降 1.5%。工业生产者购进价格与上年持平。固定资产投资价格上涨 2.8%。农产品生产者价格下降 0.4%。

供给侧结构性改革取得新成效。煤炭去产能 144 万吨，关停 30 万千瓦以下煤电机组 59.65 万千瓦。年末商品房待售面积 1219.94 万平方米，比上年下降 6.5%。其中，商品住宅待售面积 458.93 万平方米，下降 18.9%。放管服改革深入推进，营商环境不断改善。全区市场主体总数达到 186.3 万户，同比增长 26.0%。其中，私营企业 36.2 万户、个体工商户 143.3 万户，分别增长 18.6%和 28.1%。全区涉企服务性收费项目由上年 24 项缩减至 2019 年的 13 项，缩减幅度达 45.8%。全年新增减税降费 262.9 亿元。全区社保降费为企业减少社保缴费负担 62.17 亿元。

新动能持续发力。全年全区高技术制造业增加值比上年增长 7.8%；工业战略性新兴产业增加值增长 6.9%，增速分别高于规模以上工业增加值 3.1 和 2.2 个百分点。全年全区水、风、光等清洁能源发电量同比增长 14.8%，增速高于发电量 3.8 个百分点，清洁能源发电量占发电量的比重为 22.9%，比上年提高 0.7 个百分点。全年疆内企业通过网上（第三方平台）销售实现零售额 202.0 亿元，比上年增长 26.5%；新疆本地消费者通过（第三方平台）网购实现零售额 990.1 亿元，增长 35.9%，占新疆社会消费品零售总额的 29.5%。

脱贫攻坚成效显著。全年全区 64.57 万贫困人口脱贫、976 个贫困村退出、12 个贫困县摘帽，贫困发生率降至 1.24%。年末全区未脱贫人口 16.58 万人。全区投入财政扶贫资金 375.67 亿元，比上年增长 12.33%。

二、农业

全年粮食种植面积 3305.42 万亩，比上年下降 0.7%。其中，小麦种植面积 1592.39 万亩，增长 2.9%；玉米种植面积 1495.80 万亩，下降 3.5%。棉花种植面积 3810.75 万亩，增长 2.0%。油料种植面积 327.91 万亩，下降 2.5%。甜菜种植面积 89.86 万亩，增长 4.7%。

全年粮食产量 1527.07 万吨，比上年增加 22.84 万吨，增产 1.5%。其中，夏粮产量 579.28 万吨，增产 0.9%；秋粮产量 947.79 万吨，增产 1.6%。谷物产量中，小麦产量 576.03 万吨，增产 0.7%；玉米产量 858.37 万吨，增产 3.7%。

全年棉花产量 500.2 万吨，减产 2.1%。油料产量 66.41 万吨，减产 1.8%。甜菜产量 445.33 万吨，增产 4.9%。

全年特色林果产量 1729.44 万吨，比上年增产 7.8%。其中，园林水果产量 1118.72 万吨，增产 5.6%；坚果产量 124.69 万吨，增产 16.7%；果用瓜产量 486.03 万吨，增产 10.8%。

全年猪牛羊禽肉产量 160.6 万吨，比上年增长 2.2%。其中，羊肉产量 60.32 万吨，增长 1.6%；牛肉产量 44.52 万吨，增长 6.1%；猪肉产量 37.62 万吨，下降 1.3%；禽肉产量 18.14 万吨，增长 13.4%。禽蛋产量 40.46 万吨，增长 8.6%。牛奶产量 204.42 万吨，增长 4.9%。牛羊猪存栏 4940.01 万头，比上年下降 0.3%；牛羊猪出栏 4512.83 万头，增长 1.2%。

全年水产养殖面积 114.29 千公顷，下降 5.1%。水产品产量 16.67 万吨，比上年下降 4.4%。其中，养殖水产品产量 15.20 万吨，下降 5.2%；捕捞水产品产量 1.47 万吨，增长 5.0%。

年末农业机械总动力 2855.61 万千瓦，比上年增长 5.6%。农作物耕种收综合机械化水平 84.89%，机耕率 97.45%，机播率 93.38%，机收率 59.64%。

三、工业和建筑业

全年全部工业增加值 3861.66 亿元，比上年增长 4.5%。其中，规模以上工业增加值增长 4.7%。在规模以上工业中，分经济类型看，国有控股企业增加值增长 4.0%，股份制企业增长 3.5%，外商及港澳台商投资企业增长 5.5%，私营企业增长 3.0%。分工业门类看，采矿业增长 8.0%，制造业增长 1.2%，电力、热力、燃气及水的生产和供应业增长 10.7%。分轻重工业看，轻工业增长 1.1%，重工业增长 5.1%。

全年十个主要行业中，石油和天然气开采业增加值比上年增长 5.0%；电力、热力生产和供应业增长 10.8%；石油、煤炭及其他燃料加工业增长 0.4%；化学原料和化学制品制造业下降 0.7 %；煤炭开采和洗选业增长 13.2%；有色金属冶炼和压延加工业下降 7.1%；非金属矿物制品业增长 6.0%；开采专业及辅助性活动增长 40.0%；黑色金属冶炼和压延加工业增长 8.4%；纺织业增长 1.7%。全年规模以上工业企业利润 623.36 亿元，比上年下降 19.9%。分经济类型看，国有控股企业实现利润 358.34 亿元，比上年下降 24.2%；股份制企业 573.47 亿元，下降 21.4%；外商及港澳台商投资企业 19.84 亿元，比上年下降 19.3%；分工业门类看，采矿业实现利润 268.38 亿元，下降 16.2%；制造业 253.86 亿元，下降 37.4%；电力、热力、燃气及水生产和供应业 101.12 亿元，增长 93.9 %。全年规模以上工业企业每百元营业收入中的成本为 80.99 元，比上年增加 1.77 元；营业收入利润率为 5.5%，下降 1.7 个百分点。

全年规模以上工业企业产品销售率 98.9%；完成工业品出口交货值 135.32 亿元，增长 27.2%。

全年全社会建筑业增加值 1037.29 亿元，比上年增长 1.9%。

四、服务业

全年批发和零售业增加值 766.09 亿元，比上年增长 1.9%；交通运输、仓储和邮政业增加值 953.72 亿元，增长 34.3%；住宿和餐饮业增加值 181.89 亿元，增长 5.5%；金融业增加值 1015.31 亿元，增长 4.3%；其他服务业增加值 3382.81 亿元，增长 4.8%。全年规模以上服务业企业实现营业收入 2263.9 亿元，比上年增长 5.6%；营业利润 223.7 亿元，增长 20.5%。

全年货物运输量 100062.96 万吨。货物运输周转量 4139.30 亿吨公里。

全年旅客运输总量 23993.76 万人次，比上年下降 2.4%；旅客运输周转量 648.41 亿人公里，下降 1.6%。

年末全区民用汽车保有量 438.04 万辆（包括三轮汽车和低速货车），比上年末增长 6.0%。其中，私人汽车保有量 363.61 万辆，增长 6.6%。

全年完成邮政行业业务总量 43.02 亿元，比上年增长 13.2%。邮政业全年完成邮政函件业务 843.71 万件，包裹业务 90.26 万件，快递业务量 9902.63 万件，快递业务收入 28.05 亿元。全年完成电信业务总量 2005.12 亿元，增长 1.31 倍。年末全区固定电话用户数 416.90 万户，增长 0.5%；移动电话用户 2744.98 万户，增长 1.5%。电话普及率 127.2 部/百人，其中，固定电话普及率 16.8 部/百人，移动电话普及率 110.4 部/百人。互联网宽带用户 775.90 万户，增长 19.9%。全年软件和信息技术服务业营业收入 112.00 亿元，比上年增长 6.18%。

五、国内贸易

全年社会消费品零售总额 3361.6 亿元，比上年增长 5.5%。按经营地统计，城镇消费品零售额 3034.0 亿元，增长 5.3%；乡村消费品零售额 327.6 亿元，增长 7.5%。按消费类型统计，商品零售额 2879.0 亿元，增长 5.0%；餐饮收入额 482.6 亿元，增长 8.6%。

在限额以上单位商品零售额中，粮油、食品类零售额比上年增长 5.4%，饮料类增长 5.3%，烟酒类下降 2.6%，服装、鞋帽、针纺织品类下降 12.6%，化妆品类增长 1.1%，金银珠宝类下降 13.5%，日用品类下降 3.7%，家用电器和音像器材类下降 7.2%，中西药品类增长 7.4%，家具类增长 17.1%，通讯器材类下降 6.9%，建筑及装潢材料类下降 19.2%，石油及制品类增长 5.4%，汽车类增长 1.4%。

六、固定资产投资

全年固定资产投资（不含农户）比上年增长 2.5%。在固定资产投资中，第一产业投资比上年增长 2.2%；第二产业投资增长 6.9%；第三产业投资与上年持平。民间固定资产投资增长 8.7%。基础设施投资下降 0.8%。六大高耗能行业投资下降 6.2%。

全年房地产开发投资 1074.04 亿元，比上年增长 3.9%。其中住宅投资 724.13 亿元，增长 12.7%；办公楼投资 36.87 亿元，下降 16.3%；商业营业用房投资 188.28 亿元，下降 3.7%。

七、对外经济

全年货物进出口总额 237.09 亿美元，比上年增长 18.5%。其中，出口 180.44 亿美元，增长 9.9%；进口 56.65 亿美元，增长 57.9%。货物进出口顺差（出口减进口）123.79 亿美元，比上年减少 4.49 亿美元。

全年拥有 173 个贸易伙伴国家和地区，其中，对哈萨克斯坦 109.07 亿美元，增长 28.2%；吉尔吉斯斯坦 34.02 亿美元，增长 18.4%；塔吉克斯坦 9.87 亿美元，增长 6.8%；俄罗斯进出口额 14.20 亿美元，下降 17.8%；美国 6.14 亿美元，下降 24.8%。

按登记注册类型统计，国有企业进出口 56.08 亿美元，比上年增长 43.3%；外商投资企业 1.75 亿美元，增长 4.4%；集体企业 0.32 亿美元，下降 66.8%；私营企业 178.41 亿美元，增长 12.8%。

全年外商直接投资新设立企业 66 个，比上年下降 47.2%。外商直接投资合同金额 35.70 亿美元，增长 1.3 倍；实际利用外商直接投资 3.31 亿美元，增长 61.3%。

八、财政和金融

全年一般公共预算收入 1577.6 亿元，比上年增长 3.0%。其中，税收收入 1016.1 亿元，下降 3.4%；非税收入 561.5 亿元，增长 17.1%。一般公共预算支出 5269.1 亿元，增长 5.7%。

年末金融机构（含外资）人民币各项存款余额 23293.0 亿元，比上年增长 5.8%。其中，非金融企业存款余额 5903.8 亿元，增长 5.9%；住户存款余额 10342.7 亿元，增长 10.3%。年末金融机构（含外资）人民币各项贷款余额 19960.1 亿元，比上年增长 9.7%。其中，个人消费贷款 2518.1 亿元，增长 19.5%。个人消费贷款中，个人住房贷款 2037.9 亿元，增长 13.0%。

年末拥有境内上市公司 55 家，H 股上市公司 5 家，比上年增加 1 家。总股本 971.12 亿股，增长 4.2%；股票市价总值 6108.61 亿元，增长 11.6%。全年通过发行、配售股票共筹集资金 492.14 亿元，下降 17.8%。拥有法人证券公司 2 家，证券营业部 102 家。证券交易额 16875.50 亿元，增长 23.2%。拥有期货公司 2 家，期货营业部 6 家，期货交易额 95114.12 亿元，增长 19.9%。

全年保险公司各项保费收入 654.00 亿元，比上年增长 13.3%。其中，寿险收入 289.06 亿元，增长 6.6%；财产险收入 225.02 亿元，增长 17.8%；健康险收入 121.72 亿元，增长 26.5%；意外伤害险收入 18.20 亿元，下降 2.4%。

全年各类保险赔款及给付支出 237.58 亿元，比上年增长 15.0%。其中，财产险赔款 130.38 亿元，增长 24.9%；寿险给付 52.56 亿元，下降 15.0%；健康险赔款及给付 47.33 亿元，增长 39.8%；意外伤害险赔款及给付 7.31 亿元，增长 11.4%。

九、居民收入消费和社会保障

全年全区居民人均可支配收入 23103 元，比上年增长 7.5%，扣除价格因素，实际增长 5.5%。按常住地分，城镇居民人均可支配收入 34664 元，比上年增长 5.8%，扣除价格因素，实际增长 3.8%。其中，工资性收入 23199 元，增长 5.7%；经营净收入 3624 元，增长 6.2%；财产净收入 1510 元，增长 5.3%；转移净收入 6331 元，增长 6.2%。农村居民人均可支配收入 13122 元，比上年增长 9.6%，扣除价格因素，实际增长 7.3%。其中，工资性收入 3410 元，增长 15.8%；经营净收入 6761 元，增长 2.1%；财产净收入 260 元，增长 10.6%；转移净收入 2691 元，增长 24.0%。

全年全区居民人均消费支出 17397 元，比上年增长 7.5%，扣除价格因素，实际增长 5.5%。按常住地分，城镇居民人均消费支出 25594 元，增长 5.8%，扣除价格因素，实际增长 3.8%；农村居民人均消费支出 10318 元，增长 9.5%，扣除价格因素，实际增长 7.2%。全体居民恩格尔系数为 31.8%。

年末全区参加城镇职工基本养老保险人数 567.28 万人，比上年末增加 44.01 万人。参加城乡居民基本养老保险人数 714.87 万人，增加 1.69 万人。参加基本医疗保险人数 2038.09 万人，增加 39.14 万人。其中，参加职工基本医疗保险人数 462.01 万人，增加 20.42 万人；参加城乡居民基本医疗保险人数 1576.08 万人，增加 18.71 万人。参加失业保险人数 283.11 万人，增加 21.33 万人。参加工伤保险人数 324.77 万人，增加 32.76 万人，其中，参加工伤保险的农民工 52.12 万人，增加 10.14 万人。参加生育保险人数 312.89 万人，增加 23.53 万人。年末全区共有 25 万人享受城市最低生活保障，166 万人享受农村最低生活保障。

年末全区共有各类社会服务机构和设施 2811 个，拥有床位数 6.15 万张，收养救助人数 31327 人。社区服务机构和设施 2262 个，其中，社区服务中心 352 个。全年销售福利彩票 48.35 亿元，比上年下降 7.4%；筹集公益金 14.3 亿元，下降 7.1%。

十、科学技术和教育

全年自治区级科技计划新立项项目 1210 个，自治区重大科技专项 1 个，自治区重点研发专项 11 个，自治区科技成果转化示范专项 35 个。年末拥有县以上部门属研究与技术开发机构 111 个。其中，自然科学研究与技术开发机构 90 个，科技信息与文献机构 6 个，社会与人文科学领域研究与技术开发机构 6 个，转制科学研究与技术开发机构 9 个。重点实验室 56 个，其中，国家重点实验室 2 个。已挂牌的工程技术研究中心 100 个，其中，国家级 5 个。拥有高新技术企业 664 个；高新技术产业开发区 19 个，其中，国家级 2 个，自治区级 17 个。生产力促进中心 47 个，其中，国家级示范中心 9 个。星创天地 42 个，其中，国家级 34 个。众创空间 87 个，其中，国家级 9 个。科技企业孵化器 38 个，其中，国家级 9 个。

全年受理专利申请 14771 项，其中，受理发明专利申请 3544 项。获得专利授权 8652 项，其中，获得发明专利授权 856 项。登记技术合同 687 项，技术合同成交金额 7.82 亿元，其中，技术交易额 7.2 亿元。

年末共有普通高等学校 54 所。全年研究生教育招生 1.01 万人，比上年增长 12.0%；在学研究生 2.69 万人，增长 12.8%；毕业生 0.66 万人，增长 8.0%。普通本专科招生 14.49 万人，增长 21.1%；在校生 42.70 万人，增长 13.9%；毕业生 8.44 万人，增长 3.8%。

中等职业教育学校 158 所，全年招生 8.71 万人，比上年下降 13.6%；在校生 25.54 万人，增长 0.7%；毕业生 6.80 万人，下降 0.8%。

普通高中 336 所，全年招生 17.01 万人，比上年增长 3.0%；在校生 52.84 万人，下降 3.9%；毕业生 18.69 万人，增长 5.1%。

初中 870 所，全年招生 34.79 万人，比上年增长 8.2%；在校生 97.71 万人，增长 5.7%；毕业生 29.49 万人，下降 0.7%。

普通小学 3640 所，全年招生 53.00 万人，比上年增长 13.1%；在校生 260.68 万人，增长 7.4%；毕业生 34.86 万人，增长 7.7%。

特殊教育学校 28 所，全年招生 800 人，比上年下降 3.6%；在校生人 4500 人，增长 12.0%；毕业生 600 人，下降 52.8%。

幼儿园 7725 所，全年招生 46.22 万人；在校生 151.9 万人，比上年下降 2.5%；毕业生 51.48 万人，增长 10.5%。

十一、文化旅游、卫生健康和体育

年末全区文化系统共有艺术表演团体 134 个，博物馆 91 个，公共图书馆 107 个，文化馆 119 个，文化站 1190 个。年末广播节目综合人口覆盖率为 98.3%，电视节目综合人口覆盖率为 98.5%。

全年接待游客 21329.54 万人次，比上年增长 42.0%；旅游总消费 3632.58 亿元，增长 40.8%。其中，接待国内游客 21120.76 万人次，增长 43.3%；国内旅游消费 3593.5 亿元，增长 43.9%。入境游客 178.78 万人次，入境旅游消费 5.86 亿美元。

年末全区共有医疗卫生机构 15644 个，其中，医院、卫生院 1632 个，妇幼保健院（所、站）91 个，专科疾病防治院（所、站）3 个。医院、卫生院拥有床位 152679 张。卫生技术人员 15.87 万人，其中，执业（助理）医师 57772 人，注册护士 65046 人。疾病预防控制中心 114 个，疾病预防控制中心卫生技术人员 3736 人。乡镇卫生院 921 个，拥有床位 29950 张，乡镇卫生院卫生技术人员 21961 人。

全年我区运动员在国际比赛中荣获金牌 14 枚，银牌 14 枚，铜牌 7 枚。在全国比赛中荣获金牌 136 枚，银牌 153 枚，铜牌 172 枚。

十二、资源、环境和应急管理

全区已发现矿种 152 种。查明资源储量的矿种 98 种，其中，能源矿产 7 种，金属矿产 34 种，非金属矿产 57 种。新增查明资源储量 26 种。

全年完成造林面积 17.57 万公顷。退耕还林面积 6.20 万公顷。森林覆盖率 4.87%。自治区级以上自然保护区 28 个，其中，国家级自然保护区 10 个，自治区级自然保护区 18 个，保护区总面积 18.35 万公顷。

全年在监测的 16 个城市中，空气质量达到Ⅱ级以上标准城市 4 个；城市空气质量好于Ⅱ级的优良天数比例为 71.2%，14 个地州政府（行署）所在城市平均优良天数比例为 71.4%，首府乌鲁木齐优良天数比例为 75.9%。在监测的 78 条河流 169 个断面中，Ⅰ～Ⅲ类优良水质断面比例为 98.8%，劣Ⅴ类重度污染水质断面比例为 1.2%。在监测的 31 座湖库中，Ⅰ～Ⅲ类优良水质的湖库比例为 71.0%，Ⅳ～Ⅴ类轻中度污染水质湖库比例为 16.1%，劣Ⅴ类重度污染水质的湖库比例为 12.9%。

全年共发生各类生产经营性安全事故 1113 起，比上年下降 17.25%；死亡 461 人，下降 30.26%。亿元 GDP 生产安全事故死亡人数 0.0335 人，下降 14.1%；煤矿百万吨死亡人数 0.0304 人，下降 29.3%。道路交通万车死亡人数 2.4741 人，下降 20.5%。

（撰稿：任波　审稿：买合木提·吾斯曼）

民族乡发展综述

北京市

北京市有 5 个民族乡，其中 2 个回族乡、2 个满族乡和 1 个满族蒙古族乡，共涉及 62 个行政村，人口 83677 人，其中少数民族人口为 20443 人，占 23.4%。其中，朝阳区常营回族乡、密云区檀营满族蒙古族乡已基本完成城市化。

一、产业结构持续优化，经济实力稳步增强

2019 年，全市 5 个民族乡实现财政收入 83435.9 万元，财政支出 89705.05 万元，财政自给率约为 93.0%，4 个民族乡财政收入实现增长，1 个民族乡因产业结构性调整等因素影响，财政收入略有降低；4 个民族乡农林牧渔业总产值 45590.2 万元，乡镇企业总产值 2327600 万元，其中，工业企业总产值 135926 万元。1 个民族乡因城市化已无集体经济，5 个民族乡农民增收取得成效，低收入农户已全部实现脱低目标，朝阳区常营回族乡人均可支配收入达 32351 万元，通州区于家务回族乡人均可支配收入达 29113 万元，而怀柔区喇叭沟门满族乡和长哨营满族乡因位于北部山区，经济发展水平较低，农民人均可支配收入均为 23000 元左右。

2019 年，5 个民族乡围绕疏解整治促提升和推进供给侧结构性改革，着力壮大集体经济，全面清理“散乱污”企业、无照商户和养殖户，加快科技兴农和文旅融合发展新格局。于家务回族乡产业疏解与培育同时实施，积极申报国家级农高区，推动与中关村管委会的深度融合，全年共引进高新技术企业 36 家，预计未来可以新增税收 1 亿元。怀柔区长哨营满族乡、喇叭沟门满族乡认真落实北京市委书记蔡奇深入喇叭沟门满族乡蹲点调研精神和在市委常委会讲话精神，积极践行“两山”理念，充分发挥生态资源和民族文化优势，努力推动民族乡村振兴发展。喇叭沟门满族乡立足“沟门三宝”，将旅游与党建、满族非遗项目传承、夜观星宿等趣味科技相结合，全年累计接待游客 25.6 万人次，实现旅游综合收入 3171 万元。长哨营满族乡以 111 国道沿线为重点，发展蔬果设施大棚、景观农业和绿化苗圃，发挥民俗旅游专业合作社和大石门外景拍摄基地平台作用，促进满族文化、影视文化与休闲旅游融合发展，全年新引进企业 68 户，其中注册资本在 5000 万元以上两户，完成财政收入 7005 万元。

二、人居环境显著改善，美丽乡村有序推进

民族乡村人居环境整治和美丽乡村建设取得新成效，5 个民族乡的 62 个民族村通过阶段性考核验收，11 个民族村被列入“百村示范”创建培育村庄。5 个民族乡着力推进美丽乡村建设系统化科学化，完成 30 余个村庄规划设计和实施方案编制工作，完成 1300 余户厕改造、70 余座公厕改造和 32 个垃圾分类集中桶站点建设。全面落实街巷路长制工作要求，以背街小巷“十有十无一创建”和道路“四有六无”为核心，清理背街小巷乱堆乱放；全面建立安全饮水管理责任体系，安全饮水保障水平进一步提高；全面落实河长制，深入开展“清河”、“清四乱”等专项行动，对河道进行全天候巡查，巡河率达到 100%；重点加大过境大型货车管控，实现裸地苫盖全面覆盖和散煤污染“动态清零”。

三、公共服务高效惠民，民生保障更加有力

教育医疗、社会保障、文化体育等基本公共服务均等化水平持续提升。民族乡共有 15 所学校，在校生 9827 人，中小学办学条件全部达到全市中小学统一标准。实现广播电视、数字影厅、全民健身设施和文化活动室（站）全覆盖。建有医疗卫生机构 74 个，按照 15 至 30 分钟可及原则，新农合参统率达 100%，实现基层医疗卫生服务全覆盖。发放生态

补偿资金、惠民资金等6000余万元，为上万名群众开展免费健康体检，提供千余个就业岗位，积极开展健康知识竞赛、健步走等活动，全面普及慢性病防控知识。推动文化、教育、医疗等公共服务资源优化升级，完成 10 余个村级文化室升级改造，20余个村级卫生室修缮和改扩建工程。深入开展助老、助残、助教等精准帮扶工作，持续推进“一站式”救助服务，大力实施残疾人家庭无障碍改造工作。

（撰稿：刘刚　审稿：丁希松）

天津市

蓟州区孙各庄满族乡是天津市唯一的民族乡，全乡区域面积26平方公里，辖13个行政村，总人口7241人，其中满族人口3046人，占全乡总人口的42%，主要聚居在太平庄、孙各庄、隆福寺、丈烟台、朱耳峪、夏家林、朱华山7个民族村。2019年，全乡财政收入2200万元，农民人均可支配收入23180元，完成税收921万元。

一、做大做强支柱产业，夯实群众增收基础

1. 推进核桃产业提质增效。持续做好核桃树病虫害防治和高接换优工作，提高核桃产量、品质和效益，积极开发核桃乳、核桃粉等深加工产品。2019年核桃种植面积达7478亩，年产量146.7万公斤，实现销售收入1173万元。

2. 推进优质红提葡萄基地建设。打造千亩绿色无公害葡萄园基地，生产绿色环保、品质可控的优质红提葡萄，年产量达 280.6 万公斤，实现销售收入1403万元。

3. 推动蜜蜂产业健康有序发展。自 2003 年成立蜂满园蜜蜂养殖专业合作社以来，引进高品质蜂箱4000箱，蜜蜂4000余群，建设标准化养殖小区40个，散养点40余处，辐射带动300余户，年产蜂蜜16万斤左右，实现销售收入900余万元。

4. 推动文化旅游产业发展。充分利用满族特有习俗和皇家宫廷文化，深入挖掘满族美食、歌舞和历史文化，打响满族民俗文化品牌，目前具备满族风情的经营性农家院50家，年营业收入900万元。

二、持续打造文化高地，发扬满族传统文化

1. 加大投入力度，加强基础设施建设。累计投资150万元，在每个村修建文化健身广场，安装体育器材等文体活动设施，置办更新村文化活动室设施。

2. 创新载体形式，提升文化娱乐活动层次。大力扶持发展农村文化户，定期抓好农村文艺队的汇演工作，2019年共举办5场演出，涉及舞蹈、相声、诗朗诵、武术等多种形式。

3. 提炼满族民俗历史，深入挖掘少数民族文化。通过对接资深作家和知名人士，会同本地乡贤一起入村走访调研，积累素材，编排凝聚满族特色的文化书籍、剧本和专栏。

三、招商引资提振经济，激发乡域发展活力

孙各庄满族乡作为蓟州区面积最小的乡，实体企业税收少，税收主要来源是楼宇经济。累计注册楼宇企业 110 家，其中 2019 年新注册楼宇企业 72家，到12月底楼宇招商税收完成718万元，全年实际完成税收918万元，超额完成167%。

四、扎实开展环境整治，推进美丽乡村建设

1. 人居环境整治工作逐步推进。2019年累计拆除院外厕所454座，户内新建卫生厕所140座，全乡污水改造完成，全部纳入污水管网，厕所革命取得阶段性成果。中国少数民族特色村寨隆福寺村，被天津市列为市级标杆的人居环境整治示范村。

2. 全域清洁化工程顺利推进。乡村干部、党员、村民代表以及志愿者带头清脏治乱，累计出动人次5000余次，车辆600辆，清理垃圾8000多吨，全乡 13 个村均达到市级卫生村标准与国家级验收标

准，率先实现了创建国家级卫生乡镇目标。

五、稳步加强组织建设，巩固社会和谐局面

1. 加强基层阵地建设，提高干部工作能力。按要求，13 个村级组织办公场所建设全部达标，乡村干部和党员代表进行定期培训，参观学习，进一步开阔了视野、解放了思想，工作能力得到了较大提升。

2. 深入开展平安村庄建设，依法打击黑恶势力。成立扫黑除恶专项工作小组，积极协调司法部门，送法到村到户。

3. 积极开展纠纷调解活动，坚持“去四访”工作法。实施网格化管理，发挥村级“两委两区”机制作用，先后解决了 4 起重点矛盾纠纷，做到小事不出村，大事不出乡，2019 年孙各庄满族乡未出现一例越级上访事件。

（撰稿：冯振攀　审稿：苏玮）

河北省

河北省现有 46 个民族乡（2018、2019 年先后有 4 个民族乡撤乡改镇），辖有 594 个行政村，行政区划面积 4528 平方公里，占河北省总面积的 2.4%；总人口 81 万人，其中少数民族人口 29.8 万人，占全省少数民族人口的 7.94 %。近年来，省市县党委政府高度重视民族乡经济社会发展，认真落实民族乡补助金等支持政策和制度。省民委将民族乡科学发展作为重点工作，谋划调研课题、借鉴先进经验，推动加快发展。积极推动指导石家庄等有关市政府组织赴民族乡现场办公，凝聚市直部门力量，帮助民族乡解决经济社会发展中的突出困难和问题，特别是加大对民族乡基础设施建设的支持力度。创新完善了一系列支持自治县民族县、民族乡、民族村加快发展的制度机制，强化了对民族乡科学发展的指导，打通了民族工作的断头路，充分发挥了民族乡在维护民族领域和谐稳定中的积极作用。

截至 2019 年底，全省民族乡所辖村全部实现了通公路、通邮、通电、通网络、通电话，有 537 个村通自来水，占行政村总数的 90.4%。

2019 年，全省民族乡企业总产值 743.08 亿元，较上年下降 4.45%；企业从业人员 11.94 万人，较上年增长 1.27%；企业年净利润总额 58.97 亿元，较上年下降 3.87%。

全省民族乡农林牧渔业总产值 99.61 亿元，较上年增长 0.31%，粮食产量 50.92 万吨，肉类产量 10.33 万吨。农作物总播种面积 141.4 万亩，其中粮食总播种面积 105.2 万亩。农民专业合作社 1157 个，合作社成员 14310 户。

全省民族乡财政收入有所增长，公共财政收入 8.68 亿元，较上年增长 12.4%。公共财政支出 9.58 亿元，较上年增长 27.9%。黄骅市新村回族乡完成财政收入 1.12 亿元、人均财政收入为 9708 元，均居全省 46 个民族乡之首。

全省民族乡农民人均可支配收入为 11128 元，较上年增长 7.29%，是全省平均水平（全省为 15373 元）的 72.4%，较上年减少 1.5 个百分点。农民人均可支配收入最高的是沧州市黄骅市新村回族乡，为 23165 元。

全省民族乡共有学校 243 所，在校学生 67607 人，教师 4951 人；图书馆 80 个，文化站 86 个，村文化活动室 582 个；医院、卫生院（所）60 个，村卫生室 669 个；卫生技术人员 761 人，乡村医生和卫生员 885 人；病床 1438 张。

（撰稿：张伟　审稿：陈泽辉）

内蒙古自治区

内蒙古自治区现有民族乡 18 个，主要分布在内蒙古自治区的呼伦贝尔市、兴安盟、赤峰市和乌兰察布市。18 个民族乡中鄂温克族民族乡 7 个，满族民族乡 4 个，达斡尔族民族乡 2 个，鄂伦春族、朝鲜族、回族、俄罗斯族、达斡尔族与鄂温克族联合乡各 1 个。

18 个民族乡地区面积共计 27633.04 平方公里，约占我区土地面积的 2.34%；人口总数为 201374 人，约占我区人口总数的 0.83%。我区 18 个民族乡普遍具有以下两个特点：一是多民族聚居。大部分民族乡均由 10 个左右民族成分构成。各民族间和睦相处，不同民族间通婚比较普遍。二是地处偏远，交通不便。18 个民族乡中除阿荣旗新发朝鲜民族乡、额尔古纳市三河回族乡、根河市敖鲁古雅鄂温克民族乡、赤峰市松山区当铺地满族乡 4 个民族乡外，大部分民族乡远离干线公路和旗县政府所在地，莫力达瓦达斡尔族自治旗杜拉尔民族乡距 111 国道 60 公里，恩和俄罗斯族民族乡距额尔古纳市政府所在的拉布大林镇 168 公里。

18 个民族乡抓住发展机遇，利用国家、自治区和盟市、旗县（市、区）政府对民族乡在项目安排和资金扶持上的优惠政策，大力改善农牧民生产生活的基础设施条件，文化、体育、广播电视事业快速发展，村村通工程基本完成；全面推进新型农村合作医疗，积极发展乡村医疗服务，社会事业不断完善。

内蒙古自治区呼伦贝尔市、兴安盟、赤峰市、乌兰察布市及相关旗县（市、区）不断加强对民族乡的工作力度，加快推进民族乡经济社会发展和全面建成小康社会的步伐。

一、采取有效措施，加快少数民族贫困人口脱贫步伐

民族乡按照自治区安排部署，结合实际，以增加民族乡贫困人口收入为核心，始终坚持“开发扶贫”和“精准扶贫”相结合，因村施策、因人施策，大力推进民族乡扶贫开发工作，通过实施整村推进、科技扶贫及扶持产业、就业发展、政府救助等带动和帮助贫困户脱贫致富，取得了较好的效果，脱贫人数逐年增加。

二、凝神聚力支持和推进民族乡优势经济产业的发展

18 个民族乡因地制宜，大力发展肉牛、肉羊、奶牛、玉米、大豆、马铃薯、柞蚕、木耳等各具地方特色的支柱产业。畜牧业养殖向规模化、集约化、产业化迈进。积极发展设施农业，建立现代化农业园区，推广公司加基地加农户生产模式，带动农牧民发展生产，增加收入，农牧业基础地位进一步加强。如：阿荣旗新发朝鲜民族乡依托朝鲜族传统水稻种植优势，大力发展绿色水稻产业，推行“龙头企业+合作社+基地+农户”和企业自建基地等发展模式，并通过“绿色产业链”打造出“阿伦新米”、“笑顺稻”“口粮田”等绿色大米品牌，形成了市场竞争力强的优势产业。

三、积极保护和传承优秀民族文化

18 个民族乡大部分都建有民族乡博物馆。各民族乡努力打造文化名片，如：阿荣旗新发朝鲜民族乡组建了朝鲜族专业文化团体；鄂温克民族乡在传统节日“瑟宾节”开展具有民族特色的文体活动；恩和俄罗斯民族乡的俄罗斯“巴斯克节”和俄罗斯族民间舞蹈列入自治区首批非物质文化遗产，使优秀少数民族传统文化得到了传承与保护。

四、大力发展旅游业，促进各民族间开放和交流

一些民族乡依托乡域内丰富的自然资源和民族文化优势，积极发展文化旅游产业，促进民族乡群众转产增收。如：额尔古纳市恩和俄罗斯族民族乡通过扶持人口较少民族发展和特色村寨项目资金建设，依托俄罗斯族民俗风情积极发展俄罗斯家庭旅游项目，俄罗斯家庭游俨然成为了当地经济发展的支柱产业。根河市聘请专家对敖鲁古雅乡进行总体

规划，从民俗、旅游和建筑风格上再现“敖鲁古雅风情、驯鹿部落文化”特色，打造具有鄂温克民族风情的敖鲁古雅。

(撰稿：李日树　审稿：陈平)

辽宁省

2019 年，辽宁省有 54 个民族乡，其中：满族乡 38 个，蒙古族乡 9 个，朝鲜族乡 2 个，民族联合乡 5 个。民族乡行政区划总面积为 7435.41 平方公里，年末总人口达到 88.9 万人，其中少数民族人口达到 51.8 万人，占民族乡总人口的 58.3%。

2019 年，全省民族乡经济社会得到进一步发展，基础设施不断改善，人民生活水平不断提高。全省民族乡共有 515 个村民委员会，已通自来水的村有 358 个，占 69.5%；已通公路的村 514 个，515 个村全部通电、通邮、通电话。

2019 年，全省民族乡乡镇企业从业人员 45671 人，乡镇企业总产值 168.8 亿元，其中工业总产值 127.0 亿元，乡镇企业年净利润总额 13.5 亿元。

2019 年，全省民族乡农作物总播种面积 247.3 万亩，其中粮食播种面积 180.2 亩。2019 年，民族乡粮食产量 103.7 万吨，肉类总产量达到 25.8 万吨。民族乡实现农林牧渔业总产值 105.0 亿元。

2019 年，全省民族乡财政收入为 8.8 亿元，财政支出为 8.9 亿元；农民人均可支配收入达到 11550 元。全省共有农民合作社 1711 个，合作社成员 2.5 万户，农业技术服务机构 156 个，农技机构从业人员 525 位。

2019 年，全省民族乡共有学校 189 所，在校学生总数 4.6 万人，教师总数 5442 人；图书馆 24 个，文化站 54 个，村文化活动室 489 个。医疗卫生机构 635 个，其中医院 18 个，卫生院 49 个，村卫生室 603 个，卫生人员 1571 人，病床 1891 张。

（撰稿：赵经纬　审稿：赵瑞）

吉林省

一、全省民族乡经济发展

2019 年底，全省有民族乡 28 个，其中：村民委员会 395 个，总行政区划面积 11.97 万平方公里。民族乡总人口数 61.4766 万人，其中少数民族人口 18.1081 万人，少数民族人口占人口的 29.46%。财政收入 5.82 亿元，财政支出 5.75 亿元。

（一）农业生产发展平稳

2019 年，全省民族乡实现农林牧渔业总产值 80.35 亿元；农作物总播种面积 291.89 万亩，其中粮食播种面积 246.51 万亩。粮食总产量达到 144.41 万吨，肉类总产量 8.53 万吨。

（二）农业生产条件有所改善

2019 年，全省民族乡农民合作社个数 1889 个，农民合作社成员数 27854 户，农业技术服务机构个数 106 个，农业技术服务机构从业人数 442 人。

（三）工业发展情况

2019 年，全省民族乡在乡镇企业从业人员 4.5517 万人，乡镇企业总产值 273.91 亿元，其中工业企业产值 145.54 亿元，乡镇企业年净利润总额 22.78 亿元。

（四）人民生活水平进一步改善

2019 年，全省 395 个民族乡村全部通电、通邮、通电话、通公路，350 个民族乡村通自来水。

二、全省民族乡社会发展

2019 年，全省民族乡拥有各类学校 121 个，在校学生 2.82 万人，教师 4299 人。图书馆 85 个，文化站 68 个，村文化活动室 384 个。拥有医疗机构 321 个，其中医院 7 个，基层医疗卫生机构 300 个，卫生院 35 个，村卫生室 370 个。拥有卫生人员 1186 人，其中卫生技术人员 674 人，执业（助理）医师 330 人，乡村医生和卫生员 528 人。医疗卫生机构拥有病床 676 张，其中医院有 198 张，基层医疗卫生机构 320 张，卫生院 539 张。

（撰稿人：孟祥超　审稿人：田永亮）

黑龙江省

黑龙江省现有 52 个民族乡。2019 年，实现地区生产总值 307.4 亿元，比上年增长 5.1%，农村居民人均可支配收入达到 15912 元，比上年增长 6%，民族乡的发展方向进一步明确，经济社会保持平稳发展态势。

一、经济总量稳定增长，综合实力持续增强

2019 年黑龙江省民族乡经济发展水平继续向好，地区生产总值增长率高于全省平均水平 0.9 个百分点，农民人均可支配收入超过全省农民收入水平 6%，各项经济数据较去年均有稳定提高。得益于国家、省市各级各部门对民族地区的关心关注，现在各民族乡和民族村已成为当地整体发展较快，发展基础较好的区域，相关基础设施、公共服务、教育医疗等建设都能满足当地群众生产生活需求。

二、依托特色产业持续创新思路拓展增收

在促进民族乡产业发展上，一方面继续调整农业产业结构，提升畜牧业、特色种养殖业比重，以培育绿色有机农产品为主攻方向，发展高产、优质、高效、生态、安全农业，打造绿色有机农产品品牌。另一方面加大“三农”扶持力度，更新农业基础设施，大力推进农业规模化、集约化、标准化生产，确保农业转型增效、降低成本、粮食增产、农民增收。各民族乡、村依托自身优势，促进种植业持续向好，种植业结构对应本乡本土特点更趋科学合理，一批绿色作物、中草药、黑木耳等特色种植业基地相继建成投产，并以种植基地为核心逐渐构筑起相应的产业发展集群。农民的视野也不再局限于自己脚下的一亩三分地，而是开始日益重视标志认证和打响知名度，围绕土地和特色产业开动脑筋转换思维，提高产品附加值，逐步把传统种植转变为特色种植，推进农业旅游、农业品牌建设。

三、现代农业生产经营主体不断发展壮大

种植合作社与农机合作社实行统一管理，带地带股入社，分社按股分红，以股份制为原则，采取统一采购、统一播种、统一田间管理、统一收割、统一销售、统一分红，风险公担，共同致富的模式。非入社村民的土地集中进行承包，进行连片种植，实施规模化经营，实现全村土地整村推进。以黑河市爱辉区坤河乡为例，坤河乡共有经济合作组织 9 个，其中农机合作社 1 个，木耳合作社 1 个，菇茑合作社 1 个，种植合作社 6 个。于 2014 年组建的坤河乡红旗村林丰现代农机专业合作社通过几年发展，现已成为农机装备规模 1200 万元，代耕土地 1000 公顷的大型农机合作社。林丰合作社 2017 年承办了全国食用大豆生产现场会，实现了红旗村整村连片轮作经营，大豆垧产 6000 斤，户均增收 2 万元的经济社会效益。红旗村也先后荣获区级文明村、省级生态村荣誉称号。

四、因地制宜，发展适合自身条件的产业经济

从实际情况出发，积极利用本乡本土在资源、劳动力、地理位置等方面的优势，在发展劳务经济、旅游产业、传统文化开发利用等方面探索适合自身条件的发展道路。一方面对外开展招商引资，优化资本、土地和劳动力等生产要素，筑巢引来远方金凤凰。另一方面发挥少数民族地区民俗资源富集、风情浓郁、自然风光优美的资源优势和良好现代农业基础，大力发展凸显民族特色的旅游产业。宁安水稻种植、杜尔伯特牧业养殖、同江民族文化、民俗特色旅游、塔河鄂伦春族桦树皮手工艺制作产业都是其中取得良好效益的典型事例。

（撰稿：张泽坤　审稿：倪晓岩）

江苏省

2019年，高邮市菱塘回族乡坚持以习近平新时代中国特色社会主义思想为指导，在高邮市委、市政府和乡党委坚强领导下，在乡人大监督支持下，紧紧依靠全乡各族群众，认真贯彻新发展理念，全面落实高质量发展要求，较好地完成了乡十九届人大五次会议确定的目标任务，被列为全市唯一乡村振兴全面试点乡，第四次被国务院表彰为“全国民族团结进步模范集体”。

一、保持发展定力，重点指标稳中有进

（一）菱塘回族乡2019年预计实现GDP47.4亿元，同比增长7.8%

实现财政收入2.74亿元、一般公共预算收入1.38亿元，分别同比增长11.6%、12.4%。完成固定资产投资43.3亿元，同比增长12%。实现规模以上工业产值57.55亿元、工业开票销售67.8亿元，分别同比增长21%、10.5%。实现建筑业施工总产值103.5亿元、建筑业入库税收6830万元，分别同比增长11.8%、22%。实现高新技术产值37.3亿元，同比增长17%，占规上工业产值比重达64.8%。研发经费支出1.4亿元。新增高新技术企业10家，总数达31家。新增发明专利授权21件。预计实现服务业增加值9.65亿元，同比增长11.4%。

（二）按时完成主要污染物排放市定目标

全年共治理挥发性有机物企业23家。农村污水集中处理率达90%、垃圾分类集中处理率达60%。居民集中式饮用水源水质达标率保持100%。新增造林面积305亩，占全年目标102%。

（三）文化产业增加值同比增长10%

社会文明程度测评指数达100%。打造文化标识10个。在“志愿扬州”等平台注册各类志愿者3178人，占全乡常住人口比重达15.8%。新时代文明实践所、站、岗全部建成运转并开展活动。

（四）实现农村居民人均可支配收入3.62万元，同比增长8%

围绕“两不愁三保障”目标，完成24户农村危房改造，全乡7000元以下建档立卡低收入农户全部脱贫。社会公众安全感达98%以上。

二、坚持真抓实干，主要任务较好完成

（一）深化改革开放，创新驱动持续增强

落实服务招商引资和重大项目建设“十大机制”，先后组织招商团队赴长三角、京津冀、珠三角开展招商拜访活动，实现新签约5000万元以上工业项目8个，新开工亿元工业项目3个、5000万元工业项目2个，新竣工亿元工业项目4个、5000万元工业项目2个，分别占全年目标133%、150%、100%、133%、100%。推动企业与大院大所建立合作关系、签订产品研发协议。新增规模以上企业4家。新增亿元以上企业2家，总数达16家。新增省、扬州市级研发机构9家，其中省级3家、扬州市级6家。5家企业获得省“双创计划”科技副总项目。在全市率先实行村级会计委派交流和村（社区）集体产权制度改革，被推荐为扬州市首批村（社区）股份经济合作制改革试点乡。村级集体经济收入稳步增长，实现村集体经营性收入542万元，同比增长6.3%。严格预算约束，非“两报告一文件”明确的项目一律不予立项。统筹做好政府性债务防控和化解，积极开展乡村债权清收工作，全年累计清收债权439万元。积极做好向上争取工作，累计争取各类奖补资金1000多万元。支持实体经济发展，兑现2019年度工业和招商引资政策性奖励资金近1800万元。

（二）致力产业强乡，转型成效逐步显现

实施工业经济转型升级工程，“十亿龙头、亿元方阵”培育初见成效，全口径计算实现工业入库税收2亿元，同比增长13.7%。完成规上工业技改投入23.1亿元，同比增长12%。新认定省星级上云企业2家。开展服务企业政策系列宣讲活动6场次。全力支持主导产业企业外出参展。曙光电缆公司跻身中国电线电缆行业百强，位列第56位。龙腾照明集团智慧园区建成使用，荣获“全国照明工程公司30强”。出台促进建筑业持续健康发展的若干意见，

鼓励支持建筑企业发展壮大。在多地召开重点建筑业企业与工业企业融合发展座谈会，力促协同发展、互利共赢。新增建筑业国外市场项目 4 个、省级工法 7 项、省优质工程 2 个。瑞沃集团蝉联江苏省建筑业“百强企业”，并获评“扬州建筑业综合实力 30 强企业”。加大农业产业结构调整力度，新增稻虾综合种养 1314 亩、特水精品养殖 5000 亩。新增家庭农场 1 个。完成年度小麦高产和水稻绿色高产高效项目创建。土地经营权流转 984 亩，涉农项目、资产资源发包 100%进场交易，实现交易额 425 万元。预计实现农业增加值 3.38 亿元，同比增长 7.8%。菱塘兴旺供销合作社成为高邮首家“三体两强”基层供销社。

（三）加快镇村统筹，美丽家园更加宜居

扎实开展第二次全国污染源普查和“降尘治车”“江河碧空”蓝天保卫行动。完成企业燃煤锅炉和燃煤粮食烘干炉清洁能源改造。严格落实“河长制”，高邮湖菱塘水源地达标建设通过扬州市验收。开展畜禽养殖污染及农业农村污染综合治理，全乡畜禽粪便综合利用率达 97%。清真村入选省特色田园乡村建设试点并被评为 2019 中国最美村镇。完成 406 户零散农户撤并和近 1400 亩土地复垦。高邮湖小堰塘渔港项目顺利完工，湖西水厂一期工程投入试运行。完成王鲜记生产河生态护坡、双庆河排水洞新建、集镇区灌溉渠道改建以及 5 个村老旧一级泵站拆建和渠道混凝土加固工程。农村垃圾分类扩面、5 个村“百村示范”整治、4 个村美丽宜居乡村建设、5 个集中居住点规划方案编制及基础设施配套、老镇区改造等工程稳步推进。完成 4 个庄台绿化达标创建。成立扬州市菱昌劳动服务有限公司，镇村环卫保洁、绿化养护市场化运作实质性启动。开展骨干公路沿线环境综合整治专项行动，完成中大路、北岗路、王姚路提档升级和菱塘客运站改造提升，创成扬州市“四好农村路”示范乡镇，中大路入围扬州市第三届“最美乡村路”。深化殡葬管理体制改革，投入 120 多万元完成骨灰堂新建，集中清迁、深埋零散墓穴 769 穴。

（四）突出以人为本，生活配套日臻完善

2019 年民生幸福工程“1 号文件”38 项 140 件实事项目序时完成率达 98.6%。坚持应保尽保、按标施保，发放低保金 103 万元。办理被征地农民参保 431 人。向 80 周岁及以上高龄老人发放尊老金 79.2 万元。举办新型职业农民培训等各类培训班 7 场次，培训人数 400 人次以上。辖区内累计新增就业 476 人，转移农村劳动力 124 人。标准校车投入试运营，为学生上放学提供交通服务。清真村居民学校创成省标准化居民学校。开展家庭医生签约服务 16909 人。高庙村创成省卫生村，卫生室创成省示范村卫生室。曙光社区、星月公司分别创成扬州市健康社区、健康企业，曙光社区健康广场和清真村健康步道分别创成扬州市健康广场和健康步道。继续开展生育关怀活动，孕前优生健康检查达标率 100%。新改造农村无害化卫生户厕 60 座。文昌社区居家养老服务站创成省级示范性（AAAA 级）居家养老服务站。为 669 名持证残疾人免费办理意外伤害保险。成立乡、村两级退役军人服务站，完成 732 名退役军人和其他优抚对象信息采集。对 984 名企业退休职工和 140 名优抚对象开展免费体检。

（五）坚持团结奋斗，和谐基础更为巩固

深入开展民族团结进步创建“五大工程”。成功举办庆祝中华人民共和国成立 70 周年系列活动、第十八届“民族一家亲”文化艺术节和第十八届“博思维杯”群众体育运动会，让更多的群众共享丰富多彩的文化生活。全国文明城市创建工作位居全市前列，获评“2016—2018 年度江苏省文明乡镇”。深入开展新时代文明实践，切实控减“红白事”费用和“土地庙”数量。闯红灯人脸识别系统正式投入运行。深入开展“查大风险、除大隐患、防大事故”专项整治行动。菱塘派出所被命名“枫桥式公安派出所”。创新农村基层社会治理服务工作，被市确定为整体推进乡镇，王姚村被确定为扬州市创新农村基层社会治理服务工作试点村。扫黑除恶专项斗争取得阶段性成效，追缴各类欠款 50 多万元。严格落实“三级联动”城乡日常管理机制，常态开展值班巡查。

三、强化自身建设，服务效能稳步提升

按照乡党委组织开展的“不忘初心、牢记使命”主题教育要求，推动政府作风形象、服务效能、工作成效持续提升。坚持项目化、清单化、责任化推进政府重点工作和分管负责人月度汇报交流工作机制。扬州市和高邮市下达我乡的 22 件工作事项，均

达到全年序时进度要求。扎实推进 2019 年度 12 项民生实事项目，目前已全部序时完成。充分发挥“12345”政府服务热线、市长信箱、乡级“店小二”微信群等作用，收集企业急需解决的问题和各类民生诉求 340 件，答复率、解决率分别达 100%、93%。坚持依法行政，积极发挥政府法律顾问在重大事项和重要政策等方面的决策咨询作用。自觉接受人大监督，广泛听取社会各界意见，认真答复办理市人大代表建议和市政协提案各 1 件，乡人大代表建议 39 件，办复率、办成率、代表满意率分别达 100%、89%、100%。乡志已形成初稿进入征求意见阶段。

（撰稿：洪静　审稿：鲍蜀生）

浙江省

浙江省世居少数民族以农村畲族为主，具有大分散、小聚居的特点。全省有 14 个民族乡，均为畲族乡，分布在杭州市、温州市、金华市、衢州市和丽水市的 13 个县（市、区），它们是：杭州市桐庐县的莪山畲族乡，温州市平阳县的青街畲族乡，苍南县的岱岭畲族乡、凤阳畲族乡，周山畲族乡，竹里畲族乡，兰溪市的水亭畲族乡，衢州市龙游县的沐尘畲族乡，丽新畲族乡，龙泉市的竹垟畲族乡，云和县的雾溪畲族乡、安溪畲族乡，遂昌县的三仁畲族乡，松阳县的板桥畲族乡。民族乡主要分布浙南或浙西南，一般地理位置较偏，一半左右的民族乡离县城有 30 至 50 公里路程。多数是革命老区乡镇，其中有 10 个曾被列入全省 211 个重点扶持的欠发达乡镇、或省重点欠发达县特别扶持计划范围。

2019 年，民族乡农林牧渔总产值及三产服务业增加值增幅均在 10%以上，规上工业增加值也稳步提升。财政总收入为 8.01 亿元。在村级集体经济收入方面，截至 2019 年底，全省村级集体经济总收入低于 10 万元且经营性收入低于 5 万元的民族村已经全面清零。在人均可支配收入方面，2019 年浙江省全省少数民族农村居民人均可支配收入达到 23689 元，占全省农村居民人均可支配收入 29876 元的 79%；18 个民族乡人均可支配收入达到 18928 元，同比增长 18.78%，其中少数民族人均可支配收入为 18369 元，同比增长 21.7%。少数民族人均可支配收入增幅普遍高于全省平均水平，民族地区农民人均收入和少数民族人均收入的差距进一步缩小。

（撰稿：潘晶　审稿：潘友明）

安徽省

安徽省现有 9 个民族乡（合肥市肥东县牌坊回族满族乡、蚌埠市五河县临北回族乡、阜阳市颍上县赛涧回族乡、淮南市凤台县李冲回族乡、淮南市寿县陶店回族乡、淮南市谢家集区孤堆回族乡、淮南市潘集区古沟回族乡、滁州市定远县二龙回族乡、宣城市宁国市云梯畲族乡），1 个回民农场和 1 个回民街道（皖河农场三益回民分场、亳州市谯城区花戏楼街道，均享受民族乡待遇）。

2019 年，全省各民族乡深入学习贯彻习近平总书记关于民族工作、扶贫工作的重要论述和视察安徽重要讲话精神，以习近平新时代中国特色社会主义思想为指引，以改革创新有效推动少数民族和民族聚居地区加快发展，以精准发力切实推进少数民族和民族聚居地区脱贫攻坚，全省少数民族和民族聚居地区同步全面建成小康社会事业取得新进展。截至 2019 年底，全省 9 个民族乡建档立卡贫困户累计 4341 户 12582 人实现脱贫，分别占总数的 98.68% 和 98.72%。经济运行平稳，农民人均可支配收入达 17489 元，比上年增长 9.3%，农林牧渔业总产值 20.6 亿元，比上年增长 5.6%。财政收支运行平衡，公共财政收入完成 3 亿元，比上年增收 0.9 亿元，增长 42.9%，公共财政支出 3.3 亿元，增支 0.8 亿元，比上年增长 32%，基本实现均衡支付，较好地完成了预定目标。

一、聚焦脱贫攻坚，不断巩固脱贫成效

各民族乡深入贯彻落实中央和省市县关于脱贫攻坚决策部署要求，筑牢“两不愁三保障一安全”底线，全面加快脱贫致富、同步小康步伐，圆满完成年度脱贫任务。一是脱贫攻坚成效明显。孤堆回族乡建档立卡贫困户 175 户 325 人全部脱贫，所属全省 135 个民族村中的最后一个大洼贫困村脱贫出列，并通过省第三方评估验收。陶店回族乡顺利通过国家脱贫攻坚评估检查、贫困县退出专项评估检查，全年落实减贫任务 147 户、268 人，贫困发生率降至 0.19%。二是稳步推进产业扶贫。二龙回族乡积极推进“四带一自”（农民合作社带动、龙头企业带动、能人大户带动、园区带动、自种自养）发展模式，通过土地流转、吸纳就业、合作入股等形式，实现带动贫困户 151 户。临北回族乡新建到村产业扶贫项目 3 个，总投资 350 余万元，同时积极发展到户特色种养产业项目，覆盖贫困户 119 户，奖补 40 余万元。三是全面落实帮扶政策。古沟回族乡落实教育医疗扶贫政策，全年共计 303 人享受教育扶贫资金 35 万余元，1197 人享受医疗扶贫报销 180 余万元。陶店回族乡实施就业技能培训 56 人次，开发公益岗位 129 个。全年门诊补偿 12047 人次，住院补偿 1109 人次，累计报销 730 余万元。

二、持续加大投入，逐步完善基础设施

民族乡紧盯发展后劲，多方协调争取，集中力量解决涉及人民群众切身利益的突出问题，不断加强农村基础设施建设。一是道路基础设施不断完善。牌坊回族满族乡强力推进“八个全覆盖”，全年完成农村道路畅通工程 41.1 公里招标，项目总投资约 3127 万元。二龙回族乡 2019 年道路畅通工程建设完成道路拓宽 13 条 10.27 公里，投入资金 685.8 万元；新修建道路 3 条共 3.77 公里，安装路灯 100 盏。二是水利建设步伐不断加快。二龙回族乡积极争取资金 50 余万，兴建小岗村郭童、小李两座电站，改造提升了二龙水库、宋圩、周湖、洋湖、黄庄电站，有效改善 10 多个村民组 3000 亩地的农田灌溉用水。孤堆回族乡投入资金 100 余万元，对孤堆灌区、爱国灌区等四条渠道进行清淤，总长度达 10 公里，对鲁庙电站、许桥电站引水渠涵管进行疏通并更换 2 台变压器，切实解决了群众农业生产用水难题。三是农田基本建设不断提质增效。二龙回族乡完成总投资约 1300 万元的三苏村 6000 多亩土地整理项目，积极争取高标准农田整治项目，投入 650 万元对小岗村小岗片进行了整理。古沟回族乡投资 1690 万元的农业开发项目已在沟北、陶郢、伏龙 3 村开工建设，硬化了道路、水渠等基础设施，惠及周边 5 个村近万名群众。

三、突出特色优势，加快调整产业结构

民族乡坚持以农民增收致富为目标，积极培育发展特色产业，大力实施产业结构调整。一是发挥优势拓展乡村旅游业。云梯畲族乡深入开展乡村旅游提速提质年活动，把农家乐发展作为全乡旅游工作的重点，并以千秋景区村落和云梯花溪谷为龙头，实施将军关漂流景区建设，全面提升旅游功能。积极吸引社会资本投入畲族文化交流，常态化开展畲族特色文艺演出，成功举办“共组同心圆，追梦新时代”为主题的安徽畲乡“三月三”文化节系列活动。二是因地制宜发展品牌特色农业。牌坊回族满族乡积极推进“互联网+现代农业”发展模式，实现村级电子商务网点、物流配套全覆盖。积极推进品牌发展战略，完成“名优农产品”品牌申报，成功举办“2019 中国 · 肥东首届杭椒节”活动，着力提升“千柳”牌杭椒、“诺伊”有机农产品的知名度和市场竞争力。三是全面推进现代农业水平提升。临北回族乡积极引进集特色农业、生态园、农事体验于一体的鑫泽园千亩田园综合体观光旅游项目，项目用地 1200 余亩，计划总投资 5000 万元，截至 2019 年底，已投入资金 2000 余万元，建成 600 亩特色经果林、300 亩稻虾藕示范田及配套设施，全乡“种养加”一体化经验模式初显成效。

四、立足民生工程，全面发展社会事业

民族乡坚持把保障和改善民生摆在更加突出的位置，加大投入，狠抓落实，多措并举固本强基，稳步推进各项社会事业发展。一是办学环境不断完善。

临北回族乡党委政府出资 30 万元，修缮乡中心中学毽球馆和十里城小学操场，进一步优化教学环境；积极营造尊师重教的浓厚氛围，开展评选先进中小学和优秀教师活动，乡党委政府给予奖励和表彰。二是医疗卫生水平稳步提升。陶店回族乡投资 502 万元新建卫生院综合业务大楼一栋，显著提升周边村镇医疗条件。二龙回族乡深入开展农村贫困人口家庭医生签约服务，由乡卫生院、村卫生室开展家庭医生签约服务“两卡制”清理，确认签约贫困人口 1517 人，并区分不同健康状况对贫困人口实行分类健康干预，提供基本公共卫生、健康管理和基本医疗等服务。三是群众文化生活日益丰富。李冲回族乡广泛开展群众性文体活动，放映电影 72 场、送戏下乡 6 场次，举办“文化迎春、艺术为民”乡村春晚等各类文体活动 17 场次。在 2019 年全国少数民族传统体育运动会中，该乡运动员获得一枚押加项目比赛银牌。牌坊回族满族乡积极开展新时代文明实践服务活动 43 次，开展公益电影放映 223 场，极大地丰富了群众文娱生活。四是民生福祉不断增强。陶店回族乡全面落实 33 项民生工程，累计发放各类低保、优抚救助等资金 1179.5 万元。李冲回族乡 2019 年超额完成各项社会保障任务，新农合参合率达 100%，低保、五保、重度残疾人护理补贴等各类民生工程投入资金 415.2 万元，惠及群众 9059 人次。

五、坚持共建共享，推进美丽乡村建设

一是人居环境不断完善。古沟回族乡持续推进农村人居环境改善工作，2019 年投入 700 余万元新建古沟、沟北两村农民休闲广场共 1100 平方米，景观凉亭 2 处，水冲式公厕 6 座，新修下水道 2.5 公里，清理沟渠 3000 多米，新建护栏、护坡 900 多米，整平坑洼、废弃地约 80 亩。孤堆回族乡坚持把农村“三大革命”工作作为落实乡村振兴战略的重要内容，加强乡污水站维护使用和污水管网建设，扎实推进农村改厕工作，完成 400 户“一户一档”资料和平台信息录入，充分发挥大洼、杨岗、裴岗等村组先进典型示范效应，大力提升群众参与人居环境整治的积极性和主动性。二是美丽乡村持续升级。赛涧回族乡按照“大美庄台、生态湿地”的理念，把特色赛涧建设作为一项战略任务来抓，集中力量拓宽道路、清淤沟塘、铺设管网，按照“九小七配套”的要求对庄台进行了绿化、亮化、美化，庄台面貌焕然一新，2019 年度省级庄台建设现场会在赛涧乡溜孜口庄召开。临北回族乡在淮河缕堤、淮河滩地成片造林 641 亩，超额完成全年目标任务的 42.4%；在宁洛高速长廊补植 217 亩，淮北大堤补植 90 亩，义务植树 59500 棵，顺利通过省级森林城镇和森林村庄验收。三是生态文明稳步推进。云梯畲族乡制定“一村一策”农村环境整治行动方案，牢固树立绿水青山就是金山银山思想，积极推进河长制、林长制工作，建立一河一册、一林一册档案，推进乡村河长林长巡察制度常态化。牌坊回族满族乡严格落实全年全域秸秆禁烧规定，实行废弃秸秆无害化处理和综合利用，实施农田水利“最后一公里”建设项目，对饮用水源地保护区环境问题进行全面排查，拆除保护区内养殖场 48 家，切实守护人民群众饮用水“生命线”。

六、把握团结主题，深化和谐民族关系

民族乡牢牢把握铸牢中华民族共同体意识，坚持以“共同团结奋斗，共同繁荣发展”为主题，以民族团结进步宣传月、民族团结进步创建活动等工作为载体，以多种形式营造宣传党的民族政策、促进民族团结进步的良好氛围，促进各民族交往交流交融，平等、团结、互助、和谐的社会主义新型民族关系不断发展。牌坊回族满族乡积极贯彻落实少数民族事业发展规划，加大民族文化弘扬和传承保护力度，举办“开斋节”“民族团结进步宣传月”及全省首场少数民族文化演出活动，培育、宣传民族团结的典型，弘扬正气，营造出民族团结进步的良好氛围。孤堆回族乡以组织民族团结进步宣传月活动为抓手，积极开展农家书屋阅读、书香进校园、大学生暑期实践等未成年人教育活动 4 次，开展送戏进村、电影下乡活动 16 次，民族团结进步教育不断深入，少数民族聚居地区和谐发展更进一步。2019 年，该乡获评市级民族团结进步创建示范单位称号。古沟回族乡大力开展民族团结进步宣传教育活动，通过发放宣传单、悬挂横幅标语、制作公开栏等形式，广泛宣传“两个共同”“三个离不开”政策，促进不同民族群众相互理解、相互尊重、相互融合。2019 年，该乡获评“全国民族团结进步模范集体”。

（撰稿：吴柏林　审核：陆友勤）

福建省

2018 年，全省民族乡村经济社会发展工作坚持以习近平新时代中国特色社会主义思想和党的十九大精神为指导，在省委省政府的高度重视下，在有关部门的大力支持下，围绕中心，服务大局，开拓创新，多措并举，总体呈现良好发展态势。全省 19 个民族乡公共财政收入 67124.8 万元，同比增长 32.0%，公共财政支出 62849.96 万元，同比增长 25.5%，乡镇企业总产值 397.95 亿元，同比分别增长 8.7%，乡镇企业年净利润总额 18.71 亿元，同比增长 26.9%，民族乡农民人均可支配收入 16538.29 元，同比增长 8.1%。民族乡所辖 321 个民族行政村基本实现通邮、通电、通路、通电话、通自来水。目前，全省少数民族乡村群众的生产生活条件得到不断完善，生活水平得到不断提高。

一、高度重视扶贫工作，推动民族乡村脱贫攻坚纵深发展

认真按照省委省政府《关于打赢脱贫攻坚三年行动的实施意见》和脱贫攻坚推进会精神，全力推动少数民族乡村脱贫攻坚工作落到实处。一是开展脱贫攻坚专题调研。深入民族乡村调研全省少数民族脱贫攻坚工作，摸清底数，发现问题，形成客观翔实的调研报告，得到省领导的专门批示。二是召开民族乡村脱贫攻坚工作会议。先后召开“全省民族贫困村脱贫攻坚暨挂钩帮扶民族乡工作推进会”和“全省民族乡村脱贫攻坚与发展特色产业推进会”，进一步推进少数民族贫困乡村与全省同步脱贫。三是动员社会力量参与脱贫攻坚事业。省民族宗教厅与福建农林大学、福建中医药大学等高校签订战略合作协议，借智借力助推民族乡村科技发展和人才培养；充分发挥宗教界扶贫济困优良传统，募集善款 248 万元，帮助 6 个少数民族贫困村开展扶贫项目建设。四是召开村主干培训班。举办“全省建档立卡民族贫困村村主干培训班”，全省 116 个贫困村主干参加了培训，村干部的脱贫攻坚能力得到进一步提升。

二、持续开展挂钩帮扶，助推民族乡村优势产业发展

挂钩帮扶民族乡工作持续开展，帮扶举措稳步推进。挂钩帮扶单位更加注重造血功能的培育，省直单位分别发挥旅游、林业、农业、科技等职能作用，解决民族乡村急需解决的发展问题，共同推动民族乡高质量赶超发展，发达县（市、区）则将一些转移产业落户到民族乡。目前，全省民族乡基本形成以茶叶、蔬菜、水果、油料、药材、林竹、粮食等 7 个产业为主的“一村一品”“一乡一业”的特色产业发展态势。据统计，2018 年，挂钩帮扶单位投入民族乡的帮扶资金为 8300 万元，其中省直单位 2270 万元、沿海经济发达县（市、区）2130 万元、省财政转移支付 1900 万元、民族乡所在县（市、区）2000 万元。

三、积极开展技能培训，拓宽少数民族群众就业渠道

重视实用技术和职业技能培训，不断拓宽少数民族群众的就业渠道和增收办法。省民族宗教厅联合省委统战部共同举办福建省第三期少数民族月嫂培训班，全省少数民族妇女 80 人参加了培训并取得人社部门颁发的育婴员资格证；联合福建中医药大学共同举办福建省畲医畲药培训班，邀请省、市级医学专家教授和畲族医药行业知名人士授课，全省 70 名畲医畲药从业人员参加了培训。

四、注重发展社会事业，不断提升基本公共服务能力

持续提升少数民族乡村基本公共社会性服务能力，促进少数民族乡村社会事业不断发展。民族教育方面：组织重点中学优秀教师到民族乡中学开展巡回讲学活动，充分发挥名校名师的辐射示范和引领带动作用。目前，全省民族乡有中小学校 74 所，在校学生数 33268 人，教师数 2579 人。民族卫生方

面：省民族宗教厅联合省委统战部共同组织福建医科大学博士研究生医疗服务团、福建中医药大学教授和省内知名畲医，深入民族乡村开展义诊，共接诊 400 余人次，分发家常药品 100 多件，受到群众欢迎。不断加大民族乡卫生院医护人员的配备力量，2018 年，全省 19 个民族乡拥有卫生技术人员 505 人，同比增长 21.1%，执业（助理）医师 183 人，同比增长 21.2%。民族文化方面：立足构筑中华民族共有精神家园，在增强对中华文化认同的基础上，抓好少数民族优秀传统文化的保护传承与创新。在闽西仅有的 2 个畲族乡所在的上杭县，成功举办 2018 海峡两岸各民族欢度“三月三”节暨福建省第七届“三月三”畲族文化节、第十一届海峡两岸少数民族丰收节，来自海峡两岸近 600 名嘉宾和 5 万多名少数民族群众积极参与。活动的开展，既丰富了少数民族群众文化生活，又促进了各民族交往交流交融，收到良好效果。

（撰稿：赖龙娣　审稿：李瑛）

江西省

江西省民族乡认真贯彻落实习近平新时代中国特色社会主义思想，紧紧围绕“中华民族一家亲，同心共筑中国梦”的总目标，凝心聚力抓落实，求真务实促发展，克难奋进求创新，乡村经济平稳发展，社会事业协调推进。

经济运行总体平稳，产业结构逐步优化。2019 年，八个民族乡总人口 11 万人，完成公共财政收入 3.21 亿元，乡镇企业总产值 11.37 亿元，农林牧渔业总产值 10.25 亿元，农民人均可支配收入 14569 元，各项经济指标与去年同期总体保持平稳。民族乡始终坚持“绿水青山就是金山银山”的发展理念，大力推进产业转型升级，重点发展现代高效农业、乡村旅游等新型产业，努力挖掘新的经济增长点。樟坪畲族乡依托丰富的山林资源狠抓产业基地建设，以特色产业的创新发展，重点推进樟坪畲族村毛竹丰产林、白茶、油茶种植，西排村高山蔬菜种植，双圳村白茶种植，太源畲族村菊花种植。现已发展毛竹丰产林面积 17000 亩、高山蔬菜种植面积 220 亩、白茶种植面积 190 亩、油茶种植面积 100 亩、菊花茶种植面积 70 亩，较好地发挥了特色产业龙头带动作用，促进了村集体经济快速发展，农民人均可支配收入达到 17854 元，比去年同期增长 18.55%；龙冈畲族乡充分利用其境内革命烈士纪念碑、第一次反“围剿”纪念馆、毛泽东旧居、苏区中央局遗址等红色旧址，打“三色”牌（红色历史、蓝色民俗、绿色生态），闯特色路，开致富门，建示范镇，大力传承红色基因，发展特色旅游产业，带领少数民族群众共同团结进步、共同脱贫致富，2019 年实现农民人均可支配收入 18364 元，同比增长 21.12%。

基础设施不断完善，秀美乡村顺利推进。2019 年，民族乡进一步加快和完善基础设施建设，补短板，夯基础，高质量推进秀美乡村建设。篁碧畲族乡完成龙麒大桥至交通大桥间人行道及护栏改造，完成乡集镇亮化、绿化、沥青路面等工程，新建龙麒畲族文化广场，修复篁碧河水毁工程，改造乡自来水项目，架通团结大桥；太源畲族乡完成水美自然村公路沥青改造、生态停车场、2A 级旅游公厕、游客服务中心和游步道项目，建设西坑文化广场，改造马鞍、水美以及乡政府所在地的安全饮水工程，打造畲族村垄耕坞秀美乡村点，在全县率先完成人口聚集点的秀美乡村建设全覆盖；东固畲族乡完成滨河路二期工程，拓展了圩镇框架，完成水陂除险加固 10 余处，确保下游农田灌溉；金坪民族乡完成民族文化展示馆内部装饰和多媒体安装、金坪路面改造提升、热敏灸体验馆建设等。民族中小学危房改造全面完成，乡级卫生院和村级卫生室相继进行大规模改造提升，民族乡村的电力、通讯、广播电视、文化体育等事业也得到长足发展，民族乡村面貌得到改善，环境得以优化，群众生产生活水平有效提高。

民生保障不断改善，社会事业全面进步。2019 年，民族乡进一步夯实民生保障，切实解决关系民族乡村群众利益的问题，少数民族群众获得感幸福感不断增强。金竹畲族乡全面落实新农合参保、大病保险、重大疾病商业补充保险、民政大病救助和政府兜底“五大保障”工程。为全乡贫困人口缴纳新农合参保费用 47 万余元和重大疾病商业补充保险 24 万元，贫困患者自付率在 10%以下，实现建档立卡贫困人口新农合和大病保险全覆盖；赤土畲族乡完成一批教学楼改造提升，募捐 180 余万元成立赤土畲族乡奖教助学基金会；太源和篁碧畲族乡截至 2019 年底共投资 800 余万元，新建 3100 平方米教学楼和学生宿舍、1300 平方米学生食堂和 1000 平方米的体育场地、160 平方米的厕所等，改善了畲乡教育条件，少数民族适龄儿童入学率达到 100%。民族乡村文化事业不断发展，乡乡都建立了综合文化站，村村都建立了农家书屋，有的畲族乡还建立了射弩基地、蹴球基地等，有计划地培养了一支支少数民族传统体育项目运动员队伍。有的民族乡还开设了畲语文化课，编写《畲族语言》等教材，让口耳相传的畲族语言、歌谣谚语、民间典故、畲族风情等畲族文化得以传承。

（撰稿：茅黎　审稿：王希贤）

河南省

2019 年河南省民族乡全面落实党的十九大精神和习近平新时代中国特色社会主义思想，坚持稳中求进工作总基调，以新发展理念为引领，真抓实干、务实进取，经济发展取得新进展，民生保障日益完善，社会事业全面进步，群众幸福感、获得感明显上升。

乡镇经济持续增长。乡镇企业总产值 382 亿元，其中，工业企业总产值 214 亿元，比上年增加 1.5 亿元。乡镇企业年利润总额 30 亿元，农林牧渔业总产值 33 亿元，粮食总产量 24 万吨，肉类总产量 4 万吨。各民族乡经济发展持续保持良好状态，郑州市金寨乡全社会固定资产投资 4.97 亿元，规模以上工业增加值 8.49 亿元；禹州山货回族乡积极发展新型企业，实现规模以上工业总产值约 12.1 亿元，同比增长 14%；叶县马庄乡加大龙头企业发展力度，规模以上制造业增加值占 GDP 比重 26.1%，增速 11.6%。

乡村振兴稳步推进。紧紧围绕“产业兴旺、生态宜居、乡风文明、治理有效、生活富裕”的总要求，以发展优势特色产业为重点，深化农村改革，积极有序推进乡村振兴。许昌市艾庄回族乡加大特色农业、家庭农场、农民合作社等新型生产经营主体培育力度，全乡呈现出“经济作物连片、产业发展多元”的良好发展势头；新乡市封丘县荆乡回族乡把乡村振兴战略内化为广大群众自觉行动，做大做强以山药种植为主的众兴种植合作社和以大棚蔬菜种植为主的众源种植合作社，进一步推进现代农业集约化种植业发展；郑州市金寨乡充分发挥民族乡镇特色，打造品牌特色餐饮，通过微信、直播等新媒体方式，将传统的金寨垛子、烧鸡、生熟牛肉等产品进行推广；平顶山市叶县马庄回族乡延伸产业发展链条，将畜牧业作为新业态培育的重要平台，加快推进饲草种植、畜牧养殖、畜产品深加工、有机肥生产、销售、冷链物流及休闲美食、乡村旅游融合发展，实现一二三产业深度融合，以产业发展带动村集体经济发展，促进农民增收，助力乡村振兴。

基础设施全面加强。各级加大对民族乡支持力度，大力推进基础设施建设。截至 2019 年底，民族乡的村全部实现了通电、通邮、通电话，100%实现通客车；农村饮水安全得到巩固提升，群众生活用水得到有效保障，信息网络普及水平不断提高。漯河市繁城回族镇全面实施弱电入地工程，镇区主干道内移动、电信、网通等 5 家公司线路全部入地；许昌市艾庄回族乡持续实施“农业开发项目”、“小农水项目”等，实现农田开发全覆盖，改善了农业基础设施薄弱的局面，增强了农业抗风险能力；民权县伯党乡大力实施绿化廊道农田林网建设，美化环境；襄城县颍桥回族镇自来水管道铺设到家，基本实现安全饮水全覆盖。

招商引资成效显著。深化“招商决定发展，招商决定未来”的理念，引进项目促发展。伯党乡探索“走出去，请得来，留得住”的招商方式，引进方源环保科技项目，投产后可实现年销售 5 亿元的销售额，带动了劳动力就业；睢县招商的中疆科技智能终端电子设备制造项目已落地产业集聚区，一般财政预算收入完成 5100 万元，超额完成目标任务；荆乡回族乡引进的河南万广农业科技有限公司坚持走品牌化之路，不断拉长产业链条，打造乡域企业集群，带动本乡经济跨越发展；襄城县颍桥回族镇抓招商，引进新建一批；抓培育，发展壮大一批；抓谋划，精心储备一批，确保了企业留得住，促进了乡镇经济发展。

社会事业加速发展。共有学校 199 所，教师 9125 人，在校学生 16.2 万人。卫生院条件持续改善，民族乡所在地有各类医院、卫生院、村级卫生室等 264 所。各民族乡不断提升文化软实力，建有图书馆 26 个，文化站 25 个、村文化活动室 203 个。各民族乡持续加大文化教育投入，禹州山货回族乡投资 700 万元新建了小学综合楼、宿舍楼、教师周转宿舍等项目；郏县姚庄回族乡利用农户闲置房屋打造李祯心意拳传习馆，展示心意拳历史文化，促进心意拳非遗文化传承保护。

（撰稿：王霞　审稿：余德海）

湖北省

2019 年，湖北省民族乡在地方各级党委、政府的正确领导下，坚决落实党中央国务院关于脱贫攻坚的总体部署和党的十九大，十九届二中、三中、四中全会精神，坚持脱贫攻坚与乡村振兴相结合，以产业造血为重点，以服务保障为抓手，在助推少民族乡发展，改善民族地区农村居民生产和生活条件，促进民族团结等方面发挥了积极作用。截至 2019 年底，全省民族乡下辖 186 个村委会，人口共计 263552 人，其中少数民族人口 128200 人。

乡镇经济发展态势良好。各民族乡以建设和谐乡村，展示湖北形象为发展思路，围绕“绿色生态立乡、特色产业富乡、民族文化兴乡、平安和谐稳乡”发展目标，不断壮大乡镇经济规模、努力提高工业化、城镇化和农业产业化水平，实现了乡村面貌快速变化、经济水平稳步提升、民生条件不断改善的良好局面。截至 2019 年底，全省 12 个民族乡财政总收入为 31320.46 万元，财政支出 33106.6 万元；乡镇企业从业人员 15375 人，乡镇企业总产值 673175.5 万元，其中工业企业产值 523264.7 万元；乡镇企业年净利润总额达到 160014.62 万元。

农业产业得到巩固。各民族乡始终把产业发展和富民兴业作为工作的出发点和落脚点，依托特色资源禀赋，扩大产业品牌效益，促进产业转型升级，全力推进产业兴乡之路。

同时，在努力维持现有粮食产量，确保粮食安全的前提下，通过充分发挥地域比较优势，进一步发展壮大特色农产品基地，发展高附加值农作物，推进农业标准化生产，农产品品质和农民收入大幅提高。截至 2019 年底，全省 12 个民族乡年末农林牧渔业总产值 540623.29 万元，农作物总播种面积 643358 亩，其中粮食播种面积 384082 亩，粮食产量 135309.21 吨。

基础设施建设成效明显。民族乡的行政村全部实现通公路、通自来水、通电、通电话、通邮，有效解决了各族群众的“行路难、出行难”问题。各民族乡争取整合开发、交通、国土、水利、电力、财政、民政、烟草等各部门项目资金，大力推进农村基础设施建设，城乡面貌发生了显著变化。

教育事业长足发展。各民族乡把教育放在优先发展的战略地位，加大投入，改善办学条件，认真落实教育经费保障机制和“两免一补”政策，创新管理机制，实施教育综合改革，加强教师队伍建设，推行素质教育，教育教学质量稳步提高。截至 2019 年底，全省民族乡共有学校 68 所，在校生 19548 人，教师 1382 人。

医疗卫生事业健康发展。各民族乡建设公共卫生体系和基本医疗服务不断健全。截至 2019 年底，全省民族乡共有医院、卫生院 14 个，卫生技术人员 439 名，其中执业医师 174 人；491 个病床；村卫生室 180 个，乡村医生和卫生员 256 名；全面推行新型农村合作医疗工作，所有行政村卫生室达到国家建设标准，县域内平均就诊率达到 90%。基本医疗得到有效保障。

民族乡村生态文明建设成效显著。结合省委、省政府"四个三重大生态工程"建设要求，民族乡坚持把农村人居环境治理作为重点工作来抓，投入资金购置相关设施设备，不断加强农村生活垃圾收集处理能力；深入推进"厕所革命"工程，大力实施退耕还林、"绿满荆楚"等造林项目，乡村路网全面改造升级，持续推动河长制从"有名"向"有实"转变，不断加大河流管理和保护力度，有效推动了乡村民族生态文明建设。

（撰稿：陈燕辉　审稿：刘来）

湖南省

2019 年，湖南省各民族乡全力以赴打赢脱贫攻坚战，全力推进经济社会全面发展，民族乡整体面貌、治理能力、干群关系得到极大改善。截至 2019 年末，全省乡区划调整后，全省 83 个民族乡总面积 11935.54 平方公里，有 988 个村民委员会。总人口 1490280 人，其中少数民族人口 922719 人，少数民族人口占民族乡总人口达 61.47%。

经济发展实力不断增强。民族乡农民人均纯收入 9775 元，同比增长 27.79%；公共财政收入 122601.723 万元，公共财政支出 119664.123 万元，同比分别增长 18.68%、26.34%；实现农林牧渔业总产值 1218173.63 万元，同比增长 2.9%；全省民族乡企业有从业人员 61689 人，乡镇企业总产值 1000098.49 万元，其中工业企业总产值 769668.2 万元，乡镇企业年净利润总额 172273.857 万元，净利润实现正增长，为 10.44%。全省民族乡农作物总播种面积 2724804.04 亩，粮食产量 687900.722 吨，肉类总产量 159559.683 吨，产量与上年保持平稳。农民合作社个数达到 3053 个，成员数 62244 户；农业技术服务机构个数 120 个，从业人员数 480 人，均呈现增长态势，特别是农民合作社大幅增长 46.78%，农村经济呈现多元发展格局。

基础设施建设不断完善。2019 年，民族乡的 988 个行政村中，已通公路的村有 982 个，已通邮的村有 966 个，已通自来水的村有 976 个，已通电的村有 988 个，已通电话的村有 988 个，通电和通电话率达到 100%，并将很快实现全面覆盖的目标，基础设施建设得到进一步加强，人民生产生活条件得到进一步改善。

民生事业水平不断提升。2019 年，民族乡共有学校 393 个，在校学生 105725 人，教师 7605 人；有图书馆 220 个，文化站 110 个，村文化活动室 990 个。全省民族乡共有医疗卫生机构 979 个，医院 14 个、卫生院 193 个，卫生人员 2639 人，卫生技术人员 1730 人，床位 2952 张。民族地区教育、卫生、文化事业得到长足发展，特别是教师和卫生人员均出现一定幅度增长，进一步提升了民生保障水平。

（撰稿：黄淼　审稿：罗方）

广东省

广东省共有韶关市始兴县深渡水瑶族乡、河源市东源县漳溪畲族乡、惠州市龙门县蓝田瑶族乡、肇庆市怀集县下帅壮族瑶族乡及清远市阳山县秤架瑶族乡、连州市瑶安瑶族乡和三水瑶族乡等 7 个民族乡。7 个民族乡行政区划面积共计 1382.22 平方公里，占广东总面积的 0.77%，下辖 50 个村委会。2019 年末总人口 87256 人，其中少数民族人口 37709 人，占广东省少数民族总人口的 0.79%。

2019 年，民族乡以习近平新时代中国特色社会主义思想为指导，深入学习贯彻党的十九大精神以及习近平总书记对广东重要讲话和重要指示批示精神，以实施乡村振兴战略为契机，以建设社会主义新农村，开展人居环境综合治理为抓手，不断推动民族乡城乡风貌特色化水平和经济实力稳步提升、民生事业协调发展、社会大局和谐稳定。

一、经济发展新突破

2019 年，7 个民族乡实现农林牧渔业总产值 115211 万元。公共财政收入 9134.8 万元，同比上年增长 8.17%，公共财政支出 9044.9 万元，同比上年增长 8.62%。农民人均可支配收入 16028 元，同比上年增长 20.75%。与全省平均水平相比，仍有一定差距，比 2019 年广东省农村常住居民人均可支配收入 18818 元低 2790 元，仅为全省平均水平的 85.17%。2019 年，7 个民族乡实现乡工业企业总产值 24.67 亿元，同比上年增长 2.92%。乡镇企业年净利润总额 3.58 亿元，同比上年增长 23.02%。

二、特色产业新成效

各民族乡立足本地实际，大力发展富民兴村产业，推广应用农业新技术、新知识、新品种，形成各具特色的产业布局。深渡水瑶族乡始终立足自然资源坚持发展生态经济，2019 年，柑橘种植面积达 2800 多亩，葡萄、猕猴桃等名优水果新增种植面积近 200 亩。此外，香菇、木耳、笋干、茶叶、蜜糖、灵芝等林下经济特色产业进一步壮大。以坪田、禾花塘养蜂专业合作社为依托，坚持走“合作社+基地＋农户”的路子，2019 年全乡蜂蜜产量达 10000 多斤，进一步发展壮大养蜂特色产业。漳溪传话乡现有上蓝、群星、鹊田、嶂下村沙糖橘种植场 4 个，下蓝、鹊田村中药材种植场 2 个，种植牛大力和五指毛桃，嶂下村大果山楂种植园 1 个，其他特色水果有“板栗”“枇杷”“水晶梨”“红心火龙果”“百香果”等，种植面积 4000 多亩；全乡现有油茶种植面积 6000 多亩，生态公益林 30372 亩，引进构树产业种植，推动构树产业园建设，进一步丰富农业产业发展。下帅壮族瑶族乡以打造下帅单丛茶品牌为目标，扩大单丛茶种植和加工规模。已累计种植单丛茶达 1300 多亩，新增单丛茶发展企业 1 家，建设茶叶加工厂房 350 平方米，车福村单丛茶项目“一村一品”申请已上报。百香果扩种至 1000 多亩，鹰嘴桃种植 350 亩，高山灵芝种植约 100 亩，种植南药 300 亩等。蓝田瑶族乡 2019 年推广优质水稻 15000 多亩，实现粮食总产量 5100 多吨。做大做强蓝田大米、兰花培育基地、高山茶示范场、柑橘示范场、茶叶茶油基地等特色农业项目。在不断提升蓝田系列农产品品牌效应的同时，探索开发新的特色农业项目。新建上东生态采摘园、红星百亩莲花基地以及新星大棚农业园等，产出无籽西瓜、无花果、莲子、水果玉米、哈密瓜、草莓等特色农产品，“一镇一业、一村一品”的特色产业发展格局逐步建立。瑶安瑶族乡借力“一村一品”政策，以过山瑶生态茶叶有限公司为实施主体，采用“公司+基地+农户”的模式，通过扩大种植面积，申请“瑶山雾茶”商标，设立电商销售平台和建设茶叶生产线等方式方法，提高茶叶产业规模化水平和改进茶叶制作工艺，提升瑶安山茶品质和知名度，带动茶叶经济发展和茶农增产增收。

三、文旅融合新发展

近年来，民族乡紧紧围绕建设宜居宜游生态乡镇这条主线，结合创建美丽乡村特色村建设，科学规划，积极举办民俗节庆活动，深挖民族特色内涵，大力传承和弘扬传统文化，发展民族特色旅游项目。深渡水瑶族乡举办第三届民俗文化旅游节暨 2019 年中国农民丰收节，长梅村成功创建“国家森林乡村”。下帅壮族瑶族乡举办了“三族闹元宵”、“牛王诞”大型民族民间节庆活动，壮瑶民族文化得到发扬，极大地提升下帅壮族瑶族乡文化品牌。漳溪畲族乡完成修缮蓝氏祠堂和蓝大将军墓工作，每年举行农历四月初九“畲族节”活动，投资近 1000 万元的广东畲族宫建成开放，投资近 900 万元的畲乡文体广场投入使用，向游客免费开放，并展现和推介畲族风情特色。黄龙岩景区被评为“全国民族团结教育基地”。蓝田瑶族乡完成圩街瑶族特色打造一期工程，实施特色打造二期工程建设；具有瑶族特色的社前新村正式完工，成为蓝田展示瑶族文化的又一个亮点。成功举办“舞火狗”晚会，吸引 5000 多游客参与观看，有效宣传和弘扬了蓝田瑶族乡特色文化。持续举办了瑶族民俗风情旅游文化节，社会效应良好。5 条美丽乡村精品旅游线路，6 公里堤路生态绿道建设正在有序优化推进。广东省绿美古树乡村干坑村（古檵木公园）和英明善美康桥、休闲长廊实行免费对外开放，成为了“网红桥”和游客集散打卡点。英明特色村寨建设初见成效，文化礼堂（红色瑶乡村史馆）、廊桥戏台等一批重点工程建设子项目正在按规划设计有效推进和启动建设。瑶安瑶族乡投入约 400 万元对房屋外墙、主要街道进行瑶族特色文化打造；投入约 180 万元整治一河两岸环境，部分街道实现沥青黑底化，投入约 50 万元亮化河堤路灯，投入约 200 万元建设百里画廊观光配套设施。投入 110 万元建设四套风情木屋民宿，以及利用“扶持壮大村级集体经济”配套资金，对原田心小学教学楼进行民宿改建，游客接待能力大大增强。

四、人居环境新变化

民族乡加强基础设施建设，大力开展人居环境整治和社会主义新农村连片示范建设，乡容乡貌和基础设施建设取得了长足发展，改变了民族乡村的面貌，提升了民族乡村的形象，生产生活条件日趋改善。2019 年，深渡水瑶族乡投入资金近 1000 万元用于“139”街整治提升行动基础工程建设，全乡投入近 4000 多万元完成 7 个自然村的雨污分流、巷道硬化、绿化、美化、亮化工程，投入 280 余万元和 270 余万元打造长梅一组及三组特色村寨，全乡 32 个自然村均已通过人居环境整治“回头看”验收，并全面达到干净整洁村标准。街整治提升工作已顺利通过市级验收，并被评为“优秀”等次。先后获得了“全国民族团结进步示范区（单位）”“广东省卫生镇”“韶关市文明乡镇”等荣誉称号。依托“一河两岸”河堤加固工程，加强生态廊道的建设，建设“十里花溪”亲水观景带。竹六村已种植黄花风玲 500 多株，车福村已种植红色紫荆 500 多株，“一河两岸”已完成 30 多亩绿化观景带。三水瑶族乡投资 700 多万元建设里茶山至英桃坪公路，历经 1 年多工期，克服了种种困难，于 2019 年 12 月基本竣工。这条长 9.8 公里、宽 5 米的公路修通，让新八村到乡政府距离缩短一半，打通了这个“红色村”的交通大动脉，给群众带来了看得见、摸得着、感受得到的实惠，成为他们的“幸福路”。目前新八村已建成红色文化展览馆和红色民族特色演出舞台，新八村革命烈士故居、革命烈士文化纪念广场、小东口战斗遗址等红色遗址的保护抢修工作顺利完成。

五、社会事业新进步

目前，7 个民族乡共有学校 15 所，在校学生 4259 人，教师 386 人。7 个民族乡共有图书馆 5 个，文化站 7 个，村文化活动室 81 个。医疗卫生机构 52 个，基层医疗卫生机构 50 个，卫生院 7 个，村卫生室 57 个，卫生人员 141 人，卫生技术人员 97 人，其中：执业（助理）医师 44 人，乡村医生和卫生员 53 人，医疗卫生机构床位 143 张。漳溪畲族乡投入 474 万元完成了卫生院综合楼建设，建成村级卫生站 10 所。瑶安瑶族乡通过加强医师在职教育和规范化培训，强化医疗质量和安全，强化合理用药，规范开展常见病、多发病诊疗活动等方式方法，提升卫生院医疗服务质量，并组织医务人员和乡村医生进行各 15 次培训，更好地开展公共卫生服务和抓好医疗核心工作。

（撰稿：余森河　审稿：李秀英）

广西壮族自治区

广西壮族自治区有 59 个民族乡，分布在南宁、柳州、桂林、梧州、防城港、贵港、百色、贺州、河池等 9 个设区市。其中，有瑶族乡 47 个，苗族乡 8 个，瑶族苗族乡 1 个，侗族乡 1 个，回族乡 1 个，仫佬族乡 1 个。59 个民族乡行政区划面积为 15755 平方公里，占广西总面积的 6.63%，年末总人口 118.04 万人，其中少数民族人口 88.98 万人，占广西少数民族总人口的 4%。2019 年，在各级各部门的大力支持下，全区 59 个民族乡经济社会事业进一步发展，基础设施建设进一步加强，人民生活条件得到进一步改善。

一、民族乡经济实力稳步增长

2019 年，广西各民族乡立足乡情，不断调整产业结构，大力发展少数民族特色经济，在主导产业、新兴产业、农林业、旅游业发展等方面取得了新进步。2019 年，民族乡经济发展稳中求进，大部分指标同比增长。59 个民族乡实现乡镇企业总产值 27.23 亿元，乡镇企业年净利润总额 6.1 亿元；实现农林牧渔业总产值 63.35 亿元，粮食产量 355586 吨，肉类总产量 71439 吨；公共财政收入 11.26 亿元，同比增长 42.35%；公共财政支出 12.3 亿元，同比增长 41.7%。

二、基础设施建设持续改善

在各级政府的大力支持下，全区各民族乡在各部门资金、政策、项目等方面的大力倾斜扶持下，以交通为重点，着力加强村级道路建设、农村电网改造、农村饮水、电信通讯设施、农田水利和乡村建设，通过民族乡各族群众的共同努力，民族乡的基础设施得到较大改善，各族群众的生产生活条件发生了翻天覆地的变化。截至 2019 年末，全区 59 个民族乡 595 个行政村中，已通公路的行政村有 595 个，占 100%；已通自来水的行政村有 562 个，占 94.45%；已通电的行政村有 595 个，占 100%；已通电话的行政村有 595 个，占 100%；已通邮的行政村有 572 个，占 96.13%。

三、社会民生事业不断发展

各级政府高度重视民族乡教育事业的发展，从人、财、物方面采取多种政策措施大力支持，通过投资完善教育基础设施，民族乡中小学校正在逐步推进教育均衡发展。2019 年末，全区 59 个民族乡有各类学校 511 所，教师人数 6658 人，在校学生 10.58 万人。

民族乡医疗卫生水平进一步提高，社会保险覆盖面继续扩大，城乡居民基本养老保险和医疗保险覆盖率不断提升，农村合作医疗、大病救助等政策的宣传和落实进一步加强。各级党委、政府不断加大对民族乡社会事业发展的扶持力度，逐步完善乡镇两级卫生体系。2019 年末，民族乡医疗卫生条件逐步改善，有各类医疗卫生机构 616 所，医疗卫生机构床位 1919 张，卫生院 69 个，村卫生室 136 个，乡村医生和卫生员 728 名。

各民族乡积极开展少数民族文化的保护与发展工作，深入挖掘打造民族文化品牌，努力实现保护、传承与创新的有机结合。在注重保护传承民族文化的同时，丰富群众文化生活，持续开展全民健身和文化下乡活动。2019 年末，广西 59 个民族乡建有图书馆 27 个、文化站 60 个、村文化活动室 564 个。

（撰稿：翚丽　审稿：覃凤前）

重庆市

2019 年，民族乡经济进一步发展，基础设施建设进一步加强，人民生活进一步得到改善，社会事业有了长足进步。

2019 年，重庆市辖有民族乡 14 个，98 个村民委员会。已通电的村 98 个；已通公路的村 98 个；已通电话的村 98 个；已通邮的村 98 个；已通自来水的村 98 个；民族乡行政区划面积 1436.56 平方公里。年末总人口 165545 人，其中少数民族人口 65754 人。

2019 年，重庆市民族乡农林牧渔业总产值 158504 万元；农作物总播种面积为 338961.9 亩；全年粮食总产量为 92473.8 吨；全年肉类总产量达到 41855.4745 吨；常住居民人均纯收入 13717 元。

2019 年，重庆市民族乡有学校 23 所，在校学生总数 7444 人，教师总数 645 人；图书馆 52 个，文化站 20 个，村文化活动室 98 个；医疗卫生机构 104 个，其中卫生院 15 个，村卫生室 95 个，卫生技术人员 220 人，病床 353 张。

（撰稿：谢婧灵　审稿：向远道）

四川省

1984 年以来，四川省先后建立过 128 个民族乡。由于行政区划调整和城镇化步伐加快，有 30 个民族乡相继撤乡建镇或两乡合并，截至 2019 年，全省共有 83 个民族乡，行政区划面积 1.62 万平方公里。民族乡总人口 74.04 万人，其中少数民族人口 34.6 万人，占民族乡总人口 46.7%。

四川民族乡分布在全省 12 个市（州）的 29 个县（市、区），大部分位于盆地边缘或高原向盆地过渡的高山峡谷地带，散杂居地方的民族乡还与云南、贵州、重庆、湖北、陕西等省市的民族地方毗邻。

2019 年，全省民族乡经济不断发展，基础设施进一步改善。有村民委员会 544 个。其中，已通公路的村 534 个，占 98.1%；已通自来水的村 517 个，占 95%；已通电的村 544 个，全部实现通电；已通有线电话的村 530 个，占 98%，无线电话全覆盖；已通邮的村 447 个，占 82.2%。

2019 年，全省民族乡农林牧渔业总产值 66.2 亿元，农作物总播种面积 163.7 万亩，粮食产量突破 40 万吨，肉类总产量 16.9 万吨。农民合作社 1612 个，合作社成员 5.4 万户。

全省民族乡乡镇企业总产值 59.2 亿元，乡镇企业从业人员 1.48 万人，企业年净利润达 6.85 亿元。

民族乡公共财政收入 8.9 亿元，公共财政支出 8.5 亿元。人均纯收入 13081 元，比上年增加同比增长 10.1%。

2019 年，全省民族乡共有 225 所学校，在校学生 5.15 万人，教师 4201 人。图书馆 203 个，文化站 158 个，村文化活动室 566 个。医院 8 个、基层医疗卫生机构 494 个，医疗卫生人员 1810 人，病床 1199 个。

（撰稿：李学华 审稿：滕明兵）

贵州省

2019 年贵州省各民族乡在各级党委、政府的领导下，坚持主基调主战略，坚持发展为要、民生为本、企业为基、环境为重的工作理念，牢牢守住发展和生态两条底线，以供给侧结构性改革为主线，大力实施主基调主战略，强力推进大扶贫、大数据两大战略行动，聚集民族乡基层组织建设、民族政策落实、脱贫攻坚进展，以开局就是决战、起步就要冲刺的劲头，认真贯彻国务院颁布的《民族乡工作条例》，按照《贵州省民族乡保护和发展条例》《贵州省人民政府关于支持民族自治县和民族乡加快发展若干政策措施的意见》精神，积极争取上级各部门大力支持，努力增强自我发展能力，促进了民族乡经济社会又好又快发展。

2019 年，全省民族乡 193 个，占全省 1572 个乡镇（办事处）的 13.1 %，占全国民族乡总数的 20.4%，居全国第一，共有 2110 个村民宗委员会，占全省 17484 个村民委员会（城市社区居民委员会）的 12.0%，行政区划面积 2.04 万平方公里，占全省行政区划面积的 20.8%。年末总人口 441.5 万人，占全省年末常住人口的 12.2%，少数民族人口 231.8 万人，占民族乡总人口的 55.5%。高度重视民族乡工作，贯彻落实法律法规，制定地方性法规和政策，采取有效措施，促进民族乡经济社会发展、推动民族团结进步事业。

一、经济实力不断增强

公共财政收入 49.3 亿元，财政支出 46.2 亿元，保持收入相对平衡，略有节约。农村居民纯收入达 9851 元，比上年增长 458 元。民族乡大多分布在较偏远地区，因劳动力外出和返回比较频繁，常住人口总量受此影响变动幅度较大，2019 民族乡年末总人口略有上升，但少数民族人口较上年有所下降。

“十三五”以来，全省民族乡经济发展呈现良好态势，各项指标逐年递增，实现了持续健康发展。2015 年至 2019 年，民族乡公共财政收入从 26.2 亿元提高到 49.3 亿元，累计增加近 0.8 倍；农林渔牧总产值从 219.3 亿元提高到 271.87 亿元，累计增加近 0.24 倍；乡镇企业总产值从 162.9 亿元提高到 462.39 亿元，累计增加 1.8 倍；农民人均纯收入从 6796 元提高到 9851 元，累计增加近 0.5 倍。

二、基础设施建设不断加强

以交通为重点，着力加强交通、通讯、能源、农田水利和乡村建设，民族乡生产生活条件得到较大改善。2015 年至 2019 年，全省民族乡行政村公路通达率、通畅率分别由 95.8%、92.5%，提高到 100%、98%；通自来水率、通电话率分别由 58%、80%，提高到 96%、99%；通电率、通邮率分别由 83.7%、74.7%，均提高到 100%。

三、产业发展格局初步形成

各民族乡立足实际，在巩固发展烤烟、水果、茶叶、中药材和蔬菜种植等传统农业产业的同时，精心打造民俗风情、避暑纳凉和田园观光等特色旅游产业，初步形成具有比较优势和地域特色的产业发展格局。2019 年，全省民族乡农林牧渔业总产值达到 271.87 亿元，农作物总播种面积达到 734.5 万亩，农民合作社达到 5820 个。

四、社会事业不断发展

各级政府坚持财政资金向民族乡教育、卫生和文化事业倾斜，帮助各族群众解难题、谋福祉。截至 2019 年底，全省民族乡建有学校 1754 所，在校学生 527051 人、教师 36280 人；医疗卫生机构 2153 所，村卫生室 2257 个，执业医师 2518 人，乡村医生和卫生员 3633 人，床位 13102 张；乡文化站 227 个，图书馆 476 个，村文化活动室 2065 个。

五、民族团结进步事业蓬勃发展

深入开展民族团结宣传教育，积极组织传统节日、区域文体和结对帮扶活动，促进了各族群众和睦相处、和谐发展。“十三五”以来，全省民族乡被国家民委命名为全国民族团结进步示范乡有 6 个，被省级命名为全省民族团结进步示范乡 20 个。

六、法治保险和政策促进取得进展

推动民族地区加快发展，让贫困民族地区和贫困群众如期脱贫进入全面小康，是贯彻落实习近平总书记关于扶贫开发工作系列重要讲话精神、“实现全面小康，一个民族都不能少”重要指示精神和中央民族工作会议精神的具体行动，对 2020 年与全国同步实现全面小康的战略目标能否顺利完成有着十分重要影响。2016 年，省委省政府出台的《关于支持民族自治州脱贫攻坚同步小康的意见》（黔党发〔2016〕31 号）极大地促进了三个自治州的发展，为进一步完善支持州、县、市三级民族地区脱贫攻坚同步小康的支持体系，实现民族自治州、民族自治县、民族乡的民族优惠政策全覆盖，它必将推动全省民族团结进步繁荣发展示范区建设，有力缩短同步全面小康进程，保证民族法规政策全面有效实施，推动解决制约民族乡发展的突出问题。

生态旅游发展规划，制定“民族发展、乡村振兴”重点工作计划，加快推进民族乡发展步伐。有关区县人大常委会扎实开展了《中共贵州省委贵州省人民政府关于支持民族自治县和民族乡加快发展的意见》实施情况执法检查，重点对旅游产业发展和民族教育情况专题调研，保证民族法规政策全面有效实施，推动解决制约民族乡发展的突出问题。

（撰稿：张发刚　审稿：吴继堂）

云南省

2019 年云南省纳入统计范围的民族乡有 140 个，与上年一致，国土总面积 4.1 万平方公里，辖 1058 个行政村，总人口 282.6 万人，其中少数民族人口 178.4 万人，占总人口的 63.1%。2019 年云南省各民族乡党委、政府按照乡村振兴战略“产业兴旺、生态宜居、乡风文明、治理有效、生活富裕”的总要求，立足云南实际、因地制宜，统筹推进民族乡农村经济建设、政治建设、文化建设、社会建设、生态文明建设和党的建设，在全面脱贫攻坚、全面建成小康社会、农业产业转型升级、民族团结进步示范创建等工作中取得显著成效，全省民族乡保持了经济稳步发展、民生持续改善、民族团结进步、社会和谐稳定的良好局面。

综合经济进一步增强。云南省各级党委、政府认真贯彻落实《民族乡工作条例》，本着优先、优惠、倾斜的原则，争取了更多的政策、项目、资金向民族乡倾斜，特别是在实施民族团结进步示范区建设百乡千村示范创建工程、促进直过民族和人口较少民族发展、沿边三年行动计划、沿边小康村建设等专项工程计划中，切实加大了对民族乡的投入，民族乡综合发展水平不断提升。2019 年 140 个民族乡实现农林牧渔业总产值 353.8 亿元，比上年同期增长 13.1%；实现乡镇企业总产值 205.1 亿元，比上年增长 6.5%，其中：工业企业实现总产值 163.1 亿元，比上年增长 7.8%；财政支出 45.3 亿元，比上年增长 33.6%；实现农村居民人均可支配收入 10253 元，比上年增长 13.0%。

基础设施进一步改善。继续推进路网、光网、电网、气网、水网“五网”进村入户，补足农村基础设施建设“最后一公里”。继续以解决好“农民出行难、运输难”为重点，全面推进“四好农村公路”建设，为加快乡村发展提供保障，截至 2019 年底，全省 140 个民族乡及其所辖建制村全部实现了通公路、通电、通电话、通广播电视、通网络和绝大多数村寨通安全饮用水的“六通”指标，所有乡镇和建制村都已实现 100%通硬化路、100%通邮，乡镇实现 100%通客车、具备条件的建制村 98.26%通客车。4G 网络实现了全省 100%覆盖行政村，自然村的网络覆盖率达到 85%。推动农村网络从“用得上”到“用得好”，在实现农村地区网络基本覆盖基础上，云南连续三年开展“百兆乡村”建设，所有行政村实现光纤接入，具备 100M 以上宽带接入能力。此外，全省校园网络包括农村学校“千兆到校、百兆到班”，教育信息高速公路实现了质的飞跃。培育了一大批电商村，农村电子商务加快发展。

农业基础地位持续稳固。农村改革取得重要进展，全面完成土地承包经营权确权登记颁证工作，稳步推进农村集体产权制度改革，农村土地征收、集体经营性建设用地入市、宅基地制度改革“三项试点”顺利推进，农村承包地经营权和农民住房财产权“两权”抵押贷款试点进展顺利。全面落实永久基本农田特殊保护制度，稳定完善扶持粮食生产政策举措。2019 年 140 个民族乡农作物播种面积 897.9 万亩，人均农作物播种面积 3.2 亩，粮食播种面积 538.2 万亩，粮食产量达 168 万吨，人均粮食产量 597 千克，比上年增加 28 千克，比全省人均粮食产量多 212 千克。肉类总产量达 37.2 万吨，比上年同期略有减少，人均肉类总产量 132 千克。着力培育新型经营主体，推进高原特色现代农业加快发展，各民族乡积极引导发展农民专业合作社等新型农村合作经济组织，建立“公司+基地+农户”“龙头企业+合作社+农户”等多种利益联结模式，实现农企双赢。2019 年末 140 个民族乡有农民专业合作社 4200 多个，社员近 20 万户。

乡村民生持续改善。2019 年 140 个民族乡建有学校 1105 所，教师 2.2 万人，在校学生 30.8 万人。所有民族乡都建了文化站，共有村（含行政村和自然村）文化活动室 3600 多个。医疗卫生条件不断改善，每个民族乡都有卫生院，有村卫生室 1062 个，共有卫生人员 7100 多人，其中卫生技术人员 4100 多人，执业医师和助理执业医师 1200 多人，乡村医生和卫生员 2800 多人，病床 4000 张。“两不愁三保障”问题基本解决，农村最低生活保障指导标准提高到 4200 元/人/年，比上年底增长 16.3%；特困人员基本生活指导标准统一提高到 732 元/人/月，较上年同期增长 10%。农村人居环境整治全面展开，开展农村生活污水垃圾治理，全力实施农村“厕所革命”，推进乡村绿化，提升村容村貌，农村卫生厕所普及率提高到 82%，88%的自然村对生活垃圾进行了收集处理。

社会大局和谐稳定。深入开展星级文明户、文明家庭等群众性精神文明创建活动和“自强、诚信、感恩”主题实践活动等，乡风文明焕发新气象。深入推进文化惠民工程，农家书屋实现行政村全覆盖，并逐步向自然村延伸。乡村治理有效改善，连续 3 年实施基层党建推进年、提升年和巩固年，开展农村基层党组织标准化建设，实施农村“领头雁”培育工程、集体经济强村工程。禁毒防艾、边境管理有力有效，扫黑除恶专项斗争取得重大阶段性成果。大力宣传民族团结进步事业，深入开展民族团结进步创建示范工作，有超过一半的民族乡村建设成了民族团结进步示范乡镇和民族团结进步示范村，全省民族乡多年来没有发生因民族问题引发的重大群体性事件。

（撰稿：易永红　审稿：陈新华）

西藏自治区

西藏自治区共有 9 个民族乡，分别为山南市错那县勒、麻麻、贡日、吉巴 4 个门巴民族乡、隆子县斗玉珞巴民族乡；林芝市墨脱县达木珞巴民族乡，巴宜区更章门巴民族乡，米林县南伊珞巴民族乡和昌都市芒康县纳西民族乡。

一、斗玉珞巴民族乡经济社会发展综述

（一）基本情况

斗玉珞巴民族乡位于隆子县东北方向，距县城 129 公里，平均海拔 3100 米。全乡行政区域面积 333 平方公里，下辖 3 个行政村，10 个自然村，全乡共计 199 户、647 人，其中珞巴族 59 户、214 人，占总人口的 33%。全乡耕地面积 484.86 亩，森林面积 25.5 万亩，草场面积 26.6 万亩，牲畜总头数 2311 头（只/匹）。

（二）经济发展

2019 年全乡经济总收入 2228.10 万元、人均可支配收入 20314.32 元，同比增速 16.35%，增长速度相比上年提升 0.45 个百分点，农村经济持续保持稳定增长势头。

一是农牧业生产工作方面。农作物播种总面积为 484.86 亩，其中青稞播种面积 196.06 亩、小麦 144.7 亩、油菜 47.24 亩、蔬菜 95.66 亩，在青稞种植面积中 102 亩用于黑青稞种植。粮食作物量产 120.5 吨，其中小麦量产 54.3 吨，青稞量产 66.2 吨；油料作物量产 4.3 吨；蔬菜量产 113.3 吨。二是发展特色产业方面。特色产业主要有粮食深加工（天麻黄牡丹加工）、民族手工业（藏式卡垫编织、木材竹器加工、羊毛加工、犀鸟茶制作、藏香制作）。2019 年底天麻黄牡丹实现利润 4.5 万元，藏式卡垫、木材竹器加工实现利润 4 万元。

（三）社会事业

乡教学点目前有 30 名学生，其中学前教育生 9 人，一二年级 21 人，贯彻落实“三包”政策和学生营养改善计划。完善乡卫生院和村卫生所建设，配备 9 名医生。全乡边民补助 3900 元。

二、贡日门巴民族乡经济社会发展综述

（一）基本情况

贡日门巴民族乡距错那县城 36 公里，下辖 2 个行政村，均已实现通路、通水、通电、通信号。全乡总面积 735 平方公里，平均海拔 3600 米。全乡农业人口为 59 户 175 人，门巴族 157 人，占 89.83%，藏族 18 人，占 10.7%，城镇人口 11 户 11 人，乡干部职工 29 人(其中门巴族 3 人)。

（二）社会经济各类指标

2019 年，全年农村经济生产总值 299.91 万元，同比增长 37.6%，平均农村居民纯收入 13583 元，同比增长 10.3%。

（三）特色产业发展情况

斯木村以荞麦加工厂作为主导，群众通过参与荞麦种植，深化加工，增加劳务收入。贡日村致力于野猪驯化新型养殖，加大养殖基地基础建设的投入，致力打造乡特色养殖业。

（四）农牧业发展情况

2019 年，全乡耕地面积 158 亩，粮食作物总产量 25.47 吨，同比增长-28%，全年牲出售和自宰 72 头，同比增长 10.8%。

三、麻麻门巴民族乡经济社会发展综述

（一）基本情况

麻麻门巴民族乡距错那县城 40 公里，下辖 1 个

行政村，已实现通路、通水、通电、通信号。全乡总面积 82.7 平方公里，平均海拔 2800 米。全乡总人口 66 户 158 人，其中门巴族 105 人，占 66.4%，藏族 53 人，占 33.6%。

（二）社会经济各项指标

2019 年全年村经济总收入 497.836 万元，同比增长 34.2%，农牧民平均纯收入 17891 元，同比增长 17.4%。

（三）农牧业发展情况

2019 年粮食播种面积共 68 亩，粮食总产量达约 21 吨。全年肉类总产量 23.09 吨，同比增长一倍。

（四）特色产业发展情况

1. 全乡共种植茶叶 300 亩，2019 年采摘约 3 亩，创收达 11 万元，户均增收 1600 元。

2. 全乡群众共开办 44 个家庭旅馆，有 272 个床位，5 家餐馆、5 家茶馆、5 家商店、5 家民族特色产品销售点。2019 年为群众创收 119.4125 万元。

四、勒门巴民族乡经济社会发展综述

（一）基本情况

勒门巴民族乡距错那县城 52 公里，下辖 2 个行政村和 4 个自然村，均已实现通路、通水、通电、通信号。全乡行政面积 363 平方公里，平均海拔 2350 米。2019 年全乡总人口为 55 户 148 人，门巴族 90 人，藏族 58 人。

（二）社会经济各项指标

2019 年全乡国民生产总产值实现 593.8 万元，同比增长 23.5%，农牧民人均纯收入达到 18910 元，同比增长 8.02%。

（三）农牧业发展情况

勒门巴民族乡种植和加工茶叶，另还种植青稞、鸡爪谷和勒布青椒等。2019 年末牲畜存栏总头数 325 头，牧业收入 42.88 万元。

（四）特色产业发展情况

全乡茶田面积 693 亩，成立以茶叶种植加工销售为一体的茶叶农牧民专业合作社，群众通过参与茶叶种植、管理、加工、销售等，经济收入明显。新建旅游景区专用公路、游步道、停车场、游客服务中心等设施。

五、吉巴门巴民族乡经济社会发展综述

（一）基本情况

吉巴门巴民族乡距错那县城 39 公里，下辖 2 个行政村，均已实现通路、通水、通电、通信号。全乡总面积 202 平方公里，平均海拔 3500 米。全乡总人口为 64 户 197 人，门巴族 179 人，占 90.9%，藏族 18 人，占 9.1%。

（二）社会经济各项指标

2019 年，全年农村经济总收入 400.74 万元，同比增长 8.1%，年人均收入 17638.22 元，同比增长 19.8%。

（三）农牧业发展情况

2019 年粮食播种面积共 542 亩，粮食总产量 103.64 吨，全年肉类总产量 39.25 吨。

（四）特色产业发展情况

一是将荞麦系列产品作为主导特色产业，共有荞麦糌粑、荞麦枕头、苦荞茶、门隅甘露。二是根据各村旅游景点的开发及规划边境小康村的建设，建成错那县门巴特色民俗小康村。

六、达木珞巴民族乡经济社会发展综述

（一）基本情况

达木珞巴民族乡地处扎墨公路沿线，下辖 4 个行政村，均已实现通路、通水、通电、通邮、通移动电信网络。全乡总面积 800 多平方公里，平均海拔 1860 米。2019 年达木珞巴民族乡现有 279 户 1093 人，其中珞巴族 670 人，占乡人口 65%。

（二）各项经济指标

2019 年农村经济总收入 2173.12 万元，人均纯收入 12489.42 元。农村人均可支配收入 12489.4 元。

（三）农牧民发展情况

认真贯彻落实惠民利民政策，及时兑现边民补助、公益林补贴、生态岗位、管护员等惠民资金。16 岁以上群众普惠边民补助增长到每人达到 5300 元。

（四）产业发展情况

重点发展茶产业、藏药材产业、旅游产业、珞巴文化产业，茶产业面积达到 1015 亩，2019 年带动群众增收 85 万元；藏药材以贡日村七叶一枝花和冬虫夏草采挖增收 75 万元；群众参与旅游产业增收

50 万元。

（五）教育卫生事业情况

全乡小学生入学率达到 100%，初中生巩固率 100%。乡卫生院有医生 8 人，其中干部 6 人，工人 1 人，公益性 1 人。

七、更章门巴民族乡经济社会发展综述

（一）基本情况

更章门巴民族乡距离巴宜区 35 公里，下辖 6 个行政村，总面积 619 平方公里，平均海拔约 3000 米，共有 319 户 1372 人，其中：门巴族 412 人，珞巴族 88 人。

（二）各项经济指标

2019 年全乡农村经济总收入达 3679 万元，比增 3.8%，农牧民人均可支配收入达 18330 元，比增 3.3%。

（三）农牧民发展情况

以老排龙门巴民族特色村寨项目、水果种植项目、犏奶牛养殖项目、藏鸡养殖项目、藏香猪养殖项目和政策性补贴为依托，实现脱贫脱政策 2 户 8 人，未发生一起返贫现象；3 个村完全实现了人畜分离，为生态宜居奠定了坚实基础；建成农牧综合服务中心及防抗灾综合用房。

（四）产业发展情况

投资 2.4 亿的千亩产业园区现代化无土栽培和水肥一体化种植项目已完工 30%，培育出西州密、黄金瓜、绿宝、羊角蜜、千喜贝贝西红柿、红颜草莓等 20 多个适宜高原种植的优质品种，并实现一年四季均可上市，力争打造成全自治区首个现代化农业示范基地；建设完成 318 亩黑钻苹果采摘基地，采用“公司+合作社+农户”的运营模式，有利提高群众学习新技能、运用新技术来发家致富；娘萨村藏猪养殖项目通过以“公司十合作社十农户”的形式运营，目前共有 500 余头，其中能繁母猪 300 头，育肥猪 200 头，为群众分红 80 万元人民币；新建 10 座草莓育苗大棚，努力将乡草莓产业打造成草莓育苗—种植—销售完整的产业链；组建更章门巴民族乡雅觉草莓农牧民专业合作社，现有占地 36 亩现代化温室大棚 10 座，种植红颜草莓 14.5 万株，预计总产量可达 10.8 万斤，总产值约 270 万元。

（五）教育卫生事业情况

全乡中小学生入学率、巩固率均达到了 100%。积极发挥乡卫生院的作用，实现农牧民健康档案全覆盖。全乡群众医疗参保率和养老保险参保率均达 100%。自非洲猪瘟防控工作开展以来，共投入人力 120 余人次，车辆 80 余台次，强化各项消毒和防范措施，扑杀生猪 238 头。驱虫家犬数 111 只，犬驱虫率达到 100%。春季畜禽疫苗注射率达 100%。

八、南伊珞巴民族乡经济社会发展综述

（一）基本情况

米林县南伊珞巴民族乡距离米林县城 4 公里，下辖南伊、琼林、才召三个行政村，平均海拔 2940 米。行政区域国土面积 648.4 平方公里，其中林地面积 5.8 万亩，草地面积 21 万亩，冰川面积 3399 亩。全乡共有 131 户 547 人，其中珞巴族 109 户 427 人，占全乡总人口的 78%。全乡通水率、通电率、通邮率、通车率、广播电视覆盖率、电信、移动网络覆盖率均为 100%。

（二）各项经济指标

2019 年全乡国民经济收入达到 1746.99 万元，同比增长 14.3%；农牧民人均纯收入 22356.31 元，同比增长 15.6%；现金收入 20363.09 元。

（三）农牧民发展情况

积极推进兴边富民小康示范村建设项目，对才召村 41 户进行整村打造，房屋建设及绿化、道路硬化等附属工程都已完成，并于 2019 年底完成入住。

琼林村实施整村搬迁抵边安置建设项目，建设 45 户 201 人住房及配套设施，目前基础设施建设已基本完工，第一批昌都三岩搬迁户 7 户 29 人已入住。

（五）教育卫生事业情况

全乡仅有学校 1 个，教师 26 人，在校生 171 人。适龄儿童入学率 100%、在校生巩固率、教育“三包”经费到位率、初中适龄少年入学率均达到 100%，巩固率达 99.8%。全乡医疗卫生机构 4 个，其中乡卫生院 1 个，村卫生室 3 个。卫生人员 9 人，其中职业（助理）医师 1 人。医疗卫生机构床位 8 张，其中卫生院 4 张。全乡文化站 1 个，村文化活动室 3 个。

（六）旅游发展情况

目前全乡已拥有家庭旅馆 15 户（证件齐全）。

加大旅游执法力度集中开展整顿景区乱搭乱建，私拉游客等影响景区正常经营健康发展的不良违规行为，取得了良好效果。

九、纳西民族乡经济社会发展综述

（一）基本情况

纳西民族乡距芒康县城 112 公里，下辖 4 个行政村 21 个自然小组。全乡面积 374.9 平方公里，其中森林面积 10337 公顷。现有耕地面积 3153.75 亩，人均占有耕地 0.77 亩，2019 年底总人口 4615 人。

（二）各项经济指标

2019 年农林牧渔总产值 2220.55 万元，农村人均可支配收入 10526 元。粮食产量达 309.861 吨，肉类产量达 150 吨。

（三）特色优势产业

全乡累计完成葡萄种植 3018.3 亩；其他经济林木共计种植 4041.05 亩（苹果 729.41 亩，康巴蜜橘 968 亩，石榴 646.64 亩，桃子 500 亩）。同时，乡三江源农牧民合作社试种茶叶（佛像 3T3）7 亩。

（四）教育卫生事业情况

全乡农村合作医疗保险参保人数为 4188 人，其中建档立卡户 859 人，非建档立卡集资人数 3329 人，参保率达到 100%。2019 年医疗报销 494 人次，共计 2264108.52 元。目前，盐井中小学校控辍保学巩固率为 100%。盐井中小学校（含幼儿园）共有师生学生 2350 人。

（撰稿：洛桑群佩　审稿：金美）

甘肃省

甘肃省是多民族省份，56 个民族俱全，少数民族人口 259.59 万人，占全省常住人口的 9.9%。世居的少数民族有回、藏、东乡、保安、裕固、蒙古、撒拉、哈萨克、土、满等 10 个民族，其中东乡族、保安族、裕固族是甘肃特有的少数民族。全省有 2 个自治州、7 个自治县。民族自治地方 21 个县（市），国土面积 18.36 万平方公里，占全省总面积的 43%。民族自治地方常住人口 329.4 万人，占全省常住人口的 12.5%。全省共有 32 个民族乡，分布在白银、张掖、平凉、酒泉、庆阳、陇南、临夏、甘南 8 个市（州）的 16 个县（市、区）。32 个民族乡中，回族乡 14 个，东乡族乡 7 个，藏族乡 7 个，蒙古族乡 2 个，裕固族乡和土族乡各 1 个。2019 年，全省民族乡在省委省政府的坚强领导下，坚持以习近平新时代中国特色社会主义思想为指导，深入学习贯彻党的十九大，十九届二中、三中、四中全会精神，全面落实习近平总书记视察甘肃重要讲话和指示精神，认真贯彻落实省委、省政府各项决策部署，民族乡脱贫攻坚、特色产业、生态建设等各项事业有序推进，总体保持了经济社会健康有序发展的良好局面。

一、脱贫攻坚工作成效显著

2019 年，全省民族乡认真贯彻落实中央和省委、省政府脱贫攻坚工作部署，切实增强脱贫攻坚工作的政治责任感和工作主动性，科学谋划，压实责任，统筹协调，强力推进脱贫攻坚各项工作任务落实，脱贫攻坚工作取得了显著成效。一是贫困人口减贫成效显著。临潭县卓洛乡全年脱贫 170 户 796 人，剩余 1 户 3 人，贫困发生率为 0.1%，实现全乡整体脱贫。古战镇全年脱贫 243 户 945 人（其中兜底脱贫 61 户 143 人），剩余贫困户 12 户 54 人，贫困发生率下降至 0.9%。广河县阿力麻土东乡族乡累计稳定脱贫 1128 户 6487 人，其中 2019 年脱贫 236 户 1335 人，剩余贫困人口 37 户 205 人，贫困面下降到 1.21%。临夏县井沟东乡族乡全乡 13 个贫困村全部脱贫退出，累计减贫 1922 户 9215 人，贫困发生率降至 1.42%。二是狠抓基础设施建设。始终把解决制约脱贫攻坚和经济发展问题放在首位，通过积极争取资金项目，基础设施不断完善，经济发展基础得到进一步夯实。肃州区黄泥堡裕固族乡多渠道、多方位争取项目资金 560 万元，落实完成裕固小镇三期、中低产田改造、酒泉市裕固族民俗博物馆、裕固花海景区等项目 7 个，完成博物馆的主体工程建设，便民服务中心、干部周转房和派出所业务技术用房投入使用，全乡基础设施条件明显提升。瓜州县腰站子东乡族镇争取县级财政专项资金 250 万元，新建检查井 40 座，安装智能水表 266 套，配套 80 千瓦变压器一台，有效解决全村 237 户 998 人畜安全饮水问题，进一步巩固了脱贫攻坚成果。和政县梁家寺乡倾力改善民计民生，全面补齐发展短板，全乡通村道路硬化率达 100%、自然村动力电覆盖率达 100%，贫困群众生产生活条件持续改善。三是产业扶贫扎实推进。临夏县安家坡乡落实到户产业扶持资金 754 万元，其中到户分散经营 587 万元，托管集中经营 167 万元，共计发放贫困户入股分红 23.94 万元。广河县阿力麻土东乡族乡利用产业扶持资金，鼓励贫困户购买牛 362 头，购买羊 2600 只，全乡规模养殖户达 158 户，养殖农户达 2538 户，牛存栏 2452 头、羊存栏 14458 只。临潭县卓洛乡大力扶持村集体经济建设项目，2019 年通过落实财政专项扶贫资金项目，上园子村和下园子村分别注入村集体经济发展资金 20 万元。临潭县长川乡大力实施贫困户产业扶持增收项目，扶持 675 户建档立卡户发展药材、藜麦、青稞及油菜等特色种植业和牛羊、黑驴等特色养殖业，实现了稳定增收。

二、发展基础不断夯实

全省民族乡始终坚持以脱贫攻坚工作为重点，以农民增收为目标，围绕各项目标任务，攻坚克难，尽锐出战，经济社会发展呈现出健康有序良好态势，发展基础得到进一步夯实。2019 年，全省民族乡农林牧渔总产值达到 12.3 亿元，粮食产量达到 209 万吨，农民专业合作社达到 897 个，民族乡公共财政收入达到 3.2 亿元，公共财政支出达到 2.9 亿元。特别是肃州区黄泥堡裕固族乡农民人均纯收入比上年增加 1589 元，达到 18313 元，增长 9.5%。瓜州县广至藏族乡、七墩回族东乡族乡农民人均纯收入分别达到了 10560 元、10608 元。全省民族乡中有 18 个民族乡农村居民人均可支配收入超过全省平均水平，张掖市白银蒙古族乡、马蹄藏族乡、祁丰藏族乡和肃州区黄泥堡裕固族乡、瓜州县腰站子东乡族乡农村居民人均可支配收入超过万元。

三、社会事业稳步推进

全省民族乡坚持把教育卫生、社会保障等公共服务作为民生之本、发展之基，在政策资金的大力支持下，各项社会事业得到全面发展，取得了良好成绩。一是教育教学条件全面改善。高度重视教育事业发展，一批教育项目相继实施，进一步解决了适龄儿童上学难的问题，大大改善了民族乡的办学条件。目前，全省民族乡学校数 339 所，教职工 2760 人，在校学生达到 3 万多人。瓜州县腰站子东乡族镇严格落实教育“两免一补”政策，巩固“两基”教育成果，中小学入学率、非文盲率达到 100%，小学“双合率”达到 100%，全镇教育教学质量稳步提高。二是医疗卫生事业加快发展。推动医疗卫生基础设施建设，着力改善医疗卫生条件。目前，全省民族乡共有医疗卫生机构 272 个，卫生院 36 个，村卫生室 266 个，卫生技术人员 391 名。崆峒区白庙回族乡围绕卫生健康各项指标，统筹推进优生优育服务工作，家庭医生签约服务 1632 人，一站式医疗救助 386 人，完成城乡居民养老保险资格认证 1665 人。玉门市独山子东乡族乡建立贫困户“一人一策”健康帮扶卡 3467 张，帮助贫困户患者转诊 6 人次，群众健康水平进一步提高。三是社会保障体系逐步完善。全面贯彻落实各项基本社会保障制度，新型农村合作医疗实现了全覆盖。崆峒区白庙回族乡继续推行城乡居民社会养老保险和新型农村合作医疗政策，参保、参合率均达到 95%以上；完成 9 个村低保动态调整，发放各类社会保障资金 486.1 万余元。宕昌县新城子藏族乡狠抓新农合政策的宣传教育，参合率达 98%以上，城乡居民社会养老保险参保率达 99.5%，全年共发放养老保险 321 余万元。四是文化事业繁荣发展。高度重视民族乡少数民族文化事业发展，持续推进文化站、文化室、农家书屋等文化设施建设，全省民族乡现有文化站 34 个，村文化室 308 个，实现了标准化乡镇综合文化站和行政村农家书屋全覆盖。玉门市小金湾东乡族乡加快乡村文化阵地建设，在各村组制作了以村规民约、乡风文明等为主要内容的文化墙，开展科技、文化、卫生三下乡活动，不断充实了群众的文化生活。瓜州县广至藏族乡。

每年组织开展文艺演出、戏剧公演、体育竞赛等群众喜闻乐见的文体活动 10 余场（次），进一步丰富了群众文化生活，增强了各民族群众共同团结奋斗、共同繁荣发展的凝聚力。

（撰稿：孔庆斌　审稿：王宇卫）

青海省

青海省有 28 个民族乡，行政区划面积 5649 平方公里。分布在 4 个市（州）的 12 个县，其中藏族乡 18 个，回族乡 8 个，蒙古族乡 2 个，土族乡 1 个。

2019 年，民族乡总人口 22.7 万人，其中少数民族人口 12.4 万人，占民族乡总人口 55%。2019 年有村民委员会 340 个。其中，已通公路 340 个，占 100%；已通自来水的村 340 个，占 100%；已通电话的村 340，占 100%；已通邮的村 326 个，占 95%。财政收入 1.65 亿元，财政支出 1.6 亿元。学校 72 所，在校学生 1.5 万人，教师 1014 人。图书馆 94 个，文化站 75 个，村文化活动室 218 个。医院 6 个，医生 316 人，病床 327 张。

（撰稿：王姿琪　审稿：孙勇）

新疆维吾尔自治区

2019 年，新疆维吾尔自治区共有民族乡 42 个，其中：哈萨克族乡 13 个，回族乡 5 个，柯尔克孜族乡 6 个，蒙古族乡 10 个，锡伯族乡 1 个，乌孜别克族乡 1 个，塔吉克族乡 4 个，塔塔尔族乡 1 个，达斡尔族乡 1 个。从区域分布看，南疆 9 个、东疆 4 个、北疆 29 个；其中边境县（市）34 个、农区 8 个、牧区 34 个。民族乡行政区划总面积 5.71 万平方公里，年末总人口达到 33.6954 万人，其中少数民族人口 22.4517 万人，占民族乡总人口的 67%。

综合经济方面。2019 年，全区 42 个民族乡经济发展稳定调整。全年实现农林牧渔业总产值 77.83 亿元。农作物播种总面积 208.17 万亩，比上年增加 0.5%。其中由于受种植结构调整影响，粮食播种面积 118.14 万亩，比上年减少 42%；全年实现粮食总产量 50.079 万吨，全区民族乡乡镇企业总产值达 6.92 亿元，其中工业总产值 5.65 亿元，乡镇企业年净利润总额 7876 亿元，乡镇企业从业人员 4072 人。

财政收支状况。2019 年，全区民族乡公共财政收入达到 9.34 亿元，比上年增长 8.9%。公共财政支出 9.87 亿元，比上年增加 17%。

基础设施日趋完善。2019 年，全区民族乡 252 个村民委员会中，已通公路的村有 252 个，占 100%；已通自来水的村 252 个，占 100%；已通电的村 252 个，占 100%；已通电话的村有 249 个，占 98.8%；已通邮的村 246 个，占 97.62%。

社会事业取得进步。2019 年，全区民族乡共有学校 132 所，在校学生总数 3.79 万人，教师总数 3995 人；图书馆 74 个，文化站 42 个，村文化活动室 251 个。农村三级卫生保健网建设情况良好，有医院卫生院 43 个，医生 375 人，病床 769 张；村卫生室 206 个。

农牧民收入增加。2019 年，42 个民族乡农牧民家庭人均可支配收入 14931 元。其中人均纯收入 1 万元以上的民族乡超过 37 个。在农牧民家庭总收入中，非农业收入比重明显增加，主要包括农牧民家庭经营的第二、第三产业收入和乡镇企业、个体私营企业、转移劳动力等工资性收入。

（撰稿：任波　审稿：买合木提·吾斯曼）

民族经济工作综述

北京市

2019 年，北京市认真贯彻落实中央决策部署，以积极服务建国 70 周年为主线，紧紧围绕“十三五”规划目标任务，大力推动民族乡村特色化发展，深入落实全国民族特需商品定点生产企业优惠政策，不断提升少数民族群众民生服务保障品质，较好完成各项年度工作，促进我市民族经济高质量发展。

一、高位推动，努力促进民族经济高质量发展

一是领导高度重视。市委书记蔡奇继 2018 年深入喇叭沟门满族乡蹲点调研后，今年在市委常委会明确提出要大力推动民族乡村发展。市委常委、统战部长齐静赴怀柔区 2 个民族乡组织召开民族乡村经济工作现场会，实地指导和调度民族乡村经济发展工作。副市长王红多次深入民族乡村调研民族乡村经济发展。国家民委副主任赵勇来京调研并建议在怀柔区开展创建全国民族乡村振兴试点。二是统筹部署推动。连续十二年以市委市政府名义召开全市民族乡村经济工作现场会，组织现场观摩、交流工作经验，展示发展成果。组织民族乡、民族村干部赴浙江省开展民族乡村调研，形成《赴浙江省丽水市景宁畲族自治县调研考察情况的报告》，提出在怀柔区打造全国民族乡村振兴试点，获市领导圈阅同意。三是经济发展取得成效。2019 年，全市民族村集体经济资产总计 105.3 亿元，净资产 47.2 亿元，分别较上年增长 18.4%和 6.8%。集体经济总收入 26.4 亿元，其中主营业务收入 21.5 亿元，在整体经济下行压力加大的背景下，当年净利润 1.5 亿元，实现逆势上行。全市民族村农民人均收入达 2.8 万元，同比增长 6.2%，91.1%的民族村农民人均收入高于所在区或全市平均水平。民族村低收入农户人均可支配收入超过 2.1 万元，同比增长 15.7%，全部越线达标。怀柔区汤河口镇小梁前村、密云区古北口镇河西村 2 个民族村被评选命名为第三批中国少数民族特色村寨。

二、转变思路，努力提升专项资金使用效率

一是突出绩效。组织各区对专项资金开展绩效自查，配合市财政完成专项资金绩效评价，并将绩效评价结果运用于下一年度资金预算分配中，强化各区资金使用管理的绩效意识，推进专项资金使用的绩效导向。二是重点优先。坚持专项资金向有品牌、有规模的重点清真食品企业项目和发展任务重、带动致富能力强的区倾斜。落实民贸民品政策，帮助民品企业办理优惠利率贷款 6.66 亿元。三是强化管理。持续推动用于促进清真食品和民品企业发展的专项资金管理办法的修订和完善工作。会同市财政局、中国人民银行营业管理部共同制定下发了《北京市民族贸易和民族特需商品生产贷款贴息管理实施细则》，进一步规范民品企业贷款贴息管理模式。

三、立足服务，确保群众民生需求

一是紧抓行业规范。按照中央有关工作要求，第一时间启动并提前完成了全市清真食品专用牌证重新设计、制作、换发工作。二是加强监督检查。在春节两会和中秋国庆等重点时间节点，组织开展全市范围的清真食品市场专项检查活动 2 次，开展“双随机检查”9 次、日常检查 63 次，结合新版牌证换发工作，指导各区对清真食品网点情况进行了重新梳理和登记。办理涉及民族经济领域 12345 事项 2 件，研判处置网络舆情 30 余件次。三是促进行业水平提升。组织专题培训，向清真食品行业从业人员开展民族团结和清真食品法规等方面教育。推进规范化清真特色餐厅和规范化清真食品专柜建设，验收确定了 17 家规范化清真特色餐厅和 4 家规范化清真食品专柜。四是全力保障民生需求。春节前启动全市具有清真饮食习惯少数民族低保群众牛羊肉价格分类救助长效机制，完成对全市少数民族

低保群众补助发放工作，共计 64.325 万元。成功举办第十二届北京市清真美食文化节，服务群众约 5 万人次。

（撰稿：刘刚　审稿：丁希松）

天津市

2019 年，天津市民委经济工作以习近平新时代中国特色社会主义思想为指导，在市委、市政府的正确领导下，在国家民委的指导帮助下，紧紧围绕“各民族共同团结奋斗，共同繁荣发展”的民族工作主题，结合天津民族工作实际，圆满完成各项工作任务，取得显著成效。

一、在少数民族困难村帮扶上下功夫

（一）基层党组织的组织力全面提升

实施帮班子建设、帮发展党员、帮制度机制、帮精神文化、帮设施提升“五项工程”，充分发挥驻村工作组组长“第一书记”作用，26 个低于全市农民平均收入水平的民族村党组织全部达到“五好党支部”创建标准，党组织凝聚力战斗力显著增强。

（二）村庄经济加快发展

大力实施产业帮扶，因地制宜确定帮扶产业项目 36 个，累计投入资金 8800 万元，目前已全部建成并取得了经济效益，实现了 26 个村集体年收入全部达到 20 万元以上的帮扶目标。

（三）农民收入水平不断增长

通过培育发展特色产业、引进农业新品种新技术、强化农民技能培训、拓宽社会保险覆盖面等一系列措施，有力促进了少数民族困难村农民增收致富，26 个村农民收入基本达到全市平均水平。

（四）基层治理体系和治理能力显著提升

健全完善党组织领导下的乡村治理体系，全面推行村级重大事务“六步决策法”，持续深化“文明村”“平安村庄”建设，26 个村普遍达到“文明村”“平安村庄”创建标准，农村社会治理社会化、法治化、智能化、专业化水平明显增强。

二、在促进民族乡村经济加快发展上下功夫

（一）特色产业进一步壮大

鼓励和引导少数民族乡村，依托民族文化资源和农业特产资源发展休闲农业和乡村旅游，打造了蓟州区孙各庄满族乡将军岭蜜蜂文化小镇项目、隆福寺少数民族特色村寨项目，建成蜜蜂主题亲子文化园，建设满族文化街区，发展民族文化体验、歌舞展演等。

（二）农业科技水平不断提升

定期组织农业、农机、畜牧、林业等方面专家和技术人员到民族乡村送科技，发放农业科技书籍、强农惠农政策宣传资料和科技资料，深入田间地头进行面对面指导、手把手教授，着力解决少数民族群众农业技术难题，并为每个民族村培养了 1 名农业技术骨干。

（三）农民收入持续增长

截至 2019 年底，民族乡村农民人均纯收入达到 21367 元，相比于 2010 年民族乡村农民人均纯收入 9748 元，已经翻了一番，年均增速达到 13.2%，高于全市平均增速 1 个百分点，民族乡村农民收入进一步增加，增速进一步加快。

三、在改善民族乡村整体环境上下功夫

（一）民族乡村基础设施更加完善

实施民族乡村美丽村庄“六化六有”建设工程，大力开展人居环境整治，天津市市现有的 43 个民族村全部达到美丽村庄创建标准，其中蓟州区孙各庄满族乡等 8 个民族乡村列入市农村人居环境整治首批示范村创建名单，着力打造一村一韵、一村一景的景区化村庄。持续推进民族乡村文化设施建设，累计投资 150 万元为 13 个民族村修建了文化健身广场，同步做好蓟州区图书馆孙各庄满族乡分馆、隆

福寺村满乡大舞台等文化站点的修缮工作，满足了各民族群众精神文明活动需求。

（二）少数民族特色村寨建设扎实推进

2019 年，北辰区天穆镇天穆村被正式命名为中国少数民族特色村寨，这是天津市继蓟州区孙各庄满族乡隆福寺村、渔阳镇桃花寺村之后的第三个国家级少数民族特色村寨。现已完成隆福寺村两套满族特色古民居的修缮保护工作，并对村内污水处理、主街道柏油路铺设规整美化、主街道阔叶林树木更新成活等项目予以扶持，村容村貌和村民生产生活条件得到明显改善。据不完全统计，隆福寺村 2019 年吸引了 1 万名以上游客旅游观光，带动了当地满族特色旅游产业的发展，成为展示天津市少数民族风俗文化的新亮点。

四、全面推进清真食品管理上水平

（一）严格落实，加强治理

专题开展治理行。在重要敏感期定期开展全市清真食品市场大检查，形成常态化、制度化和规范化管理。在加强检查监督的同时，处理了数起网络舆情事件，切实做好群众思想工作，加强宣传教育，提高政策法律意识。

（二）密切配合，全面推动清真市场食品安全

始终坚持以习近平总书记对食品安全提出的“四个最严”重要指示为统领，认真落实市食安委各项工作部署，发挥市食品安全委员单位和民委委员单位作用，建立协调联动工作机制，在全市清真食品领域开展以“尚德守法，食品安全让生活更美好”为主题的食品安全周宣传活动。在全市清真食品餐饮单位范围内，开展以推广“明厨亮灶”为主要内容的自查自检，组织开展互观互检活动，加强宣传，进一步增强清真食品餐饮行业的责任意识和道德诚信意识。

（三）优化系统，加强清真备案事中事后监管

积极指导各区做好清真食品备案管理，加强事中事后监管，发挥区、街、社区民族宗教工作三级网络作用，与不定期抽查、暗访相结合，依法规范清真食品生产经营活动，发现问题及时处置。对清真食品备案系统进行调整优化，完善数据，提高安全防护水平。

五、精准落实国家贴息政策，推动定点企业健康发展

根据国家民委和财政部关于民贸民品生产贷款贴息引导支持项目资金使用的相关要求，与市财政局共同制定了《天津市民族贸易和民族特需商品生产贷款贴息引导支持项目资金管理办法》和《天津市民族贸易和民族特需商品生产贷款贴息引导支持项目资金申报指南》。进一步加强助推企业发展的作用，增强了企业在市场竞争中的活力和后劲。

（撰稿：常志欣　冯振攀　审核：苏玮）

河北省

2019 年，河北省民族工作系统在省委、省政府的坚强领导和国家民委的关心帮助下，坚持以习近平新时代中国特色社会主义思想为指导，深入学习贯彻党的十九届四中全会和全国民族团结进步表彰大会精神，坚持以铸牢中华民族共同体意识为主线，深入推进民族团结进步教育；牢牢把握稳中求进工作总基调，强化担当、主动作为、攻坚克难，持续深化供给侧结构性改革；深入推进民族地区加快发展，不断补齐经济发展短板；深入推进民族地区脱贫攻坚，确保贫困民族地区和贫困少数民族群众精准脱贫；深入推进民族地区社会事业发展，切实提高公共服务水平；深入推进民族事务依法管理，有效提升民族工作法治化水平；深入推进民族领域平安建设，坚决维护社会和谐稳定；深入推进机关党建工作向纵深发展，强力锻造高素质专业化干部队伍。牢牢把握发展第一要务，拓展平台载体，凝聚社会力量，办好省政府赴民族地区现场办公活动，为自治县民族县加快发展提供巨大资金项目和政策支持；健全体制机制，创新办法举措，推进环京津少数民族特色村镇示范带建设提档升级；推动落实

各项差别化支持政策，让各族群众充分享受党的民族政策的阳光雨露，不断开创全省民族地区经济社会发展新局面。

2019 年，全省 6 个自治县（丰宁满族自治县、围场满族蒙古族自治县、宽城满族自治县、青龙满族自治县、大厂回族自治县、孟村回族自治县）、3 个民族县市（滦平县、隆化县、平泉市）实现地区生产总值 1222.8 亿元，较上年增加 29.12 亿元，增速为 6.9%；人均地区生产总值 38115 元，为全省平均水平（46348 元）的 82.24%，较上年提高 3.9 个百分点。城镇居民人均可支配收入 32434 元、农村居民人均可支配收入 11618 元，分别较上年增长 9.74%和 10.34%。

一、深入推进民族地区脱贫攻坚，助力贫困民族地区和贫困少数民族群众精准脱贫

一是创新民委兼职委员单位工作机制，进一步推进民族工作社会化。2019 年初，河北省民委成立伊始就印发了《关于河北省民族事务委员会兼职委员单位名单、职责的通知》《河北省民族事务委员会兼职委员单位工作制度》，确定省民委兼职委员单位 34 个，明确兼职委员和联络员选人、全体会议、现场办公、信息通报、联合调研、研讨培训、评估评价等 7 项工作制度，进一步形成工作合力。

二是认真落实国家和省委、省政府工作部署，持续深化民族地区脱贫攻坚专项行动，多方聚力抓好民族地区精准扶贫、精准脱贫。对 4 个刚刚退出（青龙满族自治县、孟村回族自治县、滦平县、平泉市）和 3 个尚未退出的少数民族贫困县（丰宁满族自治县、围场满族蒙古族自治县、隆化县）中的 319 个贫困民族村、3.47 万贫困人口建立了攻坚台账，汇聚多方力量助力脱贫攻坚。安排贫困县和集中连片特困地区少数民族发展资金 3990 万元，较上年增长 19%，重点用于贫困少数民族和民族乡村脱贫攻坚。经过社会各界共同努力，截至 2019 年底，全省 9 个自治县民族县全部退出贫困县行列，所有民族村全部脱贫，民族地区贫困人口减少到 4412 人。

三是圆满完成省政府赴宽城、围场两个自治县现场办公组织协调工作。充分发挥主任委员单位牵头协调和桥梁纽带作用，着眼于提升帮扶总体效益、提升可持续发展能力、提升社会公共服务水平、提升群众整体素质这 4 个关键，抓好前期筹备、项目对接、督办落实 3 个重要环节。2019 年 7 月 3 日—4 日，张古江副省长带领 47 个委员单位和省直部门赴宽城和围场现场办公，共承诺帮扶项目 376 个、支持资金 66.2 亿元，有力帮助民族地区集中解决了一批重点难点问题。

四是持续推动民贸民品政策落地见效，支持民贸民品企业做大做强。下发《做好“十三五”期间全国民族特需商品定点生产企业有关工作的通知》《关于下达 2019 年民族贸易和民族特需商品生产贷款贴息引导支持资金的通知》和《关于开展民族贸易和民族特需商品生产贷款贴息奖励有关事项的通知》。举办全省民贸民品工作培训研讨班。

二、扎实推进环京津少数民族特色村镇示范带建设提档升级，促进民族地区加快发展

高度重视、高效推动少数民族特色村镇建设工作，深入抓好《加快民族地区发展的若干措施》《关于促进少数民族和民族地区发展的实施意见》等政策文件落地落实，协调推动有关部门把政策红利转化为发展成效。召开省民委委员全体会议，举办全省领导干部民族工作研讨班，就加快民族地区经济社会发展和脱贫攻坚作出安排部署。印发《河北省少数民族特色村镇建设工作细则》《河北省少数民族特色村镇动态调整管理办法》，加快特色村镇规范化建设和提档升级，全力打造环京津少数民族特色村镇示范带，在“连线、联片、成带、成景”上做足文章。安排少数民族发展资金 2500 多万元，对在建的 100 个特色村镇给予重点支持，持续打造“一线两片”精品片区，3 个精品片区示范功能进一步显现。紧紧围绕“民居特色鲜明、产业支撑有力、人居环境优美、民族文化浓郁、民族关系和谐”的建设目标，100 多个特色村镇取得了“六个一”建设成果（一个进村标志性建筑、一条民族团结路、一条中华文化与民族风情相融合的街道、一个村民活动场所、一批民族特色小院，一类富民支柱产业）。2019 年，全省 20 个特色村寨被命名为全国第三批少数民族特色村寨。截至 2019 年底，共命名 126 个省级少数民族特色村镇，其中 53 个被命名为中国少数民族特色村寨。特色村镇建设工作多次受到国家

民委充分肯定和表扬。

三、大力开展民族团结进步教育，铸牢中华民族共同体意识

一是认真贯彻落实中办发 65 号文件。在全国率先出台《关于全面深入持久开展民族团结进步创建工作铸牢中华民族共同体意识实施方案》，提出 35 项具体任务和 7 项保障措施，细化分解到多个有关部门并推动落实。各市结合工作实际，相继制发实施方案，提出具体任务，细化部门分工，出台保障措施，强力推动实施方案落地见效。。

二是完成参加全国民族团结进步表彰大会推选工作。共有 15 个全国民族团结进步模范集体和 20 名模范个人受到国务院表彰，其中 14 名代表受邀参加了全国民族团结进步表彰大会及庆祝中华人民共和国成立 70 周年系列活动。10 月 11 日，省委书记王东峰等四大班子领导亲切会见了模范集体代表和模范个人。

三是指导宽城、围场两个自治县办好 30 周年县庆活动。通过县庆各项活动，充分展示了自治县在党的领导下发生的巨大变化，进一步提升了民族地区各族群众的凝聚力和向心力。

四是首次组织少数民族参观团。8 月，在喜迎祖国 70 华诞之际，组织全省各地及驻冀部队的 12 个民族、64 名代表赴承德、雄安新区等地参观学习，亲身感受河北经济社会发展取得的巨大成就，活动取得了良好的政治效果和社会效果。

五是组织开展全省第十个民族团结进步宣传月，通过高校民族团结题材电影周、民族团结进步模范代表记者见面会等一系列活动，进一步夯实中华民族共同体的思想基础。积极培树民族团结进步创建先进典型，命名石家庄市裕东街道藏龙福地社区等 9 个区（单位）为“全省民族团结进步创建示范区（单位）”，命名邯郸大名县郭隆真故居纪念馆等 4 个单位为“全省民族团结进步教育基地”。

六是做好参加第十一届全国少数民族传统体育运动会组织工作。把参赛活动作为促进民族交往交流交融的重要平台，本届运动会代表团派出 389 人，创造了历届以来的最好成绩，竞赛、表演项目共获得 4 个一等奖、16 个二等奖、23 个三等奖。代表团以及 52 名运动员荣获“体育道德风尚奖”，取得了竞赛成绩和体育道德的双丰收。

七是继续开展向民族地区送文化送科技送健康活动。先后赴邯郸、承德等地开展活动 27 场次，发放药品价值近 6 万元，推广农用新技术 20 多项，解答疑难问题 200 多个，受益群众近 2 万人。

（撰稿：张伟　审稿：陈泽辉）

山西省

2019 年，在山西省委、省政府的正确领导下，在国家民委的指导和支持下，全面贯彻中央民族工作会议精神，按照国家民委和省委省政府的安排部署，服务于山西转型发展战略，稳步推进少数民族特需商品定点生产工作，依法加强清真食品监督管理，巩固少数民族聚居村脱贫攻坚成果，积极推动全省少数民族经济健康发展。

一、少数民族聚居村脱贫成效显著

按照中央“扶贫项目责任主体到县”的要求，将发展资金全部切块到有建档立卡贫困人口的少数民族聚居村和有建档立卡贫困少数民族人口比较多的县(市、区)，秉持“效益为目标、项目为载体、监管为保证”的原则，突出“改善基础设施、调整产业结构、带动群众致富”的作用，资金主要用于乡村道路、农田水利、人畜饮水等基础设施建设改善，村容村貌整治，产业结构调整，“一村一品”建设，少数民族建档立卡贫困户脱贫攻坚成果巩固等。2018 年底，少数民族聚居的贫困村全部实现了脱贫，2019 年少数民族聚居村人均年收入 9659 元，超过了全省贫困地区人均 9379 元的水平，其中临汾市曲沃东关村人均年收入 20000 元。少数民族特色村寨建设呈现新面貌，临汾市翼城县北关村民族经济多元壮大，民族体育蓬勃发展，民族文化活动丰富多

彩，2019 年被国家民委命名为第三批中国少数民族特色村寨。

二、少数民族特需商品定点生产工作稳步推进

山西省少数民族特需商品定点生产企业，涉及的门类有纺织、清真食品等行业，主要集中在清真食品行业，按照国家民委关于确定“十三五”少数民族特需商品定点生产企业的要求，2019 年 5 月，会同省财政厅、中国人民银行太原中心支行出台了山西省《民族特需商品生产贷款贴息资金管理办法》，对民品企业实行动态管理，切实落实民族用品企业贷款优惠政策，全省少数民族特需商品定点生产企业共享受流动资金贴息金额 994，497，5.04 元，促进经济发展。

三、依法加强清真食品监督管理工作

认真贯彻落实《山西省清真食品监督管理条例》，坚持服务与管理并举的理念，建立健全监督制度，定期对清真食品进行检查，了解清真食品生产经营企业的经营状况，严格把握生产、销售各个环节，加强部门协同，形成联动机制。做好节假日期间清真食品生产经营的安全检查工作。省、市、县都相应聘请了清真食品管理监督员，依法依规开展监督，对山西省清真食品行业健康发展起到了积极的作用。2019 年，作为承担二青会少数民族接待工作的单位，山西省民委积极参与二青会少数民族的接待工作，特别是针对接待点的清真饮食供应进行前期方案制定、检查和督导，对相关人员进行培训指导，提出相应要求。赴各地对有少数民族接待任务的接待点进行督查，圆满完成了二青会少数民族运动员接待保障工作。目前现有清真食品生产企业 56 家，2019 年实现营业额 990，578.15 万元，利润 492，48.14 万元，安排就业人口 8166 人（其中少数民族 620 人）。

（撰稿：王一伶　审稿：解全东）

内蒙古自治区

2019 年，按照内蒙古自治区党委政府决策部署和国家民委工作要求，紧紧围绕“促进少数民族和少数民族聚居地区加快发展”主线，着力推动实施国家民族工作两个专项规划，大力支持少数民族聚居贫困地区脱贫攻坚，圆满完成 2019 年的民委经济工作任务。

一、积极协调推动国家民族工作两个专项规划贯彻落实

2019 年是国家《“十三五”促进民族地区和人口较少民族发展规划》《兴边富民行动“十三五”规划》贯彻实施关键年，按照要求，认真做好两个规划在我区贯彻落实工作。

（一）按照国家民委来函以及自治区人民政府办公厅办理要求，梳理总结了 2018 年以来开展的兴边富民行动工作，特别是为推进《兴边富民行动“十三五”规划》的六大任务和 34 项工程采取的举措、进展情况和取得的成效，并提出 2019 年度工作计划。

（二）2018 年 9 月，中共中央办公厅、国务院办公厅印发《关于深入推进兴边富民行动的意见》（中办发〔2018〕52 号）后，自治区党委、政府高度重视，各级领导先后作出批示，要求研究制定内蒙古自治区贯彻落实的具体举措。按照要求，牵头草拟了内蒙古自治区贯彻落实中办发〔2018〕52 号文件实施意见，在征求各相关单位意见后，经修改完善形成了我区《关于深入推进兴边富民行动的实施意见》（送审稿）报自治区政府办公厅。2019 年 9 月 30 日已由自治区党委办公厅、政府办公厅印发。

（三）根据自治区人民政府领导批示，由自治区民委牵头，会同有关部门、地区按要求做好相关工作，迎接中央统战部、国家民委来内蒙古自治区开展的边境地区和人口较少民族聚居地区经济社会发展专题调研工作。国家此次调研分为两个方面的内容，一是边境地区民族问题调研；二是人口较少民族聚居地区经济社会发展状况调研。自治区民委

牵头形成了自治区调研报告并配合完成了调研任务。

（四）全国人大常委会副委员长曹建明带队来内蒙古自治区围绕兴边富民行动“十三五”规划实施情况和民族地区草原生态环境保护情况进行专题调研。根据自治区人民政府领导批示，由自治区民委牵头，会同有关部门形成了兴边富民行动“十三五”规划实施情况报告。

（五）认真准备材料，积极参加国家兴边富民行动联席工作会议。配合完成自治区政协举办的“推进兴边富民行动、促进边疆地区高质量发展”协商工作。

（六）积极建言献策，争取提高内蒙古自治区边民补贴标准。2019 年 10 月 16 日自治区人民政府 2019 年第 18 次主席办公会议决定：从 2020 年起，将内蒙古自治区非一线边民补助标准提高到每人每年 3000 元，与一线边民补助标准一致。所需经费从中央边境地区转移支付增量和自治区本级年初预算中安排解决。

二、认真贯彻落实自治区党委政府扎实推进脱贫攻坚部署要求，助力少数民族聚居贫困地区脱贫攻坚

按照自治区党委政府关于扎实推进脱贫攻坚决策部署，聚焦少数民族聚居地区，把少数民族脱贫攻坚作为重大政治任务和第一民生工程来抓，全力做好民委系统扶贫工作。

（一）认真做好中央脱贫攻坚专项巡视和考核反馈意见整改。根据中央专项巡视和考核反馈意见，对标对表整改方案，认真查摆问题，制定整改任务书、时间表、路线图，狠抓落实，确保承担的整改任务按时保质完成。

（二）加大少数民族发展资金向贫困地区倾斜力度。认真贯彻落实民委行业扶贫总体规划和三年行动方案，及时制定年度少数民族发展资金整合方案报自治区扶贫办。加大对内蒙古自治区国贫、区贫旗县的少数民族发展资金支持力度，重点支持尚未脱贫摘帽的贫困旗县。

（三）为进一步贯彻落实党中央、国务院关于脱贫攻坚和深入推进兴边富民行动决策部署和自治区党委、政府工作要求，总结交流各地兴边富民行动和脱贫攻坚工作成效，进一步统一思想，提高认识、部署工作、压实责任、凝聚力量，助力内蒙古自治区打好打赢少数民族脱贫攻坚战，自治区民委于 4 月 29 日在锡林郭勒盟苏尼特右旗召开了全区民委系统推进兴边富民行动暨脱贫攻坚现场会。全区各盟市民委主任、经济科科长，全区 20 个边境旗市区民委主任，全区 31 个国贫旗县、26 个区贫旗县民委主任参加了会议。全体与会人员实地参观考察了苏尼特右旗在开展兴边富民行动和脱贫攻坚方面好的典型、好的做法。6 个地区从不同角度做了会议典型发言。自治区民委党组书记、主任奇锦玉同志做了讲话，从深化认识，提高站位，切实增强政治意识和行动自觉；准确定位，精准发力，全力做好民委系统开展兴边富民行动和扶贫工作；压实责任，认真整改，确保国家和自治区确定的任务落到实处等几个方面对做好全区兴边富民行动暨脱贫攻坚工作提出了明确而具体的要求。

为进一步履行民委行业扶贫职责，助力少数民族农牧民创业就业，6 月 13 日至 7 月 2 日，自治区民委在鄂尔多斯市鄂托克前旗民族职业高中举办了全区第四期少数民族传统手工艺品制作培训班，来自全区 12 个盟市的 100 名少数民族聚居贫困地区农牧民及转移进城待业农牧民参加了培训。此次培训举办了民族服装制作、民族刺绣、木雕、金银饰品制作、民族饰品和皮艺制作等 6 个专业类别培训，通过培训，有力助推内蒙古自治区少数民族农牧民掌握提升民族传统手工艺品制作技能，为灵活创业就业，助力脱贫致富提供了有力支撑。

及时向国家民委汇报，争取加大对国家民委扶贫点巴林右旗的支持力度。配合机关党委完成区域帮扶和定点帮扶工作任务。

三、按时下达 2019 年发展资金

（一）根据自治区本级预算安排，4 月 15 日下达自治区本级少数民族发展资金 7800 万元。要求盟市和旗县民族工作部门及时做好项目备案工作。及时做好资金公告工作。

（二）按照自治区有关领导要求赴锡林郭勒盟苏尼特右旗，对近三年来少数民族发展资金使用管

理情况进行调研。通过调研，对少数民族发展资金的拨付、使用、项目安排、资金整合、项目运行、经济社会效益分析、资金监管等方面全面了解，总结经验、查找不足、提出建议，进一步做好少数民族发展资金使用及监管工作。

（三）按照自治区扶贫办的要求，填报 2012-2018 年投入少数民族发展资金基本情况统计表。

（四）认真开展摸底，了解掌握少数民族发展资金设立以来各地项目及资金安排落实情况，为今后做好少数民族发展资金管理工作提供依据。

四、其他工作

（一）积极向国家民委汇报内蒙古自治区民贸民品企业贷款贴息工作进展情况。经过国家民委的协调，财政部下达中央对地方民族贸易和民族特需商品生产贷款贴息引导支持资金，自治区财政厅牵头，会同自治区民委以及中国人民银行呼和浩特中心支行组织相关工作。

（二）按照动态调整滚动进退机制以及对民贸企业实行动态管理的要求，根据《国家民委关于进一步规范民族贸易县内民族贸易企业认定及相关工作的意见》（民委发〔2016〕66 号），按照《内蒙古自治区民族贸易旗（县）内民族贸易企业认定管理办法》，经各盟（市）申报、自治区专家评审等程序，确定 681 家企业为自治区民族贸易企业。

（三）组织自治区发展改革委、经信委、统计局，共同参加全国民委经济工作暨民族地区经济形势分析现场会，组织好内蒙古自治区年度经济形势分析材料。

（四）及时转发国家民委印发的《国家民委关于进一步加强和规范新时期少数民族特色村镇保护与发展工作的指导意见》，要求各地认真学习领会指导意见，结合实际，进一步加强和规范少数民族特色村镇保护与发展工作，不断提升建设品质，好考核验收和日常管理工作，积极加大宣传推介力度，宣传党的民族政策和好的村镇典型，扩大少数民族特色村镇知名度，更好地发挥示范和辐射作用。要加大工作力度，争取更多的少数民族特色村镇被国家民委命名挂牌。

（撰稿：李日树　审稿：陈平）

辽宁省

2019 年，在委党组的坚强领导下，辽宁省民宗委坚决落实中央和省重大决策部署，围绕中心，服务大局，全面落实和扎实推进年初确定的工作任务，现将工作总结如下：

一、落实“重强抓”专项行动取得新成果

“兴边富民”是我委列入省政府“重强抓”专项行动唯一一项重点工作任务，按照省政府“重强抓”专项行动方案，围绕“兴边富民”行动精心谋划，指导丹东市科学选定项目，细化考核指标，省市联动推进“重强抓”工作。一是坚持目标导向抓落实。将“重强抓”专项工作行动作为贯彻落实《中共中央办公厅 国务院办公厅印发<关于深入推进兴边富民行动的意见>的通知》（中办发〔2019〕52 号）文件精神的重要抓手，积极主动协调丹东市政府、省绩效考核办，科学设定考核指标，确定了“争取国家民族专项资金 4000 万元以上，实施并完成民族特色、脱贫攻坚重点项目 20 个”年度目标任务，细化量化考核指标，设定了 9 个时序考核指标。省民宗委制定下发《辽宁省“重实干、强执行、抓落实”兴边富民行动实施方案》，明确工作目标、主要任务、实施步骤和工作措施，进一步指导和落实“重强抓”专项行动工作任务。二是坚持问题导向抓落实。针对如何发展壮大村集体经济，通过产业扶贫解决贫困户脱贫致富问题，探索“村集体+合作社+农户+园区”运作模式。东港市小甸子镇将少数民族发展资金作为村集体发展草莓产业的启动资金，集中投入到村集体经济产业示范园区，委托该镇村兴果蔬专业合作社负责承建温室大棚并经营管理，年底收益 50%归合作社、20%用于扩大再生产、30%归小

甸子镇政府，镇政府30%收益主要用于壮大11个贫困村集体经济，且镇政府每年从收益中拿出20万元，用于全市154名建档立卡户扶贫工作。2017年投入少数民族发展资金50万元，建温室大棚3个，2019年又投入少数民族发展资金200万元，新建6栋高标准温室大棚，发展草莓产业。通过少数民族发展资金支持项目的示范引领，带动了其他资金的投入，进一步促进了产业示范园区的快速发展。目前，村集体经济产业示范园区已建成高标准温室大棚34栋，预计年末村集体获益105万元，11个贫困村平均获益近10万元。三是坚持责任导向抓落实。省民宗委专门制定了《2019年兴边富民行动推进计划表》，将全年工作任务指标分解到月，明确责任人和完成工作时间节点。丹东市政府专门成立了工作领导小组，制定下发了《丹东市政府"重实干、强执行、抓落实"兴边富民行动实施方案》，明确市委统战部为牵头部门，财政、扶贫等部门配合实施。省民宗委按月督导和跟踪兴边富民行动任务，每月都能提前向省绩效考核办报送考核材料。压实项目实施全过程监管责任，2019年，宽甸满族自治县为进一步规范项目管理，充分发挥少数民族发展资金的效用，宽甸满族自治县在财力十分困难的情况下，安排5%的配套资金用于工程项目建设设计费、监理费、管理费等费用。在项目实施过程中，实行统一专家评审、统一招投标、统一工程监理、统一审核验收"四个统一"。通过严把项目申报立项关、严把项目建设程序关、严把项目建设质量关、严把项目竣工验收关，保证了少数民族发展资金使用安全规范、工程项目的进度和质量。四是坚持结果导向抓落实。2019年，投入少数民族发展资金4530万元，用于支持丹东兴边富民行动，比2019年增加391万元，共实施项目69个。其中，脱贫攻坚项目14个，投入资金889.5万元，主要扶持贫困村村组路、路灯亮化、桥涵、自来水改造、产业发展等，覆盖14个建档立卡贫困村，受益群众达1万余人；民族特色项目8个，投入资金1086万元，主要扶持满族特色村镇建设、民俗馆建设、人口较少民族村建设、民族手工艺品发展等项目；产业类项目9个，投入资金765万元，主要扶持蓝莓、草莓、香菇等特色产业项目，共建设果蔬大棚16栋10000余平方米，冷藏库4处1000余平方米，有效解决了农产品储存难问题；基础设施建设项目38个，投入资金1774.6万元，建设村屯路34.78公里，建设桥涵6座，安装太阳能路灯266盏，铺设自来水管线6.14公里，修建河道护坡2370米。

二、落实党中央、国务院重大决策部署取得新突破

一是省委办公厅省政府办公厅出台《关于深入推进兴边富民的实施意见》。2019年中央办公厅、国务院办公厅印发《关于深入推进兴边富民行动的意见》（中办发〔2019〕52号），为落实中央文件精神，按照省主要领导批示精神，代省委、省政府起草《关于深入推进兴边富民行的实施意见》。文件起草过程中，先后两次征求省发改委等32家单位的意见，通过省政府法制办合法性审查、公平竞争审查。送审稿形成后，分别报送李金科副省长、范继英部长和唐一军省长。4月25日省政府第44次常务会议通过，2019年6月省委办公厅印发了《关于深入推进兴边富民的实施意见》（辽委办发〔2019〕46号）。

二是会同财政、人民银行制定下发《关于进一步做好民族贸易和民族特需商品生产贷款贴息工作有关事宜的通知》。由于财政支持民贸民品体制的变化，2017年、2019年，民贸民品生产贷款贴息工作处于停滞状态。为进一步推动此项工作的开展，2月13日下午，委主要领导、分管领导向金科副省长汇报了"十三五"期间民贸民品企业流动资金贷款贴息政策落实的有关情况。2月14日、3月4日先后两次下发通知，部署有关市统计2019年全省民贸民品企业流动资金贷款额及贴息额及2019年贴息预测额。2019年10月，省财政厅、省民宗委、人民银行沈阳分行联合下发《关于进一步做好民族贸易和民族特需商品生产贷款贴息工作有关事宜的通知》（辽财行〔2019〕355号），对有关市落实民贸民品生产贷款贴息工作给予政策指导。

三、服务全省脱贫攻坚大局取得新成效

一是加强指导，注重落实。为贯彻落实全省脱贫攻坚会议和脱贫攻坚专项巡视整改电视电话会议精神，制定了《省民族和宗教委贯彻落实辽宁省脱贫攻坚大会精神和陈求发书记唐一军省长在辽宁省

脱贫攻坚大会上重要讲话精神工作方案》、《省民族和宗教委关于开展脱贫攻坚专项巡视对照自查整改加强少数民族发展资金使用管理的实施方案》和《辽宁省 2019 年度少数民族百乡万户惠民工程实施方案》。

二是项目牵动，助力脱贫攻坚。继续推进全省百乡万户惠民工程，投入民族专项资金 1.9 亿元，实施项目 327 个，1 个省定贫困自治县、46 个少数民族建档立卡贫困村、2.4 万少数民族贫困人口脱贫摘帽。

三是规范特色村寨建设，助力乡村振兴。按照国家民委要求部署开展了中国少数民族特色村寨规范管理工作，在此基础上向国家民委申报第三批中国少数民族特色村寨 15 个。

四、对口支援工作丰富新内容

根据《省发展改革委关于启动 2019 年度新疆民族交往交流交融的函》和《省发展改革委关于下达 2019 年辽宁省对口支援西藏那曲市项目资金计划的函》中关于民族交往交流交融项目安排，组织安排了新疆“一地两师”有关人员赴辽学习考察的活动和民族干部赴那曲学习考察活动。

一是活动开展情况。8 月 18 日至 24 日，新疆“一地两师”民族团结进步模范代表、爱国宗教人士、基层干部等 49 人组成参访团来辽，先后到沈阳、辽阳、大连 3 市开展了交流考察活动。9 月 19 日至 24 日，我委组织基层民族工作干部、民族团结进步模范代表等 14 人，赴西藏那曲参观学习。

二是丰富活动内容。新疆“一地两市”参访团实地考察了民族团结进步模范集体、民族团结进步示范社区、少数民族特色村寨、民族博物馆、历史博物馆和城市规划展览馆，辽宁参访团考察了驻藏衙门旧址、汉藏民族团结见证物唐蕃会盟碑、八廓街、色拉寺、城关区河林坝社区和色尼区航嘉中学，与那曲市民委进行了工作交流，与那曲市受援办进行了工作对接。

三是活动效果。自 2015 年首次开展民族交往交流交融活动以来，持续组织跨地区的民族团结联谊活动已经成为我委贯彻落实党中央治疆稳藏方略和援疆援藏工作决策部署的制度性安排。通过开展交往交流交融活动，加深了各民族相互了解、增进了友谊、促进了团结。特别是，此次赴那曲市开展学习交流，将“请进来”与“走出去”相结合，实现了我委对口支援新疆、西藏“三交”活动的全覆盖，做到了有来有往、常来常往，加深了援受双方各族干部群众的感情，铸牢了中华民族共同体意识。

（撰稿：赵经纬　审稿：赵瑞）

吉林省

2019 年，庆祝中华人民共和国成立 70 周年大会胜利召开，这是党和国家政治生活中的一件大事、喜事、盛事，具有重大的现实意义和深远历史意义。这一年，也是民族宗教工作具有特殊重要意义的一年。党的十九届四中全会系统总结了我国国家制度和国家治理体系 13 条显著优势，其中第五条就是关于民族工作的论述，突显出民族事务治理在国家治理体系中的重要地位。在国庆前夕隆重召开的全国民族团结进步表彰大会上，习近平总书记发表了重要讲话，明确指出新时代推动民族团结进步事业的总体要求和工作重点，擘画了各民族共建美好家园、共创美好未来的恢宏画卷，为我们创新做好新形势下民族工作指明了方向，提供了根本遵循。高规格举办全国少数民族传统体育运动会，展现了各族群众铸牢中华民族共同体意识、奋力实现中国梦的时代风貌。一年来，我们紧紧抓住这些重要机遇，以习近平新时代中国特色社会主义思想为指导，深入学习贯彻党的十九大精神，牢牢把握铸牢中华民族共同体意识这条主线，突出服务吉林振兴发展大局，凝心聚力，务实重行，各项工作取得新的进展和成效。

一、深化民族团结进步创建实效凸显

着眼全国民族团结进步表彰，成功推荐 21 个集

体和 25 名个人受到国家表彰，其中 17 名代表进京接受表彰，并参加了全国少数民族参观团和国庆系列活动，集中展现民族团结进步创建成果。这是历年受表彰和进京接受表彰人数最多的一次，也是对民族工作的一次充分肯定。我们进一步强化典型引领和示范作用，组织全国民族团结进步模范事迹报告团在长春市、民族地区、民族工作系统连续举办多场巡回报告会，在全省掀起了学典型、做模范、促团结的热潮。深入贯彻落实中办发《关于全面深入持久开展民族团结进步创建工作　铸牢中华民族共同体意识的意见》，以省两办文件出台实施方案，创新提出编制全省创建工作规划、建设“民族团结进步延边陈列馆”等一系列举措，为全省开展民族团结进步创建工作提供指导。大力推进实施政府、学校、民族地区联动战略，打造“府校地”合作新模式，联合大连民族大学举办贯彻落实民族区域自治法培训、推动与伊通县开展深入合作，合力促进民族团结进步事业发展。扎实做好全国和全省民族团结进步教育基地推荐和命名工作，汪清县等 6 个县区（单位）被命名为全国民族团结进步示范区（单位）和教育基地，四平市战役纪念馆等 10 个单位被命名为全省民族团结进步教育基地。紧紧围绕迎接、庆祝新中国成立 70 周年，深入开展民族团结进步宣传月活动，在长白、安图等边境民族地区率先举行“家家户户挂国旗”行动，编辑出版全省民族团结进步典型事迹汇编，民族团结进步宣传教育人文化、大众化、实体化迈出坚实步伐。扎实推进城市民族工作，深入贯彻落实《关于加强和改进少数民族流动人口服务管理工作的意见》和重点任务分工方案，全省设立了首批 10 个“少数民族流动人口服务工作站”，编辑出版了《吉林省城市民族工作手册》，积极做好少数民族群众的服务和对口援疆援藏工作。

二、实施差别化区域政策更加精准

积极推动《吉林省少数民族和民族地区发展“十三五”规划》《吉林省“十三五”兴边富民行动规划》深入实施，以省两办文件印发了《吉林省深入推进兴边富民行动的实施意见》，有针对性地组织实施产业发展、基础设施建设等方面惠民项目 130 余个，联合省政府督查室开展专项督查，促进各项民族政策措施落地见效，有力地促进了边境地区加快发展。扎实推动脱贫攻坚精准化，举办全省民族乡镇全面建成小康社会经验交流现场会，交流经验，凝聚共识，谋划思路，攻坚克难，更好地推动民族乡镇如期实现全面小康的目标。全力抓好定点包保帮扶工作，推进少数民族特色村寨项目建设，抓好养殖产业，组织开展义诊、送医送药活动，帮助设立爱心扶贫超市和民俗餐厅，完善村内绿化美化，进一步提升群众幸福感和获得感。加快推进少数民族特色村镇建设，制定了《吉林省少数民族特色村镇建设规划》，实施沿鸭绿江、图们江以及西部科尔沁草原特色村镇廊带建设，成功推荐了 19 个村，被国家命名为第三批中国少数民族特色村寨，使其逐步成为旅游发展的有力引擎。支持民贸民品企业高质量发展，通过积极争取，已将四种朝鲜族传统食品纳入国家《少数民族特需商品目录》；对享受贴息政策的民贸民品企业实行动态管理；依托东北亚博览会举办吉林省第二届少数民族商品展，推介展出特色民族商品，扩大民贸民品企业对外交流，提升了企业品牌影响力。加强对少数民族发展资金使用情况的监管，严格落实资金使用管理制度，聘请第三方机构对 2018 年少数民族发展资金开展绩效考评工作，对少数民族发展补助资金使用情况进行检（抽）查，确保资金使用安全有效。

三、保护弘扬民族文化成绩斐然

参加第十一届全国少数民族传统体育运动会成绩创历史最好水平。这次赛会，成立了以副省长侯淅珉为团长的 286 人参赛代表团，参加 9 个竞赛项目和 4 个表演项目的比赛，共夺得 34 个奖项。其中，一等奖 5 个、二等奖 15 个、三等奖 14 个，获奖总数比上届增长了 13%。吉林省代表团、3 个项目代表队、37 名运动员还获得了体育道德风尚奖。这次赛会，也是对近年来少数民族传统体育事业的一次大检阅，代表团的出色表现得到了省委、省政府的高度肯定。促进各民族文化交融创新，开展“民族团结一家亲，同心共筑中国梦”文艺会演优秀节目惠民演出活动，举办少数民族音乐舞蹈创编培训和少数民族书画作品展、组织参加全国少数民族戏剧和戏曲展演，开展全省少数民族文化体育传承基地经验交流培训，传承和展示了各民族优秀传统文化。加强民族宗教历史文化研究，整理出版史料书籍，开展民族宗教课题研究，1 篇调研报告得到俊海省长批示，3 项课题被国家民委和省社科基金立项。加强少数民族语言文字工作，扎实做好蒙古语文八省区、朝鲜语文三省区协作工作，推进全国双语和谐乡村（社区）示范点创建工作和全国大学生民汉双语志愿服务团建设，编辑出版《<朝鲜语规范集>解说》，举办国家级民族语文翻译业务骨干培训，高质量办好《中国朝鲜语文》《吉林蒙古语文》《北方民族》等杂志。扎实推进延边大学省部共建，协调推动“延边大学国家民族理论政策研究基地”“中国朝鲜语言文字信息化基地”“双语人才培训基地”等特色学科专业建设。

（撰稿：孟祥超　审稿：田永亮）

黑龙江省

2019 年，在国家民委的大力支持下，黑龙江省坚持以习近平总书记关于民族工作的系列重要讲话、在深入推进东北振兴座谈会上的重要讲话和考察黑龙江的重要指示精神为统领，紧紧围绕省委省政府中心工作聚焦发力，支持民族地区加快发展，推动少数民族群众增收和民族地区经济建设，为打赢脱贫攻坚战，实现龙江全面振兴全方位振兴营造了良好的局面。

一、扎实开展兴边富民行动

黑龙江省在绥芬河市召开了深入推进兴边富民行动工作现场会，省委书记张庆伟亲自出席会议并讲话；出台了《深入推进兴边富民行动的实施意见》和若干相关配套细则类文件，形成了“1+N”政策体系，确保各项发展和惠民政策真正落地；安排用于边境县市（区）基础设施、文化、教育、卫生等领域建设项目 31 个；积极推进特色产业“一县一主业”，大力支持发挥寒地黑土生态优势，叫响寒地黑土品牌，全力打造全国大粮仓、“大厨房”、北药基地；依托林业资源、矿产优势，重点发展林下经济、石墨、煤炭、金属矿产等资源型产业；以“三桥一岛”建设为依托，打造跨俄联欧互联互通通道，发挥自贸区功能，投入 500 万元支持口岸通道建设，改善通关环境。

二、统筹推进少数民族特色村镇建设工作

黑龙江省分配 4851 万元资金扶持 33 个少数民族村开展特色村镇建设，已有 8 个地方入选第三批中国少数民族特色村寨名单；出台了《关于加强少数民族特色村镇保护与发展工作的指导意见》，进一步加强和规范新时期少数民族特色村镇保护与发展工作；推动少数民族特色村镇示范廊带建设，将三江沿岸赫哲族特色村镇示范廊带和界江沿岸少数民族特色村镇示范廊带建设与兴边富民行动紧密结合，巩固和发展沿边境线上的特色村镇重要节点，指导鸡东县、孙吴县、漠河市等节点效应发挥不明显的边境县（市）开展特色村镇建设；根据新形势新任务要求，将少数民族地区产业结构调整作为重点村镇评选的重要标准，力争打造一批少数民族特色村镇产业示范村，在新评选的特色村镇重点村镇中，以产业项目建设为主要内容的村镇占比达到总数的 40%。

三、全力加快人口较少民族地区建设小康社会进程

按照国家民委工作要求和工作安排，黑龙江省民宗委组织开展了人口较少民族统计数据分析工作，详细梳理统计了全省 7 个人口较少民族的 94 个民族村“一达到、二退出、三保障、四通、八达”各项指标情况，目前，7 个人口较少民族聚居区义务教育阶段的适龄学生全部实现了九年义务教育，义务教育普及率达到 100%，基本医疗和建档立卡贫困户基本住房安全都有保障。94 个人口较少民族村全部实现通硬化路和通宽带，两者比率均达到 100%。除 2 个地理位置特别偏远民族村外，其余 92 个村全部通客运班车，畅通率达到 98%。赫哲族、鄂伦春族、鄂温克族、锡伯族、柯尔克孜族 5 个民族 24 个村全部通电商，达斡尔族 48 个村通电商，

俄罗斯族 9 个村通电商，通电商比率达到 86%。集中式供水、清洁能源、卫生厕所、垃圾污水集中处理、综合性公共文化设施和场所、村务便民服务站、便民超市等保障民生和满足群众对美好生活需求的基础设施类建设基本都能满足当地群众生产生活。特色产业发展也初见成效，初步形成了以棚室瓜菜、食用菌、果蔬采摘等农作物种植和生猪、肉牛等畜牧养殖为主，以及民族地区特色旅游和民族特色手工艺品加工制作为辅的综合产业经济链条，逐步探索破解在宣传、营销、技术、交通等方面的制约因素，努力做到有产业项目的人口较少民族村实现稳定的财源收入，推动人口较少民族聚居区健康快速发展。

四、坚持规划引领，强化资金保障，扎实推进脱贫攻坚工作

2019 年，黑龙江省民宗委始终把解决好民族地区的脱贫问题作为工作重点，通过多种形式，多种有效措施，积极开展脱贫攻坚工作。按照《黑龙江省“十三五”促进民族地区和人口较少民族发展规划》的要求，充分发挥民委委员单位在规划实施中的职能作用，定期研究部署推进规划实施工作。强化财政资金保障支持，2019 年省下拨少数民族发展资金 36324 万元，其中用于国家扶贫开发工作重点县和连片地区特困县资金 13828 万元，比去年增长 3.3%，极大地促进了贫困县脱贫摘帽和民族地区脱贫致富进程。同时按照《黑龙江省少数民族和民族地区脱贫攻坚工作实施意见》，积极拓展精准扶贫的途径和办法，通过发展特色产业、优化农业结构、强化农产品营销、开展致富带头人和育婴师等专业技能培训、引导农民创新创业等措施，不断增强民族地区发展的内生动力和造血功能。全年举办少数民族地区育婴师培训班 2 期，培训人员 100 人。举办民族地区致富带头人培训班 1 期，培训人员 130 人，省级工作培训班 1 期，培训人员 240 人，培训班的举办进一步提升了民族地区群众的就业技能。截至目前，全省 90 个建档立卡贫困民族村已全部退出，提前完成脱贫攻坚工作任务。

（撰稿：张泽坤　审稿：倪晓岩）

上海市

2019 年，上海市民宗局按照国家民委和上海市委市政府的精神和要求，结合工作实际，做了如下几项工作：

一、各方合作，共同努力，做好对口帮扶脱贫工作

一是围绕加强各民族交流交往交融，促进民族团结的目标任务，上海市民宗局于 2019 年，继续以产业扶贫、教育医疗为重点，积极做好民族地区对口帮扶工作。

二是领导高度重视民族地区的对口帮扶工作。上海市民宗局局领导亲自带队，组织相关人员赴新疆、云南等省份考察，与省区民族工作部门协商，共同确定落实 2019 年对口支援与东西部扶贫协作项目。

三是继续落实三年对口帮扶行动计划。上海市民宗局根据社会捐赠资金的用途和要求，在去年的基础上,2019 年又投入 210 万元用于对口帮扶新疆、云南、西藏等民族地区。其中在云南投入 150 万元推进菌菇种植等三项特色产业建设，在新疆喀什投入 15 万元用于支持各民族交流交往交融，在西藏日喀则投入 30 万元用于建设医疗设施，投入 15 万元引导我市老凤祥有限公司开展少数民族人才培训工作。

二、采取各项措施，综合施策，做好上海清真食品管理工作

一是做好清真食品管理工作长效治理。上海市民宗局协调各区民宗办会同有关部门开展元旦、春节、国庆等节日期间的清真食品监督检查工作，并继续开展清真食品专项治理工作。

二根据上海清真食品需求实际来完善供应网

点。根据《上海市清真食品管理条例》规定，上海市民宗局统筹协调，指导推动相关区合理设置清真食品基本供应网点，满足少数民族清真食品需求。

三是加强对清真食品企业的资金扶持。上海市民宗局积极与市商务委、市财政局协调落实2019年度清真食品基本供应点专项资金第三方专业评审机构，对9家企业的装修改造、50个副食品专柜租金和1家企业的流动资金贷款进行专项资金补贴扶持。同时，上海市民宗局按照国家民委、财政部、中国人民银行的要求，协调市财政局、中国人民银行上海分行，做好组织本市民族特许商品定点生产企业贷款贴息等工作。

四是加强清真食品事中事后监管。上海市民宗局在指导各区民宗办加强对清真食品义务监督员的教育培训和组织管理工作基础上，进一步完善工作制度、严格工作要求，注重常态化管理，对辖区内的清真食品供应网点进行日常检查巡视。

五是进一步做好国际展会的清真食品供应工作。上海市民宗局积极配合市商务委、国家会展中心落实第二届中国国际进口博览会的清真食品供应网点建设，指导各区做好“进博会”期间的清真食品供应工作。

三、围绕全国民运会，上海积极做好民族交流交往交融工作

一是与往届全国民运会相比，上海代表团实现了新的历史突破。实现了为迎接第十一届全国少数民族传统体育运动会，上海组建了多民族组成的包括运动员、教练员、领队、观摩团和团部工作人员在内的总数为226人的代表团。参加了蹴球、毽球、龙舟、民族武术、民族健身操等9个竞赛项目和3个表演项目。与往届相比，参与面最广、参赛项目、参赛运动员人数为历届之最。经过努力，上海代表团在本届民运会，取得了2个一等奖、13个二等奖、12个三等奖的良好成绩，奖牌总数达到27枚。同时，上海代表团、2支运动队、32位运动员、2位裁判员还获得体育道德风尚奖。

二是围绕主题，上海代表团将参加比赛与民族团结有机结合起来。上海市代表团在参赛期间，在严格遵守各项规章制度和工作纪律的同时，始终把通过交流交往、促进相互理解、增进民族团结摆在重要地位，上海代表团积极与接待单位、驻地宾馆、训练比赛场地和兄弟省市代表团进行交流互动，相互之间增进了了解，结下了友谊。

三是搭建平台，不断拓宽民族团结新载体。上海市以全国民运会为契机，将少数民族传统体育项目纳入上海城市业余联赛。这进一步夯实了上海市少数民族传统体育运动的基础。在丰富赛事内涵、扩大赛事影响力的同时，也促进了上海各族人民的进一步交流交往交融。

（撰稿：程挺　审稿：蒋悦新）

江苏省

2019年，江苏省民宗委坚持以习近平新时代中国特色社会主义思想为指导，认真贯彻落实党的十九大和十九届二中、三中、四中全会精神，紧紧围绕“共同团结奋斗、共同繁荣发展”主题，对照《“十三五”促进民族地区和人口较少民族发展规划》，坚持“适度倾斜、优先发展”的原则，扎扎实实推进民族聚居地方的经济社会发展，各项工作取得了较好成效。

一是着力推进经济薄弱村脱贫。今年以来，我们按照《关于推动全省民族乡村高质量发展的工作意见》，强化“委地共建”“百万帮扶”“物业推动”“同心拉手”四管齐下的帮扶措施，上半年配合地方政府推动2个经济薄弱村实现脱贫，下半年助推剩余5个经济薄弱村实现脱贫，全省39个民族村村集体年收入全部达到18万元以上，全省经济薄弱民族村脱贫攻坚工作取得明显成效。

二是少数民族特色村镇建设成绩显著。持续加强中国少数民族特色村镇的规范管理工作，把推进民族乡村申报中国少数民族特色村镇作为全省社会主义新农村建设的重要组成部分，按照“突出民族

特色、保护民族文化、展现江苏特点、发展特色产业、改善人居环境”的总要求，积极做好“三个结合”，即在实施特色村镇项目中把地方特色与民族特色结合起来、把特色村镇项目与社会主义新农村建设结合起来、把特色村镇项目与民族团结进步创建活动结合起来，实现了村镇风貌焕然一新、特色民居保护合理、人居环境明显改善、群众收入大幅提高、公共服务不断完善、民族关系更加和谐的发展目标。2019 年在原有 4 个中国少数民族特色村寨的基础上，推荐上报高邮市菱塘回族乡等 10 个民族聚居地方作为中国少数民族特色村镇候选对象。

三是全省民族村“一村一档”台账资料不断完备。省民宗委会同辖有民族村的市、县（市、区）民宗、统计、扶贫等部门，在全省继续开展民族聚居地方基本情况普查工作，重点对 39 个民族行政村的自然、人口、基础设施、产业发展、村集体收入、村民年收入等情况进行逐一调查，结合扶贫工作部门提供的数据，建立了“一村一档”的台账资料，并做到年度及时更新，为有针对性地制定帮扶措施提供了全面、准确的依据。

四是扶持民品企业稳步发展。完成“十三五”期间全省 59 家全国民品企业的申报和备案工作。会同省财政厅等单位出台《关于进一步做好民族特需商品生产贷款贴息工作指导意见的通知》，推动贷款贴息相关工作的落实。会同省财政厅出台有关办法，认真落实中央财政对地方贷款贴息引导支持资金的监管要求。会同省财政厅、人民银行南京分行举行全省民品企业生产优惠政策工作会议，通过培训方式提高基层单位、民品企业经办人员的政策水平和操作能力。

（撰稿：洪静　审稿：鲍蜀生）

浙江省

2019 年，浙江省民委经济工作在国家民委的指导下，紧紧围绕省委省政府工作大局，以民族乡村振兴示范建设为主要抓手和目标，强化政策引领推进精准帮扶，突出产业帮扶激发内生动力，着眼均等均衡切实改善民生事业，推动各项政策举措在少数民族和民族地区落实起效。

一、提高政治站位，注重谋篇布局

助力民族乡村实现同步振兴是民族工作部门当前的重要政治任务之一。浙江民族工作部门紧紧围绕民族乡村振兴示范建设目标，以高度政治责任感，做好民族乡村振兴顶层设计。一是完善组织领导体系。成立省民族乡村振兴与“双百村结对行动”工作领导小组，统筹民族乡村振兴决策部署、政策协调、指导监督和检查考核。召开全省民族乡村振兴示范建设动员会，省委常委、统战部长熊建平亲自动员，国家民委副主任赵勇出席并讲话。会议明确要求以政治担当的高度，一杆到底开展乡村振兴动员部署。在国家民委的指导下，分别在景宁畲族自治县召开全国民族地区城乡融合试点建设动员会，在桐庐县莪山畲族乡召开民族乡村振兴示范乡启动仪式，民族乡村振兴示范民族乡村振兴顶层架构基本形成。二是完善政策支持体系。在中央和省委省政府乡村振兴总体实施框架下，由省委统战部、省民宗委等十家单位联合出台《浙江省民族乡村振兴实施方案（2018—2022 年）》，明确了民族乡村振兴的 7 大主要目标、五大实施行动和三大要素保障。牵头草拟了《关于开展全国民族乡村振兴示范省建设工作的意见》，并围绕具体目标任务，拟与省委宣传部、农业农村厅、商务厅、文旅厅等涉农部门“一对一”制订政策性文件，落实保障政策，推动形成浙江省民族乡村振兴制度框架和政策体系。同时，扎实推动《专题研究继续帮扶景宁县发展有关工作会议纪要》（专题会议纪要〔2018〕7 号）和《关于进一步支持民族乡村发展的意见》（浙政办发〔2018〕13 号）等帮扶政策文件的落实落地。三是完善结对帮扶体系。在民族乡（镇）层面，每个民族乡（镇）落实省财政增量转移支付 200 万元，明确 18 个经济发达县（市、区）和 28 个省级单位结对 18 个民族乡（镇），配合市、县配套帮扶，帮扶资金每年预计增量达 150 万元以上。在民族村层面，开展民族乡村振兴“双百村结对行动”，组织统战系统成员单位和统战成员所在单位结对百个以上具备资源开发条件的民族村，开展资金和项目帮扶。截至目前已经有 172 个民族村纳入了结对帮扶工作体系，2018 年开展帮扶项目近 200 个，落实帮扶资金近 3000 万元。四是完善督查推进体系。明确民族乡村振兴推进定期研究和半年度工作例会制度，围绕民族乡村振兴开展阶段性回顾小结、问题剖析和推进落实，互观互学，互比互促。定期开展调研督查，结合省委“三服务”部署，由省委常委、统战部长熊建平率先带队，各成员单位领导分别带领各帮扶工作组开展有针对性的调研指导，协调解决困难，督促落实举措。

二、拓宽思路视野，注重兴旺产业

拓宽思路视野，大力推进民族乡村产业振兴，注重传统农业与新兴产业的融合创新，实现提质增效。一是大力推动品牌农业。以品牌促提升，以匠人出精品，将传统农业做深做精。着力打造农产品区域化公共品牌，树立“丽水山耕+景宁 600”等一批标准化生产、全程可溯源的优质绿色农产品知名品牌。树品牌的同时，组织民族地区优质农产品与省森博会、农博会等会展平台相结合，发展“会展经济”。二是大力推动农旅融合。以少数民族特色村镇建设为抓手，实施民族乡村生态宜居行动，打造现代版美丽花园。截至目前，全省少数民族和民族地区共有近 700 家民宿，床位 8000 多张，年接待旅客量达 226.9 万人次，实现经营性收入 2.49 亿元。二是大力推动文旅融合。瞄准畲族“三月三”节庆，做强节庆经济，形成了以省级畲族风情旅游文化节为龙头，景宁三月三，瓯越三月三、“竹柳新桥”三月三等一批时点性强、区域知名度高的畲族节庆活动，带火了三月三节庆经济。支持畲村民俗活动，做热民俗经济，依托民族发展资金，开展小额多频“点式帮扶”带动民族村“一村一节一品”，各地评笋魁、斗薯王、开茶节、宣莲节等民族民俗活动，为当地带来了高热度人气和可观收入。打造民族文化品牌，做亮文创经济，通过做优做强民族服饰展演、浙江民族歌舞展演、民族手工艺（伴手礼）设计大赛等浙江文化活动品牌，带动做亮文创经济。三是大力推动“互联网+”模式。依托浙江推动数字经济发展优势。支持全省民族乡村打造了赶街、星天地等电商明星企业。据初步统计，全省民族村共有近 300 多家农村电子商务网店，实现年销售额近 8 亿元。

三、瞄准生态宜居，创评国家级村寨

瞄准生态宜居目标，在民族乡村振兴行动中扎实推动特色村寨的保护工作，以第三批中国少数民族特色村寨创评工作为契机，挖掘畲族特色村寨的历史文化内涵和保护开发潜力，推动少数民族特色村镇提档升级。一是扎实推进民族乡村振兴“1+1+10”行动。召开全国民族地区城乡融合试点建设动员会，支持景宁建设全国民族地区城乡融合示范；支持桐庐县莪山畲族乡建设“中国畲族第一乡”并同步启动全国民族村振兴示范乡建设；在全省范围内发现并支持 10 条左右的民族乡村振兴示范带（区），将特色村镇连点成线，连片发展。目前，司前-竹里、竹柳新桥等一批示范带（区）已经初现雏形，得到了到访调研的国家民委赵勇副主任等领导的好评。二是建立民族乡村振兴指标体系。为进一步指导民族乡村推进振兴行动，因地制宜设计制定了民族乡村“1+5+X”指标体系，围绕产业兴旺等 5 大方面，设置了 20 余项具体创建指标，其中 70%以上的指标均落实到民族乡村，与少数民族特色村镇建设同向、同步推进。三是加大资金支持力度。通过中央、省级少数民族发展资金大力支持民族乡村开展特色村镇保护与发展工作。

四、聚焦打造精品，扎实推进文化繁荣

优秀的民族文化是民族乡村振兴活的灵魂，高度重视传统优秀民族文化的挖掘、传承和发扬。一是持之以恒擦亮节庆活动品牌。在武义举办第六届浙江省畲族风情旅游文化节，指导和支持景宁畲族自治县举办“中国畲族三月三”、文成县承办“瓯越三月三”、苍南县承办第三届海峡两岸少数民族风情文化节。二是创新形式打造浙江特色。举办第二届中国（浙江）民族服饰设计展演，通过民族服饰展示浙江“好设计”；举办首届浙江民族舞蹈优秀作品展演，通过民族歌舞传递浙江“好风采”；举办首届浙江民族微电影优秀作品展演，通过镜头影像传递

浙江“正能量”。三是稳扎稳打推进体育文艺。组团参加第十一届全国少数民族传统体育运动会，团组人数、参与项目、奖牌数量均为历史之最。启动开展全国民族体育训练基地的提升工作和省级民族体育训练基地的创建工作；扎实开展第六届全国少数民族文艺汇演的筹备工作，安排专项筹备工作经费40万元。目前参演剧目已经通过第一轮专家评审，剧本创作完善、编导参演班子组建正在进行当中。四是坚持不懈培育文化人才。将少数民族非遗传承人培养工作列入民族乡村振兴指标体系，每年将安排一定工作经费，支持传承人开展文化创作、传带徒弟等；与浙江省音乐学院合作举办全省民族文化工作培训班，参训人数90人。

（撰稿：潘晶　审稿：潘友明）

安徽省

2019年，安徽省民委以习近平新时代中国特色社会主义思想为指引，深入学习贯彻习近平总书记关于民族工作、扶贫工作的重要论述和视察安徽重要讲话精神，在省委省政府正确领导下，在国家民委有力指导下，围绕打赢少数民族和民族聚居地区脱贫攻坚战，筑牢民族乡村振兴基础，真抓实干，锐意进取，为加快建设现代化五大发展美好安徽作出应有贡献。截至年底，全省25个建档立卡贫困民族村全部出列，98.2%的少数民族建档立卡贫困人口实现脱贫。

一、健全体制机制，深化联合攻坚

安徽省民委根据省级机构改革情况，及时完善对口帮扶体制机制，进一步调动发挥省民委兼职委员单位作用，着力放大联合攻坚工作效应。一是调整对口关系，完善帮扶体制。面对机构改革新形势，结合贫困民族村实地调研成果，在收集征求意见的基础上，调整新设立省文化和旅游厅、省市场监管局的对口帮扶村。同时增加淮南市谢家集区孤堆回族乡大洼村为省民委对口帮扶村。二是修订委员单位职责，完善民委委员制度。根据机构改革职能调整情况和原省民委兼职委员单位职责，修订完成《安徽省民委兼职委员单位职责》。新职责对省民委兼职委员制度的指导思想、工作原则、工作方法和目标任务等作出规定，从经济发展、社会事业和生态环境等方面明确各单位民族工作领域的具体任务，是各单位落实党的民族政策的具体遵循。三是印发工作要点，完善工作机制。梳理各委员单位2018年帮扶工作情况和2019年工作计划，首次印发各委员单位2019年工作要点，并督促各单位按照时序进度推进工作。同时编发信息简报，宣传报道帮扶工作先进经验和做法，发挥引领作用，推进联合攻坚。

二、夯实脱贫基础，加强产业扶贫

安徽省民委始终坚持产业扶贫基础性地位，把发展产业作为贫困民族村和少数民族贫困群众稳定脱贫的唯一出路。一是在做大做强现有产业上下功夫。在前期推广实施食用菌扶贫产业的基础上，指导各地结合实际，宜种则种、宜养则养、宜游则游，不断拓宽贫困群众增收渠道，筑牢稳定脱贫产业基础。要求有关市、县（市、区）及时下拨少数民族发展资金，重点用于发展产业。二是在培育示范经营主体上下功夫。扎实开展“523”行动计划，组织认定新一批少数民族农民合作社示范社、家庭农场，并在同等条件下向国家级贫困县和革命老区县倾斜。充分发挥示范社和示范农场的示范带动作用，引导民族乡村大力培育具有较强带贫减贫能力的新型农业经营主体，着力打造产业扶贫“升级版”。三是在激发内生动力上下功夫。整合高校和农业部门资源，先后在皖南皖中皖北，分片区举办三期少数民族农村实用技术培训班，培训贫困民族村各族群众和少数民族贫困群众150余人。针对实际需求，增加茶叶种植、稻虾共养和中草药种植等培训内容，获得群众好评。

三、提升资金绩效，完善资金监管

安徽省民委高度重视少数民族专项资金使用管理工作，研究制定了《安徽省少数民族专项资金分配管理实施细则（试行）》，坚持绩效导向、效益优先原则，多措并举加强资金监督管理。一是开展资金管理自查自改。组织各市对 2015—2018 年少数民族发展资金、2018 年企业技改贷款贴息和少数民族补助资金开展资金使用情况自查自改工作，覆盖项目 751 个，涉及 16 个市、80 个县（市、区）。二是开展第三方审计抽查。委托第三方机构对谯城、利辛、颍东、阜南、颍上、界首、寿县、定远、凤阳、望江等 10 个资金管理任务较重的县区进行实地审计，落实整改任务。三是开展绩效监控。加强少数民族专项资金事中监管，实施企业技改贴息和少数民族补助资金绩效监控，强化项目实施进展管控。指导各地加快涉企资金项目录入比对进度，完善有关资料和程序。

四、强化规范管理，建设特色村镇

安徽省民委深入推进少数民族特色村寨规范管理工作，坚持推动问题整改与特色村寨项目建设有效衔接，以规范管理工作成效推动特色村寨建设提质增效。一是切实开展自查自改。指导各地对照文件要求，把握规范管理工作主要原则，对全省 12 个已命名的中国少数民族特色村寨进行自查。淮南、池州等市民宗局主要负责人深入少数民族特色村寨开展专题调研，现场梳理，指导工作。蚌埠市在五河县民宗局开展规范管理工作后，安排专人实地察看，并编制问题清单，推进逐一整改。滁州市对辖区 3 个特色村寨进行规范管理专项检查，现场发现问题、解决问题。二是推动形成工作合力。统筹协调各方力量，推进少数民族特色村寨规范管理和提档升级。6 月，十届安徽省委第七轮巡视派出巡视组对省民委党组开展巡视。巡视组对部分少数民族特色村寨进行暗访，对相关工作提出要求。各地开展宗教工作调研，对民族村依法管理宗教事务等问题也进行了部署整改。我们在凝聚共识的基础上，坚持问题导向，严格工作标准，引导特色村寨建设成为各民族交往交流交融的桥梁和纽带，成为铸牢中华民族共同体意识的阵地和窗口。三是如期完成申报任务。在前期工作基础上，组织申报第三批中国少数民族特色村寨，收集整理各市申报材料，并赴亳州、蚌埠、滁州、淮南等地实地调研，指导有关地方改进申报工作，出具审核意见，按时 4 个特色村寨申报材料。

五、落实优惠政策，保障民品供应

安徽省民委积极协调省财政厅，督促各地落实民品生产优惠政策，不断满足少数民族群众美好生活需求。一是统筹协调下真功。分管领导多次率队赴省财政厅协调推动民品企业贷款贴息政策落实。专门向有关市委市政府主要负责同志发函，抄送文件，引起重视，并通知有关地方民族工作部门积极对接，主动配合财政部门做好相关工作。转发《合肥市民族特需商品生产贷款贴息管理实施细则》的通知，要求有关市参考借鉴。二是落实政策见真金。在政策允许范围内，安排省财政企业技改贷款贴息和生产补助资金向“十三五”民品企业倾斜，切实保障民品供应，满足少数民族群众特殊生产生活需求。同时调查摸底“十三五”民品定点生产企业 2019 年民品贷款规模，积极协调省财政下达 2019 年中央对地方民族贸易和民族特需商品生产贷款贴息引导支持资金，尽早发挥效益。三是完善制度求真效。牵头下发《安徽省民委、安徽省财政厅关于落实兑现民族特需商品生产贷款贴息政策的通知》，督促各地从资金保障、工作机制、操作程序等方面细化资金管理办法，推动政策落地。转发国家民委办公厅关于“十三五”期间全国民族特需商品定点生产企业备案结果，提升民族工作影响力和民品政策知晓度。

（撰稿：张正喆　审核：陆友勤）

福建省

2018 年，福建省认真学习习近平新时代中国特色社会主义思想和党的十九大精神，深入贯彻习近平总书记关于民族工作和扶贫工作的重要论述，各级各有关部门凝心聚力，攻坚克难，砥砺奋进，推动民委经济工作不断取得新进展。

一、多措并举，推动民族脱贫攻坚纵深发展

认真贯彻党中央和国务院关于脱贫攻坚的重大战略决策部署，按照省委省政府《关于打赢脱贫攻坚三年行动的实施意见》和脱贫攻坚推进会精神，全力推动少数民族乡村脱贫攻坚工作。一是召开民族乡村脱贫攻坚工作会议。先后召开“全省民族贫困村脱贫攻坚暨挂钩帮扶民族乡工作推进会”和“全省民族乡村脱贫攻坚与发展特色产业推进会”，进一步推进少数民族贫困乡村与全省同步脱贫。二是开展脱贫攻坚专题调研。深入全省少数民族乡村开展调研，形成客观翔实的调研报告，得到省领导的专门批示。三是召开村主干培训班。举办“全省建档立卡民族贫困村村主干培训班”，旨在提升村干部的脱贫攻坚能力，全省116个贫困村主干参加了培训。四是开展扶贫开发成效考核工作。根据省委省政府工作部署，省民族宗教厅牵头相关部门开展扶贫开发工作成效实地考核和“回头看”，形成专题报告，得到省领导的肯定。五是继续实施造福工程扶贫搬迁。开展全省少数民族建档立卡贫困户住房安全调查摸底，对确定核实的11户50人，全部纳入2018年造福工程扶贫搬迁。全省共有少数民族人口4449人列入省级造福工程搬迁对象，下达少数民族叠加补助资金 444.9 万元。六是继续实施整村推进政策扶持。争取相关部门支持，对原有10个人均收入低于 4500 元以下的民族贫困村继续列入省级整村推进帮扶，每村每年给予20万元，政策延续至2020年。七是动员社会力量参与脱贫攻坚事业。省民族宗教厅与福建农林大学、福建中医药大学等高校签订战略合作协议，借智借力助推民族乡村科技发展和人才培养；充分发挥宗教界扶贫济困优良传统，募集善款248万元，帮助6个少数民族贫困村开展扶贫项目建设。截至2018年底，全省建档立卡少数民族贫困村剩余8个，贫困人口剩余28人。农民人均可支配收入 4500 元以下的少数民族贫困村已全部摘帽，为全面建成小康社会奠定了坚实基础。据统计，2018年全省19个民族乡财政收入6.71亿元，比增 32.0%，民族乡农民人均可支配收入 16538.29 元，比增8.1%。

二、加大力度，促进挂钩帮扶工作取得新成效

挂钩帮扶民族乡村工作持续开展，帮扶举措稳步推进。挂钩帮扶单位注重造血功能的培育，发达县（市、区）将一些转移产业落户到民族乡，省直单位则充分发挥旅游、林业、农业、科技等职能作用，解决民族乡村急需解决的发展问题，共同推动民族乡经济高质量赶超发展。目前，全省民族乡基本形成以茶叶、蔬菜、水果、油料、药材、林竹、粮食等7种产业为主的“一村一品”“一乡一业”的特色产业发展态势。据统计，2018年各挂钩帮扶单位和各级财政共投入帮扶资金8300万元，其中省直单位 2270 万元、沿海经济发达县（市、区）2130 万元、省财政转移支付 1900 万元、民族乡所在县（市、区）2000万元。持续推动挂钩帮扶工作延伸到民族村，目前，全省567个民族村已实现全覆盖。

三、立足实际，切实做好特色村寨保护建设

按照国家民委工作部署，全省开展第四批少数民族特色村寨试点村调查摸底工作，共确定第四批53个少数民族特色村寨保护与发展试点村。同时，积极与相关部门协调，将全省少数民族特色村寨保护与发展内容纳入《福建省实施乡村振兴战略规划（2018—2022 年）》中，并成为乡村文化繁荣兴盛重点工程之一。助力实施民族乡村脱贫攻坚和振兴战略，省民族宗教厅与省政协民族宗教委员会共同策划并出版发行《福建民族特色村寨》（画册），以加大宣传，扩大影响。

四、落实政策，继续扶持人口较少民族发展

认真开展贯彻落实国务院《“十三五”促进民族地区人口较少民族发展规划》进展情况的中期评估。按照《福建省人民政府关于贯彻国务院“十三五”促进民族地区人口较少民族发展规划的实施意见》继续扶持高山族发展，对高山族贫困户和老一代高山族人员进行慰问并发给慰问金。支持打造华安县仙都镇云山村、市后村、大燕村、下林村的民生工程项目建设，并对其项目建设情况开展监督检查。

五、举办论坛，促进两岸民族乡村交流合作

由国家民委研究室、福建省民族宗教厅指导，厦门大学人类学研究中心主办，台湾少数民族研究会、福建畲家企业商会协办的“海峡两岸民族乡论坛”在厦门举行。近 90 名两岸专家学者与民族乡代表围绕乡村振兴战略、吸引台湾少数民族同胞到大陆发展、为两岸少数民族搭建发展平台等展开研讨，进一步促进了两岸少数民族同胞交流合作。期间，与会代表参观了华安县官畲村（畲族）和送坑村（高山族）两个建设风格各异的少数民族特色村寨，亲身感受了福建少数民族乡村翻天覆地的发展变化。

六、统筹安排，加强少数民族资金分配管理

严格按照资金管理办法，统筹做好资金分配工作。重点用于加强少数民族贫困村基础设施建设，实施少数民族特色产业扶持发展增收工程以及民族乡村民生 短板等项目；认真做好少数民族发展资金监管工作。一是按照扶贫资金管理要求，及时将资金下达情况录入省扶贫（惠民）资金在线监管系统，接受网络监督检查。二是采取省民族宗教厅直接检查、设区市民族宗教局之间交叉检查和各地自查自纠相结合的形式开展资金检查，发现问题及时整改。三是认真清理少数民族闲置扶贫资金，按时完成扶贫资金使用绩效管理评价任务。

（撰稿：赖龙娣　审稿：李瑛）

江西省

江西省民族工作以习近平新时代中国特色社会主义思想为指导，深入学习贯彻党的十九届二中、三中、四中全会精神和习近平总书记在全国民族团结进步表彰大会上的讲话精神，始终围绕铸牢中华民族共同体意识这一主线，探索促进民族地区经济发展的有效措施，推动民族地区高质量发展。

进一步推动“差别化”支持政策落实。一是广泛深入民族乡村调研，收集整理干部群众关切的问题，列出需求清单，将清单中 7 大类 94 项需求分别提供给相关单位。二是走访省交通运输厅、省水利厅、省农业农村厅、省科技厅、省发改委、省文旅厅、省林业局等单位，找准差别化政策落实过程中存在的困难和问题，着力解决制约民族乡村经济发展的瓶颈。三是将相关单位反馈的意见建议及时提供给各民族乡，帮助民族乡准确掌握当前政策的变化，找准应对之策，畅通了民族乡村发展需求与政府部门的政策资源对接的渠道。四是向省人大常委会专题报告全省民族地区经济社会发展情况，提出意见建议，推动落实差别化支持政策。

全力推动民族地区脱贫攻坚。一是在年度少数民族发展资金安排中，紧紧围绕脱贫攻坚这个重点任务，确保贫困地区的资金增幅不低于当年财政专项扶贫资金平均增幅，有力地助推贫困地区脱贫攻坚奔小康的步伐。二是认真做好脱贫攻坚整改工作，先后开展“春季整改”“夏季提升”“秋冬巩固”攻势行动，对中央脱贫攻坚专项巡视反馈问题和中央脱贫攻坚成效考核反馈问题一体推进，一并整改，找准具体问题 7 个，提出针对性整改举措 20 条，明确了整改目标，限定了完成时限，明确了责任处室和责任人，扎实推进整改工作的落实。三是扎实做好深度贫困村和定点帮扶村脱贫攻坚工作。为赣县区大田乡高排村（深度贫困村）和杏花村（定点帮扶村）筹措帮扶资金 120 万元，用于发展产业和改善民生。其中投入 45 万元帮助杏花村安装 210 盏太阳能路灯用于该村道路亮化；投入 75 万元帮助大田乡高排村建设扶贫车间和村庄环境整治。这些项目的建成加快了帮扶村脱贫攻坚的步伐。

谋划部署民族地区发展“十四五”规划编制工作。积极开展规划编制调研，为民族地区发展寻求源头活水，争取将民族地区发展需求列入相关部门

的专项规划，促进江西民族地区加快发展。其中省交通运输厅针对全省民族乡村境内部分通乡、通村主干道提升改造，路网进一步完善的需求等实际情况，拟将全省民族乡村公路建设纳入省交通“十四五”规划，作出专项安排，此项工作的开展为推动做好“十四五”期间江西省民族地区交通发展打下了良好基础。

持续加大对口支援民族乡村工作力度。32 家省委、省直部门积极发挥各自职能优势，帮助受援民族乡村解决基础设施、产业发展等方面的突出困难和问题。2019 年共投入帮扶资金 4242 万元，协调帮扶资金 550 多万元，援建项目 151 个。其中基础设施建设投入帮扶资金 2082 万元，修建灌溉水渠 1 万米，升级改造卫生饮水工程 7 个，民族村水陂设施建设 10 座，以上项目的建成惠及民族乡村 6300 多户 25000 多人。在文化、教育、卫生方面，投入 300 万元用于学前教育建设、义务教育均衡发展奖励、教师和技术人才培训、文化体育活动场所修建、非物质文化传承工作以及文明实践中心建设等，投入 460 万元支持种植业、林业发展。民族地区产业结构不断优化升级，绿色生态农业等特色产业规模不断壮大，农民人均可支配收入继续保持较好增长态势，有力推动了民族地区全面建成小康社会。

推动扶持人口较少民族发展工作迈上新台阶。紧紧围绕《江西省“十三五”扶持人口较少民族—金坪民族乡新民村发展项目规划》，在去年扶少项目规划调整的基础上，不断加大资金的投入，新民村经济发展水平全面提升，村风村貌焕然一新。扶持峡江县金坪民族乡新民村（京族聚居村）“一村一品”、四季皆有瓜果上市的经验做法形成报告，肯定了江西省扶持人口较少民族发展的做法。江西省委常委、省委统战部长陈兴超做出批示：“省委省政府十分关心民族乡村的脱贫攻坚和建设工作，希望各民族乡村所在地党委政府继续关心支持，以峡江县金坪民族乡新民村为榜样，推动民族发展工作取得新胜利。”

促进少数民族特色村寨建设提质升级。深入开展中国少数民族特色村寨保护与发展工作，助推全省民族乡村高质量发展。截至 2019 年，江西省在 20 个贫困县、19 个原中央苏区县和特困片区县建设少数民族特色村寨项目 53 个，其中，获国家民委命名“中国少数民族特色村寨”12 个。多年来少数民族发展资金直接投入特色村寨建设 3600 多万元，撬动市、县（区、市）两级投入贫困地区民族乡村资金和社会资本超过 5 个亿，有力助推全省贫困地区、民族地区脱贫攻坚。2019 年对已命名的第一批和第二批中国少数民族特色村寨开展自查和检查，被检少数民族特色村寨民居建设、人居环境、特色产业、民族文化、民族团结、机制保障等规范管理工作情况总体良好，对自查发现的问题提出整改意见和建议。

（撰稿：茅黎　审稿：王希贤）

山东省

2019 年，山东省民族宗教委以习近平新时代中国特色社会主义思想为指导，认真贯彻落实国家民委关于民族工作的部署和省委、省政府工作要求，聚焦少数民族脱贫攻坚，切实推动山东省少数民族经济社会事业发展。

一、用好少数民族发展资金助推脱贫攻坚

山东省民族宗教委综合考虑少数民族贫困人口规模、贫困发生率、脱贫难度等因素，会同省财政厅主要考量农村少数民族人口的分布、农村少数民族贫困人口的分布、当地经济发展水平等客观因素以及少数民族发展资金项目绩效考评等政策性因素进行量化因素系数分配。少数民族发展资金主要用于民族乡村道路交通、种植业、养殖业、农田水利、农业产业结构调整等，共扶持项目 111 个（其中基础设施建设类 99 个，产业发展类 12 个）。截至 2019 年底，山东省 14275 人建档立卡农村少数民族贫困人口全部实现脱贫。

二、强化少数民族发展资金管理工作

一是做好指导工作。下发了《关于做好 2019 年度中央及省财政下拨少数民族发展资金使用管理有关事项的通知》（鲁民宗发〔2019〕44 号），指导各有关市民族宗教局会同财政局，合理实施因素法分配。以扶贫规划为引领，以重点项目扶贫为平台，有效整合使用财政扶贫资金和涉农资金，向扶贫开发重点区域倾斜，切实加大对少数民族村基础设施、特色产业发展的统筹集中投向。二是抓好项目预报。2019 年，积极引导各市民族宗教局结合新旧动能转换和乡村振兴战略，探索各具特色发展模式。加强论证筛选，建立下一年度少数民族发展资金年度拟扶持项目库。在有关市、县两级前期考察、论证、立项、储备的基础上，山东省民族宗教委梳理汇总拟扶持项目库共涵盖 247 个项目，并将拟扶持项目库进行公布。三是强化绩效考评。在全省部署开展少数民族发展资金项目绩效考评工作，将少数民族扶贫开发作为各市量化打分的重要依据。一方面，指导各市对照《山东省少数民族发展资金绩效评价表》进行自查自评，另一方面，聘请北京中平建华浩会计师事务所山东分所第三方评估机构对年度中央和省级少数民族发展资金相关市县项目进行绩效考评，共涉及 11 个市、13 个省财政直接管理县的 58 个少数民族发展资金项目，优占比 53.5%，良占比 19.0%，中占比 17.2%，差占比 10.3%，并将考评结果作为下年度资金分配重要考量因素。

三、开展乡村振兴示范民族村创建工作

山东省民族宗教委将民族乡村振兴与少数民族脱贫攻坚统筹推进，以乡村振兴巩固脱贫攻坚成果，以脱贫攻坚促进乡村振兴实施。2019 年，山东省民族宗教委联合省委统战部下发了《关于开展山东省乡村振兴示范民族村创建工作的通知》（鲁民宗发〔2019〕20 号），部署开展乡村振兴示范民族村创建工作，着力打造一批符合本地区特点、形式多样的民族乡村振兴模式和可复制、可推广的经验，以点带面推动全省民族乡村振兴战略健康有序进行。经过各市筛选上报、省级审查，最终确定了济南市天桥区桑梓店街道小寨村等 15 个村为省乡村振兴示范民族村创建单位，把民族乡村振兴战略实施不断推向深入。

四、抓好少数民族农村科技培训工作

山东省民族宗教委会同省科技厅制定了《山东省少数民族农村科技人才培训工程工作方案（2015—2020 年）》，以提高少数民族群众科技素质、职业技能、经营能力为核心，大力实施少数民族农村科技人才培训工作。2019 年 11 月，省民族宗教委会同省科技厅组织专家在泰安市新泰市禹村镇开展了 2 期少数民族农村实用技术科技培训班，共培训 200 余人。充分结合当地发展特色畜牧养殖和建设香椿小镇的规划，重点对肉牛育肥技术和香椿种植技术进行培训，为禹村镇壮大畜牧业、提升香椿种植品质提供科技指导和智力支持。

五、做好少数民族特色村寨保护与发展工作

山东省民族宗教委把少数民族特色村寨建设、少数民族脱贫攻坚和民族乡村振兴有机结合，从改善生态环境、培育当地特色优势产业、传承民族优秀传统文化、保护少数民族特色民居、巩固民族团结入手，重点打造少数民族特色村寨。2019 年，泰安市泰山区省庄镇岳庄村等 7 个少数民族村(社区)被国家民委命名为第三批“中国少数民族特色村寨”，实现了国家级少数民族特色村寨挂牌命名零的突破。

六、推动国家民族特需商品生产政策落实

山东省民族宗教委会同省财政厅和中国人民银行济南分行，做好国家民族特需商品生产企业贴息资金审核工作，对全省 2018 年度 49 家民品企业总贴息 10641.95 万元。加强部门地区间交流，配合国家审计署驻鲁专员办就山东省民品企业落实民品政策情况开展调研，向专员办提交了山东省“十三五”以来民品企业落实政策的基本情况及每年度贴息资金使用情况等资料。对重庆市来学习考察民品工作，湖南、河南等省征询经验做法资料等进行了安排落实。

（撰稿：李红晓　审稿：罗军）

河南省

2019年河南省民族宗教委认真贯彻落实党中央关于民族工作的重大部署，立足于少数民族散居地区省情，牢牢把握“中华民族一家亲，同心共筑中国梦”的总目标，在全省形成了“共同团结奋斗、共同繁荣发展”的良好氛围，各项工作目标如期完成，经济社会发展取得新成就。

一、民族聚居地区基础设施明显改善

2019年以全省“万村通客车提质工程”为契机，在所有具备条件的建制村100%通客车的基础上，进一步完善民族聚居地区农村客运网络，在全省县乡公路、通村公路、危桥改造等项目建设中，加大投入，有效支持了民族聚居地区农村公路改造修复等项目，优化完善路网结构，加强了3个城市民族区，21个民族乡（镇）所在县（市、区）水利建设，实施了62个饮水安全巩固提升工程，解决了130万人饮水安全问题。目前全省民族聚居村集中供水率达到89%，自来水普及率达到88%，贫困人口饮水安全基本实现了全覆盖。90%的民族聚居村生活垃圾得到有效治理，85%以上的县（市、区）建成全域一体城乡融合的场化保洁机制，卫生厕所普及率达到81%，乡村绿化覆盖率达到34.5%。

二、特色产业逐步发展壮大

充分发挥民族聚居地区比较优势、产业优势和特色优势，促进全省特色农业及其加工业、民族医药及关联产业、民族手工艺品、特色旅游业等产业发展，促进民族聚居地区特色产业发展与乡村振兴相结合；在民族聚居地区所在县区布局建设了十大优势特色农林产品生产基地，今年已基本形成布局区域化、生产标准化、发展产业化、经营规模化的格局；投入资金支持郑州市管城回族区特色商业区基础设施建设、重点项目贴息和入驻企业补助，将位于荥阳市金寨回族乡的河南华晶超硬材料股份有限公司宝石级钻石等项目纳入省重点项目管理，在土地、环境容量等生产要素方面给予优先保障；支持少数民族传统手工艺品发展，目前郏县姚庄回族乡“金镶玉”工艺，已具有一定规模。

三、支持民族特需商品定点生产企业发展的优惠政策得到落实

2019年，共有75家企业被国家民委命名为“十三五”期间民品企业，2019年为企业办理贴息1.35亿元，支持全省民品企业加快发展。为促进民品企业走出去，提升企业知名度，1月份组织27家清真食品企业，参加了第九届郑州精品年货博览会；9月份，组织20家企业参加第四届中阿博览会，参展企业范围扩大到清真食品、民族服饰、民族成药、边销茶等。在短短4天时间里，商品交易额达53万元，接待中外企业256家，意向签约客户109家，意向签约金额达1300万元，现场交易额、签约合作客户、意向签约项目、预计成交金额均超过上届。通过组织企业参展，达到了宣传河南企业及产品、扩大知名度、服务民族聚居地区经济发展的目的。

四、社会事业稳步提升

全省民族聚居地区教育、医疗卫生、就业和社会保障等基本公共服务城乡资源配置逐步健全，公共服务水平大幅提升。教育现代化取得重要进展，全民受教育程度显著提高，实现了人人享有基本医疗卫生服务，城乡居民就业更加充分，社会保障基本实现全覆盖。中国梦和社会主义核心价值观更加深入人心，文化基础设施更加完备，现代公共文化服务体系日益健全，各民族文化交融创新，各民族优秀传统文化得到保护传承，民族文化产业不断发展壮大，文化发展成果惠及各族群众。9月，成功举办全国少数民族传统体育运动会，集中展示出彩河南人的崭新形象。本届运动会项目数量、参赛人数、赛事场次、大型活动规模均为历届之最，央视体育频道现场直播开闭幕式。运动会筹办工作得到了中央领导、国家民委、国家体育总局、省委省政

府以及社会各界的充分肯定。

五、少数民族特色村寨建设取得成效

积极推进通特色村寨、景区的道路及服务设施建设、公路标志标识系统建设；加大特色村寨旅游风景道路沿线资源环境保护力度，积极推进生态风景道建设，营造景观空间，建设游憩、服务设施，不断完善安全救援体系，推动特色村寨交通、美学、游憩和保护等功能协调发展。坚持以有效整治村镇人居环境为载体，以培育特色产业为重点，根据不同民族聚居村的特点，分类指导发展生态旅游、特色餐饮、特色种养殖等产业，传承和弘扬了民族优秀传统文化，建设了一批具有产业特色、较高知名度、辐射力强的，集商贸、餐饮、休闲、文化、旅游于一体的少数民族特色村寨。

六、全力打赢脱贫攻坚战

2019 年河南省民族宗教委认真履行部门职责，围绕少数民族和民族聚居地区脱贫攻坚年度目标任务，制定年度工作计划，认真开展脱贫攻坚问题整改，多措并举防止返贫，协同配合落实扶贫政策，加大资金投入发展特色产业，促进群众转移就业，发挥省民委委员单位作用支持脱贫攻坚，经过全省各级民宗部门的共同努力，民族聚居地区脱贫攻坚工作取得了显著成效，全省少数民族贫困村全部脱贫，少数民族贫困人口下降到 2510 人。

（撰稿：王霞　审稿：余德海）

湖北省

2019 年，湖北省民委经济工作在国家民委的指导和省委省政府坚强领导下，以习近平新时代中国特色社会主义思想为指导，深入贯彻落实党的十九大和十九届二中、三中、四中全会及中央经济工作会议部署，以民族地区脱贫攻坚战略为主线，坚持新发展理念，实施乡村振兴战略，保障民生发展，以做强特色项目、培植特色产业、强化基础设施建设为重点，加大资金投入，推动社会事业发展，民族地区经济取得较快发展。

启动编制《湖北省“十四五”少数民族事业发展规划》。委托中南民族大学开展课题前期工作，向省发改委报送《省民宗委关于将民族工作基本思路重点任务纳入全省“十四五”规划的函》以及《湖北省少数民族事业发展“十四五”规划有关规划思路重点任务及政策建议》。《规划》明确提出了“十四五”时期支持少数民族事业发展、加强民族工作的规划思路、部门重点任务和政策建议。我委“十四五”规划已列入全省一般专项规划中以省政府行文类专项规划。《规划》的编制，对于加快少数民族事业发展，确保湖北民族团结进步事业创新发展，各民族交往交流交融显著提升，少数民族和民族地区与全省谱写高质量发展新篇章，共同迈向现代化，走出具有湖北特色铸牢中华民族共同体意识道路意义重大。

聚力推动民族地区脱贫攻坚工作。学习贯彻习近平总书记关于脱贫攻坚与“三农”工作重要讲话精神，认真履行省扶贫攻坚领导小组成员单位职责。湖北省民宗委多次召开党组会研究脱贫攻坚工作，民宗委领导先后 14 次赴定点帮扶县（湖北省五峰土家族自治县）调研指导扶贫工作，并深入民族地区进行调研，了解群众困难，思考工作举措，及时为百姓解难。经积极争取国家民委重视与支持，国家民委在恩施州成功召开 2019 年全国民委经济工作暨民族地区经济形势分析现场会，湖北作了经验交流发言，会议的成功召开，为助力民族地区打赢打好脱贫攻坚战凝聚共识，汇聚力量。瞄准目标，集多方合力，湖北省 10 个民族县市脱贫攻坚取得历史性突破，在 2018 年宣恩、来凤、鹤峰 3 县整体脱贫的基础上，2019 年底其他 7 县市拟脱贫摘帽，所有贫困村出列，恩施州和五峰、长阳自治县的贫困发生率分别降至 0.23%、0.16%和 0.13%，提前一年实现整体脱贫摘帽目标任务。

加强少数民族资金的使用和管理。会同省财政厅制定出台《省级少数民族资金管理办法》，明确了资金使用支出的三个主要方向、资金分配的四项主要因素、资金管理与监督的九条重要原则，为进一步规范和加强省级少数民族资金管理工作，提高资金使用绩效，促进少数民族和民族地区经济社会发展提供了依据。

持续开展对口援工程工作。由于民族地区自身造血功能不强，充分发挥“616”“1+1”和9个发达市对口支援十个民族县市的对口支援工程作用，引导对口支援工程聚焦脱贫攻坚，继续发挥重要作用。2019 年，协调 9 名省领导召开“616”对口支援工作会议，研究确定帮扶计划，指导落实帮扶项目；“616”对口支援工程共落实帮扶项目 572 个，资金 70.7 亿多元；实施省内部分市对口支援民族县市工作，共落实帮扶项目 204 个，资金 7.04 亿元；持续做好省民宗委委员单位“1+1”帮扶民族乡镇工作，2019 年帮扶项目 64 个，帮扶资金 1.3 亿元，帮扶力度明显加大。为促进民族乡村发展，湖北省政府在东湖宾馆专门召开落实民族乡镇政策工作督办会，副省长杨云彦出席并就支持民族乡镇发展进行安排部署。对口支援工程工作的深入拓展，为民族地区加快发展注入了新活力。

创新推动少数民族特色村寨保护与发展工作。湖北省将少数民族特色村镇保护与发展工作纳入《湖北省乡村振兴战略规划（2018—2022)》，在浙江举办了民族地区产业发展助推脱贫攻坚专题培训班，向国家民委申报第三批少数民族特色村寨 15 个，启动 10 个民族县市示范特色村寨规划编制工作，创新推动工作开展。湖北省民宗委与华中科技大学联合成立了湖北省民族地区乡村振兴研究与实训基地，为民族地区脱贫攻坚和实施乡村振兴战略提供决策咨询与人才支撑。委托开展少数民族特色村寨课题研究，研究成果《湖北省少数民族特色村镇保护与发展研究》作为优秀调研报告向国家民委和湖北省政府推荐报送；指导各地推动开展少数民族特色村镇提档升级工作，增强了少数民族特色村寨的生机和魅力。

有序推动民贸民品工作。我委会同省财政厅、人民银行武汉分行制定出台《湖北省民族贸易和民族特需商品生产贷款贴息引导支持资金管理办法》，为贷款贴息政策调整后的资金分配提供了依据和遵循。同时，按国家民委政策要求，我们严格按程序对 10 个民族贸易县开展民贸企业重新认定工作，共认定民贸企业 305 家。为加大民贸民品优惠政策落实力度，对民族地区十县市和散居地区共 30 个县市区的民族贸易企业和民族特需商品定点生产企业进行贴息扶持，民贸民品工作的有序开展，既助推民贸民品企业发展，又有力促进民族地区经济社会发展。

（撰稿：陈燕辉　审稿：刘来）

湖南省

2019 年，深入贯彻落实中央、省委民族工作会议精神，坚持把推动民族地区经济社会发展作为民族工作的第一要务，积极创新推进方式，拓展服务平台，助推民族地区经济社会加快发展。

一是全面实施民族工作专项规划，继续大力度推进规划实施。坚持把推进实施规划作为当前和今后一个时期民族工作的中心任务和重点工作来抓，明确要求各地各部门把规划实施作为事关全局的大事来抓，把规划确定的目标任务、政策措施纳入各地各部门的规划和计划中，纳入具体工作中，分解目标任务，明确责任分工，确保完成规划目标任务。加大督促检查力度，深入民族地区一线，了解规划推进情况，督促各级抓好落实。目前，“十三五”民族工作专项规划实施进展顺利，主要目标指标绝大多数达到预期进度，为民族地区经济社会持续健康发展发挥了关键性的指导作用。

二是及时启动编制《湖南省“十四五”少数民族事业发展规划》。坚持把规划编制工作作为一项基础性、前导性工作来抓，坚持“共同团结奋斗、共同繁荣发展”的民族工作主题，以“中华民族一家亲，同心共筑中国梦”为总目标，以问题为导向，以改革为动力，以创新为理念，以项目为支撑，突出重点，科学编制，力求规划做到高质量、有特色，具有前瞻性、科学性和可操作性。

三是稳步推进武陵山区域协调发展与脱贫攻坚工作。积极开展武陵山片区调研工作，形成一批高质量的调研报告，为领导决策提供科学依据。积极履行武陵山片区联系工作职责，做好国家民委派驻武陵山片区联络员服务工作，组织召开了国家民委派驻武陵山片区第七批联络员的工作座谈会，编印了国家民委第七批联络员调研论文集《情系武陵（五）》。

四是创新推进少数民族特色村镇建设。充分发挥民族工作优势，立足“民族特色”做文章，依托少数民族特色村镇“小平台”，以“五特”为抓手，有效构建了民族地区精准扶贫、实施乡村振兴战略和全面建成小康社会的“大格局”。按照统一战线助力决胜全面建成小康社会的要求，多措并举，积极开创少数民族特色村镇工作新局面。

五是严格管理少数民族发展资金。始终做到管理上依法依规，符合政策；使用上科学安排，注重实效。积极主动向国家民委汇报民族地区经济发展和精准扶贫、精准脱贫情况，请求为湖南增加资金量，得到了国家民委的重视和支持。并严格按照政策规定进行分配管理，先后分 4 个批次进行安排，均在规定时限内下达，完全符合中央和省有关文件规定。同时，认真执行“报备制、报告制、抽查制”等规章制度，切实加强对资金的管理监督。

六是推动落实民贸民品优惠政策。依据财政部、国家民委下发的《关于下达 2019 年中央对地方民族贸易和民特需商品生产贷款贴息引导支持资金的通知》（财预〔2019〕87 号）规定，会同省财政厅研究制定了《湖南省民族贸易和民族特需商品生产贷款贴息引导支持资金管理办法》。认真落实《国家民委、财政部、农业农村部、国家卫生健康委、国家市场监管局、供销总社关于进一步推广低氟边销茶的通知》，加强与相关部门联系，以益阳为重点，积极指导各地对边销茶生产企业开展整治整改工作。

七是认真做好民族统计工作。根据《国家民委、国家统计局关于填报 2018 年少数民族和民族自治地方国民经济和社会发展统计年报的通知》要求，加强工作协调，与省统计局形成协作机制，联合下发文件部署安排工作，联合开展数据审核，将有关任务层层分解到有关市州、县市区，合力做好民族统计工作。对 2018 年全省民族地区、民族自治地方国民经济和社会发展主要指标数据进行收集汇总，认真开展数据分析，为领导决策提供科学参考。

八是继续做好对口援疆援藏工作。坚持把对口援藏援疆作为民族工作的重要组成部分，及时研究部署，扎实推进工作，助推新疆西藏经济社会发展。继续与新疆西藏签订对口支援协议，并按《湖南省民宗委对口援助吐鲁番市民宗系统工作协议》和《湖南省民宗委对口援助山南市民宗系统工作协议》抓好贯彻落实，2019 年为两地安排 4 名干部参加举办的培训班，分别支持山南市和吐鲁番市民宗局工作经费 20 万元。

（撰稿：黄淼　审稿：罗方）

广东省

2019 年是新中国成立 90 周年，是决胜全面建成小康社会的关键之年，在国家民委的关心指导下，在省委、省政府的坚强领导下，广东省民族宗教委以习近平新时代中国特色社会主义思想为指导，按照中央和省委关于民族工作的决策部署，坚持稳中求进工作总基调，以铸牢中华民族共同体意识为主线，以打赢脱贫攻坚战和实现全面建成小康社会为目标，推动全省少数民族和民族地区经济高质量发展。

一、高位谋划推动民族地区发展

5 月 27 日至 28 日，广东省推动民族地区加快高质量发展工作现场会在韶关市乳源瑶族自治县召开。会议认真学习贯彻习近平总书记关于民族地区发展重要论述和重要指示精神，深入分析广东省民族地区发展面临的形势任务，研究部署推动全省民族地区同步全面建成小康社会、实现高质量发展的工作举措。省委书记李希出席会议并讲话，省长马兴瑞主持会议。会上，省委常委叶贞琴就《中共广东省委、广东省人民政府关于推动民族地区加快高质量发展的意见》作说明。会后印发了《中共广东省委、广东省人民政府关于推动民族地区加快高质量发展的意见》（粤发〔2019〕18 号，以下简称《意见》），从优先支持基础设施建设、大力扶持特色产业和旅游业、建设特色美丽城乡、提升精准脱贫攻坚质量、加强生态建设和环境保护、持续改善和保障民生、加大财政帮扶力度、加强建设用地保障和水田垦造、加强干部和人才队伍建设、健全工作推进机制等 10 个方面加大对民族地区帮扶力度，促进高质量发展。《意见》的出台，较好地解决了《关于扶持民族地区加快发展的意见》（粤办发〔2015〕11 号）到期后扶持政策衔接延续工作，为民族地区的高质量发展形成了长效扶持机制。

二、法制建设护航民族地区发展

2019 年全国两会期间，省委书记李希同志决定召开一个民族地区工作会议、出台支持民族地区发展的政策文件、制定一部促进民族地区发展的地方性法规。党中央、国务院和省委、省政府关于实施乡村振兴战略、区域协调发展战略和加快民族地区发展的决策部署，特别是《意见》和全省推动民族地区加快高质量发展工作现场会，为制定《广东省促进民族地区发展条例》（以下简称《条例》）指明了方向。由于自然条件差、发展起点低、历史欠账多，民族地区经济社会发展落后于全省平均水平，基础设施和基本公共服务能力薄弱，且均处于国家或省级重点生态功能区，面临生态保护与经济发展的双重压力，缩小与全省发展差距任务繁重。实现民族地区高质量发展事关广东加快构建“一核一带一区”区域发展新格局和提高全省发展的平衡性和协调性，亟待通过立法保障进一步加大扶持力度，促进民族地区加快发展。广东省民族宗教委于 2019 年 7 月启动《条例》起草工作，先后多次召开工作会议，并反复征求有关单位意见。2019 年 11 月 7 日，广东省人民政府第 71 次常务会议审议了《条例（草案）》，之后提请广东省人大常委会审议。2019 年 11 月 29 日，广东省十三届人大常委会第十五次会议对《条例（草案）》进行了一审。专门就促进民族地区高质量发展问题进行立法，是广东积极推动新形势下民族工作创新发展的新路径，推进广东民族事务治理法治化建设取得新成效，为广东民族事务立法工作走在全国前列进行了有益探索。

三、机制创新推动民族地区发展

一是落实省领导挂点联系 3 个自治县制度取得成效。分别由三位省领导挂点联系 3 个自治县，指导各地加大贯彻落实《意见》力度，协助解决民族地区高质量发展过程中的有关问题。二是落实 3+1 结对帮扶机制。即由一家省属大型企业、一家科研院所、一所高校共同结对帮扶 1 个自治县。省民族宗教委联合省教育厅、省科技厅、省国资委等 4 部门印发《关于建立“3+1”结对帮扶机制通知》（粤民宗发〔2020〕5 号）。其中，广州中医药大学、广东省科学院、广东省建工集团、广东省旅控集团结对帮扶乳源瑶族自治县；广东药科大学、广东省林业科学院、广东省交通集团、广州酷旅和怡境国际集团结对帮扶连山壮族瑶族自治县；华南农业大学、广东省农业科学院、粤海集团、广州岭南集团结对帮扶连南瑶族自治县。三是落实珠三角对口帮扶。主动协调广州、深圳、东莞等地市，落实对口帮扶 3 个自治县、7 个民族乡工作职责，并召开座谈会取得意向共识。各有关地市制定了具体工作方案，珠三角对口帮扶民族地区工作机制已初步建立。

四、凝聚力量打赢脱贫攻坚战

积极引导和发动社会各界参与“6·30”广东扶贫济困日活动捐款，助力民族地区脱贫攻坚。及时与省扶贫办联合召开座谈会，并于 11 月 1 日印发《关于设立广东扶贫济困日活动定向支持民族地区捐赠资金的通知》（粤农扶办〔2019〕124 号），省级筹集定向民族地区捐赠资金 3.7 亿元，对民族地区精准脱贫加大扶持力度、坚决打赢脱贫攻坚战。积极发动全省宗教界捐献扶贫爱心款近 700 万元，专项支持民族地区扶贫事业。与此同时，我委还积极支持其他爱心人士到民族地区开展送医送药、义诊、助学等活动。截至 2019 年底，全省民族地区建档立卡贫困人口 7281 户、19222 人全部达到脱贫标准，13 个相对贫困村均达到出列条件。

五、规范管理推动特色村镇建设

根据《国家民委关于进一步加强和规范新时期少数民族特色村镇保护与发展工作的指导意见》(民委发〔2018〕135 号)要求，加强特色村镇规范性建设与管理。一是进一步主动融入实施乡村振兴战略工作大局，推动少数民族特色村镇建设工作上新台阶；二是进一步抓好少数民族特色村镇保护与发展规划的贯彻落实，增强工作的科学性和执行力；三是进一步整合各方面资源力量，形成共同深入推进工作的强大合力；四是进一步突出民族特色，弘扬少数民族优秀传统文化；五是进一步发展生态文化旅游产业，带动群众增收致富；六是进一步强化督促检查，推动工作有序开展。指导各地检查已经命名第一批、第二批共 17 个少数民族特色村寨规范管理工作。组织申报第三批中国少数民族特色村寨，并有 2 个村被评为中国少数民族特色村寨。编辑印发《广东瑶族畲族文化特色元素集锦》，加强对民族地区乡村振兴、美丽城乡风貌改造、少数民族特色村寨提档升级中完善特色化工作的指导。

六、强化监管提高资金使用效益

根据《意见》安排，2019 年至 2022 年省财政每年安排一般性转移支付 2 亿元，主要用于民族地区特色美丽城乡建设和提高基本公共服务水平。针对新增资金及时制定分配方案，多次与省财政厅相关业务处室沟通，通过因素法等原则分配资金，并及时将资金拨付到基层，助力民族地区经济社会高质量发展。根据新修订资金管理办法对 2020 年省级少数民族发展资金作出预算安排。委托第三方公司，对 2017-2018 年少数民族发展资金进行绩效评价，并不断推进资金使用项目的档案建设。根据发展资金使用和监管要求，检查督促有关县、乡积极推进相关项目建设进度，及时形成有效支出，合理合法合规使用少数民族发展资金。

七、加强培训提升基层干部能力

6 月 17 日—22 日在浙江丽水学院举办广东省少数民族特色村镇建设暨乡村振兴工作干部培训班。来自全省 3 个自治县、7 个民族乡以及有关重点特色村镇负责人共 44 人参训。通过培训，参训学员认为培训内容实，对实际工作有很好的指导作用，希望以后能继续举办。丽水学院有关负责人还专程赴广东调研乡村振兴工作，形成了《广东民族乡村振兴调研报告》，对广东民族地区乡村振兴工作提出了有益的意见建议。

(撰稿：余森河　审稿：李秀英)

广西壮族自治区

2019 年，在国家民委的领导下，广西民宗委按照自治区党委、政府和国家民委等有关工作部署要求，切实抓好重点工作落实，全面做好各项工作。

一、全面发力，强力推进，推动兴边富民行动实现新突破

一是高度重视，建立机制，在工作力度上实现突破。把兴边富民行动摆在格外重要的位置，形成主要领导亲自抓、分管领导具体抓、业务处室落细抓的工作格局，抽调一批人员组成兴边富民办公室，建立例会制度，年内先后召开自治区民族工委会议、深入推进兴边富民行动座谈会等 5 次会议和 12 次工作例会部署推进，工作力度之大，前所未有。二是加强统筹，全面发力，在工作广度上实现突破。全面参与兴边富民行动谋划、推进、项目、管理、宣传、调研、评估各方面工作，首次实现兴边富民行动工作领域全覆盖。协助自治区出台兴边富民“1+7”系列文件，完善自治区层面的政策设计；召开系列会议，参与筹备全区兴边富民工作会议，加快工作推进；牵头负责团结稳边项目，督促责任单位加快项目建设；建设兴边富民大数据平台，提升管理水平；会同自治区发展改革委举办兴边富民行动新闻

发布会，营造工作氛围。三是聚焦重点，强力推进，在工作深度上实现突破。聚焦兴边富民行动示范创建工作，在全国率先创新出台示范创建工作指导意见和验收办法，明确 66 个兴边富民示范创建单位，精心设计了 3 条兴边富民精品示范线路。聚焦兴边富民工作成效评估，率先摸索起草评估办法，协调自治区绩效办将评估内容纳入了年度绩效考核。聚焦调查研究，多次深入边境 8 县开展点线面结合的立体式调研，收集汇总边境 8 县需要自治区层面帮助协调解决的事项 7 大类 32 项，提出建设性政策建议，2 篇调研信息获自治区党委、国家民委采用。广西开展兴边富民行动工作成效比较突出，广西先后在 2019 年全国民族地区经济形势分析会、全国兴边富民行动协调小组座谈会、全区兴边富民工作会议作经验交流发言。

二、全力聚焦，服务大局，推进脱贫攻坚工作取得新成效

紧紧围绕自治区党委政府交给的脱贫攻坚任务，聚焦深度贫困，全力服务好坚决打赢脱贫攻坚战。一是统筹推进，全面完成脱贫攻坚任务。行业扶贫方面，2019 年分配给 54 个贫困县的少数民族发展资金 4.57 亿元，占全年资金总量的 80%，超额完成自治区党委政府交给的任务。在民族地区实施 750 多公里屯级道路建设项目，为 40 多万少数民族群众解决出行最后“一公里”难题。定点扶贫方面，安排 693.99 万元少数民族发展资金和 100 万元定点帮扶经费，支持定点帮扶村实施项目建设和产业发展。5 个村今年预脱贫的 29 户 75 人目前已经完成脱贫“双认定”工作。5 个村曾先后代表宁明县承接自治区“四合一”、省级交叉检查、国家第三方评估等各类检查并顺利通过，堪爱村、馗塘村、派台村包揽了宁明县巩固脱贫成效的最高表彰奖励。二是精准施策，扎实推进人口较少民族和“土瑶”脱贫攻坚。加强调研，摸清底数，开展了“十三五”扶持人口较少民族发展情况专题调研、人口较少民族聚居行政村脱贫攻坚情况摸底调查，对贺州平桂区“土瑶”聚居区脱贫成效进行调研，分别向国家民委、自治区党委和自治区人民政府报送了《“土瑶”旧貌变新颜》的调研报告。加大资金支持力度，倾斜安排 4 个人口较少民族聚居县少数民族发展资金 5275 万元，安排 648 万元少数民族发展资金，支持贺州市平桂区 6 个“土瑶”聚居深度贫困村脱贫攻坚工作。三是提高站位，坚决完成专项巡视整改任务。涉及我委的 16 项整改任务，已经全部按要求完成整改。在推进巡视整改过程中，委党组高度重视，先后召开四次党组中心组理论学习会议，系统学习《习近平扶贫论述摘编》，并将研究部署巡视整改和脱贫攻坚工作全部纳入党组会议议题，及时制定整改实施方案，建立整改台账，实施挂图作战，强力推进，在资金结余、扶贫领域问题线索零移交等重点难点问题整改上取得了重大突破。

三、突出重点，创新举措，推进少数民族发展资金使用管理迈上新台阶

一是围绕中心，资金分配讲重点。少数民族发展资金在分配方向上，重点围绕脱贫攻坚和民族重点工作两个中心。根据我区脱贫攻坚实际，将建档立卡贫困户数据纳入客观因素，加大对贫困人口脱贫攻坚支持力度。将兴边富民、扶持人口较少民族发展、少数民族特色村寨以及自治县县庆、民族乡乡庆纳入政策因素，确保民族重点工作资金有保障。在少数民族发展资金分配结果上，重点突出对深度（极度）贫困县、边境县、自治县的支持力度。二是多措并举，资金监管讲创新。除积极落实少数民族发展资金备案和季度统计通报制度，开展少数民族发展资金专项检查外，2019 年少数民族发展资金监管重点体现在“新”上。“新”在检查选点上，结合脱贫攻坚专项巡视反馈意见和日常资金监管情况，既选取了资金重点县开展实地检查，也深入到横县、柳城、象州等非贫困县指导其用好管好资金。“新”在监管形式上，将少数民族发展资金管理使用情况检查作为我委唯一保留检查事项纳入自治区党委督查室年度检查督查计划，有序开展检查工作。与驻委纪检监察组形成三级联动工作机制，自治区、市、县三级民族工作部门和纪检部门联合开展扶贫资金管理使用自查自纠，并建立了联席会议制度，每季度开展一次案件线索分析研判，梳理总结扶贫资金管理使用存在的问题。“新”在调整完善上，根据检查调研掌握的情况，及时与自治区扶贫办、财政厅等部门的沟通，对涉及财政专项扶贫资金政策修订建言献策，积极反馈屯级道路、产业路建设要

求，调整完善少数民族发展资金使用范围和要求，解决基层项目落实难的困境。三是关注民生，资金效益得彰显。从项目落实方面来看，各地根据脱贫攻坚实际，紧盯民生需求，2019 年全年共落实项目 1253 个，截至 12 月 20 日所有项目均已开工，已完工 1096 个项目，完工率达 96%，涵盖了道路、水利、人饮、便桥、生命防护工程等与老百姓生产生活息息相关的项目，是群众所需、所急、所盼的民心工程，是得人心、暖人心、稳民心的好事实事，在改善民生、争取民心方面作出积极贡献，对维护我区民族团结和谐的大好局面发挥了积极效应。

四、以服务为导向，优化营商环境，推动民贸民品工作打开新局面

一是破解难题，贴息资金实现新突破。加强与自治区财政、中国人民银行南宁中心支行的横向联系，通过不同渠道向中央部委争取专项资金支持。二是出台文件，政策落实取得新进展。结合国家民委、财政部等部委有关工作要求，广西在全国率先印发了《关于做好民族贸易和民族特需商品生产贷款贴息工作的通知》，对 2019—2020 年民贸民品优惠政策进行了调整和明确，推动了民贸民品优惠政策的落实。据统计，6 月至 9 月，累计产生符合条件新增贷款 198 笔，发放贷款 25.48 亿元，计划贴息资金 1120.7 万元，涉及民贸民品企业 70 家，覆盖南宁市、柳州市等 11 个市。

五、立足保护发展，助力乡村振兴，推动少数民族特色村镇工作取得新进展

一是紧扣乡村振兴，开展少数民族特色村寨培育工作。把少数民族特色村寨保护与发展与乡村振兴战略相融合、与打赢脱贫攻坚战相契合，持续开展“十三五”时期 105 个少数民族特色村寨培育工作，培育一批民居特色鲜明、人居环境优美、产业支撑有力、民族文化浓郁、民族关系和谐的少数民族特色村寨。二是明确考核标准，制定少数民族特色村镇评估验收办法。结合广西实际，制定少数民族特色村镇评估验收暂行办法，明确考核标准，量化各项指标，并印发各市县民族工作部门，为各市县开展少数民族特色村镇评估验收工作提供工作指南。三是围绕命名挂牌，开展少数民族特色村镇评估验收工作。组织各市县开展了“十三五”时期重点培育的少数民族特色村寨评估验收工作，并结合各市县初验结果开展了评估验收复核工作，将广西申报第三批中国少数民族特色村寨的申报材料上报国家民委，广西共有 40 个村寨被命名为第三批中国少数民族特色村寨。

（撰稿：翟丽　审稿：覃凤前）

海南省

一、概况

2019 年，海南省民宗委在国家民委大力指导和海南省委省政府的坚强领导下，以习近平新时代中国特色社会主义思想为统领，学习贯彻全国民族团结进步表彰大会精神，紧紧围绕铸牢中华民族共同体意识这条主线，牢牢把握各民族“共同团结奋斗、共同繁荣发展”的主题，认真贯彻省委、省政府关于打赢脱贫攻坚战的决策部署，落实兴边富民行动政策，开展少数民族发展资金项目调研，完善资金的监管机制，利用中央、省级财政下达的少数民族发展资金共 1.32 亿元，资金分配向扶贫工作任务较重的市县倾斜，开展了基础设施建设、发展特色产业、少数民族特色村寨建设、少数民族传统手工艺培训等 96 个项目，海南省有 9 个少数民族特色村寨分别被国家评为“中国少数民族特色村寨”，有 25 个少数民族特色村寨被省评为“海南省少数民族特色村寨”。

二、坚决民族地区打赢脱贫攻坚战

海南省民宗委高度重视民族地区脱贫攻坚工作，把脱贫攻坚战摆在重要工作位置，狠抓组织落实，常抓不懈。成立了以党组书记、主任邹其国为组长的脱贫攻坚领导小组及办公室，统一领

导委脱贫攻坚工作，由分管领导彭家典副主任和王艳副巡视员具体抓扶贫和定点扶贫工作，派出 6 名同志到市县脱贫攻坚一线任职，定期听取驻村“第一书记”和乡村振兴工作队工作汇报，及时研究解决脱贫攻坚工作中出现的困难和问题，统筹推进脱贫攻坚工作进度。委领导多次到民族地区调研脱贫攻坚工作，根据民族地区脱贫攻坚实际，将少数民族发展资金分配向扶贫重点市县倾斜，安排 2019 年海南省脱贫攻坚重点市县白沙黎族自治县和五指山市资金共 3546 万元（占本年度少数民族发展资金含兴边富民资金及省级配套资金总额的 26.75%），确保五指山市和白沙黎族自治县完成脱贫攻坚“摘帽”任务，其他民族市县实现稳定脱贫和持续脱贫任务。海南省民宗委的定点帮扶村琼中黎族苗族自治县红毛镇草南村、中平镇南坵村实现整村高质量摘帽脱贫。2 个定点帮扶村共有建档立卡贫困户 191 户 798 人（草南村户 80 户 306 人，南坵村 111 户 492 人）稳定脱贫，两个村集体经济年收入均已超过 4 万元，贫困学生义务教育阶段入学率达到 100%，贫困户、残疾户、特困户、低保户等四类人群危房改造全部完成，健康扶贫“七道防线”实现贫困人口全覆盖，群众满意度 99%以上，村民“两不愁三保障”要求全部达到。草南村、南坵村双双被评为“海南省少数民族特色村寨”，南坵村获得“AAA”级美丽乡村。民族地区琼中黎族苗族自治县、保亭黎族苗族自治县经国家检查验收，实现了贫困县脱贫“摘帽”，按时圆满完成省委省政府制定的年度脱贫出列任务。

三、严格管理少数民族发展资金

海南省民宗委充分考虑民族地区脱贫攻坚、兴边富民行动、少数民族人口、省重点工作等因素，将相关因素进行量化，探索建立少数民族发展资金科学分配机制。在年度资金分配过程中，严格按照资金时限管理要求，按时完成分配下达任务；根据资金整合新情况，密切跟进少数民族资金项目进度情况，立足监督管理职能，推进资金项目督查常态化、科学化管理；每月安排专人汇总资金项目进展，在全省范围内进行每月通报；对于进度相对较慢的市县，及时了解项目实施中的问题和困难，加大与各市县政府的工作协调，推动解决，全年资金项目按照时序进度稳步推进。为加强资金项目实施过程中的监督，委领导带责任处室有关人员，多次前往民族市县实地考察督查资金项目实施情况，对项目资金投放使用、项目实施进度、项目资金使用效益、项目档案管理规范、审计整改等方面进行全覆盖，实时掌握少数民族发展资金项目情况，及时总结各市县在资金管理、项目实施工作中的经验教训。为规范少数民族发展资金分配管理工作，2019 年 12 月印发《海南省民族宗教事务委员会关于进一步做好 2020 年少数民族发展资金项目实施工作的通知》，对近两年中央加强财政专项扶贫资金管理内容要求进行强调，指导市县民族工作部门做好 2020 年度资金项目管理工作，为推进项目实施夯实基础，切实发挥少数民族发展资金使用效益。

四、全力推进少数民族特色村寨旅游

紧密依托省委省政府“百镇千村”工作部署，将“特色民居、特色产业、特色文化、民族团结、生态文明”的“五位一体”的少数民族特色村寨建设理念融入“美丽乡村”建设，努力把少数民族特色村寨打造成知名的全域旅游目的地。最大程度保留少数民族村庄特色，将特色村寨作为黎族、苗族文化展示地，保护弘扬民族传统文化。为进一步推进少数民族特色村寨建设，树立少数民族特色村寨建设典范，6 月初，海南省民宗委正式启动第三批“中国少数民族特色村寨”提名暨首批“海南少数民族特色村寨”命名挂牌工作，按照海南省少数民族特色村寨评选办法，在各市县民族工作部门推荐的基础上，组织委工作人员、专家开展两轮实地考察，召开评审会，优中选优，提名琼中黎族苗族自治县什运乡光一二村等 15 个村寨作为第三批“中国少数民族特色村寨”参选村寨报送国家民委，最终琼中黎族苗族自治县什运乡光一二村等 9 个少数民族特色村寨被评为“中国少数民族特色村寨”；乐东黎族自治县志仲镇导孔村等 25 个村寨作为首批“海南少数民族特色村寨”，推动了全省少数民族特色村寨科学发展。同时，为做好海南省少数民族特色乡镇（村寨）文化旅游开发工作，深入五指山市水满乡、乐东黎族自治县大安镇、昌江黎族自治县王下乡开展少数民族特色乡镇（村寨）、文化旅游开发调研，探索推进海南省少数民族特色乡镇文化旅游开发工作的有效途径。

五、积极扶持少数民族传统手工艺

遵循“保护中发展，发展中保护”的理念，海南省民宗委安排资金 650 万元，在保亭黎族苗族自治县、乐东黎族自治县、陵水黎族自治县、东方市等 4 个市县，实施了非物质文化遗产工艺展销中心、黎锦传承技艺作坊、黎族文化传承基地、民族工艺品研发等一系列项目，为少数民族传统手工艺生产奠定良好基础；安排资金 188 万元，在昌江、儋州、乐东、屯昌等 4 个市县开展少数民族传统手工艺培训项目 20 期，实施黎锦、黎陶、黎族乐器、苗绣、藤编、竹编等少数民族传统手工技艺培训项目，培训少数民族群众 3780 人，大力培养民族传统手工技艺传承人，较好地弘扬少数民族优秀文化精神。

（撰稿：熊中华　审稿：胡莲）

重庆市

2019 年，重庆市民族宗教委在市委、市政府的正确领导和国家民委的关心支持下，全面贯彻落实习近平总书记视察重庆重要讲话和在全国民族团结进步表彰大会上重要讲话精神，紧紧围绕全市中心工作，聚焦脱贫攻坚，精准施策，全力推动民族地区经济社会高质量发展。

一、多措并举，强化资金监督管理

一是坚持领导审签把关。严格按照少数民族发展资金管理规定，结合工作实际，按程序提出少数民族发展资金分配方案，经委党组会议研究后，与市财政局联合上报市委、市政府分管领导审定，加强了对少数民族发展资金的领导和管理。二是坚持制度规范。制定下发了《关于做好 2019 年度少数民族发展资金使用管理的通知》，要求区县整合使用、突出扶贫脱贫、抓好重点工作，确保少数民族发展资金使用安全、规范、有效，并认真执行预算管理制度和财政转移支付制度，与财政部门联合将中央和市级少数民族发展资金“切块”分配下达区县。三是坚持先审查后实施。根据市扶贫开发领导小组要求，我委积极配合市扶贫办、市财政局做好 2019 年度财政涉农资金整合方案资金项目审查工作，重点对项目实施的可行性、资金安排的合规性进行审查，特别加强对负面清单项目的审查，提出审核意见并及时书面反馈市扶贫办。四是坚持调研督查。市民族宗教委领导多次深入民族地区调研检查，及时掌握项目进度、资金拨付、绩效管理情况。同时综合运用审计监督、绩效考评、责任追究、投诉处理、违纪违规行为处理等机制，加强对各区县少数民族发展资金使用和项目事前、事中、事后监管。2019 年市民族宗教委共实施 91 个项目，重点支持民族地区基础设施建设、文旅融合发展、培育特此产业等，有效促进了民族地区经济社会高质量发展。

二、提高站位，全力助推脱贫攻坚取得扎实成效

市民族宗教委认真学习贯彻习近平总书记关于脱贫攻坚重要论述，不断提高政治站位，强化使命担当，把民族地区作为脱贫攻坚的“主战场”，锁定目标定位，切实加强组织领导，健全完善工作机制，成立市民族宗教委扶贫开发工作领导小组，委党组书记、委主任担任委扶贫开发领导小组双组长，将抓好脱贫攻坚作为政治责任放在心上、扛在肩上、拿在手上，全面推进脱贫攻坚政策落实、工作落实、责任落实。全年召开了委扶贫领导小组召开会议 13 次，对标对表研究制定渝东南民族地区脱贫攻坚和巩固脱贫成果系列措施，推动了中央和市委脱贫攻坚决策部署在民族地区全面贯彻落实。一是扎实开展“访深贫、促整改、督攻坚”活动，解决“两不愁三保障”突出问题，着力破解基础设施薄弱、产业发展滞后等难题。二是加大资金投入，重点支持深度贫困乡镇改善办学办医条件。三是落实“四个不摘”。认真抓好定点扶贫，加大对城口县鸡鸣乡双

坪村的对口帮扶力度，安排城口县鸡鸣乡双坪村资金 400 万元用于发展产业，帮扶成效明显。双坪村贫困人口由 2017 年 50 户 211 人减少到 2019 年 1 户 4 人，贫困发生率下降到 0.45%。做好“以购代扶”工作，积极开展消费扶贫，及时与定点帮扶的深度贫困乡镇对接落实消费扶贫事宜，完成 3.4 万元消费扶贫任务。选派一名处级干部担任鸡鸣乡双坪村第一书记，在补助双坪村工作经费 2 万元同时，还落实驻村干部政策待遇，为其开展工作提供保障和创造条件。四是做好巡视反馈问题整改。认真开展中央脱贫攻坚专项巡视有关问题整改，研究制定了《市民族宗教委中央脱贫攻坚专项巡视反馈意见整改落实方案》，对涉及市民族宗教委两项配合整改任务，落实专人及时整改，逐项比对、逐项检查、逐项验收，全部提前完成整改，完成率 100%，按时向市委报告整改落实情况。2019 年，渝东南民族地区全部整体脱贫摘帽，城镇常住居民人均可支配收入达到 33368 元，增长 8.7%；农村常住居民人均可支配收入达到 12318 元，增长 10.5%。在 2019 年国家脱贫攻坚成效考核中，我市民族地区综合评价、东西部扶贫协作被评为“好”等次，财政专项扶贫资金绩效评价被评为“优秀”等次。

三、精准施策，着力推动民族地区特色产业发展

市民族宗教委立足民族地区资源条件和发展实际，坚持因地制宜、精准施策，支持推动民族地区特色产业项目实施，培育壮大特色手工业、特色种植养殖业等优势产业，促进经济增长和群众增收。一是积极支持发展少数民族手工艺品产业。深入挖掘和传承少数民族传统文化内涵，安排资金支持，助力其产品开发、技能培训、劳动力就业等，推进少数民族传统手工艺品保护与发展。如酉阳自治县“酉州苗绣”通过“公司+农户”的模式，建立以“车田、浪坪两个深度贫困乡镇为重点、12 个中心镇为节点、25 个一般乡镇为支撑”的生产网络，因地制宜建起苗绣作坊、办起苗绣培训班，吸纳带动贫困户、留守妇女、残疾人就业增收，脱贫致富，共培训贫困留守妇女 1682 名，与 235 名贫困户签订了产品回购协议，带动少数民族群众在家门口就业，人均年增收近 2 万元。二是着力推动山地特色产业发展，实施“一村一品，一户一业”，让有劳动能力的贫困户实现产业全覆盖，扶贫主导产业逐渐形成。如黔江生猪、酉阳青花椒、秀山金银花、石柱辣椒等产业已初具规模，成为当地群众增收的支柱产业。2019 年，各类特色产业带动民族地区贫困群众 294534 人，通过特色产业实现贫困户总体增收 8.56 亿元，人均增收 2907 元。

四、积极协调，全面落实民贸民品企业优惠政策

一是我委积极协调市级相关部门，及时将中央下达我市民贸民品贷款贴息引导支持资金 4297 万元，全面兑现落实到 146 家民贸企业、6 家民品企业。民贸民品企业解决了当地 13000 多人就业。二是委领导带队深入民贸民品企业开展专题调研，全面了解民贸民品企业生产经营情况、存在的问题和困难，特别是优惠政策落实情况及取得的成效，并召开座谈会听取企业有关建议意见，结合实际向国家民委提出了完善民贸民品政策建议。三是我委组织民贸民品企业赴省外学习先进经验，先后到宁夏回族自治区和山东省考察学习，实地调研了山东鲁普 NET 公司、贺南神葡萄酒酒业公司等民贸民品企业，学习了宁夏和山东加强民贸民品贴息资金管理的先进经验。四是积极与市财局衔接沟通，探索“先贴后算”灵活机制，以联合发文的形式及时兑现民贸民品企业贷款贴息资金，帮助企业解决发展资金困难，支持民贸民品企业进行技术改造，推进结构调整，提升产品的质量和层次，扩大生产，拓展市场。五是会同市级有关部门修改完善了《重庆市民族贸易和民族特需商品生产贷款贴息引导资金管理办法》，提高了民贸民品资金管理制度化、规范化水平。全市民贸民品优惠政策的落实，增添了企业的发展后劲，壮大了一批龙头企业的实力，保障了少数民族生产生活必需品的供给，对少数民族和民族地区经济发展起到了积极的推动作用。

五、聚集资源，推动民族地区文旅融合发展

我委切实加大少数民族特色村镇保护和建设，将少数民族特色村镇与人居环境整治项目有机结合，积极争取并列入全市规划一体推进，整体建设。

一是市级和区县安排少数民族发展资金近 1 亿元，支持我市 26 个国家级少数民族特色村镇、94 个市级少数民族特色村镇建设，并指导区县优选一批民族风情浓郁的特色村镇实施重点建设，倾力打造特色项目、亮点项目。通过持续实施少数民族特色村镇项目，改善了当地生产生活条件，保护和改造了少数民族特色民居，有效推进了民族文化旅游融合发展。二是我委会同市财政局修改完善了《重庆市民族文化旅游业贷款贴息管理办法》，安排民族地区文化旅游企业贷款贴息资金 2500 万元，为促进民族地区旅游业发展提供了资金保障，支持民族地区将旅游业作为支柱产业，成功打造黔江濯水古镇、酉阳自治县桃花源、河湾山寨、石柱自治县黄水、彭水自治县蚩尤九黎城等一批民族文化生态旅游品牌，带动了当地旅游发展。三是积极支持民族地区每年定期轮流举办民族文化旅游节庆活动，如渝东南生态民族旅游文化节、苗族踩山节、土家女儿会等，并利用节会广泛宣传，扩大影响，提升民族地区知名度和美誉度。2019 年，我市民族地区接待游客 107799 万人次，实现旅游综合收入 423 亿元。

（撰稿：谢婧灵　审稿：向远道）

四川省

2019 年，面对错综复杂的国际国内形势和艰巨繁重的改革发展任务，四川民族自治地方（包括阿坝藏族羌族自治州、甘孜藏族自治州、凉山彝族自治州和北川羌族自治县、峨边彝族自治县、马边彝族自治县）坚持以习近平新时代中国特色社会主义思想为指导，认真贯彻落实省委、省政府稳中求进工作总基调，坚持生态优先、坚持推动高质量发展，扎实推进脱贫攻坚和藏区“六大民生工程计划”及大小凉山彝区“十项扶贫工程”。目前，四川民族地区经济运行总体平稳，经济结构实现新突破，一批优势特色产业不断壮大，“大凉山”“圣洁甘孜”等品牌正从省内走向全国。四川民族地区经济发展质量显著提升，发展后劲不断增强，为脱贫攻坚实现同步小康奠定了坚实基础。

2019 年，四川省围绕推动民族地区高质量发展主要开展了以下工作：

一、认真做好中央和省委省政府重要部署的贯彻落实工作

督促省级相关部门和地方政府认真做好《四川省关于贯彻落实“十三五”促进民族地区和人口较少民族发展规划的实施意见》的贯彻落实，并对 2018 年贯彻落实工作进行了总结，制定了 2019 年工作计划并上报国家民委。为深入贯彻落实省委 1 号文件，制定了《关于贯彻<坚持农业农村优先发展推动实施乡村振兴战略落地落实的意见>的实施意见》并印发各处室（单位）贯彻落实。为深入贯彻彭清华书记相关讲话精神和省委“一干多支”发展战略，制定了《贯彻省委“一干多支”发展战略推动区域协同发展重要部署责任分工方案》并印发各处室（单位）贯彻落实。

二、认真开展民族地区和少数民族事业“十四五”规划编制前期工作

深入基层开展调研，了解民族地区发展现状和“十四五”期间期望纳入规划的重大项目和需要争取的重大政策。积极和国家民委、省发展改革委联系，在制定相关规划时，努力为民族地区争取支持。目前我委提出的“关于放宽民族地区撤县建市标准”的建议意见已被省发改委吸纳进四川省向国家层面争取政策的基本思路里面。和省县域经济学会联合开展了全省民族地区民营经济调研，形成了《四川省民营经济发展研究》报告，并在此基础上在西昌召开了全省民族地区民营经济发展座谈会。和省县域经济学会共同报送的《关于全省民族地区民营经济发展座谈会情况的报告》，得到了王宁、向利、斯丹等省领导的批示和肯定。

三、顺利完成“健康饮茶”在试点工作

主动联系国家民委，确定在涉藏州县开展“健

康饮茶”试点工作。积极配合国家民委认真修改 7 部委开展“健康饮茶”试点工作方案。深入边销茶主产区调研，与甘孜、阿坝和木里县召开座谈会，在此基础上制定完善了试点工作方案，召开供需座谈会，指导地方做好了茶叶采购、送茶入户等相关工作。将 9.3 万公斤低氟边销茶在国庆前送到了藏区贫困户手中，惠及 45629 人。该项工作先后两次受到省政府的充分肯定。同时做好国家民委副主任陈改户来川召开全国“健康饮茶”试点工作会议相关工作。起草了《关于贯彻落实进一步推广低氟边销茶的实施意见》，并已征求了相关部门意见，已报请省政府印发。积极做好西藏代表团来川调研边销茶工作，积极推动建立两地边销茶产销合作机制。

四、认真做好民贸民品工作

积极协调财政，及时做好 2019 年民贸民品企业贷款贴息工作。起草了《四川省民族贸易企业认定办法》，并已完成意见征求、合法性审查工作。与财政、人行座谈，研究新的民贸民品企业贷款贴息政策的贯彻落实。

五、加强专项资金管理工作

积极争取国家民委支持，我委今年少数民族发展资金达到了 30428 万元（含省预算 1000 万元），比去年的 27304 万元（含省预算 1000 万元）增加 11.4%。并积极协调财政厅，严格按程序及时完成了资金的分配。同时，根据分管领导要求，为进一步用好我委管理的各民族类专项资金，在和相关业务处室反复协商的基础上，形成了我委专项资金整合方案，并经委党组会审议通过正式印发各市（州）和相关处室执行。

六、加强少数民族特色村镇建设

根据《国家民委关于进一步加强和规范新时期少数民族特色村镇保护与发展工作的指导意见》精神，结合实际，制定出台了《关于进一步加强和规范新时期少数民族特色村镇保护与发展工作的实施意见》，指导各地把推进民族地区乡村振兴与少数民族特色村寨建设相结合，推动打造一批少数民族特色村寨。按照国家民委的要求，在对全省已命名少数民族特色村寨进行自查的基础上，启动并完成第三批中国少数民族特色村寨的申报和推荐工作。

七、认真做好民族经济统计监测工作

主动加强与省级相关部门和地方民宗部门的联系，认真做好民族经济统计监测，分析民族地区经济运行情况，及时向相关处室提供数据。按照国家民委要求，及时完成了 2018 年民族经济年鉴数据及报告修正工作。

八、认真做好全国民委经济工作暨民族地区经济形势分析现场会相关工作

一是认真起草在大会上的书面交流材料。二是积极做好省发改委参会的报名和书面材料的组织报送工作。三是及时做好了会议精神的传达贯彻工作。

九、切实做好脱贫攻坚工作

一是积极参与配合省级相关部门脱贫攻坚、易地搬迁及后续扶持等文件的起草修改完善工作。二是认真做好扶贫领域反腐败警示教育，及时将相关书籍分发到相关处室和人员，及时组织学习相关文件精神并向挂职干部传达。三是加强与挂职干部和色达县的联系沟通，及时掌握对口帮扶工作开展情况。四是积极向分管领导报告，并和相关处室沟通，协调解决了色达县提出的挂职干部临时党支部活动经费的问题。五是认真做好分管领导带队赴色达县调研脱贫攻坚相关工作。六是向党组会专题汇报定点帮扶工作。七是召开 3 次省级部门定点帮扶单位联席会议，研究部署定点帮扶色达县相关工作。八是积极加大对色达县的资金扶持力度，协调和安排落实帮扶专项资金共 1619 万元，比去年增加 65.9%。九是主动和成都工业学院对接，完成了明年对色达县村组干部和致富带头人考察学习前期工作。十是认真做好脱贫攻坚相关总结，及时向省委统战部、省直机关工委、省扶贫开发局等部门报送情况。十一是精心准备，定点帮扶工作顺利通过了省直机关工委的年度考核，并取得了优秀的成绩。

十、扎实抓好民生工程

对今年藏区六项民生计划和大小凉山彝区“十项扶贫工程”的年度实施方案进行了认真研究梳理，对我委承担的工作提出了实施方案，明确了责任处

室。与省政府政务服务和交易中心、省扶贫移民局一起赴凉山州召开专题会议，研究解决当地民生工程实施中存在的问题。积极配合制定完善明年藏区六项民生计划的实施方案。

十一、认真做好培训工作

6月12日—14日在宣汉县举办了全省民族经济暨业务培训，对全省民族工作部门经济工作干部进行了业务培训。认真完成了国家民委特困三州培训班参训人员的组织和带队工作。

十二、积极开展宣传报道工作

对民族地区改革开放40年来的发展成就进行了梳理总结，组织各地总结撰写当地40年的发展成就，编辑《征程跨越 豪迈奔康——四川民族地区改革开放四十年发展报告》，并严格按照相关程序和规定，完成了书籍的印刷，分送给了相关单位和人员，既对民族地区40年的成就进行宣传，也为研究民族地区经济社会发展和制定今后政策提供参考。在第四届全国民族自治州全面建成小康社会经验交流现场会在西昌市召开之际，撰写了《奋力推进民族地区全面小康社会建设》的文章，在《民族》杂志上对民族地区全面小康社会的做法经验进行了宣传。

（撰稿：李学华　审稿：滕明兵）

贵州省

一、围绕脱贫攻坚，深入实施民族地区农村产业革命

一是牵头制定《贵州省民宗委2019年脱贫攻坚“春季攻势”行动方案》《贵州省民宗委2019年脱贫攻坚夏秋决战行动方案》。二是协调贵州省发展和改革委、贵州省农业农村厅、贵州省文化和旅游厅等单位把民族村镇建设、“黔系列”品牌打造、民族文化旅游等工作纳入全省相关战略规划和文件内容，推动创新民族地区产业发展方式。三是配合贵州省扶贫办做好贵州省2018年国家脱贫攻坚工作的检查验收和省际交叉检查。四是做好新一轮驻村干部轮换工作，大力支持务川自治县脱贫攻坚工作。五是抓好武陵山片区联系工作。加强与国家民委派驻联络员的联系，做好信息交流、服务等工作，并参加四省区政协武陵山片区脱贫攻坚合作联席会议，共商武陵山发展大计。六是收集各市（州）需要扶持特色产业发展项目情况，为下步有针对性地开展产业扶持典型了基础。七是印发《贵州省民宗委支持保障从江县按时打赢脱贫攻坚工作方案》，提出支持从江县的具体措施，扎实推进从江县帮扶工作。

二、深入推进“两少一寨”行动

一是深入推进人口较少民族发展。安排发展资金3420万元，支持人口较少民族聚居村率先小康创建。下发《<贵州省人口较少民族聚居行政村率先实现全面小康行动计划>评估验收情况通报》，督促相关州县对未通过评估验收的村加大扶持力度，对已经通过评估验收的50个小康村继续巩固提升；配合国家民委开展全省人口较少民族聚居地区经济发展状况调研工作，进一步摸清人口较少聚居地区发展状况，扎实做好人口较少民族“十四五”《规划》编制准备工作；印发《关于学习贯彻全国人口较少民族脱贫攻坚奔小康现场推进会精神的通知》，组织黔东南、黔南州抓好会议精神贯彻落实；结合“不忘初心、牢记使命”主题教育，开展人口较少民族聚居村脱贫攻坚率先小康专题调研，会同有关省直有关单位对26个人口数量较少民族聚居村开展实地验收评估，形成《2018年贵州省人口较少民族聚居行政村率先实现全面小康评估报告》，截至目前，全省76个人口较少民族聚居村率先实现全面小康，最后一个村将于2020年进行评估出列。二是深入推进人口数量较少民族贫困村整体脱贫。安排发展资金1280万元，重点支持未出列的40个人口数量较少

民族贫困村脱贫攻坚；会同省信息中心组织对 65 个人口数量较少民族贫困村整体脱贫情况进行调研督查工作，了解存在的问题和困难，提出下步需要解决的重点问题，形成调研报告。三是深入推进少数民族特色村镇保护发展。安排专项资金 8000 万元，下发了《关于做好推荐第四批少数民族特色村寨有关工作的通知》，开展第四批省级少数民族特色村寨命名挂牌工作；安排部署第一批、第二批“中国少数民族特色村寨”规范管理工作。赴大连考察学习数字博物馆建设，开展贵州省第二批 151 个“中国少数民族特色村寨”宣传画册的编制工作；对贵州省 213 个“中国少数民族特色村寨”规范管理情况进行专项治理，按时向国家民委报送规范管理工作开展情况及整改方案，扎实做好民族特色村寨规范管理工作。

三、深入实施“黔系列”推广发展工程

一是筹备召开第四次打造“黔系列”品牌联席会议，起草“黔系列”品牌实施意见、工作规则等文稿，在多次进行修改完善和征求相关成员单位意见基础上，上报贵州省政府办公厅。二是安排专项资金 400 万元，协调新华社 8000 万元宣传资源支持“黔系列”品牌宣传。制定《新华社全媒体 2019 年度“黔系列”品牌公益宣传推广计划》，使用新华社提供的广告资源，对“黔系列”品牌标识、品牌产品及发展情况等开展为期 6 个月的集中宣传，制作一批高质量的宣传短片在北京、上海等达成商业中心进行滚动播放宣传；三是参加新华社 4 月在北京举办的“新华 99”服务乡村振兴行动启动仪式暨合作签约仪式，对“黔系列”品牌宣传推介；开展 2019“民族品牌·公益黔行”暨“新华社民族品牌工程走进贵州”系列活动，组织参加 5 月 10 在上海举办的“中国品牌日”活动，面向全国宣传推广“黔系列”品牌，助力黔货出山，带动脱贫攻坚。五是同贵州省委宣传部、贵州省委网信办、贵州省农业农村厅、安顺市政府于 6 月 19 至 23 日，赴青海西宁举办“黔茶出山·风行天下·安顺茶香”专场推介会，与青海、甘肃省民宗委分别签订了《关于“黔茶”走进青海合作框架协议》《关于“黔茶”走进甘肃合作框架协议》，赠送青海、西藏、新疆、内蒙古、宁夏、甘肃等牧区共 7 吨黑茶，推动“黔茶”更好进入青、甘市场，进入农牧区，促进合作共赢。六是在贵阳成功举办了 2019 新华社民族品牌工程·“黔系列”民族文化产业品牌行动，面向全国宣传推广“黔系列”品牌。七是依托多彩贵州网搭建“黔系列”电商平台，开通“黔系列”专题频道，组织市（州）推荐一批“黔系列”产品，从生产、流通、销售等各个环节为有关部门和企业提供服务。

四、深入实施企业创新发展工程

做好民贸企业申报认定工作，组织专家评审 100 户企业符合认定条件，力争让更多企业享受民贸民品企业优惠利率政策。转发《财政部 国家税务总局关于继续执行边销茶增值税政策的公告》的通知，向贵州政府报告国家推广低氟边销茶的有关政策和会议精神及贵州省边销茶企业生产的现状，为贵州省政府提供决策参考。深入黔南州、东南州部分县市调研，指导民宗部门动员本地民贸民品企业将生产车间下沉到民族贫困村，建立农业产业基地、手工艺产业基地。协助开展中国少数民族特需商品传统生产工艺和技术保护工程第十一期工程（民族药医院制剂）调研工作。按照《少数民族特需商品目录（2014 年版）》修订意见的工作要求，结合实际，在进行调研、论证和广泛征求意见建议的基础上，形成修订意见报送国家民委。

五、扶持少数民族传统手工艺

下拨资金 1000 万元，支持少数民族传统手工艺品保护与发展，促进民族地区资源优势转化为经济优势，助推民族地区群众增收致富。下发《贵州省民宗委贵州省文联关于申报第四批少数民族传统手工艺传习所的通知》，指导市（州）申报推荐少数民族传统手工艺传习所，通过组织专家评审，命名 139 户，助推民族传统手工艺健康发展。

六、做好民族统计监测工作

一是对贵州省民族地区 2018 年经济社会发展各项统计指标进行分析研判，形成反映民族地区经济社会发展态势数据资料，为贵州省政府民族工作联席会提供了全面、客观、及时数据支撑，为制定相关政策提供参考资料。二是完成贵州省民族统计工作数据直报系统开发工作，举办民族统计数据直

报系统操作培训。三是认真分析贵州省民族地区经济发展，组织省发改、统计等部门参加国家民委全国民委经济工作暨民族地区经济形势分析现场会，指导民族地区经济发展。四是承办全国民族统计数据分片汇总工作会，来自全国 17 个省（区、市）民宗委统计工作负责同志参加，积极做好全国民族统计数据审核工作。

七、做好群众建房、河长制等专项工作

一是印发《贵州省财政厅等 19 个部门关于进一步扎实推进财政涉农补贴资金“一折通”集中统发工作有关事项的通知》，安排拨付资金 300 万元，支持 12 个深度贫困县群众建房工作。二是按照《贵州省河长制办公室关于印发省级河长河湖“一河一策”方案的通知》要求，对《贵州省省级河湖红水河“一河一策”方案 》中 2019 年的目标任务进行细化分解；会同贵州省公安厅、贵州省水利厅到黔西南州开展河（湖）长制工作最严格水资源管理制度水土保持目标责任联合考核。牵头制定红水河“保护母亲河・河长大巡河”巡河方案，并开展对红水河的巡河工作。

（撰稿：张发刚　审稿：吴继堂）

云南省

2019 年，云南省民委经济工作以习近平新时代中国特色社会主义思想和党的十九大、十九届四中全会精神为指导，围绕省委、省政府和省委统战部关于民族工作的决策部署，以民族团结进步示范区建设为统领，有序推进民族团结进步示范创建工程、沿边三年行动计划、少数民族和民族地区脱贫攻坚等各项重点工作任务，为促进少数民族和民族地区加快发展发挥了积极的作用。

扎实推进民族团结进步示范区建设。推进落实《云南省建设我国民族团结进步示范区规划（2016—2020 年）》，协调省级相关部门签署了 2019 年度示范区建设任务承诺书，全省省级部门共承诺具体工作任务 129 项。启动实施第三轮“十县百乡千村万户”示范创建工程，实施 16 个示范县、28 个示范乡镇、583 个示范村（含 32 个特色村、19 个社区）建设，抓示范、强引领，助推少数民族和民族地区如期实现精准脱贫、全面小康、共同团结进步的目标。同时，与省扶贫办共同制定了《云南省推进民族团结进步示范区建设与扶贫开发“双融合、双促进”实施意见》，推动示范区建设与扶贫开发有机结合，共同推进。

深入推进兴边富民行动。云南省围绕国家《兴边富民行动“十三五”规划》和《云南省兴边富民工程“十三五”规划》明确的主要任务，2019 年投入资金 300 亿元以上，加大工作力度推进边境地区基础设施互联互通、特色优势产业培育壮大、基本公共服务水平提升等项目工程建设，全省中央预算内资金安排的截至 2018 年的兴边富民工程项目完成率达 100%，群众满意率 100%，2019 年兴边富民项目完成率 60%，资金到位率 100%。省民族宗教委牵头起草云南省《关于深入推进兴边富民行动的实施意见》，研究制定边境小康村建设方案，抓好实施第二轮改善沿边群众生产生活条件三年行动计划（2018—2020 年），第二轮沿边三年行动计划 2019 年省级安排项目投资 97.2 亿元，重点实施的兴城镇、夯基础、强产业、惠民生、促开放、固边境等六大任务 38 项重点工程投资计划已基本完成，沿边 110 个乡镇 878 个行政村的“五通八有三达到”目标大部分已实现，878 个行政村贫困发生率从 2018 年的 6.75%下降到 2019 年的 1.8%。边境地区群众生产生活条件大幅改善，发展差距逐步缩小，民族团结的良好局面进一步巩固，各族群众获得感、幸福感、安全感不断增强。

积极推进少数民族特殊困难群体和困难地区脱贫攻坚。一是深入贯彻落实国家“三区三州”扶贫政策，加大对迪庆州、怒江州的倾斜支持力度，积极配合省级部门推进《云南省迪庆州怒江州深度贫困脱贫攻坚实施方案（2018—2020 年）》《怒江州脱

贫攻坚全面小康行动计划（2016—2020 年）》等系列专项规划实施，认真落实好我委牵头的任务。二是推进直过民族和人口较少民族脱贫攻坚，配合实施《云南省全面打赢直过民族脱贫攻坚战行动计划（2016—2020 年）》《云南省“直过民族”地区沿边地区较大人口规模自然村通硬化路建设规划》等专项规划，精准举措，精准施策，工作取得喜人成绩，在 2018 年实现独龙族、德昂族、基诺族整体脱贫的基础上，2019 年又实现了佤族、普米族、阿昌族、拉祜族、布朗族、景颇族整体脱贫。至此，云南省 11 个直过民族和人口较少民族有 9 个民族实现了整体脱贫。三是实施好沿边行政村和人口较少民族聚居行政村村民人身意外伤害保险。继续推进沿边 373 个行政村和人口较少民族聚居行政村群众人身意外伤害保险工作，加强工作协调，确保受保群众的利益得到充分保障。四是协助开展高黎贡山移民历史问题专项工作中期评估，指导保山市、怒江州抓好督查发现问题的整改，协调成员单位解决工作中存在的问题，推动高黎贡山移民脱贫发展。

有序推进少数民族特色村镇建设。继续实施《云南省少数民族特色村镇保护与发展规划（2016—2020 年）》，在已经提前完成《云南省少数民族特色村镇保护与发展规划（2016—2020）》中明确我委牵头建设 300 个民族特色村寨目标任务的基础上，2019 年又实施了 32 个特色村寨建设。特色村寨建设与改善民生、发展特色旅游、保护传承民族文化等相结合，使村镇特有的民族文化、生态环境资源等得到有效挖掘利用。开展新一批的中国少数民族特色村寨、云南少数民族特色村镇命名工作，2019 年云南省有 93 个村寨被国家民委命名为第三批“中国少数民族特色村寨”，数量排全国第二。同时云南省命名 211 个村寨为第二批“云南省少数民族特色村寨”，不断提升少数民族特色村镇知名度和影响力。

进一步抓好民族贸易和民族特需商品生产工作。指导各州市因地制宜做好民贸民品生产工作，对民贸民品目录进行了梳理，制定实施《云南省民族贸易和民族特需商品生产贷款贴息引导支持资金管理暂行办法》，积极主动开展民贸民品企业的生产经营和贷款情况调查统计，为财政部门制定中央对地方民族贸易和民族特需商品生产贷款贴息引导支持资金落实方案提供工作建议。组织省直相关部门召开推广普及低氟边销茶座谈会议，研究推广低氟茶政策措施，联合下发了《云南省关于落实推广普及低氟砖茶行动实施意见》，完成国家民委 2017、2018 年度有饮用边销茶习惯的建档立卡贫困人口情况调查，切实做好低氟边销茶的推广工作，保障各族群众饮茶安全。

加强民族地区经济社会发展统计分析工作。与省统计局、省调查总队、省扶贫办合作开展民族自治地方、边境县、牧区县、民族乡等地区的经济社会发展及脱贫攻坚情况统计分析工作，及时掌握民族地区经济社会发展状况，为省委、省政府及相关部门提供决策参考。同时，配合扶持“直过民族”和人口较少民族发展、实施沿边三年行动计划等工作，省民族宗教委对全省少数民族聚居的 7000 多个行政村及其所辖的 7 万多个自然村近 50 项基本情况指标进行统计监测分析，完成沿边 110 个乡镇 878 个行政村“五通八有三达到”指标完成情况、沿边乡镇集镇基本情况统计分析、沿边 373 个行政村小康建设项目的摸底调查等统计分析工作，为促进少数民族和民族地区发展做好基础服务工作。

（撰稿：易永红　审稿：陈新华）

西藏自治区

2019 年，西藏自治区紧扣全面建成小康社会目标任务，坚持创新协调绿色开放共享的新发展理念，坚持稳中求进工作总基调，落实“六稳”要求，以处理好“十三对关系”为工作方法，全力打好“三大攻坚战”，扎实做好稳增长、促改革、调结构、惠民生、防风险工作，经济运行总体平稳，发展质量稳步提升，经济结构进一步优化，人民生活福祉持续增进，各项社会事业繁荣发展。

一、坚定不移打赢三大攻坚战

（一）脱贫攻坚任务全面完成

多措并举、持续攻坚，累计实施 2639 个产业扶贫项目，带动 23.8 万建档立卡贫困人口脱贫。易地扶贫搬迁任务基本完成。“三岩”片区跨市整体搬迁入住 6840 人。中央专项巡视反馈问题整改任务基本完成。推进“智志双扶”，累计培训贫困劳动力 15.5 万人次，转移就业 18.6 万人。贫困地区“两不愁三保障”问题全部解决。

（二）蓝天碧水更加清澈

污染减排指标控制良好。汽车尾气、城镇扬尘、煨桑污染治理成效明显，地级城市空气质量优良天数比率 99%以上。农药化肥使用保持零增长。饮用水水源地环境问题整治、水污染防治行动计划完成情况位居全国前列，地表水水质达标率 100%。

（三）金融体系健康安全

健全地方金融监管协调机制，金融机构银行机构不良贷款率 0.54%，优于全国平均值。宏观杠杆率持续下降。自治区国资委监管企业资产负债率控制在 45%以内。严格项目审批和资金管理，政府隐性债务增量为零，存量化解 120.8 亿元。政府负债率控制在安全水平。

二、坚定不移补齐发展短板

（一）基础设施加快完善

累计落实中央政府投资 686 亿元。援藏项目到位资金 42 亿元。青藏铁路格拉段扩能改造工程建成运营，瓦托、金桥水电站投产发电，拉洛水利枢纽下闸蓄水。农网改造加快推进，主电网覆盖 66 个县(区)。加查、大古等水电站和金沙江上游水电基地建设顺利。1288 条农村公路、湘河水利枢纽加快建设。阿里与藏中电网联网工程、“三大民生”项目、拉日高等级公路控制性工程、格拉输油管道、“3+1”机场科学试验工程等一系列重大项目开工建设。实施 5G 试点。川藏铁路规划全面启动。

（二）产业发展不断壮大

持续加大青稞增产、牦牛出栏力度。粮畜持续增收，粮食达到 105 万吨，青稞超过 80 万吨，肉奶超过 90 万吨。农畜产品加工业总产值 48.9 亿元，同比增长 16%。旅游产业龙头地位进一步提升，接待国内外游客突破 4000 万人次，增长 19%，收入 560 亿元。预计文化产业产值 53 亿元，增长 15%。新增电力装机 26.6 万千瓦，发电量增长 23.7%，外送电量增幅超过 90%。水泥产量突破 1000 万吨，增长 19.4%。预计规模以上工业增加值增长 7%，社会消费品零售总额增长 8%。金融业增加值 122.6 亿元，金融机构各项本外币贷款余额增加 150 亿元，各类债券融资余额增长 70%以上，新增 2 家 A 股上市公司。全社会信息消费额 55 亿元。预计进出口总值超过 45 亿元，边境小额贸易增长 40%。

三、坚定不移深化改革开放

（一）重点改革不断深化

政府机构改革基本完成。“放管服”改革持续深化，取消和下放行政许可事项 19 项。“互联网+政务服务”超额完成“9070”目标，办件数据入库总量跃居全国前列。16 家区属产业集团顶层设计基本完成。财政事权和支出责任划分改革深入推进。启动农电“直管”改革。完成农村集体土地所有权确权登记发证，完成农村集体资产清产核资，农业行政审批制度改革被国家评为优秀。

（二）内生动力不断增强

加强制度保障，强化政策落实，激活要素供给。平均每天新增市场主体 200 余家，总数达到 32.5 万户，注册资金 1.5 万亿元。农户贷款增长 11.9%，小微企业贷款余额增长 21%，普惠金融领域贷款增长 31.8%。40 万农牧民参与旅游产业，二、三产业从业人数超过 125 万人，群众创业热情极大提高。

（三）对外开放积极推进

樟木口岸恢复货运功能，里孜口岸开放，阿里昆莎机场临时开放，吉隆边境经济合作区筹建和陈塘、日屋口岸开放积极推进。拉萨综合保税区申报顺利。执行各类援尼项目 12 个，中尼友谊工业园等 5 个项目签署合作协议，尼泊尔驻拉萨总领事馆馆舍改建竣工。外国人进藏旅游服务管理便利化积极推进。新增 10 条国际国内航线。喜马拉雅航空公司完成股权调整，开通北京至加德满都航线。

四、坚定不移保障和改善民生

（一）就业工作取得新突破

完善政策保障和就业服务，开发高校毕业生就业岗位 6 万多个，实现就业 2.3 万人。提升组织化规模化程度，农牧民转移就业 57.1 万人，劳务收入 34.8 亿元。城镇零就业家庭持续动态清零。“订单定向式”职业技能培训积极开展，培训各类技能人才 4.6 万人。自主创业成功 554 人。城镇登记失业率 3%以内，城镇调查失业率 5%左右，城镇新增就业 5.2 万人，超额完成年度目标。

（二）教育事业取得新成就

立德树人工作深入推进，现代教育体系不断完善。“五个 100%”目标全面实现。学前双语幼儿园覆盖 66.8%的行政村(居)。高校理工农医类专业达 60%以上，建设西藏藏医药大学“省部共建协同创新中心”。开展教师思想政治教育培训，实施乡村教师支持计划。启动新一批教育人才“组团式”援藏。建设“互联网+教育”国家示范区，38.9%的学校实现智慧教育覆盖。

（三）卫生健康事业取得新进步

启动县域综合医改，推进县乡一体化建设。公立医院综合改革进一步深化。在 96 个乡镇开展基层巡回诊疗。医疗人才“组团式”援藏带动医疗服务质量提升。“互联网+医疗健康”覆盖 20%以上医院。加快推进藏医药产业发展，建成 3 个国家级藏医区域诊疗中心。重大疾病联防联控机制进一步健全。完成 9 万人次妇女“两癌”筛查。结核、肝炎等疾病筛查防治全面落实。包虫病综合防治三年目标任务圆满完成，兑现了决不把包虫病带入全面小康社会的庄严承诺。

（四）公共文化服务取得新业绩

弘扬社会主义核心价值观，加强意识形态领域培根铸魂、守正创新。加大公共文化有效供给，“书香西藏”建设稳步推进。强化县(区)艺术团发展的制度和资金保障。各级开展惠民演出近 7400 场次。广播电视综合人口覆盖率分别达到 98.1%和 98.6%。非遗传承保护持续加强，贝叶经保护利用、布达拉宫古籍文献项目有效实施，新增 15 处全国重点文物保护单位。群众文体设施不断增多，活动持续丰富。成功举办第二届跨喜马拉雅国际自行车极限赛等大型赛事。我区健儿在民运会、青运会、残运会等全国综合性大赛中摘得金牌和一等奖 35 个，奖牌总数 103 个，创历史最好成绩。

（五）社会保障取得新进展

全民参保深入实施，推进城乡医保统筹，各类社会保险参保达到 658 万人次。全面落实各项民生提标政策。城乡居民基本养老保险基础养老金标准提高至 180 元。城乡居民基本医保财政补贴标准提高到人均 555 元，城镇居民大病保险、农牧民大病保险保费分别提高到人均 72 元和 33 元。实现西南片区跨省门诊费用直接结算。建立了残疾儿童康复救助制度。贫困老年人、残疾人、儿童等特殊群体实现“应保尽保、应救尽救”。启动困难群众价格临时补贴机制。建设保障性住房 3.9 万套，改造农村危房 4.4 万户。人民群众获得感进一步增强。

五、坚定不移统筹区域协调发展

（一）乡村振兴扎实推进

以“神圣国土守护者、幸福家园建设者”为主题，坚持规划引领，大力实施乡村振兴战略。划定 363 万亩粮食生产功能区，建设 70 万亩高标准农田，实施人工种草 11.7 万亩。创建拉萨城关区国家现代农业产业园。农牧业新增国家级重点龙头企业 4 家，新增合作社近 5000 家。配备乡村振兴专干 5399 名。白朗县获批全国乡村治理体系建设首批试点。全面落实安全饮水项目。改造户用厕所 57850 座，建成公厕 1913 座。实现行政村邮站全覆盖。行政村 4G 网络、光宽网络覆盖 98%。74 个县(区)实现油路全覆盖，又有 22 个乡镇、669 个行政村通了硬化路，群众“出行难”进一步缓解。

（二）边境建设持续加强

制定专项规划方案，加快改善边境地区基础设施条件。建成玉麦幸福美丽边境小康乡。边境小康村全部开工，建成 153 个，生产生活条件进一步改善。一二线边民补贴分别提高到 4700 元和 4500 元。

（三）新型城镇化稳步推进

城镇道路、桥梁、供排水等市政设施加快改善，县城公共供水普及率 69%。高海拔县城供暖工程扎实推进。高原装配式建筑积极发展。推进 26 个特色小城镇示范点建设。芒康曲孜卡乡、普兰巴嘎乡等 7 个乡镇列入全国特色小城镇培育名录。

六、坚定不移推进美丽西藏建设

（一）生态环境保护与建设工程实施良好

生态安全屏障保护与建设规划深入实施，生态领域投入增幅20%以上。错那县勒布沟被评为“中国天然氧吧”。全面开展江河流域综合规划编制。城镇绿色建筑面积达428.2万平方米。4058人搬出极高海拔生态保护区。日喀则珠峰保护有新举措，拉萨山水林田湖草生态系统保护修复试点工程进展顺利，那曲科学植树取得阶段性成果。重点区域生态公益林、防沙治沙、“两江四河”流域造林绿化持续开展。新增造林130.7万亩。有条件的地方消除“无树村”“无树户”“无树单位”的目标任务全部提前完成。

（二）环境监管与治理体系持续完善

中央生态环境保护督察45项整改任务扎实推进。生态环境保护考核对象扩展至区直部门和地(市)。健全自然资源资产产权和用途管制制度，生态保护红线、环境质量底线、资源利用上线和生态环境准入清单编制有序推进。改革矿山地质环境治理恢复基金制度，推进历史遗留矿山生态修复。领导干部自然资源资产离任审计试点稳步实施。收住了“一支笔”，年内未批准任何探矿和采矿项目。

（三）生态利民与示范创建深入推进

落实重点生态功能区转移支付等各类奖补资金97.7亿元。“生态+农牧”“生态+旅游”等产业不断壮大。昌都市、当雄县命名为国家生态文明建设示范市县，隆子县创建国家“绿水青山就是金山银山”实践创新基地。累计命名自治区级生态县17个、生态乡镇213个、生态村2373个。

（撰稿：洛桑群佩　审稿：金美）

陕西省

2019年，在国家民委精心指导和省委省政府正确领导下，陕西省民宗委坚持以习近平新时代中国特色社会主义思想和关于民族工作的重要论述为指导，认真学习贯彻党的十九大精神和中央、省委民族工作会议精神，紧扣“中华民族一家亲，同心共筑中国梦”总目标，紧紧围绕共同团结奋斗、共同繁荣发展主题，全面贯彻执行党和国家关于民族工作方针政策和法律法规，下大力推进民族聚居地方脱贫攻坚，发挥民族工作委员单位职能作用，着力解决各族群众“两不愁三保障”突出问题，促进了民族经济健康发展，为陕西追赶超越做出了积极贡献。

一、凝心聚力开展脱贫攻坚

扎实做好全省民族聚居地方脱贫攻坚、包扶村扶贫工作，加强少数民族特色村寨建设，对农村少数民族贫困人口统计工作进行安排，动态掌握全省农村少数民族贫困人口和农村民族聚居地方基本情况数据。目前全省范围内少数民族人口占全村总人口30%以上的村18个，其中11个村被命名为“中国少数民族特色村寨”。截至2019年底，全省建档立卡少数民族贫困户人口在全省少数民族人口中占比降至1.1%，“两不愁、三保障”问题基本解决。少数民族建档立卡贫困户将在2020年实现脱贫摘帽。

（一）管好用好少数民族发展资金

2019年国家民委安排陕西省少数民族发展资金2164万元，按照少数民族发展资金管理使用要求，会同省财政厅分两批次将资金切块下达到少数民族群众分布较多的19个县，涉及项目42个。重点用于农村少数民族地方改善基础设施条件、发展具有一定资源优势和地方特色的种植养殖业、少数民族群众劳动技能培训、少数民族特色村寨建设等项目。

为了管好用好少数民族发展资金，明确当前形势下加强少数民族发展资金管理的有关规定，根据各市民族工作部门人员调整变化情况，及时举办发展资金管理工作培训班，对分管负责人、业务骨干进行项目筛选、项目资金管理、规范运行等专业培训，帮助他们提高业务工作水平，保障项目资金的规范运行。认真做好农村少数民族数据统计，准确掌握全省农村少数民族分布、贫困少数民族群众建档立卡人数、生产生活条件等基本情况，为资金的合理安排使用奠定基础。

（二）科技下乡助力民族村镇产业发展

与西北农林科技大学合作，先后3次邀请6名农科专家指导规划三个回族镇产业发展，为全省少数民族镇村提供农业科技支持，增强产业发展内生动力。农科专家先后深入宁陕县江口回族镇和镇安县西口、茅坪回族镇举办 4 期培训班，指导当地产业发展，270 名村镇干部、合作社负责人、产业大户代表参加培训并受益。

（三）助力帮扶村脱贫攻坚产业发展

扎实推进帮扶各项工作，助力帮扶村脱贫攻坚。一是发展特色产业，增强“造血”功能。按照相关政策，流转土地 769 亩，用于发展农丰村红豆杉、连翘等中药材、油用牡丹、食用菌四大主导产业，全村农户直接收益 53.52 万元。二是完成美丽乡村建设项目。完成农丰村一组河流沿线安全美化配套设计建设，安装石材栏杆 467 米，铺设人行步道 467 米，修建拦河坝 2 道，既保证了村民出行安全，又美化了村容村貌。积极协调西口回族镇电管所对农丰村电力升级改造，全村 462 户农户全部通生活用电，动力电通达到村。三是完成安全饮水改造工程。投资 21.52 万元，对农丰村原供水设施进行安全改造。全村 462 户农户已全部通自来水，饮水达标。四是加强产业脱贫项目培训。采取请进来、走出去的方式，邀请西北农林科技大学专家就中药材种植、畜牧养殖等内容对村民进行培训，先后举办养殖、核桃综合科管、食用菌等技能培训 3 期，累计培训 98 人次。

二、加强清真食品管理

（一）加强清真食品市场经营管理工作

下发《关于深入扎实做好清真食品生产经营管理工作的通知》，从正确把握清真食品基本概念，持续推进清真食品依法管理，开展清真食品管理督查，以及日常性管理、自查和年度抽查等工作进行了具体的安排部署，指导各级民族工作部门深刻认识清真食品管理工作的复杂性和敏感性，着力提高依法治理民族事务的能力和水平，深入扎实做好清真食品生产经营日常管理工作。

（二）开展食品安全宣传和联合执法工作

始终把《食品安全法》的宣传落实作为民族工作的重要内容，积极主动地做好清真食品生产经营各环节的监管工作；加强与省食安委的联系、沟通和协调，严格落实省食安委《陕西省食品安全事件应急预案》。指导各市民族工作部门与当地食品安全部门横向协调，开展联合执法行动，消除清真食品生产经营市场的隐患和问题，维护清真食品生产经营市场秩序。

（三）依法规范清真食品生产经营

依法纠正清真食品乱认证、乱监制、乱发认证书的问题，依法教育、引导和坚决纠正清真食品生产经营场所设置宗教符号和从事宗教活动的问题。坚持在法律范围内、法治轨道上处理清真食品引发涉及民族因素的问题，对清真食品市场管理中出现的问题和隐患，教育引导企业经营者通过正常合法渠道反映诉求。

（四）开展清真食品管理督查工作

指导各市制定年度清真食品管理工作计划，对当地清真食品管理领域存在的突出问题，开展经常性的督促检查。对当地民族工作部门难以触及的市场角落，积极协调食品安全委员会或市场监督管理局联合执法，加大对非法生产经营清真食品典型案件的查处和追责力度，依托“双随机一公开”管理工作机制，建立黑名单。

三、落实民品企业优惠政策

（一）编印民品企业优惠政策文件汇编

为帮助民品企业了解相关政策，我们编印了《“十三五”期间民族特需商品生产政策文件汇编》，下发至各民品企业，深入企业对优惠政策落实工作进行专题解读、辅导，教育引导企业依法依规组织生产，满足少数民族群众生产生活需要。

（二）积极主动协调督促优惠政策落实

加强和规范财政贴息资金管理，做好民品企业生产贷款利率贴息优惠政策落实，鼓励金融机构加大对全省民族特需商品定点生产企业的信贷支持。会同省财政厅、中国人民银行西安分行印发了《陕西省民族贸易和民族特需商品生产贷款贴息管理暂行办法》，协调做好国家民委下达的民品企业优惠贷款贴息引导资金的落实工作。2019 年有 3 家企业享受民品企业流动资金贷款利率 2.88%优惠贴息 89.37 万元。组织全省民品企业参加“2019 第二十五届中国兰州投资贸易洽谈会”和“第四届中国——阿拉伯国家博览会”，拓展了视野，扩大了企业知名度和市场影响力。

（撰稿：姚媛　审稿：王晓斐）

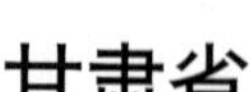

甘肃省

2019年，甘肃省民委经济工作在国家民委的支持和关心下，在省委、省政府的正确领导下，深入学习贯彻党的十九大，十九届二中、三中、四中全会精神，认真贯彻落实国家民委和全省民委主任会议精神，按照全省经济工作总体部署和2019年民委经济工作要点及目标任务，全力推进少数民族和民族地区脱贫攻坚和经济发展，坚定坚决打赢脱贫攻坚战。

一、认真落实脱贫攻坚任务

一是认真贯彻落实中央和省委省政府脱贫攻坚各项决策部署，助推民族地区脱贫攻坚，制定印发《甘肃省民族事务委员会关于2019年倾斜支持深度贫困地区脱贫攻坚工作方案》。二是扎实开展脱贫攻坚整改工作。对国家脱贫攻坚成效考核反馈问题、中央脱贫攻专项巡视反馈问题、国务院扶贫办对甘肃省脱贫攻坚调研督导反馈意见整改问题中涉及我委的问题，逐条进行了梳理，制定《中央脱贫攻坚专项巡视反馈问题省民委专项整改方案》《2018年度国家脱贫攻坚成效考核反馈问题省民委整改实施方案》《国务院扶贫办对甘肃省脱贫攻坚调研督导反馈意见省民委整改方案》，严格按照整改工作“全面彻底、以点带面、举一反三、紧盯问题，确保整改落实”的要求，扎实推进整改任务的落实，各项整改任务已完成。三是开展资金专项检查。5月底至6月初赴甘南州、临夏州等地对资金使用情况开展检查指导，要求各地切实落实资金整合要求，进一步加快项目建设和资金支付进度，推动项目加快实施和资金支付进度。四是落实脱贫攻坚领导小组成员单位职责，继续抽调1名处级干部，在省财政厅脱贫攻坚资金专责组工作。先后赴靖远、玉门和宁县开展了财政专项扶贫资金绩效评价实地抽查及赴临夏州甘南州陇南市庆阳市部分县区开展脱贫攻坚资金保障调研等工作。五是按期完成自评、专项督查等各项任务，向省脱贫攻坚领导小组、省扶贫办、省财政厅等部门，报送了《省民委贯彻落实<关于支持深度贫困地区脱贫攻坚的实施意见>的自评报告》《甘肃省民族事务委员会关于2018年履行脱贫攻坚资金保障专责组职责情况的自评报告》等脱贫攻坚工作情况、整改自查报告、脱贫攻坚工作总结计划等相关材料。六是做好脱贫攻坚协调服务工作。按照省委统战部统一安排，成立协调服务组，赴临夏州东乡县和积石山县实地调查，开展“3+3”冲刺清零行动协调服务，掌握脱贫攻坚中存在的问题，向省委统战部汇报了相关情况。

二、扎实做好资金管理工作

一是及时下达资金计划。接到省财政厅的转办通知后，严格按照相关规定，采取“因素分配、切块下达”的方式进行测算，确定资金到县规模，按时下达少数民族发展资金计划。资金向深度贫困地区倾斜，加大对“两州一县”和民族地区深度贫困县的倾斜支持力度，保持“两州一县”现有投入不减少的同时，足额落实“两州一县”新增资金规模，保证安排已“摘帽”贫困县的资金不低于上一年度基数。二是扎实做好资金整合工作。认真贯彻落实《甘肃省财政厅甘肃省扶贫办关于切实做好2019年贫困县涉农资金整合试点工作的通知》精神，转发了相关文件；积极配合省财政、省扶贫办开展了资金整合使用情况审核工作，5月份对75个贫困县的2019年资金整合方案中涉及少数民族发展资金的部分进行了审核，将发现的问题及时反馈省扶贫办、省财政厅；在深入调研的基础上，经征求省财政厅、省扶贫办同意，制定了《关于进一步做好财政专项扶贫资金（少数民族发展资金）整合及跟踪监管工作的通知》，进一步规范明确了县市区民族工作部门落实整合责任和监管责任的具体任务。三是加强资金监管。利用少数民族发展资金监管系统，对各地资金拨付和项目进展情况进行动态跟踪管理；开展资金专项检查，5月底至6月初赴甘南州、临夏州等地对资金使用情况开展检查指导，推动项目加快实施和资金支付进度，对部分地区在资金使用中发现的问题进行了及时整改；7月份结合“不忘初心、牢记使命”主题教育，对临潭县、舟曲县、张家川、宕昌县少数民族发展资金整合、支出、实施情况等进行了调研检查。四是做好项目备案工作。严格按照项目备案各项要求，督促相关市州认真审核填报项目备案表，及时了解掌握资金支持和项目建设情况，切实加强资金管理使用。五是认真开展资金绩效评价。对 2018 年民族乡发展资金进行了绩效评价，报送了《关于 2018 年度民族乡发展资金绩效评价的报告》；按照省扶贫办、省财政厅关于做好 2019 年财政专项扶贫资金绩效评价工作要求，报送了《省民委 2019 年财政专项扶贫资金绩效自评报告》。

三、推进“十三五”规划实施和“十四五”规划前期准备工作

一是推进“十三五”规划的落实。按照省政府和国家民委有关通知要求，指导市州继续做好甘肃省“十三五”民族地区经济和社会发展规划、扶持人口较少民族发展规划、兴边富民行动规划、少数民族特色村镇保护与发展规划的实施。二是落实省上相关规划任务。按照要求，报送了《甘肃省民委关于贯彻落实甘肃省参与建设丝绸之路经济带和 21 世纪海上丝绸之路实施方案的中期评估报告》《省民委实施全省“十三五”规划纲要情况汇报》《省民委推进“一带一路”建设情况》《省民委助推西部大开发工作情况》等汇报材料。三是做好“十四五”规划前期准备工作。按照《关于报送“十四五”省级重点专项规划编制目录清单等事项的通知》要求，上报了需纳入“十四五”省级重点专项规划编制需求，确定了《甘肃省“十四五”促进少数民族和民族地区经济社会发展规划》名称；根据国家民委规划编制工作前期调研的通知，开展“十四五”规划前期调研，了解“十三五”规划的实施情况，掌握当前少数民族和民族地区发展实际，为开展规划编制前期工作奠定基础。

四、做好扶持人口较少民族发展工作

认真落实全国人口较少民族脱贫攻坚奔小康现场推进会精神，加大对人口较少民族资金支持力度，加快推动人口较少民族地区脱贫攻坚和全面小康建设，上报了《甘肃省“十三五”扶持人口较少民族发展情况报告》。

五、做好少数民族特色村镇保护与发展工作

一是加强对市州少数民族特色村镇保护与发展的指导，推动少数民族特色村镇保护与发展。二是根据《国家民委办公厅关于开展中国少数民族特色村镇规范管理和命名工作的通知》精神，按照《国家民委关于进一步加强新时期少数民族特色村镇保护与发展工作的指导意见》《中国少数民族特色村镇保护与发展评估体系标准》，认真开展少数民族特色村寨规范管理工作，报送了《甘肃省少数民族特色村寨规范管理工作开展情况及整改措施》，并对全省少数民族特色村镇进行了认真筛选和严格审核，报送了《关于推荐中国少数民族特色村镇的报告》，10 个村寨被国家民委命名为中国少数民族特色村寨。三是对 2019 年特色村镇保护与发展工作进行了总结，上报了《关于推荐中国少数民族特色村镇的报告》。

六、深入推进兴边富民行动

深入贯彻落实中央深入推进兴边富民行动的意见，深入推进兴边富民行动。按照省委省政府领导批示精神，先后两次赴肃北县现场调研兴边富民行动实施情况，起草了《深入推进兴边富民行动支持肃北县加快经济社会发展的意见》，多次征求相关单位和部门意见，进行修改完善，经省政府常务会议通过，省委省政府分管领导同意，12 月 27 日由两办印发实施。

七、做好民贸民品政策落实工作

一是根据财政部下达贷款贴息引导资金的实际，与财政厅联合印发了《甘肃省民族贸易和民族特需商品生产企业贷款贴息引导支持资金管理办法》，并根据管理办法要求，协助财政部门落实民贸民品政策，省财政厅印发《关于下达 2019 年民贸民品企业贷款贴息引导资金的通知》，下达贷款贴息引导支持资金 3308 万元。二是根据中国人民银行扩大民贸民品生产贷款承贷金融机构的通知，转发了《关于扩大民族贸易和民族特需商品生产贷款承贷金融机构范围的通知》。三是针对少数民族群众生产生活的实际需要，统计上报了对《少数民族特需商品目录（2014 年版）》的修改意见。四是在开展少数民族发展资金管理使用情况进行督促检查时，了解各

县民贸民品工作开展情况，并明确了“民族工作部门负责企业的资格认定，财政部门负责审核分配贷款贴息资金”的要求。五是参加第二十届中国·青海绿色发展投资贸易洽谈会，在贵州省“黔茶出山、风行天下”推介活动上，我委与贵州省民宗委签订《关于“黔茶”走进甘肃合作框架协议》，并接受贵州省赠送的1吨黑茶。

八、做好民委经济形势分析、统计工作

一是认真做好民族地区各类经济数据的统计和分析工作，经过对2州5县主要经济数据的统计、分析，测算了民族地区2018年末的主要经济指标，为各项工作提供依据。二是根据国家民委经济形势分析会要求，起草了甘肃省民族地区经济运行分析报告，参加了全国民族地区经济形势分析会，并向会议提交了民族地区经济形势分析材料。三是认真做好2018年少数民族和民族自治地方国民经济和社会发展统计年报工作，及时梳理汇总民族地区相关经济数据并报国家民委，负责统计工作的同志受到了国家民委办公厅表扬。

九、认真做好其他各项工作

认真落实委党组会、委务会确定的工作任务及委领导批示精神，一是按照全省民族工作调研相关安排，赴相关市州开展民族工作调研，撰写上报了调研报告。二是按照国家民委要求，及时统计边销茶的销售和使用情况，积极做好低氟边销茶在的推广工作。三是配合省政协开展民族地区精准扶贫重点难点问题调研，赴民族县市开展相关调研，配合完成了《关于生态保护下民族地区经济高质量发展的调研报告》。四是积极配合省发改委，完成了“甘肃省经济社会发展展览馆发展成就馆”及“甘肃省庆祝建国70周年大型主题展览”民族版块的布展工作。五是认真完成人大、政协提案和省政府《转办通知》的办理工作8件。

（撰稿：孔庆斌　审稿：王宇卫）

青海省

2019年，在委党组和分管领导的带领下，青海省民委以“不忘初心、牢记使命”主题教育为载体，紧紧围绕“四个扎扎实实”重大要求，认真贯彻落实“一优两高”战略部署，按照委中心工作和年初制定的各项目标任务，立足本职，推动民族地区经济高质量发展，创造少数民族群众高品质生活，较好地完成了全年的各项工作任务。

一、重实效，经济发展取得新成绩

一是将少数民族发展资金全部切块下达到县，项目实行省级备案制；二是积极协调省发展改革委，改善人口较少民族聚居村基础设施建设、基本公共服务设施、生态环境保护和人居环境整治，以及民族文化传承4个领域项目建设。

二、重谋划，成功召开全国人口较少民族脱贫攻坚奔小康现场推进会

为展示扶持人口较少民族发展取得的丰硕成果，推进民族地区经济社会事业加快发展，在前期工作的基础上，7月18日至19日，全国人口较少民族脱贫攻坚奔小康现场推进会在海东市成功召开。我处积极牵头，认真开展各项工作。一是联合有关部门和单位总结提炼人口较少民族脱贫攻坚的生动实践和典型经验，形成专题调研报告，得到省领导的肯定。二是在与国家民委进行充分衔接同时，积极与省直相关厅局进行沟通，先后11次深入海东市、互助县、循化县与当地主要领导进行工作对接，考察会址，检查观摩点，协调落实各项工作。三是联合海东市认真打磨会议现场观摩点，打造具有示范效应和借鉴价值的看点。四是认真制定会议筹备方案和工作方案，成立领导小组和相应的工作小组，明确任务分工，落实职责，责任到人。五是积极协调落实会期、会址，认真做好会务服务保障等重要事项。在各方努力下，圆满完成会议各项任务，与会代表对会议的召开给予高度评价。

三、重规范，扎实做好“十三五”民族宗教工作专项规划实施工作

做好《扶持人口较少民族发展规划》和《少数民族特色村镇规划》两个专项规划实施工作。积极协调配合发改、财政等部门，组织好项目、落实好资金。认真开展2018年度少数民族发展资金支出执行情况绩效评价工作，督导各地做好2019年少数民族发展资金支出工作，完成了国家民委对较少民族聚居地区经济社会发展情况实地调研工作，我们的工作得到了调研组的充分肯定。

四、重创新，助推特色产业发展

一是严格按照省政府《关于同意设立青海省藏医药产业发展基金的批复》精神和《青海省藏医药产业发展基金设立方案》及合伙人协议，按照程序完成了对青海晶珠藏药项目的一期和二期出资、瑞丽医美项目的境外投资，完成3个项目的上会，完成青海好朋友乳业项目的立项和预沟通工作。截至目前，完成投资12000万元，其中在青海本地项目投资金额为8500万元，占已投项目金额的70.83%。二是为进一步扩大产业投资带动效益，推动青海省东方藏医药产业发展基金二期投资项目尽快落地。组织省财政厅、东方资产、晶珠藏药、恒大高科等有关单位负责人，召开进一步优化藏医药产业发展基金座谈会。三是加强和规范全省民族贸易和民族特需商品生产贷款贴息资金管理，落实《青海省民族贸易和民族特需商品生产贷款贴息资金管理办法》，利用新闻、网络等媒体，加大民贸民品优惠政策宣传力度，让更多民贸民品企业享受到优惠政策。四是结合实际，在认真调研、论证，并广泛征求少数民族群众和有关专家意见的基础上，认真做好《少数民族特需商品目录（2014年版）》修订调研工作。五是在深入调研，广泛征求意见的基础上，结合少数民族地区经济社会发展情况，申报13项2019年全省重大前期项目。五是为传承中华民族优秀文化，支持民族特色产业发展，发挥藏药在治未病、重大疾病治疗和疾病康复治疗方面的作用，积极协调国家民委，争取晶珠藏药、益欣药业等民贸民品企业藏药产品列入2019年国家医保目录。六是认真做好进一步推广低氟边销茶的前期准备工作。

五、重帮扶，精准扶贫取得新成效

深入扶贫点调研制定脱贫方案，确定脱贫主导产业，加大精准扶贫政策和资金方面支持力度，落实扶贫资金179万元，用于联点扶贫东沟乡尔开村、花园村村容村貌整治和人居环境改善。2019年我委被评为扶贫先进单位。

六、重提升，认真做好少数民族特色村寨保护与发展工作

一年来，积极推动少数民族特色村镇建设提档升级，加强和规范新时期少数民族特色村镇保护与发展工作。一是结合《青海省少数民族特色村镇保护与发展规划（2016—2020年）》，坚持“保护改造特色民居、发展特色产业、改善人居环境、传承特色文化、促进团结进步”五位一体建设方向，树立少数民族特色村镇品牌、提升少数民族特色村镇品质，指导各市州做好42个特色村寨的挂牌工作。二是为进一步推动中国少数民族特色村寨保护工作的深入开展，委托相关机构编纂出版《中国少数民族特色村寨·青海卷》画册。三是根据国家民委要求，对已被命名的中国少数民族特色村寨及时进行梳理，对照相关要求，认真开展规范管理工作。并在此基础上开展第三批中国少数民族特色村寨命名工作。四是为学习借鉴贵州省少数民族特色村寨保护与发展工作经验，推进少数民族特色村寨特色民俗、文化、历史、旅游与生态等保护与发展工作。组织20名基层民宗工作人员赴贵省考察学习少数民族特色村寨保护与发展工作。

七、重基础，认真做好统计工作

认真做好2018年少数民族和民族自治地方国民经济和社会发展统计工作，指导相关地区做好数据填报工作。

八、重协调，完成重要会议活动工作任务

一是成功举办第二届“青绣”大赛。为确保刺绣大赛顺利进行，根据分工职责，制定了具体工作方案。协调各方完成开、闭幕式搭台、会场布置、氛围营造、制作活动手册、领导嘉宾的邀请等前期筹备工作，确保了活动顺利进行。圆满完成全省800名刺绣艺人参赛及颁奖工作。二是

认真做好 2019 年“青洽会”邀请国家民委领导和民贸民品客商参会工作任务。同时，积极沟通协调，完成贵州省民宗委向青海、西藏、新疆、甘肃、宁夏等省区农牧民赠茶的服务保障工作。三是组织 6 个自治州圆满完成“第四届全国自治州全面建成小康社会经验交流现场会”会议交流材料准备和参会工作。四是组织 7 个自治县做好“全国民族自治县全面建成小康社会经验交流现场会”会议交流材料准备和参会工作。五是组织省发改委、省工信厅、省统计局参加全国民委经济工作暨民族地区经济形势分析现场会。

（撰稿：王姿琪　审稿：孙勇）

宁夏回族自治区

2019 年，宁夏民委坚持以习近平新时代中国特色社会主义思想为指导，深入贯彻党的十九大和十九届二中、三中、四中全会精神，深入学习贯彻习近平总书记关于民族工作的重要论述和视察宁夏时的重要讲话精神，认真贯彻落实全国民委经济工作暨民族地区经济形势分析会议精神，聚焦脱贫攻坚主战场，聚焦精准扶贫精准脱贫，统筹整合使用少数民族发展资金，加强资金监管，充分发挥少数民族发展资金效益，助力全区脱贫攻坚；认真落实“十三五”民贸民品优惠政策，壮大民贸民品企业，促进全区经济发展。

一、少数民族发展资金使用管理情况

宁夏民委认真落实中央和自治区关于优化财政涉农扶贫资金供给机制、坚持精准扶贫精准脱贫、打赢脱贫攻坚战的部署要求，深化统筹整合试点工作，资金分配向贫困县（区）重点倾斜，保障贫困县集中资源打赢脱贫攻坚战，有力推动脱贫攻坚目标任务实施。

一是聚焦脱贫攻坚主战场，强化资金分配的精准度，充分发挥少数民族发展资金整合效益。宁夏民委全面落实中央统筹、省负总责、市县抓落实的工作机制，以脱贫摘帽销号为目标，以脱贫成效为导向，以扶贫规划为引领，以重点扶贫项目为平台，将少数民族发展资金全部切块下达到贫困县（区）。贫困县区党委政府认真履行整合资金统筹使用的主体责任，盯紧制约贫困县区域性整体脱贫、贫困村和贫困户发展的突出短板、关键领域和薄弱环节，精准确定扶持项目，集中力量组织扶贫项目实施，有力推动了脱贫攻坚目标任务的完成。各县（区）共组织实施 45 个项目，主要用于贫困村道路维修硬化、农业设施建设、美丽乡村、危房危窑改造、农产品特色产业等项目建设。

二是坚持问题导向，强化资金督查监管，确保资金安全运行。坚持督查、巡察、审计同步并进，紧扣扶贫资金管理、项目运行等关键环节，严查散漫不作为、不担当、微腐败等问题。针对自治区扶贫开发领导小组办公室通报的有关县（区）存在的少数民族发展资金节余、滞留等问题，宁夏民委结合开展扶贫领域作风问题专项治理工作，组织各县（区）在抓紧整改存在问题，重点排查在各乡镇实施的项目。各地民族宗教局主动与当地扶贫、财政部门对接，向政府分管领导汇报，严格按照有关规定，对该收回的资金全部收回，并重新安排项目，对需加快进度的在建项目或未报账结算的项目加大督导力度，推动整改落实。宁夏民委对 2019 年项目实施情况和资金支付进度进行了专项督促检查，推动各地确定的项目有序实施，资金支付按项目实施进度依规支付。

二、国家民族贸易和民族特需商品生产贷款财政贴息政策支持情况

一是培育服务民贸民品企业发展壮大。民贸民品企业得到国家优惠政策的支持，减小了企业的融资成本，增强了企业扩大规模的能力，提升了企业的竞争力，尤其是民族特色产业的快速发展，促进了当地农牧副产品的流通，提高了农民收入。二是严格民贸民品企业贷款贴息资金审核，对 2019 年度 204 家民贸民品企业基础档案和财务会计第三方审计报告进行审核。三是引导民贸民品企业积极参与

统一战线“助力脱贫攻坚”行动，深入推进“百企帮百村”，鼓励引导民贸民品企业发扬扶危济困、乐善好施的传统美德，主动履行社会责任，积极参与精准扶贫，形成脱贫攻坚强大合力。

（撰稿：金晓玲　审稿：马汉功）

新疆维吾尔自治区

在国家民委的大力支持下，在自治区党委、自治区人民政府的坚强领导下，我们坚持以习近平新时代中国特色社会主义思想为指导，贯彻落实习近平总书记关于扶贫工作的重要论述和党中央脱贫攻坚各项决策部署，特别是习近平总书记重要讲话精神，切实增强“四个意识”、坚定“四个自信”，做到“两个维护”。坚持把打赢脱贫攻坚战作为当前和今后一个时期最重要最紧迫的政治任务，作为践行“两个维护”的重要体现，作为坚决贯彻新时代党的治疆方略特别是维护社会稳定和长治久安总目标的实际行动，作为全面建成小康社会、谱写好中华民族伟大复兴中国梦新疆篇章的具体实践，将思想和行动统一到党中央的决策部署上来，凝心聚力，主动作为，统筹推进疫情防控与脱贫攻坚工作，坚决打赢脱贫攻坚战，决胜全面小康。

一、贯彻精准方略，提高政治站位

对标全面建成小康社会目标任务，以南疆四地州为主战场，聚焦深度贫困，咬定攻坚目标，成立脱贫攻坚专班，围绕“六个精准”工作要求，着力推进“七个一批”“三个加大力度”，全力以赴解决贫中之贫、困中之困，千方百计破除难中之难、坚中之坚，确保政策“活水”精准滴灌到“穷根”。深层次推动高质量脱贫，坚决打赢脱贫攻坚战。

二、全面落实“两个民族专项规划”，让发展成果更多惠及各族群众

将实施好《“十三五”促进民族地区和扶持人口较少民族发展规划》《兴边富民行动“十三五”规划》目标任务同我区脱贫攻坚总体规划紧密衔接，在完成好规划目标任务的同时，助力我区脱贫攻坚，让各族人民共享发展成果、共创美好未来。一是促进人口较少民族加快发展，脱贫路上一个民族都不能少。以铸牢中华民族共同体意识为主线，把各族人民对美好生活的向往作为奋斗目标，加大对人口较少民族和地区的扶持和帮助，确保少数民族和民族地区同全国一道实现全面小康和现代化，不断增强各族人民的获得感、幸福感、安全感。党的十八大以来，在国家的大力支持下，通过积极推进实施扶持人口较少民族发展项目，我区人口较少民族聚居区基础设施建设、基本公共服务设施等条件有了显著提升，人口较少民族聚居行政村全部实现“两不愁、三保障”、实现“通路、通水、通电、通广播电视、通宽带”。全区 10 个人口较少民族（柯尔克孜族、塔吉克族、锡伯族、乌孜别克族、俄罗斯族、达斡尔族、塔塔尔族、撒拉族、土族、保安族）共有建档立卡贫困户 29363 户 116877 人，已脱贫 28419 户 113187 人，2020 年将确保剩余 944 户 3690 人脱贫。人口较少民族自治县有 2 个：察布查尔锡伯族自治县（2016 年摘帽）、塔什库尔干塔吉克自治县（2019 年摘帽），人口较少民族自治州有 1 个：克孜勒苏柯尔克孜族自治州，其中阿合奇县 2018 年摘帽，阿图什市、乌恰县 2019 年摘帽，2020 年将确保阿克陶县摘帽，届时，我区人口较少民族将同全国各族人民一道步入小康社会。二是全力推进边境地区脱贫攻坚，确保边境贫困群众稳定脱贫。坚持立足固边抓脱贫、抓好脱贫为固边，切实夯实“一线守边、二线固边、三线服务”的固边富民格局，深入推进兴边富民行动。2014-2019 年，我区 34 个边境县市共投入财政专项扶贫资金 151.07 亿元，其中 17 个边境贫困县市投入财政专项扶贫资金 126.33 亿元，促进了边境县（市）培育和壮大产业、改善了生产生活条件、增强了贫困人口自我发展能力和抵御风险能力。全面落实包括“转为护边员扶持一批”的“七个一批”扶贫政策。南疆四地州 7 个边境深度贫困县按照未脱贫户 1 户 1 名护边员的原则，

优先将一线贫困边民新增为护边员，严格落实护边员补助政策，基本实现一人就业、全家脱贫。截至2019年底，34个边境县市已脱贫人口23.6万户、累计完成总任务的95.2%，94.1万人实现脱贫、累计完成总任务的95.4%，已退出1007个贫困村、累计完成总任务的89.7%，17个边境贫困县（市）已摘帽14个县、累计完成总任务的82.3%，边境地区脱贫攻坚取得决定性胜利。2020年底，剩余3个边境贫困县也将全部实现摘帽。三是聚焦深度贫困，加大资金投入。紧扣“两不愁三保障”突出问题，将少数民族发展资金投入道路、水利、良种繁育中心、土壤改良、林果业提质增效等一大批惠民富民项目，以解决出行难、用水难、增收难、发展难、缺技能等基层群众牵肠挂肚的事为着眼点，边、远、山区贫困农牧民脱贫攻坚步伐加快，党和政府的温暖直达基层农牧民的心坎里，以实际行动践行了党中央关于脱贫攻坚的庄严承诺，被当地干部群众亲切地称为“最后一公里”项目。

三、深化群众工作，激发内生动力

习近平总书记说：“人心是最大的政治”。在脱贫攻坚工作中做好群众工作，赢得人心，十分关键。我们在做好群众工作上发力，带领各族干部群众，团结一心奔小康方面做了许多有益的探索。一是常态化开展“民族团结一家亲”和民族团结联谊活动，促进各族群众广泛交往、全面交流、深度交融，营造浓厚氛围，助力脱贫攻坚工作。在元旦、春节、“三八”妇女节、中秋节、国庆节、肉孜节、古尔邦节期间开展联谊活动，围绕宣传党和国家政策、加强民族团结宣传教育、解决群众实际困难、做好去极端化工作、维护社会稳定等重点工作，千方百计地帮助基层群众办好事、做实事、解难事。帮助亲戚解决困难诉求，促进各族干部群众多层次多方位多形式走动互动，在来来往往、说说唱唱、聚聚聊聊中加深了解、增进感情，像石榴籽一样紧紧拥抱在一起。积极推进内地百强村镇、明星村镇与南疆贫困村结对子，对口行业部门结对子，学校、医院结对子，援疆干部人才与地方各族干部群众结对子，开展“千校手拉手”和中小学生结对联谊活动，开展民营企业“万企帮万村”精准扶贫行动，画好民族团结“最大同心圆”，让各族群众感受到党中央的关怀厚爱，感受到全国各族人民的无私支援和祖国大家庭温暖。截至2019年底，全区干部职工累计走访各族群众12946万多户次，捐款9.87亿多元，捐物5112万多件，办实事好事1877万多件，惠及各族群众5177万多户次，举办以“民族团结一家亲”为主题的各类活动1899万多场次。二是扎实开展民族团结创建活动，打牢脱贫攻坚的群众基础。坚持把民族团结进步创建纳入经济社会发展总体规划统筹实施，与自治区脱贫攻坚规划紧密结合，找准民族感情的共鸣点和群众利益的结合点，使民族团结进步创建进机关、进企业、进社区、进乡镇、进学校、进团场连队、进宗教活动场所、进景区和窗口单位，推动各部门、各行业、各领域健全完善民族团结规章制度，推动民族团结融入村规民约、引导各族群众自觉维护民族团结，人人争做民族团结的模范。截至2019年底，全区共有9个全国民族团结进步创建活动示范州（地、市），59个全国民族团结进步创建活动示范单位，14个全国民族团结进步教育基地，国家级、自治区级民族团结进步模范集体（单位）1338个（次），民族团结进步模范个人2315人（次）。自治区民委（宗教事务局）包联的和田地区皮山县拜勒库木村2019年被国务院表彰为全国民族团结进步模范集体，被国家民委命名为全国民族团结进步示范村，有效起到了引领示范带动作用。三是扎实开展“访惠聚”活动，全力打赢脱贫攻坚战。各级民宗部门按照自治区总体部署，深入推进“访惠聚”工作，工作队员走村入户，遍访群众、手把手、心贴心帮助解决生产生活困难、寻找脱贫途径，落实“六个精准”，坚持精准识别，精准帮扶，一户一册，坚持一手抓脱贫、一手防返贫，充分发挥做民族工作的优势，进一步加强去极端化工作，加强党的惠民政策明白人草根宣讲员培训工作，有效提升基层群众对党的惠民政策知晓率，用身边人身边事，进一步激发贫困群众脱贫致富内生动力，变“要我脱贫”为“我要脱贫”，坚持将党的各项惠民政策落实好，让贫困群众提升安全感、幸福感、获得感，自觉做到听党话、感党恩、跟党走。自治区民委（宗教事务局）负责包联的和田地区皮山县15个村，今年仅消费扶贫达50余万元，爱心捐助资金及物品计10余万元；投入204万元，对包联村170名建档立卡贫困户、边缘户、监测户设置公益性岗位，每户安排 1 人就业，每人每月 1000 元，有效解决脱贫增收和防止返贫的“最后一百米”问题。截至 2019 年底，自治区民委（宗教事务局）包联的 15 个村中，有 7 个村 2356 户 10222 人脱贫退出，今年将有 8 个村 542 户 2458 人脱贫退出。

四、压紧压实责任，强化监督和整改落实

落实习近平总书记决战决胜脱贫攻坚座谈会上重要讲话精神以及自治区党委九届九次常委扩大会议精神，履行脱贫攻坚政治责任，加强顶层设计，制定完善中央巡视“回头看”反馈问题整改工作方案、挂牌督战、包联督导工作方案，坚持把全面从严治党要求贯穿脱贫攻坚全过程，把专项巡视成果运用到打赢脱贫攻坚战的各环节，持续释放、层层传导压力，上下联动、合力攻坚。全力指导全区民宗系统脱贫攻坚、中央巡视“回头看”反馈意见整改、民委系统和包联村脱贫攻坚工作。委（局）党组召开了脱贫攻坚专题民主生活会，强化整改落实，补齐短板弱项。主要领导带队赴 10 个未脱贫县开展行业挂牌督战，党组成员分批次带队赴包联的皮山县 8 个未脱贫摘帽村开展挂牌督战工作，加大对包联的已脱贫 7 个村包联督导，对未脱贫户全覆盖入户调查，对边缘户、监测户进行动态监测，确保没有盲区、不落一人，高质量完成脱贫攻坚工作。

（撰稿：任波　审稿：买合木提·吾斯曼）

新疆生产建设兵团

2019 年新疆生产建设兵团（以下简称“兵团”）民族工作坚持以习近平新时代中国特色社会主义思想为指导，深入贯彻党的十九大和十九届二中、三中、四中全会及中央民族工作会议精神，紧密结合兵团实际，狠抓工作落实，持续推进兴边富民行动、扶持少数民族发展和扶持人口较少民族发展等民委经济工作，助推少数民族聚居团场和边境团场经济社会发展并取得了积极成效。

一、聚焦深度贫困团场，脱贫攻坚取得决定性进展

边境团场和少数民族聚居团场是兵团打赢脱贫攻坚战的主战场，是决胜全面建成小康社会的关键。一是兵团坚持精准扶贫精准脱贫基本方略，落实“六个精准”要求，构建“四位一体”大扶贫格局，着力推进“五个一批”，有力促进了少数民族经济社会发展。二是依托兴边富民行动、扶持少数民族发展、扶持人口较少民族发展、“五共同一促进”创建活动专项资金项目，坚持向少数民族聚居团场、边境一线团场和深度贫困团场倾斜，力争把更多的资金用在南疆少数民族贫困团场，着力提高脱贫效果。三是定点挂钩扶贫连队，结合连队实际情况制定切实可行的扶贫帮扶实施方案，明确总体要求和工作目标、扶贫方式以及措施步骤。实现了 2019 年年底前兵团 4 个贫困团场全部摘帽，35 个贫困连队全部退出，贫困人口全部脱贫的目标任务。

二、夯实高质量发展基础，人居环境持续改善

一是形成边境团场区域交通网络体系。公路里程达到 7152.78 公里，其中等级公路 3591.42 公里，二级公路比重、等级客运站覆盖率、建制连队通硬化路比重三项指标均达到 100%。二是加大水利建设投入。19 个边境团场共投入 21134.33 万元，用于中小河流治理、大中型灌区节水改造、水土保持、中小型水源工程建设、农村饮水安全巩固提升工程、牧区水利建设等，有力解决了兵团水资源供需矛盾，增强了农业抗御自然灾害能力。三是信息基础设施建设全面加强。固定宽带家庭普及率达到 76.6%，移动宽带用户普及率达到 99.3%。

三、民生福祉不断增强，社会事业全面进步

一是大力促进少数民族就业创业。进一步落实更加积极的就业创业政策，统筹运用高校毕业生基层服务项目、公益性岗位兜底安置、转移就业攻坚

行动计划，积极推进少数民族和人口较少民族高校毕业生、就业困难人员、富余劳动力等重点人群多渠道就业创业。2019 年兵团城镇新增就业 11.01 万人，其中援助就业困难人员就业 1.26 万人。城镇登记失业率为 2.51%。全年完成各类职业技能培训 12.86 万人（次）。二是教育基础设施建设不断扩大。新建改扩建 6 个团场幼儿园，面积 5260 平方米，新增学位 560 个，极大改善团场幼儿园办园条件，确保团场适龄幼儿“应入尽入”。改善边境团场义务教育学校校园环境和面貌，投入 3687 万元用于边境团场义务教育学校维修改造、抗震加固、改扩建校舍及其附属设施；少数民族中小学及幼儿园国家通用语言文字教学覆盖率 100%。四是医疗卫生服务水平不断提高。兵团将连队标准化卫生室建设纳入“民生实事”，为边境连队、贫困连队建设卫生室。组织医疗团队赴少数民族聚居团场开展巡诊义诊活动，给予边远团场在岗执业医师、技师待遇保障，放宽职称评审条件，切实提高边境团场医疗卫生水平。五是社会保障范围不断扩大。年末边境师市新增人口 1.50 万人，新增人口参保人数及参保率分别为 1.24 万人，82.85%，比 2018 年同期提高了 19.3%，增幅为 30.37%。边境师市为贫困人口代缴城乡居民基本养老保险费 34.13 万元，涉及贫困人口 3413 人，边境师市贫困人口城乡居民基本养老保险代缴率达到 100%。

四、强化科技引领，发展壮大特色优势产业

一是兵团大力组织科技人才赴各师市、边境团场、少数民族聚居团场开展科技服务、示范与科技培训，针对团场社会发展需求，建设设施农业、特色林果、畜牧养殖等科技示范基地。依托地缘优势大力发展特色种植、养殖业，有力促进了优势产业和特色经济的发展。二是扶持了一批具有一定经营规模和经济实力、有较强带动作用的农副产品深加工企业，使团场资源就地加工和增值能力明显提高，初步形成了 1-2 个支柱和优势产业。三是围绕特色农产品搭建“互联网+”网络电商平台，大力宣传特色品牌，特色优势产业影响力进一步扩大。

五、加强少数民族特色村寨建设

一是积极申报第三批中国少数民族特色村寨，第四师可克达拉市六十四团十四连和七十八团三连两个单位被命名为第三批中国少数民族特色村寨。二是结合特色村寨保护与发展工程，第十三师黄田农场庙尔沟村原居民点新建 117 套富民安居保障房，标准化养殖暖棚 78 栋，彻底改变人畜混居状况，提升新区的整体居住功能，各族群众生产生活面貌焕然一新。三是合理确定特色村寨定位，注重在民居改造中把保护传承和开发利用有机结合起来。一六五团四连（巴依木扎）以点带面，整村推进，突出民族特色，形成以游客中心为“点”的旅游接待服务区、以四连特色民居为“线”的建筑文化游览区、以连队风景为“带”的观光度假区、以牧民为“面”的游牧文化体验。

六、民贸民品优惠政策落实有序推进

一是会同兵团财政局和人行乌鲁木齐中心支行共同审核确定了 12 家兵团“十三五”期间全国民族特需商品定点生产企业，组织各师市认定上报备案民族贸易县内民族贸易企业工作。共认定民贸企业 98 家。二是会同兵团财政局，制定出台了《关于印发<新疆生产建设兵团民族贸易和民族特需商品生产贷款贴息引导支持资金管理暂行办法>的通知》（兵财预〔2019〕64 号）。三是组织全兵团民贸民品企业申报生产贷款贴息资金 1.72 亿元，联合财政局制定了资金预拨分配方案，经行政常务会议和党委常委会议研究通过，将贴息资金下拨各师市。

七、注重实效，加强资金项目管理

一是开展督导调研。组织开展边境地区民族问题有关情况摸底工作，形成了《新疆生产建设兵团边境地区民族问题有关情况报告》。二是争取项目资金。争取落实兴边富民行动、少数民族发展资金、人口较少民族发展资金 23815 万元，项目实行兵团级备案，资金切块下达各师市。三是严把项目资金使用关。管好用好专项资金，严格执行资金项目使用管理办法，切实提高资金使用的规范性、安全性和高效性，加大对少数民族聚居团场的扶持力度，促进经济又好又快发展。

（撰稿：田惠敏　审稿：李卫强）

统计资料篇

分“民族自治地方”“陆地边境县”“牧区半牧区县”“民族乡”“全国少数民族发展情况”“其他资料”6部分。涉及到的全国性统计数据均不包括台湾省和香港特别行政区、澳门特别行政区的资料。统计资料主要来源于国家政府主管部门、各级统计和民族工作部门。部分数据合计数或相对数由于单位取舍不同而产生的计算误差均未作机械调整。全部统计资料均经国家统计局统计设计管理司和国民经济综合统计司审核。

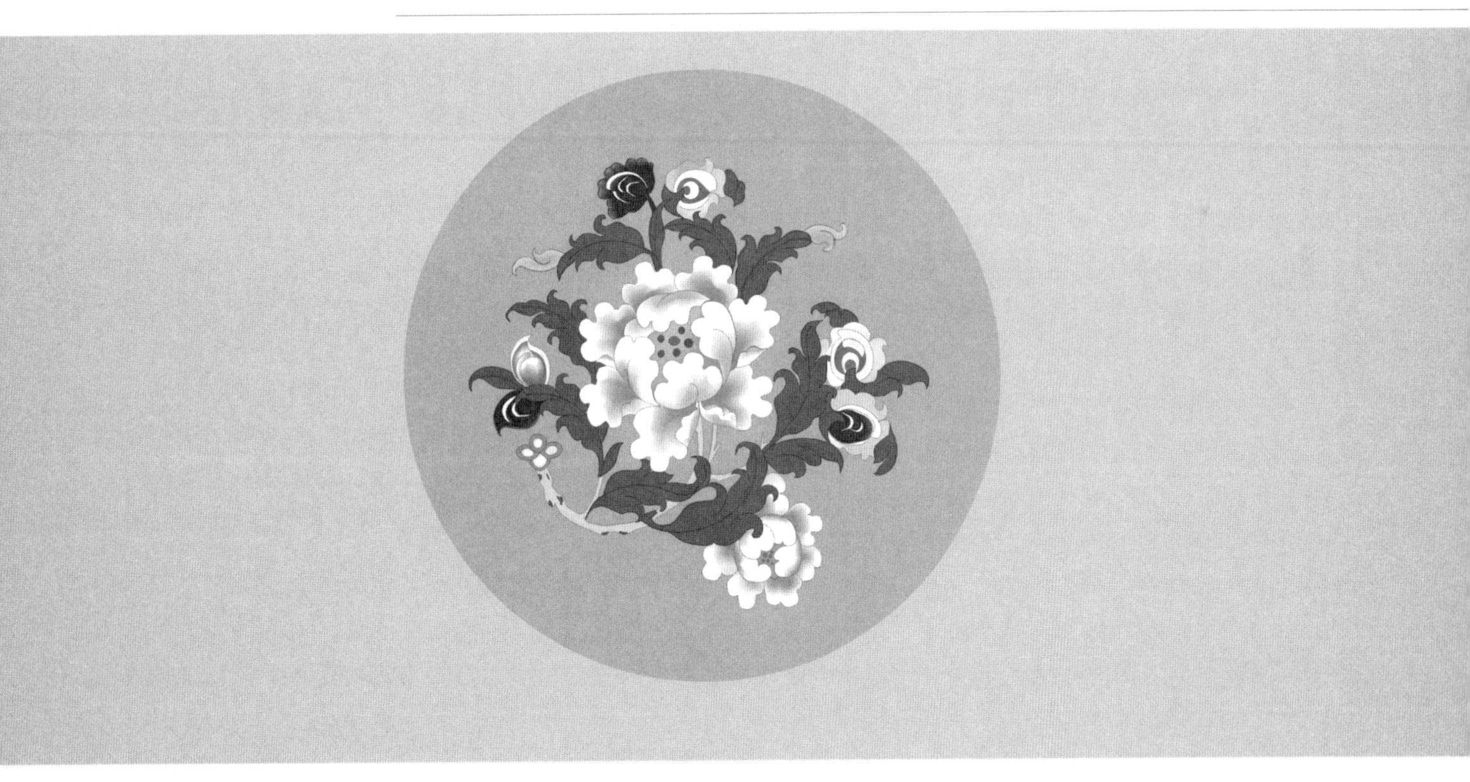

民族自治地方

一、行政区划

1-1 民族自治地方行政区划统计(2019年末)

省级		地级		县级		乡级
合计	行政区划单位	合计	行政区划单位	合计	行政区划单位	行政区划单位
5	5 自治区	77	38 地级市 6 地区 30 自治州 3 盟	713	94 市辖区 83 县级市 367 县 49 旗 117 自治县 3 自治旗	8424
河 北				6	6 自治县	117
内蒙古		12	9 地级市 3 盟	103	23 市辖区 11 县级市 17 县 49 旗 3 自治旗	1024
辽 宁				8	8 自治县	149
吉 林		1	1 自治州	11	6 县级市 2 县 3 自治县	111
黑龙江				1	1 自治县	11
浙 江				1	1 自治县	19
湖 北		1	1 自治州	10	2 县级市 6 县 2 自治县	102
湖 南		1	1 自治州	15	1 县级市 7 县 7 自治县	208
广 东				3	3 自治县	23
广 西		14	14 地级市	111	41 市辖区 9 县级市 49 县 12 自治县	1250

*乡级行政区划单位不包括街道办事处。

1-1　续表

省级	地级			县级			乡级
行政区划单位	合计	行政区划单位		合计	行政区划单位		行政区划单位
海　南				6	6	自治县	60
重　庆				4	4	自治县	127
四　川	3	3	自治州	51	3	县级市	1171
					44	县	
					4	自治县	
贵　州	3	3	自治州	46	5	县级市	638
					30	县	
					11	自治县	
云　南	8	8	自治州	78	12	县级市	786
					37	县	
					29	自治县	
西　藏	7	6	地级市	74	8	市辖区	697
		1	地区		66	县	
甘　肃	2	2	自治州	21	2	县级市	268
					12	县	
					7	自治县	
青　海	6	6	自治州	36	4	县级市	320
					25	县	
					7	自治县	
宁　夏	5	5	地级市	22	9	市辖区	240
					2	县级市	
					11	县	
新　疆	14	4	地级市	106	13	市辖区	1103
		5	地区		26	县级市	
		5	自治州		61	县	
					6	自治县	

1–2　民族自治地方行政区划分布(2019年末)

地区	数量	行政区划
河　北	6 自治县	秦皇岛市：青龙满族自治县 承德市：丰宁满族自治县、宽城满族自治县、围场满族蒙古族自治县 沧州市：孟村回族自治县 廊坊市：大厂回族自治县
内蒙古	9 地级市 3 盟 23 市辖区 11 县级市 17 县 49 旗 3 自治旗	*呼和浩特市：新城区、回民区、玉泉区、赛罕区、托克托县、 和林格尔县、清水河县、武川县、土默特左旗 *包头市：昆都仑区、东河区、青山区、石拐区、白云鄂博矿区、 九原区、固阳县、土默特右旗、达尔罕茂明安联合旗 *乌海市：海勃湾区、海南区、乌达区 *赤峰市：红山区、元宝山区、松山区、林西县、宁城县、 阿鲁科尔沁旗、巴林左旗、巴林右旗、克什克腾旗、 翁牛特旗、喀喇沁旗、敖汉旗 *通辽市：科尔沁区、霍林郭勒市、开鲁县、科尔沁左翼中旗、 科尔沁左翼后旗、库伦旗、奈曼旗、扎鲁特旗 *鄂尔多斯市：康巴什区、东胜区、达拉特旗、准格尔旗、鄂托克前旗、 鄂托克旗、杭锦旗、乌审旗、伊金霍洛旗 *呼伦贝尔市：海拉尔区、扎赉诺尔区、满洲里市、牙克石市、 扎兰屯市、额尔古纳市、根河市、阿荣旗、陈巴尔虎旗、 新巴尔虎左旗、新巴尔虎右旗、莫力达瓦达斡尔族自治旗 鄂伦春自治旗、鄂温克族自治旗、 *巴彦淖尔市：临河区、五原县、磴口县、乌拉特前旗、乌拉特中旗、 乌拉特后旗、杭锦后旗 *乌兰察布市：集宁区、丰镇市、卓资县、化德县、商都县、兴和县、 凉城县、察哈尔右翼前旗、察哈尔右翼中旗、 察哈尔右翼后旗、四子王旗 兴安盟：乌兰浩特市、阿尔山市、突泉县、科尔沁右翼前旗、 科尔沁右翼中旗、扎赉特旗 锡林郭勒盟：锡林浩特市、二连浩特市、多伦县、阿巴嘎旗、 苏尼特左旗、苏尼特右旗、东乌珠穆沁旗、西乌珠穆沁旗、 太仆寺旗、镶黄旗、正镶白旗、正蓝旗 阿拉善盟：阿拉善左旗、阿拉善右旗、额济纳旗
辽　宁	8 自治县	鞍山市：岫岩满族自治县 抚顺市：新宾满族自治县、清原满族自治县 本溪市：本溪满族自治县、桓仁满族自治县 丹东市：宽甸满族自治县 阜新市：阜新蒙古族自治县 朝阳市：喀喇沁左翼蒙古族自治县
吉　林	1 自治州 6 县级市 2 县 3 自治县	四平市：伊通满族自治县 白山市：长白朝鲜族自治县 松原市：前郭尔罗斯蒙古族自治县 延边朝鲜族自治州：延吉市、图们市、敦化市、珲春市、龙井市、 和龙市、汪清县、安图县
黑龙江	1 自治县	大庆市：杜尔伯特蒙古族自治县
浙　江	1 自治县	丽水市：景宁畲族自治县
湖　北	1 自治州 2 县级市 6 县 2 自治县	宜昌市：长阳土家族自治县、五峰土家族自治县 恩施土家族苗族自治州：恩施市、利川市、建始县、巴东县、宣恩县、 咸丰县、来凤县、鹤峰县

注：1.内蒙古行政区划中的旗相当于县。

2.表中有*号的为民族自治地方所辖地级市。

1-2 续表 1

地 区	数量	行政区划
湖 南	1 自治州 1 县级市 7 县 7 自治县	邵阳市：城步苗族自治县 永州市：江华瑶族自治县 怀化市：麻阳苗族自治县、新晃侗族自治县、芷江侗族自治县、靖州苗族侗族自治县、通道侗族自治县 湘西土家族苗族自治州：吉首市、泸溪县、凤凰县、花垣县、保靖县、古丈县、永顺县、龙山县
广 东	3 自治县	韶关市：乳源瑶族自治县 清远市：连山壮族瑶族自治县、连南瑶族自治县
广 西	14 地级市 41 市辖区 7 县级市 49 县 12 自治县	*南宁市：青秀区、兴宁区、江南区、西乡塘区、良庆区、邕宁区、武鸣区、隆安县、马山县、上林县、宾阳县、横县 *柳州市：柳北区、城中区、鱼峰区、柳南区、柳江区、柳城县、鹿寨县、融安县、融水苗族自治县、三江侗族自治县 *桂林市：临桂区、秀峰区、叠彩区、象山区、七星区、雁山区、荔浦市、阳朔县、灵川县、全州县、兴安县、永福县、灌阳县、资源县、平乐县、龙胜各族自治县、恭城瑶族自治县 *梧州市：长洲区、万秀区、龙圩区、岑溪市、苍梧县、藤县、蒙山县 *北海市：海城区、银海区、铁山港区、合浦县 *防城港市：港口区、防城区、东兴市、上思县 *钦州市：钦南区、钦北区、灵山县、浦北县 *贵港市：港北区、港南区、覃塘区、桂平市、平南县 *玉林市：玉州区、福绵区、北流市、容县、陆川县、博白县、兴业县 *百色市：右江区、田阳区、靖西市、平果市、田东县、德保县、那坡县、凌云县、乐业县、田林县、西林县、隆林各族自治县 *贺州市：八步区、平桂区、昭平县、钟山县、富川瑶族自治县 *河池市：宜州区、金城江区、南丹县、天峨县、凤山县、东兰县、罗城仫佬族自治县、环江毛南族自治县、巴马瑶族自治县、都安瑶族自治县、大化瑶族自治县 *来宾市：兴宾区、合山市、忻城县、象州县、武宣县、金秀瑶族自治县 *崇左市：江州区、凭祥市、扶绥县、宁明县、龙州县、大新县、天等县
海 南	6 自治县	白沙黎族自治县、昌江黎族自治县、乐东黎族自治县、陵水黎族自治县、保亭黎族苗族自治县、琼中黎族苗族自治县
重 庆	4 自治县	石柱土家族自治县、秀山土家族苗族自治县、酉阳土家族苗族自治县、彭水苗族土家族自治县
四 川	3 自治州 3 县级市 44 县 4 自治县	绵阳市：北川羌族自治县 乐山市：峨边彝族自治县、马边彝族自治县 阿坝藏族羌族自治州：马尔康市、汶川县、理县、茂县、松潘县、九寨沟县、金川县、小金县、黑水县、壤塘县、阿坝县、若尔盖县、红原县 甘孜藏族自治州：康定市、泸定县、丹巴县、九龙县、雅江县、道孚县、炉霍县、甘孜县、新龙县、德格县、白玉县、石渠县、色达县、理塘县、巴塘县、乡城县、稻城县、得荣县 凉山彝族自治州：西昌市、盐源县、德昌县、会理县、会东县、宁南县、普格县、布拖县、金阳县、昭觉县、喜德县、冕宁县、越西县、甘洛县、美姑县、雷波县、木里藏族自治县

1-2 续表 2

地　区	数　量	行政区划
贵　州	3 自治州 5 县级市 30 县 11 自治县	遵义市：道真仡佬族苗族自治县、务川仡佬族苗族自治县 安顺市：镇宁布依族苗族自治县、关岭布依族苗族自治县、紫云苗族布依族自治县 毕节市：威宁彝族回族苗族自治县 铜仁市：玉屏侗族自治县、印江土家族苗族自治县、沿河土家族自治县、松桃苗族自治县 黔西南布依族苗族自治州：兴义市、兴仁市、普安县、晴隆县、贞丰县、望谟县、册亨县、安龙县 黔东南苗族侗族自治州：凯里市、黄平县、施秉县、三穗县、镇远县、岑巩县、天柱县、锦屏县、剑河县、台江县、黎平县、榕江县、从江县、雷山县、麻江县、丹寨县 黔南布依族苗族自治州：都匀市、福泉市、荔波县、贵定县、瓮安县、独山县、平塘县、罗甸县、长顺县、龙里县、惠水县、三都水族自治县
云　南	8 自治州 12 县级市 37 县 29 自治县	昆明市：石林彝族自治县、禄劝彝族苗族自治县、寻甸回族彝族自治县 玉溪市：峨山彝族自治县、新平彝族傣族自治县、元江哈尼族彝族傣族自治县 丽江市：玉龙纳西族自治县、宁蒗彝族自治县 普洱市：宁洱哈尼族彝族自治县、墨江哈尼族自治县、景东彝族自治县、景谷傣族彝族自治县、镇沅彝族哈尼族拉祜族自治县、江城哈尼族彝族自治县、孟连傣族拉祜族佤族自治县、澜沧拉祜族自治县、西盟佤族自治县 临沧市：双江拉祜族佤族布朗族傣族自治县、耿马傣族佤族自治县、沧源佤族自治县 楚雄彝族自治州：楚雄市、双柏县、牟定县、南华县、姚安县、大姚县、永仁县、元谋县、武定县、禄丰县 红河哈尼族彝族自治州：蒙自市、个旧市、开远市、弥勒市、建水县、石屏县、泸西县、元阳县、红河县、绿春县、屏边苗族自治县、金平苗族瑶族傣族自治县、河口瑶族自治县 文山壮族苗族自治州：文山市、砚山县、西畴县、麻栗坡县、马关县、丘北县、广南县、富宁县 西双版纳傣族自治州：景洪市、勐海县、勐腊县 大理白族自治州：大理市、祥云县、宾川县、弥渡县、永平县、云龙县、洱源县、剑川县、鹤庆县、漾濞彝族自治县、南涧彝族自治县、巍山彝族回族自治县 德宏傣族景颇族自治州：芒市、瑞丽市、梁河县、盈江县、陇川县 怒江傈僳族自治州：泸水市、福贡县、贡山独龙族怒族自治县、兰坪白族普米族自治县 迪庆藏族自治州：香格里拉市、德钦县、维西傈僳族自治县
西　藏	6 地级市 1 地区 8 市辖区 66 县	*拉萨市：城关区、堆龙德庆区、达孜区、林周县、当雄县、尼木县、曲水县、墨竹工卡县 *日喀则市：桑珠孜区、南木林县、江孜县、定日县、萨迦县、拉孜县、昂仁县、谢通门县、白朗县、仁布县、康马县、定结县、仲巴县、亚东县、吉隆县、聂拉木县、萨嘎县、岗巴县 *昌都市：卡若区、江达县、贡觉县、类乌齐县、丁青县、察雅县、八宿县、左贡县、芒康县、洛隆县、边坝县 *林芝市：巴宜区、工布江达县、米林县、墨脱县、波密县、察隅县、朗县 *山南市：乃东区、扎囊县、贡嘎县、桑日县、琼结县、曲松县、措美县、洛扎县、加查县、隆子县、错那县、浪卡子县 *那曲市：色尼区、嘉黎县、比如县、聂荣县、安多县、申扎县、索县、班戈县、巴青县、尼玛县、双湖县 阿里地区：噶尔县、普兰县、札达县、日土县、革吉县、改则县、措勤县

1-2 续表 3

地 区	数量	行政区划
甘 肃	2 自治州 2 县级市 12 县 7 自治县	天水市：张家川回族自治县 武威市：天祝藏族自治县 张掖市：肃南裕固族自治县 酒泉市：肃北蒙古族自治县、阿克塞哈萨克族自治县 临夏回族自治州：临夏市、临夏县、康乐县、永靖县、广河县、和政县、 东乡族自治县、积石山保安族东乡族撒拉族自治县 甘南藏族自治州：合作市、临潭县、卓尼县、舟曲县、迭部县、玛曲县、 碌曲县、夏河县
青 海	6 自治州 4 县级市 25 县 7 自治县	西宁市：大通回族土族自治县 海东市：民和回族土族自治县、互助土族自治县、化隆回族自治县、 循化撒拉族自治县 海北藏族自治州：海晏县、祁连县、刚察县、门源回族自治县 黄南藏族自治州：同仁县、尖扎县、泽库县、河南蒙古族自治县 海南藏族自治州：共和县、同德县、贵德县、兴海县、贵南县 果洛藏族自治州：玛沁县、班玛县、甘德县、达日县、久治县、玛多县 玉树藏族自治州：玉树市、杂多县、称多县、治多县、囊谦县、曲麻莱县 海西蒙古族藏族自治州：德令哈市、格尔木市、茫崖市、乌兰县、都兰县、天峻县
宁 夏	5 地级市 9 市辖区 2 县级市 11 县	*银川市：金凤区、兴庆区、西夏区、灵武市、永宁县、贺兰县 *石嘴山市：大武口区、惠农区、平罗县 *吴忠市：利通区、红寺堡区、青铜峡市、盐池县、同心县 *固原市：原州区、西吉县、隆德县、泾源县、彭阳县 *中卫市：沙坡头区、中宁县、海原县
新 疆	4 地级市 5 地区 5 自治州 13 市辖区 26 县级市 61 县 6 自治县	*乌鲁木齐市：天山区、沙依巴克区、新市区、水磨沟区、头屯河区、 达坂城区、米东区、乌鲁木齐县 *克拉玛依市：克拉玛依区、独山子区、白碱滩区、乌尔禾区 *吐鲁番市：高昌区、鄯善县、托克逊县 *哈密市：伊州区、巴里坤哈萨克自治县、伊吾县 阿克苏地区：阿克苏市、库车市、温宿县、沙雅县、新和县、拜城县、 乌什县、阿瓦提县、柯坪县 喀什地区：喀什市、疏附县、疏勒县、英吉沙县、泽普县、莎车县、 叶城县、麦盖提县、岳普湖县、伽师县、巴楚县、 塔什库尔干塔吉克自治县 和田地区：和田市、和田县、墨玉县、皮山县、洛浦县、策勒县、 于田县、民丰县 昌吉回族自治州：昌吉市、阜康市、呼图壁县、玛纳斯县、 奇台县、吉木萨尔县、木垒哈萨克自治县 博尔塔拉蒙古自治州：博乐市、阿拉山口市、精河县、温泉县 巴音郭楞蒙古自治州：库尔勒市、轮台县、尉犁县、若羌县、且末县、 和静县、和硕县、博湖县、焉耆回族自治县 克孜勒苏柯尔克孜自治州：阿图什市、阿克陶县、阿合奇县、乌恰县 伊犁哈萨克自治州：伊宁市、奎屯市、霍尔果斯市、 伊宁县、霍城县、巩留县、新源县、昭苏县、 特克斯县、尼勒克县、察布查尔锡伯自治县 塔城地区：塔城市、乌苏市、额敏县、沙湾县、托里县、裕民县、 和布克赛尔蒙古自治县 阿勒泰地区：阿勒泰市、布尔津县、富蕴县、福海县、哈巴河县、 青河县、吉木乃县 自治区直辖区县级行政单位：石河子市、阿拉尔市、图木舒克市、五家渠市、 北屯市、铁门关市、双河市、可克达拉市、昆玉市、胡杨河市

主要统计指标解释

行政区划 指国家对行政区域的划分。根据宪法规定，民族自治地方的行政区域划分如下：(1) 自治区分为地区（市、自治州)、县、自治县、市；(2) 自治州分为县、自治县、市；(3) 自治县分为乡、民族乡、镇。

二、综　合

2–1 民族自治地方国民经济与社会发展主要指标

指　　标	总量指标					
	1990年	1995年	2000年	2005年	2010年	2018年
人口与就业						
人口(万人)						
年底总人口	15296	16044	16818	17311	18531	18938
#少数民族人口	6880	7232	7767	8239	8814	9781
就业(万人)						
单位从业人员数	1543	1672	1733	1202	1297	1559
宏观经济						
地区生产总值(亿元)		**4901**	**7486**	**15706**	**38989**	**77668**
第一产业		1629	2022	3300	6198	11254
第二产业		1747	2834	6419	18809	29997
第三产业		1526	2629	5987	13982	36417
人均地区生产总值(元)		**3055**	**4451**	**8991**	**22060**	**42409**
财政(亿元)						
地方一般公共预算收入	166.7	248	476	1026	3257	7575
地方一般公共预算支出	304.4	595	1173	3050	10512	27987
产业						
农业						
耕地面积(万公顷)	1763	1508	2086	2033	2380	2856
灌溉面积(万公顷)	764	838	936	1027	1156	1408
农林牧渔总产值(亿元)		2537	3200	5349	10374	19693
主要农产品产量						
粮食产量(万吨)	5373	5801	6381	7187	8308	10362
棉花产量(万吨)	47	95	146	188	248	511
油料产量(万吨)	208	264	353	372	422	533
大牲畜年底头数(万头)	5286	5618	5566	6153	6068	5121
羊年底头数(万只)	11362	11906	13076	16391	14885	16034
猪年底头数(万头)	5668	7240	8201	8526	8141	6975
工业						
主要工业产品产量						
机制纸及纸板(万吨)	94	191	175	273	385	446
原盐(万吨)						734
成品糖(万吨)	223	240	498	678	907	1287
卷烟(亿只)						2460
天然气(亿立方米)						339
发电量(亿千瓦小时)	739	1187	1712	3052	6730	16105
粗钢(万吨)	368	700	647	1846	4005	5822
生铁(万吨)	417	555	725	2087	4447	5929
水泥(万吨)	1958	4296	5703	10156	21653	35195
建筑业						
建筑业企业人数(万人)			132	142	194	280
建筑业总产值(亿元)			754	1656	5203	12062
施工房屋面积(万平方米)			9232	15964	35052	54897
竣工房屋面积(万平方米)			5326	8072	15418	18616

2019年	速度指标(%)								
	指数（2019年为以下各年）						平均增长速度		
	1990年	1995年	2000年	2005年	2010年	2018年	1991—2019年	1996—2019年	2001—2019年
18981	124.1	118.3	112.9	109.6	102.4	100.2	0.7	0.7	0.6
9809	142.6	135.6	126.3	119.1	111.3	100.3	1.2	1.3	1.2
1582	102.5	94.6	91.3	131.6	122.0	101.5	0.1	-0.2	-0.5
84027		**1139.1**	**738.6**	**424.4**	**217.2**	**106.3**		**10.7**	**11.1**
12465		355.4	270.6	205.2	205.2	104.8		5.4	5.4
29157		1975.4	1173.2	562.9	239.8	106.0		13.2	13.8
42405		1212.3	753.9	439.2	235.4	107.0		11.0	11.2
45733		**962.8**	**654.4**	**387.0**	**212.1**	**106.1**		**9.9**	**10.4**
7892	4734.3	3181.0	1659.6	768.9	242.3	104.2	14.2	15.5	15.9
29732	9767.5	4996.2	2535.0	974.7	282.9	106.2	17.1	17.7	18.5
2874	163.0	190.6	137.8	141.4	120.8	100.6	1.7	2.7	1.7
1383	181.0	165.1	147.8	134.6	119.6	98.2	2.1	2.1	2.1
21727	4665.0	856.5	679.0	406.2	209.4	110.3	14.2	9.4	10.6
10596	197.2	182.7	166.0	147.4	127.5	102.3	2.4	2.5	2.7
500	1064.7	529.0	342.2	266.3	201.4	97.9	8.5	7.2	6.7
569	273.5	215.5	161.1	152.9	134.7	106.8	3.5	3.3	2.5
5137	97.2	91.4	92.3	83.5	84.7	100.3	-0.1	-0.4	-0.4
16032	141.1	134.7	122.6	97.8	107.7	100.0	1.2	1.2	1.1
5230	92.3	72.2	63.8	61.3	64.2	75.0	-0.3	-1.3	-2.3
417	443.3	218.2	237.7	152.9	108.3	93.5	5.3	3.3	4.7
848						115.5			
1084	486.8	452.5	217.5	159.8	119.5	84.2	5.6	6.5	4.2
2510						102.0			
365						107.9			
18055	2443.9	1521.7	1054.3	591.5	268.3	112.1	11.7	12.0	13.2
7124	1934.4	1018.3	1101.0	385.9	177.9	122.4	10.8	10.2	13.5
7780	1865.7	1402.6	1073.3	372.8	174.9	131.2	10.6	11.6	13.3
38369	1959.8	893.2	672.8	377.8	177.2	109.0	10.8	9.6	10.6
295			224.2	208.2	151.9	105.5			4.3
13126			1740.1	792.7	252.3	108.8			16.2
57866			626.8	362.5	165.1	105.4			10.1
17749			333.3	219.9	115.1	95.3			6.5

2-1 续表

指　　标	总量指标					
	1990年	1995年	2000年	2005年	2010年	2018年
邮电运输						
铁路营业里程(万公里)	1.31	1.70	1.43	1.69	2.12	3.18
公路通车里程(万公里)	29	33	42	59	91	126
邮路及农村投递						
线路总长度(万公里)	88	107	110	110	127	248
对外经济贸易						
进出口总额(亿元)						7987
出口额(亿元)						4308
进口额(亿元)						3679
国际旅游						
国际旅游人数(万人次)			269	467	820	2211
国际旅游外汇收入(亿美元)			8	13	30	95
金融						
金融机构各项存款余额(亿元)			7906	16324	46622	118138
金融机构各项贷款余额(亿元)			6548	11300	30579	99691
教育、文化、卫生						
教育						
在校学生数(万人)						
普通高等学校	13.6	18.6	34.2	100.0	161.9	231.1
普通中学	610	632	873	1082	1050	1074
普通小学	1853	1889	1886	1668	1536	1573
专任教师数(万人)						
普通高等学校	2.8	3.7	3.6	6.3	9.5	12.2
普通中学	41.5	41.5	47.9	61.1	67.4	78.2
普通小学	84.8	85.8	89.9	88.1	90.7	94.7
文化						
出版数量						
图书(万册)	30166	42275	42310	41958	43099	65776
杂志(万册)	7866	7881	8332	10280	8276	9298
报纸(万份)	79120	94985	123277	169518	174848	170706
卫生						
医疗卫生机构数(万个)	1.1	1.2	1.2	1.2	1.2	5.5
卫生技术人员数(万人)	50.0	52.7	48.5	47.8	68.1	112.8
医疗卫生机构床位(万张)	33.2	35.7	36.1	38.4	55.7	104.8
社会服务						
福利类收养单位床位数(万张)					27.3	34.7
城镇社区服务设施数(个)					6188	10823
城乡最低生活保障人数(万人)					1907	1366

注：1.规模以上工业企业统计范围1998年至2006年签字全部国有及年主营收入在500万元及以上非国有工业企业；
2.2007至2010年为年主营业务收入在500万元及以上的工业企业；2010年以后为年主营业务收入在2000万元及以上的工业企业；
3.2016年以后医疗卫生机构统计范围为医院、基础卫生医疗机构数，基础卫生医疗机构数包括社区卫生服务中心(站)、卫生院、门诊部、诊所、卫生所、医务室。

2019年	速度指标(%)								
	指数（2019年为以下各年）						平均增长速度		
	1990年	1995年	2000年	2005年	2010年	2018年	1991—2019年	1996—2019年	2001—2019年
3.40	259.3	199.8	238.0	201.0	160.0	106.9			4.7
130	441.2	390.1	305.8	219.8	142.1	102.7	5.3	5.8	6.1
243	275.8	227.3	221.6	221.3	191.6	97.9	3.6	3.5	4.3
9541						119.5			
5417						125.7			
4124						112.1			
1807			671.6	386.8	220.3	81.7			10.5
100			1325.4	781.7	333.5	105.1			14.6
121627			1538.4	745.1	260.9	103.0			15.5
107972			1648.9	955.5	353.1	108.3			15.9
245.9	1807.7	1321.8	718.9	245.9	151.9	106.4	10.5	11.4	10.9
993	162.9	157.2	113.8	91.8	94.6	92.5	1.7	1.9	0.7
1626	87.8	86.1	86.2	97.5	105.8	103.4	-0.4	-0.6	-0.8
12.8	456.3	345.3	351.1	202.8	134.9	104.9	5.4	5.3	6.8
74.5	179.5	179.6	155.5	121.9	110.4	95.2	2.0	2.5	2.4
96.1	113.3	112.0	106.8	109.1	105.9	101.5	0.4	0.5	0.3
65119	215.9	154.0	153.9	155.2	151.1	99.0	2.7	1.8	2.3
8868	112.7	112.5	106.4	86.3	107.2	95.4	0.4	0.5	0.3
160951	203.4	169.4	130.6	94.9	92.1	94.3	2.5	2.2	1.4
5.5	522.9	448.4	442.6	466.7	462.2	101.4	5.9	6.5	8.1
120.1	240.2	227.7	247.6	251.1	176.5	106.5	3.1	3.5	4.9
109.8	330.7	307.5	303.9	285.6	197.0	104.8	4.2	4.8	6.0
40.4					147.8	116.2			
13596					219.7	125.6			
1260					66.1	92.2			

2-2 民族自治地方国民经济与社会发展主要指标占全国的比重

指 标	1990年	1995年	2000年	2005年	2010年	2014年
人口与就业						
年底总人口	13.38	13.25	13.27	13.36	13.82	13.71
单位从业人员	10.98	11.22	14.29	10.79	9.94	8.66
地区生产总值		**8.52**	**7.70**	**7.94**	**8.92**	**10.12**
第一产业		13.68	13.62	14.35	15.29	16.41
第二产业		6.50	6.19	6.62	8.55	10.92
第三产业		8.14	7.19	7.69	7.92	8.21
人均地区生产总值		60.54	56.65	63.98	67.00	73.60
财政						
地方一般公共预算收入	8.60	8.31	7.42	6.80	8.02	8.74
地方一般公共预算支出	14.60	12.33	11.31	12.13	14.23	15.01
农业						
农林牧渔总产值	12.80	12.47	12.84	13.56	14.97	11.10
耕地面积	18.40					
灌溉面积	16.12	17.00	17.40	18.67	19.16	16.33
主要农牧产品						
粮食	12.00	12.43	15.75	14.85	15.20	16.11
棉花	10.40	19.84	33.11	32.89	41.68	59.61
油料	12.90	11.73	11.95	12.09	13.08	13.84
大牲畜年末头数	40.60	35.40	36.74	39.09	49.58	47.98
羊年末只数	54.10	43.00	45.04	43.98	53.00	53.90
猪年末头数	15.60	16.40	18.35	16.94	17.52	18.77
工业						
主要工业产品						
机制纸及纸板	6.86	6.80	7.06	5.05	3.92	4.08
原盐						
成品糖	38.25	42.84	71.17	75.09	81.15	98.38
卷烟						
天然气						
发电量	11.90	11.80	12.63	12.33	16.00	20.17
粗钢	5.60	7.30	5.04	5.24	6.28	6.19
生铁	6.68	5.27	5.53	6.32	7.45	7.57
水泥	9.34	9.03	9.55	9.55	11.51	14.52
建筑业						
建筑业总产值			4.50	4.77	5.42	3.64
运输						
铁路营业里程	24.50	31.10	24.30	22.41	23.28	21.38
公路线路里程	28.40	28.70	30.20	17.63	22.75	25.08
对外经济贸易						
进出口贸易			1.81	1.56	1.79	2.51
出口额			1.99	1.91	2.10	3.09
进口额			1.60	1.25	1.45	1.82
国际旅游						
国际旅游人数			4.17	4.42	7.04	20.29
旅游外汇收入			4.65	4.37	6.50	13.57
教育						
在校学生						
普通高等学校	6.59	6.40	6.15	6.40	7.25	7.27
普通中学	13.29	11.76	11.85	14.88	13.64	15.11
普通小学	15.14	14.32	14.49	15.35	15.45	15.57
专任教师						
普通高等学校	7.09	9.23	7.86	6.48	7.05	7.00
普通中学	13.68	12.44	11.96	12.82	13.38	14.42
普通小学	15.19	15.15	15.35	15.75	16.15	13.73
卫生						
医疗卫生机构数	17.00	18.10	18.78	19.68	19.84	21.68
卫生技术人员	12.50	12.40	7.91	10.66	10.85	8.64
医疗卫生机构床位数	12.70	12.60	12.25	11.96	11.77	11.85

2-2 续表

指 标	2015年	2016年	2017年	2018年	2019年
人口与就业					
年底总人口	13.54	13.55	13.63	13.57	13.56
单位从业人员	2.05	2.02	2.03	2.01	2.04
地区生产总值	**9.71**	**9.45**	**8.71**	**8.63**	**8.48**
第一产业	16.33	16.49	16.40	17.39	17.69
第二产业	10.44	10.06	8.41	8.20	7.55
第三产业	7.94	7.81	7.76	7.76	7.94
人均地区生产总值	70.37	73.37	66.41	65.60	64.51
财政					
地方一般公共预算收入	8.49	8.18	7.94	7.73	7.81
地方一般公共预算支出	14.48	12.58	14.81	14.87	14.59
农业					
农林牧渔总产值	15.77	15.74	17.28	17.34	17.53
耕地面积					
灌溉面积	19.72	18.48	20.32	20.68	20.14
主要农牧产品					
粮食	15.77	15.85	15.29	15.75	15.96
棉花	63.09	67.92	80.82	83.79	84.97
油料	14.50	15.59	16.57	15.52	16.29
大牲畜年末头数	45.72	49.70	57.79	53.21	52.01
羊年末只数	52.96	53.18	55.41	53.96	53.31
猪年末头数	18.64	19.14	18.82	16.29	16.85
工业					
主要工业产品					
机制纸及纸板	3.75	3.80	3.75	3.83	3.33
原盐				13.32	12.65
成品糖	83.89	83.37	82.06	84.43	77.99
卷烟				10.74	10.62
天然气				22.80	20.73
发电量	21.50	22.29	24.27	22.64	24.06
粗钢	6.38	6.57	6.81	6.27	7.16
生铁	7.02	7.63	7.53	7.69	9.62
水泥	15.43	16.45	15.66	15.94	16.37
建筑业					
建筑业总产值	5.04	5.05	5.19	5.13	5.28
运输					
铁路营业里程	24.98	24.55	24.73	24.12	24.28
公路线路里程	25.24	25.50	25.90	26.03	25.85
对外经济贸易					
进出口贸易	2.61	2.76	2.55	2.87	3.02
出口额	2.84	2.73	2.56	2.81	3.14
进口额	2.30	2.79	2.55	2.95	2.88
国际旅游					
国际旅游人数	20.99	20.99	20.41	15.66	12.43
旅游外汇收入	5.19	5.95	7.09	7.49	7.62
教育					
在校学生					
普通高等学校	7.65	7.77	8.11	8.16	8.11
普通中学	14.81	15.16	15.12	15.28	13.72
普通小学	15.10	15.13	15.24	15.21	15.40
专任教师					
普通高等学校	6.95	7.10	7.28	7.28	7.34
普通中学	15.53	14.15	14.34	14.34	13.28
普通小学	15.54	15.74	15.31	15.54	15.33
卫生					
医疗卫生机构数	19.54	4.94	5.05	5.58	5.59
卫生技术人员	11.87	11.91	11.94	11.83	11.83
医疗卫生机构床位数	11.76	12.34	13.36	11.00	12.92

注：1.本表中涉及民族自治地方GDP占全国的比重，分母为全国31个省(区、市)相加的合计数。
2.财政收支占全国的比重是指占全国地方财政收支的比重。
3.2016年以后#医疗卫生机构统计范围为医院、基础卫生医疗机构数，基础卫生医疗机构数包括社区卫生服务中心(站)、卫生院、门诊部、诊所、卫生所、医务室。

2-3 按区域分的国民经济和社会发展主要指标(2019年)(一)

指 标	全国总计	民族自治地方		东部地区	
		绝对数	占全国比重(%)	绝对数	占全国比重(%)
自然资源					
土地面积(万平方公里)	960	613	63.9	92	9.5
人口					
总人口(年末)(万人)	140005	18981	13.6	54164	38.7
国民经济核算					
国内(地区)生产总值(亿元)	990865	84027	8.5	511161	51.6
第一产业	70467	12465	17.7	23459	33.3
第二产业	386165	29157	7.6	198956	51.5
第三产业	534233	42405	7.9	288746	54.0
人均国内(地区)生产总值(元)	70892	45733		94372	
财政					
地方一般公共预算收入(亿元)	101081	7892	7.8	58031	57.4
地方一般公共预算支出(亿元)	203743	29732	14.6	85053	41.7
对外贸易					
货物进出口总额(亿元)	315627	9541	3.0	254487	80.6
出口额(亿元)	172374	5417	3.1	137746	79.9
进口额(亿元)	143254	4124	2.9	116741	81.5
农业					
主要农产品产量(万吨)					
粮食	66384	10596	16.0	15622	23.5
棉花	589	500	85.0	47	7.9
油料	3493	569	16.3	677	19.4
工业					
主要工业产品产量					
发电量(亿千瓦小时)	75034	18055	24.1	27893	37.2
粗钢(万吨)	99542	7124	7.2	53337	53.6
水泥(万吨)	234431	38369	16.4	84182	35.9
交通运输业					
铁路营业里程(万公里)	14	3.4	24.3	3.3	23.7
公路里程(万公里)	501	129.6	25.8	117.9	23.5
旅客周转量(亿人公里)	35349	3341	9.5	8966	25.4
货物周转量(亿吨公里)	199394	15694	7.9	117460	58.9
邮电通信业					
邮政业务总量(亿元)	16230	401	2.5	12334	76.0
电信业务总量(亿元)	106811	9735	9.1	47064	44.1
教育					
普通高等学校					
学校数(个)	2688	253	9.4	1020	37.9
招生数(万人)	915	89	9.7	335	36.7
在校学生数(万人)	3032	246	8.1	1140	37.6
毕业生数(万人)	759	66	8.6	290	38.2
卫生					
医疗卫生机构数(万个)	99	5.5	5.6	34.0	34.4
卫生技术人员(万人)	1015	120.1	11.8	413.5	40.7
医疗卫生机构床位数(万张)	850	109.8	12.9	294.8	34.7
人民生活					
城镇居民人均可支配收入(元)	42359	34471		50145	
农村居民人均可支配收入(元)	16021	12700		19989	

2-3(一) 续表

指　标	中部地区		西部地区		东北地区	
	绝对数	占全国比重(%)	绝对数	占全国比重(%)	绝对数	占全国比重(%)
自然资源						
土地面积(万平方公里)	103	10.7	687	71.5	79	8.2
人口						
总人口(年末)(万人)	37246	26.6	38180	27.3	10794	7.7
国民经济核算						
国内(地区)生产总值(亿元)	218738	22.1	205185	20.7	50249	5.1
第一产业	17889	25.4	22471	31.9	6648	9.4
第二产业	91382	23.7	77797	20.1	17281	4.5
第三产业	109466	20.5	104917	19.6	26320	4.9
人均国内(地区)生产总值(元)	58728		53742		46554	
财政						
地方一般公共预算收入(亿元)	18455	18.3	19562	19.4	5032	5.0
地方一般公共预算支出(亿元)	44658	21.9	59342	29.1	14690	7.2
对外贸易						
货物进出口总额(亿元)	23696	7.5	27015	8.6	10429	3.3
出口额(亿元)	15407	8.9	15417	8.9	3804	2.2
进口额(亿元)	8289	5.8	11598	8.1	6625	4.6
农业						
主要农产品产量(万吨)						
粮食	19968	30.1	16983	25.6	13811	20.8
棉花	38	6.4	505	85.7		0.0
油料	1494	42.8	1130	32.4	191	5.5
工业						
主要工业产品产量						
发电量(亿千瓦小时)	15029	20.0	27981	37.3	4131	5.5
粗钢(万吨)	21066	21.2	15525	15.6	9615	9.7
水泥(万吨)	62113	26.5	79653	34.0	8482	3.6
交通运输业						
铁路营业里程(万公里)	3.3	23.5	5.6	39.7	1.8	13.1
公路里程(万公里)	137.1	27.4	206.2	41.1	40.0	8.0
旅客周转量(亿人公里)	6987	19.8	5892	16.7	1799	5.1
货物周转量(亿吨公里)	36957	18.5	26921	13.5	12339	6.2
邮电通信业						
邮政业务总量(亿元)	2158	13.3	1326	8.2	412	2.5
电信业务总量(亿元)	22839	21.4	30506	28.6	6225	5.8
教育						
普通高等学校						
学校数(个)	699	26.0	711	26.5	258	9.6
招生数(万人)	254	27.8	248	27.1	77	8.5
在校学生数(万人)	841	27.7	799	26.4	252	8.3
毕业生数(万人)	218	28.7	189	24.9	62	8.2
卫生						
医疗卫生机构数(万个)	26.5	26.8	30.9	31.3	7.5	7.6
卫生技术人员(万人)	245.9	24.2	281.5	27.7	73.5	7.2
医疗卫生机构床位数(万张)	229.2	27.0	253.1	29.8	72.7	8.6
人民生活						
城镇居民人均可支配收入(元)	36607		36041		35130	
农村居民人均可支配收入(元)	15290		13035		15357	

注：1.旅客周转量全国总计大于分地区之和的原因是有不分地区合计数，为民航完成数；
2.货物周转量全国总计大于分地区之和的原因是有不分地区合计数，不分地区合计数中包括铁路行包运量、民航、管道、中远集团海外公司和中海集团香港有限公司完成数。
3.2016年以后#医疗卫生机构统计范围为医院、基础卫生医疗机构数，基础卫生医疗机构数包括社区卫生服务中心(站)、卫生院、门诊部、诊所、卫生所、医务室。

2-3 按区域分的国民经济和社会发展主要指标(2019年)(二)

指　标	全国总计	民族自治地方		牧区半牧区县	
		绝对数	占全国比重(%)	绝对数	占全国比重(%)
县级行政区域单位数(个)	**2851**	**711**	**24.9**	**269**	**9.4**
土地面积(万平方公里)	**960**	**613**	**63.9**	**417**	**43.4**
人口					
总人口(年末)(万人)	140005	18981.1	13.6	4727.6	3.3
国内(地区)生产总值(亿元)	**990865.1**	**84027.2**	**8.5**	**19068.9**	**2.2**
第一产业	70466.7	12464.9	17.7	4055.6	5.9
第二产业	386165.3	29157.5	7.6	6753.3	2.1
第三产业	534233.1	42404.9	7.9	8260.0	1.7
人均国内(地区)生产总值(元)	70891.8	45732.6		42159.2	
财政					
地方一般公共预算收入(亿元)	101081	7892.0	7.8	1264.6	1.1
地方一般公共预算支出(亿元)	203743	29732.4	14.6	6444.5	3.2
农业					
农林牧渔业总产值(亿元)	123967.9	21727.2	17.5	5908.9	5.2
粮食(万吨)	66384.3	10596.0	16.0	7407.3	10.0
肉类总产量(万吨)	7758.8	1539.0	19.8	606.9	7.1
工业					
规模以上工业企业资产总计(亿元)	1205868.92	103774.2	8.6	25099.1	2.5
教育					
普通中学					
学校数(个)	66368	7989.0	12.0	2082	3.1
在校学生数(万人)	7241.0	993.2	13.7	206.5	2.9
专任教师数(万人)	560.7	74.5	13.3	18	3.2
普通小学					
学校数(个)	160148	31053.0	19.4	6547.0	4.6
在校学生数(万人)	10561	1626.0	15.4	297.3	4.2
专任教师数(万人)	626.9	96.1	15.3	21.0	3.6
卫生					
医疗卫生机构数(万个)	98.9	5.5	5.6	4.1	4.2
卫生技术人员(万人)	1015.4	120.1	11.8	21.9	2.0
医疗卫生机构床位数(万张)	849.8	109.8	12.9	20.3	2.5
人民生活					
农村居民人均可支配收入(元)	16021.0	12700.3		13488.9	

2-3(二) 续表

指　标	陆地边境县		青海等省藏区	
	绝对数	占全国比重(%)	绝对数	占全国比重(%)
县级行政区域单位数(个)	**139**	**4.9**	**74**	**2.6**
土地面积(万平方公里)	**194**	**20.2**	**102**	**10.6**
人口				
总人口(年末)(万人)	2378.5	1.7	555.0	0.4
国内(地区)生产总值(亿元)	**9843.8**	**1.1**	**2484.6**	**0.3**
第一产业	2158.8	3.3	385.6	0.5
第二产业	2970.1	0.8	928.6	0.2
第三产业	4717.0	1.0	1170.4	0.2
人均国内(地区)生产总值(元)	41385.8		38669.4	
财政				
地方一般公共预算收入(亿元)	570.5	0.6	165.9	0.2
地方一般公共预算支出(亿元)	3570.0	1.9	1821.1	0.9
农业				
农林牧渔业总产值(亿元)	3121.8	2.7	591.6	0.5
粮食(万吨)	2218.6	3.4	110.8	0.2
肉类总产量(万吨)	191.6	2.2	55.3	0.7
工业				
规模以上工业企业资产总计(亿元)	9982.7	0.9	3169.3	0.3
教育				
普通中学				
学校数(个)	1217.0	1.9	135.0	0.2
在校学生数(万人)	104.3	1.5	15.3	0.2
专任教师数(万人)	9.3	1.7	1.0	0.2
普通小学				
学校数(个)	4219.0	2.6	1487.0	0.9
在校学生数(万人)	162.9	1.6	49.0	0.5
专任教师数(万人)	11.3	1.8	3.4	0.5
卫生				
医疗卫生机构数(万个)	1.6	1.7	0.02	0.02
卫生技术人员(万人)	13.1	1.4	1.1	0.1
医疗卫生机构床位数(万张)	11.3	1.4	0.03	
人民生活				
农村居民人均可支配收入(元)	13133.7		11649.9	

2-4 民族自治地方分地区生产总值(2019年)

单位：亿元

地　　区	地　　区 生产总值	第一产业	第二产业	第三产业	工　业	建筑业
合　　计	**84027.19**	**12465.00**	**29101.69**	**42460.51**	**21770.66**	**7579.63**
河　　北	799.46	163.12	236.31	400.03	201.93	48.27
内 蒙 古	17212.50	1863.30	6763.10	8586.10	5458.60	1304.50
辽　　宁	804.91	210.11	196.15	398.65	180.29	33.75
吉　　林	989.30	155.91	279.24	554.14	211.03	67.80
黑 龙 江	100.12	41.60	15.21	43.31	11.58	3.67
浙　　江	69.00	6.42	17.04	45.55	9.80	7.25
湖　　北	1400.51	243.88	369.66	786.97	121.20	247.62
湖　　南	1285.56	207.22	357.44	720.91	279.61	61.16
广　　东	182.38	26.98	59.28	96.12	49.82	9.47
广　　西	21237.14	3387.74	7077.43	10771.97	5277.57	1816.05
海　　南	623.69	222.59	124.59	276.51	55.40	69.24
重　　庆	851.40	120.33	281.92	449.14	184.49	97.43
四　　川	2627.86	529.51	808.48	1289.87	672.69	137.48
贵　　州	5094.87	1003.75	1523.55	2567.57	1118.31	441.57
云　　南	9501.32	1725.99	3100.94	4674.39	1929.34	1174.78
西　　藏	1697.82	138.19	635.62	924.01	131.72	503.90
甘　　肃	649.48	112.09	120.81	416.59	94.61	41.98
青　　海	1554.28	244.59	754.70	554.99	650.98	160.24
宁　　夏	3748.48	279.93	1584.72	1883.83	1270.02	316.17
新　　疆	13597.11	1781.75	4795.50	7019.86	3861.66	1037.29

2-5 民族自治地方分地区生产总值指数和人均地区生产总值(2019年)

地　区	地　区 生产总值 (以2018年为100)	第一产业	第二产业	第三产业	人均地区 生产总值 (元)
合　计	**106.3**	**104.7**	**106.1**	**106.8**	**45733**
河　北	106.7	106.9	104.5	109.5	41583
内蒙古	105.2	102.4	105.7	105.4	67852
辽　宁	103.6	104.1	102.5	103.9	26165
吉　林	102.5	103.5	106.7	100.1	31142
黑龙江	109.5	103.6	127.6	104.8	42741
浙　江	109.2	102.9	102.9	113.0	62306
湖　北	106.6	103.5	106.3	107.9	35353
湖　南	107.5	103.4	107.0	108.9	26866
广　东	105.6	104.1	110.4	103.3	43392
广　西	106.0	105.6	105.7	106.2	42964
海　南	103.5	103.0	103.4	102.3	39823
重　庆	104.4	104.4	97.9	108.3	45044
四　川	105.9	103.2	104.0	108.3	34515
贵　州	108.8	105.9	110.3	109.2	37224
云　南	108.6	105.6	110.8	107.9	39181
西　藏	108.1	104.6	107.0	109.2	48902
甘　肃	104.9	105.2	102.6	105.6	19528
青　海	107.0	104.7	108.3	105.5	44633
宁　夏	106.5	103.2	106.7	106.8	54217
新　疆	106.2	105.3	103.7	108.1	54280

2-6 民族自治地方分地区生产总值构成(2019年)

单位：%

地　区	地区生产总值	第一产业	第二产业	第三产业	工　业	建筑业
合　计	**100**	**14.8**	**34.7**	**50.5**	**25.9**	**9.0**
河　北	100	20.4	29.6	50.0	25.3	6.0
内蒙古	100	10.8	39.3	49.9	31.7	7.6
辽　宁	100	26.1	24.4	49.5	22.4	4.2
吉　林	100	15.8	28.2	56.0	21.3	6.9
黑龙江	100	41.5	15.2	43.3	11.6	3.7
浙　江	100	9.3	24.7	66.0	14.2	10.5
湖　北	100	17.4	26.4	56.2	17.7	12.5
湖　南	100	16.1	27.8	56.1	21.8	4.8
广　东	100	14.8	32.5	52.7	27.3	5.2
广　西	100	16.0	33.3	50.7	24.9	8.6
海　南	100	35.7	20.0	44.3	8.9	11.1
重　庆	100	14.1	33.1	52.8	21.7	11.4
四　川	100	20.2	30.8	49.1	25.6	5.2
贵　州	100	19.7	29.9	50.4	21.9	8.7
云　南	100	18.2	32.6	49.2	20.3	12.4
西　藏	100	8.1	37.4	54.4	7.8	29.7
甘　肃	100	17.3	18.6	64.1	14.6	6.5
青　海	100	15.7	48.6	35.7	41.9	10.3
宁　夏	100	7.5	42.3	50.3	33.9	8.4
新　疆	100	13.1	35.3	51.6	28.4	7.6

2-7 自治区、自治州、自治县(旗)基本情况(2019年)(一)

地区	年末总人口(万人)	#少数民族	少数民族占总人口(%)	地区生产总值(亿元)	第一产业(亿元)	第二产业(亿元)	第三产业(亿元)
5个自治区合计	**10830.70**	**4859.73**	**44.87**	**57493.08**	**7450.80**	**20912.15**	**29130.13**
内蒙古自治区	2539.56	564.73	22.24	17212.53	1863.19	6818.88	8530.46
广西壮族自治区	4960.00	2220.28	44.76	21237.14	3387.74	7077.43	10771.97
西藏自治区	350.60	316.31	90.22	1697.82	138.19	635.62	924.01
宁夏回族自治区	694.66	260.64	37.52	3748.48	279.93	1584.72	1883.83
新疆维吾尔自治区	2285.88	1497.77	65.52	13597.11	1781.75	4795.50	7019.86
30个自治州合计	**6056.31**	**3650.07**	**60.27**	**23278.19**	**4012.57**	**7849.31**	**11416.32**
吉林省							
延边朝鲜族自治州	207.20	82.77	39.95	723.37	54.81	248.36	420.20
湖北省							
恩施土家族苗族自治州	402.10	219.80	54.66	1159.37	180.94	299.43	679.00
湖南省							
湘西土家族苗族自治州	263.84	237.32	89.95	705.71	94.86	198.26	412.59
四川省							
阿坝藏族羌族自治州	89.93	73.20	81.40	390.08	67.09	96.24	226.75
凉山彝族自治州	531.03	303.97	57.24	1676.30	367.66	559.79	748.85
甘孜藏族自治州	109.70	96.05	87.56	388.46	66.52	89.02	232.93
贵州省							
黔东南苗族侗族自治州	484.73	395.10	81.51	1123.04	223.73	253.74	645.57
黔南布依族苗族自治州	426.66	254.93	59.75	1518.04	230.54	554.38	733.12
黔西南布依族苗族自治州	368.81	156.63	42.47	1272.80	226.88	444.46	601.46
云南省							
西双版纳傣族自治州	101.46	79.03	77.90	568.09	124.72	133.96	309.42
文山壮族苗族自治州	367.20	213.71	58.20	1081.60	206.36	370.48	504.76
红河哈尼族彝族自治州	467.88	287.02	61.34	2211.99	284.40	875.22	1052.37
德宏傣族景颇族自治州	123.05	65.83	53.50	513.66	103.56	107.91	302.19
怒江傈僳族自治州	55.80	52.40	93.91	192.51	26.86	67.15	98.50
迪庆藏族自治州	36.96	32.95	89.15	251.20	15.45	95.28	140.47
大理白族自治州	364.71	191.14	52.41	1374.93	273.11	411.21	690.61
楚雄彝族自治州	275.50	97.30	35.32	1251.90	221.80	493.11	536.99

地区生产总值增长速度（%）	人均地区生产总值（元）	地方一般公共预算收入（亿元）	地方一般公共预算支出（亿元）	农村居民人均可支配收入（元）	规模以上工业企业数（个）	规模以上工业企业资产总计（亿元）	农林牧渔业总产值（亿元）	农业机械总动力（万千瓦特）
5.93	**52101.99**	**6094.76**	**19891.58**	**13530**	**13676**	**86391.69**	**13322.14**	**11727.96**
5.30	67852	2059.69	5100.91	13803	2965	32747.28	3176.34	3866.42
6.00	42964	1811.89	5849.02	13676	6185	18020.98	5498.81	3816.91
8.10	48902	221.99	2187.75	12951	148	1726.29	212.81	559.02
6.50	54217	423.55	1438.40	12858	1196	10682.72	583.54	630.00
6.20	54280	1577.63	5315.49	13122	3182	23214.43	3850.65	2855.61
7.28	**38669.42**	**1805.24**	**8816.10**	**11824**	**5736**	**22678.60**	**6370.45**	**4579.70**
2.20	34789	58.11	368.72	12520	308	613.56	101.51	252.78
6.60	34259	80.65	445.78	11620	296	403.70	329.14	237.91
7.20	26691	126.81	351.67	10046	249	306.62	165.04	186.40
6.10	41278	26.40	305.88	14252	114	593.14	115.06	74.92
5.60	34085	153.59	738.53	13908	282	2519.80	589.05	360.40
6.50	32440	34.12	402.14	12808	51	1105.88	100.36	99.84
8.40	31678	60.76	489.65	10233	265	468.95	381.98	298.36
7.90	46048	110.65	431.90	11911	943	1305.18	388.93	326.01
9.80	44212	109.69	384.12	10532	458	1196.18	371.64	295.00
10.10	47659	34.74	139.93	14478	105	218.34	207.60	96.07
10.10	29528	63.72	373.09	11133	166	632.62	335.68	203.35
8.50	46475	148.06	505.60	12570	437	1802.60	460.57	231.74
7.85	38917	40.10	165.46	11409	132	379.25	159.46	141.60
11.10	34686	13.08	175.66	7165	23	336.04	41.22	20.57
11.60	61697	14.10	171.31	9446	25	432.95	25.80	42.61
6.10	38097	103.27	390.90	12665	277	1417.21	495.70	253.52
9.60	45499	87.61	279.56	12015	334	1041.52	373.06	253.88

2-7(一) 续表 1

地　　区	年　末总人口（万人）	#少数民族	少数民族占总人口（%）	地　　区生产总值（亿元）	第一产业（亿元）	第二产业（亿元）	第三产业（亿元）
甘肃省							
临夏回族自治州	241.40	156.93	65.01	303.52	40.60	58.58	204.34
甘南藏族自治州	74.97	48.12	64.19	218.33	41.72	33.22	143.39
青海省							
海北藏族自治州	29.56	20.25	68.50	91.70	25.62	22.00	44.08
黄南藏族自治州	28.02	26.29	93.83	100.95	26.06	26.24	48.65
海南藏族自治州	47.80	37.51	78.47	174.66	43.59	73.93	57.15
果洛藏族自治州	21.16	19.75	93.33	46.18	8.40	16.05	21.74
玉树藏族自治州	42.25	41.08	97.23	59.82	34.44	5.42	19.96
海西蒙古族藏族自治州	40.38	13.53	33.51	666.11	37.50	438.96	189.65
新疆维吾尔自治区							
昌吉回族自治州	160.39	39.76	24.79	1324.74	215.07	554.08	555.58
巴音郭楞蒙古自治州	128.57	58.47	45.47	1149.34	174.23	614.07	361.04
克孜勒苏柯尔克孜自治州	62.02	58.20	93.84	159.05	18.08	47.67	93.30
博尔塔拉蒙古自治州	47.55	17.63	37.07	354.29	68.31	89.61	196.38
伊犁哈萨克自治州	455.68	273.38	59.99	2226.45	509.68	571.48	1145.29
120个自治县(旗)合计	**3782.02**	**2377.33**	**62.86**	**10471.49**	**2507.52**	**2824.94**	**5139.03**
河北省							
大厂回族自治县	13.40	3.12	23.28	164.80	4.77	24.28	135.75
孟村回族自治县	23.13	6.07	26.24	88.04	7.80	40.86	39.38
青龙满族自治县	56.67	42.41	74.84	123.88	43.96	32.72	47.20
丰宁满族自治县	40.95	29.56	72.19	119.48	29.63	33.55	56.29
围场满族蒙古族自治县	53.58	35.71	66.65	154.66	57.75	36.82	60.10
宽城满族自治县	26.29	19.87	75.57	148.59	19.21	68.08	61.31
内蒙古自治区							
鄂伦春自治旗	24.50	3.10	12.65	65.51	27.25	3.25	35.01
莫力达瓦达斡尔族自治旗	31.63	7.02	22.19	85.29	52.20	5.03	28.07
鄂温克族自治旗	13.69	5.96	43.56	106.93	9.06	58.98	38.89
辽宁省							
阜新蒙古族自治县	70.29	16.14	22.96	146.67	55.22	29.72	61.72
喀喇沁左翼蒙古族自治县	41.90	9.60	22.91	96.12	33.46	19.00	43.65
岫岩满族自治县	50.30	45.47	90.40	138.80	24.00	36.20	78.60

地区生产总值增长速度(%)	人均地区生产总值(元)	地方一般公共预算收入(亿元)	地方一般公共预算支出(亿元)	农村居民人均可支配收入(元)	规模以上工业企业数(个)	规模以上工业企业资产总计(亿元)	农林牧渔业总产值(亿元)	农业机械总动力(万千瓦特)
6.00	14697	16.38	275.44	7512	41	20.00	75.57	92.82
3.50	30252	10.49	169.18	8437	32	141.07	61.66	
3.30	32220	3.75	82.98	13913	23	34.12	36.85	51.22
7.70	36243	3.48	109.03	9951	16	16.77	26.78	
7.10	36604	10.17	95.25	12502	41	116.16	62.90	55.18
7.20	21990	1.89	93.81	9143	4	9.37	8.55	4.84
5.60	14256	1.98	153.45	9138			59.82	
7.50	128172	49.52	163.58	15052	163	401.48	58.27	42.54
6.10	63000	136.11	259.48	19215	349	3531.08	219.09	255.21
4.80	80170	86.99	263.35	17930	272	2038.38	376.00	
5.20	25556	14.75	184.46	8053	33	204.33	39.03	51.39
7.10	74275	25.49	115.37	17555	108	188.30	92.00	78.55
6.00	47070	178.78	730.82	14270	189	1204.00	612.13	572.99
6.57	**42634**	**605.39**	**3864.85**	**14171**	**3023.00**	**7338.33**	**4210.48**	**2862.06**
8.70	123692	30.60	39.78	18418	64	108.44	7.86	12.50
7.60	38063	4.06	16.07	13378	75	78.37	14.24	26.99
3.00	24496	4.56	31.85	11932	21	86.79	77.87	12.31
7.00	32627	9.02	57.03	9586	23	21.28	50.85	48.82
7.20	36074	6.06	49.11	10118	40	218.45	86.58	67.20
6.60	57729	10.92	24.12	14215	41	376.51	28.36	9.25
1.60	26553	1.45	33.18	10603	6	28.61	43.58	
0.10	26823	3.09	34.59	11445	3	7.69	82.85	134.00
2.30	77823	7.37	23.01	24926	16	247.50	16.91	20.39
7.90	23097	7.36	48.37	14300	64	176.05	121.98	140.00
5.40	27317	5.26	33.84	13906	43	55.90	69.35	21.20
2.10	27600	10.43	30.03	16739	72	75.08	39.77	27.70

2-7(一) 续表 2

地区	年末总人口（万人）	#少数民族	少数民族占总人口（%）	地区生产总值（亿元）	第一产业（亿元）	第二产业（亿元）	第三产业（亿元）
新宾满族自治县	28.75	24.44	85.00	52.44	16.56	8.77	27.12
清原满族自治县	31.62	20.91	66.12	55.52	17.22	11.16	27.14
本溪满族自治县	27.89	18.82	67.46	121.30	17.69	41.39	62.22
桓仁满族自治县	28.75	16.39	57.00	98.36	21.17	23.09	54.10
宽甸满族自治县	41.50	25.50	61.45	95.70	24.79	26.82	44.10
吉林省							
长白朝鲜族自治县	7.67	1.39	18.11	33.96	4.78	7.74	21.43
前郭尔罗斯蒙古族自治县	57.21	7.71	13.48	141.67	55.50	17.40	68.77
伊通满族自治县	44.73	17.29	38.66	90.31	40.82	5.75	43.74
黑龙江省							
杜尔伯特蒙古族自治县	23.30	4.47	19.18	100.12	41.60	15.21	43.31
浙江省							
景宁畲族自治县	17.02	2.02	11.86	69.00	6.42	17.04	45.55
湖北省							
长阳土家族自治县	38.59	25.20	65.30	159.38	40.53	44.36	74.49
五峰土家族自治县	19.60	16.27	83.00	81.76	22.41	25.87	33.48
湖南省							
城步苗族自治县	27.54	17.06	61.95	53.58	11.33	7.19	35.07
通道侗族自治县	24.04	21.13	87.90	53.43	7.85	15.29	30.28
江华瑶族自治县	53.99	40.25	74.56	131.36	28.17	43.35	59.84
新晃侗族自治县	25.76	22.60	87.73	67.99	9.78	19.04	39.17
芷江侗族自治县	37.70	23.70	62.85	101.60	21.28	25.83	54.49
靖州苗族侗族自治县	27.66	21.38	77.30	83.26	14.70	23.12	45.44
麻阳苗族自治县	39.63	37.64	94.99	88.64	19.24	25.36	44.03
广东省							
连南瑶族自治县	17.64	10.08	57.15	53.46	10.54	12.10	30.82
连山壮族瑶族自治县	12.41	8.07	65.03	34.19	8.99	6.39	18.81
乳源瑶族自治县	23.13	2.50	10.81	94.73	7.45	40.78	46.50
广西壮族自治区							
都安瑶族自治县	72.63	70.10	96.51	67.30	14.94	9.82	42.54
融水苗族自治县	52.46	39.90	76.05	126.17	18.32	44.20	63.65

地区生产总值增长速度(%)	人均地区生产总值(元)	地方一般公共预算收入(亿元)	地方一般公共预算支出(亿元)	农村居民人均可支配收入(元)	规模以上工业企业数(个)	规模以上工业企业资产总计(亿元)	农林牧渔业总产值(亿元)	农业机械总动力(万千瓦特)
-0.40	18240	5.60	23.99	14607	24	20.94	34.38	31.00
-3.80	17555	6.11	23.40	14939	25	39.95	35.71	27.30
6.00	43488	7.70	21.39	16920	30	88.36	34.94	18.10
0.90	34183	6.05	18.49	16985	23	53.94	40.14	16.40
4.40	23004	6.55	36.95	16297	26	66.49	42.88	
0.70	43894	1.30	20.73	11862	7	17.93	8.25	3.18
3.10	24763	9.58	59.33	13986	62	129.34	102.63	184.80
5.10	20160	5.40	46.32	13627	22	25.35	85.50	
9.50	42741	3.60	23.98	15416	37	136.16	88.22	80.00
9.20	62306	6.98	47.54	20005	25	20.99	10.46	8.31
7.50	41302	7.64	45.12	11671	51	69.21	70.38	12.60
5.00	42696	3.38	22.31	11482	32	26.26	38.72	15.70
7.80	19455	2.41	25.31	9291	30	11.97	20.89	20.48
8.20	25088	2.65	25.59	9052	41	19.16	16.82	
7.20	29198	7.19	45.57	11676	105	165.22	52.85	47.81
8.40	27219	5.23	84.44	9697	38	31.81		19.95
8.50	29846	8.21	28.58	9954	47	26.88	38.66	10.00
8.10	31850	3.17	24.33	10872	43	12.05	26.91	40.10
8.00	25234	3.80	33.50	9613	37	16.41	33.62	
3.00	39496	1.55	18.07	14257	6	5.76	16.19	2.63
7.30	36008	1.19	17.63	13888	5	3.96	14.40	
6.50	49858	6.91	30.91	15817	56	213.31	11.98	9.60
7.80	12421	3.32	58.45	8956	17	32.97	25.44	45.14
5.00	29616	5.25	0.04	13909	48	40.18	30.23	28.61

2-7(一) 续表 3

地　　区	年末总人口（万人）	#少数民族	少数民族占总人口（%）	地区生产总值（亿元）	第一产业（亿元）	第二产业（亿元）	第三产业（亿元）
三江侗族自治县	40.47	35.09	86.72	73.92	20.53	13.20	40.18
龙胜各族自治县	17.37	14.21	81.80	58.82	12.41	13.88	32.52
金秀瑶族自治县	15.74	13.13	83.45	40.20	9.87	9.07	21.26
隆林各族自治县	43.79	35.29	80.59	55.16	14.41	10.76	29.98
巴马瑶族自治县	29.83	25.64	85.97	75.66	13.00	24.69	37.97
罗城仫佬族自治县	38.88	29.70	76.39	56.38	22.61	4.44	29.33
富川瑶族自治县	34.17	20.22	59.17	88.79	28.49	30.69	29.61
大化瑶族自治县	48.78	45.71	93.72	71.75	11.23	30.32	30.20
环江毛南族自治县	37.95	35.83	94.42	55.60	20.60	9.34	25.66
恭城瑶族自治县	30.53	19.59	64.14	90.48	46.44	11.57	32.47
海南省							
白沙黎族自治县	19.54	12.99	66.52	56.64	23.11	5.97	27.56
昌江黎族自治县	25.72	10.70	41.60	126.32	32.31	52.77	41.23
乐东黎族自治县	54.35	21.11	38.84	144.35	77.55	18.05	48.75
陵水黎族自治县	38.77	22.23	57.34	183.20	49.60	32.74	100.86
琼中黎族苗族自治县	21.76	13.83	63.55	57.48	20.68	8.60	28.20
保亭黎族苗族自治县	16.82	11.71	69.62	55.71	19.34	6.46	29.90
重庆市							
石柱土家族自治县	54.88	43.52	79.30	159.38	26.93	44.53	87.92
秀山土家族苗族自治县	67.07	39.67	59.14	283.01	26.91	123.40	132.69
酉阳土家族苗族自治县	85.64	79.05	92.30	186.72	34.54	35.13	117.05
彭水苗族土家族自治县	70.33	56.30	80.05	222.28	31.94	78.86	111.48
四川省							
北川羌族自治县	23.28	9.06	38.92	73.88	11.98	19.60	42.31
木里藏族自治县	13.86	11.43	82.47	51.34	7.52	23.44	20.37
马边彝族自治县	22.19	11.49	51.78	47.91	10.35	18.44	19.12
峨边彝族自治县	14.84	6.77	45.64	51.22	5.92	25.39	19.91
贵州省							
松桃苗族自治县	73.24	49.99	68.26	157.37	33.11	38.71	85.55
镇宁布依族苗族自治县	41.43	25.52	61.59	109.62	25.06	21.26	63.30
紫云苗族布依族自治县	41.06	26.81	65.29	73.54	23.94	12.77	36.83

地区生产总值增长速度（%）	人均地区生产总值（元）	地方一般公共预算收入（亿元）	地方一般公共预算支出（亿元）	农村居民人均可支配收入（元）	规模以上工业企业数（个）	规模以上工业企业资产总计（亿元）	农林牧渔业总产值（亿元）	农业机械总动力（万千瓦特）
5.20	23548	4.31	37.89	13572	11	11.38	34.11	21.70
6.00	36273	2.44	21.01	12816	17	56.83	26.98	30.30
9.90	30245	1.48	19.51	11105	17	11.58	15.58	11.77
6.00	15283	3.48	41.03	9972	23	40.12	22.92	30.02
11.08	31899	3.69	33.92	9112	15	15.47	20.37	15.28
5.30	17983	3.01	34.89	8915	20	26.85	34.88	24.13
7.90	32422	3.34	29.24	12196	20	122.61	45.97	19.21
2.00	18864	3.83	40.88	9141	10	54.90	18.67	20.74
5.40	19572			10927	24	31.40	35.37	34.58
5.50	34655	5.93	22.63	14115	19	27.56	57.21	60.22
4.50	32486	1.76	43.38	12912	5	5.89	35.74	13.17
3.50	53798	3.65	24.99	14817	22	41.84	50.66	18.10
3.90	29738	8.10	54.12	14268	4	43.66	126.72	74.40
2.20	54564	41.66	72.74	14258	7	21.89	73.49	4.66
5.50	31547	3.00	38.41	12968	8	1.08	34.15	30.00
3.30	36258	4.78	31.77	12935	2	5.63	27.45	6.64
0.80	42109	10.02	52.47	14232	47	117.96	42.34	31.60
8.00	58796	10.37	57.30	12261	69	107.56	44.30	34.78
0.10	34148	10.19	72.13	10739	25	70.40	57.03	43.48
6.50	45973	13.52	72.85	12370	34	162.75	53.43	40.00
8.10	32748	3.41	29.79	14485	51	60.86	20.26	9.15
3.70	37415	6.19	29.20	11078	5	286.93	13.90	10.20
7.00	25283	4.54	35.40	12671	22	88.16	17.57	6.00
7.20	37075	3.37	23.01	12367	29	99.28	11.86	12.50
8.30	32342	5.91	47.31	9847	71	68.49	45.45	42.00
9.32	38162	3.24	23.84	9704	27	45.62	26.00	30.00
7.10	26874	3.19	36.21	9740	16	12.07	41.73	34.20

2-7(一) 续表 4

地区	年末总人口（万人）	#少数民族	少数民族占总人口（%）	地区生产总值（亿元）	第一产业（亿元）	第二产业（亿元）	第三产业（亿元）
威宁彝族回族苗族自治县	154.94	36.14	23.33	260.93	92.25	64.98	103.70
关岭布依族苗族自治县	27.85	17.82	63.99	98.29	24.39	21.84	52.06
三都水族自治县	38.12	37.09	97.30	84.18	21.95	23.28	38.95
玉屏侗族自治县	17.22	14.64	85.02	93.76	11.05	40.93	41.78
道真仡佬族苗族自治县	35.27	30.11	85.37	73.13	23.82	13.33	35.98
务川仡佬族苗族自治县	48.03	42.60	88.69	77.44	24.51	11.69	41.24
印江土家族苗族自治县	45.58	34.64	76.00	113.46	31.72	22.55	59.19
沿河土家族自治县	69.50	33.58	48.32	123.45	32.75	22.91	67.79
云南省							
峨山彝族自治县	15.60	10.71	68.70	112.55	15.31	31.58	65.66
石林彝族自治县	25.48	9.28	36.42	115.36	26.60	20.58	68.19
沧源佤族自治县	17.17	16.13	93.94	47.71	13.14	13.15	21.43
耿马傣族佤族自治县	29.82	16.55	55.50	111.16	39.01	30.03	42.13
玉龙纳西族自治县	22.53	19.35	85.89	83.10	15.19	28.39	39.53
宁蒗彝族自治县	28.01	23.49	83.88	58.20	10.30	17.00	30.90
江城哈尼族彝族自治县	12.87	10.32	80.19	45.28	11.46	11.27	22.56
澜沧拉祜族自治县	50.99	40.88	80.17	109.97	25.39	34.47	50.11
孟连傣族拉祜族佤族自治县	14.31	12.39	86.58	45.87	14.35	6.11	25.41
西盟佤族自治县	9.66	9.06	93.79	23.34	4.19	4.14	15.01
河口瑶族自治县	9.34	6.51	69.69	98.03	12.60	29.07	56.37
屏边苗族自治县	16.09	11.06	68.74	56.53	8.99	20.93	26.62
贡山独龙族怒族自治县	3.48	3.35	96.26	17.24	3.04	4.86	9.33
巍山彝族回族自治县	32.35	14.96	46.25	79.27	23.16	19.81	36.30
南涧彝族自治县	22.80	12.40	54.38	72.08	16.96	21.76	33.36
寻甸回族彝族自治县	57.53	13.78	23.96	133.03	31.47	20.17	81.39
元江哈尼族彝族傣族自治县	21.15	17.37	82.12	117.04	25.75	34.33	56.95
新平彝族傣族自治县	28.03	20.67	73.74	197.22	26.45	80.24	90.53
墨江哈尼族自治县	36.97	28.79	77.87	78.57	20.77	18.15	39.65
双江拉祜族佤族布朗族傣族自治县	17.79	8.26	46.43	55.23	14.48	14.31	26.44
兰坪白族普米族自治县	21.76	20.67	94.99	82.60	10.07	34.71	37.83
维西傈僳族自治县	15.73	13.79	87.67	59.13	7.46	18.61	33.06

地区生产总值增长速度（%）	人均地区生产总值（元）	地方一般公共预算收入（亿元）	地方一般公共预算支出（亿元）	农村居民人均可支配收入（元）	规模以上工业企业数（个）	规模以上工业企业资产总计（亿元）	农林牧渔业总产值（亿元）	农业机械总动力（万千瓦特）
11.40	20300	12.22	74.10	9324	80	232.82	151.83	2.50
8.10	35299	3.33	38.47	9760	19	56.08	41.39	35.60
11.70	31005	2.74	33.11	11214	33	26.97	34.50	23.00
6.50	64003	4.22	29.50	12835	81	179.62	17.45	13.00
11.80	29434	7.08	26.62	11267	53	30.48	42.59	27.85
8.80	23850	5.87	37.34	14580	28	25.54	40.90	28.00
7.50	40998	3.06	36.71	9843	45	18.01	52.59	45.00
10.20	34408	4.14	49.92	9741	32	21.64	50.66	0.00
10.00	66128	3.82	17.47	14404	28	45.00	22.75	31.34
7.10	43368	6.89	20.65	16158	36	59.06	47.74	30.91
9.10	25126	3.24	25.07	11510	14	28.18	22.00	9.54
8.80	35904	4.54	30.97	12480	25	47.02	59.69	13.60
11.20	37003	7.16	27.74	12308	10	12.48	28.06	20.90
12.00	21490	3.08	37.11	8224	15	11.51	17.67	8.11
8.40	35251	1.64	21.92	11038	13	40.08	18.70	13.14
9.20	21707	4.81	56.64	10835	15	217.98	41.21	28.37
6.20	32122	1.41	16.77	11003	8	8.20	24.22	18.19
9.30	24211	0.61	16.90	10837	3	4.01	6.97	11.85
15.50	88638	3.49	21.47	13877	14	21.14	18.23	4.80
7.10	36376	1.72	19.85	9627	18	16.62	14.22	1.19
11.80	43788	1.07	20.04	7021	1	14.12	4.36	4.12
5.30	25214	3.96	26.57	11217	18	10.82	39.70	23.41
10.10	32381	3.50	20.25	10185	13	9.58	31.58	10.80
5.20	27854	6.54	41.69	9979	40	140.01	53.22	43.10
9.60	52108	4.52	20.53	14099	24	42.89	41.23	9.12
8.20	67517	13.02	36.51	14807	33	243.05	48.63	26.06
8.50	21206	3.49	30.82	11319	13	100.87	33.99	29.33
7.00	29750	2.97	23.85	11925	15	18.66	22.49	12.51
16.30	37889	5.07	58.64	7226	2	251.76	15.61	6.21
12.70	36310	1.82	42.97	9331	5	99.80	12.65	13.67

2-7(一) 续表 5

地 区	年 末 总人口 (万人)	#少数民族	少数民族占总人口 (%)	地 区 生产总值 (亿元)	第一产业 (亿元)	第二产业 (亿元)	第三产业 (亿元)
景东彝族自治县	36.48	18.76	51.43	99.67	30.79	17.89	51.00
景谷傣族彝族自治县	31.73	15.53	48.94	115.39	34.14	31.30	49.95
宁洱哈尼族彝族自治县	19.11	10.90	57.03	61.28	14.71	16.84	29.73
漾濞彝族自治县	10.59	7.16	67.60	31.34	9.85	6.95	14.54
禄劝彝族苗族自治县	48.99	16.17	33.01	132.38	34.88	17.70	79.80
金平苗族瑶族傣族自治县	39.50	34.77	88.02	79.80	15.17	27.58	37.05
镇沅彝族哈尼族拉祜族自治县	21.38	12.27	57.38	78.73	24.61	21.41	32.71
甘肃省							
张家川回族自治县	34.50	23.90	69.28	28.73	9.10	2.26	17.38
天祝藏族自治县	20.40	8.50	41.67	45.75	11.75	8.78	25.22
肃南裕固族自治县	3.92	2.25	57.34	26.64	6.96	7.95	11.73
肃北蒙古族自治县	1.23	0.51	41.54	16.29	1.11	6.89	8.29
阿克塞哈萨克族自治县	0.94	0.37	39.27	10.23	0.86	3.14	6.23
东乡族自治县	31.47	28.52	90.63	32.71	7.11	5.54	20.06
积石山保安族东乡族撒拉族自治县	27.80	14.20	51.08	23.94	3.03	1.23	19.68
青海省							
互助土族自治县	40.16	11.31	28.16	112.60	21.87	39.19	51.54
化隆回族自治县	30.68	25.94	84.55	50.62	8.19	20.71	21.73
循化撒拉族自治县	13.30	12.45	93.60	36.02	5.91	12.32	17.79
河南蒙古族自治县	4.07	3.98	97.93	18.41	8.59	3.48	6.34
门源回族自治县	16.23	10.57	65.14	33.74	10.07	7.11	16.56
大通回族土族自治县	46.83	24.56	52.45	112.11	19.74	57.39	34.99
民和回族土族自治县	43.81	27.04	61.72	103.49	13.29	42.49	47.71
新疆维吾尔自治区							
巴里坤哈萨克自治县	10.54	4.10	38.93	78.68	10.04	43.52	25.13
塔什库尔干塔吉克自治县	4.10	3.80	92.68	16.78	0.96	5.07	10.76
木垒哈萨克自治县	8.62	3.31	38.37	40.25	10.14	7.36	22.75
焉耆回族自治县	15.41	8.17	53.00	67.49	18.22	21.27	28.00
察布查尔锡伯自治县	19.29	13.07	67.72	62.60	27.01	8.92	26.67
和布克赛尔蒙古自治县	5.13	3.40	66.32	31.94	4.12	15.85	11.97

地区生产总值增长速度（%）	人均地区生产总值（元）	地方一般公共预算收入（亿元）	地方一般公共预算支出（亿元）	农村居民人均可支配收入（元）	规模以上工业企业数（个）	规模以上工业企业资产总计（亿元）	农林牧渔业总产值（亿元）	农业机械总动力（万千瓦特）
8.20	26873	3.64	27.45	11942	10	21.96	50.15	35.46
5.00	38224	5.01	24.66	12232	26	44.83	55.20	22.10
6.40	31531	2.96	16.94	12044	16	39.81	23.97	20.82
3.60	29583	2.00	10.17	11969	20	11.84	16.26	10.24
3.80	31929	5.31	39.54	9691	17	68.64	54.43	42.42
9.50	21360	1.99	41.05	9547	20	42.46	21.27	6.08
8.50	36551	4.21	21.22	12168	13	34.53	39.87	27.85
7.50	9662	1.08	31.39	7633			15.50	17.05
3.30	25401	3.83	45.28	8265	27	31.40	21.64	21.00
4.00	75691	2.53	14.48	18518	20	78.19	17.59	7.59
8.11	105773	2.30	10.08	27023	15		2.48	
3.40	92845	1.89	8.06	29163	4	21.73	1.70	
6.00	10664	0.95	43.30	5906	6	6.61	13.34	12.10
5.50	9688	1.55	31.64	6368			6.60	11.90
7.50	28038	3.72	44.27	11760	17	40.46	37.89	46.61
8.00	23767	1.29	27.28	10777	6	6.61	13.35	21.87
8.00	27164	1.07	21.37	11628	8	4.99	8.51	
7.70	42964	0.33	16.83	11841	5		10.97	
3.80	20781	1.02	25.16	12518	8	0.86	13.59	
5.40	24651	4.60	43.10	12478	44	76.99	38.79	51.70
7.50	22767	2.77	2.67	11706	18	11.27	22.55	53.15
3.10	72182	5.85	21.40	14792	23	196.71	15.62	13.85
3.20	33456	1.41	24.24	8595	2	1.24	3.25	10.00
5.50	46678	5.08	17.78	16502	14	46.79	23.18	2.16
6.50		3.42	17.55		15	26.64	27.31	
6.10	32450	3.60	26.02	14235			35.03	29.70
7.60	62261	11.61	22.84	14846	10	95.71	9.10	2.28

2-7 自治区、自治州、自治县(旗)基本情况(2019年)(二)

地　　区	粮　食 总产量 (万吨)	肉　类 总产量 (万吨)	社会消费品 零售总额 (亿元)	进出口 总　额 (亿元)	普通高中 在　校 学生数 (万人)	小　学 在　校 学生数 (万人)
5个自治区合计	**6989.47**	**889.03**	**19041.78**	**7741.08**	**224.46**	**984.54**
内蒙古自治区	3652.54	267.24	5051.10	1097.49	40.62	136.31
广西壮族自治区	1332.00	389.14	8200.87	4694.70	109.10	495.03
西藏自治区	104.71	28.38	773.40	48.76	6.55	34.10
宁夏回族自治区	373.15	33.53	1399.41	240.62	15.34	58.41
新疆维吾尔自治区	1527.07	170.74	3617.00	1659.51	52.84	260.68
30个自治州合计	**2907.57**	**421.00**	**6272.47**	**2049.75**	**87.35**	**494.32**
吉林省						
延边朝鲜族自治州	168.54	6.97	534.70	149.68	2.58	8.16
湖北省						
恩施土家族苗族自治州	146.32	27.99	685.81	6.33		26.34
湖南省						
湘西土家族苗族自治州	87.53	9.49	337.50	11.58	5.06	23.14
四川省						
阿坝藏族羌族自治州	15.79	10.81	84.03		1.57	6.37
凉山彝族自治州	245.24	43.90	715.50		7.23	61.50
甘孜藏族自治州	22.67	9.11	110.15	1.56	6.40	11.59
贵州省						
黔东南苗族侗族自治州	126.61	16.29		8.33	3.39	39.10
黔南布依族苗族自治州	118.07	21.62	301.93	3.58	2.80	33.50
黔西南布依族苗族自治州	81.50	17.83	236.60	2.76	3.19	33.22
云南省						
西双版纳傣族自治州	47.26	4.60	155.14	263.81	1.49	9.82
文山壮族苗族自治州	168.02	27.57	429.22	23.72	7.00	37.44
红河哈尼族彝族自治州	182.18	46.37	469.28	328.58	8.20	41.46
德宏傣族景颇族自治州	67.75	6.92	169.36	370.28	2.06	11.81
怒江傈僳族自治州	15.89	5.26	42.09	4.87	1.09	5.04
迪庆藏族自治州	15.63	3.07	62.55	0.45	0.68	2.81
大理白族自治州	163.83	40.11	425.98	12.53	6.05	23.78
楚雄彝族自治州	123.78	32.40	399.22	69.37	4.82	15.36

医疗卫生机构（个）	卫生技术人员数（人）	医疗卫生机构床位数（张）	文化馆（个）	图书馆（个）	城镇居民最低生活保障人数（人）	城镇居民最低生活保障支出（万元）	农村居民最低生活保障人数（人）	农村居民最低生活保障支出（万元）
79929	**764306**	**655192**	**449**	**1007**	**1067101**	**567829**	**5939219**	**1694025**
24564	188051	161083	120	117	338880	226219	1288734	436717
33683	341429	277357	109	116	304874	77316	2469207	553710
1642	20662	17073	74	81	25260	19836	132462	51089
4395	55346	40877	27	586	93212	57207	383268	131638
15645	158818	158802	119	107	304875	187252	1665548	520871
44266	**365169**	**355082**	**250**	**286**	**617072**	**335987**	**3523104**	**1024219**
2378	14025	11361	8	9	51663	42032	44122	18426
2974	23800	25400	9	9	8516	5163	231033	74825
3288	17842	21116	10	10	36389	16843	156484	39766
1756	6928	5121	14	14	24574	9748	79994	17473
1107	17934	28132	18	18	34304	13878	509048	114147
5434	6728	5316	19	19	10295	5110	161611	36995
3913	27685	27616	17	17	32003	14582	289050	84926
2276	22981	22507	14	18	38943	14491	180967	60290
2158	19403	18540	9	8	56904	18038	199325	65033
633	10335	7863	4	4	4788	2676	21893	6459
1358	21673	20785		9	23801	13250	325218	90556
2371	30073	31014	14	14	63248	30560	166250	39370
562	10319	9809	7	8	4731	1973	50773	13414
338	3187	2944	5	5	8930	4778	106155	30123
296	2611	1741	4	4	3939	2377	50143	13870
1993	24288	21206	14	13	24875	11902	182618	50496
1792	18115	16877	11	11	24885	18326	121170	33306

2-7(二) 续表 1

地　　区	粮　食 总产量 （万吨）	肉　类 总产量 （万吨）	社会消费品 零售总额 （亿元）	进出口 总　额 （亿元）	普通高中 在　校 学生数 （万人）	小　学 在　校 学生数 （万人）
甘肃省						
临夏回族自治州	68.26	5.64	106.01	0.81	3.55	22.73
甘南藏族自治州	10.51	9.67	55.95	0.12	1.61	6.44
青海省						
海北藏族自治州	8.66		27.29		0.62	2.27
黄南藏族自治州	3.07	3.09	11.79		0.61	2.79
海南藏族自治州	14.28	6.84	34.19	0.32	1.13	4.45
果洛藏族自治州	0.07	2.28	73.71		0.30	0.96
玉树藏族自治州	1.11	3.57	14.14		1.02	5.38
海西蒙古族藏族自治州	7.79	3.57	0.01	4.78	0.83	3.62
新疆维吾尔自治区						
昌吉回族自治州	143.07	11.46	268.59	5.09	2.67	8.63
巴音郭楞蒙古自治州	53.62	14.69				
克孜勒苏柯尔克孜自治州	35.01	4.02	25.96	14.71	1.46	7.75
博尔塔拉蒙古自治州	45.34	2.92	53.10	175.91	0.81	
伊犁哈萨克自治州	720.16	22.94	442.67	590.58	9.11	38.85
120个自治县(旗)合计	**2225.92**	**341.80**	**3368.08**	**460.11**	**55.25**	**253.19**
河北省						
大厂回族自治县	1.17	1.31	26.10	0.70	0.40	1.30
孟村回族自治县	14.58	4.01	37.79		0.27	2.29
青龙满族自治县	9.77	4.55	49.71	0.06	0.73	3.96
丰宁满族自治县	17.88	4.78	56.93	0.03	0.61	2.68
围场满族蒙古族自治县	45.52	4.97	60.64	0.04	1.04	4.17
宽城满族自治县	5.44	1.78	55.05	1.12	0.28	2.40
内蒙古自治区						
鄂伦春自治旗	59.33	1.70			0.19	0.09
莫力达瓦达斡尔族自治旗	173.75	2.28			0.32	0.08
鄂温克族自治旗	4.91	1.77	20.60		0.08	0.06
辽宁省						
阜新蒙古族自治县	95.82	35.00	48.53		1.15	2.48
喀喇沁左翼蒙古族自治县	31.51	9.75	22.88	4.70	0.77	2.10
岫岩满族自治县	2.65	6.44	112.17	6.89	0.60	2.31

医疗卫生机构（个）	卫生技术人员数（人）	医疗卫生机构床位数（张）	文化馆（个）	图书馆（个）	城镇居民最低生活保障人数（人）	城镇居民最低生活保障支出（万元）	农村居民最低生活保障人数（人）	农村居民最低生活保障支出（万元）
1333	13127	10158	9	9	40847	23867	175337	35017
886	4387	3473	9	9	12643	9264	36678	9918
			5	5	6177	4897	13468	6610
351	1310	1751	5	5	5524	6443	47950	20877
73	3257	2075	6	6	6795	7837	28816	16845
79	1033	1149	1	7	6352	5397	38563	16422
86		2375		6	13310	7925	64720	31756
525	3771	3307	9	9	3599	2837	3944	3120
1208	14373	9712	8	8	2192	1367	7247	2943
1064	9740	9903		10	7713	5472	28668	13985
357	4793	4867	5	5	11902	8948	80921	35694
456	3526	2679	5	5	7334	3103	13463	3399
3221	27925	26285	11	12	39896	22905	107475	38160
24572	**155853**	**155327**	**133**	**126**	**315956**	**164655**	**1929690**	**574558**
122	558	490	1	1	87	74	781	510
299	535	352	1	1	263	154	3711	746
425	1064	1986	1	1	3479	2300	24328	7561
334	1294	2204	1	1	2035	1021	30823	8575
544	2877	2812	1	1	979	477	35645	8292
339	1674	2884	1	1	1822	963	13284	3491
186	681	885	1	1	15398	11140	4168	1575
261	1334	868	1	1	7183	4715	14373	5308
120	1100	604	1	1	6028	3968	2125	1347
511	2667	2051	1	1	1915	926	22763	5435
655	2335	2439	1	1	1622	2715	12007	3376
397	2856	1756	1	1	728	642	12277	3821

2-7(二) 续表 2

地 区	粮 食 总产量 (万吨)	肉 类 总产量 (万吨)	社会消费品 零售总额 (亿元)	进出口 总 额 (亿元)	普通高中 在 校 学生数 (万人)	小 学 在 校 学生数 (万人)
新宾满族自治县	22.47	2.84	38.95	2.84	0.20	1.00
清原满族自治县	25.10	4.04	40.28	1.30	0.41	1.10
本溪满族自治县	12.10	4.51	61.11	2.74	0.37	0.92
桓仁满族自治县	15.45	3.52	22.31	0.88		1.10
宽甸满族自治县	25.68	0.55	77.73	2.62	0.51	1.37
吉林省						
长白朝鲜族自治县	2.54	0.17	12.72	1.25	0.11	0.23
前郭尔罗斯蒙古族自治县	199.31	5.94	185.60	0.36	0.88	2.76
伊通满族自治县	113.49		66.78		0.79	1.70
黑龙江省						
杜尔伯特蒙古族自治县	83.60	37.51	31.14		0.47	0.94
浙江省						
景宁畲族自治县	3.37	0.52	37.38	33.83	0.17	0.80
湖北省						
长阳土家族自治县	10.81	4.99	66.14	6.17	0.38	1.32
五峰土家族自治县	9.53	2.44	29.33	2.05	0.23	0.70
湖南省						
城步苗族自治县	7.98	1.58	33.61		0.30	2.24
通道侗族自治县	9.12	1.50	17.96		0.31	1.79
江华瑶族自治县	22.55	4.69	56.14	38.49	0.94	4.94
新晃侗族自治县	8.05	2.18	21.06	1.13	0.44	0.56
芷江侗族自治县	22.29	3.62	51.05		0.40	2.30
靖州苗族侗族自治县	12.56	2.67	38.31		0.36	2.04
麻阳苗族自治县	11.40	2.29	37.88	0.52	0.58	2.86
广东省						
连南瑶族自治县	3.12	0.77	10.85	0.91	0.25	1.55
连山壮族瑶族自治县	3.79	0.89	8.10		0.14	1.01
乳源瑶族自治县	3.95	0.76	22.58	9.65	0.27	1.80
广西壮族自治区						
都安瑶族自治县	11.88	3.49	22.95			
融水苗族自治县	10.73	2.65	42.65	0.17	0.67	3.63

医疗卫生机构（个）	卫生技术人员数（人）	医疗卫生机构床位数（张）	文化馆（个）	图书馆（个）	城镇居民最低生活保障人数（人）	城镇居民最低生活保障支出（万元）	农村居民最低生活保障人数（人）	农村居民最低生活保障支出（万元）
211	380	961	1	1	2820	1420	8871	1995
227	1332	1305	1	1	2545	1620	12892	3643
132	1341	1191	1	1	2271	1526	4930	1670
138	1077	1249	1	1	3534	2045	7533	2900
504	2228	2132	1	1	3790	2571	14454	4589
	449		1	1	5359	3343	3714	2006
568	3077	2200	2	1	5537	3687	18499	6004
206	1308	1622	1	1	3212	1533	10231	3372
147	1046	917	1	1	2465	1460	8966	2076
100	933	656	1	1	306	178	4665	2599
170	1823	2039	1	1	639	541	12162	4921
147	892	831	1	1	288	178	7691	2881
254	1367	1331	1	1	7504	3584	7243	1574
295	1857	137	1	1	2059	1091	3669	1105
449	3076	3265	1	1	2356	1046	13601	3618
28	1416	1585	1	1	2475	1113	9653	2525
358	1825	2064	1	1	1511	865	7340	2073
232	1221	1963	7	7	4356	1850	3796	1050
345	2324	2464	1	1	1374	570	10410	2460
94	717	453	1	1	145	42	3477	1776
78	637	415	1	1	109	64	1668	503
			1	1	207	207	3433	1403
301	2682	2836			8688	2243	99315	25315
226	1572	1863	1	1	2211	907	24366	6645

2-7(二) 续表 3

地　　区	粮　食总产量（万吨）	肉　类总产量（万吨）	社会消费品零售总额（亿元）	进出口总　额（亿元）	普通高中在　校学生数（万人）	小　学在　校学生数（万人）
三江侗族自治县	6.84	1.64	28.46			
龙胜各族自治县	5.94	1.16	13.76		0.23	1.03
金秀瑶族自治县	3.52	0.71	7.69		0.18	0.99
隆林各族自治县	8.69	1.78	18.54	0.02	0.69	3.76
巴马瑶族自治县	6.02	1.92	24.77		0.52	3.00
罗城仫佬族自治县	9.83	1.98	18.88		0.49	2.78
富川瑶族自治县	10.70	3.37	19.84	0.16	0.20	2.94
大化瑶族自治县	7.10	2.72	12.49	0.11	0.93	4.69
环江毛南族自治县	11.60	1.60	12.93		0.65	0.42
恭城瑶族自治县	6.53	2.21	25.12		0.46	2.15
海南省						
白沙黎族自治县	2.31	1.44	17.62		0.20	1.60
昌江黎族自治县	2.68	1.40	21.93		0.43	1.99
乐东黎族自治县	10.20	2.34	36.98	0.03	0.94	3.78
陵水黎族自治县	5.78	0.67	34.90		0.85	3.58
琼中黎族苗族自治县	2.82	1.37	18.09		0.25	1.70
保亭黎族苗族自治县	2.26	1.16	17.36		0.24	1.40
重庆市						
石柱土家族自治县	21.88	2.56	84.93	7.66	1.17	2.95
秀山土家族苗族自治县	29.79	3.70	84.25	0.97	0.97	4.59
酉阳土家族苗族自治县	36.77	6.47	45.05	3.34	1.90	6.35
彭水苗族土家族自治县	31.09	4.94	107.98	1.20	1.53	4.59
四川省						
北川羌族自治县	8.68	1.96	22.60	0.07	0.30	1.15
木里藏族自治县	7.04	1.65	9.62		0.17	1.21
马边彝族自治县	9.35	1.20	22.80	0.32	0.22	2.27
峨边彝族自治县	4.93	0.88	20.71	0.08	0.10	1.20
贵州省						
松桃苗族自治县	24.05	4.82	29.82	0.76	1.39	5.00
镇宁布依族苗族自治县	12.20	1.53	24.83		0.12	3.04
紫云苗族布依族自治县	13.82	2.77	17.48		0.48	3.54

医疗卫生机构（个）	卫生技术人员数（人）	医疗卫生机构床位数（张）	文化馆（个）	图书馆（个）	城镇居民最低生活保障人数（人）	城镇居民最低生活保障支出（万元）	农村居民最低生活保障人数（人）	农村居民最低生活保障支出（万元）
					5529	584	24199	6160
172	855	527	1	1	1506	416	10530	2726
90	874	851	1	1	434	194	6976	2026
57	1538	2028	1	1	712	222	45701	9009
118	937	627	1	1	2642	667	23365	6113
183	1586	1301	1	1	3177	884	29858	6093
198	1597	1287	1	1	2055	1220	20022	5643
168	2361	1747	1	1	3158	856	50995	13406
200	1115	926	1	1	1061	326	25148	5419
324	1489	1001	1	1	990	182	12911	2418
139	950	860	1	1	1165	555	5342	1527
146	1354	875	1	1	2720	1884	6030	2341
291	2268	1474	1	1	3133	2176	15907	5437
211	1610	1189	1	1	1176	529	5607	1691
154	1230	936	1	1	959	1000	4248	1804
80	799	647	1	1	1224	636	3095	1033
356	2835	3237	1	1	4037	2219	14431	5813
355	3034	3331	1	2	12009	7166	13317	5835
331	1775	3233	1	1	6449	4311	32595	16242
433	2610	2733	1	1	5635	3562	23687	10201
379	1358	1617	1	1	2161	902	5669	1818
171	673	634	1	1	2126	779	16857	4044
178	882	710	1	1	781	336	22471	4749
151	581	586	1	1	453	223	11072	2532
536	2885	2896	1	1	7810	2823	61272	19858
280	1356	1354	1	1	2611	1651	13624	4762
172	1192	1096	1	1	5472	1506	25767	8162

2-7(二) 续表 4

地　　区	粮　食 总产量 （万吨）	肉　类 总产量 （万吨）	社会消费品 零售总额 （亿元）	进出口 总　额 （亿元）	普通高中 在　校 学生数 （万人）	小　学 在　校 学生数 （万人）
威宁彝族回族苗族自治县	67.94	10.16	40.67		1.54	15.81
关岭布依族苗族自治县	112.76	1.99	5.80		0.10	3.44
三都水族自治县	14.46	1.42	39.32		0.24	3.54
玉屏侗族自治县	2.30	1.65	73.35		0.10	1.55
道真仡佬族苗族自治县	36.31	1.62	15.33		0.26	2.34
务川仡佬族苗族自治县	17.79	2.12	15.70		1.11	3.15
印江土家族苗族自治县	18.29	2.06	38.15		1.02	3.19
沿河土家族自治县	25.13	3.63	23.66		0.88	5.35
云南省						
峨山彝族自治县	7.31	1.83	22.30	1.08	0.43	0.81
石林彝族自治县	13.28	3.53	56.71	0.02	0.53	1.67
沧源佤族自治县	7.75	0.89	13.79	11.55	0.26	1.46
耿马傣族佤族自治县	11.58	1.55	27.06	2.48	1.43	2.80
玉龙纳西族自治县	10.77	3.70	15.06	0.38	0.28	1.20
宁蒗彝族自治县	7.51	1.51	13.84		0.66	2.33
江城哈尼族彝族自治县	5.04	0.70	9.00	7.67	0.15	0.96
澜沧拉祜族自治县	25.32	3.89	23.97	4.00	0.39	3.46
孟连傣族拉祜族佤族自治县	7.24	0.88	13.27	47.44	0.13	1.30
西盟佤族自治县	4.12	0.44	3.88	0.90	0.09	0.73
河口瑶族自治县	2.25	0.40	9.46	230.80	0.10	0.85
屏边苗族自治县	6.27	1.45	11.26	0.01	0.13	1.15
贡山独龙族怒族自治县	0.34	0.19	3.78		0.05	0.28
巍山彝族回族自治县	16.06	3.18	24.89	0.34	0.49	1.96
南涧彝族自治县	10.86	2.08	20.85	0.03	0.37	1.57
寻甸回族彝族自治县	23.46	6.26	44.17	4.76	1.27	3.41
元江哈尼族彝族傣族自治县	9.34	1.42	34.63	0.47	0.31	1.59
新平彝族傣族自治县	17.74	2.77	30.55	7.33	0.35	1.75
墨江哈尼族自治县	15.33	2.94	15.99		0.42	2.25
双江拉祜族佤族布朗族傣族自治县	7.27	0.99	11.13		0.29	1.42
兰坪白族普米族自治县	6.50	1.54	15.39		0.45	1.84
维西傈僳族自治县	7.12	1.41	11.05		0.05	1.18

医疗卫生机构（个）	卫生技术人员数（人）	医疗卫生机构床位数（张）	文化馆（个）	图书馆（个）	城镇居民最低生活保障人数（人）	城镇居民最低生活保障支出（万元）	农村居民最低生活保障人数（人）	农村居民最低生活保障支出（万元）
742	2769	4532		1	10061	1882	117162	33370
177	957	792	1	1	5475	2105	14511	4234
183	1518	1589	1	1	1102	524	30902	9513
93	1122	968	7	1	3565	1504	5826	2661
131	1004	1237	1	1	3324	2294	16279	3601
174	2472	2055	1	1	7830	2773	34160	10780
410	2181	2000	1	1	10217	4077	20122	7446
21	2188	2849	1	3	14376	5888	37760	15204
129	1135	780	1	1	2008	1091	3626	1307
177	1937	1704	1	1	430	115	3150	1110
130	948	901	1	1	923	499	21167	6381
153	1467	1519	1	1	1029	496	13545	3876
224	784	1023	1	1	182	83	10560	2436
128	659	854	1	1	1198	533	37840	10374
72	811	750	1	1	953	417	9114	2473
211	1573	1638	1	1	1127	757	68335	14827
71	790	635	1	1	216	142	5057	1414
49	467	320	1	1	703	375	5679	1788
69	884	688	1	1	7151	3387	1360	306
107	780	744	1	1	1934	1210	9784	1593
35	249	193	1	1	547	516	6642	1660
133	1458	1271	1	1	2930	1375	20665	5792
112	1068	1096	1	1	421	280	18325	5164
281	2552	2970	1	1	2457	2364	8350	7466
118	1259	893	1	1	750	379	6431	1614
183	1720	1438	1	1	1630	864	7493	2190
220	1607	1584	1	1	282	407	32188	6289
101	1125	690	1	1	663	353	10736	3059
154	657	870	1	1	2801	1490	21490	7127
109	755	477	1	1	526	386	26371	5932

2-7(二) 续表 5

地　　区	粮　食 总产量 (万吨)	肉　类 总产量 (万吨)	社会消费品 零售总额 (亿元)	进出口 总　额 (亿元)	普通高中 在　校 学生数 (万人)	小　学 在　校 学生数 (万人)
景东彝族自治县	19.05	3.70	21.49		0.42	2.32
景谷傣族彝族自治县	15.58	2.01	28.18		0.40	2.34
宁洱哈尼族彝族自治县	8.34	2.53	16.36	0.11	0.25	1.19
漾濞彝族自治县	7.18	1.33	8.46		1.58	0.85
禄劝彝族苗族自治县	22.33	3.86	44.46	0.01	0.80	2.53
金平苗族瑶族傣族自治县	13.51	2.00	10.48	0.68	0.44	3.60
镇沅彝族哈尼族拉祜族自治县	11.87	3.35	15.97	0.11	0.35	1.48
甘肃省						
张家川回族自治县	12.40	0.77	9.39		0.52	2.69
天祝藏族自治县	4.14	1.60	32.75	0.08	0.33	1.06
肃南裕固族自治县	3.68	1.36	5.83		0.04	0.15
肃北蒙古族自治县	0.47	0.25	2.53		0.03	0.12
阿克塞哈萨克族自治县	0.16	0.18	2.48			0.08
东乡族自治县	12.27	1.78	3.04		0.22	3.74
积石山保安族东乡族撒拉族自治县	7.29	0.24	6.70		0.57	2.79
青海省						
互助土族自治县	13.92	2.53	19.65	0.30	0.78	2.45
化隆回族自治县	7.95	0.66	10.06		0.43	2.51
循化撒拉族自治县	4.49	0.64	10.10		0.28	1.66
河南蒙古族自治县		1.63	1.30			0.34
门源回族自治县	6.15	0.92	12.03		0.44	1.20
大通回族土族自治县	9.51		30.00		0.32	3.47
民和回族土族自治县	15.47	1.39	28.20		1.00	3.36
新疆维吾尔自治区						
巴里坤哈萨克自治县	9.26	1.43	8.99	6.30	0.11	0.55
塔什库尔干塔吉克自治县	1.10	0.59	2.31	0.07	0.12	0.39
木垒哈萨克自治县	2.12	2.78	10.01		0.10	0.50
焉耆回族自治县	7.40	0.81	12.20		0.19	1.17
察布查尔锡伯自治县	75.98	1.60	4.58		0.32	1.67
和布克赛尔蒙古自治县	1.24	1.24	4.08		0.09	0.41

医疗卫生机构（个）	卫生技术人员数（人）	医疗卫生机构床位数（张）	文化馆（个）	图书馆（个）	城镇居民最低生活保障人数（人）	城镇居民最低生活保障支出（万元）	农村居民最低生活保障人数（人）	农村居民最低生活保障支出（万元）
175	1180	1986	1	1	1771	897	26632	7843
148	649	1580	1	1	427	181	15500	4238
112	1152	1067	1	1	971	667	5301	1121
101	647	715	1	1	1174	545	4305	1242
272	2601	2631	1	1	414	533	13745	5471
186	1548	2331	1	1	1238	1183	23669	7721
145	498	663	1	1	918	487	10485	2992
311	1427	1270	1	1	1464	883	24846	3330
202	1378	1103	1	1	3725	2141	6192	2923
53	277	404	1	1	686	541	2276	851
38		132	1	1	316	198	158	42
9	112	82	1	1	344	246		
263	251	731	1	1	8632	2017	41533	8679
251	332	778	1	1	716	359	19960	4312
483	1820	1690	1	1	522	505	11987	6797
390	530	780	1	1	2252	1530	16853	6788
25	947	712	1	1	1076	1135	3444	1350
96	202	225	1	1	329	433	4912	2059
166	556	719	1	1	3425	2695	7252	3636
467	2722	1922	1	1	1836	2302	7758	4200
35	846	1380			2501	1699	23728	8967
75	546	222	1	1	2192	1367	7247	2943
58	385	206	1	1	461	987	5075	4573
86	520	420	1	1	557	359	1440	659
105	940	720	1	1	641	558	3704	1756
109	964	746	1	1	1688	930	7047	3384
38	628	539	5	1	384	128	451	99

主要统计指标解释

国内（地区）生产总值(GDP)　指按市场价格计算的一个国家所有常住单位在一定时期内生产活动的最终成果。国内生产总值有三种表现形态，即价值形态、收入形态和产品形态。从价值形态看，它是所有常住单位在一定时期内生产的全部货物和服务价值与同期投入的全部非固定资产货物和服务价值的差额，即所有常住单位的增加值之和；从收入形态看，它是所有常住单位在一定时期内创造并分配给常住单位和非常住单位的初次收入之和；从产品形态看，它是所有常住单位在一定时期内最终使用的货物和服务价值与货物和服务净出口价值之和。在实际核算中，国内生产总值有三种计算方法，即生产法、收入法和支出法。三种方法分别从不同的方面反映国内生产总值及其构成。

对于一个地区来说，称为地区生产总值或地区GDP。

当年价格　指报告期的实际价格，如工厂的出厂价格、农产品的收购价格、商业的零售价格等。使用当年价格计算的数字，是为了使国民经济各项指标互相衔接，便于考察当年社会经济效益，便于对生产和流通、生产和分配、生产和消费进行经济核算和综合平衡。

按当年价格计算的价格指标在不同年份之间进行对比时，因为包含有各年间价格的因素，不能确切地反映实物量的增减变动，必须消除价格变动因素后才能真正反映经济发展动态。因此，在计算增长速度时都使用按可比价格计算的数字。

不变价格　指用同类产品的年平均价格作为固定价格来计算各年产品价值。按不变价格计算的产品价值消除了价格变动因素，不同时期对比可以反映生产的发展速度。新中国成立后，随着工农业产品价格水平的变化，国家统计局先后五次制定了全国统一的工业产品不变价格和农业产品不变价格，1949−1957 年使用 1952 年工（农）业产品不变价格，1957−1971 年使用 1957 年不变价格，1971−1981 年使用 1970 年不变价格，1981−1990 年使用 1980 年不变价格，1990 年开始使用 1990 年不变价格。

平均每年增长速度　在我国计算平均增长速度有两种方法：一种是习惯上经常使用的“水平法”，又称几何平均法，是以间隔期最后一年的水平同基期水平对比来计算平均每年增长（或下降）速度；另一种是“累计法”，又称代数平均法或议程法，是以间隔期内各年水平的总和同基期水平对比来计算平均每年增长（或下降）速度。

三次产业　三次产业的划分是世界上较为常用的产业结构分类，但各国的划分不尽一致。根据国家统计局《三次产业划分规定》和《国民经济行业分类》（GB/T 4754−2017），我国的三次产业划分是：

第一产业是指农、林、牧、渔业（不含农、林、牧、渔专业及辅助性活动业）。

第二产业是指采矿业（不含开采专业及辅助活动），制造业（不含金属制品、机械和设备修理业），电力、热力、燃气及水生产和供应业，建筑业。

第三产业即服务业，是指除第一、二产业以外的其他行业。

三、人　口

3-1 民族自治地方分地区年末总人口和少数民族人口(2019年)

地　　区	年末总人口(万人)	#少数民族人口	少数民族占总人口的比重(%)
合　　计	**18981.05**	**9809.09**	**51.68**
河　　北	214.02	136.74	63.89
内 蒙 古	2539.56	564.73	22.24
辽　　宁	321.00	177.25	55.22
吉　　林	316.82	109.17	34.46
黑 龙 江	23.30	4.47	19.18
浙　　江	17.02	2.02	11.86
湖　　北	460.29	261.27	56.76
湖　　南	500.16	421.09	84.19
广　　东	53.18	20.65	38.84
广　　西	4960.00	2220.28	44.76
海　　南	176.96	92.58	52.31
重　　庆	277.92	218.54	78.63
四　　川	790.96	500.54	63.28
贵　　州	1834.32	1118.51	60.98
云　　南	2403.09	1386.26	57.69
西　　藏	350.60	316.31	90.22
甘　　肃	377.36	240.58	63.75
青　　海	383.95	259.71	67.64
宁　　夏	694.66	260.64	37.52
新　　疆	2285.88	1497.77	65.52

3-2 民族自治地方分地区人口构成(2019年)

单位：万人

地区	按性别分		按城乡分	
	男	女	城镇人口	乡村人口
合计	**10303.54**	**9443.91**	**8671.48**	**10545.42**
河北	111.33	102.69	59.14	154.88
内蒙古	1306.23	1227.75	1609.00	931.00
辽宁	163.52	157.48	80.30	240.70
吉林	158.10	158.73	172.96	143.86
黑龙江	11.70	11.60	6.20	17.10
浙江	8.91	8.11	3.42	13.60
湖北	239.94	220.35	167.06	293.23
湖南	277.54	253.53	174.90	325.26
广东	27.53	25.48	16.38	36.63
广西	2998.44	2696.89	2534.00	2426.00
海南	92.69	84.28	55.84	121.12
重庆	146.59	131.33	107.63	170.29
四川	405.15	381.87	171.08	619.88
贵州	965.65	868.67	647.66	1186.66
云南	1240.78	963.58	791.34	1602.27
西藏	174.58	175.98	110.56	240.00
甘肃	193.27	184.09	100.01	277.34
青海	181.40	173.81	139.40	252.32
宁夏	350.19	344.47	415.81	278.85
新疆	1250.00	1273.22	1308.79	1214.43

注：因部分省份城镇人口与乡村人口为户籍人口数，故与总人口数不等。

主要统计指标解释

人口数 指一定时点、一定地区范围内的有生命的个人的总和。年度统计的年末人口数指每年 12 月 31 日 24 时的人口数。

城镇人口和乡村人口 城镇人口是指居住在城镇范围内的全部常住人口；乡村人口是指除上述人口以外的全部人口。

市 指经国家批准成立“市”建制的城市。

镇 指经省、自治区、直辖市批准的镇。1963 年以前为常住人口在 2000 人以上，非农业人口占 50%以上的人口聚居地。1964 年起改为常住人口在 3000 人以上，非农业人口占 70%以上或常住人口在 2500 人以上，不满 3000 人，非农业人口占 85%以上的。1984 年后又调整为凡县级地方国家机关所在地；或总人口在 20000 人以下的乡，乡政府驻地非农业人口超过 2000 人的；或总人口在 20000 人以上的乡，乡政府驻地非农业人口占全乡 10%以上；或少数民族地区、人口稀少的边远地区、山区和小型工矿区、小港口、风景旅游地、边境口岸等地，非农业人口虽不足 2000 人，都可建镇。

四、就业人员和劳动报酬

4–1 民族自治地方分地区年末单位就业人员(2019年)

单位：万人

地　　区	合　计	国有单位	城镇集体单位	其他单位
合　　计	**1582.17**	**895.20**	**32.84**	**633.18**
河　　北	8.69	6.74	0.10	1.86
内 蒙 古	280.90	158.31	4.10	110.02
辽　　宁	14.43	9.31	0.76	2.22
吉　　林	30.69	17.84	0.37	12.47
黑 龙 江	0.95	0.75		0.20
浙　　江	1.08	0.70	0.01	0.37
湖　　北	17.11	12.43	0.05	4.63
湖　　南	27.06	18.81	1.81	6.44
广　　东	3.11	2.10	0.20	0.80
广　　西	404.12	195.53	10.20	198.39
海　　南	10.71	5.95	2.26	2.26
重　　庆	12.57	7.39	0.14	5.04
四　　川	51.85	34.55	0.19	17.11
贵　　州	94.62	61.03	6.02	27.57
云　　南	145.18	86.49	2.84	55.84
西　　藏	44.82	27.34	0.25	5.71
甘　　肃	23.58	18.62	0.95	4.01
青　　海	21.91	14.10	0.21	9.01
宁　　夏	70.01	33.74	0.59	35.68
新　　疆	318.78	183.47	1.78	133.54

4-2 民族自治地方分地区单位就业人员劳动报酬(2019年)

单位：亿元

地区	合计	国有单位	城镇集体单位	其他单位
合计	**12512.95**	**7285.90**	**165.11**	**5050.09**
河北	55.61	41.51	0.48	13.62
内蒙古	2257.00	1127.45	14.57	1114.98
辽宁	71.43	49.25	3.95	8.30
吉林	191.74	119.16	2.91	69.67
黑龙江	6.24	5.05		1.19
浙江	10.76	8.70	0.04	2.02
湖北	134.60	108.82	0.42	25.36
湖南	240.64	198.11	5.87	36.66
广东	20.06	14.81	0.84	4.41
广西	3017.55	1586.02	53.92	1377.61
海南	87.59	48.41	18.97	20.21
重庆	107.99	77.69	1.03	29.27
四川	413.20	304.32	1.23	107.65
贵州	657.16	484.24	16.63	156.29
云南	1150.98	802.02	20.27	328.69
西藏	528.55	386.47	1.78	140.31
甘肃	163.55	138.33	4.41	18.87
青海	213.17	123.17	1.19	88.81
宁夏	588.34	288.11	3.93	296.30
新疆	2596.80	1374.25	12.68	1209.88

4-3 民族自治地方分地区单位就业人员平均劳动报酬(2019年)

单位：元

地 区	合 计	国有单位	城镇集体单位	其他单位
合 计	**79087**	**81389**	**50282**	**78332**
河 北	64002	61636	49811	73310
内蒙古	80347	71218	35533	101343
辽 宁	49501	52902	52170	37399
吉 林	62473	66785	77728	55849
黑龙江	65399	67208		58682
浙 江	99481	124059	38979	54537
湖 北	78684	87582	76179	54814
湖 南	88926	105346	32412	56887
广 东	64558	70369	42145	54927
广 西	74670	81116	52879	69438
海 南	74670	81305	83852	89359
重 庆	85889	105114	72706	58069
四 川	79697	88075	66093	62924
贵 州	69450	79345	27626	56683
云 南	79280	92726	71325	58858
西 藏	117930	141366	70024	81449
甘 肃	69351	74288	46453	47033
青 海	97298	87352	56588	98514
宁 夏	84037	85399	66196	83046
新 疆	81460	74904	71320	90604

主要统计指标解释

单位就业人员 指报告期末最后一日24时在本单位中工作，并取得工资或其他形式劳动报酬的人员数。该指标为时点指标，不包括最后一日当天及以前已经与单位解除劳动合同关系的人员，是在岗职工、劳务派遣人员及其他就业人员之和。就业人员不包括：

(1)离开本单位仍保留劳动关系，并定期领取生活费的人员；

(2)在本单位实习的各类在校学生；

(3)本单位因劳务外包而使用的人员。

乡村劳动力 指乡村人口中实际参加各种行业劳动并取得实物或货币收入的劳动力人数。包括劳动年龄内实际参加劳动的人数和不足或超过劳动年龄实际参加劳动的人数。

在岗职工 指在本单位工作且与本单位签订劳动合同，并由单位支付各项工资和社会保险、住房公积金的人员，以及上述人员中由于学习、病伤、产假等原因暂未工作仍由单位支付工资的人员。在岗职工还包括：

(1)应订立劳动合同而未订立劳动合同人员(如使用的农村户籍人员)；

(2)处于试用期人员；

(3)编制外招用的人员；

(4)派往外单位工作，但工资仍由本单位发放的人员(如挂职锻炼、外派工作等情况)。

劳动者报酬 指劳动者从事生产活动应获得的全部报酬，既包括货币形式的报酬，也包括实物形式的报酬。主要包括工资、奖金、津贴和补贴，单位为其员工交纳的社会保险费、补充社会保险费和住房公积金、行政事业单位职工的离退休金、单位为其员工提供的其他各种形式的福利和报酬等。

工资总额 指根据《关于工资总额组成的规定》(1990年1月1日国家统计局发布的一号令)进行修订，在报告期内(季度或年度)直接支付给本单位全部就业人员的劳动报酬总额。包括计时工资、计件工资、奖金、津贴和补贴、加班加点工资、特殊情况下支付的工资，是在岗职工工资总额、劳务派遣人员工资总额和其他就业人员工资总额之和。

工资总额是税前工资，包括单位从个人工资中直接为其代扣或代缴的房费、水费、电费、住房公积金和社会保险基金个人缴纳部分等。

工资总额不论是计入成本的还是不计入成本的，不论是以货币形式支付的还是以实物形式支付的，均应列入工资总额的计算范围。

平均工资 指单位就业人员在一定时期内平均每人所得的工资额。它表明一定时期工资收入的高低程度，是反映就业人员工资水平的主要指标。计算公式为：

$$平均工资=\frac{报告期就业人员工资总额}{报告期就业人员平均人数}$$

五、财　政

5-1 民族自治地方分地区财政收入情况(2019年)

单位：亿元

地区	地方一般公共预算收入	#各项税收	#增值税	#企业所得税	#个人所得税
合计	**7892.02**	**5311.14**	**1875.09**	**619.74**	**188.05**
河北	65.21	50.95	10.24	4.95	1.39
内蒙古	2059.69	1539.69	566.04	181.65	44.49
辽宁	55.06	36.04	14.00	4.96	1.10
吉林	16.28	6.14	14.00	0.88	0.32
黑龙江	3.60	2.10	0.18	0.41	0.05
浙江	6.98	5.85	2.05	0.45	0.69
湖北	91.67	66.11	28.80	0.85	0.38
湖南	159.46	121.65	17.41	5.89	1.65
广东	9.66	6.01	2.57	0.08	0.41
广西	1811.89	1146.78	239.52	167.89	38.56
海南	62.94	50.71	7.83	11.42	1.33
重庆	44.11	32.06	12.06	3.15	1.84
四川	225.43	147.56	68.42	18.92	4.01
贵州	333.36	217.08	112.52	18.81	5.80
云南	600.76	369.45	149.25	18.53	5.03
西藏	221.99	157.52	97.23	17.64	17.23
甘肃	38.50	17.58	5.14	1.52	0.37
青海	84.23	54.29	17.51	6.53	1.97
宁夏	423.55	267.48	114.28	32.54	10.16
新疆	1577.63	1016.09	396.03	122.68	51.27

5-2 民族自治地方分地区财政支出情况(2019年)(一)

单位：亿元

地　区	地方一般公共预算支出	#一般公共服务	#教育	#科学技术
合　计	**29732.38**	**2906.51**	**4524.15**	**244.62**
河　北	217.95	20.63	36.86	0.72
内蒙古	5100.91	365.44	609.97	28.49
辽　宁	236.46	18.54	33.91	0.16
吉　林	126.42	8.16	15.46	0.09
黑龙江	23.98	2.35	3.81	0.06
浙　江	47.54	5.63	5.05	0.52
湖　北	513.21	7.91	8.67	0.91
湖　南	619.00	72.30	94.93	5.03
广　东	66.61	8.16	11.64	2.26
广　西	5849.02	595.24	1014.79	72.62
海　南	265.41	29.53	43.63	0.54
重　庆	254.75	23.17	53.54	1.43
四　川	1534.74	159.91	224.89	8.41
贵　州	1705.70	224.63	361.49	29.81
云　南	2838.32	356.35	486.35	12.50
西　藏	2187.75	286.90	263.26	7.28
甘　肃	553.91	72.20	87.07	1.26
青　海	836.79	76.84	125.45	2.41
宁　夏	1438.40	97.06	180.31	29.31
新　疆	5315.49	475.57	863.07	40.81

5-2 民族自治地方分地区财政支出情况(2019年)(二)

单位：亿元

地　区	#文化体育与传媒	#社会保障和就业	#医疗卫生	#农林水
合　计	**521.13**	**3593.27**	**2343.61**	**5148.47**
河　北	2.63	25.78	22.03	43.32
内蒙古	119.34	726.52	322.18	874.73
辽　宁	3.54	43.55	18.12	45.67
吉　林	1.92	22.43	9.89	33.26
黑龙江	0.31	4.08	1.80	4.68
浙　江	0.83	4.67	3.45	6.66
湖　北	1.40	9.15	6.93	16.10
湖　南	10.17	73.51	60.38	104.91
广　东	0.99	7.78	5.04	6.87
广　西	76.36	818.29	565.97	746.90
海　南	5.10	27.24	29.91	29.91
重　庆	2.65	26.27	27.37	51.49
四　川	31.80	117.44	138.35	426.47
贵　州	20.10	173.58	186.15	252.16
云　南	30.63	378.82	294.71	458.81
西　藏	57.55	155.78	123.05	445.01
甘　肃	16.72	64.39	49.76	176.58
青　海	21.10	123.76	69.68	233.87
宁　夏	25.85	183.53	106.49	213.65
新　疆	92.14	606.72	302.36	977.41

主要统计指标解释

一般公共预算收入 指国家财政参与社会产品分配所取得的收入，是实现国家职能的财力保证。主要包括：(1) 各项税收：包括国内增值税、国内消费税、进口货物增值税和消费税、出口货物退增值税和消费税、营业税、企业所得税、个人所得税、资源税、城市维护建设税、房产税、印花税、城镇土地使用税、土地增值税、车船税、船舶吨税、车辆购置税、关税、耕地占用税、契税、烟叶税等。(2) 非税收入：包括专项收入、行政事业性收费、罚没收入和其他收入。财政收入按现行分税制财政体制划分为中央本级收入和地方本级收入。

一般公共预算支出 指国家财政将筹集起来的资金进行分配使用，以满足经济建设和各项事业的需要。主要包括：一般公共服务、外交、国防、公共安全、教育、科学技术、文化体育与传媒、社会保障和就业、医疗卫生与计划生育、节能环保、城乡社区、农林水、交通运输、资源勘探信息等、商业服务业等、金融、援助其他地区、国土海洋气象等、住房保障、粮油物资储备、政府债务付息等方面的支出。财政支出根据政府在经济和社会活动中的不同职权，划分为中央财政支出和地方财政支出。

六、人民生活

6-1-1 民族自治地方分地区城镇居民生活水平情况(2019年)(一)

单位：元

地区	城镇居民人均可支配收入	城镇居民人均消费支出	#食品	#衣着	#居住
合计	**35078.92**	**22464.03**	**6330.77**	**1725.19**	**4307.09**
河北	33465.00	19440.20	5306.65	1970.25	3662.72
内蒙古	40782.00	25383.00	6583.46	2455.76	4594.40
辽宁	25188.98	17501.44	5421.32	1819.51	2826.45
吉林	27908.83	17026.66	5159.37	1824.47	3305.45
黑龙江	25380.00	13342.00	3861.00	931.00	2425.00
浙江	40014.00	26980.00	8519.00	2450.00	6420.00
湖北	31508.25	23040.61	6804.89	1917.89	4167.16
湖南	26401.98	18809.91	5089.20	1473.86	3661.53
广东	25485.06	17468.91	7150.33	725.73	2672.80
广西	34745.00	21591.00	6578.00	974.00	4468.00
海南	32539.10	22450.11	9664.75	1055.77	3098.98
重庆	32914.51	19104.75	6431.62	2157.47	3588.10
四川	33587.04	21798.26	7891.43	1747.88	3744.03
贵州	32741.00	20515.90	5264.30	1749.59	4018.73
云南	34579.92	21985.77	5981.32	1379.92	4589.96
西藏	37409.97	25636.69	6635.10	2419.30	5226.12
甘肃	24145.90	17392.08	5702.79	1813.10	3378.93
青海	33528.19	18343.85	5635.61	1785.29	2991.40
宁夏	34328.00	24161.00	5859.00	2104.00	4327.00
新疆	34664.00	25594.21	7421.57	2234.81	4558.97

6-1-2 民族自治地方分地区城镇居民生活水平情况(2019年)(二)

单位：元

地　区	#家庭设备及服务	#医疗保健支出	#交通和通讯	#娱乐教育文化服务
合　计	**1415.33**	**1921.75**	**3340.55**	**2542.14**
河　北	1368.06	1383.34	2969.77	2391.56
内蒙古	1630.97	2105.75	3736.43	2592.10
辽　宁	885.64	1749.49	1906.10	2194.34
吉　林	1126.93	1045.40	2233.23	1716.53
黑龙江	642.00	2618.00	1359.00	1296.00
浙　江	1380.00	3510.00	2380.00	1632.00
湖　北	1315.31	1562.87	2208.55	2391.48
湖　南	1327.18	1714.32	2253.85	2735.12
广　东	1017.41	1585.51	1989.34	2017.84
广　西	1256.00	2071.00	3176.00	2609.00
海　南	1486.98	1106.01	3100.73	2403.69
重　庆	1223.86	1302.22	1823.98	2228.29
四　川	1525.76	1416.86	2704.54	2075.48
贵　州	1426.10	1382.12	3694.89	2542.60
云　南	1284.62	2001.18	3619.48	2676.75
西　藏	1758.32	965.81	3621.80	1265.80
甘　肃	1370.86	1360.32	1934.39	1578.13
青　海	1291.24	1624.99	2746.72	1781.19
宁　夏	1529.00	2342.00	4077.00	3188.00
新　疆	1709.00	2495.47	3667.68	2723.00

6-2-1 民族自治地方分地区农村居民生活水平情况(2019年)(一)

单位：元

地 区	农村居民人均可支配收入	农村居民人均消费支出	#食 品	#衣 着	#居 住
合 计	**12824.56**	**10971.06**	**3372.30**	**532.54**	**2223.05**
河 北	11611.09	10052.45	3004.24	718.89	1394.19
内蒙古	15283.00	13816.00	3476.18	717.13	2337.80
辽 宁	15325.80	9272.80	2516.34	590.21	1555.83
吉 林	13209.31	9242.68	2700.24	705.88	1524.70
黑龙江	15416.00	10945.00	2646.00	549.00	1542.00
浙 江	20005.00	15393.00	6385.00	848.00	3353.00
湖 北	11618.06	9967.28	3455.69	612.79	1782.01
湖 南	10086.62	10160.98	2992.66	502.94	2345.52
广 东	14073.64	11738.78	4923.75	438.17	2393.08
广 西	13676.00	12045.00	3724.00	373.00	2669.00
海 南	13879.31	9881.89	4580.78	277.47	1610.12
重 庆	11964.13	10131.90	3965.93	625.94	1889.70
四 川	13734.42	10502.02	4489.02	696.44	1716.65
贵 州	10826.05	10419.37	2595.34	606.01	2426.93
云 南	11793.07	9655.75	3137.05	396.89	1891.86
西 藏	12950.99	8417.87	3004.12	1090.35	1257.91
甘 肃	7883.76	7190.33	2403.58	545.91	1661.46
青 海	11507.33	9579.22	3065.55	762.69	1704.58
宁 夏	12858.00	11465.00	3145.00	745.00	1985.00
新 疆	13122.00	10318.36	2988.76	813.61	2158.00

6-2-2 民族自治地方分地区农村居民生活水平情况(2019年)(二)

单位：元

地区	#家庭设备及服务	#医疗保健支出	#交通和通讯	#娱乐教育文化服务
合计	**626.79**	**1060.27**	**1577.47**	**1274.55**
河北	608.44	1598.64	1259.71	1147.63
内蒙古	578.88	1468.49	2102.48	1736.48
辽宁	469.81	1023.50	1485.20	1353.22
吉林	431.51	1395.02	1394.52	1119.45
黑龙江	479.00	1375.00	1773.00	1559.00
浙江	720.00	935.00	1645.00	1292.00
湖北	637.67	778.78	793.73	841.28
湖南	604.82	990.40	1178.09	1369.28
广东	631.87	1039.27	1093.14	1106.87
广西	680.00	1231.00	1716.00	1498.00
海南	534.08	679.79	1058.14	960.07
重庆	728.26	663.94	1057.86	1080.82
四川	630.55	677.67	1209.58	835.54
贵州	690.86	823.45	1702.24	1314.58
云南	537.36	889.21	1590.67	1091.15
西藏	514.59	355.88	1427.57	479.76
甘肃	553.65	746.92	741.66	431.01
青海	513.12	1023.79	1521.89	775.12
宁夏	696.00	1448.00	1785.00	1379.00
新疆	685.47	1060.47	1320.59	1143.79

6-3 民族自治地方分地区城乡居民储蓄存款年末余额(2019年)

单位：亿元

地　　区	城乡居民储蓄存款年末余额
合　　计	**61636.96**
河　　北	913.14
内 蒙 古	11966.08
辽　　宁	1304.57
吉　　林	396.19
黑 龙 江	
浙　　江	59.93
湖　　北	1220.58
湖　　南	1383.13
广　　东	122.91
广　　西	16939.19
海　　南	488.81
重　　庆	709.83
四　　川	2018.35
贵　　州	2614.67
云　　南	6164.86
西　　藏	
甘　　肃	830.63
青　　海	715.27
宁　　夏	3446.14
新　　疆	10342.69

主要统计指标解释

居民可支配收入 指居民可用于最终消费支出和储蓄的总和，即居民可用于自由支配的收入。既包括现金收入，也包括实物收入。按照收入的来源，可支配收入包含四项，分别为：工资性收入、经营净收入、财产净收入和转移净收入。

工资性收入 指就业人员通过各种途径得到的全部劳动报酬和各种福利，包括受雇于单位或个人、从事各种自由职业、兼职和零星劳动得到的全部劳动报酬和福利。

经营净收入 指住户或住户成员从事生产经营活动所获得的净收入，是全部经营收入中扣除经营费用、生产性固定资产折旧和生产税之后得到的净收入。计算公式为：

经营净收入=经营收入-经营费用-生产性固定资产折旧-生产税

财产净收入 指住户或住户成员将其所拥有的金融资产、住房等非金融资产和自然资源交由其他机构单位、住户或个人支配而获得的回报并扣除相关的费用之后得到的净收入。财产净收入包括利息净收入、红利收入、储蓄性保险净收益、转让承包土地经营权租金净收入、出租房屋净收入、出租其他资产净收入和自有住房折算净租金等。财产净收入不包括转让资产所有权的溢价所得。

转移净收入 计算公式为：转移净收入=转移性收入-转移性支出

转移性收入 指国家、单位、社会团体对住户的各种经常性转移支付和住户之间的经常性收入转移。包括养老金或退休金、社会救济和补助、政策性生产补贴、政策性生活补贴、救灾款、经常性捐赠和赔偿、报销医疗费、住户之间的赡养收入，本住户非常住成员寄回带回的收入等。转移性收入不包括住户之间的实物馈赠。

转移性支出 指调查户对国家、单位、住户或个人的经常性或义务性转移支付。包括缴纳的税款、各项社会保障支出、赡养支出、经常性捐赠和赔偿支出以及其他经常转移支出等。

居民消费支出 指居民用于满足家庭日常生活消费需要的全部支出，既包括现金消费支出，也包括实物消费支出。消费支出可划分为食品烟酒、衣着、居住、生活用品及服务、交通通信、教育文化娱乐、医疗保健以及其他用品及服务八大类。

食品烟酒 指用于各种食品和烟草、酒类的支出。

衣着 指与居民穿着有关的支出，包括服装、服装材料、鞋类、其他衣类及配件、衣着相关加工服务的支出。

居住 指与居住有关的支出，包括房租、水、电、燃料、物业管理等方面的支出，也包括自有住房折算租金。

生活用品及服务 指家庭及个人的各类生活品及家庭服务。包括家具及室内装饰品、家用器具、家用纺织品、家庭日用杂品、个人用品和家庭服务。

交通通信 指用于交通和通信工具及相关的各种服务费、维修费和车辆保险等支出。

教育文化娱乐 指用于教育、文化和娱乐方面的支出。

医疗保健 指用于医疗和保健的药品、用品和服务的总费用。包括医疗器具及药品，以及医疗服务。

其他用品及服务 指无法直接归入上述各类支出的其他用品与服务支出。

居民储蓄存款余额 指城乡居民在某一时点上在银行和其他金融机构的本（人民币）、外币储蓄存款总额。不包括居民的手存现金和工矿企业、部队、机关、团体等单位存款。

七、城市概况

7-1 民族自治地方分地区城市情况(2019年)

地　区	城市数（个）	#地级市	#县级市
合　计	**115**	**38**	**77**
河　北			
内蒙古	20	9	11
辽　宁			
吉　林	6		6
黑龙江			
浙　江			
湖　北	2		2
湖　南	1		1
广　东			
广　西	21	14	7
海　南			
重　庆			
四　川	3		3
贵　州	4		4
云　南	12		12
西　藏	6	6	
甘　肃	2		2
青　海	3		3
宁　夏	7	5	2
新　疆	28	4	24

7-2 民族自治地方分地区城市市区情况(2019年)

地　区	市区面积（平方公里）	市区人口（万人）	市区暂住人口（万人）
合　计	**795816.89**	**6105.26**	**1160.96**
河　北			
内蒙古	148649.07	998.07	256.68
辽　宁			
吉　林	27270.36	168.02	18.43
黑龙江			
浙　江			
湖　北	8572.82	176.46	8.92
湖　南	1093.30	35.22	4.33
广　东			
广　西	68539.76	2379.24	310.66
海　南			
重　庆			
四　川	20780.20	87.79	29.76
贵　州	8458.29	236.61	23.49
云　南	44688.59	485.18	95.05
西　藏	47978.51	91.40	43.00
甘　肃	2774.33	36.85	7.51
青　海	162250.50	45.61	5.51
宁　夏	21435.63	343.08	66.33
新　疆	233325.53	1021.73	291.29

7-3 民族自治地方分地区城市城区面积和人口情况(2019年)

地　区	城区面积（平方公里）	城区人口（万人）	城区暂住人口（万人）
合　计	**17716.65**	**3068.90**	**1030.70**
河　北			
内蒙古	5081.98	678.97	246.09
辽　宁			
吉　林	504.15	104.61	16.68
黑龙江			
浙　江			
湖　北	253.00	45.75	5.60
湖　南	48.00	27.84	4.43
广　东			
广　西	5789.43	923.89	287.44
海　南			
重　庆			
四　川	775.88	47.61	20.90
贵　州	627.65	107.04	21.77
云　南	597.24	198.40	65.83
西　藏	632.17	62.82	42.81
甘　肃	53.65	23.02	5.34
青　海	161.15	27.20	13.97
宁　夏	911.50	221.73	63.36
新　疆	2280.85	600.02	236.48

7-4 民族自治地方分地区城市用地情况(2019年)

地　　区	建成区面积（平方公里）	城市建设用地（平方公里）
合　　计	**5867.24**	**5513.46**
河　　北		
内 蒙 古	1269.74	1170.37
辽　　宁		
吉　　林	158.09	132.08
黑 龙 江		
浙　　江		
湖　　北	60.28	60.18
湖　　南	38.00	30.80
广　　东		
广　　西	1531.91	1483.53
海　　南		
重　　庆		
四　　川	58.37	54.56
贵　　州	217.37	196.08
云　　南	356.08	340.22
西　　藏	164.42	153.14
甘　　肃	37.14	32.46
青　　海	77.17	76.56
宁　　夏	477.05	437.63
新　　疆	1421.62	1345.85

7-5 民族自治地方分地区城市供水、液化气供气情况(2019年)

地　　区	城市供水综合生产能力（万立方米/日）	供水管道长度（公里）	城市液化石油气储气能力（吨）	液化石油气供气总量（吨）
合　　计	**2306.87**	**66500.55**	**102025.41**	**541691.72**
河　　北				
内 蒙 古	410.83	12050.88	7474.68	58653.82
辽　　宁				
吉　　林	51.65	1543.63	2374.50	19418.87
黑 龙 江				
浙　　江				
湖　　北	25.30	1666.31	450.00	1929.50
湖　　南	13.00	683.60	100.00	2800.00
广　　东				
广　　西	657.81	21796.43	64758.54	303776.33
海　　南				
重　　庆				
四　　川	26.50	802.12	3360.00	11665.90
贵　　州	66.44	3670.38	7140.44	17023.41
云　　南	123.28	5881.48	3046.55	26585.44
西　　藏	66.97	1885.02	997.30	6893.65
甘　　肃	11.30	373.47	177.20	1380.00
青　　海	77.02	1275.92	2049.20	3432.85
宁　　夏	171.71	2810.89	5092.00	13349.88
新　　疆	605.06	12060.42	5005.00	74782.07

7-6 民族自治地方分地区城市道路情况(2019年)

地区	城市道路长度（公里）	城市道路面积（万平方米）
合计	**44787.68**	**90121.79**
河北		
内蒙古	10094.23	21570.88
辽宁		
吉林	950.79	1576.01
黑龙江		
浙江		
湖北	340.88	511.16
湖南	469.34	1013.00
广东		
广西	12737.55	26570.66
海南		
重庆		
四川	419.78	649.22
贵州	1156.42	2779.85
云南	2552.92	4795.84
西藏	826.97	1663.52
甘肃	180.05	444.55
青海	582.84	1339.09
宁夏	2603.16	7405.38
新疆	11872.75	19802.63

7-7 民族自治地方分地区城市绿化面积(2019年)

地区	绿化覆盖面积(公顷)	建成区	绿地面积(公顷)	建成区
合计	**371476.94**	**234108.62**	**290147.84**	**211286.84**
河北				
内蒙古	73290.45	51454.36	69069.06	47505.81
辽宁				
吉林	7250.77	6153.56	5948.52	5600.10
黑龙江				
浙江				
湖北	3410.20	2491.00	2770.28	2219.28
湖南	1792.30	1567.66	1653.40	1363.80
广东				
广西	118896.61	62479.29	72029.69	54222.51
海南				
重庆				
四川	2029.27	1841.27	1814.79	1814.79
贵州	24436.63	8177.31	8799.77	7403.14
云南	17942.97	13536.85	15610.93	12158.91
西藏	6415.10	6183.10	6049.13	5809.58
甘肃	1415.49	1261.34	1215.97	1142.01
青海	2499.82	2373.27	2346.64	2155.87
宁夏	27089.27	19867.33	25904.33	18783.22
新疆	85008.06	56722.28	76935.33	51107.82

7-8 民族自治地方分地区城市公园情况(2019年)

地　区	公园绿地面积（公顷）	公园个数（个）	公园面积（公顷）
合　计	**61912.00**	**1513**	**46473.15**
河　北			
内蒙古	17310.23	330	13752.57
辽　宁			
吉　林	1637.52	35	915.64
黑龙江			
浙　江			
湖　北	797.41	36	440.30
湖　南	342.60	5	98.00
广　东			
广　西	16377.45	315	14104.71
海　南			
重　庆			
四　川	485.59	40	722.00
贵　州	1528.21	58	1334.80
云　南	3173.62	165	2677.37
西　藏	1034.97	105	800.40
甘　肃	214.98	7	214.98
青　海	547.29	8	404.40
宁　夏	6017.46	97	3424.11
新　疆	12444.67	312	7583.87

7-9 民族自治地方分地区城市环境卫生情况(2019年)

地　　区	生活垃圾处理量（万吨）	垃圾无害化处理厂数（座）	公厕数（座）
合　　计	**1759.37**	**140**	**15440**
河　　北			
内 蒙 古	393.76	28	7233
辽　　宁			
吉　　林	47.37	4	329
黑 龙 江			
浙　　江			
湖　　北	18.84	2	156
湖　　南	11.32	1	95
广　　东			
广　　西	494.17	28	1763
海　　南			
重　　庆			
四　　川	28.28	4	277
贵　　州	47.63	6	275
云　　南	116.46	13	1264
西　　藏	63.65	8	670
甘　　肃	22.75	2	104
青　　海	18.81	4	128
宁　　夏	127.85	11	853
新　　疆	368.48	29	2293

7-10 民族自治地方分地区城市市政公用设施水平情况(2019年)(一)

地　区	人口密度（人/平方公里）	人均日生活用水量（升）	用水普及率（%）	燃气普及率（%）
合　计	**3356**	**194.40**	**97.91**	**93.13**
河　北				
内蒙古	1711	109.15	99.07	95.76
辽　宁				
吉　林	19077	598.27	95.20	85.87
黑龙江				
浙　江				
湖　北	4092	379.62	97.22	93.65
湖　南	6723	231.18	97.61	86.15
广　东				
广　西	53001	4993.33	99.02	99.22
海　南				
重　庆				
四　川	15178	737.18	76.28	64.36
贵　州	13659	609.19	98.81	85.84
云　南	60193	2133.82	91.26	62.36
西　藏	23082	1631.72	96.06	64.54
甘　肃	9518	321.66	95.79	78.32
青　海	11806	750.10	96.12	94.97
宁　夏	26563	1067.83	96.40	94.74
新　疆	92754	5846.66	96.31	92.11

7-10 民族自治地方分地区城市市政公用设施水平情况(2019年)(二)

地　　区	建成区供水管道密度(公里/平方公里)	人均道路面积(平方米)	建成区排水管道密度(公里/平方公里)	人均公园绿地面积(平方米)
合　　计	**11.30**	**22.95**	**8.12**	**14.98**
河　　北				
内 蒙 古	8.39	23.71	7.13	18.01
辽　　宁				
吉　　林	67.99	79.48	42.21	83.53
黑 龙 江				
浙　　江				
湖　　北	50.17	19.66	10.76	30.57
湖　　南	17.99	31.39	6.74	10.62
广　　东				
广　　西	271.22	512.23	232.43	315.47
海　　南				
重　　庆				
四　　川	38.82	30.25	20.22	30.83
贵　　州	57.08	84.76	29.51	46.33
云　　南	152.49	210.75	119.16	146.34
西　　藏	47.69	94.55	32.24	78.65
甘　　肃	15.23	43.46	18.39	22.35
青　　海	43.41	114.62	72.06	40.58
宁　　夏	40.23	208.87	35.39	163.08
新　　疆	343.71	1096.75	166.27	1136.65

7-10 民族自治地方分地区城市市政公用设施水平情况(2019年)(三)

地　　区	建成区绿化覆盖率(%)	建成区绿地率(%)	生活垃圾处理率(%)	生活垃圾无害化处理率(%)
合　　计	**39.90**	**36.01**	**99.56**	**98.98**
河　　北				
内 蒙 古	40.52	37.41	99.81	99.81
辽　　宁				
吉　　林	38.71	34.60	100.00	100.00
黑 龙 江				
浙　　江				
湖　　北	41.33	36.74	100.00	100.00
湖　　南	41.25	35.89	100.00	100.00
广　　东				
广　　西	39.74	34.90	100.00	100.00
海　　南				
重　　庆				
四　　川	33.08	33.97	98.34	98.34
贵　　州	37.68	34.11	96.03	96.03
云　　南	37.68	33.88	99.01	99.01
西　　藏	37.96	35.49	97.71	97.71
甘　　肃	34.91	31.03	100.00	100.00
青　　海	33.76	30.54	97.39	97.39
宁　　夏	41.42	38.64	99.60	99.60
新　　疆	37.47	33.87	95.35	81.41

主要统计指标解释

供水管道长度　指从送水泵至用户水表之间所有管道的长度。不包括新安装尚未使用、水厂内以及用户建筑物内的管道。

供水总量　指报告期供水企业（单位）供出的全部水量。包括有效供水量和漏损水量。

用水普及率　指报告期末城区内用水人口与总人口的比率。计算公式为：

$$用水普及率=\frac{城区用水人口（含暂住人口）}{城区人口+城区暂住人口}\times 100\%$$

供气管道长度　指报告期末人工燃气生产厂制气、净化、输送等环节的综合生产能力，不包括备用设备能力。一般按设计能力计算，当实际生产能力大于设计能力时，应按实际测定的生产能力计算。测定时应以制气、净化、输送三个环节中最薄弱的环节为主。

供气总量　指报告期燃气企业（单位）向用户供应的燃气数量。包括销售量和损失量。

燃气普及率　指报告期末城区内使用燃气的人口与总人口的比率。

$$燃气普及率=\frac{城区用气人口（含暂住人口）}{城区人口+城区暂住人口}\times 100\%$$

城市道路　指城市供车辆、行人通行的，具备一定技术条件的道路、桥梁、隧道及其附属设施。城市道路由车行道和人行道等组成。在统计时只统计路面宽度在 3.5 米（含 3.5 米）以上的各种铺装道路，包括开放型工业区和住宅区道路在内。

道路长度　指道路长度和与道路相通的桥梁、隧道的长度，按车行道中心线计算。

道路面积　道路实际铺装面积和与道路相通的广场、桥梁、隧道的铺装面积（统计时，将车行道面积、人行道面积分别统计）。

人行道面积按道路两侧面积相加计算，包括步行街和广场，不含人车混行的道路。

建成区面积　城市行政区内实际已成片开发建设、市政公用设施和公共设施基本具备的区域。对核心城市，它包括集中连片的部分以及分散的若干个已经成片建设起来，市政公用设施和公共设施基本具备的地区组成。因此建成区范围，一般是指建成区外轮廓线所能包括的地区，也就是这个城市实际建设用地所达到的范围。

绿地面积　指报告期末建成区内用作园林和绿化的各种绿地面积。包括公园绿地、生产绿地、防护绿地、附属绿地的面积。

其中：**公园绿地**　指向公众开放的、以游憩为主要功能，有一定游憩设施的绿地。

人口密度　指建成区范围内的人口疏密程度。

计算公式：

$$建成区人口密度（人/平方公里）=\frac{建成区常住人口（人）}{建成区面积（公顷）}\times 100$$

人均日生活用水量　指用水人口平均每天的生活用水量。计算公式：

$$建成区人均日生活用水量（升/人）=\frac{建成区年生活用水量（万立方米）}{建成区用水人口（人）}\div 365\times 10^{7}$$

人均公园绿地面积　指报告期末建成区范围内平均每人拥有的公园绿地面积。

计算公式：

$$建成区人均公园绿地面积（平方米/人）=\frac{建成区公园绿地面积（公顷）}{建成区常住人口（人）}\times 10^{4}$$

建成区绿化覆盖率　指报告期末建成区范围内绿化覆盖面积与建成区面积的比率。

计算公式：

$$建成区绿化覆盖率(\%)=\frac{建成区绿化覆盖面积（公顷）}{建成区面积（公顷）}\times 100\%$$

建成区绿化率　指报告期末镇（乡）建成区范围内绿地面积与建成区面积的比率。

计算公式：

$$建成区绿地率(\%)=\frac{建成区绿地面积（公顷）}{建成区面积（公顷）}\times 100\%$$

生活垃圾处理率　指报告期建成区范围内生活垃圾处理量与生活垃圾产生量的比率。

计算公式：

$$建成区生活垃圾处理率(\%)=\frac{建成区生活垃圾处理量（吨）}{建成区生活垃圾产生量（吨）}\times 100\%$$

生活垃圾无害化处理率　指报告期建成区范围内生活垃圾无害化处理量与生活垃圾产生量的比率。

计算公式：

$$建成区生活垃圾无害化处理率(\%)=\frac{建成区生活垃圾无害化处理量（吨）}{建成区生活垃圾产生量（吨）}\times 100\%$$

由于生活垃圾产生量不易取得，用清运量代替。

八、资源和环境

8-1 民族自治地方自然资源及状况(2019年)

项　　目	2019年	民族自治地方占全国比重(%)
土地资源		
土地总面积(万平方公里)	605	63.0
耕地面积(千公顷)	31953.99	23.7
草原面积(千公顷)(2017年)	285793.07	72.8
#可利用草原面积(2014年)	236682.10	71.5
森林资源		
森林面积(万公顷)	9700.26	44.0
森林蓄积量(亿立方米)	73.01	0.0042
水资源		
水资源总量(亿立方米)	11502.7	39.6
人均水资源量(立方米/人)	5727.01	275.6
主要矿产资源基础储量(2016年)		
煤(亿吨)	893.95	35.9
铁矿石(亿吨)	31.34	15.6
硫铁矿(万吨)	33126.56	25.9
石油(万吨)	78808.50	22.5
天然气(亿立方米)	21519.30	39.6
铜矿 (万吨)	1255.23	47.9
铝土矿(万吨)	64958.15	64.3
锰矿(万吨)	24602.25	79.3
铬矿(万吨)	261.30	64.2
铅矿(万吨)	1190.63	65.8
锌矿(万吨)	3064.77	69.0
高岭土(万吨)	47925.89	69.2

8-2 民族自治地方分地区面积(2019年)

地　　区	*总面积（平方公里）	#民族自治地方面积	民族自治地方面积占总面积（%）	民族自治地方人口密度（人/平方公里）
全国总计	**9600000**	**6046803**	**62.99**	
合　　计	8362920	6046803	72.30	21.06
河　　北	187700	23994	12.78	11.40
内 蒙 古	1183000	1183000	100.00	21.47
辽　　宁	145900	34277	23.49	22.00
吉　　林	187400	53578	28.59	16.91
黑 龙 江	454600	6176	1.36	0.51
浙　　江	101800	1950	1.92	1.67
湖　　北	185900	29613	15.93	24.76
湖　　南	211800	30886	14.58	23.61
广　　东	177900	4820	2.71	2.99
广　　西	236000	236000	100.00	210.17
海　　南	33920	11469	33.81	52.17
重　　庆	82400	14532	17.64	33.73
四　　川	485000	305965	63.09	16.31
贵　　州	176000	97844	55.59	104.22
云　　南	394000	275546	69.94	60.99
西　　藏	1228400	1228400	100.00	2.85
甘　　肃	454000	174726	38.49	8.31
青　　海	721200	618027	85.69	5.32
宁　　夏	66000	66000	100.00	105.25
新　　疆	1650000	1650000	100.00	5.56

注：1.合计为全国民族自治地方面积合计数。
　　2.总面积为全省区面积数。

8-3 流经民族自治地方主要河流及流域面积

流域名称	流域面积（平方公里）
外流河	
黑龙江及绥芬河	934802
辽河、鸭绿江及沿海诸河	314146
黄河	752773
长江	1782715
元江及澜沧江	240389
怒江及滇西诸河	157392
雅鲁藏布江及藏南诸河	387550
藏西诸河	58783
额尔齐斯河	48779
内陆河	
内蒙内陆河	311378
河西内陆河	469843
准嘎尔内陆河	323621
中亚细亚内陆河	77757
塔里木内陆河	1079643
青海内陆河	321161
羌唐内陆河	730077
松花江、黄河、藏南闭流区	42271

8-4 民族自治地方主要山脉基本情况

名　称	山峰高程（米）	雪线高程（米）	冰川面积（平方公里）
阿尔泰山	4374	3000—3200	287
天山	7435	3600—4400	9548
祁连山	5826	4300—5240	2063
帕米尔	7579		2258
昆仑山			11639
喀喇昆仑山	8611	5100—5400	3265
唐古拉山	6137		2082
羌塘高原	6596		3566
念青唐古拉山	7111	4500—5700	7536
横断山	7556	4600—5500	1456
喜马拉雅山	8844	4300—6200	11055
冈底斯山	7095	5800—6000	2188

8-5 民族自治地方主要城市气候情况（2019年）

城　市	年平均气温（摄氏度）	年平均相对湿度（%）	年降水量（毫米）	年日照时数（小时）
呼和浩特	7.3	48.0	412.2	2729.5
南　宁	22.1	80.0	1222.6	1563.3
拉　萨	9.6	37.0	491.0	2955.1
银　川	10.8	48.0	145.5	2660.7
乌鲁木齐	8.3	56.0	226.9	2665.5

8-6 自治区水资源总量和总供水量(2019年)

地 区	水资源总量(亿立方米)	#地表水资源量	#地下水资源量	人均水资源量(立方米/人)	总供水量(亿立方米)	地表水	地下水	其 他
全 国	**29041.0**	**27993.3**	**8191.5**	**2077.7**	**6021.2**	**4982.5**	**934.2**	**104.5**
内蒙古	447.9	305.8	233.8	1765.5	190.9	100.0	84.3	6.6
广 西	2105.1	2103.8	445.0	4258.7	283.4	272.1	9.3	2.1
西 藏	4496.9	4496.9	1037.0	129407.2	32.0	28.2	3.7	0.1
宁 夏	12.6	10.3	18.4	182.2	69.9	62.7	6.8	0.4
新 疆	870.1	829.7	508.5	3473.5	587.7	479.1	106.4	2.2

注：水资源总量等于地表水资源量加地下水资源量减两者之间的重复计算水量。

8-7 自治区总用水量和人均生活用水量(2019年)

地 区	总用水量(亿立方米)	农 业	工 业	生 活	生 态	人均生活用水量(立方米/人)
全 国	**6021.2**	**3682.3**	**1217.6**	**871.7**	**249.6**	**430.8**
内蒙古	190.9	139.6	14.6	11.7	25.0	752.5
广 西	283.4	189.9	49.0	41.2	3.3	573.3
西 藏	32.0	27.2	1.5	3.0	0.3	920.9
宁 夏	69.9	59.6	4.4	3.0	2.8	1010.8
新 疆	587.7	511.4	11.5	15.7	49.0	2346.1

主要统计指标解释

自然资源 指人类可以直接从自然界获得，并用于生产和生活的物质资源。自然资源一般可以分成可再生资源和非再生资源两大类。可再生资源是指在较短时间内可以再生、可以循环利用的资源，包括土地资源、水资源、气候资源、生物资源和海洋资源等。非再生资源是指在使用后不能再生的资源，包括矿产资源和地热资源。

土地资源 土地指陆地的表层部分，主要由岩石、岩石的风化物和土壤构成。土地资源按利用类型可以分为农用地、建筑用地和未利用地。

森林资源 指森林、林木、林地以及依托森林、林木、林地生存的野生动物、植物和微生物。

森林面积 包括郁闭度 0.2 以上的乔木林地面积和竹林面积，国家特别规定的灌木林地面积，农田林网以及村旁、路旁、水旁、宅旁林木的覆盖面积。

森林蓄积量 指一定森林面积上存在着的林木树干部分的总材积。

水利资源 水在自然界中以固态、液态和气态三种聚集状态存在，分布于海洋、陆地（包括土壤）以及大气之中，通过水循环形成水利资源。水利资源包括经人类控制并直接可供灌溉、发电、给水、航运、养殖等用途的地表水和地下水，以及江河、湖泊、井、泉、潮汐、港湾和养殖水域等。水利资源是发展国民经济不可缺少的重要自然资源。

矿产资源 矿产资源指由地质作用形成的，具有利用价值的，呈固态、液态、气态的自然资源，是社会生产发展的重要物质基础。目前我国已发现矿种有 170 多种，按其特点和用途，可分为能源矿产(如煤炭、石油、天然气、地热)、金属矿产(如铁矿、锰矿、铜矿、铅矿、铝土矿)、非金属矿产(如金刚石、石灰岩、黏土)和水气矿产(如地下水、矿泉水、二氧化碳气)四大类。其中：金属矿产按其物质成分和性质又可分为：黑色金属矿产、有色金属矿产、贵金属矿产、稀有金属矿产、稀土金属矿产、分散元素金属矿产六类。

矿产基础储量 基础储量是查明矿产资源的一部分。它能满足现行采矿和生产所需的指标要求，是控制的、探明的并通过可行性或预可行性研究认为属于经济的、边界经济的部分，用未扣除设计、采矿损失的数量表示。

气温 指空气的温度，我国一般以摄氏度（℃）为单位表示。气象观测的温度表是放在离地面 1.5 米处通风良好的百叶箱里测量温度的，因此，通常所说的气温指的是离地面 1.5 米处百叶箱中的温度。计算方法为：月平均气温是将全月各日的平均气温相加，除以天数而得。年平均气温是将 12 个月的月平均气温累加后除以 12 而得。

降水量 指从天空降到地面的液态或固态（经融化后）水，未经蒸发、渗透、流失而在地面上积聚的深度。计算方法为：月降水量是将全月各日的降水量累加而得。年降水量是将 12 个月的降水量累加而得。

耕地 指种植农作物的土地，包括熟地，新开发、复垦、整理地，休闲地（含轮歇地、轮作地）；以种植农作物（含蔬菜）为主，间有零星果树、桑树或者其他树木的土地；平均每年能保证收获一季的已垦滩地和海涂。耕地中包括南方宽度<1.0 米，北方宽度<2.0 米固定的沟、渠、路和地坎（埂）；临时种植药材、草皮、花卉、苗木等的耕地，以及其他临时改变用途的耕地。

相对湿度 指空气中实际所含水蒸气密度的百分比值。其统计计算方法与气温相同。

日照时数 指太阳实际照射地面的时间，通常以小时为单位表示。其统计方法与降水量相同。

流域 每条河都有自己的干流和支流，干支流共同组成这条河流的水系。每条河流都有自己的集水区域，这个集水区域就称为该河流的流域。

外流河 指直接或间接流入海洋的河流。供给外流河河水的区域称为外流区。

内陆河 指在陆地内部干燥地区，河水沿途消失于沙漠或注入内陆湖泊的河流。供给内陆河河水的区域称为内陆区。

工业固体废物产生量 指未被列入《国家危险废物名录》或者根据国家规定的危险废物鉴别标准

（GB5085）、固体废物浸出方法（GB5086）及固体废物浸出毒性测定方法（GB/T 15555）鉴定方法判定不具有危险特性的工业固体废物。

工业固体废物综合利用量　指报告期内企业通过回收、加工、循环、交换等方式，将固体废物中提取或者使其转化为可以利用的资源、能源和其他原材料的固体废物量（包括当年利用的往年工业固体废物累计贮存量）。如用作农业肥料、生产建筑材料、筑路等。综合利用量由原产生固体的单位统计。

九、农　业

9-1 民族自治地方农村基层组织情况

年 份	乡镇个数（个）	乡村人口（万人）
1983	10129	10269
1984	17742	10444
1985	18429	10968
1986	19165	11198
1987	18776	11794
1988	11594	12034
1989	11792	12998
1990	11295	12358
1991	11149	12446
1992	11031	12511
1993	10501	12602
1994	10645	12652
1995	10491	12677
1996	9660	12495
1997	9943	12782
1998	9972	12544
1999	9630	12856
2000	9534	11414
2001	9045	12959
2002	8916	13027
2003	8747	13104
2004	8737	13243
2005	8275	13331
2006	7796	9193
2007	7743	13262
2008	7802	13362
2009	7757	11853
2010	7794	11087
2011	7832	11459
2012	7987	10885
2013	7906	10741
2014	7684	10082
2015	7678	10684
2016	7752	10838
2017	7653	10727
2018	7576	10880
2019	7525	11978

9–2 民族自治地方分地区农村基层组织情况(2019年)

地　区	乡镇个数（个）	村民委员会（个）	乡村人口（万人）	乡个数（个）	镇个数（个）
合　计	**7525**	**80600**	**11978**	**3600**	**3925**
河　北	117	1452	155	65	52
内蒙古	778	11113	945	270	508
辽　宁	152	1515	241	29	123
吉　林	111	1544	144	32	79
黑龙江	11	79	17	6	5
浙　江	19	136	14	15	4
湖　北	102	2562	293	37	65
湖　南	202	2854	325	70	132
广　东	23	219	37		23
广　西	1118	14212	3845	312	806
海　南	60	588	121	16	44
重　庆	126	908	170	55	71
四　川	1035	8370	620	741	294
贵　州	526	5981	1187	117	409
云　南	787	7026	1602	371	416
西　藏	676	5263	240	534	142
甘　肃	268	2430	277	145	123
青　海	319	3064	252	206	113
宁　夏	193	2240	279	90	103
新　疆	902	9044	1214	489	413

9-3 民族自治地方分地区农、林、牧、渔业总产值及指数(2019年)

地区	绝对数(亿元)					指数(上年=100)				
	农林牧渔业总产值	#农业	#林业	#牧业	#渔业	农林牧渔业总产值	#农业	#林业	#牧业	#渔业
合计	**21735.10**	**12248.76**	**1254.75**	**6519.25**	**834.28**	**104.9**	**106.3**	**106.9**	**101.9**	**103.4**
河北	265.75	132.17	23.01	94.17	0.82	106.4	105.3	104.9	105.1	114.3
内蒙古	3176.34	1606.34	100.89	1390.46	27.82	102.1	103.4	101.0	100.9	93.3
辽宁	441.95	174.17	49.94	189.84	21.57	104.0	103.9	95.5	108.1	99.6
吉林	297.90	136.19	12.60	135.13	5.79	103.2	110.6	102.0	97.1	106.3
黑龙江	88.22	27.54	0.52	51.08	8.19	103.9	101.4	100.3	105.1	105.9
浙江	10.46	7.03	1.62	1.47	0.18	103.0	103.2	102.3	101.1	102.8
湖北	423.34	239.22	27.48	122.03	4.53	104.9	105.8	96.9	105.4	107.9
湖南	354.79	185.15	31.01	126.47	6.30	103.3	104.3	106.9	99.5	100.6
广东	42.57	24.35	8.14	8.56	0.83	102.3	107.5	103.4	86.1	102.7
广西	5498.81	3102.27	410.54	1189.68	538.93	105.0	107.3	109.9	97.0	105.0
海南	348.20	215.42	33.93	42.21	46.21	102.7	105.9	99.0	79.0	106.5
重庆	197.10	113.99	13.34	63.31	3.53	103.5	102.8	106.0	97.4	101.9
四川	854.17	431.96	63.06	345.87	5.28	104.3	105.2	107.6	103.4	106.0
贵州	1653.12	1027.44	129.45	394.68	28.69	106.6	109.7	111.0	100.9	81.6
云南	2864.99	1572.00	256.60	888.56	83.48	107.7	108.2	107.4	107.3	107.3
西藏	212.81	94.90	3.54	108.41	0.36	107.7	106.6	109.4	109.0	103.5
甘肃	196.15	86.69	6.39	82.86	0.59	105.9	107.1	108.8	104.5	104.5
青海	374.26	125.56	7.78	172.05	4.36	105.2	105.1	114.8	105.0	107.2
宁夏	583.54	330.09	9.34	197.13	19.28	103.0	104.2	101.4	100.8	104.4
新疆	3850.65	2616.30	65.56	915.27	27.53	105.4	105.5	108.8	104.9	96.5

注：本表绝对数按当年价格计算，指数按可比价格计算。

9—4 民族自治地方分地区农、林、牧、渔业总产值构成(2019年)

(以农、林、牧、渔业和农林牧渔服务业总产值为100)

地　区	农业	林业	牧业	渔业
合　计	**56.35**	**5.77**	**29.99**	**3.84**
河　北	49.73	8.66	35.44	0.31
内蒙古	50.57	3.18	43.78	0.88
辽　宁	39.41	11.30	42.95	4.88
吉　林	45.71	4.23	45.36	1.94
黑龙江	31.22	0.59	57.91	9.29
浙　江	67.17	15.52	14.03	1.71
湖　北	56.51	6.49	28.83	1.07
湖　南	52.18	8.74	35.65	1.78
广　东	57.20	19.12	20.11	1.95
广　西	56.42	7.47	21.64	9.80
海　南	61.87	9.74	12.12	13.27
重　庆	57.83	6.77	32.12	1.79
四　川	50.57	7.38	40.49	0.62
贵　州	62.15	7.83	23.88	1.74
云　南	54.87	8.96	31.01	2.91
西　藏	44.59	1.66	50.94	0.17
甘　肃	44.19	3.26	42.24	0.30
青　海	33.55	2.08	45.97	1.17
宁　夏	56.57	1.60	33.78	3.30
新　疆	67.94	1.70	23.77	0.71

注：本表按当年价格计算。

9-5 民族自治地方分地区耕地面积和农作物播种面积(2019年)

单位：千公顷

地 区	农作物总播种面积	#粮 食	#油 料	#棉 花
合 计	**33735.72**	**19889.16**	**2419.25**	**2542.91**
河 北	258.74	198.53	10.77	0.06
内蒙古	8885.02	6789.85	930.90	0.10
辽 宁	617.25	484.96	88.87	
吉 林	840.48	744.91	67.08	
黑龙江	150.70	140.50	5.70	
浙 江	13.01	6.24	0.24	
湖 北	467.93	425.67	10.32	
湖 南	609.84	332.99	100.11	0.69
广 东	52.72	21.50	6.12	
广 西	5989.21	2747.00	253.65	1.11
海 南	182.32	51.64	4.17	
重 庆	445.99	256.16	96.19	
四 川	890.73	636.87	29.76	
贵 州	2033.19	1145.08	291.62	0.44
云 南	4034.25	2417.24	150.14	0.01
西 藏	271.53	184.73	21.51	
甘 肃	311.21	218.74	33.98	
青 海	420.97	225.62	100.40	
宁 夏	1152.97	677.37	38.98	
新 疆	6170.00	2203.61	218.64	2540.50

9-6 民族自治地方分地区主要农产品产量(2019年)

单位：万吨

地　　区	粮　食	油　料	棉　花	麻　类	糖　料	烟　叶	茶　叶	水　果
合　　计	**10596.01**	**568.97**	**500.39**	**2.34**	**9948.20**	**78.28**	**62.35**	**5914.93**
河　　北	94.36	2.27	0.01					48.79
内蒙古	3652.54	228.68		0.26	629.65			280.41
辽　　宁	230.77	16.31			0.53	0.57		31.03
吉　　林	483.87	20.48			1.42	0.33		8.07
黑龙江	83.60	2.22			0.15			1.81
浙　　江	3.37	0.04					0.22	1.01
湖　　北	166.66	13.91				4.21	15.07	55.71
湖　　南	181.49	15.14	0.03	0.02	1.06	2.75	1.06	179.09
广　　东	10.86	2.19			0.38	0.16	0.18	6.87
广　　西	1332.00	71.63	0.11	0.74	7490.65	1.62	8.28	2140.17
海　　南	26.04	1.13			29.64		0.07	95.28
重　　庆	119.54	10.72		0.16	0.05	2.32	1.02	19.96
四　　川	306.66	6.90		0.01	4.11	11.73	1.30	207.18
贵　　州	656.77	33.77	0.04	0.02	56.14	11.79	8.80	195.67
云　　南	1056.59	25.93		0.05	1288.73	42.70	26.32	766.02
西　　藏	104.71	5.71					0.01	2.38
甘　　肃	99.62	8.68			0.18			11.03
青　　海	86.33	29.20			0.03			1.08
宁　　夏	373.15	7.66			0.15	0.12		258.64
新　　疆	1527.07	66.41	500.20	1.07	445.33			1604.75

9-7 民族自治地方分地区牲畜出栏数和年底存栏数(2019年)

单位：万头(只)

地区	牲畜当年出栏数		牲畜年末存栏数		
	猪	羊	大牲畜	猪	羊
合计	**8606.54**	**8087.72**	**5117.03**	**5663.88**	**16017.86**
河北	85.86	124.57	38.42	40.22	66.89
内蒙古	896.00	128.16	786.93	429.59	5975.89
辽宁	313.00	404.98	58.69	129.94	230.34
吉林	120.36	71.11	68.15	98.93	70.39
黑龙江	17.50	30.10	12.90	11.00	28.50
浙江	3.86	1.77	0.63	2.23	1.65
湖北	397.16	116.92	21.17	222.58	106.19
湖南	284.75	93.96	61.59	157.26	67.83
广东	20.37	2.29	1.41	4.68	2.31
广西	2506.13	265.10	353.97	1599.60	231.21
海南	60.87	22.92	35.17	38.80	28.01
重庆	154.84	72.61	33.39	109.14	53.42
四川	484.21	562.55	656.72	317.25	695.77
贵州	703.08	159.71	246.58	537.90	241.25
云南	1837.59	588.96	584.03	1481.99	718.14
西藏			654.68	31.15	1016.98
甘肃	50.76	405.12	206.94	41.03	515.80
青海	58.66	730.22	521.48	30.38	1245.06
宁夏	96.56	579.66	144.42	73.37	568.46
新疆	514.98	3727.00	629.75	306.85	4153.76

9-8 民族自治地方分地区畜产品和水产品产量(2019年)(一)

单位：万吨

地　　区	肉类总产量	#猪　肉	#牛　肉	#羊　肉	牛羊奶产量
合　　计	**1536.31**	**675.97**	**263.48**	**268.83**	**1151.39**
河　　北	21.40	6.90	6.63	1.66	8.63
内 蒙 古	264.56	62.57	63.78	106.34	577.20
辽　　宁	66.65	27.71	7.44	7.75	4.54
吉　　林	13.09	9.24	6.57	0.86	1.08
黑 龙 江	37.51	1.39	1.19	24.75	0.10
浙　　江	0.52	0.39	0.03	0.03	
湖　　北	35.42	30.20	1.09	2.02	0.01
湖　　南	28.03	20.69	2.31	1.58	3.79
广　　东	2.42	1.55	0.03	0.05	
广　　西	389.14	191.23	15.95	4.29	10.76
海　　南	8.37	4.68	0.90	0.33	0.05
重　　庆	17.68	11.73	2.33	1.10	
四　　川	67.87	34.67	19.75	9.15	31.03
贵　　州	88.08	63.33	10.54	2.66	0.32
云　　南	218.89	155.54	25.84	10.73	41.44
西　　藏	28.38	0.83	21.15	5.77	46.66
甘　　肃	19.46	3.51	8.37	7.11	15.24
青　　海	24.56	4.37	13.61	11.94	19.65
宁　　夏	33.53	7.82	11.46	10.41	183.44
新　　疆	170.74	37.62	44.52	60.32	207.44

9-8 民族自治地方分地区畜产品和水产品产量(2019年)(二)

单位：万吨

地　区	羊　毛	羊　绒	水产品
合　计	**23.73**	**0.96**	**496.87**
河　北	0.16	0.01	0.42
内 蒙 古	11.49	0.63	12.60
辽　宁	0.35	0.03	2.44
吉　林	0.07		2.29
黑 龙 江			4.80
浙　江			0.18
湖　北			0.71
湖　南			5.02
广　东			0.71
广　西			340.33
海　南			23.78
重　庆			1.20
四　川	0.13	0.01	0.16
贵　州			11.87
云　南	0.03		55.52
西　藏	0.76	0.08	
甘　肃	0.83	0.01	0.41
青　海	1.33	0.03	1.98
宁　夏	1.07	0.06	15.77
新　疆	7.51	0.10	16.68

9-9 民族自治地方分地区农业机械总动力、化肥施用量、农村用电量及有效灌溉面积(2019年)

地 区	农业机械总动力（万千瓦）	有效灌溉面积（千公顷）	农村用电量（亿千瓦小时）	化肥施用量（万吨）
合 计	**17548.19**	**13644.05**	**549.69**	**1314.41**
河 北	177.07	94.24	23.11	9.20
内蒙古	3866.42	3199.19	91.16	218.44
辽 宁	281.70	115.41	21.82	35.29
吉 林	451.32	206.50	14.62	43.82
黑龙江	80.00	118.06	0.94	5.40
浙 江	8.31	3.82	0.24	0.41
湖 北	272.00	82.89	7.30	28.24
湖 南	324.74	279.96	3.52	41.53
广 东	12.23	15.15	1.22	1.33
广 西	3816.91	1500.09	126.47	252.04
海 南	146.97	45.09	2.44	9.91
重 庆	149.86	51.54	6.36	11.71
四 川	562.81	265.97		16.29
贵 州	1177.52	593.91	37.12	73.11
云 南	1710.12	1070.09	58.65	165.08
西 藏	559.02	275.94	2.48	4.82
甘 肃	138.46	74.94	7.30	4.26
青 海	327.11	53.23	3.80	30.55
宁 夏	630.00	623.00	16.12	105.20
新 疆	2855.61	4975.05	125.02	257.76

主要统计指标解释

农林牧渔业总产值 指以货币表现的农、林、牧、渔业全部产品和对农林牧渔业生产活动进行的各种支持性服务活动的价值总量，它反映一定时期内农林牧渔业生产总规模和总成果。1957 年以前的农林牧渔业总产值中包括了厩肥和农民自给性手工业(如农民自制衣服、鞋、袜，自己从事粮食初步加工等)。1958 年及以后，林业中增加了村及村以下竹木采伐产值；牧业中取消了厩肥产值；副业中取消了农民自给性手工业产值，增加了村及村以下办的工业产值； 渔业中增加了海洋捕捞水产品产值。1980 年及以后，在副业中增加了农民家庭兼营工业商品部分的产值。从 1984 年起村及村以下工业产值划归工业。从 1993 年起取消副业，将野生动物的捕猎划入牧业，野生植物采集和农民家庭兼营商品性工业划归农业。从 2003 年起，执行新的国民经济行业分类标准，农林牧渔业总产值中包括了农林牧渔服务业产值。林业中增加了森林采运业产值。农业中取消了家庭兼营商品性工业产值，将野生林产品的采集划归林业。第一次农业普查以后，由于畜牧业产品年报数据与普查数据之间存在一定的差距，根据农业普查结果，对畜牧业年报数据和畜牧业产值进行了修正。2010 年执行《统计用产品分类目录》，对 2009 年的农业、林业产值做了相应调整。

农林牧渔业总产值的计算方法通常是按农、林、牧、渔业产品及其副产品的产量分别乘以各自单位产品价格求得；少数生产周期较长，当年没有产品或产品产量不易统计的，则采用间接方法匡算其产值；然后将四业产品产值及农林牧渔服务业产值相加即为农林牧渔业总产值。

实用耕地面积 指种植农作物并经常进行耕锄的田地。包括热地、当年新开荒地、连续撂荒未满三年的耕地和当年的休闲地（轮歇地），也包括以种植农作物为主，附带种植桑、茶、果树和其他林木的土地以及沿海、沿湖地区已围垦利用的“海涂”、“湖田”等和小于 1 米宽的渠、路、田埂。不包括专业性的桑园、茶园、果园、果木苗圃、林地、芦苇地、天然草原等。

农业机械总动力 指全部农业机械动力的额定功率之和。农业机械是指用于种植业、畜牧业、渔业、农产品初加工、农用运输和农田基本建设等活动的机械及设备。农机总动力按使用能源不同分为以下四部分：

柴油发动机动力：指全部柴油发动机额定功率之和；

汽油发动机动力：指全部汽油发动机额定功率之和；

电动机动力：指全部电动机（含潜水电泵的电动机）额定功率之和；

其他机械动力：指采用柴油、汽油、电力之外的其他能源，如水力、风力、煤炭、太阳能等动力机械功率之和。

这个指标的统计数据主要来源于农机部门。

农村用电总量 指调查年度内农村范围内所有企业、事业、行政单位和住房从事生产经营活动、工作和日常生活用电总量。

农用化肥施用量 指调查年度内实际用于农业生产的化学肥料数量。包括氮肥、磷肥、钾肥和混合肥。施用量要求按折纯法计算，即各类化学肥料的实施施用量按其含氮、五氧化二磷、氧化钾的比例折成 100%计算。其计算公式为：折纯量=实物量×某种化肥有效成分含量的百分比。

农用化肥施用量 指本年内实际用于农业生产的化肥数量，包括氮肥、磷肥、钾肥和复合肥。化肥施用量要求按折纯量计算数量。折纯量是指把氮肥、磷肥、钾肥分别按含氮、含五氧化二磷、含氧化钾的百分之百成分进行折算后的数量。复合肥按其所含主要成分折算。公式为：

折纯量=实物量×某种化肥有效成分含量的百分比

耕地灌溉面积 指具有一定的水源，地块比较平整，灌溉工程或设备已经配套，在一般年景下能够进行正常灌溉的耕地面积。在一般情况下，耕地灌溉面积应等于灌溉工程或设备已经配套，能够进行正常灌溉的水田和水浇地面积之和。它是反映我国农田水利建设的重要指标。

农作物总播种面积 指农业生产经营者应在日历年度内收获农作物在全部土地（耕地或非耕地）上的播种或移植面积。凡是本年内收获的农作物，无论是本年还是上年播种，都算为播种面积，但不包括本年播种，下年收获的农作物面积。

农作物产量 指调查年度内全社会生产农产品的数量，不论耕地上与非耕地上的农作物产量，都应该统计在内。各种主要作物产量按国家的统一规定计算。谷物一律按脱粒后原粮计算（玉米按脱粒后的粒子计算）；薯类产量按五斤折一斤计算；豆类按去豆荚后干豆计算；棉花按去籽后的皮棉计算；麻类除亚麻以麻秆计算、苎麻以刮皮后的干麻计算、茼麻和线麻以熟麻皮计算外，其余一律以生麻计算；烤烟和晒烟均以干烟叶计算；花生以带壳的干花生计算；甘蔗以蔗秆计算；甜菜以根块计算。城市郊区按蔬菜计算的薯类和豆类产量按鲜品统计。

粮食产量 指农业生产经营者日历年度内生产的全部粮食数量。按收获季节包括夏收粮食、早稻和秋收粮食，按作物品种包括谷物、薯类和豆类。其产量计算方法：谷物按脱粒后的原粮计算，豆类按去豆荚后的干豆计算；薯类(包括甘薯和马铃薯，不包括芋头和木薯)1963 年以前按每 4 公斤鲜薯折 1 公斤粮食计算，从 1964 年开始改为按 5 公斤鲜薯折 1 公斤粮食计算，2014 年开始按鲜薯计算；城市郊区作为蔬菜的薯类(如马铃薯等)按鲜品计算，并且不作粮食统计。1989 年以前全国粮食产量数据主要靠全面报表取得，1989 年开始使用抽样调查数据。

棉花产量 指全社会的产量。包括春播棉和夏播棉。产量按皮棉计算。不包括木棉。

油料产量 指全部油料作物的生产量。包括花生、油菜籽、芝麻、向日葵籽、胡麻籽（亚麻籽）和其他油料。不包括大豆、木本油料和野生油料。花生以带壳干花生计算。

茶叶产量 指调查年度内生产的全部茶叶数量。包括从成片茶园和荒芜未垦土地上种植的以及零星种植的茶树上所采摘的全部产量，不论自食的或出售的，都应统计在内。茶叶产量按经过初步加工后的干毛茶计算。

水果产量 指调查年度内从果树上收获的全部水果数量。不论自食的或出售的，都应统计在内。但不包括果用瓜，如西瓜、甜瓜、白兰瓜、哈密瓜、脆瓜等以及主要作蔬菜用的藕、西红柿等；也不包括采集的野生水果。水果产量按鲜果计算，干枣、葡萄干、柿饼、橘饼等应统一折成鲜果计算。

造林面积 指在荒山、荒地、沙丘等一切可以造林的土地上，采用人工播种、植苗、飞机播种等方法新植的成片乔木林和灌木林，经验收符合“造林技术规程”要求株数，成活率达 85%以上的面积。四旁植树如一侧在 4 行以上，连续面积 0.0667 公顷（1 亩以上），应统计在造林面积内。不包括补植面积、治沙种草面积、经济林垦复面积、迹地更新面积和低产林改造面积。

禽畜出栏数 指报告期内各种类型生产单位和住户饲养的已屠宰或出售的全部畜禽数量。包括交售给国家、集市上出售以及自食的部分但出售或食用的仔畜不包括在内。

期初(末)畜禽存栏头(只)数 指报告期初(末)农村各种合作经济组织和国营农场、农民个人、机关、团体、学校、工矿企业、部队等单位以及城镇居民饲养的大牲畜、猪、羊、家禽等畜禽的数量。数据上报方式及数据调整情况同猪、牛、羊肉产量。

猪、牛、羊肉产量 指当年出栏并已屠宰、除去头蹄下水后带骨肉(即胴体重)的重量。包括全社会范围内的产量。1996 年以前为全面统计并逐级上报数据。1996 年第一次农业普查以后，根据普查结果，对畜牧业主要年报数据进行了修正。1999 年以后，国家统计局在部分地区开展了猪、牛、羊、禽等主要畜禽品种的抽样调查，并用抽样数据作为国家定案数据使用。未开展抽样调查的地区和品种，仍使用各级统计部门逐级上报数据。2007 年，根据第二次农业普查结果，对 2000—2006 年畜牧业主要年报数据进行了修正。2008 年，建立了主要畜禽监测调查制度，猪、牛、羊、禽等主要畜禽数据均以抽样调查数为法定数据。

水产品产量 指渔业（捕捞和养殖）生产活动的最终有效成果，包括全部海水和淡水鱼类、甲壳类(虾、蟹)、贝类、头足类、藻类和其他类渔业产品的最终产量。水产品产量是通过各级水产部门逐级上报取得数据。1995 年及以前，贝类中牡蛎按鲜肉计算；蚶、蛤、蛙按 5 斤鲜品折 1 斤计算。1996 年以后则统一按鲜品计算。

十、工　业

10-1 民族自治地方分地区规模以上工业企业单位数(2019年)

单位：个

地 区	总 计	#国有企业	#私营企业	#股份合作企业	#港、澳、台商投资企业	#外商投资企业
合 计	**20990**	**2587**	**7598**	**2410**	**379**	**529**
河 北	264	20		20	6	9
内蒙古	2965	707	1179			122
辽 宁	307	20	17	14	8	7
吉 林	368	6		298	4	15
黑龙江	37	2			1	1
浙 江	25			2		1
湖 北	362	5	1	89	1	
湖 南	590	21	1	449	9	3
广 东	67	3			4	2
广 西	6185	589	4013	6	229	175
海 南	48	6		4	2	
重 庆	175	13	1	51	1	
四 川	549	34		171	2	
贵 州	2118	47	21	346	35	82
云 南	1925	42	3	732	31	19
西 藏	148	44	41		5	
甘 肃	139	18	10	35		
青 海	340	26	9	49	9	9
宁 夏	1196	175	810			41
新 疆	3182	809	1492	144	32	43

10-2 民族自治地方分地区规模以上工业企业主要财务指标(2019年)

单位：亿元

地　区	资产合计	负债合计	所有者权益合计	利润总额	主营业务收入
合　计	**107332.46**	**65835.08**	**41071.04**	**3544.39**	**60060.23**
河　北	889.85	583.18	306.68	38.34	672.97
内蒙古	32747.28	19858.92	12888.36	1463.06	14023.10
辽　宁	576.70	348.12	196.24	35.02	347.53
吉　林	942.72	527.23	415.35	23.77	493.83
黑龙江	136.16	104.16	32.00	2.06	56.09
浙　江	20.99	10.86	10.13	1.78	13.32
湖　北	274.61	55.30	60.95	40.19	273.23
湖　南	590.11	274.95	314.67	26.54	683.08
广　东	223.03	117.14	106.38	9.98	135.35
广　西	18020.98	11464.87	6552.89	923.78	17027.03
海　南	119.98	81.11	39.35	22.56	151.48
重　庆	458.66	308.27	150.39	16.64	224.53
四　川	4467.13	3115.30	1351.83	133.79	1241.38
贵　州	3660.69	2412.54	1248.15	107.79	2274.76
云　南	7569.53	4643.73	2925.80	331.81	4758.64
西　藏	1726.29	900.32	825.97	6.94	288.79
甘　肃	292.39	192.27	100.12	7.29	92.49
青　海	718.21	317.30	185.75	-546.02	1118.96
宁　夏	10682.72	6518.77	4163.95	218.12	4659.11
新　疆	23214.43	14000.75	9196.07	680.95	11524.56

10-3 民族自治地方分地区主要工业产品产量(2019年)(一)

地　区	机制纸及纸板（万吨）	原　盐（万吨）	成品糖（万吨）	卷　烟（亿支）
合　计	**417.16**	**849.45**	**1092.45**	**2502.67**
河　北				
内蒙古	7.90	121.16	52.59	255.10
辽　宁				
吉　林				266.65
黑龙江	0.54			
浙　江				
湖　北	0.90			0.02
湖　南	9.00			
广　东				
广　西	324.00		800.80	701.32
海　南		3.09	4.70	
重　庆				
四　川	2.10			155.90
贵　州	16.05		4.53	100.76
云　南	17.12		161.98	766.07
西　藏				
甘　肃				
青　海		278.70		
宁　夏	21.90	92.40		80.00
新　疆	17.65	354.10	67.84	176.85

10—3 民族自治地方分地区主要工业产品产量(2019年)(二)

地　　区	焦　炭 (万吨)	天然气 (万立方米)	发电量 (亿千瓦小时)	生　铁 (万吨)
合　　计	**7504.48**	**3651985.81**	**18055.26**	**7779.96**
河　　北			357.61	341.90
内 蒙 古	3677.23	220700.00	5495.08	2303.10
辽　　宁			45.84	55.26
吉　　林		1443.00	47.69	
黑 龙 江			10.78	
浙　　江			8.90	
湖　　北			61.51	5.96
湖　　南			36.79	24.67
广　　东			15.97	
广　　西	729.32	2500.00	1846.30	1466.10
海　　南		80.81	142.04	
重　　庆			88.53	
四　　川	257.20		1498.21	477.40
贵　　州		4012.00	544.83	383.47
云　　南	61.12	2886.00	1377.74	1416.50
西　　藏			85.51	
甘　　肃			200.58	
青　　海		64.00	754.90	14.19
宁　　夏	790.75		1765.97	120.80
新　　疆	1988.86	3420300.00	3670.49	1170.61

10-3 民族自治地方分地区主要工业产品产量(2019年)(三)

地　　区	粗钢 (万吨)	钢材 (万吨)	水泥 (万吨)	平板玻璃 (万箱)	农用氮磷钾化肥 (万吨)
合　　计	**7124.32**	**7183.32**	**38369.09**	**4805.61**	**1526.99**
河　　北	372.57		130.33		
内 蒙 古	2653.70	2565.03	3380.07	992.60	515.42
辽　　宁			140.52	2202.00	
吉　　林			260.39		3.51
黑 龙 江					
浙　　江					
湖　　北		1.60	699.34		
湖　　南			646.24		20.00
广　　东		1.79	1.94		
广　　西	2662.70	3346.74	12093.01	1182.00	34.76
海　　南			681.55		
重　　庆			455.87		83.00
四　　川	449.80	432.50	1080.34		
贵　　州	147.87		3503.79	7.00	145.76
云　　南	529.08	504.58	5442.21		206.06
西　　藏			1080.95		
甘　　肃		24.88	232.19		13.98
青　　海			2773.62		459.10
宁　　夏	308.60	306.21	1889.67	422.01	45.40
新　　疆	1236.88	1367.93	3877.06	457.92	306.54

主要统计指标解释

工业　指从事自然资源的开采，对采掘品和农产品进行加工和再加工的物质生产部门。具体包括：(1)对自然资源的开采，如采矿、晒盐等(但不包括禽兽捕猎和水产捕捞)；(2)对农副产品的加工、再加工，如粮油加工、食品加工、缫丝、纺织、制革等；(3)对采掘品的加工、再加工，如炼铁、炼钢、化工生产、石油加工、机器制造、木材加工等，以及电力、燃气及水的生产和供应等；(4)对工业品的修理、翻新，如机器设备的修理等。工业统计调查单位为工业法人单位。

工业法人单位指从事工业生产经营活动的法人单位。工业法人单位应同时具备以下条件：①依法成立，有自己的名称、组织机构和场所，能够独立承担民事责任；②独立拥有（或授权）使用资产，承担负债，有权与其他单位签订合同；③具有包括资产负债表在内的账户，或者能够根据需要编制账户。

工业增加值　指工业企业在报告期内以货币表现的工业生产活动的最终成果。工业增加值有两种计算方法：一是生产法，即工业总产值减去工业中间投入加上应交增值税；二是收入法，即从收入的角度出发，根据生产要素在生产过程中应得到的收入份额计算，具体构成项目有固定资产折旧、劳动者报酬、生产税净额、营业盈余。

生产法：工业增加值=工业总产值−工业中间投入+应交增值税

工业销售产值　指以货币表现的工业企业在一定时间内销售的本企业生产的工业产品总量。包括已销售的成品、半成品价值，对外提供的工业性作业价值。工业销售产值按现行价格计算。

主营业务收入　指企业确认的销售产品、提供劳务等主要经营业务取得的收入。

主营业务成本　指企业经营主要业务所发生的成本总额。

资产总计　指企业过去的交易或者事项形成的，由企业拥有或控制的，预期会给企业带来经济利益的资源。资产一般按流动性分为流动资产和非流动资产。其中流动资产可分为货币资金、交易性金融资产、应收票据、应收账款、预付款项、其他应收款、存货等；非流动资产可分为长期股权投资、固定资产、无形资产及其他非流动资产。

负债合计　指企业过去的交易或者事项形成的，预期会导致经济利益流出企业的现时义务。负债一般按偿还期长短分为流动负债和长期负债。

所有者权益　指企业投资人对企业净资产的所有权。企业净资产为企业全部资产与企业全部负债的差额，包括实收资本、资本公积、盈余公积、未分配利润等。

利润总额　指企业在一定会计期间的经营成果、是生产经营过程中各种收入扣除各种耗费后的盈余，反映企业在报告期内实现的盈亏总额。

十一、建筑业

11-1 民族自治地方分地区建筑业基本情况（2019年）

地区	单位数（个）	建筑业总产值（亿元）	房屋建筑施工面积（万平方米）	房屋建筑竣工面积（万平方米）	年末从业人数（万人）
合计	**8555**	**13125.86**	**57866.42**	**17749.47**	**295.04**
河北	57	43.33	192.17	94.36	1.08
内蒙古	1026	1086.06	5785.37	1459.85	20.52
辽宁	182	116.06	370.88	166.95	3.53
吉林	281	147.21	679.25	250.67	4.12
黑龙江	11	1.54	2.45	2.30	0.04
浙江	29	23.77	72.04	21.31	0.77
湖北	180	192.55	1559.09	132.75	0.27
湖南	336	126.66	689.88	255.22	3.68
广东	18	35.91	163.62	123.89	1.01
广西	1630	5407.31	29487.83	8685.74	141.94
海南	14	11.37	97.99	26.48	0.10
重庆	102	201.68	283.09	124.61	4.83
四川	572	405.80	244.22	150.10	2.01
贵州	486	650.41	2966.66	1027.21	16.59
云南	1146	1394.65	4268.97	1485.42	32.61
西藏	278	220.31	348.17	242.70	4.75
甘肃	106	78.84	85.10	29.59	3.53
青海	119	102.83	286.37	181.50	2.45
宁夏	662	601.41	2251.84	679.08	11.25
新疆	1320	2278.17	8031.43	2609.72	39.96

11–2 民族自治地方分地区建筑业主要财务指标(2019年)

单位：亿元

地 区	企业资产合计	企业负债合计	企业所有者权益	企业利润总额
合 计	**12408.52**	**8478.19**	**3930.33**	**344.82**
河 北	54.96	34.34	20.63	0.38
内蒙古	2168.92	1491.77	677.15	32.21
辽 宁	82.09	52.27	30.35	0.62
吉 林	208.15	130.07	78.08	9.00
黑龙江	2.44	0.85	1.60	-0.10
浙 江	19.89	11.32	8.57	0.58
湖 北	20.32	10.26	10.06	3.20
湖 南	138.14	73.65	64.49	7.65
广 东	7.87	6.48	1.39	0.20
广 西	3237.88	2191.49	1046.40	102.69
海 南	42.76	21.56	21.20	0.45
重 庆	217.70	135.76	81.95	16.35
四 川	50.50	31.28	19.22	2.59
贵 州	262.41	181.56	80.86	12.80
云 南	927.11	522.03	404.57	58.89
西 藏	537.71	336.00	201.71	29.83
甘 肃	96.67	37.06	51.22	7.14
青 海	90.65	60.50	27.73	-0.22
宁 夏	783.66	545.53	238.13	15.19
新 疆	3469.45	2604.42	865.03	45.37

主要统计指标解释

建筑业统计单位 指从事房屋、构筑物建造和设备安装活动的法人企业。建筑业法人企业应具有建筑业资质并能够独立核算，同时还应具备以下条件：①依法成立，有自己的名称、组织机构和场所，能够承担民事责任；②独立拥有和使用资产，承担负债，有权与其他单位签订合同；③独立核算盈亏，能够编制资产负债表。

建筑业总产值 是以货币形式表现的建筑业企业在一定时期内生产的建筑业产品和提供服务的总和。建筑业总产值包括：

⑴建筑工程产值：指列入建筑工程预算内的各种工程价值。

⑵安装工程产值：指设备安装工程价值，不包括被安装设备本身的价值。

⑶其他产值：建筑业总产值中除建筑工程、安装工程以外的产值。包括房屋构筑物修理产值、非标准设备制造产值、总包企业向分包企业收取的管理费以及不能明确划分的施工活动所完成的产值。

a.房屋构筑物修理产值：指房屋和构筑物修理所完成的产值，但不包括被修理房屋、构筑物本身价值和生产设备的修理价值。

b.非标准设备制造产值：指加工制造没有定型的非标准生产设备的加工费和原材料价值(如化工厂、炼油厂用的各种罐、槽，矿井生产统一使用的各种漏斗、三角槽、阀门等)以及附属加工厂为本企业承建工程制作的非标准设备的价值。

房屋建筑施工面积 指报告期内施工的全部房屋建筑面积，包括本期新开工的房屋建筑面积、上期跨入本期继续施工的房屋建筑面积、上期停缓建在本期恢复施工的房屋建筑面积、本期竣工的房屋建筑面积及本期施工后又停缓建的房屋建筑面积。

房屋建筑竣工面积 指报告期内房屋建筑按照设计要求已全部完工，达到住人和使用条件，经验收鉴定合格或达到竣工验收标准，可正式移交使用的各栋房屋建筑面积的总和。

十二、运输和邮电

12-1 民族自治地方分地区运输条件(2019年)

单位：公里

地　区	公路线路里　程	#等级路	铁路营业里　程	内河航道里　程
合　计	**1300947**	**1089999**	**33973**	**20463**
河　北	12633	5443	323	
内蒙古	206089	195636	13016	2403
辽　宁	16793	14610	306	249
吉　林	13494	12685	40	
黑龙江	1709	1475	60	146
浙　江	1932	1920		105
湖　北	38939	27472	307	729
湖　南	24996	22934	564	1473
广　东	2996	2587		
广　西	127819	118793	5206	5873
海　南	9176	5118	51	29
重　庆	23211	21178	183	105
四　川	81744	76752	398	943
贵　州	101075	71234	1799	3839
云　南	212747	146645	1810	3458
西　藏	103951	91762	796	
甘　肃	24333	20889	180	786
青　海	66512	52029	495	194
宁　夏	36576	36535	1600	130
新　疆	194222	164300	6839	

12-2 民族自治地方分地区公路、铁路旅客、货物运输量(2019年)

地区	客运量合计(万人)	#公路	#铁路	货运量合计(万吨)	#公路	#铁路
合计	**317024**	**239991**	**63487**	**741473**	**557778**	**149342**
河北	1544	1495	49	5317	5302	15
内蒙古	12158	6518	5640	188450	110874	77576
辽宁	4481	3309	20	7629	6709	25
吉林	3845	2836	1010	7765	6668	1097
黑龙江	170	170	70	185	185	
浙江	90	90		205	205	
湖北	5774	4590	750	5788	5694	7
湖南	8242	6837	851	8434	7244	859
广东	145	145		2456	2441	
广西	47085	34539	11777	183036	142751	8405
海南	1563	1563		551	551	
重庆	4233	3949	281	2097	2034	44
四川	9267	9267		18041	18041	
贵州	152647	108778	35410	104302	70023	33518
云南	29335	26034	2063	56486	55262	1633
西藏	1365	1020	345	4025	3969	55
甘肃	4801	4793	6	3311	3111	
青海	4248	3428		16462	13067	2824
宁夏	5754	4905	666	42511	34360	8151
新疆	20276	15726	4550	84423	69290	15133

12-3 民族自治地方分地区公路、铁路旅客、货物周转量(2019年)

地区	旅客周转量(亿人公里)	#公路	#铁路	货物周转量(亿吨公里)	#公路	#铁路
合计	**3341.05**	**2086.23**	**1145.78**	**15693.52**	**6362.66**	**7573.16**
河北	4.44	3.31	1.13	29.80	28.88	0.92
内蒙古	313.25	101.64	211.61	4689.49	1954.51	2734.98
辽宁	22.17	20.41		68.07	68.04	
吉林	25.41	25.02	0.38	137.95	136.80	1.14
黑龙江	0.48	0.48		0.55	0.55	
浙江	0.42	0.42		3.16	3.16	
湖北	27.89	26.86		114.73	114.73	
湖南	41.08	39.86	1.66	66.74	64.26	0.65
广东	1.00	0.98		11.10	11.10	
广西	817.45	332.66	481.29	3989.18	1470.88	752.84
海南	10.69	10.69		3.50	3.50	
重庆	19.17	18.88	0.29	18.79	18.32	0.11
四川	67.37	67.37		201.33	201.33	
贵州	1079.59	1045.49	17.14	2547.12	58.02	2489.09
云南	274.82	156.37	28.67	720.62	691.63	28.12
西藏	45.31	27.23	18.08	156.15	114.47	39.91
甘肃	34.80	34.77	0.90	53.72	48.72	
青海	54.17	16.41	40.56	281.95	134.60	165.37
宁夏	87.04	46.01	40.93	651.40	437.39	213.60
新疆	414.53	111.38	303.15	1948.19	801.76	1146.43

12-4 民族自治地方分地区邮电业情况(2019年)

地 区	邮政业务总量(亿元)	营业网点(处)	邮路总长度(万公里)	农村投递线路(万公里)	电信业务总量(亿元)	移动电话年末用户(万户)	固定电话年末用户(万户)	互联网宽带接入用户(万户)
合 计	**400.97**	**29451**	**162.52**	**80.19**	**9734.68**	**18753.02**	**1852.93**	**4622.54**
河 北	2.08	180	0.58	1.01	8.44	163.78	14.45	46.92
内蒙古	50.37	5880	15.01	15.73	2075.81	3011.70	214.40	682.50
辽 宁	11.96	279	1.62	2.12	1.36	184.67	70.16	34.64
吉 林	8.56	161	0.40	1.03	3.60	244.23	55.69	1.80
黑龙江	0.32	11	12.28	0.01		7.00	2.40	
浙 江	0.19	22	0.11	0.10	0.31	13.12	1.06	1.47
湖 北	9.04	110	0.69	3.01	23.12	389.95	21.35	142.45
湖 南	8.52	327	1.90	1.88	198.55	357.95	15.89	303.52
广 东	0.26	18	26.85	0.05	10.55	21.55	1.47	2.15
广 西	159.44	9461	30.63	11.30	3587.75	5127.50	330.70	1447.40
海 南	1.75	88	0.33	0.47	32.53	150.81	25.03	39.99
重 庆	7.74	169	0.59	0.81	10.64	199.76	25.62	59.19
四 川	7.12	696	1.66	1.44	140.92	632.71	104.47	175.36
贵 州	21.18	1284	3.14	7.96	89.82	1609.40	276.28	632.47
云 南	38.57	3610	12.70	12.35	377.88	2225.31	92.30	594.65
西 藏	4.79	1183	12.69	8.71	301.37	321.44	71.68	91.40
甘 肃	3.46	276	1.05	1.40	117.27	347.48	26.23	58.90
青 海	2.63	418	1.44	2.44	4.83	171.36	32.94	48.64
宁 夏	19.98	1558	6.38	1.34	743.92	828.31	53.91	259.10
新 疆	43.02	3720	32.46	7.02	2006.00	2745.00	416.90	775.9

主要统计指标解释

铁路营业里程 又称营业长度，指办理客货运输业务的铁路正线总长度。

公路里程 指报告期末公路的实际长度。统计范围：包括城间、城乡间、乡（村）间能行驶汽车的公共道路，公路通过城镇街道的里程，公路桥梁长度、隧道长度、渡口宽度。不包括城市街道里程，断头路里程，农（林）业生产用道路里程，工（矿）企业等内部道路里程。统计原则：按已竣工验收或交付使用的实际里程计算；两条或多条公路共同经由同一路段的重复里程，只计算一次。

内河航道里程 指在一定时期内，能通航运输船舶及排筏的天然河流、湖泊水库、运河及通航渠道的长度。包括全年季节性通航累计三个月以上的航道，不包括仅供零散流放竹、木排的河道。两省以河为界的航道里程，双方均按一半计算，以免重复。

货（客）运量 指在一定时期内，各种运输工具实际运送的货物重量(旅客数量)。货运按吨计算，客运按人计算。货物不论运输距离长短、货物类别，均按实际重量统计。旅客不论行程远近或票价多少，均按一人一次客运量统计；半价票、儿童票也按一人统计。

货（客）周转量 指在一定时期内，由各种运输工具运送的货物(旅客)数量与其相应运输距离的乘积之总和。该指标可以反映运输业生产的总成果，也是编制和检查运输生产计划，计算运输效率、劳动生产率以及核算运输单位成本的主要基础资料。计算货物周转量通常按发出站与到达站之间的最短距离，也就是计费距离计算。计算公式为：

$$\text{货物（旅客）周转量} = \sum(\text{货物（旅客）运输量} \times \text{运输距离})$$

邮电、电信业务总量 指以货币形式表示的邮政、电信通信企业为社会提供各类邮政、电信通信服务的总数量。计算方法为各类业务的实物量分别乘以相应的不变单价，求出各类业务的货币量加总求得。没有不变单价的业务按其业务收入直接相加。

移动电话用户 指在电信运营企业营业网点办理开户登记手续，通过移动电话交换机进入移动电话网，占用移动电话号码的各类电话用户。包括各类签约用户、智能网预付费用户、无线上网卡用户。

互联网上网人数 指过去半年内使用过互联网的6周岁及以上中国居民人数。

固定电话用户 指在电信企业营业网点办理开户登记手续并已接入固定电话网上的全部电话用户。包括普通电话用户、无线市话用户、公用电话用户、窄带综合业务数字网（N—ISDN）用户、智能网专用接入终端用户等。

邮路 指各邮电局、所、代办所之间，邮电局、所与代办所、车站、码头、机场、转运站、报刊社之间，有自编或委办人员按固定班期规定路线交换邮件、报刊的路线。包括农村地区运邮兼投递的路线，不包括城市、农村地区纯投递路线。

农村投递路线 指农村局、所自编或委办人员按固定班期、规定路线至农村乡（镇）、行政村等收件单位投递邮件、报刊的路线。

十三、国内贸易

13-1 民族自治地方分地区社会消费品零售总额及限额以上批发零售贸易业(2019年)

地　　区	社会消费品零售总额（亿元）	限额以上批发零售贸易业			
		法人企业（个）	年末从业人员（人）	购进总额（亿元）	年末库存总额（亿元）
合　　计	**27590.29**	**14315**	**641397**	**30396.75**	**2330.36**
河　　北	286.22	73	5988	39.53	7.33
内 蒙 古	5051.10	2055	111816	4537.50	433.80
辽　　宁	423.95	87	1904	23.63	6.61
吉　　林	799.80	186	8665	140.25	33.15
黑 龙 江	31.14	7	675	14.19	1.04
浙　　江	37.38	21	2658	438.05	16.71
湖　　北	781.27	299	16277	253.80	25.04
湖　　南	593.51	234	9518	27.86	2.12
广　　东	41.53	51	1587	210.97	3.21
广　　西	8200.87	4372	208176	9607.10	554.05
海　　南	146.87	62	911	9.13	2.84
重　　庆	487.78	419	10095	180.10	10.40
四　　川	975.79	340	13120	304.51	38.06
贵　　州	823.31	1421	22203	538.37	42.17
云　　南	2645.86	679	22517	1228.88	117.79
西　　藏	773.40	170	12738	312.35	54.15
甘　　肃	214.94	41	2468	49.99	2.65
青　　海	259.15	107	4272	29.02	1.19
宁　　夏	1399.41	533	37282	1810.93	86.83
新　　疆	3617.00	3158	148527	10640.60	891.20

13–2 民族自治地方分地区限额以上批发零售贸易业企业财务状况（2019年）

单位：亿元

地　　区	商品销售额	主营业务收入	主营业务利润
合　　计	**34445.99**	**28632.86**	**1007.92**
河　　北	44.34	26.60	1.36
内 蒙 古	5218.30	4398.90	344.80
辽　　宁	30.63	26.66	1.05
吉　　林	194.72	167.27	7.97
黑 龙 江	1.50	14.90	-0.17
浙　　江	456.06	389.94	12.41
湖　　北	624.34	244.69	9.70
湖　　南	195.67	209.91	12.38
广　　东	226.05	212.74	7.88
广　　西	10410.20	9308.13	119.08
海　　南	99.86	88.48	-0.12
重　　庆	221.00	264.23	11.25
四　　川	430.88	384.21	31.35
贵　　州	681.00	717.63	260.67
云　　南	1606.42	1436.21	79.02
西　　藏	443.32	410.77	31.43
甘　　肃	60.07	52.39	1.76
青　　海	148.33	133.44	3.36
宁　　夏	1838.20	1558.81	
新　　疆	11515.10	8586.94	72.75

主要统计指标解释

社会消费品零售总额 指企业（单位、个体户）通过交易售给个人、社会集团非生产、非经营用的实物商品金额，以及提供餐饮服务所取得的收入金额。个人包括城乡居民和入境人员，社会集团包括机关、社会团体、部队、学校、企事业单位、居委会或村委会等。

批发零售贸易业商品购、销、存总额 指各种登记注册类型的批发和零售业企业(单位)以本企业(单位)为总体的，从国内、国外市场购进的商品总量，销售和出口的商品总量，库存的商品总量等情况。该指标可以反映商品流转过程中商品的购进、销售、库存之间的比例关系和存在的问题。

商品购进额 指从本企业以外的单位和个人购进（包括从国外直接进口）作为转卖或加工后转卖的商品金额（含增值税）。商品购进包括：(1）从工农业生产者、批发和零售业企业、住宿和餐饮业企业、出版社或报社的出版发行部门和其他服务业企业购进的商品；(2）从机关团体、事业单位购进的商品；(3）从海关、市场管理部门购进的缉私和没收的商品；(4）从居民收购的废旧商品等。不包括：(1）企业为本单位自身经营用，不是作为转卖而购进的商品，如材料物资、包装物、低值易耗品、办公用品等；(2）未通过买卖行为而收入的商品，如接受其他部门移交的商品、借入的商品、收入代其他单位保管的商品、其他单位赠送的样品、加工回收的成品等；(3）经本单位介绍，由买卖双方直接结算，本单位只收取手续费的业务；(4）销售退回和买方拒付货款的商品；(5）商品溢余。

商品销售总额 指对本单位以外的单位和个人出售的商品金额（包括售给本单位消费用的商品，含增值税）。商品销售包括：(1）售给城乡居民和社会集团消费用的商品；(2）售给农业、工业、建筑业、服务业等国民经济各行业用于生产、经营用的商品，包括售予批发和零售业作为转卖或加工后转卖的商品；(3）对国（境）外直接出口的商品。不包括：(1）未通过买卖行为付出的商品，如随机构变动移交给其他企业单位的商品、借出的商品、归还受其他单位委托代保管的商品、付出的加工原料和赠送给其他单位的样品等；(2）经本单位介绍，由买卖双方直接结算，本单位只收取手续费的业务；(3）购货退回的商品；(4）商品损耗和损失；(5）出售本单位自用的废旧物资。

商品库存额 对于批发和零售业法人单位和个体经营户，是指报告期末取得所有权的全部商品金额(含增值税)；对于批发和零售业产业活动单位，是指报告期末实际在库且归属法人具有所有权的全部商品金额（含增值税)。库存商品包括：(1)存放在本单位(如门市部、批发站、采购站、经营处)的仓库、货场、货柜和货架中的商品；(2)挑选、整理、包装中的商品；(3)已记入购进而尚未运到本单位的商品，即发货单或银行承兑凭证已到而货未到的商品；(4)寄放他处的商品，如因购货方拒绝付款而暂时存在购货方的商品；(5)委托其他单位代销(未作销售或调出)尚未售出的商品；(6)代其他单位购进尚未交付的商品。不包括：所有权不属于本单位的商品；委托外单位加工的商品；外贸企业代理其他单位从国外进口，尚未付给订货单位的商品；代国家储备部门保管的商品。

限额以上批发零售贸易业、餐饮业统计限额标准 批发业，年末从业人员 20 人及以上，年销售额 2000 万元及以上；零售业，年末从业人员 60 人及以上，年销售额 500 万元及以上；餐饮业，年末从业人员 40 人及以上，年销售额 200 万元及以上。

十四、对外经济贸易

14-1 民族自治地方分地区对外贸易和利用外资情况(2019年)

地区	进出口总额（亿元）	进口总额（亿元）	出口总额（亿元）	外商投资企业年底注册登记情况		
				企业数（个）	投资总额（亿美元）	注册资本（亿美元）
合计	**9541**	**4124**	**5417**	**13548**	**2473**	**807**
河北	12.68	0.52	12.16	35	0.80	3.94
内蒙古	1097.49	720.68	376.81	3504	584.21	137.28
辽宁	21.98	3.23	18.75	27	2.98	1.15
吉林	151.29	75.95	75.34			
黑龙江						
浙江	33.83	15.86	17.97	2	0.30	0.30
湖北	14.56	6.77	7.78			
湖南	51.73	3.81	47.92	5	0.10	
广东	10.57	7.97	2.60	54		
广西	4694.70	2097.56	2597.15	5972	916.40	378.61
海南	0.03	0.02	0.01	2	0.04	0.04
重庆	85.95	43.46	42.49			
四川	2.03	0.45	1.57	14	0.55	0.22
贵州	15.42	3.72	11.70	270	26.33	18.25
云南	1393.40	644.36	749.04	554	408.66	64.29
西藏	48.76	11.30	37.45	278	26.65	15.31
甘肃	1.02	0.12	0.90	1	0.13	0.05
青海	5.40	0.48	4.92			
宁夏	240.62	91.70	148.92	898	264.63	87.25
新疆	1659.51	396.41	1263.10	1932	241.23	100.41

注：进出口总额按经营单位所在地分。

主要统计指标解释

货物进出口总额 指实际进出我国国境的货物总金额。包括对外贸易实际进出口货物，来料加工装配进出口货物，国家间、联合国及国际组织无偿援助物资和赠送品，华侨、港澳台同胞和外籍华人捐赠品，租赁期满归承租人所有的租赁货物，进料加工进出口货物，边境地方贸易及边境地区小额贸易进出口货物，中外合资企业、中外合作经营企业、外商独资经营企业进出口货物和公用物品，到、离岸价格在规定限额以上的进出口货样和广告品(无商业价值、无使用价值和免费提供出口的除外)，从保税仓库提取在中国境内销售的进口货物，以及其他进出口货物。该指标可以观察一个国家在对外贸易方面的总规模。我国规定出口货物按离岸价格统计，进口货物按到岸价格统计。

进口 指直接从国外进口的商品和委托外贸部门代理进口的商品，不包括从国内有关单位（包括对外贸易部门和其他单位）购进的进口商品。对外贸易企业只统计自主经营进口的商品，不包括受托代理进口的商品。

出口 指直接向国（境）外出口商品和委托外贸部门代理出口的商品，不包括售给外贸部门出口或加工后出口的商品以及在国内市场以外币销售的商品。

商品经营单位所在地进、出口额 指在所在地海关注册登记的有进出口经营权的企业实际进、出口额。

商品目的地进口额和商品货源地出口额 目的地进口额指进口货物的消费、使用或最终抵运地的实际进口额；货源地出口额指出口货物的产地或原始发货地的实际出口额。

外商直接投资 是指外国投资者在我国境内通过设立外商投资企业、合伙企业、与中方投资者共同进行石油资源的合作勘探开发以及设立外国公司分支机构等方式进行投资。外国投资者可以用现金、实物、无形资产、股权等投资，还可以用从外商投资企业获得的利润进行再投资。

外商其他投资 指除对外借款和外商直接投资以外的各种利用外资的形式。包括企业在境内外股票市场公开发行的以外币计价的股票发行价总额，国际租赁进口设备的应付款，补偿贸易中外商提供的进口设备、技术、物料的价款，加工装配贸易中外商提供的进口设备、物料的价款。

对外直接投资 指我国企业、团体等(简称境内投资主体）在国外及港澳台地区以现金、实物、无形资产等方式投资，并以控制国(境)外企业的经营管理权为核心的经济活动。对外直接投资的内涵主要体现在一经济体通过投资于另一经济体而实现其持久利益的目标。

十五、旅　游

15-1 民族自治地方分地区世界遗产情况(2019年)

单位：个

地　区	世　界 自然遗产	世　界 文化遗产	世界自然与 文化遗产	人类口述和 非物质遗产
全　国	**12**	**35**	**4**	**26**
民族自治地方	7	5		10
河　北				
内蒙古		1		2
辽　宁				
吉　林				
黑龙江				1
浙　江				
湖　北		1		
湖　南				
广　东				
广　西				
海　南				
重　庆				
四　川	3			
贵　州	1			1
云　南	1	1		
西　藏		1		2
甘　肃				1
青　海	1			1
宁　夏				
新　疆	1	1		2

15-2 民族自治地方分地区重点文物保护单位(2019年)

单位：个

地区	全国重点文物保护单位	古遗址	古墓葬	古建筑及历史纪念建筑物	近现代重要史迹及代表性建筑	石窟寺石刻及其他
合计	**512**	**222**	**82**	**127**	**55**	**26**
河北						
内蒙古	119	70	21	21	5	2
辽宁	14	8	6			
吉林	14	9	4	1		
黑龙江						
浙江	1			1		
湖北	13	9		2	1	1
湖南	11	1	1	4	3	2
广东						
广西	51	16	2	12	18	3
海南		1			1	
重庆	2	1			1	
四川	20	5	1	10	3	1
贵州	21	2	6	9	4	
云南	49	11	2	22	10	4
西藏	37	5	4	27	1	
甘肃	18	13		1	1	3
青海	21	8	4	5	3	1
宁夏	27	14	3	7	1	2
新疆	92	49	28	5	3	7

15-3 民族自治地方分地区国家AAAAA级旅游区、国家级重点风景名胜区和全国历史文化名城、名镇、名村(2019年)

单位：个

地　　区	国家AAAAA级旅游区	国家级风景名胜区	全国历史文化名城	全国历史文化名镇	全国历史文化名村
合　　计	**52**	**50**	**26**	**38**	**53**
河　　北			1		
内 蒙 古	4	2	1	6	2
辽　　宁	1	2		1	
吉　　林	2	2			1
黑 龙 江					
浙　　江				1	
湖　　北	3			1	5
湖　　南		4	1	4	5
广　　东					1
广　　西	5	3	3	7	9
海　　南	2				
重　　庆	2			2	
四　　川	5	4	1		1
贵　　州	2	11	2	3	10
云　　南	5	9	5	6	6
西　　藏	4	4	3	2	3
甘　　肃			2	1	
青　　海	1	1	1	1	5
宁　　夏	4	2	1		1
新　　疆	12	6	5	3	4

15-4 民族自治地方分地区国家重点自然保护区(2019年)

地　区	国家重点自然保护区 (个)	面　积 (千公顷)
合　计	**126**	**81517.26**
河　北	3	77.97
内蒙古	23	3924.90
辽　宁	3	33.69
吉　林	7	508.18
黑龙江		
浙　江		
湖　北	5	197.01
湖　南	1	24.80
广　东		
广　西	15	286.20
海　南	4	81.97
重　庆		
四　川	11	1730.60
贵　州	5	152.31
云　南	12	951.48
西　藏	9	37153.10
甘　肃	5	2015.12
青　海	5	20252.50
宁　夏	6	439.21
新　疆	12	13688.22

15—5 民族自治地方分地区旅行社单位数和旅游人数(2019年)

地　区	旅行社数（个）	旅游人次（万人次）	国际旅游	国内旅游
合　计	**4120**	**243541.4**	**1806.6**	**238143.8**
河　北	17	1159.1	0.4	1158.7
内蒙古	1272	13044.2	195.8	12856.1
辽　宁	55	4416.2	4.5	4411.7
吉　林	203	2832.8	56.6	3637.2
黑龙江	2	260.0		260.0
浙　江	7			
湖　北	122	6620.5		6576.5
湖　南	76	7387.0	15.3	7540.9
广　东	6	1069.9		1069.9
广　西	899	87619.0	624.0	86995.0
海　南	13	792.2	8.7	783.5
重　庆	14	6753.9	35.0	6719.0
四　川	53	9492.0	24.6	4643.5
贵　州	156	22188.9	148.9	22040.1
云　南	362	40572.6	622.3	39950.3
西　藏	13	4012.2	54.2	3958.0
甘　肃	23	5215.0	2.0	5151.7
青　海	47	4945.2	1.8	5243.6
宁　夏	169	4011.0	12.6	3998.5
新　疆	611	21150.0		21150.0

15-6 民族自治地方分地区旅游收入(2019年)

地　区	国际旅游外汇收入（万美元）	国内旅游收入（亿元）
合　计	**1000615.7**	**17158.1**
河　北	337.6	86.9
内蒙古	134009.0	3924.0
辽　宁	6353.8	354.0
吉　林	26500.0	592.6
黑龙江		13.5
浙　江	8.0	79.3
湖　北	5454.2	38.8
湖　南	6199.5	673.9
广　东		71.1
广　西	351100.0	999.8
海　南	120.8	76.4
重　庆	13214.0	336.2
四　川	4676.0	494.4
贵　州	5114.8	2623.7
云　南	367245.0	5261.8
西　藏	27907.0	540.4
甘　肃		269.6
青　海	498.2	192.1
宁　夏	6477.7	335.6
新　疆	45400.0	3593.0

主要统计指标解释

旅游人数 包括入境国际旅游者人数、出境居民人数和国内旅游者人数。

入境游客 指报告期内来中国（大陆）观光、度假、探亲访友、就医疗养、购物、参加会议或从事经济、文化、体育、宗教活动的外国人、港澳台同胞等游客（即入境旅游人数）。统计时，入境游客按每入境一次统计 1 人次。入境旅游人数包括入境过夜游客和入境一日游游客。

出境人数（出境游客） 指中国（大陆）居民因公或因私出境前往其他国家、中国香港特别行政区、澳门特别行政区和台湾省观光、度假、探亲访友、就医疗养、购物、参加会议或从事经济、文化、体育、宗教活动的人数（即出境游客）。统计时，出境游客按每出境一次统计 1 人次。

国内游客 指报告期内在中国（大陆）观光游览、度假、探亲访友、就医疗养、购物、参加会议或从事经济、文化、体育、宗教活动的中国（大陆）居民人数，其出游的目的不是通过所从事的活动谋取报酬。统计时，国内游客按每出游一次统计 1 人次。

国际旅游(外汇)收入 指入境游客在中国（大陆）境内旅行、游览过程中用于交通、参观游览、住宿、餐饮、购物、娱乐等全部花费。

国内旅游收入(旅游总花费) 指国内游客在国内旅行、游览过程中用于交通、参观游览、住宿、餐饮、购物、娱乐等全部花费。

国际旅行社 指经营对外招徕并接待外国人、华侨、港澳同胞和台湾同胞来中国、归国或回内地旅游业务的旅行社。

国内旅行社 指负责经营招徕、组团、接待国内旅客的旅游业务，以及不对外招徕，负责经营接待国际旅行社或其他涉外部门组织的外国人、华侨、港澳同胞和台湾同胞来中国、归国或回内地旅游业务的旅行社。

十六、金　融

16-1 民族自治地方分地区金融机构信贷(2019年)

单位：亿元

地　区	全部金融机构人民币各项存款余额	全部金融机构人民币各项贷款余额
合　计	**121626.57**	**107971.52**
河　北	1245.77	1030.59
内蒙古	23645.10	23085.10
辽　宁	1504.65	759.09
吉　林	2275.03	1405.82
黑龙江	1.65	
浙　江	120.63	93.28
湖　北	1777.17	1395.28
湖　南	1933.06	1289.91
广　东	188.35	73.57
广　西	31504.98	29988.52
海　南	804.29	459.55
重　庆	973.85	856.28
四　川	4081.87	2054.71
贵　州	4099.07	4206.15
云　南	9937.75	7463.55
西　藏	4973.91	4695.22
甘　肃	1253.47	838.35
青　海	1569.52	1099.63
宁　夏	6443.43	7216.79
新　疆	23293.02	19960.11

主要统计指标解释

信贷资金 指金融机构以信用方式积聚和分配的货币资金。金融机构信贷资金的来源有各项存款、金融债券、对国际金融机构负债、流通中现金、其他项目等；信贷资金的运用有各项贷款、有价证券及投资、黄金占款、外汇买卖、财政借款及在国际金融机构中的资产等。

存款 指企业、机关、团体或居民根据资金必须收回的原则，把货币资金存入银行或其他信贷机构保管并取得一定利息的一种信用活动形式。根据存款对象或性质的不同可划分为住户存款、非金融企业存款、政府存款、非银行业金融机构存款等科目。它是银行信贷资金的主要来源。

贷款 指银行或其他信贷机构根据资金必须归还的原则，按一定利率，为企业、个人等提供资金的一种信用活动形式。我国银行贷款分为短期贷款、中长期贷款、融资租赁、票据融资、各项垫款、境外贷款等。

十七、教育和科技

17-1 民族自治地方分地区高等学校基本情况(2019年)

单位：人

地区	学校数(所)	在校本、专科学生数	招生数	毕业生数	教职工数	#专任教师数
合计	**253**	**2458516**	**891611**	**655145**	**191267**	**127768**
河北						
内蒙古	53	472033	132400	135400	41300	27382
辽宁						
吉林	3	32728	10893	6730	2947	1946
黑龙江						
浙江						
湖北	3	38000	11800	10500	2637	1939
湖南	3	57778	21979	16340	2562	1804
广东						
广西	78	1076458	359800	279900	76137	48726
海南						
重庆						
四川	4	39909	11272	8332	2494	1812
贵州	12	45426	115296	28339	7466	5480
云南	15	83210	30797	23839	6694	5132
西藏	7	36200	10600	9800	3800	2629
甘肃	2	14574	4174	3665	903	698
青海						
宁夏	19	135200	43000	35100	11756	8422
新疆	54	427000	139600	97200	32571	21798

17-2 民族自治地方分地区普通高中基本情况(2019年)

单位：人

地　区	学校数（所）	在校学生数	招生数	毕业生数	教职工数	#专任教师数
合　计	**1944**	**3418620**	**1508836**	**1166016**	**351250**	**268820**
河　北	11	33311	11498	8675	2688	2162
内蒙古	303	406200	130400	144800	56900	37000
辽　宁	20	40028	10317	11924	3795	2640
吉　林	8	43660	15089	14275	1176	1032
黑龙江	2	4728	1676	1382	297	277
浙　江	1	1729	640	544	185	155
湖　北	3	6065	1733	1804	563	456
湖　南	26	84042	26306	26515	7598	6917
广　东	3	6566	2319	2148	581	549
广　西	490	1091029	394233	326975	91949	63091
海　南	14	29183	8985	8457	3098	2734
重　庆	13	55728	18856	19459	3822	3696
四　川	112	158225	52850	47637	5315	10517
贵　州	171	163800	381791	137346	27851	38097
云　南	224	413129	159193	121168	35939	27367
西　藏	35	65500	23200	19200	6700	5700
甘　肃	45	60628	15556.35	19209	11557	5369
青　海	62	73221	30491	20241	5936	5461
宁　夏	65	153403	53619	47318	14100	11300
新　疆	336	528445	170084	186939	71200	44300

17-3 民族自治地方分地区初中基本情况(2019年)

单位：人

地 区	学校数(所)	在校学生数	#专任教师数
合 计	**6045**	**6513813**	**476008**
河 北	63	76855	5039
内蒙古	701	663300	59600
辽 宁	120	76496	7622
吉 林	65	30093	3961
黑龙江	14	8386	686
浙 江	6	4856	311
湖 北	13	5121	1030
湖 南	207	180349	12670
广 东	26	15956	1445
广 西	1753	2204864	142404
海 南	91	59460	4225
重 庆	92	104911	8577
四 川	235	334343	21299
贵 州	720	743128	48459
云 南	1006	965764	78841
西 藏	101	139800	11900
甘 肃	161	142583	17191
青 海	167	159949	9359
宁 夏	252	298799	20689
新 疆	252	298800	20700

17—4 民族自治地方分地区中等职业学校基本情况（2019年）

单位：人

地　区	学校数（所）	在校学生数	招生数	毕业生数	教职工数	#专任教师数
合　计	**1002**	**1674240**	**740321**	**506599**	**96216**	**77962**
河　北	7	13527	4347	4140	1147	1002
内蒙古	316	168500	57600	59800	18200	13600
辽　宁	8	7338	2330	1530	831	432
吉　林	27	13298	5660	3879	353	1645
黑龙江	1	132	44	38	102	92
浙　江	1	1640	591	527	118	107
湖　北	14	35152	16213	8996	1609	1417
湖　南	38	47065	17637	13452	2592	1979
广　东	3	1650	561	439	227	191
广　西	248	680286	259391	196423	27023	20430
海　南	4	2590	1054	777	282	251
重　庆	9	16442	6724	4540	1106	1057
四　川	16	22777	8433	7905	995	1320
贵　州	67	67605	137881	41460	7343	6331
云　南	168	183467	70972	54556	10687	8968
西　藏	11	25402	10537	6601	1905	1809
甘　肃	16	10000	5482	1943	1501	1176
青　海	19	47329	19831	8666	1295	955
宁　夏	29	74640	27933	22966	3700	3100
新　疆		255400	87100	67961	15200	12100

17–5 民族自治地方分地区小学基本情况(2019年)

单位：人

地 区	学校数（所）	在校学生数	#专任教师数
合 计	**31060**	**16260097**	**961005**
河 北	255	167977	9976
内蒙古	1662	1363093	102876
辽 宁	315	123770	12049
吉 林	412	128464	10226
黑龙江	14	9437	1157
浙 江	14	7951	625
湖 北	495	283622	497
湖 南	600	398752	22323
广 东	51	43568	2454
广 西	8036	4950349	267128
海 南	406	140508	9194
重 庆	298	184787	12688
四 川	1464	840814	44865
贵 州	3366	1522254	84445
云 南	5634	1900835	116370
西 藏	821	340952	23164
甘 肃	1841	332694	20436
青 海	548	329296	18805
宁 夏	1188	584149	34279
新 疆	3640	2606825	167448

17-6 民族自治地方分地区县及县以上政府部门所属研究与开发机构及情报文献机构和人员(2019年)

地　区	机构数（个）	从业人员（人）	#从事科技活动人员	#大学本科及以上学历
合　计	**760**	**46986**	**35046**	**26627**
内蒙古	132	9562	7681	5671
辽　宁	1	200	190	107
吉　林	9	246	216	180
湖　北	18	401	367	289
湖　南	13	851	505	404
广　东	4	23	18	4
广　西	161	14749	9951	7871
海　南	3	41	37	7
重　庆	24	399	357	232
四　川	21	1402	934	657
贵　州	20	1345	736	506
云　南	130	4606	3734	2595
西　藏	26	1863	1153	854
甘　肃	10	494	464	270
青　海	10	422	348	267
宁　夏	63	3946	3667	2711
新　疆	115	6436	4688	4002

17－7　民族自治地方分地区县及县以上政府部门所属研究与开发机构及情报文献机构经费（2019年）

单位：千元

地　　区	经费收入	#科技活动收入	经费支出	#科技经费支出
合　　计	**16648153**	**11226862**	**14972762**	**9919311**
内 蒙 古	3090549	2255192	2862901	2007578
辽　　宁	18755	18350	17411	13177
吉　　林	48636	46293	45153	41222
湖　　北	163096	155810	118894	108243
湖　　南	169710	124991	159388	120984
广　　东	1728	1723	1726	1689
广　　西	6150516	3499095	5505564	3048479
海　　南	2534	1249	3380	2890
重　　庆	193480	170450	150842	127794
四　　川	343138	307199	326050	258540
贵　　州	447837	182935	401440	147752
云　　南	1200771	833581	1100946	789743
西　　藏	824022	430331	733375	363945
甘　　肃	98890	80063	85526	67820
青　　海	250283	210543	248375	196513
宁　　夏	1508724	1407473	1210795	1148272
新　　疆	2135484	1501584	2000996	1474670

17-8 民族自治地方分地区县及县以上政府部门所属研究与开发机构及情报文献机构科技活动成果情况(2019年)

单位：篇

地　区	发　表科技论文	#国外发表	出　版科技著作	有效发明专利总数(项)	专　利申请数	#发明专利	专　利授权数	#发明专利
合　计	**9532**	**753**	**336**	**2739**	**2145**	**1005**	**1259**	**360**
内蒙古	1442	38	59	221	188	86	103	18
辽　宁								
吉　林	53		9	7	4	3	5	1
湖　北	95	7		22	32	26	8	7
湖　南	20			1				
广　东	2							
广　西	3578	477	110	1593	1083	587	590	194
海　南								
重　庆	47		1	24	12	6	2	1
四　川	207	8	14	30	21	9	17	4
贵　州	125	5		43	25	18	5	3
云　南	712	30	27	146	106	62	60	23
西　藏	472	43	9	46	68	21	75	13
甘　肃	105			4	3		4	2
青　海	40				7	2		
宁　夏	937	31	36	100	207	65	117	9
新　疆	1697	114	71	502	389	120	273	85

主要统计指标解释

普通高等学校 指通过国家普通高等教育招生考试，招收高中毕业生为主要培养对象，实施高等学历教育的全日制大学、独立设置的学院、独立学院和高等专科学校、高等职业学校及其他机构。

大学、独立设置的学院主要实施本科及本科层次以上的教育。独立学院主要实施本科层次的教育。高等专科学校、高等职业学校实施专科层次的教育。其他机构是指承担国家普通招生计划任务不计校数的机构，包括普通高等学校分校、大专班等。

研究与开发机构 指有明确的任务和研究方向，有一定学术水平的业务骨干和一定数量的研究人员，具有研究、开发、开展学术工作的基本条件，主要进行科学研究与技术开发活动，并且在行政上有独立的组织形式，财务上独立核算盈亏，有权与其他单位签订合同，在银行有单独户头的单位。包括国务院各部门、中国科学院、中国社会科学院和各省、自治区、协调以及地（市）以上［含地（市）］各部门所属的国有科学研究与技术开发机构。

研究与开发机构职工 指参与研究与试验发展项目研究、管理和辅助工作的人员，包括项目(课题)组人员，企业科技行政管理人员和直接为项目(课题)活动提供服务的辅助人员。反映投入从事拥有自主知识产权的研究开发活动的人力规模。

研究与开发经费支出合计 指调查单位用于内部开展 R&D 活动（基础研究、应用研究和试验发展）的实际支出。包括用于 R&D 项目（课题）活动的直接支出，以及间接用于 R&D 活动的管理费、服务费、与 R&D 有关的基本建设支出以及外协加工费等。不包括生产性活动支出、归还贷款支出以及与外单位合作或委托外单位进行 R&D 活动而转拨给对方的经费支出。

十八、文化和出版

18-1 民族自治地方分类别按登记注册类型分的主要文化事业机构(2019年)

单位：个

类别	合计	按执行会计制度分类		按单位所属部门分类	
		事业	企业	文化部门	其他部门
总计	**48352**	**24047**	**24305**	**23965**	**24387**
一、文化合计	45578	21286	24292	21398	24180
艺术表演团体	1317	428	889	470	847
其中：公有制艺术表演团体	488	428	60	470	18
艺术表演场馆	254	87	167	88	166
其中：公有制艺术表演场馆	95	87	8	88	7
公共图书馆	769	769		769	
文化馆	800	800		800	
文化站	8644	8644		8644	
其中：乡镇综合文化站	8049	8049		8049	
艺术展览创作机构	128	128		127	1
其中：美术馆	110	110		109	1
艺术教育业	11	11		11	
文化科研机构	35	35		35	
文化市场经营机构(不包括非公有制院团和场馆)	23129		23129		23129
文化行政主管部门	789	789		789	
其他文化机构	602	563	39	592	10
其中：文化市场执法机构	358	358		357	1
二、文物合计	2774	2761	13	2567	207
博物馆	661	661		554	107
文物保护管理机构	1746	1746		1691	55
文物科研机构	13	13		13	
文物商店	7		7	7	
其他文物机构	347	341	6	302	45

18-2 民族自治地方分类别按登记注册类型分的主要文化事业机构职工(2019年)

单位：人

类　别	合　计	按执行会计制度分类		按单位所属部门分类	
		事业	企业	文化部门	其他部门
总　计	**324806**	**168964**	**155842**	**173480**	**151326**
一、文化合计	308992	153203	155789	158789	150203
艺术表演团体	38692	19315	19377	21563	17129
其中：公有制艺术表演团体	22289	19315	2974	21563	726
艺术表演场馆	6061	611	5450	688	5373
其中：公有制艺术表演场馆	717	611	106	688	29
公共图书馆	8057	8057		8057	
文化馆	11054	11054		11054	
文化站	30449	30449		30449	
其中：乡镇综合文化站	28213	28213		28213	
艺术展览创作机构	719	719		717	2
其中：美术馆	610	610		608	2
艺术教育业	852	852		852	
文化科研机构	489	489		489	
文化市场经营机构(不包括非公有制院团和场馆)	126393		126393		126393
文化行政主管部门	22748	22748		22748	
其他文化机构	7982	6493	1489	7439	543
其中：文化市场执法机构	3667	3667		3661	6
二、文物合计	15814	15761	53	14691	1123
博物馆	9839	9839		8722	1117
文物保护管理机构	4288	4288		4282	6
文物科研机构	371	371		371	
文物商店	53		53	53	
其他文物机构	1263	1263		1263	

18-3 民族自治地方分地区按登记注册类型分的主要文化事业机构(2019年)

单位：个

地 区	合 计	按执行会计制度分类		按单位所属部门分类	
		事业	企业	文化部门	其他部门
合 计	**46210**	**15015**	**31195**	**14892**	**31318**
河 北	404	162	242	162	242
内蒙古	7286	1974	5312	1969	5317
辽 宁	494	205	289	205	289
吉 林	1123	229	894	229	894
黑龙江	41	18	23	18	23
浙 江	68	30	38	29	39
湖 北	843	182	661	180	663
湖 南	2203	484	1719	488	1715
广 东	82	39	43	39	43
广 西	8201	1959	6242	1947	6254
海 南	152	132	20	133	19
重 庆	880	202	678	199	681
四 川	2585	1307	1278	1306	1279
贵 州	2334	871	1463	870	1464
云 南	6076	1460	4616	1452	4624
西 藏	3890	2427	1463	2335	1555
甘 肃	1208	456	752	462	746
青 海	1226	547	679	546	680
宁 夏	1754	422	1332	412	1342
新 疆	5360	1909	3451	1911	3449

18-4 民族自治地方分地区按登记注册类型分的主要文化事业机构职工(2019年)

单位：人

地 区	合 计	按执行会计制度分类		按单位所属部门分类	
		事业	企业	文化部门	其他部门
合 计	**398928**	**116548**	**282380**	**118747**	**280181**
河 北	2518	601	1917	634	1884
内蒙古	62731	21032	41699	21001	41730
辽 宁	2474	1002	1472	1002	1472
吉 林	7747	2576	5171	2639	5108
黑龙江	336	130	206	130	206
浙 江	1072	210	862	217	855
湖 北	8493	1869	6624	1854	6639
湖 南	19203	3581	15622	3631	15572
广 东	746	346	400	346	400
广 西	85422	17114	68308	17770	67652
海 南	1206	831	375	952	254
重 庆	5117	998	4119	975	4142
四 川	12749	4992	7757	4975	7774
贵 州	24682	10407	14275	10549	14133
云 南	50717	10996	39721	10929	39788
西 藏	25403	11038	14365	11056	14347
甘 肃	10791	3718	7073	4206	6585
青 海	9277	2718	6559	2749	6528
宁 夏	14150	4352	9798	5008	9142
新 疆	54094	18037	36057	18124	35970

18-5 民族自治地方分地区艺术事业机构(2019年)

单位：个、座

地区	合计	艺术表演团体	艺术表演场馆	艺术创作机构
合计	**1699**	**1317**	**254**	**128**
河北	54	50	3	1
内蒙古	342	264	45	33
辽宁	12	9	3	
吉林	23	11	9	3
黑龙江	4	4		
浙江	16	16		
湖北	84	81	1	2
湖南	84	61	14	9
广东	4	4		
广西	163	95	63	5
海南	9	7	2	
重庆	97	97		
四川	46	23	17	6
贵州	66	61	5	
云南	218	200	14	4
西藏	100	85	15	
甘肃	31	21	3	7
青海	100	66	34	
宁夏	34	30	3	1
新疆	212	132	23	57

18—6 民族自治地方分地区艺术事业机构职工(2019年)

单位：人

地　区	合　计	艺术表演团　体	艺术表演场　馆	艺术创作机　构
合　计	**45472**	**38692**	**6061**	**719**
河　北	831	583	246	2
内蒙古	10492	9235	961	296
辽　宁	199	181	18	
吉　林	659	623	24	12
黑龙江	70	70		
浙　江	301	301		
湖　北	1249	1221	12	16
湖　南	2388	1678	680	30
广　东	114	114		
广　西	5744	3897	1769	78
海　南	270	218	52	
重　庆	1089	1089		
四　川	965	730	224	11
贵　州	1719	1640	79	
云　南	5149	4717	418	14
西　藏	3083	2436	647	
甘　肃	942	854	56	32
青　海	1733	1564	169	
宁　夏	1834	1802	23	9
新　疆	6641	5739	683	219

18-7 民族自治地方分地区群众文化事业、图书馆事业机构(2019年)

单位：个、座

地　　区	群众文化事业			图书馆事业
	合　计	文化馆	文化站	
合　　计	**9444**	**800**	**8644**	**769**
河　　北	127	7	120	6
内 蒙 古	1206	120	1086	117
辽　　宁	167	8	159	8
吉　　林	145	13	132	12
黑 龙 江	12	1	11	1
浙　　江	22	1	21	1
湖　　北	120	12	108	11
湖　　南	358	20	338	20
广　　东	26	3	23	3
广　　西	1298	124	1174	116
海　　南	85	8	77	8
重　　庆	173	5	168	5
四　　川	1107	52	1055	52
贵　　州	664	40	624	40
云　　南	936	89	847	88
西　　藏	774	82	692	81
甘　　肃	301	24	277	24
青　　海	354	45	309	42
宁　　夏	272	27	245	27
新　　疆	1297	119	1178	107

18–8 民族自治地方分地区群众文化事业、图书馆事业机构职工(2019年)

单位：人

地　区	群众文化事业			图书馆事业
	合　计	文化馆	文化站	
合　计	**41503**	**11054**	**30449**	**8057**
河　北	221	53	168	34
内蒙古	5091	1854	3237	1795
辽　宁	350	133	217	84
吉　林	953	559	394	273
黑龙江	22	11	11	12
浙　江	94	20	74	13
湖　北	582	122	460	105
湖　南	1034	267	767	199
广　东	116	57	59	23
广　西	5145	2104	3041	1680
海　南	245	106	139	64
重　庆	667	90	577	57
四　川	1975	586	1389	279
贵　州	6154	606	5548	287
云　南	3942	1201	2741	844
西　藏	5972	524	5448	185
甘　肃	990	329	661	241
青　海	1005	514	491	281
宁　夏	1396	611	785	586
新　疆	5549	1307	4242	1015

18-9 民族自治地方分地区文物事业机构和职工(2019年)

单位：个、人

地区	文物事业机构		#文物保护管理机构		#博物馆	
	机构数	职工人数	机构数	职工人数	机构数	职工人数
合计	**2407**	**14127**	**1746**	**4288**	**661**	**9839**
河北	10	83	6	20	4	63
内蒙古	220	2552	95	713	125	1839
辽宁	15	297	7	200	8	97
吉林	28	215	12	17	16	198
黑龙江	2	17	1	3	1	14
浙江	4	45	1	3	3	42
湖北	15	211	3	13	12	198
湖南	27	622	11	137	16	485
广东	3	50			3	50
广西	201	2559	70	358	131	2201
海南	6	42			6	42
重庆	10	60	5	25	5	35
四川	52	685	28	172	24	513
贵州	64	582	26	111	38	471
云南	145	1232	82	447	63	785
西藏	1266	1378	1259	1163	7	215
甘肃	49	473	11	63	38	410
青海	38	215	22	42	16	173
宁夏	77	1118	22	294	55	824
新疆	175	1691	85	507	90	1184

18—10—1 民族自治地方分地区广播电视机构设置情况(2019年)(一)

单位：个

地 区	合 计	广播电台	电视台	广播电视台
合 计	**710**	**3**	**15**	**692**
河 北	7			7
内蒙古	91		1	90
辽 宁	9			9
吉 林	12			12
黑龙江	1			1
浙 江	1			1
湖 北	10			10
湖 南	16			16
广 东	3			3
广 西	90			90
海 南	6			6
重 庆	4			4
四 川	53			53
贵 州	43			43
云 南	86		5	81
西 藏	77	1	1	75
甘 肃	22			22
青 海	41		4	37
宁 夏	21	1	1	19
新 疆	117	1	3	113

18-10-2 民族自治地方分地区广播电视机构设置情况(2019年)(二)

单位：个

地　区	省			
	合　计	广播电台	电视台	广播电视台
合　计	**6**	**1**	**1**	**4**
内蒙古	1			1
广　西	1			1
西　藏	2	1	1	
宁　夏	1			1
新　疆	1			1

18-10-3 民族自治地方分地区广播电视机构设置情况(2019年)(三)

单位：个

地　区	地			
	合　计	广播电台	电视台	广播电视台
合　计	**82**	**2**	**9**	**71**
内蒙古	13		1	12
吉　林	1			1
湖　北	1			1
湖　南	1			1
广　西	14			14
四　川	3			3
贵　州	3			3
云　南	8			8
西　藏	7			7
甘　肃	2			2
青　海	6		4	2
宁　夏	6	1	1	4
新　疆	17	1	3	13

18—10—4 民族自治地方分地区广播电视机构设置情况(2019年)(四)

单位：个

地　区	县			
	合　计	广播电台	电视台	广播电视台
合　计	**622**		**5**	**617**
河　北	7			7
内蒙古	77			77
辽　宁	9			9
吉　林	11			11
黑龙江	1			1
浙　江	1			1
湖　北	9			9
湖　南	15			15
广　东	3			3
广　西	75			75
海　南	6			6
重　庆	4			4
四　川	50			50
贵　州	40			40
云　南	78		5	73
西　藏	68			68
甘　肃	20			20
青　海	35			35
宁　夏	14			14
新　疆	99			99

18-11-1 民族自治地方使用民族语言广播播出机构(2019年)(一)

单位：个

地区	总计	蒙古语	藏语	维吾尔语	苗语	彝语	壮语	朝鲜语
合计	**150**	**30**	**51**	**41**	**1**	**5**	**17**	**5**
内蒙古	21	21						
辽宁	2	2						
吉林	5	1						4
黑龙江	2	1						1
广西	16						16	
四川	5		2			3		
云南	4				1	2	1	
西藏	24		24					
甘肃	2		2					
青海	25	2	23					
新疆	44	3		41				

18-11-2 民族自治地方使用民族语言广播播出机构(2019年)(二)

单位：个

地区	总计	哈尼语	哈萨克语	傣语	傈僳语	拉祜语	景颇语	柯尔克孜语
合计	**22**	**2**	**10**	**3**	**1**	**1**	**2**	**3**
内蒙古								
辽宁								
吉林								
黑龙江								
广西								
四川								
云南	9	2		3	1	1	2	
西藏								
甘肃								
青海								
新疆	13		10					3

18-12-1 民族自治地方广播节目制作情况(2019年)(一)

单位：小时

地 区	全年制作广播节目时间	全年制作新闻资讯类广播节目时间	全年制作专题服务类广播节目时间	全年制作综艺类广播节目时间
合 计	**1037601**	**207047**	**326793**	**299778**
河 北	3223	1495	811	168
内蒙古	292256	46865	101393	92114
辽 宁	14361	2330	4912	3927
吉 林	33133	4617	12471	12675
黑龙江	111	82	29	
浙 江	640	91	198	91
湖 北	6781	3018	2359	270
湖 南	8162	2632	1298	1717
广 东	1095	1095		
广 西	221404	45238	43066	81699
海 南	2787	613	711	973
重 庆	2095	1151	567	356
四 川	14639	2980	3270	2557
贵 州	26278	8191	9527	5288
云 南	53763	13907	21464	12186
西 藏	38417	6468	13291	13351
甘 肃	6465	3038	1747	585
青 海	7169	3336	2164	1084
宁 夏	50604	12467	17012	10744
新 疆	254216	47433	90504	59994

18-12-2 民族自治地方广播节目制作情况(2019年)(二)

单位：小时

地　区	全年制作广播剧类广播节目时间	全年制作广告类广播节目时间	全年制作其他类广播节目时间
合　计	**20927**	**76241**	**107116**
河　北		219	530
内蒙古	10141	19094	22680
辽　宁	1490	1207	495
吉　林	914	1560	905
黑龙江			
浙　江		30	230
湖　北	4	255	895
湖　南	659	733	1123
广　东			
广　西	1260	14589	35581
海　南	5	89	395
重　庆			22
四　川		724	5154
贵　州	226	1504	1543
云　南	415	1429	4415
西　藏	2066	2019	1265
甘　肃		115	982
青　海	123	211	285
宁　夏	593	7894	1892
新　疆	3032	24569	28726

18-13-1 民族自治地方广播覆盖情况(2019年)(一)

地 区	广播综合人口覆盖		中央节目		省级节目	
	人 口 (万人)	覆盖率 (%)	人 口 (万人)	覆盖率 (%)	人 口 (万人)	覆盖率 (%)
合 计	**15244.49**	**97.78**	**15173.62**	**97.33**	**14875.22**	**95.41**
河 北	206.86	96.78	184.29	86.22	177.73	83.15
内蒙古	2514.82	99.24	2505.67	98.88	2374.15	93.69
辽 宁	312.61	96.73	311.48	96.38	304.62	94.25
吉 林	317.58	99.69	317.58	99.69	317.17	99.56
黑龙江	24.01	100.00	24.01	100.00	23.50	97.88
浙 江	17.09	100.00	17.09	100.00	17.09	100.00
湖 北	459.19	99.69	459.19	99.69	459.19	99.69
湖 南	473.58	98.73	473.57	98.73	468.87	97.75
广 东	5535.49	97.81	5505.62	97.29	5460.05	96.48
广 西	173.95	98.62	173.95	98.62	161.97	91.82
海 南	267.78	96.59	267.78	96.59	267.78	96.59
重 庆	697.86	89.67	695.75	89.40	632.20	81.23
四 川	1392.30	94.88	1390.39	94.75	1389.00	94.66
贵 州	2323.34	98.68	2321.12	98.59	2270.85	96.45
云 南	337.18	98.07	333.25	96.93	334.79	97.37
西 藏	375.51	98.97	364.00	95.94	350.78	92.45
甘 肃	386.47	98.54	386.25	98.48	379.77	96.83
青 海	684.00	99.61	684.00	99.61	679.57	98.97
宁 夏	2162.35	98.30	2157.84	98.10	2157.84	98.10
新 疆	2162.66	97.83	2151.35	97.32	2153.75	97.43

18-13-2 民族自治地方广播覆盖情况(2019年)(二)

地区	广播综合人口覆盖				无线广播综合覆盖			
	地市级节目		县级节目				中央节目	
	人口(万人)	覆盖率(%)	人口(万人)	覆盖率(%)	人口(万人)	覆盖率(%)	人口(万人)	覆盖率(%)
合计	**15564.67**	**72.89**	**9151.01**	**42.85**	**20432.14**	**95.68**	**20336.30**	**95.23**
河北	170.53	79.78	128.09	59.93	205.00	95.91	184.00	86.08
内蒙古	2439.54	96.27	1269.86	50.11	2508.92	99.01	2499.46	98.64
辽宁	271.11	83.89	283.45	87.70	309.34	95.71	304.66	94.27
吉林	295.06	92.62	282.97	88.83	317.46	99.65	317.46	99.65
黑龙江	22.11	92.09	22.05	91.84	24.01	100.00	24.01	100.00
浙江	8.03	46.99	8.03	46.99	17.09	100.00	17.09	100.00
湖北	459.19	99.69	167.16	36.29	458.44	99.53	458.44	99.53
湖南	351.24	73.23	238.02	49.62	465.10	96.96	465.10	96.96
广东	4616.33	81.57	1952.03	34.49	5431.92	95.98	5414.55	95.68
广西			142.60	80.84	173.95	98.62	173.95	98.62
海南			165.85	59.82	248.20	89.53	248.20	89.53
重庆	374.91	48.17	152.70	19.62	660.84	84.91	657.12	84.43
四川	798.51	54.42	291.21	19.84	1260.26	85.88	1260.11	85.87
贵州	1868.74	79.37	447.84	19.02	2273.60	96.57	2271.49	96.48
云南	80.43	23.39	11.34	3.30	331.82	96.51	328.43	95.52
西藏	223.28	58.85	225.59	59.46	361.18	95.20	351.95	92.76
甘肃	194.75	49.66	205.97	52.52	386.12	98.45	386.12	98.45
青海	651.72	94.91	365.62	53.25	680.62	99.12	680.62	99.12
宁夏	1373.13	62.42	1407.15	63.97	2159.19	98.16	2149.46	97.72
新疆	1366.06	61.80	1383.48	62.59	2159.08	97.67	2144.08	96.99

18—14 民族自治地方使用民族语言电视播出机构(2019年)

单位：个

地 区	合 计	蒙古语	藏语	维吾尔语	彝语	壮语	朝鲜语	哈萨克语	傣语	景颇语	柯尔克孜语
合 计	**249**	**25**	**99**	**55**	**4**	**24**	**8**	**17**	**9**	**5**	**3**
内蒙古	17	17									
辽 宁	1	1									
吉 林	9	2					7				
黑龙江	1	1									
山 东	1						1				
广 西	23					23					
四 川	18		17		1						
云 南	19		1		3	1			9	5	
西 藏	47		47								
甘 肃	7		7								
青 海	29	2	27								
新 疆	77	2		55				17			3

18—15—1 民族自治地方电视节目制作情况(2019年)(一)

单位：小时

地区	全年制作电视节目时间	#新闻资讯类	#专题服务类	#综艺益智类	#影视剧类	#广告类
合计	**404708**	**173314**	**91877**	**31867**	**6756**	**60450**
河北	3121	1056	656	221		934
内蒙古	86980	28455	24256	9980	70	15306
辽宁	4669	915	1125	1319		834
吉林	13213	2576	2767	1283	14	5951
黑龙江	335	86	110	85		29
浙江	479	96	54	98		110
湖北	2557	1387	451	69	22	442
湖南	9901	3348	1685	920		1728
广东	168	55	2			111
广西	79248	34340	12915	5446	1489	14511
重庆	3185	691	1390	32		635
四川	17245	10241	3515	1377		684
贵州	17039	10624	2348	183		1830
云南	40815	18859	11121	1952	182	5067
西藏	16083	9084	3668	1207		1306
甘肃	5956	2877	1752	482		456
青海	9577	5660	2132	1113		288
宁夏	23479	9370	6266	2559	2	3492
新疆	70659	33594	15665	3542	4978	6737

18-15-2 民族自治地方电视节目制作情况(2019年)(二)

单位：小时

地区	全年制作其他类电视节目时间(小时)	全年制作电视剧数量	
		部	集
合计	**40444**	**9**	**370**
河北	254		
内蒙古	8914	2	63
辽宁	476		
吉林	622		
黑龙江	25		
浙江	121		
湖北	186		
湖南	2220		
广东			
广西	10547		
重庆	437		
四川	1429		
贵州	2054		
云南	3633		
西藏	818		
甘肃	390		
青海	385		
宁夏	1791		
新疆	6143	7	307

18-16-1 民族自治地方电视覆盖情况(2019年)(一)

地　区	电视综合人口覆盖		中央节目		省级节目	
	人　口 (万人)	覆盖率 (%)	人　口 (万人)	覆盖率 (%)	人　口 (万人)	覆盖率 (%)
合　计	**18843.07**	**98.73**	**18745.81**	**98.22**	**18398.50**	**96.40**
河　北	211.84	99.11	187.54	87.74	163.57	76.52
内蒙古	2514.34	99.22	2512.56	99.15	2451.81	96.75
辽　宁	312.84	96.80	311.74	96.46	309.87	95.88
吉　林	318.25	99.90	316.90	99.48	317.20	99.57
黑龙江	24.01	100.00	24.01	100.00	23.50	97.88
浙　江	17.09	100.00	17.09	100.00	17.09	100.00
湖　北	458.52	99.54	458.50	99.54	458.52	99.54
湖　南	475.80	99.19	475.78	99.19	466.70	97.30
广　东	28.64	100.00	28.64	100.00	28.64	100.00
广　西	5597.87	98.92	5555.35	98.17	5510.85	97.38
海　南	174.29	98.81	174.29	98.81	170.90	96.89
重　庆	272.79	98.40	272.79	98.40	272.79	98.40
四　川	749.04	96.24	744.28	95.63	663.79	85.29
贵　州	1426.93	97.24	1425.05	97.11	1420.19	96.78
云　南	2335.35	99.19	2334.50	99.15	2236.01	94.97
西　藏	339.04	98.61	334.57	97.31	336.90	97.99
甘　肃	375.91	99.08	368.24	97.06	347.10	91.48
青　海	386.19	98.47	386.19	98.47	385.98	98.41
宁　夏	685.84	99.88	685.84	99.88	685.14	99.78
新　疆	2167.13	98.52	2160.59	98.22	2160.59	98.22

18-16-2 民族自治地方电视覆盖情况(2019年)(二)

地区	电视综合人口覆盖率							
	地市级节目		县级节目		无线电视综合覆盖			
							中央节目	
	人口(万人)	覆盖率(%)	人口(万人)	覆盖率(%)	人口(万人)	覆盖率(%)	人口(万人)	覆盖率(%)
合计	**14769.18**	**77.38**	**11031.04**	**57.80**	**18291.13**	**95.84**	**18163.05**	**95.17**
河北	175.68	82.19	156.07	73.02	205.59	96.18	183.44	85.82
内蒙古	2394.85	94.51	1464.17	57.78	2476.40	97.73	2459.88	97.07
辽宁	286.49	88.64	267.54	82.78	290.76	89.97	289.81	89.67
吉林	287.11	90.12	305.81	95.99	316.54	99.36	315.25	98.96
黑龙江	23.00	95.79	20.00	83.30	24.01	100.00	24.01	100.00
浙江	8.38	49.03	8.38	49.03	17.09	100.00	17.09	100.00
湖北	458.52	99.54	318.25	69.09	457.87	99.40	457.87	99.40
湖南	352.84	73.56	289.84	60.42	462.36	96.39	462.36	96.39
广东	28.64	100.00	28.64	100.00	28.64	100.00	28.64	100.00
广西	4607.47	81.42	2835.28	50.10	5501.69	97.22	5442.92	96.18
海南					174.29	98.81	174.29	98.81
重庆			140.18	50.56	244.80	88.30	244.80	88.30
四川	456.68	58.68	430.41	55.30	706.64	90.80	703.37	90.38
贵州	870.09	59.29	610.30	41.59	1238.25	84.38	1235.52	84.20
云南	1797.61	76.35	1576.93	66.98	2270.42	96.43	2269.64	96.40
西藏	109.67	31.90	51.47	14.97	333.05	96.87	328.76	95.62
甘肃	231.56	61.03	248.36	65.46	362.16	95.45	353.53	93.18
青海	338.72	86.36	306.66	78.19	385.98	98.41	385.98	98.41
宁夏	662.99	96.55	369.53	53.82	661.74	96.37	661.74	96.37
新疆	1707.52	77.63	1631.86	74.19	2161.49	98.26	2152.79	97.87

18-17 民族自治地方分地区图书、杂志、报纸出版情况(2019年)

单位：种数：种；印数：万册(份)

地区	图书		杂志		报纸	
	种数	印数	种数	印数	种数	印数
合计	**17981**	**65119**	**1196**	**8868**	**532**	**160951**
河北	5		1	1	2	211
内蒙古	3641	6000	152	1000	57	25000
辽宁					5	219
吉林						
黑龙江					1	26
浙江					1	88
湖北	6	2	1			
湖南	22	10	1	120	3	1339
广东						
广西	6096	31796	181	3644	48	51427
海南	10	1	4	1		
重庆	11	16	1	1	133	577
四川			4	11	5	2484
贵州	74	60	516	15	109	4291
云南	229	26	19	10	17	3528
西藏	773	1783	39	2613	27	11018
甘肃					2	392
青海	20	4	24	7	6	323
宁夏	3220	8420	37	445	14	10027
新疆	3874	17000	216	1000	102	50000

主要统计指标解释

文化产业机构 指专门从事文化工作具有法人资格、独立核算的事业、企业单位以及单独核算、附属于事业单位的经营性专业文化活动单位。

文化产业机构包括艺术业、图书馆业、群众文化业、文物业、文化艺术教育业、出版业、娱乐业、文化艺术经纪与代理业以及不属于以上分类的其他文化产业。

艺术业 包括戏剧、舞蹈、音乐、美术等各种艺术团及艺术家的活动。如演员、音乐家、作家、雕刻家、画家、漫画家、雕塑家的活动等。也包括剧场、音乐厅、美术展览馆等演出、展出设施的管理。

在制度中，将艺术业分为艺术表演团体、艺术表演场所和其他艺术三类。

艺术表演团体 指由文化部门主办或实行行业管理（经文化行政部门审批或已申报登记并领取相关许可证），专门从事表演艺术等活动的各类专业艺术表演团体，含民间职业剧团。不包括群众业余文艺表演团体。

艺术表演场所 指由文化部门主办或实行行业管理（经文化市场行政部门审批或已申报登记并领取相关许可证），有观众席、舞台、灯光设备，公开售票、专供文艺团体演出的文化活动场所。

图书馆 包括公共图书馆和除部队系统外的各类单位内部举办的或单独举办的图书馆。不包括群众艺术馆、文化馆、文化站内设的图书室。目前制度仅统计公共图书馆。

群众文化机构 包括群众艺术馆、文化馆、文化站、文化宫、少年宫等群众文化活动。在制度中，目前暂时不统计文化系统外的文化宫和少年宫。

群众艺术馆、文化馆、文化站指从事群众文化工作的专业机构。不包括临时抽调人员组成、没有编制的农村和街道文化工作队、服务站等。

广播电台 经国家广播电影电视总局（原广播电影电视部，下同）批准设置并颁发许可证，独立建制，财务上独立核算，有自办节目并正式播出的无线广播播出机构。

广播节目套数 经国家广播电影电视总局批准，并在颁发许可证中载明的，用固定频率自办播出节目并编有整套节目时间表，定期向听众公布广播节目名称和播出时间和节目的套数。

广播/电视节目覆盖人口数 按一定的技术标准在对象区内能接收广播节目的人口数。

广播/电视节目综合人口覆盖率 指根据原国家广电总局制定的《广播电视人口覆盖率统计技术标准和方法》进行统计调查的，在对象区内能接收到由中央、省、地市或县通过无线、有线或卫星等各种技术方式转播的各级广播/电视节目的人口数占全国总人口数的百分比。

电视台 经国家广播电影电视总局批准设置，并颁发许可证，独立建制，财务上独立核算，有自办节目并正式播出的无线电视播出机构。

电视节目套数 经国家广播电影电视总局批准，并在颁发许可证中载明的，用固定频道自办电视节目，并编有整套节目时间表，定期向观众公布电视节目名称和播出时间的节目的套数。

电视覆盖人口数 按一定的技术标准在对象区内能接收电视节目的人口数。

电视发射台和转播台 经广播电影电视行政主管部门批准设置正式开播的电视发射台和转播台。

电影放映单位 指具有放映机器设备、固定或不固定的放映场所与专职或兼职的放映技术人员，经有关部门登记批准，经常为一定的观众对象放映电影的机构。包括经批准对外开放进行营业，并与电影发行放映管理机构分账的专用放映单位和军委系统租片单位。

十九、卫 生

19—1 民族自治地方分地区卫生机构数(2019年)(一)

单位：个

地区	卫生机构	医院	卫生院	门诊部	疗养院、所	专科防治所、站	疾病预防控制中心	妇幼保健所、站	社区卫生服务中心(站)
合计	**55288**	**4631**	**8544**	**1394**	**15**	**133**	**850**	**695**	**3216**
河北	642	29	116	18			6	6	25
内蒙古	11243	794	1271	468	3	43	119	114	1197
辽宁	1000	53	159	14		8	7	8	20
吉林	1920	95	128	79	1	11	13	12	19
黑龙江	64	4	11	1			1	1	1
浙江	55	3	19				1	1	2
湖北	855	58	105	15		1	11	11	16
湖南	1338	115	343	10		6	16	16	8
广东	80	7	29	1		2	3	3	1
广西	13802	678	1261	336	5	31	118	105	316
海南	66	9	13	3			1	1	2
重庆	443	45	126	2		3	4	4	16
四川	2203	223	1154	12			54	54	40
贵州	2338	387	586	18	1	1	44	44	175
云南	4986	622	848	91		23	92	86	107
西藏	1640	156	678		1		82	57	14
甘肃	1114	103	297	1	1		24	23	38
青海	962	114	268	13		1	40	36	88
宁夏	2224	219	205	51			25	21	222
新疆	8313	917	927	261	3	3	189	92	909

19–1 民族自治地方分地区卫生机构数（2019年）（二）

单位：个

地　区	诊所、卫生所、医务室	急救中心(站)	采供血机构	卫生监督所（中心）	医学科学研究机构	医学在职培训机构	健康教育所（站、中心）	其　他卫生机构
合　计	**33646**	**43**	**128**	**678**	**25**	**18**	**42**	**1230**
河　北	435			6				1
内蒙古	6981	10	18	117	4	3	25	76
辽　宁	691		1	2	1			36
吉　林	1517	1	8	6		1		29
黑龙江	42			1		1		1
浙　江	26			1				2
湖　北	617		2	11		1		7
湖　南	690		1	16	1			116
广　东	31			3				
广　西	10063	4	32	115	12		1	725
海　南	35		1					1
重　庆	239			4				
四　川	588	3	5	53	1	5		11
贵　州	1027	1	8	40	1	1		4
云　南	2994	17	8	83	2	4	5	4
西　藏	643		7	1		1		
甘　肃	559	1	2	23	2	1	3	36
青　海	351		7	39	1		1	3
宁　夏	1426	3	6	24			7	15
新　疆	4691	3	22	133				163

19-2 民族自治地方分地区卫生机构床位数(2019年)

单位：张

地区	卫生机构床位	医院	市	县	卫生院	乡卫生院	门诊部	疗养院、所	专科防治所、站	妇幼保健所、站	其他卫生机构
合计	**1097908**	**811809**	**435984**	**375825**	**223261**	**222530**	**758**	**1521**	**1975**	**36258**	**22326**
河北	9993	6366		6366	3176	3176	20			232	199
内蒙古	161083	128769	86823	41946	22130	22130	235	332	391	4363	4863
辽宁	14695	9873		9873	4393	4393	4		60	162	203
吉林	15677	12599	8362	4237	2610	2610		48	48	209	163
黑龙江	837	608		608	176	176				53	
浙江	649	553		553	83	83					13
湖北	28225	17660	9130	8530	9260	8982	12		15	833	445
湖南	35453	25113	6123	18990	9108	9108	6		42	663	521
广东	1483	815		815	569	569				99	
广西	277357	188283	121657	66626	69930	69930	88	725	521	15087	2723
海南	935	726		726	184	184					25
重庆	14560	8086		8086	5001	5001			278	232	963
四川	41552	30069	8434	21635	9773	9773	6			1223	481
贵州	77521	60454	21239	39215	13495	13168	34	88		2436	1014
云南	139191	103268	41087	62181	29233	29107	149		565	4795	1181
西藏	17063	12748	7982	4766	3647	3647		38		495	135
甘肃	19042	13871	3840	10031	4140	4140		100		688	243
青海	15195	11785	2740	9045	2646	2646	5			254	505
宁夏	40971	35427	26953	8474	3628	3628				1454	462
新疆	186426	144736	91614	53122	30079	30079	199	190	55	2980	8187

19-3 民族自治地方分地区专业卫生人员(2019年)(一)

单位：人

地　区	卫生人员合计	#卫生技术人员	#执业(助理)医师
合　计	**1426104**	**1201122**	**416417**
河　北	10239	8947	3849
内蒙古	228719	192248	74063
辽　宁	15896	12959	4828
吉　林	26291	21804	9092
黑龙江	1217	1041	469
浙　江	1063	907	391
湖　北	30365	26394	9324
湖　南	35726	30616	10218
广　东	2697	2284	740
广　西	403705	336034	109771
海　南	1499	1212	397
重　庆	12880	10704	3795
四　川	51454	43305	12933
贵　州	87845	75440	23837
云　南	165936	144121	45183
西　藏	26130	20645	8988
甘　肃	21709	18251	5986
青　海	16591	14393	5402
宁　夏	65066	54992	20280
新　疆	221076	184825	66871

19-3 民族自治地方分地区专业卫生人员(2019年)(二)

单位：人

地区	市属卫生人员	#卫生技术人员	#执业(助理)医生	县属专业卫生人员	#卫生技术人员	#执业(助理)医生
合计	**445266**	**373926**	**125312**	**544977**	**462759**	**149544**
河北				8378	7255	2954
内蒙古	81593	67834	23985	66293	56239	22016
辽宁				12463	10153	3729
吉林	9885	8212	3109	7779	6091	2402
黑龙江				1063	914	399
浙江				693	598	224
湖北	8543	7426	2470	11496	10159	3513
湖南	5808	4972	1623	24654	21341	6895
广东				1637	1354	407
广西	157201	130282	41112	133078	109048	31003
海南				960	791	250
重庆				9753	8220	2977
四川	10088	8307	2652	33338	28598	8192
贵州	18709	16163	5442	44945	39389	12342
云南	45259	39304	12668	80974	70868	21187
西藏	6480	5196	2129	7211	5847	2417
甘肃	4499	3543	1135	12177	10551	3460
青海	4523	3962	1395	7238	6325	2312
宁夏	19897	17092	5946	11821	10325	3640
新疆	72781	61633	21646	69026	58693	19225

19-4 民族自治地方分地区卫生机构万元以上设备台数(2019年)

单位：台

地　区	合　计	10万元以下	10—49万元	50—99万元	100万元以上
合　计	**946762**	**705066**	**183579**	**31391**	**26726**
河　北	7892	6553	1059	126	154
内蒙古	173380	127750	33985	5962	5683
辽　宁	7937	5825	1674	233	205
吉　林	18104	13284	3698	555	567
黑龙江	896	732	137	12	15
浙　江	1157	857	240	31	29
湖　北	22231	17328	3762	642	499
湖　南	17761	13714	3073	556	418
广　东	1607	1105	388	69	45
广　西	252477	184620	51004	9384	7469
海　南	1006	724	217	38	27
重　庆	8513	6148	1858	291	216
四　川	34369	27357	5559	858	595
贵　州	52978	40469	9818	1461	1230
云　南	110445	84859	19608	3129	2849
西　藏	13306	8887	3381	627	411
甘　肃	9320	6968	1827	299	226
青　海	11140	7932	2256	665	287
宁　夏	49145	36288	9867	1511	1479
新　疆	153098	113666	30168	4942	4322

19-5 民族自治地方乡村医生、卫生员、农村接生员

单位：人

年 份	乡村医生和卫生员	乡村医生	卫生员
1982	116965	47933	69032
1983	116754	55580	61174
1984	118730	58109	60621
1985	131381	62255	69129
1986	135634	68480	68154
1987	139901	72374	67527
1988	135751	73106	62645
1989	136780	75228	61552
1990	135424	75935	59489
1991	139332	79709	59623
1992	146472	83518	62954
1993	163129	100993	62136
1994	154147	96347	57800
1995	158014	102376	55639
1996	159529	101416	58113
1997	165976	108712	57264
1998	172286	115367	56919
1999	169759	116520	53239
2000	173025	119979	53046
2001	171341	120976	50365
2002	171341	120976	50365
2008	117401	106146	11255
2009	133541	119579	13962
2010	138114	123545	14569
2011	149727	132385	17342
2012	150365	132408	17957
2013	150720	132870	17850
2014	150205	133545	16660
2015	147901	131414	16487
2016	145047	129411	15636
2017	147072	130684	16388
2018	144014	128113	15901
2019	135909	123182	12727

19-6 民族自治地方分地区乡村医生、卫生员(2019年)

单位：人

地　区	乡村医生和卫生员	乡村医生	卫生员
合　计	**135909**	**123182**	**12727**
河　北	1971	1919	52
内蒙古	16397	15157	1240
辽　宁	2810	2710	100
吉　林	1516	1383	133
黑龙江	147	129	18
浙　江	20	20	
湖　北	2993	2857	136
湖　南	3073	2928	145
广　东	203	200	3
广　西	31295	29003	2292
海　南	75	73	2
重　庆	1709	1606	103
四　川	8465	8342	123
贵　州	10152	7932	2220
云　南	19989	18894	1095
西　藏	12412	9793	2619
甘　肃	2286	1999	287
青　海	3075	2749	326
宁　夏	3132	2849	283
新　疆	14189	12639	1550

19–7 民族自治地方分地区民族医院情况（2019年）

单位：个

地　区	机构个数	床位数	人员数				
			合　计	卫生技术人员		其　他技术人员	管理人员
				小　计	医　生		
合　计	**290**	**39671**	**40506**	**33469**	**13020**	**2736**	**1778**
内蒙古	94	17139	20352	17171	6622	1175	840
辽　宁	1	300	504	392	161	75	20
吉　林	2	194	158	129	68	6	23
黑龙江	1	100	51	41	23		7
湖　北	2	385	455	403	134	41	2
湖　南	1	40	42	36	13		3
广　西	5	1238	2062	1581	552	120	246
四　川	34	1648	1477	1233	476	43	61
贵　州	8	403	328	271	70	4	30
云　南	5	360	542	434	174	9	32
西　藏	39	2518	2878	2124	1234	401	158
甘　肃	14	916	823	705	420	21	39
青　海	28	2386	1566	1301	628	88	58
宁　夏	2	241	250	203	63		21
新　疆	54	11803	9018	7445	2382	753	238

主要统计指标解释

医疗卫生机构 指从卫生(卫生计生)行政部门取得《医疗机构执业许可证》、《计划生育技术服务许可证》,或从民政、工商行政、机构编制管理部门取得法人单位登记证书,为社会提供医疗服务、公共卫生服务或从事医学科研和医学在职培训等工作的单位。医疗卫生机构包括医院、基层医疗卫生机构、专业公共卫生机构、其他医疗卫生机构。

医院 包括综合医院、中医医院、中西医结合医院、民族医院、各类专科医院和护理院,不包括专科疾病防治院、妇幼保健院和疗养院,包括医学院校附属医院。

基层医疗卫生机构 包括社区卫生服务中心、社区卫生服务站、街道卫生院、乡镇卫生院、村卫生室、门诊部、诊所(医务室)。

专业公共卫生机构 包括疾病预防控制中心、专科疾病防治机构、妇幼保健机构(含妇幼保健计划生育服务中心)、健康教育机构、急救中心(站)、采供血机构、卫生监督机构、取得《医疗机构执业许可证》或《计划生育技术服务许可证》的计划生育技术服务机构。

其他医疗卫生机构 包括疗养院、临床检验中心、医学科研机构、医学在职教育机构、卫生监督(监测、检测)机构、医学考试中心、农村改水中心、人才交流中心、统计信息中心等卫生事业单位。

卫生人员 指在医院、基层医疗卫生机构、专业公共卫生机构及其他医疗卫生机构工作的职工,包括卫生技术人员、乡村医生和卫生员、其他技术人员、管理人员和工勤人员。一律按支付年底工资的在岗职工统计,包括各类聘任人员(含合同工)及返聘本单位半年以上人员,不包括临时工、离退休人员、退职人员、离开本单位仍保留劳动关系人员、本单位返聘和临聘不足半年人员。

卫生技术人员 包括执业医师、执业助理医师、注册护士、药师(士)、检验技师(士)、影像技师、卫生监督员和见习医(药、护、技)师(士)等卫生专业人员。不包括从事管理工作的卫生技术人员(如院长、副院长、党委书记等)。

执业医师 指《医师执业证》"级别"为"执业医师"且实际从事医疗、预防保健工作的人员,不包括实际从事管理工作的执业医师。执业医师类别分为临床、中医、口腔和公共卫生四类。

执业(助理)医师 指《医师执业证》"级别"为"执业助理医师"且实际从事医疗、预防保健工作的人员,不包括实际从事管理工作的执业助理医师。执业助理医师类别分为临床、中医、口腔和公共卫生四类。

床位数 指年底固定实有床位(非编制床位),包括正规床、简易床、监护床、正在消毒和修理床位、因扩建或大修而停用的床位、不包括产科新生儿床、接产室待产床、库存床、观察床、临时加床和病人家属陪侍床。

二十、社会服务

20-1 民族自治地方分地区收养单位、民间组织和社区建设情况(2019年)

地区	收养单位		民间组织		社区建设
	福利类收养单位床位数(万张)	福利类收养单位收养救助人数(万人)	单位数(个)	#社会团体	城镇社区服务设施数(个)
合计	**40.36**	**19.93**	**97336**	**55092**	**13596**
河北	0.53	0.24	440	212	59
内蒙古	8.67	4.49	16998	8414	2617
辽宁	0.42	0.25	732	297	232
吉林	1.96	1.13	2702	1378	824
黑龙江	0.05	0.04	94	35	9
浙江	0.06	0.05	197	134	1
湖北	1.34	0.67	2734	1003	307
湖南	1.39	0.79	2314	1226	141
广东	0.19	0.04	238	157	174
广西	7.72	3.04	27118	12999	2250
海南	0.05	0.01	612	297	57
重庆	0.14	0.05	1396	855	110
四川	1.88	0.93	2854	2025	316
贵州	3.18	1.57	4171	2665	1626
云南	4.26	1.44	11995	8523	1435
西藏	0.73	0.67	536	478	6
甘肃	0.30	0.18	3851	3330	347
青海	0.49	0.29	3429	2761	399
宁夏	1.94	0.76	6083	3483	633
新疆	5.06	3.29	8842	4820	2053

20-2 民族自治地方分地区城镇居民最低生活保障情况(2019年)

地　　区	城镇居民最低生活保障人数（人）	城镇居民最低生活保障户数（户）	城镇居民最低生活保障支出（万元）	城镇居民最低生活保障年支出水平（元/人、年）
合　　计	**1864397**	**1019611**	**993826**	**5331**
河　　北	8665	4756	4989	5758
内 蒙 古	338880	211580	226219	6675
辽　　宁	19225	13161	13466	7005
吉　　林	65771	48105	50595	7693
黑 龙 江	2465	1512	1460	5924
浙　　江	306	187	178	5824
湖　　北	9443	6430	5882	6229
湖　　南	58024	31047	26963	4647
广　　东	461	339	313	6779
广　　西	304874	139028	77316	2536
海　　南	10377	5252	6779	6532
重　　庆	28130	15559	17258	6135
四　　川	74694	40679	30976	4147
贵　　州	199693	82789	74137	3713
云　　南	196971	131860	107853	5476
西　　藏	25260	13893	19836	7853
甘　　肃	69373	26650	39514	5696
青　　海	53698	27354	45633	8498
宁　　夏	93212	53798	57207	6137
新　　疆	304875	165632	187252	6142

20—3 民族自治地方分地区农村居民最低生活保障情况(2019年)

地 区	农村居民最低生活保障人数(人)	农村居民最低生活保障户数(户)	农村居民最低生活保障支出(万元)	农村居民最低生活保障年支出水平(元/人、年)
合 计	**10735223**	**4859539**	**3086002**	**2875**
河 北	108572	86649	29175	2687
内蒙古	1288734	829015	436717	3389
辽 宁	95727	55569	27429	2865
吉 林	76566	51043	29809	3893
黑龙江	8966	5907	2076	2315
浙 江	4665	2661	2599	5571
湖 北	250886	135366	82627	3293
湖 南	212196	98896	54170	2553
广 东	8578	4324	3682	4292
广 西	2469207	839141	553710	2242
海 南	40229	17030	13833	3439
重 庆	84030	40321	38091	4533
四 川	806722	307088	181757	2253
贵 州	1046727	419930	329838	3151
云 南	1471765	682997	402395	2734
西 藏	132462	38794	51089	3857
甘 肃	306980	88324	65072	2120
青 海	273395	84623	129426	4734
宁 夏	383268	280554	131638	3435
新 疆	1665548	791307	520871	3127

主要统计指标解释

城市居民最低生活保障人数 指在报告期末共同生活的家庭成员人均收入低于当地最低生活保障标准，且家庭财产状况符合相关规定的城镇居民，并已发放补助经费的人数。

农村居民最低生活保障人数 指报告期末共同生活的家庭成员人均收入低于当地最低生活保障标准，得到当地政府给予最低生活保障待遇的农业人口家庭人数。

社区服务机构和设施数 指报告期末设立的社区服务指导中心、社区服务中心、社区服务站、社区养老机构、社区互助型养老设施及其他社区服务机构的总和数。具有面向老人，残疾人，儿童及其家庭的商品递送、医疗保健、家庭保洁、日间照料、陪伴服务等为社区居家养老服务的设施和突出综合服务的职能。

陆地边境县

1-1 陆地边境县经济发展主要指标

指标	2018年	占全国比重(%)	2019年	占全国比重(%)
人口与就业				
年底总人口(万人)	2374.67	1.70	2378.53	1.70
#少数民族人口	1216.33		1226.54	
单位就业人员数(万人)	183.17		188.81	
地区生产总值(亿元)	**9264.15**	**1.03**	**9843.76**	**1.09**
第一产业	1921.68	2.97	2158.80	3.33
第二产业	3314.79	0.91	2970.06	0.81
第三产业	4027.75	0.86	4717.05	1.00
人均地区生产总值(元)	**39012.35**	**60.35**	**41385.81**	**64.02**
财政(亿元)				
地方一般公共预算收入	565.55	0.58	570.52	0.58
地方一般公共预算支出	3189.97	1.70	3569.96	1.90
农业				
耕地面积(万公顷)	587.67	4.36	599.96	4.45
灌溉面积(万公顷)	295.67	4.33	256.33	3.75
农林牧渔总产值(亿元)	2859.37	2.52	3121.84	2.75
主要农产品产量(万吨)				
粮食产量	2268.94	3.45	2218.61	3.37
棉花产量	33.94	5.56	24.43	4.00
油料产量	70.82	2.06	79.54	2.32
牲畜年末存栏数(万头)				
大牲畜	707.17	7.35	898.20	9.33
羊	3156.85	10.62	2923.63	9.84
猪	662.97	1.55	611.05	1.43
肉类总产量(万吨)	183.44	2.13	191.62	2.22
工业				
规模以上工业企业资产总计(亿元)	9750.47	0.86	9982.74	0.88
教育				
普通中学				
学校数(个)	1175	1.79	1217	1.85
在校学生数(人)	1001454	1.42	1043017	1.48
专任教师数(人)	88232	1.62	93148	1.71
普通小学				
学校数(个)	4671	2.89	4219	2.61
在校学生数(人)	1623906	1.57	1628563	1.58
专任教师数(人)	113593	1.86	112697	1.85
医疗卫生				
医疗卫生机构数(个)	15739	1.61	16488	1.69
医疗机构床位数(张)	108144	1.33	113260	1.40
卫生技术人员数(人)	114937	1.21	130657	1.37

2-1 陆地边境县行政区划统计(2019年末)

地　　区	合计	市辖区	县级市	县	旗	自治县
合　　计	**140**	**8**	**34**	**66**	**15**	**17**
内 蒙 古	20	1	4		15	
辽　　宁	5	3	1			1
吉　　林	10	1	6	2		1
黑 龙 江	18	1	8	9		
广　　西	8	1	3	4		
云　　南	25		5	11		9
西　　藏	18			18		
甘　　肃	1					1
新　　疆	35	1	7	22		5

2-2 陆地边境县行政区划分布(2019年末)

地区	个数	行政区划
内蒙古自治区	1 市辖区 4 县级市 15 旗	包头市：达尔罕茂明安联合旗 呼伦贝尔市：扎赉诺尔区、满洲里市、额尔古纳市 陈巴尔虎旗、新巴尔虎左旗、新巴尔虎右旗 巴彦淖尔市：乌拉特中旗、乌拉特后旗 乌兰察布市：四子王旗 兴安盟：阿尔山市、科尔沁右翼前旗 锡林郭勒盟：二连浩特市、阿巴嘎旗、苏尼特左旗 苏尼特右旗、东乌珠穆沁旗 阿拉善盟：阿拉善左旗、阿拉善右旗、额济纳旗
辽宁省	3 市辖区 1 县级市 1 自治县	丹东市：振兴区、元宝区、振安区、东港市、宽甸满族自治县
吉林省	1 市辖区 6 县级市 2 县 1 自治县	通化市：集安市 白山市：浑江区、临江市、抚松县、长白朝鲜族自治县 延边朝鲜族自治州：图们市、珲春市、龙井市、和龙市、安图县
黑龙江省	1 市辖区 8 县级市 9 县	鸡西市：虎林市、密山市、鸡东县 鹤岗市：萝北县、绥滨县 双鸭山市：饶河县 伊春市：嘉荫县 佳木斯市：同江市、抚远市 牡丹江市：绥芬河市、穆棱市、东宁市 黑河市：爱辉区、逊克县、孙吴县 大兴安岭地区：漠河市、呼玛县、塔河县

2–2 续表

地区	个数	行政区划
广西壮族自治区	1 市辖区 3 县级市 4 县	防城港市：防城区、东兴市 百色市：靖西市、那坡县 崇左市：凭祥市、宁明县、龙州县、大新县
云南省	5 县级市 11 县 9 自治县	保山市：腾冲市、龙陵县 普洱市：江城哈尼族彝族自治县、孟连傣族拉祜族佤族自治县 澜沧拉祜族自治县、西盟佤族自治县 临沧市：镇康县、耿马傣族佤族自治县、沧源佤族自治县 红河哈尼族彝族自治州：绿春县、金平苗族瑶族傣族自治县、河口瑶族自治县 文山壮族苗族自治州：麻栗坡县、马关县、富宁县 西双版纳傣族自治州：景洪市、勐海县、勐腊县 德宏傣族景颇族自治州：芒市、瑞丽市、盈江县、陇川县 怒江傈僳族自治州：泸水市、福贡县、贡山独龙族怒族自治县
西藏自治区	18 县	日喀则市：定日县、康马县、定结县、仲巴县、亚东县、吉隆县、 聂拉木县、萨嘎县、岗巴县 林芝市：墨脱县、察隅县 山南市：洛札县、错那县、浪卡子县 阿里地区：噶尔县、普兰县、札达县、日土县
甘肃省	1 自治县	酒泉市：肃北蒙古族自治县
新疆维吾尔自治区	1 市辖区 6 县级市 22 县 5 自治县 1 直辖县级单位	哈密市：伊州区、巴里坤哈萨克自治县、伊吾县 阿克苏地区：温宿县、乌什县 喀什地区：叶城县、塔什库尔干塔吉克自治县 和田地区：和田县、皮山县 昌吉回族自治州：奇台县、木垒哈萨克自治县 博尔塔拉蒙古自治州：博乐市、阿拉山口市、温泉县 克孜勒苏柯尔克孜自治州：阿图什市、阿克陶县、阿合奇县、乌恰县 伊犁哈萨克自治州：霍尔果斯市、霍城县、昭苏县、察布查尔锡伯自治县 塔城地区：塔城市、额敏县、托里县、裕民县、和布克赛尔蒙古自治县 阿勒泰地区：阿勒泰市、布尔津县、富蕴县、福海县、哈巴河县、青河县、吉木乃县 自治区直辖县级行政单位：可克达拉市

3–1 陆地边境县分地区年末总人口和少数民族人口(2019年)

单位：万人

地区	年底总人口	#少数民族人口	乡村人口	城镇人口
合计	**2378.53**	**1226.54**	**1421.15**	**955.45**
内蒙古	184.05	60.45	90.17	93.88
辽宁	172.28	44.83	86.74	85.54
吉林	189.07	46.06	58.26	130.81
黑龙江	289.21	20.77	117.37	171.84
广西	271	220.16	202.98	68.21
云南	690.35	418.50	468.82	221.54
西藏	40.09	34.93	31.32	8.77
甘肃	1.23	0.51	0.43	0.80
新疆	541.06	380.32	365.05	174.07

注：因部分省份城镇人口与乡村人口为户籍人口数，故与总人口数不等。

4–1 陆地边境县分地区生产总值(2019年)

单位：亿元

地区	地区生产总值	第一产业	第二产业	第三产业	人均地区生产总值(元)
合计	**9843.76**	**2154.66**	**2970.06**	**4717.05**	**41386**
内蒙古	1496.21	222.34	666.82	607.07	81634
辽宁	539.36	111.77	114.64	312.95	31295
吉林	703.23	69.56	260.12	373.55	37061
黑龙江	1210.76	577.20	159.28	474.27	43482
广西	712.03	170.70	196.78	344.55	31432
云南	2484.80	534.91	704.27	1245.62	35328
西藏	116.82	17.30	42.50	57.02	31817
甘肃	16.29	1.11	6.89	8.29	105773
新疆	2564.27	449.78	818.77	1293.72	46112

4-2 陆地边境县分地区生产总值指数(2019年)

地　　区	地区生产总值(以2016年为100)	第一产业	第二产业	第三产业
合　　计	**106.3**	**104.5**	**107.9**	**105.9**
内蒙古	105.1	103.9	105.9	102.8
辽　　宁	102.0	103.4	100.3	102.2
吉　　林	102.9	103.2	107.9	100.5
黑龙江	104.8	103.0	106.9	106.3
广　　西	105.7	104.8	106.2	105.9
云　　南	109.3	105.5	114.2	108.0
西　　藏	108.3	106.9	107.3	115.3
甘　　肃	108.1	106.2	108.1	108.3
新　　疆	107.0	105.6	106.1	107.5

4-3 陆地边境县分地区生产总值构成(2019年)

单位：%

地　　区	地区生产总值	第一产业	第二产业	第三产业
合　　计	**100**	**21.9**	**30.2**	**47.9**
内蒙古	100	14.9	44.6	40.6
辽　　宁	100	20.7	21.3	58.0
吉　　林	100	9.9	37.0	53.1
黑龙江	100	47.7	13.2	39.2
广　　西	100	24.0	27.6	48.4
云　　南	100	21.5	28.3	50.1
西　　藏	100	14.8	36.4	48.8
甘　　肃	100	6.8	42.3	50.9
新　　疆	100	17.5	31.9	50.5

5-1 陆地边境县单位从业人员和劳动报酬(2019年)

地　区	单位从业人员数（万人）	劳动报酬（亿元）
合　计	**188.81**	**1511.09**
内蒙古	13.97	193.72
辽　宁	7.89	43.25
吉　林	20.85	170.16
黑龙江	33.00	159.61
广　西	11.64	73.65
云　南	45.23	324.11
西　藏	3.39	38.58
甘　肃	0.34	2.50
新　疆	52.50	505.51

6-1 陆地边境县分地区社会消费品零售总额和进出口总额(2019年)

单位：亿元

地　区	社会消费品零售总额	进出口总额
合　计	**3022.24**	**5209.20**
内蒙古	496.42	453.91
辽　宁	494.28	89.93
吉　林	285.94	24.78
黑龙江	413.23	278.38
广　西	222.59	2537.85
云　南	675.35	1611.15
西　藏	20.06	5.80
甘　肃	2.53	
新　疆	411.85	207.40

7-1 陆地边境县分地区财政收入情况(2019年)

单位：亿元

地　　区	一般公共预算收入	#各项税收	#增值税	#企业所得税	#个人所得税
合　　计	**570.52**	**398.42**	**137.65**	**38.21**	**15.74**
内 蒙 古	81.27	66.70	17.36	6.59	1.24
辽　　宁	43.25	31.20	8.89	4.68	0.63
吉　　林	25.60	14.38	4.90	1.37	0.67
黑 龙 江	46.49	25.87	7.05	3.42	0.92
广　　西	39.69	24.61	5.57	1.62	0.52
云　　南	123.14	80.00	30.51	3.59	1.36
西　　藏	7.71	5.07	3.52	0.38	0.75
甘　　肃	2.30	0.86	0.45	0.03	0.01
新　　疆	201.05	149.75	59.39	16.53	9.66

7-2 陆地边境县分地区财政支出情况(2019年)

单位：亿元

地　　区	一般公共预算支出	#一般公共服务	#教　　育	#科学技术
合　　计	**3569.96**	**402.54**	**503.96**	**11.21**
内 蒙 古	380.92	40.72	36.90	1.33
辽　　宁	108.01	9.61	16.15	0.12
吉　　林	290.48	19.87	30.65	0.55
黑 龙 江	428.43	31.58	36.50	1.13
广　　西	260.10	24.19	36.77	0.87
云　　南	837.82	125.15	140.77	1.80
西　　藏	198.99	43.05	23.35	0.30
甘　　肃	10.08	1.17	0.65	0.01
新　　疆	1055.13	107.19	182.23	5.08

8-1 陆地边境县分地区农村居民生活水平情况(2019年)(一)

单位：元

地区	农村居民人均可支配收入	农村居民人均消费支出	#食品	#衣着	#居住
合计	**13134**	**9635**	**2871**	**582**	**1631**
内蒙古	16678	14394	3422	982	2090
辽宁	17517	13103	3915	993	2199
吉林	15722	11251	3289	769	1991
黑龙江	17559	11361	3039	936	1645
广西	12438	8346	3403	259	1653
云南	11451	9789	3251	412	1756
西藏	11168	6357	2075	928	510
甘肃	27023	23484	7098	1464	3166
新疆	12081	7606	1646	607	1241

8-1 陆地边境县分地区农村居民生活水平情况(2019年)(二)

单位：元

地区	农村居民人均消费支出			
	#家庭设备及服务	#医疗保健支出	#交通和通讯	#娱乐教育文化服务
合计	**581**	**1031**	**1377**	**1039**
内蒙古	521	1356	2689	1380
辽宁	582	1552	1792	1637
吉林	639	1756	1465	954
黑龙江	720	1472	1655	1656
广西	445	509	1047	906
云南	607	1058	1459	1042
西藏	1225	455	667	387
甘肃	1668	522	4009	3422
新疆	526	875	988	750

9—1 陆地边境县分地区农村基层组织情况(2019年)

地　区	乡镇个数（个）	乡村人口（万人）	村民委员会（个）
合　计	**1272**	**1421.15**	**10308**
内蒙古	179	90.17	1043
辽　宁	44	86.74	455
吉　林	83	58.26	951
黑龙江	161	117.37	1394
广　西	87	202.98	1006
云　南	256	468.82	2059
西　藏	139	31.32	863
甘　肃	4	0.43	26
新　疆	319	365.05	2511

9—2 陆地边境县分地区农、林、牧、渔业总产值及指数(2019年)

单位：亿元

地　区	农林牧渔业总产值	#农业	#林业	#牧业	#渔业	农林牧渔业总产值指数
合　计	**3121.84**	**1738.41**	**243.57**	**775.37**	**193.51**	**105.6**
内蒙古	210.17	64.57	6.78	123.56	8.57	104.2
辽　宁	194.76	69.73	2.75	41.79	72.65	103.5
吉　林	106.89	65.21	9.04	24.59	3.49	102.9
黑龙江	747.89	474.27	49.61	136.36	19.79	107.4
广　西	296.97	161.44	31.76	38.89	50.37	104.0
云　南	849.33	486.60	135.43	167.48	34.40	106.2
西　藏	42.40	8.25	0.38	13.61	0.20	107.6
甘　肃	2.48	0.33	0.15	1.92		106.3
新　疆	670.95	408.02	7.67	227.17	4.03	104.8

9-3 陆地边境县分地区耕地面积和有效灌溉面积(2019年)

单位：千公顷

地　　区	年末实有耕地面积	有效灌溉面积
合　　计	**5999.56**	**2563.28**
内 蒙 古	832.57	212.57
辽　　宁	110.14	48.70
吉　　林	176.72	11.97
黑 龙 江	2466.45	816.18
广　　西	294.80	67.52
云　　南	883.33	337.82
西　　藏	32.10	25.60
甘　　肃	0.13	0.13
新　　疆	1203.32	1042.80

9-4 陆地边境县分地区主要农产品产量(2019年)

单位：万吨

地　　区	粮食	油料	棉花
合　　计	**2218.61**	**79.54**	**24.43**
内 蒙 古	269.45	34.14	0.01
辽　　宁	87.96	1.28	
吉　　林	101.90	0.65	
黑 龙 江	693.41	2.15	
广　　西	59.92	1.62	0.02
云　　南	309.42	8.45	
西　　藏	12.37		
甘　　肃	0.47	0.07	
新　　疆	683.71	31.17	24.40

9-5 陆地边境县分地区牲畜年末存栏数(2019年)

单位：万头

地　区	牲畜年末存栏数		
	大牲畜	猪	羊
合　计	**898.20**	**611.05**	**2923.63**
内蒙古	123.29	17.41	1232.44
辽　宁	3.60	30.46	11.87
吉　林	14.37	20.50	9.45
黑龙江	41.43	88.69	61.94
广　西	25.52	70.40	11.64
云　南	123.83	335.10	75.12
西　藏	55.43	5.61	235.64
甘　肃	2.66	0.17	19.94
新　疆	508.09	42.70	1265.60

9-6 陆地边境县分地区畜产品产量(2019年)

单位：万吨

地　区	肉类总产量	#猪肉	#牛肉	#羊肉
合　计	**191.62**	**63.62**	**36.70**	**48.86**
内蒙古	44.81	2.13	8.97	25.15
辽　宁	14.71	2.64	0.12	0.07
吉　林	4.70	2.06	1.43	0.08
黑龙江	18.40	11.55	3.12	1.13
广　西	12.15	6.80	1.07	0.18
云　南	45.78	34.23	5.82	1.25
西　藏	2.13	0.12	0.97	0.95
甘　肃	0.25	0.01	0.06	0.17
新　疆	48.70	4.07	15.16	19.88

9-7 陆地边境县分地区农业机械总动力和农村用电量(2019年)

地 区	农业机械总动力（万千瓦）	农村用电量（亿千瓦小时）
合 计	**2695.35**	**66.96**
内蒙古	563.15	7.23
辽 宁	59.77	
吉 林	77.51	18.45
黑龙江	627.67	11.62
广 西	219.71	6.37
云 南	487.24	11.29
西 藏	183.66	0.28
甘 肃		
新 疆	476.63	11.72

10-1 陆地边境县分地区规模以上工业企业单位数和资产总计(2019年)

地 区	工业企业单位数（个）	资产总计（亿元）
合 计	**2762**	**9982.74**
内蒙古	484	2959.18
辽 宁	225	372.33
吉 林	332	694.18
黑龙江	343	557.99
广 西	238	591.17
云 南	535	1545.75
西 藏	31	10.70
甘 肃	15	
新 疆	559	3251.44

11-1 陆地边境县分地区普通中学和普通小学基本情况(2019年)

单位：人

地区	普通中学			普通小学		
	学校数（所）	在校学生数	#专任	学校数（所）	在校学生数	#专任教师数
合计	**1215**	**1043278**	**93148**	**4219**	**1628563**	**112697**
内蒙古	116	60139	7773	114	76788	7857
辽宁	72	45127	5114	237	61173	5951
吉林	141	52570	6340	179	63111	7009
黑龙江	190	111226	10795	252	104268	9869
广西	81	88510	5095	552	167341	7182
云南	349	373783	28835	1800	608285	34634
西藏	18	14316	1592	145	34013	2813
甘肃	1	261		2	1183	
新疆	247	297346	27604	938	512401	37382

12-1 陆地边境县分地区医疗卫生机构情况(2019年)

单位：个、张、人

地区	医疗卫生机构数	医疗卫生机构床位数	卫生技术人员数
合计	**16488**	**113260**	**130657**
内蒙古	1576	8625	11827
辽宁	1286	5916	8452
吉林	1148	8539	10331
黑龙江	2497	14684	14851
广西	1356	7769	9960
云南	3600	40982	40811
西藏	887	1775	1626
甘肃	38	132	
新疆	4100	24838	32799

13—1 陆地边境县分地区收养单位、民间组织和社区建设情况(2019年)

地 区	收养单位		民间组织		社区建设
	福利类收养单位床位数(万张)	福利类收养单位收养救助人数(万人)	单位数(个)	#社会团体(个)	城镇社区服务设施数(个)
合 计	**4.94**	**2.45**	**8624**	4981	1773
内蒙古	0.46	0.20	1134	747	308
辽 宁	0.59	0.37	609	110	98
吉 林	1.14	0.64	1076	680	578
黑龙江	1.04	0.44	1126	449	64
广 西	0.07	0.03	1322	683	110
云 南	0.91	0.29	2299	1727	293
西 藏			15	15	1
甘 肃	0.01	0.01	26	19	4
新 疆	0.72	0.47	1017	551	317

13—2 陆地边境县分地区城镇居民最低生活保障情况(2019年)

地 区	城镇居民最低生活保障人数(人)	城镇居民最低生活保障户数(户)	城镇居民最低生活保障支出(万元)	城镇居民最低生活保障年支出水平(包括春节等一次性补助)(元/人、年)
合 计	**277849**	**177640**	**167159**	**6016**
内蒙古	27715	18968	19921	7188
辽 宁	14533	10667	10371	7136
吉 林	71938	52371	44067	6126
黑龙江	40605	27110	24035	5919
广 西	11063	5419	4762	4305
云 南	40376	26900	20906	5178
西 藏	2629	1104	2574	9789
甘 肃	316	159	198	6250
新 疆	68674	34942	40325	5872

13-3 陆地边境县分地区农村居民最低生活保障情况(2019年)

地　区	农村居民最低生活保障人数(人)	农村居民最低生活保障户数(户)	农村居民最低生活保障支出(万元)	农村居民最低生活保障年支出水平(元/人、年)
合　计	**1309961**	**635403**	**425967**	**3252**
内蒙古	82259	54521	30993	3768
辽　宁	29243	19321	10159	3474
吉　林	55363	39197	22694	4099
黑龙江	43931	29288	11623	2646
广　西	167373	56503	53736	3211
云　南	476220	217857	137144	2880
西　藏	6655	2478	4624	6947
甘　肃	158	90	42	2639
新　疆	448759	216148	154954	3453

14-1 各陆地边境县主要经济社会指标(2019年)(一)

地　区	年　末 总人口 (万人)	地　区 生产总值 (亿元)	人均地区 生产总值 (元)	规模以上 工业企业资产总计 (亿元)
内蒙古自治区				
达尔罕茂明安联合旗	11.05	212.83	192553	332.18
四子王旗	21.11	58.94	27923	102.42
二连浩特市	7.54	109.66	150436	40.59
阿巴嘎旗	4.35	34.93	82682	74.68
东乌珠穆沁旗	6.22	55.99	79648	930.02
苏尼特左旗	3.44	26.23	81980	19.77
苏尼特右旗	6.67	41.72	61302	70.30
满洲里市	17.30	148.64	86131	143.82
额尔古纳市	7.92	40.60	51032	25.07
陈巴尔虎旗	5.46	91.07	165900	23.22
新巴尔虎左旗	4.18	24.47	58529	9.22
新巴尔虎右旗	3.52	55.22	156881	87.20
乌拉特中旗	14.31	98.39	72425	298.00
乌拉特后旗	5.85	71.82	106955	271.45
阿拉善左旗	14.60	205.27	140598	241.94
阿拉善右旗	2.51	19.44	71790	38.92
额济纳旗	1.91	37.05	193794	63.45
阿尔山市	4.43	19.38	28369	20.90
科尔沁右翼前旗	33.20	95.50	31995	57.73
扎赉诺尔区	8.48	49.06	61550	108.30
辽宁省				
振安区	16.80	44.62	26586	121.29
元宝区	17.80	65.20	36406	23.76
振兴区	36.95	120.98	32742	36.16
东港市	59.22	212.85	36016	124.63
宽甸满族自治县	41.50	95.70	23004	66.49
吉林省				
集安市	21.11	55.01	26025	72.77

农林牧渔业总产值（亿元）	粮食总产量（万吨）	肉类总产量（万吨）	社会消费品零售总额（亿元）	农村居民人均可支配收入（元）	地方一般公共预算收入（亿元）	地方一般公共预算支出（亿元）
	9.13	2.85	24.54	16950	5.57	20.46
25.57	21.40	2.54	16.88	12093	1.20	30.63
17.29		3.09	5.56	28335	1.88	15.78
		4.13	11.20	41683	4.13	16.11
		1.97	8.38	16873	2.07	11.18
11.92	0.02	1.55	20.30	12949	2.16	16.81
6.29	0.20	0.40	159.66		11.20	44.47
27.90	27.16	9.25	18.26	28470	1.51	18.38
26.42	19.32	1.66	7.21	24099	7.14	17.89
18.31	4.74		7.90	23732	1.04	12.97
28.00	0.33	4.36	7.50	23798	3.60	13.24
33.82	28.54	2.52	19.16	18373	7.75	26.31
8.15	0.66	0.96	9.93	16715	8.73	19.22
	13.10	0.87	62.95	20865	12.24	44.07
	0.53	0.40	8.76	23890	1.71	13.31
	0.04	0.06	15.31	25276	2.25	16.00
3.75	3.78	0.30	8.42	11635	1.26	17.21
	148.83	7.91	32.16	11661	2.08	20.68
2.75	0.01		52.33		3.76	6.19
14.80	4.15	1.40	8.80	16954	5.46	10.55
0.94	0.24		111.27	16954	4.83	5.44
3.34	1.01	0.14	135.24		8.29	7.18
132.80	58.81	7.05	161.25	18492	15.01	47.90
42.88	26.47	6.12	77.73	16297	6.55	36.95
11.89	7.19		37.82	14895	6.71	28.07

14-1(一) 续表 1

地 区	年 末 总人口 (万人)	地 区 生产总值 (亿元)	人均地区 生产总值 (元)	规模以上 工业企业资产总计 (亿元)
浑江区	32.49	196.71	60545	153.92
临江市	15.24	81.77	52657	32.15
抚松县	27.90	116.36	41706	75.17
长白朝鲜族自治县	7.67	33.96	43894	17.93
图们市	10.79	24.66	22594	15.77
龙井市	15.11	29.99	19851	16.39
珲春市	22.82	93.50	40973	203.41
和龙市	16.44	32.48	19553	57.83
安图县	19.50	38.79	19891	48.85
黑龙江省				
萝北县	21.40	95.79	44760	59.04
绥滨县	17.49	58.09	33119	18.72
饶河县	13.70	63.36	45867	11.89
密山市	38.88	137.51	35020	63.84
虎林市	27.30	154.32	56274	136.61
鸡东县	26.74	85.56	36977	32.70
嘉荫县	7.00	24.57	35035	6.28
绥芬河市	6.91	54.61	78996	23.83
东宁市	20.19	71.46	35301	13.13
同江市	20.81	104.04	49859	40.75
抚远市	8.26	75.84	91831	12.87
爱辉区	19.29	35.87	39105	
逊克县	9.50	38.24	40162	41.59
孙吴县	8.17	21.89	26696	
呼玛县	4.43	16.64	37426	2.72
塔河县	5.80	21.13	28938	5.31
漠河市	6.93	32.89	47023	26.83
穆棱市	26.42	118.98	44160	61.89
广西壮族自治区				
防城区	44.92	128.52	32418	34.71

农林牧渔业总产值（亿元）	粮食总产量（万吨）	肉类总产量（万吨）	社会消费品零售总额（亿元）	农村居民人均可支配收入（元）	地方一般公共预算收入（亿元）	地方一般公共预算支出（亿元）
16.30	4.42	0.35	0.01	13810	2.74	17.22
13.09	4.97	0.53	42.36	14776	2.53	26.01
34.88	9.20	0.56	62.09	15259	3.55	46.18
8.25	2.62	0.17	12.38	23776	1.30	20.73
2.21	6.65	0.37	24.93	10402	1.43	21.88
	16.42	1.34	17.16	11103	2.20	29.46
10.07	19.45	0.51	48.01	14175	0.02	37.60
	17.31	0.52	21.99	11287	2.08	31.17
10.20	16.84	0.36	19.19	24730	3.05	32.16
83.82	15.20	2.66	20.40	20190	4.32	28.35
69.55	12.88	1.81	14.41	13781	1.22	22.12
25.32	18.35	0.71	6.66	8978	1.36	19.52
115.63	21.13	2.39	52.22	15050	3.84	33.98
35.53	288.45	0.85	40.38	21032	4.22	29.33
59.18	79.56	3.34	28.56	18406	2.90	27.12
21.78	28.11	0.17	7.21	18307	1.08	18.80
2.69	1.07	0.24	32.05	22520	4.94	24.03
44.40	19.05	0.45	48.19	27028		23.63
15.84	23.82	0.55	27.75	9717	2.29	28.20
92.96	17.68	0.33	13.57	15906	2.29	27.94
26.23	41.75	0.96	8.45	16534	2.27	22.19
36.26	59.79	0.72	7.72	16445	3.42	22.72
15.03	24.82	0.65	8.43	14457	1.89	18.36
14.01	13.14	0.19	5.09	16241	0.93	14.55
20.36	1.12	0.35	8.12	13578	0.65	10.28
22.89	0.56	0.30	15.49	20767	3.42	22.10
46.38	48.38	1.71	68.54	20240	5.45	35.22
58.11	9.60	2.33	40.37	16404	4.27	23.92

14-1(一) 续表 2

地 区	年 末 总人口 （万人）	地 区 生产总值 （亿元）	人均地区 生产总值 （元）	规模以上 工业企业资产总计 （亿元）
东兴市	15.71	80.73	49238	32.69
凭祥市	11.69	63.73	52602	16.82
大新县	38.55	98.67	31892	74.12
宁明县	44.48	91.48	25644	51.88
龙州县	27.50	87.05	38007	70.71
靖西市	66.42	122.42	23301	295.80
那坡县	21.92	39.42	24163	14.43
云南省				
澜沧拉祜族自治县	50.99	109.97	21707	217.98
江城哈尼族彝族自治县	12.87	45.28	35251	40.08
西盟佤族自治县	9.66	23.34	24211	4.01
孟连傣族拉祜族佤族自治县	14.31	45.87	32122	8.20
镇康县	18.71	52.25	28031	34.72
沧源佤族自治县	17.17	47.71	25126	28.18
耿马傣族佤族自治县	29.82	111.16	35904	47.02
龙陵县	30.52	108.46	36918	130.18
腾冲市	68.90	252.73	37536	122.70
麻栗坡县	29.00	77.19	26688	47.20
马关县	38.88	112.25	29355	117.38
富宁县	43.69	116.25	27391	33.84
绿春县	24.60	48.03	20090	12.14
金平苗族瑶族傣族自治县	39.50	79.80	21360	42.46
河口瑶族自治县	9.34	98.03	88638	21.14
景洪市	43.27	294.83	54009	185.19
勐海县	33.64	147.39	42207	90.42
勐腊县	25.13	125.88	42397	17.47
芒市	43.00	156.19	36743	107.72
瑞丽市	21.05	149.08	70877	61.52
盈江县	32.57	110.35	33932	141.71
陇川县	19.74	62.79	31907	4.19

农林牧渔业总产值（亿元）	粮食总产量（万吨）	肉类总产量（万吨）	社会消费品零售总额（亿元）	农村居民人均可支配收入（元）	地方一般公共预算收入（亿元）	地方一般公共预算支出（亿元）
33.30	1.84	0.70	27.15	19659	5.15	21.39
9.16	1.59	0.45	34.81	13354	4.50	22.22
46.26	11.66	2.90	31.01	10142	1.19	28.97
61.08	6.60	1.56	20.30	12988	2.87	35.33
45.91	3.99	0.65	26.40	11889	2.90	31.18
29.39	20.30	2.48	33.18	11347	15.78	64.40
13.76	6.20	1.07	9.39	9138	3.02	32.70
41.21	26.10	3.89	23.97	10835	4.81	56.64
18.70	5.19	0.70	9.00	11038	1.64	21.92
6.97	4.24	0.44	3.88	10837	0.61	16.90
24.22	7.46	0.88	13.27	11003	1.41	16.77
21.28	8.90	1.11	12.45	11704	3.25	21.42
22.00	7.99	0.89	13.79	11510	3.24	25.07
59.69	11.94	1.34	27.06	12480	4.54	30.97
38.44	15.42	3.28	20.65	11756	6.53	32.49
72.50	44.42	9.22	51.28	12512	18.96	76.36
23.18	10.95	2.35	27.48	11108	3.51	39.04
38.73	16.25	2.84	46.69	11177	7.58	41.67
43.57	13.36	1.82	53.19	11642	3.54	34.74
20.26	11.42	1.28	9.68	9479	1.55	28.05
24.18	13.92	2.00	10.48	9547	1.99	41.05
18.23	2.31	0.40	9.46	13877	3.49	21.47
83.94	9.46	2.00	96.61	16447	13.96	45.15
49.72	30.51	1.15	27.08	13075	5.66	34.49
73.94	8.76	1.44	31.45	11908	4.30	35.10
42.39	22.63	1.97	59.72	12494	7.02	32.64
17.50	4.80	1.36	49.70	12838	10.95	29.90
50.06	23.06	1.66	40.13	11740	5.25	27.11
33.01	11.79	0.99	11.61	10558	3.06	25.85

14-1(一) 续表 3

地 区	年末总人口（万人）	地区生产总值（亿元）	人均地区生产总值（元）	规模以上工业企业资产总计（亿元）
泸水市	18.61	70.85	36217	10.30
福贡县	11.89	21.87	21354	5.86
贡山独龙族怒族自治县	3.48	17.24	43788	14.12
西藏自治区				
洛札县	2.04	6.80	33314	
错那县	1.57	7.14	86000	
浪卡子县	3.86	8.77	22699	
定结县	2.46	4.85	19830	
定日县	6.18	11.29	18338	
康马县	2.37	5.84	24702	
聂拉木县	2.10	8.15	39117	
吉隆县	1.86	8.11	44294	
亚东县	1.40	7.84	56013	
岗巴县	1.20	4.93	41194	
仲巴县	2.72	8.36	31102	10.68
萨嘎县	1.67	5.23	31579	
噶尔县	2.49	4.13	34109	
普兰县	1.27	3.80	29906	
日土县	1.29	4.31	33791	
札达县	0.85	3.68	43698	0.01
墨脱县	1.50	6.86	45733	
察隅县	3.27	6.74	32693	
甘肃省				
肃北蒙古族自治县	1.23	16.29	105773	
新疆维吾尔自治区				
伊州区	43.10	449.55	91844	1231.18
伊吾县	2.11	76.58	362590	31.57
巴里坤哈萨克自治县	10.54	78.68	72182	196.71
和田县	34.16	42.46	12430	1.55
皮山县	29.40	37.48	11633	4.93

农林牧渔业总产值（亿元）	粮食总产量（万吨）	肉类总产量（万吨）	社会消费品零售总额（亿元）	农村居民人均可支配收入（元）	地方一般公共预算收入（亿元）	地方一般公共预算支出（亿元）
14.79	5.74	1.99	17.87	7248	4.07	47.57
6.46	1.99	0.57	5.05	6939	1.16	35.41
4.36	0.35	0.19	3.78	7021	1.07	20.04
0.81	1.09	0.11	1.33	13838	0.54	11.09
0.50	0.56	0.14	1.35	12373	0.41	11.14
1.05	0.60	0.23	1.68	12545	0.36	11.63
1.38	0.90	0.05	1.16	9116	0.24	11.95
3.67	3.35	0.14		9425	0.73	21.09
1.71	1.30	0.25	1.02	12252	0.25	11.71
1.64	0.11	0.13	1.11	9981	0.21	10.49
1.28	0.43	0.09		12505	0.35	7.71
1.51	0.11	0.06	2.80	12805	1.02	7.87
0.57	0.29	0.06	0.71	12388	0.21	9.08
2.74		0.23		13388	0.47	14.18
1.33	0.16	0.13	2.50	9965	0.20	10.88
0.70	0.39	0.08	1.08	12811	0.56	9.42
0.67	0.30	0.06	0.92	12487	0.32	9.29
1.05	0.10	0.13	1.04	1275	0.49	10.04
0.63	0.06	0.06	0.83	11723	0.31	7.90
0.28	1.00	0.02	0.55	11354	0.34	10.54
20.89	2.01	0.17	1.97	11471	0.70	12.98
2.48	0.49	0.25	2.53	27023	2.30	10.08
26.70	2.04	1.08	93.18	18980	30.06	57.79
7.13	0.34	0.82	3.03	19797	10.20	16.53
15.62	9.54	1.43	8.99	14792	5.85	31.30
9.12	13.09	1.45	2.78	8550	3.23	64.82
16.10	11.67	0.87	4.10	8637	2.26	54.95

14-1(一) 续表 4

地 区	年 末 总人口 (万人)	地 区 生产总值 (亿元)	人均地区 生产总值 (元)	规模以上 工业企业资产总计 (亿元)
温宿县	26.87	80.62	34234	73.91
乌什县	23.27	41.66	18548	10.68
叶城县	55.04	99.94	18128	32.13
塔什库尔干塔吉克自治县	4.10	16.78	33456	1.24
阿图什市	28.50	51.30	19000	55.42
阿合奇县	4.60	10.69	23249	13.99
乌恰县	5.85	35.96	61248	71.33
阿克陶县	23.03	44.61	19210	63.58
奇台县	23.55	167.98	71161	328.40
木垒哈萨克自治县	8.62	40.25	46678	46.79
博乐市	25.86	164.55	63435	88.97
温泉县	7.24	27.03	37171	3.77
阿拉山口市	1.23	79.49	646230	58.99
昭苏县	17.71	43.14	28383	14.00
霍城县	27.30	90.92	33305	75.98
察布查尔锡伯自治县	19.29	62.60	32450	
霍尔果斯市	8.65	193.46	223658	12.40
塔城市	14.60	99.80	61568	6.90
额敏县	15.48	95.00	46674	33.62
裕民县	5.16	18.04	27982	5.49
托里县	9.39	43.06	45442	58.76
和布克赛尔蒙古自治县	5.13	31.94	62261	95.71
阿勒泰市	19.62	93.33	46732	31.29
青河县	6.13	25.53	35343	291.02
吉木乃县	3.78	19.42	48055	32.49
富蕴县	9.62	65.57	65637	123.10
布尔津县	7.15	32.47	44777	60.79
福海县	6.50	52.22	62827	20.35
哈巴河县	8.46	52.15	55505	74.41

农林牧渔业总产值（亿元）	粮食总产量（万吨）	肉类总产量（万吨）	社会消费品零售总额（亿元）	农村居民人均可支配收入（元）	地方一般公共预算收入（亿元）	地方一般公共预算支出（亿元）
54	27.12	3.96	22.15	14221	5.16	36.79
21.43	32.56	2.85	2.60	9318	1.81	41.94
69.78	37.71	1.88	18.89	8846	5.27	90.67
3.25	1.13	0.59	2.31	8595	1.41	24.24
16.89	11.91	1.07		8775	4.15	52.94
2.84	0.41	0.56	4.68	7749	0.95	19.05
2.52	0.90	0.71	2.75	8665	4.83	26.68
16.71	22.86	1.70	7.88	7303	4.08	58.50
54.15	76.39	2.75	31.08	17713	7.45	2.82
23.18	2.19	2.78	10.01	16502	5.08	17.78
35.60	19.81	1.21	38.56	18111	11.47	40.88
9.93	25.29	0.77	3.88	12637	1.43	18.48
					6.31	12.96
23.35	20.11	2.17	12.30	14132	1.69	23.01
31.03	30.98	2.90	25.92	14061	3.90	28.52
35.03	0.01	1.60	4.58	14235	3.60	26.02
5.10	6.37	0.29	6.46	14465	26.22	30.19
37.51	128.89	1.37	23.68	17210	4.57	24.61
39.48	110.64	1.80	20.57	15934	2.96	24.41
7.98	23.16	0.72	3.72	14687	1.29	13.08
18.95	25.46	1.34	3.83	11918	1.94	16.59
9.10	1.28	1.24	4.08	14846	11.61	22.84
16.76	11.23	1.80		14930	6.00	41.13
7.44	5.15	0.70	4.12	13445	2.58	20.42
3.69	0.97	0.56	1.59	11080	1.81	15.82
10.52	15.47	1.54	9.13	12150	10.00	28.32
7.77	4.07	1.13	19.00	13316	2.90	20.61
19.69	23.12	1.63	7.19	15713	2.89	26.31
12.10	2.98	1.43	8.80	12476	6.09	24.13

14-1 各陆地边境县主要经济社会指标(2019年)(二)

地 区	普通中学在校学生（人）	普通中学专任教师（人）	普通小学在校学生（人）	普通小学专任教师（人）	文化馆（个）	图书馆（个）	博物馆（个）
内蒙古自治区							
达尔罕茂明安联合旗	1294	223	2692	304	1	1	1
四子王旗	4446	270	5592	472	1	1	1
二连浩特市							
阿巴嘎旗	873	231	1501	184	1	1	1
东乌珠穆沁旗	7104	657	7104	360		1	1
苏尼特左旗	1032	186	1639	173	1	1	1
苏尼特右旗	2513	371	2900	367	1	1	
满洲里市	9586	1153	9103	518		2	4
额尔古纳市	2392	307	2558	379		1	1
陈巴尔虎旗	991	289	1781	417			
新巴尔虎左旗	801	161	1774	204	1	1	1
新巴尔虎右旗	808	120	1688	193	1	1	2
乌拉特中旗	2996	332	4052	396	1	1	1
乌拉特后旗	1392	226	2416	299	1	1	1
阿拉善左旗	8090	1022	9698	908	1	2	3
阿拉善右旗	1199	189	816	138	8	8	2
额济纳旗	794		1411		1	1	1
阿尔山市	566		964	171	1	1	
科尔沁右翼前旗	10591	1547	16786	2086	1	1	1
扎赉诺尔区	2671	353	2313	288		1	2
辽宁省							
振安区	3429	471	4850	590	1	1	
元宝区	561	83	5939	342	1	1	
振兴区	1321	245	14941	957	1		
东港市	25476	2944	21712	2186	1	1	1
宽甸满族自治县	14340	1371	13731	1876	1	1	1
吉林省							
集安市	6897		6804		1	1	1

医疗卫生机构数（个）	医疗卫生机构床位数（张）	卫生技术人员（人）	城镇居民最低生活保障人数（人）	城镇居民最低生活保障支出（万元）	农村居民最低生活保障人数（人）	农村居民最低生活保障支出（万元）
52	609	545	338	257	2004	795
36	666	850	3968	2458	33908	11482
			585	413		
67	212	151	758	490	632	312
21	266	391	1614	986	891	528
79	130	237	615	343	954	439
40	372	358	2267	1310	5158	1621
110	1218	2191	1628	1252		
101	414	597	2749	2106		
16			1938	1236	466	284
24	151	320	1348	996	1580	749
22	168	387	1185	935	585	373
143	457	786	1226	885	5650	2358
79	294	504	2514	1712	2071	1355
233	1176	1955	1300	1249	594	269
23	176	207	79	82	1	3
31	220	194	80	95		
23	353	270	1797	1810		
424	1357	1590	1726	1306	27765	10425
52	386	294				
129	410	549	1841	1275	2374	810
85		569	3357	2690	415	182
178	399	1061	4491	3129	1705	905
390	2975	4045	1054	706	10295	3673
504	2132	2228	3790	2571	14454	4589
22	976	1292	4255	1488	5842	1726

14-1(二)　续表 1

地　区	普通中学在校学生（人）	普通中学专任教师（人）	普通小学在校学生（人）	普通小学专任教师（人）	文化馆（个）	图书馆（个）	博物馆（个）
浑江区	5478	633	12387	1584	1		
临江市	5467	748	4888	715	1	1	3
抚松县	11189	1473	10789	1323	1	1	1
长白朝鲜族自治县	2513	378	2329	377	1	1	1
图们市	1831	417	2335	301	1	1	1
龙井市	2500	594	3383	377	1	1	1
珲春市	8436	806	11222	1123	1	1	1
和龙市	3152	679	3681	668	1	1	1
安图县	5107	612	5293	541	1	1	
黑龙江省							
萝北县	3376	400	2850	426	1	1	2
绥滨县	5803	625	5559	508	1	1	1
饶河县	5153	765	6134	744	1	1	1
密山市	19437	1637	12136	866	1	1	1
虎林市	11755	1027	10510	939	1	1	1
鸡东县	10281	1070	6677	930	1	1	
嘉荫县	2338	248	2472	291	1	1	2
绥芬河市	5931	464	7276	408	1	1	1
东宁市	9248	1031	9246	930	1	1	2
同江市	5574	489	5872	597	1	1	1
抚远市	4295	366	5673	461	1	1	
爱辉区	4041	594	8204	740	1	1	1
逊克县	3428	389	3536	322	1	1	
孙吴县	3937	321	3928	400	1	1	5
呼玛县	1672	189	1435	146	1	1	1
塔河县	1627	291	1355	295	1	1	
漠河市	1758	273	1626	277	1	1	4
穆棱市	11572	616	9779	589	2	1	3
广西壮族自治区							
防城区	19243		40143		1	1	

医疗卫生机构数（个）	医疗卫生机构床位数（张）	卫生技术人员（人）	城镇居民最低生活保障人数（人）	城镇居民最低生活保障支出（万元）	农村居民最低生活保障人数（人）	农村居民最低生活保障支出（万元）
67	577	398	17558	9489	4179	2412
89	1214	1297	4444	2562	6264	1534
309	2741	1864	12100	6278	7751	3949
		449	5359	3343	3714	2006
95	357	668	3902	3286	2309	1024
15	429	708	4568	3957	4251	2253
285	1433	1820	7793	5181	3609	1299
		540	6643	5364	6557	3031
266	812	1295	5316	3120	10887	3461
93	743	632	3127	1588	2244	552
124	498	434	2404	1151	2396	554
132	791	937	830	484	2015	627
263	2949	2842	4006	2578	8329	1746
162	1547	1862	3735	2303	1162	287
195	1835	1342	2325	1547	4634	1219
47	385	339	1580	896	2697	658
44	650	779	597	456	535	336
196	729	1250	2018	1180	1887	612
21	731	496	2919	1601	2258	550
56	263	409	656	300	976	290
100	523	673	4420	3176	481	189
106	401	320	548	504	1316	355
145	460	478	2214	1228	4588	1533
59	315	384	1313	806	1486	400
37	441	433	2801	1414	343	93
455	368	179				
262	1055	1062	5112	2824	6584	1623
269	1096	1646	2737	529	13560	3842

14-1(二) 续表 2

地　区	普通中学在校学生（人）	普通中学专任教师（人）	普通小学在校学生（人）	普通小学专任教师（人）	文化馆（个）	图书馆（个）	博物馆（个）
东兴市					1	1	1
凭祥市	4739	355	11318	612	1	1	1
大新县	12573	985	23120	1517	1	1	1
宁明县	17361	968	30695	1647	1	1	
龙州县	8033	627	15994	1071	1	1	1
靖西市	26561	2160	46071	2335	1	1	4
那坡县							
云南省							
澜沧拉祜族自治县	18422	3048	34581	1809	1	1	1
江城哈尼族彝族自治县	2931	410	9601	479	1	1	1
西盟佤族自治县	4175	330	7303	560	1	1	1
孟连傣族拉祜族佤族自治县	6342	426	13024	699	1	1	1
镇康县	10270	659	19041	1064	1	1	1
沧源佤族自治县	7911	689	14566	1072	1	1	
耿马傣族佤族自治县	25227	1607	27994	1604	1	1	1
龙陵县	16807	1042	26077	1552	1	1	
腾冲市	45382	3000	52911	2969	1	2	4
麻栗坡县	14799	1222	24348	1848	1	1	
马关县	18915	1612	32688	1815	1	1	
富宁县	30421	2017	42039	2588	1	1	1
绿春县	11676	857	23000	1096	1	1	1
金平苗族瑶族傣族自治县	21252	1382	35964	1777	1	1	1
河口瑶族自治县	3601	410	8459	662	1	1	
景洪市	28507	1842	44914	2226	2	2	1
勐海县	13339	916	26926	1309	1	1	
勐腊县	18051	1184	26335	1426	1	1	
芒市	17330	1313	37965	2123	1	3	1
瑞丽市	11030	746	19688	1051	2	2	
盈江县	17486	1360	30660	1742	1	1	
陇川县	10280	793	18184	1041	1	1	

医疗卫生机构数（个）	医疗卫生机构床位数（张）	卫生技术人员（人）	城镇居民最低生活保障人数（人）	城镇居民最低生活保障支出（万元）	农村居民最低生活保障人数（人）	农村居民最低生活保障支出（万元）
127	481	1003	719	334	4167	1059
74	368	783	904	351	3206	592
172	1313	726	1301	330	18789	3748
214	1422	1794	1371	489	18872	3764
188	1155	1563	799	441	8641	2130
312	1934	2445	2761	2103	78264	32204
			471	185	21874	6397
211	1638	1573	1127	757	68335	14827
72	750	811	953	417	9114	2473
49	320	467	703	375	5679	1788
71	635	790	216	142	5057	1414
112	976	1116	758	451	10374	3680
130	901	948	923	499	21167	6381
153	1519	1467	1029	496	13545	3876
141	1159	486	518	301	19387	6796
373	3878	4400	963	478	20646	7666
194	967	1006	2215	990	24801	7153
148	1639	1630	2437	1317	40628	14616
171	1579	752	5086	2562	51307	16103
115	1021	1160	931	378	16340	2273
186	2331	1548	1238	1183	23669	7721
69	688	884	7151	3387	1360	306
244	4730	5185	2666	1536	6820	1801
243	3262	2723	883	493	6464	2115
182	1339	1895	1239	647	8609	2543
167	4755	4686	1246	555	9003	2863
98	2048	2007	569	293	3062	751
157	1548	1442	915	134	16068	4236
90	1175	1328	481	228	10120	2768

14-1(二) 续表 3

地　区	普通中学在校学生（人）	普通中学专任教师（人）	普通小学在校学生（人）	普通小学专任教师（人）	文化馆（个）	图书馆（个）	博物馆（个）
泸水市	12297	1331	17917	1199	1	1	1
福贡县	5523	431	11350	635	1	1	1
贡山独龙族怒族自治县	1809	208	2750	288	1	1	1
西藏自治区							
洛札县	717	58	1158	109	1		
错那县	353	43	795	92		1	2
浪卡子县	1647	130	3033	245		1	
定结县	850	68	1981	156			
定日县	2731	232	6543	335			
康马县	948	94	1992	215			
聂拉木县	781	85	1790	141			
吉隆县	744	79	1590	144			
亚东县	403	57	1042	119			
岗巴县	487	75	1017	138			
仲巴县	1465	116	2993	168			
萨嘎县	785	78	1705	156			
噶尔县	3	185	2352	194	5	2	
普兰县	230	43	919	79	3	2	
日土县	441	43	915	86	5	1	
札达县	111	35	481	66	6	1	
墨脱县	510	65	1237	151		1	1
察隅县	1110	106	2470	219	1	1	
甘肃省							
肃北蒙古族自治县			1183		1	1	1
新疆维吾尔自治区							
伊州区							
伊吾县	1202	246	1818	210	1	1	1
巴里坤哈萨克自治县	3196	449	5480	808	1	1	1
和田县	21578	1742	57699	3268	1	1	
皮山县	18041	1760	40762	2055	1	1	

医疗卫生机构数（个）	医疗卫生机构床位数（张）	卫生技术人员（人）	城镇居民最低生活保障人数（人）	城镇居民最低生活保障支出（万元）	农村居民最低生活保障人数（人）	农村居民最低生活保障支出（万元）
113	1537	1727	2699	1272	41651	10653
76	394	531	2883	1501	36372	10683
35	193	249	547	516	6642	1660
14	75		27	107	266	82
12	85		23	25	207	39
95	67	136	43	44	1264	213
72	79	84	43	67	288	29
175	203	187	95	22	1812	2690
49	92	109	6	4	153	5
41	76	78	1634	1677	307	205
43	83	80	33	35	828	390
27	56	92	33	8	2	350
27	47	78	10	16	79	100
60	116	129	59	23	604	135
40	103	84	36	31	373	177
19	75	104	518	440	66	12
14	55	112	1	1		
20	86	104	19	19		
24	95	110	20	20		
46	113	8	16	10	367	163
109	269	131	13	24	39	34
38	132		316	198	158	42
297	2691	4054	2381	3142	6482	3178
33	245	335	73	32	251	199
75	222	546	466	247	1966	695
278	1090	1317	1682	887	73525	21275
184	1238	1080	3597	1974	64552	20626

14-1(二)　续表 4

地　区	普通中学在校学生（人）	普通中学专任教师（人）	普通小学在校学生（人）	普通小学专任教师（人）	文化馆（个）	图书馆（个）	博物馆（个）
温宿县	19396	1660	27441	2050	1	1	
乌什县	16502	1359	27795	1646	2	1	1
叶城县	39058	3319	82117	3883	1	1	1
塔什库尔干塔吉克自治县	2894	163	3945	282	1	1	1
阿图什市	22232	2138	35334	3917	1	2	
阿合奇县	1810	295	4489	679	1	1	
乌恰县	6039	806	6039	806	1	1	1
阿克陶县	14833	1776	31653	2694	1	1	
奇台县	10897	843	13168	1059	1	1	1
木垒哈萨克自治县	2816	381	4975	811	1	1	1
博乐市	11193	1017	16037	1403	1	1	
温泉县	2091	365	3300	528	1	1	1
阿拉山口市	276	26	576	38	1	1	
昭苏县	8368	867	15869	1111	1	1	1
霍城县	16956	1366	25942	1878	1	1	
察布查尔锡伯自治县	9442		16658		1	1	1
霍尔果斯市	2384	135	3028	213			
塔城市	6812	568	9282	870	2	2	2
额敏县	11308	1328	12702	1162	1	1	1
裕民县	2057	237	3980	341	1	1	1
托里县	6861	424	8784	741	1	1	1
和布克赛尔蒙古自治县	2470	314	4139	576	5	1	2
阿勒泰市	9405	893	11999	1146	2	2	2
青河县	4179	610	6695	716	1	1	1
吉木乃县	1839	166	2692	313	1	1	
富蕴县	7868	540	8377	918	1	1	1
布尔津县	4021	377	6367	591	1	2	1
福海县	3384	334	5557	509	1	1	1
哈巴河县	5938	1100	7702	160	1	1	1

医疗卫生机构数（个）	医疗卫生机构床位数（张）	卫生技术人员（人）	城镇居民最低生活保障人数（人）	城镇居民最低生活保障支出（万元）	农村居民最低生活保障人数（人）	农村居民最低生活保障支出（万元）
197	837	906	994	725	5531	1689
	650	922	2945	1888	26617	9684
448	3112	3312	20587	10318	118164	34775
58	206	385	461	987	5075	4573
95	765	823	4576	4909	32413	19882
26	359	307	1833	1125	3858	1568
39	345	526	996	560	4249	1297
121	811	1486	4497	2354	40401	12947
202	1114	1270	309	100	2005	655
86	420	520	557	359	1440	659
279	1638	2295	4521	1506	7716	1714
68	339	438	1181	684	1666	621
1	100	82	2637	1548	7350	3449
39	766	1306	4160	2022	17641	6061
91	986	923	1688	930	7047	3384
109		964	363	202	850	253
19	79	181	1937	776	2287	621
380	1231	1487	436	261	695	196
163	479	1304	891	510	1502	354
58	220	448	384	128	451	99
136	541	649	897	507	2621	1007
38	539	628	449	199	2053	574
181	1552	1428	387	169	888	251
57	257	201	948	404	2861	832
62	169	383	563	345	2226	733
85	538	602	736	305	1466	413
74	398	644	542	223	2910	690
22	351	351	449	199	2053	574
99	550	696	387	169	888	251

牧区半牧区县

1—1 牧区半牧区县经济社会发展主要指标

指标	2018年	占全国比重(%)	2019年	占全国比重(%)
人口				
年底总人口(万人)	4556.97	3.27	4727.64	3.38
地区生产总值(亿元)	**18935.98**	**2.10**	**19068.87**	**1.92**
第一产业	3728.40	5.76	4055.61	5.76
第二产业	7422.76	2.03	6753.25	1.75
第三产业	7823.16	1.67	8260.00	1.55
人均地区生产总值(元)	**41430.92**		**42159.25**	
财政(亿元)				
地方一般公共预算收入	1107.86	1.13	1264.63	1.25
地方一般公共预算支出	6089.14	3.24	6444.50	3.16
农业				
农林牧渔总产值(亿元)	5640.40	4.97	5908.90	4.77
粮食产量(万吨)	6418.37	9.76	7407.34	11.16
牲畜年末存栏数(万头)				
大牲畜	3509.31	36.46	3428.13	34.71
羊	10088.54	33.95	10107.93	33.61
猪	1906.74	4.45	1996.02	6.43
肉类总产量(万吨)	595.65	6.91	606.88	7.82
工业				
规模以上工业企业资产总计(亿元)	26228.31	2.31	25099.11	2.08
教育				
普通中学				
学校数(个)	2322	3.53	2082	3.14
在校学生数(人)	2026553	2.88	2064560	2.85
专任教师数(人)	171961	3.15	180718	3.22
普通小学				
学校数(个)	7416	4.58	6547	4.09
在校学生数(人)	2955923	4.21	2973260	2.82
专任教师数(人)	219801	3.61	209774	3.35
医疗卫生				
医疗卫生机构数(个)	42028	4.30	41398	4.19
医疗卫生机构床位数(张)	190398	2.35	202805	2.39
卫生技术人员数(人)	190856	2.00	218610	2.15
人民生活				
农村居民人均可支配收入(元)	12109	82.84	13489	84.20

2-1 牧区半牧区县行政区划统计(2019年末)

地　区	合计	市辖区	县级市	县	自治县	旗	自治旗
合　计	**268**	**3**	**20**	**181**	**18**	**44**	**2**
河　北	6			4	2		
山　西	1			1			
内蒙古	53	1	2	4		44	2
辽　宁	6		1	3	2		
吉　林	8		3	4	1		
黑龙江	15		4	10	1		
四　川	48		3	44	1		
云　南	3			2	1		
西　藏	38	1		37			
甘　肃	20		1	15	4		
青　海	30		3	25	2		
宁　夏	3			3			
新　疆	37	1	3	29	4		

2-2 牧区半牧区行政区划分布(2019年末)

地区	个数	行政区划
河北省	4 县	张家口市：张北县、康保县、沽源县、尚义县
	2 自治县	承德市：丰宁满族自治县、围场满族蒙古族自治县
山西省	1 县	朔州市：右玉县
内蒙古自治区		包头市：达尔罕茂明安联合旗
		赤峰市：林西县、阿鲁科尔沁旗、巴林左旗、巴林右旗、克什克腾旗、
		翁牛特旗、敖汉旗
		通辽市：开鲁县、科尔沁左翼中旗、科尔沁左翼后旗、
		库伦旗、奈曼旗、扎鲁特旗
	1 市辖区	鄂尔多斯市：东胜区、达拉特旗、准格尔旗、鄂托克前旗、鄂托克旗、
	2 县级市	杭锦旗、乌审旗、伊金霍洛旗
	4 县	呼伦贝尔市：扎兰屯市、阿荣旗、陈巴尔虎旗、新巴尔虎左旗、
	46 旗	新巴尔虎右旗、莫力达瓦达斡尔族自治旗、鄂温克族自治旗
		巴彦淖尔市：磴口县、乌拉特前旗、乌拉特中旗、乌拉特后旗
		乌兰察布市：察哈尔右翼中旗、察哈尔右翼后旗、四子王旗
		兴安盟：突泉县、科尔沁右翼前旗、科尔沁右翼中旗、扎赉特旗
		锡林郭勒盟：锡林浩特市、阿巴嘎旗、苏尼特左旗、苏尼特右旗、
		东乌珠穆沁旗、西乌珠穆沁旗、太仆寺旗、镶黄旗、
		正镶白旗、正蓝旗
		阿拉善盟：阿拉善左旗、阿拉善右旗、额济纳旗
辽宁省	1 县级市	沈阳市：康平县
	3 县	阜新市：彰武县、阜新蒙古族自治县
	2 自治县	朝阳市：北票市、建平县、喀喇沁左翼蒙古族自治县
吉林省	3 县级市	四平市：双辽市
	4 县	松原市：长岭县、乾安县、前郭尔罗斯蒙古族自治县
	1 自治县	白城市：洮南市、大安市、镇赉县、通榆县
黑龙江省		齐齐哈尔市：龙江县、泰来县、甘南县、富裕县
	4 县级市	鸡西市：虎林市
	10 县	大庆市：肇州县、肇源县、林甸县、杜尔伯特蒙古族自治县
	1 自治县	佳木斯市：同江市
		绥化市：安达市、肇东市、兰西县、青冈县、明水县

2-2　续表

地区	个数	行政区划
四川省	3 县级市 44 县 1 自治县	阿坝藏族羌族自治州：马尔康市、汶川县、理县、茂县、松潘县、九寨沟县、金川县、小金县、黑水县、壤塘县、阿坝县、若尔盖县、红原县 甘孜藏族自治州：康定市、泸定县、丹巴县、九龙县、雅江县、道孚县、炉霍县、甘孜县、新龙县、德格县、白玉县、石渠县、色达县、理塘县、巴塘县、乡城县、稻城县、得荣县 凉山彝族自治州：西昌市、盐源县、德昌县、会理县、会东县、宁南县、普格县、布拖县、金阳县、昭觉县、喜德县、冕宁县、越西县、甘洛县、美姑县、雷波县、木里藏族自治县
云南省	1 县级市 1 县 1 自治县	迪庆藏族自治州：香格里拉市、德钦县、维西傈僳族自治县
西藏自治区	2 市辖区 36 县	拉萨市：林周县、当雄县 日喀则市：昂仁县、谢通门县、康马县、仲巴县、亚东县、萨嘎县、岗巴县 昌都市：卡若区、江达县、贡觉县、类乌齐县、丁青县、察雅县、八宿县 林芝市：工布江达县 山南市：曲松县、措美县、错那县、浪卡子县 那曲市：色尼区、嘉黎县、比如县、聂荣县、安多县、申扎县、索县、班戈县、巴青县、尼玛县 阿里地区：噶尔县、普兰县、札达县、日土县、革吉县、改则县、措勤县
甘肃省	1 县级市 15 县 4 自治县	兰州市：永登县 金昌市：永昌县 白银市：靖远县 武威市：民勤县、天祝藏族自治县 张掖市：山丹县、肃南裕固族自治县 酒泉市：瓜州县、肃北蒙古族自治县、阿克塞哈萨克族自治县 庆阳市：环县、华池县 定西市：漳县、岷县 甘南藏族自治州：合作市、卓尼县、迭部县、玛曲县、碌曲县、夏河县
青海省	3 县级市 25 县 2 自治县	海北藏族自治州：海晏县、祁连县、刚察县、门源回族自治县 黄南藏族自治州：同仁县、尖扎县、泽库县、河南蒙古族自治县 海南藏族自治州：共和县、同德县、贵德县、兴海县、贵南县 果洛藏族自治州：玛沁县、班玛县、甘德县、达日县、久治县、玛多县 玉树藏族自治州：玉树市、杂多县、称多县、治多县、囊谦县、曲麻莱县 海西蒙古族藏族自治州：德令哈市、格尔木市、乌兰县、都兰县、天峻县
宁夏回族自治区	3 县	吴忠市：盐池县、同心县 中卫市：海原县
新疆维吾尔自治区	1 市辖区 3 县级市 29 县 4 自治县	乌鲁木齐市：乌鲁木齐县 哈密市：伊州区、巴里坤哈萨克自治县、伊吾县 阿克苏地区：温宿县、沙雅县 喀什地区：塔什库尔干塔吉克自治县 和田地区：民丰县 昌吉回族自治县：奇台县、木垒哈萨克自治县 博尔塔拉蒙古自治州：博乐市、精河县、温泉县 巴音郭楞蒙古自治州：尉犁县、且末县、和静县、和硕县 克孜勒苏柯尔克孜自治州：阿克陶县、阿合奇县、乌恰县 伊犁哈萨克自治州：巩留县、新源县、昭苏县、特克斯县、尼勒克县 塔城地区：塔城市、额敏县、托里县、裕民县、和布克赛尔蒙古自治县 阿勒泰地区：阿勒泰市、布尔津县、富蕴县、福海县、哈巴河县、青河县、吉木乃县

3-1 牧区半牧区县分地区年末总人口和少数民族人口(2019年)

单位：万人

地 区	年底总人口	城镇人口	乡村人口
合 计	**4727.64**	**1371.81**	**3365.46**
河 北	198.69	41.00	157.68
山 西	11.61	6.51	5.10
内蒙古	1260.56	369.60	827.22
辽 宁	298.88	52.59	246.33
吉 林	327.04	105.44	221.60
黑龙江	591.67	171.21	420.47
四 川	724.57	196.63	531.23
云 南	36.96	6.35	30.61
西 藏	154.65	28.28	121.96
甘 肃	370.01	108.88	258.41
青 海	159.94	52.30	107.04
宁 夏	100.71	23.77	76.93
新 疆	492.35	209.26	360.87

注：因部分省份城镇人口与乡村人口为户籍人口数，故与总人口数不等。

4-1 牧区半牧区县分地区生产总值(2019年)

单位：亿元

地 区	地区生产总值				人均地区生产总值
		第一产业	第二产业	第三产业	
合 计	**19068.87**	**4055.61**	**6753.25**	**8260.00**	**42159**
河 北	550.35	172.89	179.99	197.47	34032
山 西	91.26	6.46	40.86	43.95	78543
内蒙古	7487.95	1178.03	3254.19	3055.73	63781
辽 宁	691.79	240.02	150.05	301.73	25161
吉 林	799.07	258.55	130.67	409.85	24499
黑龙江	1575.48	716.86	236.87	621.74	30991
四 川	2370.68	482.42	755.98	1132.29	31235
云 南	251.20	15.45	95.28	140.47	61697
西 藏	509.34	64.62	159.73	284.99	32935
甘 肃	1000.66	207.60	320.95	472.11	27044
青 海	921.69	153.05	440.06	328.59	57626
宁 夏	273.65	36.20	101.04	136.41	30545
新 疆	2545.73	523.46	887.58	1134.69	51706

4-2 牧区半牧区县分地区生产总值指数(2019年)

地　区	地区生产总值（以2018年为100）	第一产业	第二产业	第三产业
合　计	**105.5**	**103.9**	**106.0**	**106.8**
河　北	107.4	107.1	103.7	108.2
山　西	110.6	112.0	110.7	110.3
内蒙古	104.6	102.5	105.7	106.2
辽　宁	106.6	106.0	117.5	105.5
吉　林	103.6	103.7	101.6	103.5
黑龙江	106.0	102.4	112.1	107.2
四　川	104.5	103.1	104.1	107.9
云　南	111.6	105.5	119.9	106.5
西　藏	105.5	106.0	105.0	106.7
甘　肃	106.4	108.9	104.1	106.8
青　海	108.3	104.4	105.8	109.9
宁　夏	108.4	103.6	110.8	107.9
新　疆	106.5	105.4	106.0	107.6

4-3 牧区半牧区县分地区生产总值构成(2019年)

单位：%

地　区	地区生产总值	第一产业	第二产业	第三产业
合　计	**100**	**21.3**	**35.4**	**43.3**
河　北	100	31.4	32.7	35.9
山　西	100	7.1	44.8	48.2
内蒙古	100	15.7	43.5	40.8
辽　宁	100	34.7	21.7	43.6
吉　林	100	32.4	16.4	51.3
黑龙江	100	45.5	15.0	39.5
四　川	100	20.3	31.9	47.8
云　南	100	6.2	37.9	55.9
西　藏	100	12.7	31.4	56.0
甘　肃	100	20.7	32.1	47.2
青　海	100	16.6	47.7	35.7
宁　夏	100	13.2	36.9	49.8
新　疆	100	20.6	34.9	44.6

5-1 牧区半牧区县分地区在岗职工和劳动报酬(2019年)

地　　区	在岗职工人数（万人）	工资总额（亿元）
合　　计	**263.85**	**2369.97**
河　　北	6.76	41.33
山　　西	0.96	7.18
内 蒙 古	72.21	798.97
辽　　宁	10.15	57.35
吉　　林	10.54	59.28
黑 龙 江	21.68	227.55
四　　川	39.34	266.43
云　　南	2.64	36.91
西　　藏	10.51	73.38
甘　　肃	20.21	178.73
青　　海	14.14	145.96
宁　　夏	4.22	32.53
新　　疆	50.48	444.36

5-2 牧区半牧区县分地区农村居民生活水平情况(2019年)(一)

单位：元

地　　区	农村居民人均可支配收入	农村居民人均消费支出	#食　品	#衣　着	#居　住
合　　计	**13488.91**	**13082.98**	**4176.84**	**865.38**	**1901.17**
河　　北	10311.51	9394.19	3223.96	647.04	1186.45
山　　西	9106.00	7285.00	2803.00	538.00	801.00
内 蒙 古	14670.79	12807.95	3111.07	849.23	1974.20
辽　　宁	14829.62	10127.19	2093.38	547.38	1255.80
吉　　林	12782.51	11070.64	3062.68	636.20	1536.17
黑 龙 江	13622.68	10818.44	2868.17	642.25	1627.04
四　　川	13182.03	12548.43	6991.08	752.82	1511.96
云　　南	9432.79	9232.85	2835.38	306.62	2564.18
西　　藏	12209.47	6506.27	2398.16	833.07	465.64
甘　　肃	11597.20	9579.05	3534.35	694.46	1735.99
青　　海	13707.77	10175.94	3241.04	793.70	1318.01
宁　　夏	9951.27	9044.57	2627.75	692.50	1755.03
新　　疆	14864.92	9608.35	2178.16	750.82	1571.28

5-2 牧区半牧区县分地区农村居民生活水平情况(2019年)(二)

单位：元

地　　区	农村居民人均消费支出			
	#家庭设备及服务	#医疗保健支出	#交通和通讯	#娱乐教育文化服务
合　　计	**584.17**	**1276.42**	**1606.28**	**1219.23**
河　　北	524.18	1319.14	1138.95	1100.22
山　　西	344.00	1153.00	861.00	588.00
内 蒙 古	602.88	1801.62	2467.29	1523.38
辽　　宁	393.26	1230.11	1490.21	1273.78
吉　　林	419.27	1574.38	1830.31	1387.52
黑 龙 江	441.39	1694.77	1479.03	1498.22
四　　川	706.26	489.69	940.77	753.23
云　　南	339.27	491.28	1312.16	1318.83
西　　藏	734.38	374.09	380.82	357.43
甘　　肃	540.22	784.62	1290.21	1164.46
青　　海	506.07	878.75	1587.35	660.40
宁　　夏	492.52	1024.15	965.48	1031.13
新　　疆	635.89	1038.98	1181.72	919.14

6-1 牧区半牧区县分地区财政收支、城乡居民储蓄存款和社会消费品零售总额(2019年)

单位：亿元

地　　区	地方一般公共预算收入	地方一般公共预算支出	城乡居民储蓄存款年末余额	社会消费品零售总额
合　　计	**1264.63**	**6444.50**	**11700.35**	**4729.17**
河　　北	30.53	231.13	500.29	212.20
山　　西	4.41	18.76	60.34	19.80
内 蒙 古	524.06	1697.60	4064.42	1263.99
辽　　宁	44.46	230.95	862.62	230.34
吉　　林	55.26	387.57	971.14	493.29
黑 龙 江	63.31	502.92	1256.23	602.57
四　　川	165.29	1073.92	977.19	751.83
云　　南	14.10	128.33	133.33	71.52
西　　藏	44.27	183.62	146.53	104.17
甘　　肃	63.38	480.46	765.37	290.85
青　　海	44.77	426.39	320.48	154.73
宁　　夏	13.69	152.97	184.27	75.17
新　　疆	197.11	929.88	1458.14	458.70

7-1 牧区半牧区县分地区农业经济和规模以上工业企业资产总计(2019年)

地　区	农林牧渔业总产值（亿元）	粮食总产量（万吨）	规模以上工业企业资产总计（亿元）
合　计	**5908.90**	**7407.34**	**25099.11**
河　北	288.79	93.95	871.34
山　西	13.32	6.06	244.56
内蒙古	1364.03	2645.55	12977.22
辽　宁	398.58	471.90	123.35
吉　林	479.57	911.46	482.31
黑龙江	1269.58	2016.61	1540.22
四　川	589.99	225.89	2356.07
云　南	25.80	15.63	432.95
西　藏	126.76	26.01	95.15
甘　肃	345.82	171.64	1008.92
青　海	175.74	27.79	2084.60
宁　夏	58.66	68.84	665.84
新　疆	772.27	726.03	2216.57

7-2 牧区半牧区县分地区牲畜年末存栏数和奶产量(2019年)

单位：万头(只)

地　区	牲畜年末存栏数(万头)			奶产量（万吨）
	大牲畜	猪	羊	
合　计	**3428.13**	**1996.02**	**10107.93**	**611.64**
河　北	51.65	62.42	90.81	35.52
山　西	1.41	1.14	23.25	0.36
内蒙古	769.88	271.51	4538.79	253.56
辽　宁	117.19	229.77	364.96	26.85
吉　林	56.37	149.61	334.45	15.11
黑龙江	177.56	374.55	400.08	124.05
四　川	740.41	231.97	548.98	31.05
云　南	1.11	17.62	31.27	1.65
西　藏	437.47	54.68	685.09	19.71
甘　肃	213.64	88.81	811.86	9.73
青　海	396.08	233.13	796.96	14.19
宁　夏	14.67	234.31	7.05	2.19
新　疆	450.69	46.51	1474.39	77.67

7-3 牧区半牧区县分地区肉产量(2019年)

单位：万吨

地　　区	肉类总产量	#猪肉	#牛肉	#羊肉
合　　计	**606.88**	**200.79**	**164.65**	**191.34**
河　　北	18.06	7.43	7.14	2.09
山　　西	0.73	0.23	0.16	0.31
内 蒙 古	190.12	38.41	56.50	71.12
辽　　宁	72.86	57.13	15.03	11.69
吉　　林	28.55	16.49	4.53	2.88
黑 龙 江	109.71	41.81	13.66	29.97
四　　川	61.95	23.60	18.61	13.17
云　　南	3.07	2.34	0.39	0.15
西　　藏	18.11	0.60	12.89	3.76
甘　　肃	21.97	6.57	5.01	9.08
青　　海	17.00	0.84	8.74	8.69
宁　　夏	6.94	0.58	2.04	4.05
新　　疆	57.80	4.75	19.94	34.39

8-1 牧区半牧区县分地区普通中学和普通小学基本情况(2019年)

单位：人

地　　区	普通小学			普通中学		
	学校数（所）	在校学生数（人）	专任教师数（人）	学校数（所）	在校学生数（人）	专任教师数（人）
合　　计	**6547**	**2973260**	**209774**	**2082**	**2064560**	**180718**
河　　北	200	114927	7214	58	79132	4988
山　　西	11	4970	580	4	3817	463
内 蒙 古	873	590406	50091	489	456785	48057
辽　　宁	197	112694	11109	143	129970	13855
吉　　林	581	114062	10758	207	132206	12467
黑 龙 江	251	169588	15206	291	257591	22522
四　　川	1589	804169	32144	223	342502	15922
云　　南	36	28052	2177	10	19961	2025
西　　藏	449	150762	13812	40	63120	5086
甘　　肃	1043	238267	20361	259	177266	19665
青　　海	285	162653	8981	100	96047	7044
宁　　夏	403	91403	5167	44	64238	4543
新　　疆	629	391307	32174	214	251255	24081

9—1 牧区半牧区县分地区医疗卫生情况(2019年)

地　区	医疗卫生机构(个)	医疗卫生机构床位数(张)	卫生技术人员(人)
合　计	**41398**	**202805**	**218610**
河　北	2079	8919	6735
山　西	263	455	367
内蒙古	11800	56061	60416
辽　宁	2770	12359	14486
吉　林	1817	13538	15988
黑龙江	2155	21905	20368
四　川	8558	30346	34102
云　南	296	1741	2611
西　藏	3078	4983	5224
甘　肃	2582	15075	15201
青　海	1553	9787	7635
宁　夏	604	3180	3785
新　疆	3843	24456	31692

10—1 牧区分地区城镇居民最低生活保障情况(2019年)

地　区	城镇居民最低生活保障人数(人)	城镇居民最低生活保障户数(户)	城镇居民最低生活保障支出(万元)	城镇居民最低生活保障年支出水平(元/人、年)
合　计	**531619**	**318507**	**325342**	**6120**
河　北	13292	9217	6850	5154
山　西	1357	767	578	4257
内蒙古	136784	87695	93369	6826
辽　宁	22807	13727	13624	5974
吉　林	47075	31854	27537	5850
黑龙江	60793	44422	35129	5778
四　川	69127	37289	28714	4154
云　南	4517	2959	1954	4325
西　藏	13135	6421	8816	6712
甘　肃	45257	20564	28022	6192
青　海	41566	20973	35246	8479
宁　夏	23125	11452	15443	6678
新　疆	52784	31167	30062	5695

10-2 牧区分地区农村居民最低生活保障情况（2019年）

地　区	农村居民最低生活保障人数（人）	农村居民最低生活保障户数（户）	农村居民最低生活保障支出（万元）	农村居民最低生活保障年支出水平（元/人、年）
合　计	**2789629**	**1481575**	**849300**	**3044**
河　北	180545	147010	56223	3114
山　西	10297	6859	3005	2918
内蒙古	666200	428810	234971	3527
辽　宁	72396	39257	17708	2446
吉　林	149010	97646	43104	2893
黑龙江	196069	142138	44025	2245
四　川	750398	286114	168509	2246
云　南	13015	7101	3200	2459
西　藏	77648	22153	27025	3480
甘　肃	177131	63681	52940	2989
青　海	197461	60459	95629	4843
宁　夏	107309	80090	35141	3275
新　疆	192150	100257	67819	3529

11—1 各牧区半牧区县主要经济社会指标(2019年)(一)

地 区	年末总人口（万人）	地区生产总值（亿元）	人均地区生产总值（元）	规模以上工业企业资产总计（亿元）
河北省	**198.69**	**550.35**	**34032**	**871.34**
张北县	36.12	120.38	40059	282.07
康保县	26.93	54.26	28212	97.53
沽源县	22.48	60.08	34555	103.88
尚义县	18.63	41.49	26682	148.13
丰宁满族自治县	40.95	119.48	32627	21.28
围场满族蒙古族自治县	53.58	154.66	36074	218.45
山西省	**11.61**	**91.26**	**78543**	**146.33**
右玉县	11.61	91.26	78543	146.33
内蒙古自治区	**1260.56**	**7487.95**	**63781**	**12977.22**
达尔罕茂明安联合旗	11.05	212.83	219187	
阿鲁科尔沁旗	29.26	92.44	34714	74.91
巴林左旗	34.00	119.60	37526	109.73
巴林右旗	18.19	57.93	33386	92.04
林西县	22.98	78.60	34205	77.39
克什克腾旗	24.75	119.70	59684	491.35
翁牛特旗	47.61	137.78	32855	135.84
敖汉旗	60.40	140.23	26300	28.84
科尔沁左翼中旗	52.01	128.75	26115	135.77
科尔沁左翼后旗	40.11	122.05	32835	83.67
开鲁县	39.13	127.27	32392	113.33
库伦旗	17.74	53.66	32580	21.11
扎鲁特旗	30.60	131.45	48150	116.60
奈曼旗	44.58	123.99	30472	98.63
东胜区	27.16	712.63	137933	1334.93
达拉特旗	37.21	322.65	96071	646.75
准格尔旗	33.24	820.05	217780	2246.80
鄂托克旗	9.80	360.36	220000	1448.80
鄂托克前旗	8.10	135.30	187000	274.90
杭锦旗	14.36	125.33	87277	767.28
乌审旗	11.70	309.13	228000	1307.76
伊金霍洛旗	17.90	564.39	347077	1778.67
阿荣旗	32.08	96.21	29964	36.41
莫力达瓦达斡尔族自治旗	31.64	85.29	26823	7.69
鄂温克族自治旗	13.68	106.93	77823	247.50

农林牧渔业总产值（亿元）	粮食总产量（万吨）	肉类总产量（万吨）	社会消费品零售总额（亿元）	农村居民人均可支配收入（元）	地方一般公共预算收入（亿元）	地方一般公共预算支出（亿元）
288.79	**93.95**	**18.06**	**212.20**	**10312**	**30.53**	**231.13**
46.71	5.63	4.16	35.62	11232	7.37	33.79
34.64	15.43	2.50	22.26	10395	2.66	33.84
45.20	5.19	0.78	21.57	10880	3.25	30.53
24.82	4.29	0.87	15.17	9728	2.17	26.82
50.85	17.88	4.78	56.93	9586	9.02	57.03
86.58	45.52	4.97	60.64	10118	6.06	49.11
13.32	**6.06**	**0.73**	**19.80**	**9106**	**4.41**	**18.76**
13.32	6.06	0.73	19.80	9106	4.41	18.76
1364.03	**2645.55**	**170.12**	**1263.99**	**14671**	**524.06**	**1697.60**
	8.85	2.85		16950	5.57	20.46
36.17	65.87	3.51	30.76	10632	4.01	36.31
42.80	56.75	2.40	46.50	11341	9.26	37.08
22.24	31.28	3.72	30.26	11639	2.55	25.66
24.54	26.01	2.09	42.07	10732	4.06	25.40
35.17	17.84	2.32		12476	6.01	31.61
	85.05	2.31	54.21	11562	4.22	35.10
79.76	98.64	7.24	58.50	12513	4.40	52.58
87.10	218.65	5.00		12965	2.58	46.48
	126.21	4.87		13671	3.55	36.67
85.04	128.28	6.40		17269	2.36	28.12
	58.86	2.09	18.96	12277	1.05	22.26
54.52	64.42	9.82		16821	7.29	36.72
60.34	113.35	6.48	48.70	12593	5.95	44.95
2.70	1.52	0.25			47.19	71.75
67.77	76.67	3.86	66.00	19681	19.45	46.25
19.36	21.94	1.04	128.46	19814	82.60	90.18
16.46	11.82	2.03	46.74	20244	28.12	45.56
23.70	11.25	1.94	25.45	20519	11.87	32.62
36.30	3.69	1.98	34.81	20028	5.29	29.04
26.50	19.26	2.05	41.70	20153	26.11	45.06
1.48	9.47	0.64	56.30	18300	75.19	81.42
70.21	164.53	2.83		19891	2.83	40.53
82.85	173.75	2.28		11445	3.09	34.59
16.91	4.91	1.77	20.60	24926	7.37	27.59

11-1(一) 续表 1

地　区	年末总人口（万人）	地区生产总值（亿元）	人均地区生产总值（元）	规模以上工业企业资产总计（亿元）
陈巴尔虎旗	5.46	91.07	165900	23.22
新巴尔虎左旗	4.18	24.47	48992	9.22
新巴尔虎右旗	3.52	55.22	156881	87.20
扎兰屯市	40.43	159.75	39402	108.12
磴口县	11.31	54.90	46803	60.12
乌拉特前旗	33.15	137.34	46165	175.91
乌拉特中旗	14.31	98.39	72425	298.00
乌拉特后旗	5.85	71.82	106955	271.45
察哈尔右翼中旗	19.93	49.53	24700	16.71
察哈尔右翼后旗	20.47	65.52	32011	127.97
四子王旗	21.11	58.94	27923	102.42
科尔沁右翼前旗	33.20	95.50	31995	57.73
科尔沁右翼中旗	25.18	64.88	26024	64.68
扎赉特旗	38.60	96.39	24602	37.30
突泉县	29.86	67.43	25113	51.56
锡林浩特市	19.61	213.38	78711	258.10
阿巴嘎旗	4.35	34.93	82682	
苏尼特左旗	3.44	26.23	81980	19.77
苏尼特右旗	6.67	41.72	61302	70.30
东乌珠穆沁旗	6.22	55.99	79648	
西乌珠穆沁旗	8.05	128.03	134632	494.54
太仆寺旗	20.57	43.41	38932	38.89
镶黄旗	3.10	22.00	36000	36.49
正镶白旗	70.84	26.75	51202	47.77
正蓝旗	7.96	57.76	68757	
阿拉善左旗	14.60		135002	
阿拉善右旗	2.51	19.44	71790	38.92
额济纳旗	1.91	37.05	193794	63.45
科尔沁区	74.91	305.54	38459	189.48
辽宁省	**298.88**	**691.79**	**25161**	**123.35**
康平县	34.05	111.62	32784	176.05
阜新蒙古族自治县	70.29	146.67	23097	13.72
彰武县	39.60	106.24	27241	66.36
建平县	57.49	112.50	23430	55.90
喀喇沁左翼蒙古族自治县	41.90	96.12	27317	94.42
北票市	55.55	118.64	21496	84.23
吉林省	**327.04**	**799.07**	**24499**	**482.31**
双辽市	39.20	87.17	22238	
前郭尔罗斯蒙古族自治县	57.21	141.67	24763	

农林牧渔业总产值（亿元）	粮食总产量（万吨）	肉类总产量（万吨）	社会消费品零售总额（亿元）	农村居民人均可支配收入（元）	地方一般公共预算收入（亿元）	地方一般公共预算支出（亿元）
26.42	18.74	1.66	7.21	24099	7.14	17.89
18.31	4.60			23732	1.04	12.97
28.00	0.32	4.36		23798	3.60	13.24
85.24	141.35	8.29	77.69	18656	6.25	40.97
21.03	23.65	1.92	18.69	19514	2.06	15.31
	54.28	3.63	41.41	19023	7.79	32.08
33.82	27.68	2.52	19.20	18373	7.75	26.31
8.15	0.64	0.96		16715	8.73	19.22
23.99	11.83	2.07	9.45	9902	1.17	24.08
21.51	11.35	2.94	31.67	12529	2.21	22.59
25.57	20.76	2.55		12093	1.20	30.63
	144.37	7.91	33.98	11661	2.08	20.68
	110.75	4.99		10835	2.05	31.58
	217.34	8.85	37.61	2720	14.15	48.86
	118.24	2.40		11162	3.00	32.09
33.62	2.47	1.50	100.80	28201	19.54	27.69
17.29		3.09	5.56	28335	1.88	15.78
		1.97	8.38	16873	2.07	11.18
11.92	0.02	1.55	20.30	12949	2.16	16.81
		4.13	11.20	41683	4.13	16.11
29.51		5.02		28138	20.40	23.38
24.95		1.13	9.22	12956	1.84	24.66
		0.61		15856	1.92	8.53
0.12	0.78	1.21	9.90	12438	1.29	15.83
	2.58	4.02		19480		
	12.71	0.87	62.95	20865	12.24	44.07
	0.52	0.40	8.76	23890	1.71	13.31
	0.04	0.06		25276	2.25	16.00
62.67	121.68	7.01		19618	10.44	51.75
398.58	**471.90**	**72.86**	**230.34**	**14830**	**44.46**	**230.95**
68.80	61.88	12.81	44.56	16434	10.89	27.36
	95.82		50.90	16338	7.36	48.37
114.60	110.97	18.69		13556	5.72	32.77
73.00	105.70	15.08	77.00	13959	9.10	44.80
69.35	31.51	9.75	22.88	13906	5.26	33.84
72.82	66.03	16.53	35.00	14275	6.12	43.81
479.57	**911.46**	**28.55**	**493.29**	**12783**	**55.26**	**387.57**
69.67	126.85	5.36		14332	5.50	46.81
102.63	199.31	5.94	185.60	13986	9.58	59.33

11-1(一) 续表 2

地　区	年末总人口（万人）	地区生产总值（亿元）	人均地区生产总值（元）	规模以上工业企业资产总计（亿元）
长岭县	62.99	140.12	22221	120.29
乾安县	27.07	66.47	24504	0.94
镇赉县	26.28	74.48	30015	2.75
通榆县	35.26	77.66	22027	90.20
洮南市	41.20	120.63	28956	268.12
大安市	37.84	90.87	24014	
黑龙江省	**591.67**	**1575.48**	**26644**	**1540.22**
龙江县	57.84	114.57	19810	64.51
泰来县	30.35	61.07	20222	22.02
甘南县	37.30	85.52	22922	79.00
富裕县	27.80	70.61	26546	41.93
虎林市	27.30	154.32	56274	136.61
肇州县	42.77	131.50	30724	148.15
肇源县	43.71	103.39	23596	51.31
林甸县	25.05	61.83	24639	30.35
杜尔伯特蒙古族自治县	23.30	100.12	42741	136.16
同江市	20.81	104.04	49859	40.75
兰西县	47.95	71.53	14834	17.23
青冈县	44.30	76.36	17232	77.25
明水县	33.13	50.27	15173	18.25
安达市	44.66	181.03	40340	554.55
肇东市	85.41	209.31	24508	122.15
四川省	**724.57**	**2370.68**	**31235**	**2356.07**
汶川县	9.25	72.64	70864	124.24
理县	4.31	27.98	58289	93.05
茂县	10.94	40.60	35772	73.54
松潘县	7.39	21.43	44000	14.28
九寨沟县	8.20	30.33	36988	59.12
金川县	7.40	20.05	26912	0.09
小金县	7.70	23.96	29762	50.01
黑水县	5.86	22.43	36891	
马尔康市	5.37	40.09	66269	9.87
壤塘县	4.65	12.20	28709	43.11
阿坝县	8.16	16.60	20342	
若尔盖县	7.97	25.90	32510	
红原县	4.90	15.36	31028	5.79

农林牧渔业总产值（亿元）	粮食总产量（万吨）	肉类总产量（万吨）	社会消费品零售总额（亿元）	农村居民人均可支配收入（元）	地方一般公共预算收入（亿元）	地方一般公共预算支出（亿元）
99.85	177.45	8.57	152.15	13324	4.86	53.08
32.24	111.80	2.20	53.12	13875	7.01	37.35
56.55	114.21	1.99	39.86	11203	5.75	36.86
37.09	90.25	1.11		11337	7.47	52.12
41.51	3.59	1.87	58.95	11256	7.07	50.46
40.02	88.00	1.51	3.60	11125	8.03	51.56
1269.58	**2016.61**	**109.71**	**602.57**	**13623**	**63.31**	**502.92**
100.72	217.50	9.19		14176	5.19	45.73
47.18	93.50	2.45	17.10	9050	3.82	26.50
76.51	159.43	4.95	18.21	9097	4.19	38.21
48.57	96.00	4.21	27.12	11786	3.90	29.67
169.43	279.79	0.85	40.38	21032	4.22	29.33
105.48	104.37	9.62	27.27	15271	3.74	25.15
93.06	113.50	5.52	40.39	15143	3.11	31.13
54.66	80.43	3.70		9751		2.72
88.22	83.60	37.51	31.14	15416	3.60	23.98
108.01	231.07	0.55	27.75	9717	2.29	28.20
71.55	100.50	4.64	30.17	10434	3.60	36.27
83.34	120.24	5.01	27.15	12445	3.07	43.21
55.24	65.50	3.60	21.59	11167	2.66	33.01
77.79	96.00	4.40	117.61	17145	9.71	55.21
89.83	175.18	13.50	176.69	17683	10.21	54.59
589.99	**225.89**	**61.95**	**751.83**	**13182**	**165.29**	**1073.92**
19.39	1.11	0.42	10.84	14847	3.76	20.21
5.65	0.72	0.33	5.26	14164	1.30	12.97
13.18	2.68	0.47	9.78	14392	1.87	19.06
6.84	1.31	0.59	13.59	12895	0.84	0.04
5.35	1.09	0.36	10.56	14254	1.37	26.90
6.83	2.25	0.51	5.66	14188	0.82	17.04
7.58	2.11	0.46	4.83	14165	0.80	15.73
4.65	1.73	0.15		12686	0.87	14.80
5.93	0.94	0.67	10.74	14867	2.39	17.44
5.10	0.41	0.72	2.43	12791	0.23	18.03
	0.85	1.43	5.16	14164	0.36	21.34
15.00	0.62	2.46		14165	0.69	18.67
8.17		1.71	3.82	14713	0.47	14.17

11-1(一) 续表 3

地 区	年末总人口（万人）	地区生产总值（亿元）	人均地区生产总值（元）	规模以上工业企业资产总计（亿元）
康定市	10.66	104.85	78186	581.32
泸定县	8.62	28.01	31576	81.89
丹巴县	5.71	19.81	28961	79.67
九龙县	6.45	27.93	42442	167.63
雅江县	4.82	15.22	26067	19.92
道孚县	5.60	13.45	21729	
炉霍县	4.76	12.14	23890	4.63
甘孜县	6.47	16.36	21965	4.72
新龙县	5.19	12.89	24359	
德格县	9.05	14.91	16545	
白玉县	5.61	18.81	30683	13.90
石渠县	10.46	17.75	17437	
色达县	5.63	14.34	22374	
理塘县	6.83	18.27	24623	1.77
巴塘县	5.17	16.06	32317	8.89
乡城县	2.91	14.02	39383	104.99
稻城县	3.17	13.02	35574	
得荣县	2.57	10.63	36792	36.54
西昌市	69.06	567.35	69063	
木里藏族自治县	13.86	51.34	37415	286.93
盐源县	38.60	132.76	18632	114.70
德昌县	21.80	75.97	33764	87.91
会理县	46.04	163.33	38251	
会东县	42.71	133.53	34458	
宁南县	19.96	61.33	30719	
普格县	21.88	25.64	10193	0.63
布拖县	21.50	33.18	17649	19.48
金阳县	21.27	39.23	18248	10.26
昭觉县	34.07	39.20	11504	16.56
喜德县	22.50	31.03	15791	26.24
冕宁县	40.46	115.87	31919	116.43
越西县	29.19	23.26	7968	4.08
甘洛县	23.56	39.55	18880	42.30
美姑县	27.89	35.91	16547	44.14
雷波县	28.42	70.10	24669	7.40

农林牧渔业总产值（亿元）	粮食总产量（万吨）	肉类总产量（万吨）	社会消费品零售总额（亿元）	农村居民人均可支配收入（元）	地方一般公共预算收入（亿元）	地方一般公共预算支出（亿元）
8.37	1.75	0.53	26.12	14773	4.58	22.47
6.13	1.19	0.43	15.42	13561	2.20	15.57
5.21	1.01	0.36	7.30	14513	1.19	15.22
5.49	2.12	0.45	4.22	15414	2.09	14.05
4.30	1.02	0.29	5.11	12626	2.14	14.53
4.39	1.38	0.31	3.34	12069	0.81	15.91
4.34	1.02	0.49	4.64	11727	0.57	16.16
7.04	3.50	0.58	9.04	12461	0.74	18.17
5.47	1.01	0.41	2.26	12077	0.53	15.33
7.20	1.01	0.95	3.48	11965	0.65	21.83
5.38	1.00	0.54	4.37	12623	1.73	21.69
7.38	0.65	0.78	5.23	11810	0.54	28.11
7.38	0.23	1.06	3.33	11886	0.76	18.43
7.21	1.29	0.76	8.78	11918	1.10	22.66
5.15	1.58	0.44	6.79	12519	1.46	16.47
3.48	0.95	0.22	3.84	12414	0.88	11.65
3.29	0.89	0.28	4.34	13172	1.46	14.17
3.14	1.08	0.23	1.83	12253	0.50	14.86
	24.26	4.82	312.03	19656	52.95	95.93
13.90	7.04	1.65	9.62	11078	6.19	29.20
72.99	22.47	3.49	28.89	13472	8.54	41.96
37.41	10.10	2.13		19052	6.18	18.45
		6.74		18994	8.90	3.00
78.28	25.53	5.15	61.96	18437	10.24	24.59
1.56		0.23	25.25	5778	2.90	1.51
14.58	7.90	1.29		10193		29.87
15.47	10.52	1.51	6.27	9746	1.25	43.74
17.26	7.00	1.17	9.18	9745	2.59	42.54
20.44	12.14	2.39	9.91	10195	1.47	63.56
14.16	8.33	1.37	10.05	9736	1.06	31.54
40.40	21.76	3.40	55.51	16136	12.48	24.35
	0.55	1.63		17618	1.37	2.27
13.57	10.96	1.54	13.34	9636		
21.55	9.68	2.60	7.74	9491	0.93	48.33
24.39	9.15	1.45		10885	8.56	39.41

11-1(一) 续表 4

地　区	年末总人口（万人）	地区生产总值（亿元）	人均地区生产总值（元）	规模以上工业企业资产总计（亿元）
云南省	**36.96**	**251.20**	**61697**	**432.95**
香格里拉市	15.14	152.60	86388	286.22
德钦县	6.09	39.47	58337	46.93
维西傈僳族自治县	15.73	59.13	36310	99.80
西藏自治区	**154.65**	**509.34**	**32935**	**95.15**
林周县	6.22	15.30	23538	
当雄县	0.54	18.09	33352	
卡若区	12.15	71.51	49776	54.99
江达县	9.62	23.15	24680	
贡觉县	4.57	9.38	20512	
类乌齐县	5.83	12.32	21138	3.61
丁青县	9.41	16.36	17388	
察雅县	6.50		22392	
八宿县	4.90	54.73	21894	
曲松县	1.63	8.30	50927	6.56
措美县	1.50	7.84	44345	
错那县	1.57	7.14	86000	
浪卡子县	3.86	8.77	87468	
昂仁县	6.02	11.06	18484	
谢通门县	5.23	13.23	25405	
康马县	2.37	5.84	24702	19.29
仲巴县	2.72	8.36	31102	
亚东县	1.40	7.84	56013	10.68
萨嘎县	1.67	5.23	31579	
岗巴县	1.20	4.93	41194	
色尼区	11.55	66.87	57897	
嘉黎县	4.05	8.32	20536	
比如县	8.04	12.19	15349	
聂荣县	3.83	8.13	21210	
安多县	4.34	11.09	25578	
申扎县	2.24	6.74	30065	
索县	5.51	9.77	17722	
班戈县	4.27	9.01	21093	
巴青县	5.77	10.89	19763	
尼玛县	3.43	9.08	26444	

农林牧渔业总产值（亿元）	粮食总产量（万吨）	肉类总产量（万吨）	社会消费品零售总额（亿元）	农村居民人均可支配收入（元）	地方一般公共预算收入（亿元）	地方一般公共预算支出（亿元）
25.80	**15.63**	**3.07**	**71.52**	**9433**	**14.10**	**128.33**
9.76	6.30	1.35	49.50	9547	11.18	48.89
3.39	2.21	0.31	9.38	9450	1.09	36.47
12.65	7.12	1.41	12.64	9331	1.82	42.97
126.76	**26.01**	**18.11**	**104.17**	**12209**	**44.27**	**183.62**
5.71	6.07	0.36	2.31	12666	2.47	14.90
8.16		1.20	2.28	15850	14.41	14.41
6.67	2.24	1.44	24.49	12536	1.79	24.36
	1.79	0.97	3.67	11455	1.37	24.27
1.60	1.48	0.34	2.26	11100	0.60	18.53
2.71		0.75	4.15	11724	0.07	5.37
7.28	2.85	0.87	5.37	12200	0.54	21.99
4.47	1.15	0.93	3.74	11245	0.62	26.34
3.29	1.10	0.58	2.99	11294	9.75	9.45
0.66	0.73	0.20	0.85	13816	0.61	6.59
0.50	0.32	0.23		12631	0.47	
0.50	0.54	0.14	1.35	12373	0.41	11.14
1.05	0.59	0.23	1.68	12545	0.36	11.63
3.80	2.28	0.72	2.63	9612	0.26	14.34
3.23	1.76	0.37	1.41	11668	0.46	13.59
1.71	1.26	0.25	1.14	12252	0.25	11.71
2.74		0.23	1.02	13388	0.47	14.18
1.51	0.11	0.06	2.81	12805	1.02	7.87
1.33	0.15	0.13	2.31	9965	0.20	10.88
0.57	0.28	0.06	0.71	12388	0.21	9.08
8.41		1.07	6.05	12440	1.24	27.12
3.08	0.09	0.73	2.38	12986	0.91	15.37
2.97	0.29	1.41	8.23	14280	0.96	18.16
1.83		0.62		11740	0.24	7.67
				11924	0.28	14.47
1.49		0.57	1.82	11386	0.24	10.18
31.02	0.42	0.35	2.29		0.39	15.11
4.35		0.72	1.97	10471	0.27	12.53
3.21		0.52	2.13	11886	0.32	13.63
1.46	0.02	0.82	1.69	12480	0.23	4.55

11-1(一) 续表 5

地 区	年末总人口（万人）	地区生产总值（亿元）	人均地区生产总值（元）	规模以上工业企业资产总计（亿元）
普兰县	1.27	3.80	29906	
札达县	0.85	3.68	43698	0.01
噶尔县	0.25	4.13	34109	
日土县	0.13	4.31	33791	
革吉县	1.91	5.53	29205	
改则县	2.67	7.43	27985	
措勤县	1.91	4.30	22735	
工布江达县	3.73	14.73	40371	
甘肃省	**370.01**	**1000.66**	**27044**	**1008.92**
永登县	43.23	112.15	32125	110.90
永昌县	22.45	77.97	33950	181.04
靖远县	50.34	70.21	15097	51.66
民勤县	26.39	72.02	29835	177.01
天祝藏族自治县	20.40	45.75	25401	31.40
肃南裕固族自治县	3.92	26.64	75691	78.19
山丹县	20.04	57.61	33896	72.80
瓜州县	14.98	87.30	58277	0.04
肃北蒙古族自治县	1.23	16.29	105773	
阿克塞哈萨克族自治县	0.94	10.23	92845	21.73
环县	36.50	113.36	31060	142.53
华池县	13.90	96.96	72062	3.94
漳县	21.16	23.66	11873	9.74
岷县	49.59	48.61	10512	17.70
合作市	9.58	55.40	57826	28.59
卓尼县	10.69	27.90	26101	26.76
迭部县	5.70	5.18	9086	35.73
玛曲县	5.90	21.84	37267	10.35
碌曲县	3.78	13.58	36020	2.80
夏河县	9.29	18.01		6.02
青海省	**159.94**	**921.69**	**57626**	**2084.60**
门源回族自治县	16.23	33.74	20781	2.84
祁连县	5.27	18.37	34867	13.87
海晏县				
刚察县	4.50	18.67	41544	44.83
同仁县	10.17	35.85	35248	

农林牧渔业总产值（亿元）	粮食总产量（万吨）	肉类总产量（万吨）	社会消费品零售总额（亿元）	农村居民人均可支配收入（元）	地方一般公共预算收入（亿元）	地方一般公共预算支出（亿元）
0.67	0.29	0.06	0.92	12487	0.32	9.29
0.63	0.06	0.06	0.83	11723	0.31	7.90
0.70	0.04	0.08	1.08	12811	0.56	9.42
1.05	0.10	0.13	1.04	12750	0.49	10.04
2.10	0.01	0.26	0.98	11945	0.18	9.24
2.81		0.26	1.04	12132	0.50	13.80
1.28		0.23	1.01	11749	0.15	8.98
2.23		0.20	3.55	15652	0.33	5.85
345.82	**171.64**	**21.97**	**290.85**	**11597**	**63.38**	**480.46**
21.61	13.50	1.56	30.01	11692	4.45	27.77
32.27	16.59	1.07	32.31	14602	2.70	24.79
59.74	21.56	2.60	20.66	10495	4.35	42.55
54.63	18.01	2.32	32.03	14414	3.86	29.08
21.64	4.14	1.60	32.75	8265	3.83	45.28
17.59	3.68	1.36	5.83	18518	2.53	14.48
21.37	19.72	1.20	24.27	14463	3.00	19.96
24.42	1.69	1.09	26.25	18106	7.72	16.52
	0.47	0.30	2.53	27023	2.30	10.08
1.70	0.16	0.18	2.48	29163	1.89	8.06
25.16	40.74	1.58	19.34	9280	4.26	51.63
9.49	13.20	0.35	8.22	33094	3.00	20.25
9.18	7.84	0.26	4.86	7769	1.57	16.90
16.30	6.20	0.56	14.90	7750	2.14	36.65
3.39	0.94	0.62	19.89	8609	2.18	19.38
8.11	0.93	1.31	5.35	8272	0.97	27.30
4.35	1.16	0.68	0.72	1449	10.34	10.34
		0.26	4.50	10096	1.20	19.65
6.84	0.28	1.30	3.96	9959	0.29	17.53
8.01	0.83	1.76		8454	0.80	22.27
175.74	**27.79**	**17.00**	**154.73**	**13708**	**44.77**	**426.39**
13.59	6.15	0.92	12.03	12518	1.02	25.16
9.05	0.38	1.64	5.82	16081	0.68	15.77
8.44	0.06		4.80	16681	0.64	16.01
	1.62	0.80	7.84	10423	0.75	24.57

11-1(一) 续表 6

地 区	年末总人口（万人）	地区生产总值（亿元）	人均地区生产总值（元）	规模以上工业企业资产总计（亿元）
尖扎县	5.91	23.81	23813	
泽库县	7.86	18.51	23583	1.64
河南蒙古族自治县	4.07	18.41	42964	
共和县	13.26	83.43	62632	364.77
同德县	6.34	14.98	23637	
贵德县				
兴海县				
贵南县	8.12	18.92	23200	
玛沁县	5.78	16.87	16875	131.68
班玛县	3.04	4.70	15449	
甘德县	3.95	3.95	10011	
达日县	3.80	4.22	11109	
久治县	2.90	5.26	17614	1.68
玛多县	1.60	3.63	22690	
玉树市	11.38	17.07	13677	
杂多县	7.06	11.88	16832	
称多县				
治多县		7.28		
囊谦县		7.28		
曲麻莱县	4.61	5.95	12914	
格尔木市	13.77	377.27	163354	635.51
德令哈市	7.34	87.33	118980	
乌兰县	3.49	22.90	65586	53.21
都兰县	7.18	40.42	44073	64.80
天峻县	2.33	20.04	86168	769.77
宁夏回族自治区	**100.71**	**273.65**	**30545**	**665.84**
盐池县	17.30	105.64	66513	338.88
同心县	38.25	91.83	27740	243.31
海原县	45.16	76.17	18761	83.65
新疆维吾尔自治区	**492.35**	**2545.73**	**51706**	**2216.57**
乌鲁木齐县	5.24	26.83	32184	72.95
伊州区	43.10	449.55	91844	
巴里坤哈萨克自治县	10.54	78.68	72182	196.71
伊吾县	2.11	76.58	362590	31.57
奇台县	23.55	167.98	71161	328.40

农林牧渔业总产值（亿元）	粮食总产量（万吨）	肉类总产量（万吨）	社会消费品零售总额（亿元）	农村居民人均可支配收入（元）	地方一般公共预算收入（亿元）	地方一般公共预算支出（亿元）
3.26	1.76	0.21	1.29	15947	0.94	16.38
9.70	0.07	1.22	1.30	8240	0.34	23.90
		1.63	1.30	33488	0.33	16.83
15.55	3.21	2.11	17.33	13198	2.34	31.09
12.39	2.20	1.05	2.20	12007	0.36	13.84
14.27	4.18			32599	0.49	16.25
2.95		0.46	1.17	12221	0.41	16.79
1.47	0.07	0.45	0.62	8409	0.18	13.71
1.50		0.38	0.68	8389	0.17	12.23
		0.25	0.70	8137	0.21	15.47
1.89			0.97	8214	0.16	11.03
0.95		0.18	0.68	8615	0.13	10.35
7.97	0.31	0.79	11.45	10055	0.88	28.19
9.58			1.40	9168		18.40
5.27		0.47				
5.27		0.47				
0.01		0.50	1.30	8199	0.12	1.06
9.34	0.17	0.55	57.22	19642	15.74	45.20
7.34	2.14	0.62	12.59	15907	12.53	25.87
7.11	0.93	0.67	2.32	13346	4.07	13.17
22.83	4.55	0.87	4.77	13404	0.68	4.55
6.00		0.73	4.97	14200	1.60	10.58
58.66	**68.84**	**6.94**	**75.17**	**9951**	**13.69**	**152.97**
19.34	13.27	2.56	15.20	12127	8.76	37.65
30.26	32.97	2.60	28.65	9185	2.83	56.70
28.11	22.60	1.77	31.32	9627	2.10	58.61
772.27	**726.03**	**57.80**	**458.70**	**14865**	**197.11**	**929.88**
11.02	2.44	1.18	10.60	20735	6.00	13.95
26.70	1.98	1.08	93.18	18980	30.06	57.79
15.62	9.26	1.43	8.99	14792	5.85	21.40
7.13	0.33	0.82	3.03	19797	10.20	16.53
54.15	74.10	2.75	31.08	17713	7.45	28.24

11-1(一) 续表 7

地　区	年末总人口（万人）	地区生产总值（亿元）	人均地区生产总值（元）	规模以上工业企业资产总计（亿元）
木垒哈萨克自治县	8.62	40.25	46678	46.79
博乐市	25.86	164.55	63465	88.97
精河县	14.26	83.23	58206	37.89
温泉县	7.24	27.03	37171	3.77
尉犁县	10.75	67.00	63312	11.71
且末县	7.11	29.69	41781	0.98
和静县	18.50	93.22	51918	203.86
和硕县	6.62	40.64	59334	16.20
温宿县	26.87	80.62	34234	73.91
沙雅县	26.33	79.58	30227	70.83
阿克陶县	23.03	44.61	19210	63.58
阿合奇县	4.60	10.69	23249	13.99
乌恰县	5.85	35.96	61248	71.33
塔什库尔干塔吉克自治县	4.10	16.78	33456	1.24
民丰县	3.84	13.77	38365	3.25
巩留县	19.44	54.29	27816	97.58
新源县	31.47	109.95	34776	114.37
昭苏县	17.71	43.14	28383	14.00
特克斯县	16.63	28.84	20501	2.17
尼勒克县	17.95	55.68	30816	78.51
塔城市	14.60	99.80	61568	6.90
额敏县	15.48	95.00	46674	33.62
托里县	9.39	43.06	45442	58.76
裕民县	5.16	18.04	27982	5.49
和布克赛尔蒙古自治县	5.13	31.94	62261	95.71
阿勒泰市	19.62	93.33	46732	31.29
布尔津县	7.15	32.47	44777	60.79
富蕴县	9.62	65.57	65637	123.10
福海县	6.50	52.22	62827	20.35
哈巴河县	8.46	50.15	55505	74.41
青河县	6.13	25.53	35343	29.10
吉木乃县	3.78	19.42	37800	32.49

农林牧渔业总产值（亿元）	粮食总产量（万吨）	肉类总产量（万吨）	社会消费品零售总额（亿元）	农村居民人均可支配收入（元）	地方一般公共预算收入（亿元）	地方一般公共预算支出（亿元）
23.18	2.12	2.78	10.01	16502	5.08	17.78
35.60	19.21	1.21	38.56	18111	11.47	40.88
42.16	1.59	0.58	9.72	17573	5.13	30.02
9.93	24.53	0.77	3.88	12637	1.43	18.48
35.32	0.28	0.81	4.25	16868	2.96	18.65
12.57	3.12	0.67		16906		
15.90	8.01	2.62	8.88	17150	7.48	26.41
29.88	12.80	1.04	3.98	16030	1.87	15.34
54.49	26.31	3.96	46.27	14221	5.16	36.79
38.14	11.27	2.16	13.02	14260	15.86	48.51
16.71	22.17	1.70	7.88	7303	4.08	58.50
2.84	0.40	0.56		7749	0.95	19.05
2.52	0.87	0.71	2.75	8665	4.83	26.68
3.25	1.10	0.59	2.31	8595	1.41	24.24
3.86	1.49	0.18	1.94	11980	1.33	15.90
23.55	47.49	2.61	8.95	14042	1.90	19.65
45.92	60.14	4.67	35.10	14062	5.36	31.18
23.35	19.51	2.17	7.97	14132	1.69	23.01
18.62	16.53	1.94	13.00	13738	2.01	20.66
28.84	21.81	3.55	11.13	14245	2.91	21.98
37.50	125.02	1.37	3.79	17210	4.57	24.61
39.48	107.32	1.80	20.57	15934	2.96	24.41
18.95	24.70	1.34	4.30	11918	1.94	16.59
7.98	22.46	0.72	3.72	14687	1.29	13.08
9.10	1.24	1.24		14846	11.61	22.84
16.76	10.90	1.80		14930	6.00	41.13
7.77	3.95	1.13	19.00	13316	2.90	20.61
10.52	15.00	1.54	9.13	12150	10.00	28.32
19.69	22.42	1.63	7.19	15713	2.89	26.31
12.10	2.89	1.43	8.80	12476	6.09	24.13
7.44	0.33	0.70	4.12	13445	2.58	20.42
3.69	0.94	0.56	1.59	11080	1.81	15.82

11-1 各牧区半牧区县主要经济社会指标(2019年)(二)

地 区	普通中学在校学生(人)	普通中学专任教师(人)	普通小学在校学生(人)	普通小学专任教师(人)
河北省	**79132**	**4988**	**114927**	**7214**
张北县	8213	599	22210	1379
康保县	6541	527	6291	730
沽源县	6441	604	11994	707
尚义县	4352	421	5941	709
丰宁满族自治县	20683	1350	26826	1657
围场满族蒙古族自治县	32902	1487	41665	2032
山西省	**463**		**580**	
右玉县	463		580	
内蒙古自治区	**427380**	**45617**	**555187**	**46853**
达尔罕茂明安联合旗	1294	223	2692	304
巴林左旗	18574	1174	17177	1315
巴林右旗	7948	796	9611	898
林西县	9568	797	4134	902
克什克腾旗	7394	812	9874	985
翁牛特旗	15774	1336	19734	2942
敖汉旗	25573	2133	31030	2106
科尔沁左翼中旗	16324	1246	21655	1602
科尔沁左翼后旗	18121	1818	19095	1292
开鲁县	7611	772	9322	943
库伦旗	8151	792		
扎鲁特旗	21017	1652	25863	2200
奈曼旗	27584	2295	44457	2554
东胜区	18611	1489	25481	1478
达拉特旗	15895	1555	27500	1849
准格尔旗				
鄂托克旗	3154	600	5329	401
鄂托克前旗	4105	730	6994	612
杭锦旗	4333	494	11131	924
乌审旗	6395	663	15435	1175
伊金霍洛旗	11670	1421	16861	1096
阿荣旗	8886	4521	15311	846
莫力达瓦达斡尔族自治旗	2919	904	4346	584
鄂温克族自治旗	991	289	1781	417

医疗卫生机构数（个）	医疗卫生机构床位数（张）	卫生技术人员（人）	城镇居民最低生活保障人数（人）	城镇居民最低生活保障支出（万元）	农村居民最低生活保障人数（人）	农村居民最低生活保障支出（万元）
2079	**8919**	**6735**	**13292**	**6850**	**180545**	**56223**
396	1701	1165	3883	2005	37051	11670
346	728	450	710	466	27652	10823
251	668	341	2438	1196	27683	9077
208	806	608	3247	1686	21691	7786
334	2204	1294	2035	1021	30823	8575
544	2812	2877	979	477	35645	8292
263	**290**	**367**	**1357**	**578**	**10297**	**3005**
263	290	367	1357	578	10297	3005
10582	**35607**	**56743**	**136784**	**93369**	**666200**	**234971**
52	364	545	338	257	2004	795
228	1254	1514	1438	1033	30835	9558
221	532	1268	1996	1351	16082	5871
35	1187	1254	4156	2505	20969	7318
271	943	1578	2575	2175	23711	6442
571	789	1459	938	772	39786	12534
622	1902	1540	2423	2168	46408	15596
576	600	990	7379	5003	39451	13572
288	653	1563	2726	1838	13327	4431
251	792	920	2970	1989	17350	5992
390	1056	1668	1825	1307	8184	2636
834	1067	1926	5353	3675	19826	7212
431	5455	5437	4002	2696	32899	11069
365	710	1438	2904	1444	940	337
262	1250	2470	613	399	4833	2349
			851	546	6346	3715
94	428	630	462	257	1751	627
65	440	699	227	178	392	205
127	601	835	252	147	1485	562
174	867	1450	407	248	2033	1080
288	1028	1569	368	249	2701	1452
261	570	1334	7344	5310	13686	7162
120	357	1100	7183	4715	14373	5308
16	92	338	15398	11140	4168	1575

11-1(二) 续表 1

地 区	普通中学在校学生（人）	普通中学专任教师（人）	普通小学在校学生（人）	普通小学专任教师（人）
陈巴尔虎旗	801	161	1774	204
新巴尔虎左旗	120	120	1688	193
新巴尔虎右旗	12541	940	17497	862
扎兰屯市	2530	407	3239	343
磴口县	9318	784	12970	1022
乌拉特前旗	2996	332	4052	396
乌拉特中旗	1392	421	2416	280
乌拉特后旗	2372	331	2757	395
察哈尔右翼中旗	3043	309	4299	372
察哈尔右翼后旗	4446	196	5592	472
四子王旗	10591	1547	16786	2086
科尔沁右翼前旗	11544	1064	12366	1634
科尔沁右翼中旗	13805	1161	21570	2113
扎赉特旗	9761	1023	12991	1317
突泉县	14445	1136	18887	1076
锡林浩特市	873	265	1501	184
阿巴嘎旗	1032	186	1639	173
苏尼特左旗	2213	359	2900	367
苏尼特右旗	7104	657		
东乌珠穆沁旗	2987	352	5216	382
西乌珠穆沁旗	4401	457	4887	432
太仆寺旗	1099	159	1249	138
镶黄旗	1148	186	1691	245
正镶白旗	2171	257	3492	330
正蓝旗	8090	1022	9698	908
阿拉善左旗	1199	189	816	138
阿拉善右旗	794	273	1411	
额济纳旗	32672	2811	36990	3366
辽宁省	**129970**	**13855**	**112694**	**11109**
康平县	22975	2481	4505	442
阜新蒙古族自治县	28712	2467	24768	2422
彰武县	12891	1451	15754	1340
建平县	27563	3119	26179	2621
喀喇沁左翼蒙古族自治县	18692	1732	21018	1917
北票市	19137	2605	20470	2367
吉林省	**132206**	**12467**	**144624**	**13736**
双辽市	16650	1392	19180	2272
前郭尔罗斯蒙古族自治县	26285	1617	27568	277

医疗卫生机构数（个）	医疗卫生机构床位数（张）	卫生技术人员（人）	城镇居民最低生活保障人数（人）	城镇居民最低生活保障支出（万元）	农村居民最低生活保障人数（人）	农村居民最低生活保障支出（万元）
24	85	320	1938	1236	466	284
22	160	387	1348	996	1580	749
250	1565	2553	1185	935	585	373
56	512	627	7438	6696	16961	10434
295	1090	1865	3595	2281	8009	2664
143	290	786	1947	1204	16813	5970
45	200	302	1226	885	5650	2358
182	-150	295	2514	1712	2071	1355
104	390	607	3149	1896	32611	9185
36		850	1995	1215	23962	10036
424	604	1590	3968	2458	33908	11482
313	1196	1765	1726	1306	27765	10425
322	936	1542	3024	2453	13920	5624
339	793	1351	4372	3163	35931	13367
57	200	81	5111	3053	33434	9798
	212	264	2450	1695	700	461
79	95	237	758	490	632	312
40	302	358	615	343	954	439
21	160	391	2267	1310	5158	1621
87	260	545	1614	986	891	528
18	350	521	2590	1413	1347	612
65	262	245	3683	1496	22443	4330
95		231	987	382	1678	650
71	240	278	638	268	7653	2168
233	985	1955	1059	667	6943	2081
23	150	207	1300	1249	594	269
31	200	194	79	82	1	3
665	1583	2871	80	95		
2770	**9093**	**14486**	**22807**	**13624**	**72396**	**17708**
368	1099	1911	1443	1105	4534	1502
	1240	2667	1915	926	22763	5435
316	1308	1958	1000	635	8410	1453
813	1765	3515	1962	1003	10918	3022
655	1958	2335	1622	2715	12007	3376
618	1723	2100	14865	7239	13764	2920
1817	**8364**	**15988**	**47075**	**27537**	**149010**	**43104**
388	1030	2253	3175	1908	12875	3105
568	1816	3077	5537	3687	18499	6004

11-1(二) 续表 2

地　区	普通中学在校学生（人）	普通中学专任教师（人）	普通小学在校学生（人）	普通小学专任教师（人）
长岭县	29324	2165	30562	2978
乾安县	9982	962	10535	1082
镇赉县	10613	1755	10365	1329
通榆县	15164	1635	15492	1895
洮南市	16895	1515	19568	2268
大安市	7293	1426	11354	1635
黑龙江省	**257591**	**22522**	**169588**	**15206**
龙江县	21583	1593	22547	1535
泰来县	13800	1254	19000	945
甘南县	16627	1509	17354	1158
富裕县	15062	1373	11913	958
虎林市	11794	1027	10510	939
肇州县	8817	1591	1268	1412
肇源县	35634	4546	164	21
林甸县	9725	797	9504	1016
杜尔伯特蒙古族自治县	13114	963	9437	1157
同江市	5574	489	5872	597
兰西县	18239		12825	813
青冈县	20055	1529	12077	1010
明水县	10504	1076	8717	833
安达市	18745	1685	12849	1347
肇东市	38318	3090	26061	2404
四川省	**342502**	**15922**	**804169**	**32144**
汶川县	6121	664	5248	689
理县	1251	204	2034	436
茂县	5155	560	6868	695
松潘县	2038	396	4263	507
九寨沟县	3229	355	4550	536
金川县	2066	328	3414	433
小金县	3327	371	3911	542
黑水县	1709	166	2762	356
马尔康市	3809	381	3598	407
壤塘县	2325	162	5801	366
阿坝县	3975	187	8560	667
若尔盖县	5897	430	7528	560
红原县	3305		5413	

医疗卫生机构数（个）	医疗卫生机构床位数（张）	卫生技术人员（人）	城镇居民最低生活保障人数（人）	城镇居民最低生活保障支出（万元）	农村居民最低生活保障人数（人）	农村居民最低生活保障支出（万元）
	793	2231	2225	3506	17053	5963
82	728	1943	1719	1191	6292	2830
147	623	1066	5457	2453	23039	6226
196	1077	1698	6823	3037	23914	5333
398	1321	2070	11081	6746	15924	5568
38	976	1650	11058	5009	31414	8076
2155	**13083**	**20368**	**60793**	**35129**	**196069**	**44025**
24	1786	2265	2752	2034	21632	6214
312	650	1320	2807	1446	11512	2601
210	862	1118	4992	3051	13348	3591
18	1240	1258	1708	1095	12878	2301
162	1364	1862	3735	2303	1162	287
245	580	1192	1785	904	9983	1993
251	821	376	1441	860	3189	792
250	821	1139	1245	599	12102	1375
147	538	1046	2465	1460	8966	2076
21	318	496	2919	1601	2258	550
133	908	811	6096	3929	22230	6302
23	705	1641	7268	4345	32126	6223
172		1570	5592	2779	24287	4793
148	1330	2364	6993	3955	16021	4317
39	1160	1910	8995	4770	4375	612
174945	**14170**	**34102**	**69127**	**28714**	**750398**	**168509**
147	439	718	753	417	1880	503
100	162	391	589	236	713	180
220	520	852	9351	3272	1301	277
209	100	511	5983	2051	2706	728
138	280	587	4540	1912	7027	1699
135		517	45	28	816	492
156	231	390	262	146	1585	437
147		288	231	71	6105	1427
142	738	1096	1537	998	4970	1130
158	186	301	437	213	17057	3706
129	451	407	476	265	24869	4522
23	270	355	265	102	4798	1086
57		107	105	38	6167	1287

11-1(二) 续表 3

地 区	普通中学在校学生（人）	普通中学专任教师（人）	普通小学在校学生（人）	普通小学专任教师（人）
康定市	8634	627	8945	627
泸定县	7654	630	5816	573
丹巴县	2776	282	3162	443
九龙县	4901	317	6177	437
雅江县	2681	174	4854	335
道孚县	2362	152	4987	341
炉霍县	3194	190	6045	372
甘孜县	5240	342	7884	555
新龙县	2625	120	5519	399
德格县	2300	144	12535	445
白玉县	1753	99	6906	350
石渠县	4774	231	12957	567
色达县	1924	115	7500	319
理塘县	4746	224	9951	520
巴塘县	4694	242	5832	472
乡城县	1362	91	2282	267
稻城县	1436	89	2686	264
得荣县	958	94	1832	271
西昌市				
木里藏族自治县	497	35		858
盐源县	23731	1443	38425	1893
德昌县	20649	108	21804	728
会理县	45543	22	222050	
会东县	27597			
宁南县				
普格县	1000	26	2	187
布拖县	8658	320	35958	1481
金阳县	11404	531	30634	1297
昭觉县	17516	745	50271	1952
喜德县	13599	650	28753	1359
冕宁县	21334	1382	44267	1917
越西县	22393	934	49641	2069
甘洛县	12588	678	26948	1274
美姑县	7772	681	41984	1791
雷波县			33612	1587

医疗卫生机构数（个）	医疗卫生机构床位数（张）	卫生技术人员（人）	城镇居民最低生活保障人数（人）	城镇居民最低生活保障支出（万元）	农村居民最低生活保障人数（人）	农村居民最低生活保障支出（万元）
7600	1533	1650	2467	1061	5510	1526
1616	150	542	1945	854	1338	388
2900	223	328	129	83	2487	571
6028	119	291	182	60	5751	220
3963	128	239	33	12	3910	902
13193	108	326	325	170	6895	2228
3752	150	270	73	40	3602	816
18717	212	354	524	277	16652	3050
6419	116	282	410	148	8705	2120
16766	132	314	634	290	16881	4580
8202	82	258	399	133	8462	1670
37862	101	289	532	261	35669	8034
13483	66	308	250	84	13833	3056
9982	130	332	887	970	9864	2185
4843	110	295	401	83	4662	1985
3066	100	203	216	130	2231	718
4911	80	256	586	202	9206	1139
5833	90	191	256	231	5698	1701
716		8021	3870	1639	13918	2623
165	217	136	2126	779	16857	4044
389	1236	1518	2369	908	48787	10721
208	1162	1526	792	300	15407	3660
	34	753	2422	1171	15071	3849
474	1082	1469	355	348	9997	2804
			1794	645	17866	4057
153		305	804	316	35383	6441
224	240	664	2679	1009	43240	10117
181	560	635	2528	970	39134	9136
324	878	753	3448	1211	53906	11994
211	260	771	2937	1375	36411	9422
395	377	1959	780	288	11423	2792
9		658	3125	1244	30170	7960
264	589	680	1242	452	25634	6210
335	528	658	1673	678	48554	9640
		348	1360	547	47290	8680

11-1(二) 续表 4

地　区	普通中学在校学生（人）	普通中学专任教师（人）	普通小学在校学生（人）	普通小学专任教师（人）
云南省	**19961**	**2025**	**28052**	**2177**
香格里拉市	12597	1481	12803	1016
德钦县	1584	158	3451	377
维西傈僳族自治县	5780	386	11798	784
西藏自治区	**63120**	**5086**	**150762**	**13812**
林周县	2015	193	4335	331
当雄县	2340	163	5762	351
卡若区	1858	178	7795	459
江达县	3526	278	8782	575
贡觉县	1543	120	4592	371
类乌齐县	2625	189	6533	606
丁青县	4004	267	11302	600
察雅县	1779	139	5940	427
八宿县	1744	129	4485	327
曲松县	450	65	1033	129
措美县	295	47	670	119
错那县	353	43	795	92
浪卡子县	1647	130	3033	245
昂仁县	1857	151	4952	307
谢通门县	1857	151	4801	307
康马县	948	94	1992	215
仲巴县	1465	116	2993	168
亚东县	403	57	1042	119
萨嘎县	785	78	1705	156
岗巴县	487	75	1017	138
色尼区	4825	333	9087	583
嘉黎县	1553	126	5390	295
比如县	3745	291	10816	570
聂荣县	1385		12	3213
安多县	1729	128	4036	240
申扎县	1181	106	2356	173
索县	2583	203	7783	481
班戈县	1820	149	3850	293
巴青县	2566	165	7646	338
尼玛县	1429	117	1822	393

医疗卫生机构数（个）	医疗卫生机构床位数（张）	卫生技术人员（人）	城镇居民最低生活保障人数（人）	城镇居民最低生活保障支出（万元）	农村居民最低生活保障人数（人）	农村居民最低生活保障支出（万元）
296	**1222**	**2611**	**4517**	**1954**	**13015**	**3200**
122	767	1500	1128	585	10549	4433
65	100	356	2285	1406	13223	3505
109	355	755	526	386	26371	5932
3078	**2601**	**5224**	**13135**	**8816**	**77648**	**27025**
47	65	185	692	1099	770	382
46	30	171	584	492	2301	1032
175	120	146	2790	2026	6769	2276
110	141	171	297	245	7339	3187
162	80	144	558	395	6659	2871
96	70	160	258	223	4748	1369
16	215	217	222	176	7107	2960
152	100	211	245	179	7729	3461
127	67	136	208	166	6063	2789
50	55	148	98	87	424	99
8			89	48	366	53
12	40		23	25	207	39
95	44	136	43	44	1264	213
206	74	250	24	12	2332	978
115	74	250	58	50	1229	786
49	74	109	6	4	153	5
60	38	129	59	23	604	135
27	21	92	33	8	2	350
40	40	84	36	31	373	177
27	22	78	10	16	79	100
164	99	165	2309	804	5443	466
135	113	151	193	89	1187	260
12	213	335	346	206	758	179
307	81	133	446	207	1685	407
88	107	145	1096	620	1401	200
18	60	138	334	175	767	368
138	92	119	122	39	1450	223
99	74	213	643	221	997	118
169	45	68	176	143	1721	801
94	50	204	230	223	4406	508

11-1(二) 续表 5

地　区	普通中学在校学生（人）	普通中学专任教师（人）	普通小学在校学生（人）	普通小学专任教师（人）
普兰县	230	43	919	79
札达县	111	35	481	66
噶尔县	4163	337	2352	194
日土县	441	43	915	86
革吉县	578	63	2009	153
改则县	1016	90	2832	185
措勤县	620	59	1628	141
工布江达县	1164	135	3269	287
甘肃省	**177266**	**19665**	**238267**	**20361**
永登县	16123	2493	20166	2058
永昌县	11187	989	9966	983
靖远县	21317	2859	30921	2995
民勤县	9367	1054	7209	808
天祝藏族自治县	8362	979	10592	1276
肃南裕固族自治县	1041	176	1503	193
山丹县	8352	701	11713	910
瓜州县	7561	641	8982	744
肃北蒙古族自治县	556		1183	
阿克塞哈萨克族自治县	421	39	767	68
环县	21571	2687	26815	2184
华池县	7661	851	10835	787
漳县	10567	1063	15896	952
岷县	28465	2248	41695	2488
合作市	3261	223	7544	675
卓尼县	6598	665	9875	907
迭部县	3418	872	4600	556
玛曲县	3763	319	6769	495
碌曲县	2803	257	3683	567
夏河县	4872	549	7553	715
青海省	**96047**	**7044**	**162653**	**8981**
门源回族自治县	10764	818	12001	684
祁连县	2843	219	3929	308
海晏县				
刚察县	1628	108	4196	274
同仁县	3698	398	10068	570

医疗卫生机构数（个）	医疗卫生机构床位数（张）	卫生技术人员（人）	城镇居民最低生活保障人数（人）	城镇居民最低生活保障支出（万元）	农村居民最低生活保障人数（人）	农村居民最低生活保障支出（万元）
22	25	112	1	1		
24	25	110	20	20		
19	25	104	518	440	66	12
20	36	104	19	19		
25	25	85	58	55	85	11
56	58	124	180	111	375	35
28	50	97	73	69	512	97
40	53		38	26	277	81
2582	**10119**	**15201**	**45257**	**28022**	**177131**	**52940**
226	1659	195	1567	846	16093	4300
358	492	1531	4961	2666	4533	3405
201	1045	1942	4052	2533	27596	5572
262	810	1364	6232	3680	6033	2820
202	724	1378	3725	2141	6192	2923
53	189	277	686	541	2276	851
108	920	1401	5365	3731	6028	1829
126	550	760	1625	951	3074	4336
38			316	198	158	42
9	50	112	344	246		
323	500	1132	1805	1077	30162	6079
28	500	604	2218	1387	9274	2340
18	520	439	2154	905	12186	3335
450	1080	2487	3436	1731	34544	10351
41		232	3442	2801	2441	756
23	309	374	369	248	5366	1360
38	140	311	679	423	3111	592
45	195	334	891	520	3379	652
10	224	243	521	347	1617	475
23	212	85	869	1052	3068	924
1553	**6512**	**7635**	**41566**	**35246**	**197461**	**95629**
166	530	556	3425	2695	7252	3636
59	150	205	1108	913	2515	1248
			544	401	964	453
47	250	204	1100	889	2737	1272
18	800	190	2646	2908	12499	6700

11-1(二) 续表 6

地　区	普通中学在校学生（人）	普通中学专任教师（人）	普通小学在校学生（人）	普通小学专任教师（人）
尖扎县	2099	148	5235	383
泽库县	5299	294	8883	559
河南蒙古族自治县	1859	122	2429	247
共和县	5647	424	12362	668
同德县	3158	270	6207	398
贵德县				
兴海县				
贵南县	3415	251	7366	471
玛沁县	6248	228	6248	228
班玛县	1407	123	3466	144
甘德县	1837	602	4427	112
达日县	1688	91	4850	260
久治县	1912	104	3715	176
玛多县	452	58	1339	55
玉树市	6336	337	14198	650
杂多县	4200	230	10723	443
称多县				
治多县	1745	128	4160	317
囊谦县	1745	128	4160	317
曲麻莱县	5360	381		
格尔木市	12060	551	18811	671
德令哈市	4348	433	6293	377
乌兰县	1590	212	2216	163
都兰县	3664	283	5162	317
天峻县	1045	103	209	189
宁夏回族自治区	**64238**	**4543**	**91403**	**5167**
盐池县	9909	717	12194	791
同心县	27172	1794	39892	2031
海原县	27157	2032	39317	2345
新疆维吾尔自治区	**251255**	**24081**	**391307**	**32174**
乌鲁木齐县	2462	209	3971	318
伊州区				
巴里坤哈萨克自治县	3196	449	5480	808
伊吾县	1202	246	1818	210
奇台县	10897	893	13168	1091

医疗卫生机构数（个）	医疗卫生机构床位数（张）	卫生技术人员（人）	城镇居民最低生活保障人数（人）	城镇居民最低生活保障支出（万元）	农村居民最低生活保障人数（人）	农村居民最低生活保障支出（万元）
102	282	507	518	1125	9933	4699
15	325	245	2031	1977	20606	7419
10	207	202	329	433	4912	2059
228	383	471	3293	3616	7382	4563
109	379	371	1113	828	4289	1958
			884	1896	8290	4731
			420	700	5170	3538
12	617	446	1085	798	3685	2055
12	54	10	2258	1691	3115	1337
			946	829	7691	3018
48	76	118	1467	907	9055	4377
48	115	131	501	1081	7842	3616
32	80	117	307	276	6886	2343
8		53	873	614	3974	1731
14	182	283	5704	3016	12657	7842
	125	3	1490	1070	8748	3336
			1213	787	15739	6946
3		134	979	790	5752	2676
3		134	2852	1766	15741	9385
11		61	1072	497	6083	1571
119	1096	1636	405	292	484	545
93	610	1049	1714	1238	1098	801
		185	754	437	1049	466
124	150	221	293	610	959	692
272	101	103	242	170	354	616
604	**2459**	**3785**	**23125**	**15443**	**107309**	**35141**
115	405	901	2075	1265	8783	2904
151	800	1480	9040	6865	43184	14167
338	1254	1404	12010	7313	55342	18070
3843	**15099**	**31692**	**52784**	**30062**	**192150**	**67819**
44		228	83	59	502	254
297	2171	4054	2381	3142	6482	3178
75	100	546	466	247	1966	695
33	99	335	73	32	251	199
202	450	1270	309	100	2005	655

11-1(二)　续表 7

地　区	普通中学在校学生（人）	普通中学专任教师（人）	普通小学在校学生（人）	普通小学专任教师（人）
木垒哈萨克自治县	2816	381	4975	811
博乐市	11193	1017	16037	1403
精河县	5367	538	9410	789
温泉县	2091	365	3300	528
尉犁县	4352	277	7031	510
且末县	3711	349	7114	672
和静县	7974	701	14067	1060
和硕县	2996	306	4622	442
温宿县	19396	1660	27441	2050
沙雅县	24300	1793	31275	1895
阿克陶县	14833	1776	31653	2694
阿合奇县	1810	295	4489	679
乌恰县	2184	276	6039	806
塔什库尔干塔吉克自治县	2894	163	3945	282
民丰县	2211	257	4286	422
巩留县	11840	1129	20436	1119
新源县	20066	1356	30853	1546
昭苏县	8368	867	15869	1111
特克斯县	10669	947	18435	1203
尼勒克县	9578	818	17317	1682
塔城市	6812	568	9282	870
额敏县	11308	1422	12702	1162
托里县	6861	424	8784	741
裕民县	2057	255	3980	341
和布克赛尔蒙古自治县	2470	324	4139	576
阿勒泰市	9405	893	11999	1146
布尔津县	4021	377	6367	591
富蕴县	6575	540	8377	918
福海县	3384	334	5557	509
哈巴河县	5938	1100	7702	160
青河县	4179	610	6695	716
吉木乃县	1839	166	2692	313

医疗卫生机构数（个）	医疗卫生机构床位数（张）	卫生技术人员（人）	城镇居民最低生活保障人数（人）	城镇居民最低生活保障支出（万元）	农村居民最低生活保障人数（人）	农村居民最低生活保障支出（万元）
86	200	520	557	359	1440	659
279	1372	2295	4521	1506	7716	1714
	300	711	1542	836	4081	1065
68	181	438	1181	684	1666	621
81	200	358	1048	595	2130	827
68	483	565	156	96	149	94
85	428	421	1288	854	4851	2427
71	160	440	1937	1098	5115	1952
197	530	906	246	199	1701	934
193	550	1403	994	725	5531	1689
121	394	1217	1712	932	9705	2926
26	230	307	4497	2354	40401	12947
39	150	526	1833	1125	3858	1568
58	100	385	996	560	4249	1297
9	230	104	461	987	5075	4573
133	573	1660	196	108	2013	677
133	861	1502	2570	1434	10468	3922
39	497	1306	2572	1341	10874	3277
69	336	372	2637	1548	7350	3449
82	510	1002	3326	1776	8699	2693
380	380	1487	1864	1057	7004	2606
163	479	1304	363	202	850	253
136	2	649	1937	776	2287	621
58	1	448	891	510	1502	354
38	349	628	436	261	695	196
181	1231	1428	384	128	451	99
74	300	644	4522	2152	15025	4500
85	300	602	897	507	2621	1007
22	280	351	563	345	2226	733
99	290	696	948	404	2861	832
57	257	201	736	305	1466	413
62	125	383	542	223	2910	690

民族乡

1-1 全国分地区民族乡基本情况(2019年)

地　区	民族乡数（个）	行政区划面积（平方公里）	年末总人口（万人）	#少数民族
合　计	**966**	**268427**	**1614.03**	**871.60**
北　京	5	621	8.75	2.04
天　津	1	25	0.72	0.30
河　北	46	4528	81.03	29.77
内蒙古	17	22564	22.69	7.03
辽　宁	54	7435	88.89	51.80
吉　林	28	6038	44.98	13.32
黑龙江	52	21400	66.10	23.79
江　苏	1	54	2.31	0.71
浙　江	14	641	11.00	2.70
安　徽	9	432	20.60	6.22
福　建	19	2136	42.39	15.45
江　西	8	1080	11.26	2.94
河　南	12	204	19.11	8.37
湖　北	10	2251	24.78	13.30
湖　南	83	11819	148.05	91.59
广　东	7	1380	8.73	2.96
广　西	59	15755	118.04	88.98
重　庆	14	1437	16.55	6.58
四　川	83	13882	64.76	29.82
贵　州	193	20039	441.51	231.85
云　南	140	41700	282.28	177.96
西　藏	9	13456	0.90	0.48
甘　肃	32	16176	32.09	21.47
青　海	28	5821	22.80	16.02
新　疆	42	57553	33.70	26.12

1-2 全国分地区民族乡村民委员会情况(2019年)

地　　区	村民委员会（个）	#已通公路的　村	#已通自来水的村	#已通电的　村	#已通电话的　　村	#已通邮的　村
合　　计	**9199**	**9141**	**8635**	**9185**	**9033**	**8149**
北　　京	62	62	62	62	62	62
天　　津	13	13	11	13	13	13
河　　北	594	594	537	594	594	594
内 蒙 古	183	169	141	183	180	144
辽　　宁	515	514	358	515	515	515
吉　　林	313	313	289	313	313	313
黑 龙 江	421	404	397	409	409	385
江　　苏	6	6	6	6	6	6
浙　　江	101	101	101	101	101	101
安　　徽	67	67	54	67	67	67
福　　建	321	321	313	321	321	321
江　　西	71	71	58	71	71	71
河　　南	94	94	94	94	94	94
湖　　北	165	165	165	165	165	165
湖　　南	980	974	968	980	980	952
广　　东	50	50	50	50	50	50
广　　西	595	595	562	595	595	572
重　　庆	98	98	98	98	98	98
四　　川	467	467	454	466	463	391
贵　　州	2110	2099	1967	2109	1966	1312
云　　南	1058	1058	1037	1058	1058	1045
西　　藏	28	28	28	28	28	28
甘　　肃	295	286	294	295	295	284
青　　海	340	340	340	340	340	326
新　　疆	252	252	251	252	249	240

2–1 全国分地区民族乡乡镇企业情况(2019年)

地 区	乡镇企业从业人员(万人)	乡镇企业总产值(亿元)	#工业企业总产值(亿元)	乡镇企业年净利润总额(亿元)
合 计	**79.12**	**3008**	**2058**	**329**
北 京	9.28	232.76	13.59	17.35
天 津	0.01	0.26	0.26	0.01
河 北	11.94	743.08	577.28	58.97
内蒙古	0.17	5.93	5.57	1.48
辽 宁	4.57	168.81	126.99	13.48
吉 林	2.56	245.17	120.76	20.69
黑龙江	0.86	60.55	27.37	4.56
江 苏	1.25	219.44	153.61	5.65
浙 江	0.38	18.68	15.69	1.15
安 徽	1.01	21.70	10.72	1.42
福 建	7.10	252.53	220.40	12.46
江 西	0.58	11.37	8.78	0.90
河 南	1.79	117.84	61.84	14.59
湖 北	1.65	46.05	37.20	9.00
湖 南	6.14	99.23	76.78	16.97
广 东	0.39	14.92	24.66	3.58
广 西	1.62	27.23	18.87	6.11
重 庆	0.32	4.84	1.70	1.16
四 川	1.45	56.68	46.52	6.66
贵 州	17.23	423.57	318.53	105.14
云 南	7.96	204.80	161.56	23.69
西 藏		0.01	0.01	0.01
甘 肃	0.45	25.54	23.82	3.16
青 海		0.06		0.01
新 疆	0.41	6.92	5.65	0.79

3-1 全国分地区民族乡农业基本情况(2019年)(一)

地 区	农作物总播种面积（公顷）	#粮食播种面积
合 计	**2992763**	**1872280**
北 京	1123	480
天 津	107	67
河 北	94261	70136
内 蒙 古	329823	161621
辽 宁	164841	120103
吉 林	168346	144999
黑 龙 江	304420	265659
江 苏	4550	4050
浙 江	11172	6115
安 徽	39465	31082
福 建	35720	16960
江 西	9370	6266
河 南	20487	13877
湖 北	36875	22101
湖 南	193038	108405
广 东	7982	4073
广 西	125215	65434
重 庆	22597	14751
四 川	94385	62720
贵 州	493393	259483
云 南	590678	349767
西 藏	866	477
甘 肃	57037	40209
青 海	42274	24683
新 疆	144737	78764

3-1 全国分地区民族乡农业基本情况(2019年)(二)

地　区	农林牧渔业总产值（亿元）	粮食产量（万吨）	肉类总产量（万吨）
合　计	**1546.32**	**1459.47**	**227.14**
北　京	5.50	0.29	0.03
天　津	1.17	0.17	0.11
河　北	99.61	50.92	10.33
内蒙古	23.58	71.44	6.90
辽　宁	104.95	103.73	25.84
吉　林	59.30	119.44	5.02
黑龙江	97.91	239.34	4.20
江　苏	6.25	2.61	0.63
浙　江	14.86	3.82	1.12
安　徽	20.57	22.42	1.48
福　建	48.67	10.05	3.59
江　西	10.25	4.50	1.70
河　南	12.90	12.09	1.68
湖　北	51.48	11.06	2.29
湖　南	133.83	68.18	15.88
广　东	11.52	5.06	1.28
广　西	63.35	35.56	7.14
重　庆	15.85	9.25	4.19
四　川	57.44	31.40	8.25
贵　州	273.24	165.22	49.90
云　南	329.24	160.86	37.22
西　藏	0.60	0.23	0.05
甘　肃	12.27	208.46	27.18
青　海	14.14	17.09	4.66
新　疆	77.84	106.29	6.47

4-1 全国分地区民族乡财政收支和农村居民人均可支配收入情况(2019年)

地　　区	财政收入 (万元)	财政支出 (万元)	农村居民人均可支配收入 (元)
合　　计	**1964891**	**2049665**	**11710**
北　　京	90441	108569	30503
天　　津	2200	2600	23180
河　　北	86841	95766	11128
内 蒙 古	43846	42693	12050
辽　　宁	88037	88649	11412
吉　　林	50480	49854	12424
黑 龙 江	74090	74299	13943
江　　苏	12283	5892	36200
浙　　江	43895	40438	23352
安　　徽	30366	32605	17489
福　　建	62257	58666	18364
江　　西	32148	30640	14554
河　　南	15414	19457	12989
湖　　北	29286	31103	13994
湖　　南	120216	117498	9786
广　　东	9135	9045	16421
广　　西	112609	122999	7246
重　　庆	32125	34031	13717
四　　川	75200	71860	13530
贵　　州	415436	415094	9234
云　　南	393625	450615	9803
西　　藏	4047	4763	14378
甘　　肃	30996	27895	7485
青　　海	16504	15956	8840
新　　疆	93415	98679	14831

5-1 全国分地区民族乡教育情况(2019年)

地　区	学校总数（所）	在校学生数（人）	教师总数（人）
合　计	**5363**	**1399886**	**105608**
北　京	15	9827	1324
天　津	4	625	67
河　北	243	67607	4951
内蒙古	24	6692	1040
辽　宁	189	46403	5442
吉　林	96	21091	3451
黑龙江	75	14621	2857
江　苏	3	1975	156
浙　江	17	2756	321
安　徽	52	10642	964
福　建	73	33409	2652
江　西	52	7949	609
河　南	65	20425	1605
湖　北	56	15065	1090
湖　南	390	104598	7522
广　东	15	4259	386
广　西	511	105768	6658
重　庆	23	7444	645
四　川	206	54560	3734
贵　州	1682	473795	30522
云　南	1155	309362	21696
西　藏	8	2599	264
甘　肃	205	27901	2502
青　海	72	13424	1014
新　疆	132	37089	4136

6-1 全国分地区民族乡文化情况(2019年)

地　区	图书馆	文化站	村文化活动室
合　计	**1688**	**1254**	**10669**
北　京	27	19	52
天　津		1	14
河　北	80	86	582
内蒙古	36	23	154
辽　宁	24	54	489
吉　林	63	44	302
黑龙江	144	86	355
江　苏	1	1	8
浙　江	23	18	69
安　徽	34	9	69
福　建	7	21	304
江　西	4	8	72
河　南	14	12	95
湖　北	20	10	166
湖　南	220	109	979
广　东	5	7	81
广　西	27	60	564
重　庆	52	20	98
四　川	185	115	512
贵　州	345	227	2041
云　南	164	166	2872
西　藏	18	9	25
甘　肃	27	32	297
青　海	94	75	218
新　疆	74	42	251

7-1 全国分地区民族乡卫生情况(2019年)(一)

地区	医疗卫生机构(个)	医院	基层医疗卫生机构	卫生院	村卫生室	卫生人员(人)	卫生技术人员
合计	**10435**	**170**	**8159**	**1112**	**9395**	**34262**	**20242**
北京	74	2	70	4	67	305	238
天津	12		12	1	11	26	7
河北	739	4	725	56	669	1669	761
内蒙古	123	4	104	19	174	630	406
辽宁	635	18	616	49	603	1571	752
吉林	244	3	225	31	287	881	485
黑龙江	301	8	218	48	356	1220	686
江苏	8		8	1	7	65	52
浙江	62		36	14	50	181	118
安徽	80	3	77	10	67	270	143
福建	332	2	330	18	312	979	581
江西	82		82	9	73	251	118
河南	108	2	106	11	95	391	223
湖北	127	1	167	10	158	606	397
湖南	2221	14	951	192	1064	2622	1722
广东	52	2	50	7	57	141	97
广西	616	7	492	69	599	2407	1587
重庆	104	2	101	15	95	347	220
四川	540	6	456	79	543	1663	924
贵州	2104	65	1667	202	2278	8579	5052
云南	1183	13	1147	142	1062	7135	4081
西藏	34	3	26	9	25	96	58
甘肃	265	3	225	34	255	691	385
青海	195	6	85	39	282	359	297
新疆	194	2	183	43	206	1177	852

7-1 全国分地区民族乡卫生情况(2019年)(二)

地　区	其中：执业(助理)医师	乡村医生和卫生员	医疗卫生机构床位数(张)	医院	基层医疗卫生机构	卫生院
合　计	**7881**	**13623**	**28024**	**4377**	**16612**	**21011**
北　京	115	67	35	40	26	35
天　津	5	19	12		12	12
河　北	455	885	1438	179	1254	869
内蒙古	193	195	384	24	138	245
辽　宁	370	823	1891	491	1245	902
吉　林	256	358	399	30	196	386
黑龙江	372	517	1064	165	503	796
江　苏	18	13	44		44	32
浙　江	65	59	37		29	34
安　徽	100	127	239	47	192	189
福　建	205	387	436	105	331	331
江　西	56	104	254		184	228
河　南	88	163	430	38	392	324
湖　北	145	210	468	105	393	450
湖　南	863	1061	288	288	1379	2408
广　东	44	53	143		126	126
广　西	503	728	1919	213	1079	1762
重　庆	115	107	353	18	234	331
四　川	341	731	1076	143	494	971
贵　州	1690	3164	10942	1947	3389	5085
云　南	1277	2786	4449	420	3905	4005
西　藏	11	43	45	20	6	24
甘　肃	185	281	582	63	299	464
青　海	160	316	327	41	145	235
新　疆	249	426	769		617	767

8-1 全国分地区民族乡农业科技情况(2019年)

地　区	农业科技与服务单位数	中高级农业技术人员数
合　计	**1563**	**8632**
北　京	4	18
天　津		
河　北	100	288
内蒙古	16	105
辽　宁	156	525
吉　林	85	347
黑龙江	60	298
江　苏	7	34
浙　江	14	53
安　徽	15	45
福　建	33	179
江　西	13	64
河　南	44	165
湖　北	19	88
湖　南	111	468
广　东	11	24
广　西	89	260
重　庆	32	119
四　川	87	403
贵　州	230	1745
云　南	263	2717
西　藏	7	37
甘　肃	68	226
青　海	31	76
新　疆	68	348

9-1 全国各民族乡基本情况(2019年)

民族乡名称	行政区划面积(平方公里)	村民委员会(个)	#已通公路的村(个)	#已通自来水的村(个)	#已通电的村(个)
北京	**621**	**62**	**62**	**62**	**62**
朝阳区常营回族乡	9				
通州区于家务回族乡	66	23	23	23	23
密云县檀营满族蒙古族乡	3				
怀柔区喇叭沟门满族乡	302	15	15	15	15
怀柔区长哨营满族乡	242	24	24	24	24
天津市	**25**	**13**	**13**	**11**	**13**
蓟县孙各庄满族乡	25	13	13	11	13
河北省	**4528**	**594**	**594**	**537**	**594**
石家庄市新乐市彭家庄回族乡	31	8	8	8	8
石家庄市藁城市九门回族乡	47	13	13	13	13
石家庄市无极县高头回族乡	32	15	15	15	15
唐山市遵化市汤泉满族乡	22	10	10	10	10
唐山市遵化市西下营满族乡	33	14	14	14	14
唐山市遵化市东陵满族乡	78	27	27	27	27
邯郸市邱县陈村回族乡	12	5	5	5	5
邯郸市大名县营镇回族乡	20	17	17	17	17
保定市易县凌云册满族回族乡	62	19	19	19	19
保定市定州市号头庄回族乡	43	17	17	17	17
张家口市沽源县大二号回族乡	55	4	4	4	4
张家口市怀来县王家楼回族乡	132	16	16	14	16
廊坊市永清县管家务回族乡	33	12	12	12	12
廊坊市文安县大围河回族满族乡	62	24	24	24	24
承德市丰宁满族自治县南关蒙古族乡	351	14	14	14	14
承德市滦平县平坊满族乡	68	8	8	1	8
承德市滦平县安纯沟门满族乡	157	11	11	9	11
承德市滦平县五道营子满族乡	124	6	6	6	6
承德市滦平县邓厂满族乡	74	3	3	3	3
承德市滦平县马营子满族乡	141	10	10	6	10
承德市滦平县付家店满族乡	81	6	6	2	6

#已通电话的村（个）	#已通邮的村（个）	年末总人口（人）	#少数民族（人）	乡镇企业从业人员（人）	乡镇企业总产值（万元）	#工业企业（万元）	乡镇企业年净利润总额（万元）	农林牧渔业总产值（万元）	农作物总播种面积（亩）
62	**62**	**87504**	**20443**	**92834**	**2327600**	**135926**	**173515**	**55046**	**16851**
		37044	9135	73857	1805945	102611	36278	219	
23	23	28029	3388	4100	34655	33315	40237	49693	10579
		5599	1336						
15	15	6935	3315					2298	3691
24	24	9897	3269	14877	487000		97000	2836	2581
13	**13**	**7241**	**3046**	**72**	**2605**	**2605**	**85**	**11670**	**1600**
13	13	7241	3046	72	2605	2605	85	11670	1600
594	**594**	**810286**	**297727**	**119432**	**7430756**	**5772824**	**589736**	**996073**	**1413909**
8	8	22693	6438	5972	342839	26812	29863	34228	55410
13	13	48691	6780	10200	1142221	982522	104627	69580	78162
15	15	37502	14852	11357	40655	36633	6053	50565	64008
10	10	9654	7565	2000	37790	33524	996	4779	12945
14	14	11901	5733	580	15000	7500	6000	5969	10258
27	27	24046	15664	4303	135902	58564	38175	17638	25710
5	5	7582	6530	2230	65012	29281	981	15841	20185
17	17	16320	4578	2068	12330	7500	712	2485	37260
19	19	34350	8932	812	53812	53621	5123	43230	39360
17	17	39309	14023	1156	2059	756	304	92444	139328
4	4	3103	899					8825	32202
16	16	8675	2013	953	9958	6957	1067	14383	16967
12	12	13267	3396	1680	37256	29552	2653	24740	23355
24	24	32927	6255	7663	97979	55065	7752	14360	47655
14	14	19162	10922	420	31532	28532	2480	17101	41309
8	8	7586	5191	1621	6005	5603	1003	21591	15385
11	11	13482	9956	255	2102	1326	175	17205	13256
6	6	4057	3492	270	58	40	31	3526	12360
3	3	2685	1937	6				5780	5300
10	10	9745	6044	352	10556		601	13739	12298
6	6	5581	2768	1348	18116	15264	2985	11104	12854

9-1(一) 续表 1

民族乡名称	行政区划面积（平方公里）	村民委员会（个）	#已通公路的村（个）	#已通自来水的村（个）	#已通电的村（个）
承德市滦平县小营满族乡	118	10	10	2	10
承德市滦平县西沟满族乡	154	9	9	9	9
承德市承德县岗子满族乡	80	10	10	10	10
承德市承德县两家满族乡	101	9	9	9	9
承德市兴隆县八卦岭满族乡	100	8	8	2	8
承德市兴隆县南天门满族乡	100	10	10	2	10
承德市隆化县尹家营满族乡	90	11	11	2	11
承德市隆化县庙子沟蒙古族满族乡	96	6	6	6	6
承德市隆化县偏坡营满族乡	178	14	14	10	14
承德市隆化县八达营蒙古族乡	189	12	12	12	12
承德市隆化县太平庄满族乡	173	11	11	11	11
承德市隆化县旧屯满族乡	174	11	11	11	11
承德市隆化县西阿超满族蒙古族乡	189	10	10	10	10
承德市隆化县白虎沟蒙古族满族乡	94	6	6	3	6
承德市平泉县七家岱满族乡	115	4	4	4	4
承德市平泉县茅兰沟满族蒙古族乡	170	9	9	9	9
沧州市黄骅市羊二庄回族乡	330	48	48	48	48
沧州市黄骅市新村回族乡	43	4	4	4	4
沧州市河间市果子洼回族乡	26	20	20	20	20
沧州市献县本斋回族乡	24	11	11	11	11
沧州市沧县大褚村回族乡	55	26	26	26	26
沧州市沧县杜林回族乡	79	38	38	38	38
沧州市沧县李天木回族乡	100	14	14	14	14
沧州市沧县捷地回族乡	39	16	16	16	16
沧州市黄骅市羊三木回族乡	55	8	8	8	8
内蒙古自治区	**22564**	**183**	**169**	**141**	**183**
呼伦贝尔市莫力达瓦达斡尔族自治旗巴彦鄂温克民族乡	1500	17	17	8	17
呼伦贝尔市莫力达瓦达斡尔族自治旗杜拉尔鄂温克民族乡	530	10	10	10	10
呼伦贝尔市扎兰屯市达斡尔民族乡	423	7	7	7	7
呼伦贝尔市扎兰屯市萨马街鄂温克民族乡	2596	6	6	3	6
呼伦贝尔市扎兰屯市南木鄂伦春民族乡	2160	8	8	8	8

#已通电话的村（个）	#已通邮的村（个）	年末总人口（人）	#少数民族（人）	乡镇企业从业人员（人）	乡镇企业总产值（万元）	#工业企业（万元）	乡镇企业年净利润总额（万元）	农林牧渔业总产值（万元）	农作物总播种面积（亩）
10	10	15240	13521	7420	961200	946523	22847	22655	21420
9	9	7892	5040	459	749	674	230	19701	23011
10	10	8636	3552	223	2580	2580	127	7225	11715
9	9	10853	4281	204	1695	1695	35	13598	13254
8	8	15055	8659	76	3813	2985	85	25467	3600
10	10	7585	2350	321	2599	2361	-155	10034	3660
11	11	8766	6017					16605	24560
6	6	6906	3977					10550	18202
14	14	13068	8332	328	5942	1985	596	37098	32625
12	12	13804	9249	364	4612	1550	750	25439	21357
11	11	11576	7867	156	1185	1185	85	13545	15118
11	11	8139	5989	289	5601	521	1034	14700	16600
10	10	10747	6814	265	6467	4721	3712	34507	20455
6	6	8024	4175	41	336	260	109	17615	12980
4	4	9689	5754	662	5441	4100	875	20286	9776
9	9	19559	13080	189	662	615	38	19000	29368
48	48	52641	6855	21305	3021550	2526470	250340	68159	18830
4	4	11551	2245					26758	
20	20	23350	7182	4180	134160	74109	7015	15312	38740
11	11	17069	4071	2952	143390	122230	13589	16550	51090
26	26	27942	4430	3155	19002	7326	8133	21041	32100
38	38	46599	4506	1340	206393	159503	6836	17509	59887
14	14	42134	3806	7957	565890	390125	43650	9316	133689
16	16	31424	6886	8710	98900	36949	8430	19980	30485
8	8	9719	5121	3590	177407	105305	9794	4310	55820
180	**144**	**226942**	**70334**	**1660**	**59257**	**55698**	**14805**	**235789**	**4947351**
17	1	16987	5079					930	540000
10	10	7921	1565						248000
7	7	11439	2761	22	6800	6800	4100	38465	201945
6	6	10232	2629					38300	1704511
8	8	14602	2034	5	65		12	3450	89000

9–1(一) 续表 2

民族乡名称	行政区划面积（平方公里）	村民委员会（个）	#已通公路的村（个）	#已通自来水的村（个）	#已通电的村（个）
呼伦贝尔市阿荣旗查巴奇鄂温克民族乡	726	11	11	11	11
呼伦贝尔市阿荣旗新发朝鲜族民族乡	162	7	7	7	7
呼伦贝尔市阿荣旗音河达斡尔鄂温克民族乡	558	8	8	5	8
呼伦贝尔市阿荣旗得力其尔鄂温克民族乡	384	9	9	9	9
呼伦贝尔市根河市敖鲁古雅鄂温克民族乡	1767	1	1	1	1
呼伦贝尔市额尔古纳市三河回族乡	3535	17	5		17
呼伦贝尔市额尔古纳市室韦俄罗斯民族乡	2068	7	7		7
兴安盟科尔沁右翼前旗满族屯满族乡	4318	8	8	8	8
赤峰市松山区当铺地满族乡	386	25	25	25	25
赤峰市喀喇沁旗十家满族乡	341	14	14	14	14
乌兰察布市凉城县曹碾满族乡	690	21	19	18	21
呼伦贝尔市鄂温克族自治旗巴彦塔拉达斡尔族乡	418	7	7	7	7
辽宁省	**7435**	**515**	**514**	**358**	**515**
沈阳市康平县柳树屯蒙古族满族乡	105	9	9	9	9
沈阳市康平县沙金台蒙古族满族乡	150	11	11	11	11
沈阳市法库县四家子蒙古族乡	95	9	9	9	9
沈阳市康平县东升满族蒙古族乡	123	10	10	10	10
沈阳市康平县西关屯蒙古族满族乡	88	9	9	9	9
大连市瓦房店市三台满族乡	130	10	10	6	10
大连市瓦房店市杨家满族乡	109	11	11	5	11
大连市庄河市太平岭满族乡	104	6	6	5	6
大连市庄河市桂云花满族乡	214	5	5	3	5
抚顺市抚顺县拉古满族乡	104	10	10	5	10
抚顺市抚顺县汤图满族乡	149	9	9	9	9
本溪市桓仁满族自治县雅河朝鲜族乡	212	8	8	8	8
锦州市义县地藏寺满族乡	116	5	5	2	5
锦州市义县大定堡满族乡	109	8	8		8
阜新市彰武县二道河子蒙古族乡	93	8	8	4	8
辽阳市辽阳县吉洞峪满族乡	282	12	12	12	12
辽阳市辽阳县甜水满族乡	314	14	14	14	14
铁岭市开原市林丰满族乡	142	10	10	1	10

#已通电话的村（个）	#已通邮的村（个）	年末总人口（人）	#少数民族（人）	乡镇企业从业人员（人）	乡镇企业总产值（万元）	#工业企业（万元）	乡镇企业年净利润总额（万元）	农林牧渔业总产值（万元）	农作物总播种面积（亩）
11	11	11338	2487	290	180	80	15	13500	283070
7	7	11712	1744	260	900	500	700	8519	125000
8	8	12472	2915	315	2100		750	22200	188400
9	9	14305	2094						465000
1	1	1420	483	93	1900	1900		580	31155
17		9846	4862					48226	520000
7	1	2626	1198	172	894		216	8925	180000
8	8	4189	3966					42300	5654
25	25	43224	16296						214225
14	14	27425	14549	503	46418	46418	9012		79391
18	21	24696	3358					3800	72000
7	7	2508	2314					6594	
515	**515**	**888923**	**518047**	**45671**	**1688095**	**1269934**	**134799**	**1049542**	**2472611**
9	9	15241	8182	53	1920	1920	90	43429	84774
11	11	18299	13358	598	10500	5800	530	32589	71258
9	9	16294	7821	627	18140	14080	287	41000	69845
10	10	18006	7576	189	845	796	31	37586	94052
9	9	14783	8768	95	900	900	75	28300	77000
10	10	26017	11230	4235	164887	52345	3179	74690	56094
11	11	22418	6726	1349	136821	130716	1719	29692	75348
6	6	21521	5362	4713	105296	77893	4626	42969	55910
5	5	19281	8320	9043	120699	59702	12662	18159	34333
10	10	17289	6531	2025	289255	260000	30160	13560	37849
9	9	7823	6932	30				11490	24309
8	8	19415	10286	345	22116	12581	65	17120	28447
5	5	7652	3172	526	72215	69374	4012		30225
8	8	7295	4504	800	12300	12300	4100	10000	20377
8	8	12877	4077	85	2000	2000	300	17740	79170
12	12	19521	12752	1256	21830	12100	4820	11940	31300
14	14	20353	17315	360	6580	5301	602	18705	38000
10	10	10517	9470	436	4260	4260	1184	14730	32061

9-1(一) 续表 3

民族乡名称	行政区划面积(平方公里)	村民委员会(个)	#已通公路的村(个)	#已通自来水的村(个)	#已通电的村(个)
铁岭市铁岭县白旗寨满族乡	166	9	9	9	9
铁岭市西丰县成平满族乡	147	10	10		10
铁岭市西丰县德兴满族乡	106	7	7	7	7
铁岭市西丰县和隆满族乡	265	10	10	10	10
铁岭市西丰县金星满族乡	134	9	9	7	9
铁岭市西丰县明德满族乡	116	7	7	5	7
铁岭市西丰县营厂满族乡	179	9	9	9	9
铁岭市清河区聂家满族乡	132	10	10		10
朝阳市北票市马友营蒙古族乡	207	9	9	9	9
朝阳市北票市凉水河蒙古族乡	112	6	6		6
朝阳市建平县三家蒙古族乡	160	14	14	10	14
朝阳市凌源市三家子蒙古族乡	233	17	17	17	17
朝阳市朝阳县松岭门蒙古族乡	83	6	6	4	6
朝阳市朝阳县乌兰河硕蒙古族乡	66	7	7	7	7
葫芦岛市绥中县西平坡满族乡	116	10	10	10	10
葫芦岛市绥中县范家满族乡	129	10	10	10	10
葫芦岛市绥中县高甸子满族乡	114	9	9	9	9
葫芦岛市绥中县葛家满族乡	104	10	10	6	10
葫芦岛市绥中县明水满族乡	112	8	8	8	8
葫芦岛市绥中县网户满族乡	75	14	14	9	14
葫芦岛市兴城市白塔满族乡	153	11	11	8	11
葫芦岛市兴城市大寨满族乡	77	13	13	2	13
葫芦岛市兴城市碱厂满族乡	161	7	7		7
葫芦岛市兴城市旧门满族乡	83	8	8	8	8
葫芦岛市兴城市刘台子满族乡	40	10	10	10	10
葫芦岛市兴城市南大山满族乡	130	15	15	7	15
葫芦岛市兴城市望海满族乡	81	10	9	10	10
葫芦岛市兴城市围屏满族乡	112	8	8	1	8
葫芦岛市兴城市羊安满族乡	68	11	11	11	11
葫芦岛市兴城市药王庙满族乡	138	11	11	1	11

#已通电话的村(个)	#已通邮的村(个)	年末总人口(人)	#少数民族(人)	乡镇企业从业人员(人)	乡镇企业总产值(万元)	#工业企业(万元)	乡镇企业年净利润总额(万元)	农林牧渔业总产值(万元)	农作物总播种面积(亩)
9	9	11587	7485	276	7860	6511	1220	4956	27670
10	10	12173	9481					13060	35768
7	7	9412	6517	580	12789	21	935	6261	27501
10	10	17141	12278					21236	36549
9	9	14245	9416	140	290	110	20	7835	45003
7	7	10185	8135	42	386	385	129	532	31850
9	9	10110	6785					7260	27960
10	10	10978	8352					9447	42540
9	9	16358	3689	624	5102	305	1421	15512	82525
6	6	6678	668	89	5400	3600	540	6701	23700
14	14	28672	3496	791	6942	5363	381	53864	133146
17	17	37226	1877	647	102600	101600	35500	45077	46785
6	6	9980	2733	300	257400	214050	1324	15726	19295
7	7	9555	3029	206	2673	462	935	25654	38110
10	10	19739	17935	197	12854	2953	720	25436	43095
10	10	16186	11958	165	1889	1040	435	6550	39780
9	9	18465	15305	760	10080	9100	420	12145	55395
10	10	14275	12358	452	15596	9607	786	12353	15810
8	8	14472	12179	560	3000	800	150	12560	7940
14	14	21480	10826	810	30580	12330	2650	39500	59800
11	11	24224	16347	1552	23375	21801	794	10430	33506
13	13	16121	15324	212	7560	3320	620	32230	73160
7	7	11895	8861	1411	1767	1200	567	13710	41689
8	8	9813	6045	632	40185	36478	5120	10154	22300
10	10	14961	7429	105	4850	3825	502	9838	33744
15	15	20931	18419	210	3609	2527	221	10342	80475
10	10	19793	15140	1420	39210	37120	2730	24000	67400
8	8	13139	11702	375	3760	2950	200	15500	
11	11	21233	13105	1999	46753	30064	3800	12500	39333
11	11	16550	11000	400	4300	4200	500	6000	34083

9-1(一) 续表 4

民族乡名称	行政区划面积（平方公里）	村民委员会（个）	#已通公路的村（个）	#已通自来水的村（个）	#已通电的村（个）
葫芦岛市兴城市三道沟满族乡	170	11	11	6	11
葫芦岛市兴城市元台子满族乡	112	9	9	2	9
葫芦岛市建昌县二道湾子蒙古族乡	89	12	12		12
丹东市宽甸满族自治县下露河朝鲜族乡	259	6	6	6	6
丹东市东港市合隆满族乡	99	10	10	10	10
丹东市凤城市大堡蒙古族乡	266	8	8	8	8
吉林省	**6038**	**313**	**313**	**289**	**313**
延边朝鲜族自治州珲春市三家子满族乡	60	8	8	8	8
延边朝鲜族自治州珲春市杨泡满族乡	227	7	7	7	7
吉林市昌邑区土城子满族朝鲜族乡	96	12	12	12	12
吉林市昌邑区两家子满族乡	161	13	13	13	13
吉林市永吉县金家满族乡	160	7	7	7	7
吉林市蛟河市乌林朝鲜族乡	278	20	20	20	20
通化市梅河口市小杨满族朝鲜族乡	180	17	17	17	17
通化市集安市凉水朝鲜族乡	175	9	9	9	9
通化市通化县金斗朝鲜族满族乡	105	5	5	5	5
通化市通化县大泉源满族朝鲜族乡	339	21	21	21	21
通化市辉南县楼街朝鲜族乡	120	12	12	12	12
通化市柳河县姜家店朝鲜族乡	92	10	10	10	10
辽源市东丰县三合满族朝鲜族乡	167	16	16	5	16
长春市双阳区双营子回族乡	75	6	6	2	6
长春市榆树市延和朝鲜族乡	10	3	3	3	3
长春市九台市胡家回族乡	168	9	9	3	9
长春市九台市莽卡满族乡	153	12	12	12	12
白城市通榆县包拉温都蒙古族乡	244	4	4	4	4
白城市通榆县向海蒙古族乡	1175	16	16	16	16
白城市洮南市呼和车力蒙古族乡	263	7	7	7	7
白城市洮南市胡力吐蒙古族乡	15	10	10	10	10
白城市镇赉县哈吐气蒙古族乡	151	5	5	5	5
白城市镇赉县莫莫格蒙古族乡	487	13	13	13	13

#已通电话的村（个）	#已通邮的村（个）	年末总人口（人）	#少数民族（人）	乡镇企业从业人员（人）	乡镇企业总产值（万元）	#工业企业（万元）	乡镇企业年净利润总额（万元）	农林牧渔业总产值（万元）	农作物总播种面积（亩）
11	11	20361	17353	614	4483	176	134	7287	21312
9	9	17892	11256	1351	26832	23909	2690	12380	37700
12	12	24376	6325					9823	44430
6	6	11327	7982	64	800		500	11230	25400
10	10	20387	12860	202	7413	5719	168	58755	59160
8	8	22401	22015	1720	7193	6340	245		78345
313	**313**	**449784**	**133207**	**25568**	**2451734**	**1207584**	**206894**	**593044**	**2525192**
8	8	8275	5443					247	53265
7	7	2068	1367					14000	2690
12	12	19734	9637	93	5886	3452	300	19350	60688
13	13	17253	3675	215	3095	1974	643	40075	74269
7	7	21216	7546	92	165	132	29	33251	91896
20	20	16065	4206	1045	6605	5067	650	20856	105000
17	17	15876	3985					16077	58560
9	9	5976	1812	68	1810	942	233	9821	21570
5	5	7280	2915	214	4530		167	10745	19467
21	21	20247	8075	1017	14260	9600	2020	20105	60755
12	12	24513	2890	1406	51786	38756	2816	32328	95895
10	10	14071	5116	179	33454	1562	441	6393	71000
16	16	24078	5180	6507	342748	322547	90772	24040	64210
6	6	17417	5835	8750	1908000	791000	102000	73000	57812
3	3	2050	1948	20	4225	4225	803	3516	8430
9	9	23451	8472	1827	18200	5877	1528	53000	140160
12	12	33640	13466	1021	15110	5020	1520	24071	156000
4	4	4788	2234					7535	89700
16	16	25693	8498					35500	395805
7	7	9709	2205					11116	111700
10	10	8183	1747					11080	5315
5	5	4576	1265					11700	83445
13	13	11861	5358						133425

9-1(一) 续表 5

民族乡名称	行政区划面积（平方公里）	村民委员会（个）	#已通公路的村（个）	#已通自来水的村（个）	#已通电的村（个）
白城市大安市新艾里蒙古族乡	83	5	5	5	5
白城市洮北区德顺蒙古族乡	388	19	19	19	19
松原市扶余县三骏满族蒙古族锡伯族乡	296	29	29	29	29
四平市公主岭市龙山满族乡	146	8	8	5	8
四平市双辽市那木斯蒙古族乡	226	10	10	10	10
黑龙江省	**21400**	**421**	**404**	**397**	**409**
哈尔滨市南岗区红旗满族乡	60	8	8	8	8
哈尔滨市双城市乐群满族乡	88	9	9	9	9
哈尔滨市双城市同心满族乡	91	7	7	7	7
哈尔滨市双城市希勤满族乡	126	8	8	8	8
哈尔滨市双城市青岭满族乡	102	9	9	9	9
哈尔滨市五常市红旗满族乡	209	12	12	12	12
哈尔滨市五常市营城子满族乡	112	7	7	7	7
哈尔滨市五常市民乐朝鲜族乡	55	6	6	6	6
哈尔滨市尚志市河东朝鲜族乡	112	8	8	8	8
哈尔滨市尚志市鱼池朝鲜族乡	460	7	7	7	7
哈尔滨市依兰县迎兰朝鲜族乡	470	15	15	15	15
齐齐哈尔市梅里斯达斡尔族区莽格吐达斡尔族乡	330	15	3	3	3
齐齐哈尔市泰来县宁姜蒙古族乡	417	7	7	7	7
齐齐哈尔市泰来县胜利蒙古族乡	333	5	5	5	5
齐齐哈尔市富裕县友谊达满柯族乡	618	14	14	14	14
齐齐哈尔市讷河市兴旺鄂温克族乡	373	12	12	12	12
齐齐哈尔市富拉尔基区杜尔门沁达族乡	100	3	3	3	3
牡丹江市穆棱市福禄朝鲜族满族乡	109	11	11	11	11
牡丹江市宁安市江南朝、满族乡	425	25	25	25	25
牡丹江市宁安市卧龙朝鲜族乡	1247	13	13	13	13
牡丹江市西安区海南朝鲜族乡	1079	16	16	16	16
佳木斯市同江市街津口赫哲族乡	287	6	6	6	6
佳木斯市同江市八岔赫哲族乡	172	4	4	4	4
佳木斯市桦川县星火朝鲜族乡	54	14	14	14	14

		年末总人口（人）		乡镇企业从业人员（人）	乡镇企业总产值（万元）		乡镇企业年净利润总额（万元）	农林牧渔业总产值（万元）	农作物总播种面积（亩）
#已通电话的村（个）	#已通邮的村（个）		#少数民族（人）			#工业企业（万元）			
5	5	5257	1113					3084	65250
19	19	21460	6740	240	2000	1800	270	47000	168285
29	29	50245	6429	180	19920	15630	2002	38420	233910
8	8	14502	4350	2694	19940		700	26735	84840
10	10	20300	1700						11850
409	**385**	**660985**	**237906**	**8605**	**605461**	**273713**	**45587**	**979076**	**4566303**
8	8	20281	7604	2089	210000	170000	15200	26090	51206
9	9	16507	13519	252	14402	2443	3882	30000	106233
7	7	19902	12400						117762
8	8	17369	11826	221	18213	8561		30000	136400
9	9	19002	13761	500	590	590	10000	84704	131775
12	12	43156	12568		11245	11245		28475	15976
7	7	30126	18829					21300	620
6	6	7015	1021	356	20003	3715	1521	15652	4995
8	8	10683	5324	74	11043	3591	21	17038	52133
7	7	11682	2592					50180	57839
15	15	22670	2538						245000
3	3	7545	2592					48547	300000
7	7	10800	2043		19800	5000		18400	13843
5	5	10819	2092		35000	20000		32300	14050
14	14	25136	3548					35620	266861
12	12	36315	1976	3436	200843	27436	8903	40819	366916
3	3	12297	3680					916	92695
11	11	15706	5872	324	3500	3000	950	11300	57930
25	25	26151	7441	140					
13		16283	3775	22	2100		867	32608	153678
16	16	17949	3329	170	3900	2300	1600	43000	192795
6	6	3909	537					8564	8412
4	4	3167	453					12184	14067
14	14	10582	6129	63	18936		544		69106

9–1(一)　续表 6

民族乡名称	行政区划面积(平方公里)	村民委员会(个)	#已通公路的村(个)	#已通自来水的村(个)	#已通电的村(个)
佳木斯市汤原县汤旺朝鲜族乡	34	6	6	6	6
大庆市肇源县超等蒙古族乡	283	7	7	7	7
大庆市肇源县浩德蒙古族乡	231	5	5	5	5
大庆市肇源县义顺蒙古族乡	287	7	7	7	7
黑河市逊克县新鄂鄂伦春族乡	6211	5	5	5	5
黑河市逊克县新兴鄂伦春族乡	343	4	4	4	4
黑河市爱辉区新生鄂伦春族乡	1700	3	3	3	3
黑河市爱辉区四嘉子满族乡	225	6	6	6	6
黑河市爱辉区坤河达斡尔族满族乡	517	6	6	6	6
黑河市北安市主星朝鲜族乡	58	4	4	4	4
黑河市孙吴县沿江达斡尔族满族乡	576	8	8	8	8
绥化市北林区兴和朝鲜族乡	21	2	2	2	2
绥化市北林区红旗满族乡	100	5	5	5	5
绥化市望奎县厢白满族乡	151	7	7	7	7
绥化市望奎县灵山满族乡	91	5	5	5	5
伊春市铁力市年丰朝鲜族乡	142	10	10	10	10
鹤岗市萝北县东明朝鲜族乡	49	7	2	7	7
鹤岗市绥滨县福兴满族乡	92	3	3	3	3
大兴安岭地区呼玛县白银纳鄂伦春族乡	514	6	6	6	6
大兴安岭地区塔河县十八站鄂伦春族乡	1572	6	6	6	6
双鸭山市饶河县四排赫哲族乡	52	4	4	4	4
双鸭山市友谊县成富朝鲜族满族乡	99	6	6	4	6
七台河市勃利县杏树朝鲜族乡	126	11	11	11	11
七台河市勃利县吉兴朝鲜族、满族乡	118	14	14	14	14
鸡西市密山市和平朝鲜族乡	191	12	12	5	12
鸡西市鸡东县鸡林朝鲜族乡	50	6	6	3	6
鸡西市鸡东县明德朝鲜族乡	61	8	8	8	8
鸡西市城子河区永丰朝鲜族乡	78	7	7	7	7
江苏省	**54**	**6**	**6**	**6**	**6**
扬州市高邮市菱塘回族乡	54	6	6	6	6

#已通电话的村（个）	#已通邮的村（个）	年末总人口（人）	#少数民族（人）	乡镇企业从业人员（人）	乡镇企业总产值（万元）	#工业企业（万元）	乡镇企业年净利润总额（万元）	农林牧渔业总产值（万元）	农作物总播种面积（亩）
6	6	4698	4600					6590	2441
7	7	18841	6019	72	232	230	103	31427	110010
5	5	9326	1404	80	2600			14400	78195
7	7	14799	1863	312	15290		720	66337	84141
5	3	2040	647					3264	3076
4	1	1480	182					1711	27671
3	3	1055	207					1576	41880
6	6	4537	1839					6214	77175
6	6	2570							
4	4	4290	2368					6883	62471
8	8	7676	1363					24011	153010
2	2	3184	3120	50	7000	7000	400	986	24480
5	5	17995	15855	120	1440	267	396	21531	119000
7	7	25164	15098					30300	168725
5	5	17659	5677					18325	105000
10	10	13528	2705	85	3000	2850	250	26900	93960
7	7	3230	3145	8	2755	2165	89	9330	46400
3	3	4191	1987					6912	51840
6	6	1975	293					6260	80315
6	6	3797	356					1356	42414
4	4	1585	260	46	214		93	103	46739
6		4916	1120					11732	100440
11	11	18438	2536	65	1020	1020	25	20818	149925
14	14	14958	2525	10	35		2	11000	148385
12	12	16250	4144					24930	147000
6	6	8082	7823					15393	48713
8	8	8874	2295	110	2300	2300	21	14000	67275
7	7	10795	3026					9089	15331
6	**6**	**23053**	**7052**	**12549**	**2194365**	**1536056**	**56506**	**62518**	**68250**
6	6	23053	7052	12549	2194365	1536056	56506	62518	68250

9-1(一)　续表 7

民族乡名称	行政区划面　积（平方公里）	村　民委员会（个）	#已通公路的村（个）	#已通自来水的村（个）	#已通电的　村（个）
浙江省	**641**	**101**	**101**	**101**	**101**
金华市兰溪市水亭畲族乡	47	19	19	19	19
衢州市龙游县沐尘畲族乡	83	10	10	10	10
丽水市莲都区丽新畲族乡	83	9	9	9	9
丽水市龙泉市竹垟畲族乡	102	8	8	8	8
丽水市云和县雾溪畲族乡	33	2	2	2	2
丽水市云和县安溪畲族乡	35	3	3	3	3
丽水市遂昌县三仁畲族乡	79	8	8	8	8
丽水市松阳县板桥畲族乡	26	5	5	5	5
杭州市桐庐县莪山畲族乡	28	7	7	7	7
温州市平阳县青街畲族乡	22	9	9	9	9
温州市苍南县岱岭畲族乡	20	7	7	7	7
温州市苍南县凤阳畲族乡	21	5	5	5	5
温州市文成县周山畲族乡	14	6	6	6	6
温州市泰顺县竹里畲族乡	47	3	3	3	3
安徽省	**432**	**67**	**67**	**54**	**67**
淮南市谢家集区孤堆回族乡	38	8	8	8	8
合肥市肥东县牌坊回族满族乡	90	11	11	11	11
滁州市定远县二龙回族乡	41	5	5	5	5
淮南市凤台县李冲回族乡	23	6	6		6
淮南市潘集区古沟回族乡	43	12	12	5	12
六安市寿县陶店回族乡	38	4	4	4	4
宣城市宁国市云梯畲族乡	51	4	4	4	4
蚌埠市五河县临北回族乡	60	11	11	11	11
阜阳市颍上县赛涧回族乡	49	6	6	6	6
福建省	**2136**	**321**	**321**	**313**	**321**
福州市罗源县霍口畲族乡	198	24	24	24	24
福州市连江县小沧畲族乡	60	5	5	5	5
宁德市福安市坂中畲族乡	66	19	19	19	19
宁德市福安市康厝畲族乡	110	32	32	32	32

#已通电话的村(个)	#已通邮的村(个)	年末总人口(人)	#少数民族(人)	乡镇企业从业人员(人)	乡镇企业总产值(万元)	#工业企业(万元)	乡镇企业年净利润总额(万元)	农林牧渔业总产值(万元)	农作物总播种面积(亩)
101	**101**	**109963**	**27008**	**3757**	**186753**	**156869**	**11499**	**148626**	**167576**
19	19	21700	2710	1900	77850	71000	900	58302	44870
10	10	11481	3180	146	17000	5000	2000	12000	27908
9	9	10688	2055	289	12332	12332	1074	16673	20055
8	8	7899	2439	105	5582	5582	266	24599	19194
2	2	2035	568					1469	2359
3	3	2731	728					994	3125
8	8	8462	2091	257	13254	9515	1080	10653	12885
5	5	4835	1134	79	2007	2007	-60	200	934
7	7	9144	2254	928	56698	51427	5729	12405	15154
9	9	9950	2015	27	2000		500	4081	4787
7	7	6940	2157	20				2230	7763
5	5	5741	2985					1950	3008
6	6	5117	1612	6	30	6	10	1850	3735
3	3	3240	1080					1220	1800
67	**67**	**205965**	**62199**	**10092**	**216988**	**107167**	**14153**	**205738**	**591968**
8	8	17995	6114	137	29750	26274	2021	12976	63519
11	11	45835	6215	3352	33176	18320	1848	58452	107731
5	5	15316	11487	220	6200	2700	132	17536	70185
6	6	18750	7723	2687	25731	22902	4327	15642	33090
12	12	32586	6425	934	78000	7100	3800	17500	33000
4	4	14850	4655	483	17815	8798	699	21030	87538
4	4	6041	1804	140	4400	750	160	7800	7860
11	11	28160	9101	1814	17536	16623	981	32734	110790
6	6	26432	8675	325	4380	3700	185	22068	78255
321	**321**	**423927**	**154548**	**71010**	**2525299**	**2204017**	**124559**	**486704**	**535804**
24	24	20243	4830	150	7361	1576	358	31404	22497
5	5	4407	2457					3551	3461
19	19	27893	10854	6972	283451	252260	8122	18378	46190
32	32	30803	8012	2136	91353	75120	1621	37450	46110

9-1(一) 续表 8

民族乡名称	行政区划面积(平方公里)	村民委员会(个)	#已通公路的村(个)	#已通自来水的村(个)	#已通电的村(个)
宁德市福安市穆云畲族乡	121	33	33	31	33
宁德市霞浦县盐田畲族乡	158	22	22	22	22
宁德市霞浦县崇儒畲族乡	142	27	27	27	27
宁德市霞浦县水门畲族乡	150	23	23	23	23
宁德市蕉城区金涵畲族乡	65	16	16	10	16
宁德市福鼎市硖门畲族乡	58	9	9	9	9
宁德市福鼎市佳阳畲族乡	73	12	12	12	12
漳州市漳浦县赤岭畲族乡	101	9	9	9	9
漳州市漳浦县湖西畲族乡	81	10	10	10	10
漳州市龙海市隆教畲族乡	79	10	10	10	10
三明市永安市青水畲族乡	258	21	21	21	21
三明市宁化县治平畲族乡	178	12	12	12	12
龙岩市上杭县官庄畲族乡	90	18	18	18	18
龙岩市上杭县庐丰畲族乡	131	14	14	14	14
泉州市惠安县百崎回族乡	17	5	5	5	5
江西省	**1080**	**71**	**71**	**58**	**71**
鹰潭市贵溪樟坪畲族乡	122	5	5	5	5
上饶市铅山县太源畲族乡	79	4	4	4	4
上饶市铅山县篁碧畲族乡	81	4	4	4	4
吉安市永丰县龙冈畲族乡	140	10	10	10	10
赣州市南康赤土畲族乡	157	18	18	18	18
吉安市青原区东固畲族乡	243	15	15	2	15
抚州市乐安县金竹畲族乡	248	10	10	10	10
吉安市峡江县金坪民族乡	11	5	5	5	5
河南省	**204**	**94**	**94**	**94**	**94**
郑州市荥阳市金寨回族乡	6	2	2	2	2
商丘市民权县伯党回族乡	25	9	9	9	9
商丘市民权县胡集回族乡	24	13	13	13	13
平顶山市叶县马庄回族乡	11	8	8	8	8
平顶山市郏县姚庄回族乡	9	6	6	6	6

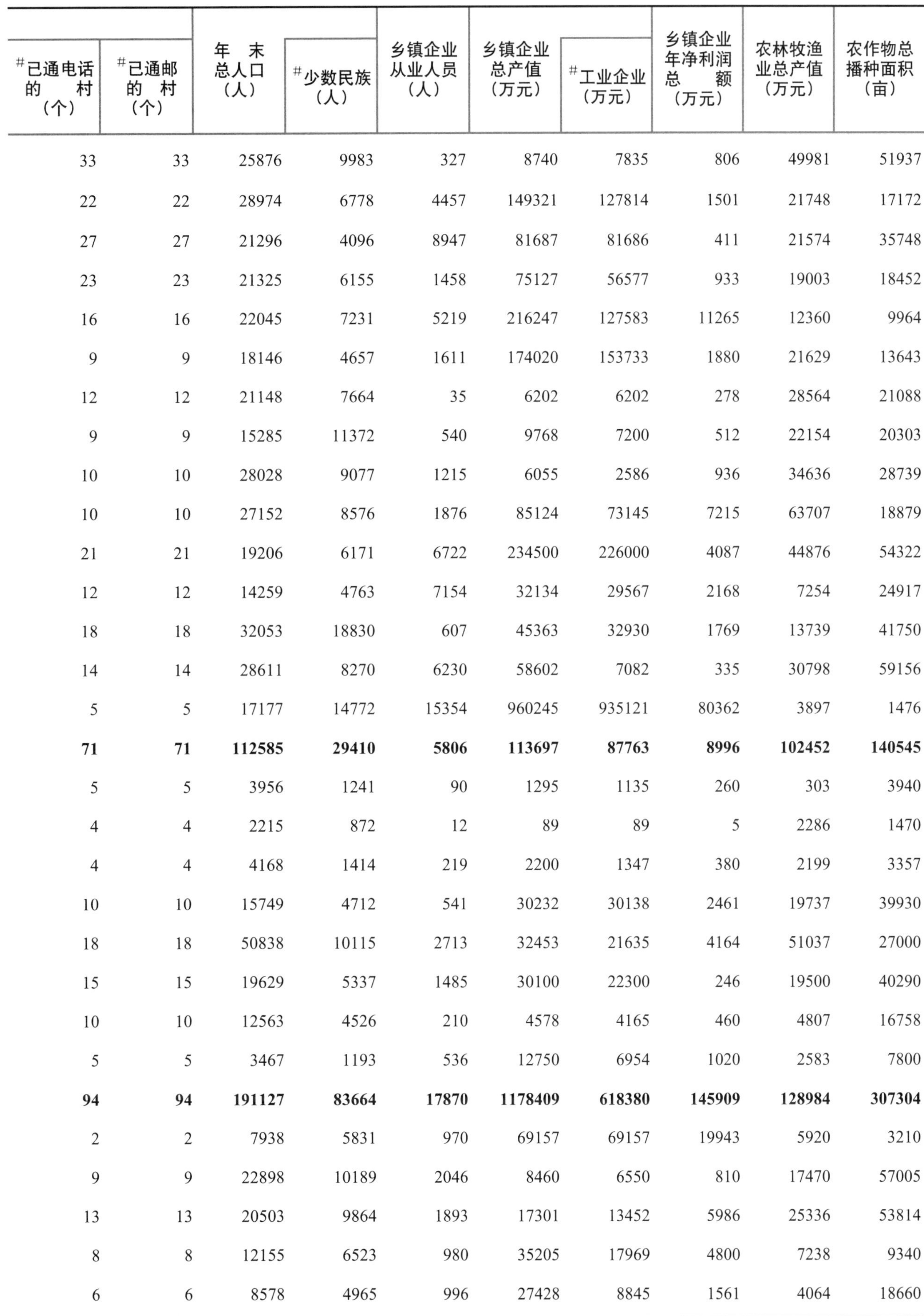

#已通电话的村（个）	#已通邮的村（个）	年末总人口（人）	#少数民族（人）	乡镇企业从业人员（人）	乡镇企业总产值（万元）	#工业企业（万元）	乡镇企业年净利润总额（万元）	农林牧渔业总产值（万元）	农作物总播种面积（亩）
33	33	25876	9983	327	8740	7835	806	49981	51937
22	22	28974	6778	4457	149321	127814	1501	21748	17172
27	27	21296	4096	8947	81687	81686	411	21574	35748
23	23	21325	6155	1458	75127	56577	933	19003	18452
16	16	22045	7231	5219	216247	127583	11265	12360	9964
9	9	18146	4657	1611	174020	153733	1880	21629	13643
12	12	21148	7664	35	6202	6202	278	28564	21088
9	9	15285	11372	540	9768	7200	512	22154	20303
10	10	28028	9077	1215	6055	2586	936	34636	28739
10	10	27152	8576	1876	85124	73145	7215	63707	18879
21	21	19206	6171	6722	234500	226000	4087	44876	54322
12	12	14259	4763	7154	32134	29567	2168	7254	24917
18	18	32053	18830	607	45363	32930	1769	13739	41750
14	14	28611	8270	6230	58602	7082	335	30798	59156
5	5	17177	14772	15354	960245	935121	80362	3897	1476
71	**71**	**112585**	**29410**	**5806**	**113697**	**87763**	**8996**	**102452**	**140545**
5	5	3956	1241	90	1295	1135	260	303	3940
4	4	2215	872	12	89	89	5	2286	1470
4	4	4168	1414	219	2200	1347	380	2199	3357
10	10	15749	4712	541	30232	30138	2461	19737	39930
18	18	50838	10115	2713	32453	21635	4164	51037	27000
15	15	19629	5337	1485	30100	22300	246	19500	40290
10	10	12563	4526	210	4578	4165	460	4807	16758
5	5	3467	1193	536	12750	6954	1020	2583	7800
94	**94**	**191127**	**83664**	**17870**	**1178409**	**618380**	**145909**	**128984**	**307304**
2	2	7938	5831	970	69157	69157	19943	5920	3210
9	9	22898	10189	2046	8460	6550	810	17470	57005
13	13	20503	9864	1893	17301	13452	5986	25336	53814
8	8	12155	6523	980	35205	17969	4800	7238	9340
6	6	8578	4965	996	27428	8845	1561	4064	18660

9−1(一)　续表 9

民族乡名称	行政区划面积（平方公里）	村民委员会（个）	#已通公路的村（个）	#已通自来水的村（个）	#已通电的村（个）
新乡市封丘县荆乡回族乡	8	5	5	5	5
许昌市许昌县艾庄回族乡	14	9	9	9	9
许昌市禹州市山货回族乡	12	6	6	6	6
南阳市镇平县郭庄回族乡	18	9	9	9	9
南阳市方城县袁店回族乡	35	9	9	9	9
驻马店市西平县蔡寨回族乡	20	6	6	6	6
洛阳市瀍河回族区瀍河回族乡	24	12	12	12	12
湖北省	**2251**	**165**	**165**	**165**	**165**
荆门市钟祥市九里回族乡	100	9	9	9	9
荆州市洪湖市老湾回族乡	40	7	7	7	7
荆州市松滋市卸甲坪土家族乡	103	8	8	8	8
宜昌市宜都市潘家湾土家族乡	148	9	9	9	9
十堰市郧西县湖北口回族乡	251	17	17	17	17
恩施土家族苗族自治州恩施市芭蕉侗族乡	303	18	18	18	18
恩施土家族苗族自治州宣恩县长潭河侗族乡	440	39	39	39	39
恩施土家族苗族自治州宣恩县晓关侗族乡	421	40	40	40	40
神农架林区下谷坪土家族乡	216	6	6	6	6
恩施土家族苗族自治州鹤峰县铁炉白族乡	228	12	12	12	12
湖南省	**11819**	**980**	**974**	**968**	**980**
怀化市辰溪县罗子山瑶族乡	51	8	8	8	8
怀化市辰溪县苏木溪瑶族乡	55	10	10	10	10
怀化市辰溪县上蒲溪瑶族乡	63	8	8	8	8
怀化市辰溪县后塘瑶族乡	69	12	12	12	12
怀化市辰溪县仙人湾瑶族乡	133	15	15	15	15
怀化市洪江市深渡苗族乡	87	9	9	9	9
怀化市洪江市龙船塘瑶族乡	101	7	7	7	7
怀化市会同县炮团侗族苗族乡	85	8	8	8	8
怀化市会同县宝田侗族苗族乡	65	6	6	6	6
怀化市会同县蒲稳侗族苗族乡	56	6	6	6	6
怀化市会同县金子岩侗族苗族乡	237	26	26	26	26

#已通电话的村（个）	#已通邮的村（个）	年末总人口（人）	#少数民族（人）	乡镇企业从业人员（人）	乡镇企业总产值（万元）	#工业企业（万元）	乡镇企业年净利润总额（万元）	农林牧渔业总产值（万元）	农作物总播种面积（亩）
5	5	6640	6587	325	10484	6088	798	1847	13680
9	9	14687	1833	1658	46238	45610	965	5589	21000
6	6	13355	5739	2099	134104	121098	12100	10873	24465
9	9	13706	5269	1536	6294	6294	386	7826	18310
9	9	17883	7276	1436	10218	5957	1449	15239	41670
6	6	17055	4252	1525	37282	18924	758	16416	43770
12	12	35729	15336	2406	776238	298436	96353	11166	2380
165	**165**	**247797**	**133043**	**16496**	**460479**	**371991**	**90028**	**514752**	**553120**
9	9	13115	2992	100	47698	42208	3369	35000	62986
7	7	17752	4970	40	2856	2586	1440	37170	27000
8	8	14895	9308	103	43846	38095	490	8175	26580
9	9	15179	6287	14400	65014	54456	3686	81603	44767
17	17	21898	4178	251	6350	4850	3520	30416	45390
18	18	65669	36401	303	178032	178032	35606	154801	103551
39	39	36485	21891	433	3500	3143	2800	74518	134154
40	40	42722	29905	421	90416	27249	36166	78970	70204
6	6	5347	4171	216	2208	2208	635	4929	13538
12	12	14735	12940	228	20559	19164	2315	9171	24950
980	**952**	**1480514**	**915907**	**61412**	**992298**	**767768**	**169674**	**1338295**	**2895568**
8	8	8380	5213	50	438		210	860	8550
10	10	9969	6982					142441	11500
8	8	9728	5317					7425	9125
12	12	19313	12167					2700	14820
15	15	24529	10860	128	3026	1936	115	2824	15900
9	9	10602	9012	75	210	210	65	4986	19256
7	7	8447	5510	54	273	273	162	3204	211161
8	8	13195	12447					1316	4168
6	6	10520	7526	150	13694	13694	648	4289	13276
6	6	10022	9576	176	3650	3650	800	5500	14880
26	26	33873	23963	308	1020	1020	208	19016	28560

9−1(一) 续表 10

民族乡名称	行政区划面积（平方公里）	村民委员会（个）	#已通公路的村（个）	#已通自来水的村（个）	#已通电的村（个）
怀化市会同县漠滨侗族苗族乡	76	7	7	7	7
怀化市会同县青朗侗族苗族乡	118	13	13	13	13
怀化市沅陵县二酉苗族乡	366	30	30	30	30
怀化市沅陵县火场土家族乡	101	6	6	6	6
怀化市中方县蒿吉坪瑶族乡	81	6	6	6	6
怀化市通道侗族自治县大高坪苗族乡	28	4	4	4	4
怀化市新晃侗族自治县步头降苗族乡	83	7	7	7	7
怀化市新晃侗族自治县米贝苗族乡	122	8	8	8	8
邵阳市绥宁县河口苗族乡	117	12	12	12	12
邵阳市绥宁县麻塘苗族乡	72	11	11	11	11
邵阳市绥宁县东山侗族乡	217	9	9	9	9
邵阳市绥宁县鹅公岭侗族苗族乡	142	10	10	10	10
邵阳市绥宁县寨市苗族侗族乡	106	8	8	8	8
邵阳市绥宁县乐安铺苗族侗族乡	250	13	13	13	13
邵阳市绥宁县关峡苗族乡	415	27	27	27	27
邵阳市绥宁县长铺子苗族乡	553	29	29	29	29
邵阳市隆回县山界回族乡	298	12	12	12	12
邵阳市隆回县虎形山瑶族乡	64	6	6	6	6
邵阳市洞口县那溪瑶族乡	76	7	7	7	7
邵阳市洞口县大屋瑶族乡	93	12	12	12	12
邵阳市洞口县长塘瑶族乡	47	16	16	16	16
邵阳市新宁县黄金瑶族乡	143	11	11	11	11
邵阳市新宁县麻林瑶族乡	172	11	11	11	11
永州市蓝山县荆竹瑶族乡	183	6	6	6	6
永州市蓝山县湘江源瑶族乡	56	5	5	5	5
永州市蓝山县浆洞瑶族乡	172	6	6	6	6
永州市蓝山县汇源瑶族乡	50	5	5	5	5
永州市蓝山县犁头瑶族乡	138	7	7	7	7
永州市蓝山县大桥瑶族乡	39	4	4	4	4
永州市江永县松柏瑶族乡	228	14	14	14	14

#已通电话的村（个）	#已通邮的村（个）	年末总人口（人）	#少数民族（人）	乡镇企业从业人员（人）	乡镇企业总产值（万元）	#工业企业（万元）	乡镇企业年净利润总额（万元）	农林牧渔业总产值（万元）	农作物总播种面积（亩）
7	7	14304	12874	40	120		12	7500	7000
13	13	23764	15739	479	4362	4362		13196	29888
30	30	41206	36879	500	1000		200	6575	40179
6	6	7698	7544					802	11823
6	6	7132	3975					187	6239
4	4	4090	3872						184
7	7	10549	9987					3989	10682
8	8	15652	15132	128	5313	5313	1313	11503	30982
12	12	18436	16694	271	8692	7503	480	39981	27860
11	11	12765	11068	80	600	400	110	8380	12865
9	9	25217	24278	564	87906	87906	15823	13448	31642
10	10	15260	12480	76	7260	7260	6500	9084	28950
8	8	10566	10345	478	62529	57662	2856	5625	20535
13	13	16549	10906	983	6037	5824	1406	14382	37020
27	27	31692	26537	1681	18502	9544	7625	186911	66783
29	29	39480	32018	2025	115532	95801	16801	53168	78426
12	1	11851	7779	1428	26572	18130	660	19407	62451
6	6	5385	2464	178	1548	1067	54	117	2810
7	7	5510	3690	150	2300	830	45	122	3759
12	12	17323	7311	631	8000		2660	16870	20826
16	16	27098	9495	535	14000	9600	2100	21888	77273
11	11	9453	5902	2355	12647	7572	5743	34555	16377
11	11	13953	9387	2729	20869	20586	6287	30714	1461
6	6	4465	4332	88	6402	110	526	5101	2875
5	5	3300	3075	510	3700	3000	320	4885	4620
6	6	5570	2297	2051	9020	2020	690	9760	4422
5		3146	1671	380	985	705	76	4586	9180
7	7	9610	4521	745	1580	873	217	15681	10500
4	4	3132	1290	929	350	92	50	4645	6479
14	14	29394	27012	73	4850	4523	2635	4912	37624

9−1(一) 续表 11

民族乡名称	行政区划面积（平方公里）	村民委员会（个）	#已通公路的村（个）	#已通自来水的村（个）	#已通电的村（个）
永州市江永县千家洞瑶族乡	367	12	12	12	12
永州市江永县兰溪瑶族乡	64	6	6	6	6
永州市江永县源口瑶族乡	203	12	12	12	12
永州市宁远县九疑瑶族乡	328	21	21	21	21
永州市宁远县棉花坪瑶族乡	60	5	5	5	5
永州市宁远县桐木漯瑶族乡	69	6	6	6	6
永州市宁远县五龙山瑶族乡	168	11	11	11	11
永州市道县横岭瑶族乡	101	8	8	8	8
永州市道县洪塘营瑶族乡	222	10	10	10	10
永州市道县审章塘瑶族乡	108	14	14	14	14
永州市祁阳县晒北滩瑶族乡	155	9	9	9	9
永州市新田县门楼下瑶族乡	134	13	13	13	13
永州市双牌县上梧江瑶族乡	196	13	13	13	13
永州市江华瑶族自治县小圩壮族乡	133	21	21	21	21
张家界市桑植县刘家坪白族乡	38	6	6	6	6
张家界市桑植县马合口白族乡	119	9	9	9	9
张家界市桑植县走马坪白族乡	133	14	14	14	14
张家界市桑植县芙蓉桥白族乡	206	13	13	13	13
张家界市桑植县洪家关白族乡	147	23	23	23	23
张家界市慈利县三官寺土家族乡	114	17	17	17	17
张家界市慈利县高峰土家族乡	145	16	16	16	16
张家界市慈利县金岩土家族乡	138	12	12	6	12
张家界市慈利县许家坊土家族乡	81	10	10	10	10
张家界市慈利县阳和土家族乡	76	10	10	10	10
张家界市慈利县甘堰土家族乡	180	20	20	15	20
张家界市慈利县赵家岗土家族乡	72	12	12	12	12
郴州市桂阳县白水瑶族乡	135	16	16	16	16
郴州市北湖区保和瑶族乡	101	11	11	11	11
郴州市北湖区仰天湖瑶族乡	176	15	15	15	15
郴州市宜章县莽山瑶族乡	89	6	6	5	6

		年　末 总人口 （人）	#少数民族 （人）	乡镇企业 从业人员 （人）	乡镇企业 总产值 （万元）	#工业企业 （万元）	乡镇企业 年净利润 总　　额 （万元）	农林牧渔 业总产值 （万元）	农作物总 播种面积 （亩）
#已通电话 的　　村 （个）	#已通邮 的　村 （个）								
12	12	23318	21133	122	591	228	64	42155	109920
6	6	10076	9824	176	48	32	12	4089	13962
12	12	25400	20196	215	2150	2050	1590	38413	37790
21	21	35680	7346	492	1338	705	590	10208	16723
5	5	7640	4918						5427
6	3	7596	2935	53	1956	834	279	78	3458
11	11	11783	4295	41	410	164	70	585	1320
8	8	10942	5823	356	2154	1510	361	8108	30700
10	3	15009	8893	241	1987	185	1241	9803	26134
14	14	29303	15086	93	586	131	183	17368	48600
9	9	7285	3608	1	16		5	4350	1380
13	13	9936	5919	66	1320		264	6437	14788
13	13	14739	4628	184	894		438	4933	35952
21	21	28570	15311	8100	420	280	150	12780	61205
6	6	12317	10732	195	786	198	288	1136	9180
9	9	15471	15143	217	290		150	720	23584
14	14	18929	13248					2880	33500
13	13	18400	18200	16	650		150	11209	40016
23	23	34138	23896	5000	6000	2000	1000	3056	23911
17	17	25627	20986					2377	19580
16	16	16941	14132					11570	59133
12	12	16347	13665	65	38		30	4304	39015
10	10	22000	20376					3832	24562
10	10	20366	17811					5758	41434
20	20	33531	30178	405	501		198	8509	96446
12	12	15762	15172	156	2576	2576	773	4528	36820
16	16	23398	837	70	1252	945	645	16495	30038
11	11	19058	2080	4753	60679	60679	38550	21584	62856
15	15	24966	3646	5231	67920	12457	8840	10117	40687
6	6	9042	5865	121	18269	6998	2000	31552	34007

9-1(一) 续表 12

民族乡名称	行政区划面积（平方公里）	村民委员会（个）	#已通公路的村（个）	#已通自来水的村（个）	#已通电的村（个）
郴州市汝城县文明瑶族乡	383	36	36	36	36
郴州市汝城县延寿瑶族乡	173	17	17	17	17
郴州市临武县西山瑶族乡	205	13	13	13	13
郴州市资兴市回龙山瑶族乡	130	11	11	11	11
郴州市资兴市八面山瑶族乡	239	15	15	15	15
常德市鼎城区许家桥回族维吾尔族乡	117	16	16	16	16
常德市汉寿县毛家滩回族维吾尔族乡	53	7	7	7	7
常德市桃源县枫树维吾尔族回族乡	68	12	12	12	12
常德市桃源县青林回族维吾尔族乡	101	13	7	13	13
株洲市炎陵县中村瑶族乡	291	12	12	12	12
衡阳市常宁市塔山瑶族乡	144	11	11	11	11
益阳市桃江县鲊埠回族乡	48	9	9	9	9
广东省	**1380**	**50**	**50**	**50**	**50**
惠州市龙门县蓝田瑶族乡	132	7	7	7	7
清远市连州市三水瑶族乡	139	4	4	4	4
清远市连州市瑶安瑶族乡	226	10	10	10	10
清远市阳山县秤架瑶族乡	567	10	10	10	10
肇庆市怀集县下帅壮族瑶族乡	77	5	5	5	5
韶关市始兴县深渡水瑶族乡	171	4	4	4	4
河源市东源县漳溪畲族乡	68	10	10	10	10
广西壮族自治区	**15755**	**595**	**595**	**562**	**595**
梧州市蒙山县长坪瑶族乡	132	5	5	5	5
梧州市蒙山县夏宜瑶族乡	117	6	6	6	6
贺州市八步区黄洞瑶族乡	189	4	4	4	4
贺州市平桂管理区大平瑶族乡	217	6	6	6	6
贺州市昭平县仙回瑶族乡	190	6	6	6	6
贺州市钟山县两安瑶族乡	144	6	6	6	6
贺州市钟山县花山瑶族乡	188	6	6	6	6
贵港市平南县马练瑶族乡	240	12	12	12	12
贵港市平南县国安瑶族乡	143	10	10	10	10

		年 末 总人口 （人）		乡镇企业 从业人员 （人）	乡镇企业 总产值 （万元）		乡镇企业 年净利润 总 额 （万元）	农林牧渔 业总产值 （万元）	农作物总 播种面积 （亩）
#已通电话 的 村 （个）	#已通邮 的 村 （个）		#少数民族 （人）			#工业企业 （万元）			
36	34	52842	22641	2220	12455	9569	876	66451	86773
17	17	30648	24519	783	26687	23803	8975	31195	33251
13	13	13790	2640	90	6980	4538	3176	10704	25549
11	11	19213	1195	36	4600	3500	680	33673	78926
15	15	15378	1200	398	62385	27830	9534	31726	48732
16	16	35912	9566	795	18200	18200	970	31296	161946
7	7	27223	8537	937	31000	28000	4125	9585	95226
12	12	32898	10198	150	443	399	175	28298	112011
13	13	40010	12085	2370	19003	12625	235	26533	138221
12	12	13245	2371	76	9264	2966	4532	6090	17213
11	11	11882	6398	960	2563		1130	2076	681
9	9	21775	9548	5200	172900	172900		19200	22000
50	**50**	**87256**	**29643**	**3896**	**149210**	**246631**	**35793**	**115211**	**119733**
7	7	11018	1806	1713		100450	9669	26925	15525
4	4	4381	1674	158	4109	4109	821	9002	5879
10	10	13200	3960	150	5493	5493	1500	18484	10400
10	10	18573	4874	940	23119	23119	9094	24363	42108
5	5	11623	8034	357	6450	3421	1500	16532	15000
4	4	7901	2139					10037	11126
10	10	20560	7156	578	110040	110040	13209	9868	19695
595	**572**	**1180397**	**889799**	**16196**	**272310**	**188730**	**61056**	**633500**	**1878228**
5	5	3051	2567					2748	6026
6	6	6922	5797					5152	17137
4	4	7582	5994	470	10125	2895	1100	15209	16521
6	6	14557	4150	130	1751	1442	876	11587	27028
6	6	15485	8631	337	1618	810	703	1085	23340
6	6	18007	17641	934	11583	10697	1061	16386	26205
6	1	8165	7092	508	22560	9342	2802	15265	12232
12	12	48311	40250	175	2180	1543	212	5000	31400
10	10	24106	21591	750	17785	12000	6500	13500	15111

9-1(一) 续表 13

民族乡名称	行政区划面积（平方公里）	村民委员会（个）	#已通公路的村（个）	#已通自来水的村（个）	#已通电的村（个）
防城港市上思县南屏瑶族乡	526	9	9	9	9
防城港市防城区十万山瑶族乡	99	5	5	5	5
南宁市马山县古寨瑶族乡	153	8	8	8	8
南宁市马山县里当瑶族乡	152	9	9	9	9
南宁市上林县镇圩瑶族乡	113	11	11	11	11
柳州市三江侗族自治县同乐苗族乡	180	19	19	19	19
柳州市三江侗族自治县福禄苗族乡	158	14	14	14	14
柳州市三江侗族自治县高基瑶族乡	169	8	8	8	8
柳州市融水苗族自治县滚贝侗族乡	292	11	11	11	11
柳州市融水苗族自治县同练瑶族乡	204	6	6	6	6
柳州市柳城县古砦仫佬族乡	247	13	13	10	13
桂林市临桂县宛田瑶族乡	336	15	15	15	15
桂林市临桂县黄沙瑶族乡	203	5	5	5	5
桂林市灵川县大境瑶族乡	264	8	8	8	8
桂林市灵川县兰田瑶族乡	117	3	3	3	3
桂林市全州县蕉江瑶族乡	230	8	8	7	8
桂林市全州县东山瑶族乡	420	16	16	16	16
桂林市兴安县华江瑶族乡	438	9	9	9	9
桂林市灌阳县洞井瑶族乡	212	9	9	9	9
桂林市灌阳县西山瑶族乡	188	10	10	10	10
桂林市资源县车田苗族乡	310	12	12	12	12
桂林市资源县两水苗族乡	133	6	6	6	6
桂林市资源县河口瑶族乡	112	5	5	5	5
桂林市平乐县大发瑶族乡	456	10	10	10	10
桂林市荔浦县蒲芦瑶族乡	259	9	9	9	9
桂林市雁山区草坪回族乡	33	3	3	3	3
百色市右江区汪甸瑶族乡	547	13	13	13	13
百色市田东县作登瑶族乡	371	21	21	3	21
百色市田林县潞城瑶族乡	788	19	19	19	19
百色市田林县利周瑶族乡	253	9	9	9	9

#已通电话的村（个）	#已通邮的村（个）	年末总人口（人）	#少数民族（人）	乡镇企业从业人员（人）	乡镇企业总产值（万元）	#工业企业（万元）	乡镇企业年净利润总额（万元）	农林牧渔业总产值（万元）	农作物总播种面积（亩）
9	9	13935	13821	10	46		10	2882	3480
5	5	11920	8234	4	100	100	60	2869	6430
8	8	21313	20939	63	3023	1005	497	13952	76875
9	9	21467	20936	331	520	320	208	11052	33054
11	11	25666	25067					25584	41363
19	19	47044	46048	68	1700		300	35913	29840
14	14	35587	34045	150	1821		1026	18829	2000
8	3	7382	6645	183	1264	225	688	11257	18600
11	11	19945	11967	130	4010		815	3209	24210
6	6	11000	5322	55	24	24	9	29020	1138
13	13	36391	17427	160	702	203	54	51052	7193
15	15	23318	13389	430	2000	1800	200	281	47603
5	5	5650	2258					6264	1189
8	8	12680	4797					1750	2037
3	3	6235	2078	165	1500	1500	180	811	18333
8	8	15362	2553					2538	2538
16	16	35782	30415	52	1048	502	305	3207	91582
9	9	18235	6016	3500	70385	52650	10845	15635	25568
9	9	9093	2773	585	13588	12118	3133	8121	36540
10	10	13265	5941	1120	11150	7890	2450	13853	35895
12	12	25312	15699	105	15000	15000	1500	2675	25954
6	6	10709	7057	601	882	882	400	19921	44038
5	5	5216	3002	341	3122	2965	2434	12600	16921
10	10	18651	10849	599	9675	5653	563	24210	50148
9	9	10512	7048	733	15000	14800	1500	7450	32400
3	3	5387	2047	278	36		186	2544	8775
13	13	28060	26974						92356
21	21	38402	37112	125	1107	120	509	32586	68985
19	19	27028	22936						40647
9	9	17648	15393						33192

9-1(一) 续表 14

民族乡名称	行政区划面积（平方公里）	村民委员会（个）	#已通公路的村（个）	#已通自来水的村（个）	#已通电的村（个）
百色市田林县八桂瑶族乡	382	12	12	12	12
百色市田林县八渡瑶族乡	677	17	17	17	17
百色市凌云县伶站瑶族乡	194	9	9	9	9
百色市凌云县朝里瑶族乡	181	6	6	6	6
百色市凌云县沙里瑶族乡	227	12	12	12	12
百色市凌云县玉洪瑶族乡	316	18	18	18	18
百色市西林县足别瑶族苗族乡	269	6	6	6	6
百色市西林县普合苗族乡	292	7	7	7	7
百色市西林县那佐苗族乡	598	18	18	18	18
河池市南丹县八圩瑶族乡	510	18	18	12	18
河池市南丹县里湖瑶族乡	384	14	14	10	14
河池市南丹县中堡苗族乡	165	6	6	5	6
河池市天峨县八腊瑶族乡	333	9	9	9	9
河池市凤山县平乐瑶族乡	175	10	10	10	10
河池市凤山县江洲瑶族乡	92	7	7	7	7
河池市凤山县金牙瑶族乡	236	12	12	12	12
河池市东兰县三弄瑶族乡	89	5	5	5	5
河池市环江毛南族自治县驯乐苗族乡	590	12	12	12	12
河池市宜州市北牙瑶族乡	370	19	19	19	19
河池市宜州市福龙瑶族乡	404	14	14	14	14
重庆市	**1437**	**98**	**98**	**98**	**98**
奉节县云雾土家族乡	81	3	3	3	3
奉节县长安土家族乡	274	8	8	8	8
奉节县龙桥土家族乡	119	6	6	6	6
奉节县太和土家族乡	141	8	8	8	8
万州区恒合土家族乡	82	13	13	13	13
万州区地宝土家族乡	44	4	4	4	4
云阳县清水土家族乡	102	14	14	14	14
巫山县红椿土家族乡	110	5	5	5	5
巫山县邓家土家族乡	58	5	5	5	5

#已通电话的村（个）	#已通邮的村（个）	年末总人口（人）	#少数民族（人）	乡镇企业从业人员（人）	乡镇企业总产值（万元）	#工业企业（万元）	乡镇企业年净利润总额（万元）	农林牧渔业总产值（万元）	农作物总播种面积（亩）
12	12	15602	15040						41085
17	17	23065	20168						84217
9	9	18908	15144					2920	44200
6	6	9781	9497					4725	12819
12	12	20991	15013	223	2491		498	5100	2833
18	18	24046	14837	293	200	193	155	5851	33329
6	6	9633	5413	258	1200		380		1801
7	1	12206	11888	98	2055		1337		30531
18	18	27920	25528	143	553		344		52420
18	18	30531	24789					17109	49770
14	14	26294	19126					14309	48570
6	6	8546	6956					5589	18660
9	2	26511	7189					15217	3615
10	10	25987	14808	335	4750	3690	350	4980	40158
7	7	15636	9106	171	3080	2006	280	6558	26730
12	12	26656	8565	532	8211	5820	722	8700	42945
5	5	5635	4910						8705
12	12	26502	26000	674	22133	18759	15650	31235	3752
19	19	62227	54061	186	1388	1388	90	65211	134825
14	14	39339	39260	191	945	388	124		103380
98	**98**	**165545**	**65754**	**3235**	**48352**	**16963**	**11602**	**158504**	**338962**
3	3	4563	3180	11	500		20	5055	18266
8	8	16834	5515					36842	56630
6	6	11854	3082	235	2850	1614	426	11952	22146
8	8	13437	3762	120	5000	240	300	19000	405
13	13	27494	15363	1108	5500	1698	1080	17638	25142
4	4	7876	4167	76	455	95	205	224	800
14	14	19235	4562	1023	5940		2673	3200	34300
5	5	6821	3735					7948	14115
5	5	4061	1399	25	116		45	1421	15400

9-1(一) 续表 15

民族乡名称	行政区划面积(平方公里)	村民委员会(个)	#已通公路的村(个)	#已通自来水的村(个)	#已通电的村(个)
忠县磨子土家族乡	32	8	8	8	8
武隆区石桥苗族土家族乡	112	6	6	6	6
武隆区文复苗族土家族乡	110	6	6	6	6
武隆区后坪苗族土家族乡	87	6	6	6	6
武隆区浩口苗族仡佬族乡	85	6	6	6	6
四川省	**13882**	**467**	**467**	**454**	**466**
甘孜藏族自治州九龙县子耳彝族乡	352	5	5	5	5
甘孜藏族自治州九龙县小金彝族乡	42	3	3	3	3
甘孜藏族自治州九龙县朵落彝族乡	125	3	3	3	3
阿坝藏族羌族自治州松潘县十里回族乡	39	6	6	6	6
攀枝花市仁和区大龙潭彝族乡	278	8	8	8	8
攀枝花市仁和区啊喇彝族乡	178	6	6		6
攀枝花市米易县麻陇彝族乡	228	8	8	8	8
攀枝花市米易县白坡彝族乡	343	7	7	7	7
攀枝花市米易县湾丘彝族乡	129	6	6	6	6
攀枝花市米易县新山傈僳族乡	70	4	4	4	4
攀枝花市盐边县红果彝族乡	288	11	11	11	11
攀枝花市盐边县温泉彝族乡	168	5	5	5	5
攀枝花市盐边县格萨拉彝族乡					
攀枝花市盐边县红宝苗族彝族乡					
泸州市叙永县白蜡苗族乡	140	7	7	7	7
泸州市叙永县合乐苗族乡	97	5	5	5	5
泸州市叙永县枧槽苗族乡	81	6	6	6	6
泸州市叙永县石厢子彝族乡	35	4	4	4	4
泸州市叙永县水潦彝族乡	82	10	10	10	10
泸州市古蔺县箭竹苗族乡	128	8	8	8	8
泸州市古蔺县大寨苗族乡	47	3	3	3	3
泸州市古蔺县马嘶苗族乡	78	6	6	6	6
广元市青川县蒿溪回族乡	110	5	5	5	5
广元市青川县大院回族乡	50	5	5	5	5

#已通电话的村（个）	#已通邮的村（个）	年末总人口（人）	#少数民族（人）	乡镇企业从业人员（人）	乡镇企业总产值（万元）	#工业企业（万元）	乡镇企业年净利润总额（万元）	农林牧渔业总产值（万元）	农作物总播种面积（亩）
8	8	18727	8484	85	16041	8166	4853	14962	40433
6	6	11206	3854	490	9000	3000	900	10111	34022
6	6	9445	3935	20				13408	20867
6	6	7640	2237					9727	26516
6	6	6352	2479	42	2950	2150	1100	7016	29920
463	**391**	**647643**	**298218**	**14493**	**566784**	**465174**	**66560**	**574365**	**1415777**
5	5	4039	2927					2730	5560
3	3	2698	2439					1356	4566
3	3	1499	1230					1085	1158
6	6	3565	2217					3152	4595
8	2	15753	10554	1776	3670	3622		50367	47193
6	1	9380	5144	27	6245	1766	145	25809	17335
8	8	10063	7850	11	600	600	200	10800	37050
7	1	10234	3632	122	560	560	420	24552	32511
6	6	15262	5613	1421	181158	178158		18000	23250
4	4	7313	1969	95	603	603	442	13262	26685
11	11	13106	11992	1543	35582	16791	4692	29915	21831
5	5	7669	6126	23	1026	750	480	6869	20739
7	1	20616	5200	120	8035	7426	4325	8143	39585
5	5	12491	4967	66	1302	2	307	7204	40189
6	6	12398	3023	50	6000	300	850	1200	27000
4	4	9354	3804	10	500	500	96	4729	8213
10	3	23695	10014	33	2528	2528	1376	163	40968
8	1	15434	3350	328	31520	14184	9456	10903	30900
3	3	7526	1584	452	32685	28632	18126	9356	15632
6	2	13533	2450	150	1500		400	5500	41800
5	5	3870	955		710			9100	14851
5	5	5655	1389	10	21	21	8	5221	27366

9-1(一) 续表 16

民族乡名称	行政区划面积（平方公里）	村民委员会（个）	#已通公路的村（个）	#已通自来水的村（个）	#已通电的村（个）
乐山市金口河区和平彝族乡	38	5	5	5	5
乐山市金口河区共安彝族乡	168	7	7	7	7
南充市阆中市博树回族乡					
宜宾市筠连县高坪苗族乡	34	5	5	5	5
宜宾市筠连县联合苗族乡	39	5	5	5	5
宜宾市筠连县团林苗族乡	50	6	6	6	6
宜宾市屏山县屏边彝族乡	94	7	7	7	7
宜宾市屏山县清平彝族乡	84	7	7	7	7
宜宾市兴文县大坝苗族乡	128	11	11	11	11
宜宾市兴文县大河苗族乡	125	14	14	14	14
宜宾市兴文县麒麟苗族乡	114	16	16	15	16
宜宾市兴文县仙峰苗族乡	111	8	8	8	8
宜宾市珙县罗渡苗族乡	41	6	6	6	6
宜宾市珙县玉和苗族乡	25	4	4	4	4
宜宾市珙县观斗苗族乡	21	4	4	4	4
雅安市汉源县小堡藏族彝族乡	58	3	3	3	3
雅安市汉源县坭美彝族乡	67	5	5	5	5
雅安市汉源县永利彝族乡	109	6	6	6	6
雅安市汉源县顺河彝族乡	79	3	3	3	3
雅安市汉源县片马彝族乡	55	6	6	6	6
雅安市石棉县蟹螺藏族乡	197	7	7	7	7
雅安市石棉县栗子坪彝族乡	510	4	4	4	4
雅安市石棉县新民藏族彝族乡	123	9	9	9	9
雅安市石棉县草科藏族乡	341	3	3	3	3
雅安市宝兴县跷碛藏族乡	948	4	4	4	4
雅安市荥经县宝峰彝族民族乡	14	3	3	3	3
雅安市荥经县民建彝族民族乡	23	6	6	6	6
雅安市石棉县王岗坪彝族藏族乡	342	9	9	9	9
凉山彝族自治州西昌市高草回族乡					
凉山彝族自治州西昌市裕隆回族乡					

#已通电话的村（个）	#已通邮的村（个）	年末总人口（人）	#少数民族（人）	乡镇企业从业人员（人）	乡镇企业总产值（万元）	#工业企业（万元）	乡镇企业年净利润总额（万元）	农林牧渔业总产值（万元）	农作物总播种面积（亩）
5	5	6629	2327						16791
7	7	6700	2576	132					11096
5	5	8239	2480					6591	21650
5	5	9947	3596	23	479	260	383	4786	22872
6	6	7120	2136					102	8319
7	7	11000	6100	65	3761	3761	-229	7385	14588
7	7	9068	2355					6459	15720
11	11	32500	7250	2358	41100	35124	2146	15780	75305
14	14	44812	7921	2153	95764	81728	2873	42900	78225
16	16	32163	7782	272	11070	5650	1033	19580	58277
8	8	13173	4956	326	18652	9520	1024	24902	35012
6	1	14836	2241	215	18349	17877	1125	11967	38875
4	4	6300	1749					6692	9260
4	4	5592	1349	256	6597	6597	1121	2166	8814
3	3	2772	728	30				600	4000
5	5	2219	1189					4965	16391
6	6	3109	637					1682	991
3	3	5122	1126					3218	3358
6	6	5456	1647	4	40		10	6737	16176
7	1	3923	2096	340	25218	25200	15368	3533	10283
4	1	5876	5723	367	726	434	264	243	5699
9	1	6708	2297	130	6104	5850	1804	9845	17668
3	3	2405	1322	321	1019	1019		3222	12477
4	1	5281	5048					11000	14500
3	3	3182	1032					2153	4785
6	6	5508	1412					5865	
9	9	6849	2700						12836

9-1(一) 续表 17

民族乡名称	行政区划面积(平方公里)	村民委员会(个)	#已通公路的村(个)	#已通自来水的村(个)	#已通电的村(个)
凉山彝族自治州木里藏族自治县屋脚蒙古族乡	306	2	2	2	1
凉山彝族自治州木里藏族自治县俄亚纳西族乡	590	6	6	6	6
凉山彝族自治州木里藏族自治县白碉苗族乡					
凉山彝族自治州木里藏族自治县项脚蒙古族乡		3	3	3	3
凉山彝族自治州木里藏族自治县固增苗族乡	388	4	4	4	4
凉山彝族自治州盐源县大坡蒙古族乡					
凉山彝族自治州德昌县金沙傈僳族乡					
凉山彝族自治州德昌县南山傈僳族乡					
凉山彝族自治州会理县新安傣族乡					
凉山彝族自治州冕宁县和爱藏族乡					
凉山彝族自治州越西县保安藏族乡					
绵阳市平武县木皮藏族乡	251	3	3	3	3
绵阳市平武县木座藏族乡	715	3	3	3	3
绵阳市平武县白马藏族乡	715	4	4	4	4
绵阳市平武县黄羊关藏族乡	199	4	4	4	4
绵阳市平武县虎牙藏族乡	484	5	5	5	5
绵阳市平武县泗耳藏族乡	548	3	3	3	3
绵阳市平武县豆叩羌族乡	270	19	19	19	19
绵阳市平武县锁江羌族乡	263	12	12	12	12
绵阳市北川羌族自治县桃龙藏族乡	63	5	5	5	5
绵阳市盐亭县大兴回族乡	24	8	8	2	8
达州市宣汉县渡口土家族乡	105	7	7	7	7
达州市宣汉县龙泉土家族乡	242	14	14	14	14
达州市宣汉县三墩土家族乡	91	7	7	7	7
达州市宣汉县漆树土家族乡	104	6	6	6	6
绵阳市平武县旧堡羌族乡	121	4	4	4	4
绵阳市平武县阔达藏族乡	105	5	5	5	5
绵阳市平武县土城藏族乡	222	9	9	9	9
绵阳市平武县平通羌族乡					

#已通电话的村（个）	#已通邮的村（个）	年末总人口（人）	#少数民族（人）	乡镇企业从业人员（人）	乡镇企业总产值（万元）	#工业企业（万元）	乡镇企业年净利润总额（万元）	农林牧渔业总产值（万元）	农作物总播种面积（亩）
2	2	2550	2550						7468
6	6	6058	5368					2850	14315
3	1	3625	2996						9531
	1	3472	2950					1235	5300
3	3	1076	806					455	193
3	3	1687	972					200	500
4	4	1580	1450					565	760
4	4	1522	527	10	22		11	2508	3327
5	5	2612	689	31	38	5	9	38	6500
3	1	851	249	59	6000	6000	-4000	1734	489
19	19	10665	9086					12008	55877
12	12	12502	11453	80	800	800		163	74227
5	5	3269	2600	22	230		35	7984	32514
8	8	7304	2478					8856	15260
7	7	8036	7644					4406	5252
14	14	11154	10261					30425	8800
7	7	14917	12079	878	15482	8350	2260	7153	16267
6	6	19752	6600					5202	27482
4	1	3501	1957						4038
5	5	4953	2461					47	10156
9	9	6632	4663	56	556	556		2957	12976

9-1(一) 续表 18

民族乡名称	行政区划面积(平方公里)	村民委员会(个)	#已通公路的村(个)	#已通自来水的村(个)	#已通电的村(个)
贵州省	**20039**	**2110**	**2099**	**1967**	**2109**
贵阳市南明区小碧布依族苗族乡	66	12	12	12	12
贵阳市花溪区高坡苗族乡	120	19	19	19	19
贵阳市花溪区孟关苗族布依族乡	69	8	8	8	8
贵阳市花溪区马铃布依族苗族乡	81	3	3	3	3
贵阳市花溪区黔陶布依族苗族乡	74	7	7	7	7
贵阳市乌当区偏坡布依族乡	14	2	2	2	2
贵阳市乌当区新堡布依族乡	54	7	7	7	7
贵阳市白云区牛场布依族乡	67	13	13	13	13
贵阳市白云区都拉布依族乡	35	7	7	7	7
贵阳市清镇市麦格苗族布依族乡	125	15	15	15	15
贵阳市清镇市王庄布依族苗族乡	77	10	10	10	10
贵阳市清镇市流长苗族乡	158	26	26	14	26
贵阳市开阳县高寨苗族布依族乡	177	8	8	8	8
贵阳市开阳县南江布依族苗族乡	120	6	6	6	6
贵阳市开阳县禾丰布依族苗族乡	83	6	6	6	6
贵阳市修文县大石布依族乡	50	7	7	7	7
贵阳市息烽县青山苗族乡	50	5	5	5	5
六盘水市水城县坪寨彝族乡	97	4	4	4	4
六盘水市水城县南开苗族彝族乡	138	12	12	12	12
六盘水市水城县青林苗族彝族乡	64	4	4	4	4
六盘水市水城县金盆苗族彝族乡	107	6	6	6	6
六盘水市水城县新街彝族苗族布依族乡	52	3	3	3	3
六盘水市水城县杨梅彝族苗族回族乡	160	6	6	6	6
六盘水市水城县野钟苗族彝族布依族乡	142	5	5	5	5
六盘水市水城县果布嘎彝族苗族布依族乡	107	5	5	5	5
六盘水市水城县龙场苗族白族彝族乡	101	7	7	7	7
六盘水市水城县营盘苗族彝族白族乡	114	6	6	6	6
六盘水市水城县顺场苗族彝族布依族乡	119	6	6	6	6
六盘水市水城县花戛苗族布依族彝族乡	160	5	5	5	5
六盘水市水城县猴场苗族布依族乡	155	6	6	6	6

#已通电话的村（个）	#已通邮的村（个）	年末总人口（人）	#少数民族（人）	乡镇企业从业人员（人）	乡镇企业总产值（万元）	#工业企业（万元）	乡镇企业年净利润总额（万元）	农林牧渔业总产值（万元）	农作物总播种面积（亩）
1966	**1312**	**4415135**	**2318473**	**172341**	**4235669**	**3185274**	**1051395**	**2732434**	**7400902**
12	12	18932	7292						
19	19	27648	19630	22	7466	7466	1326	14242	208500
8	8	21672	10563		245800	245800		26468	26295
3	3	9875	6401	210			103	26243	25000
7	7	10685	4791	575	12129	9703	6065	20379	13965
2	2	2006	1859	115	425		286	8200	655
7	7	5378	3245					16320	22375
13	13	14659	5223	5	1476	620	35	12214	37425
7	7	10865	6072	401	138462	138462	75230	10256	9855
15	15	26058	9553	960	40271	31256	5731	17189	25407
10	10	24680	7220	2100	122365	122365	7325	48130	69550
26	26	64981	31937	4300	6812	6370	850	36800	5803
8	4	28139	9135	688	22379	22379	22379	30220	17970
6	6	21178	7541	410	1120		210	22816	54211
6	6	17292	6225	81	27800	23120	14000	26568	49635
7	7	14036	4013					18559	37380
5	5	7465	2056	399	1300	690	499	13881	38120
4	1	11725	2662	270	998	800	199	11488	6000
12	1	50818	26549	153	1763	1734	263	33300	37213
4	4	21998	11931	120	595	539	527	15630	16590
6	3	31851	19441	215	2150	2049	1392	23704	49527
3	1	14332	8858	29	995	995	140	12950	20050
6	1	27994	18680	45	1080	1080	69	8020	17475
5	1	27405	14665	112	3720	3720	322	14300	44130
5	1	20552	12043	525	2130	2130	428	13580	27500
7	1	25735	11908	298	3933	3933	622	17755	20955
6	1	21980	18690	126	4968	4968	422	14460	30795
6	1	26250	20500	360	24960	24960	3050	16320	29745
5	1	19316	17365	43	11537	11537	1817	11897	31920
6	1	22317	21284	50	1001	1001	148	26571	20060

9–1(一) 续表 19

民族乡名称	行政区划面积（平方公里）	村民委员会（个）	#已通公路的村（个）	#已通自来水的村（个）	#已通电的村（个）
六盘水市盘县普田回族乡	76	6	6	6	6
六盘水市盘县旧营白族彝族苗族乡	101	11	11	11	11
六盘水市盘县羊场布依族白族苗族乡	136	16	16	16	16
六盘水市盘县保基苗族彝族乡	147	7	7	7	7
六盘水市盘县淤泥彝族乡	175	18	18	18	18
六盘水市盘县普古彝族苗族乡	155	21	21	21	21
六盘水市盘县坪地彝族乡	152	15	15	15	15
六盘水市六枝特区梭戛苗族彝族乡	57	7	7	7	7
六盘水市六枝特区落别布依族彝族乡	94	13	13	13	13
六盘水市六枝特区中寨苗族彝族布依族乡	165	17	17	17	17
六盘水市六枝特区牛场苗族彝族乡	83	10	10	10	10
六盘水市六枝特区月亮河彝族苗族乡	117	17	17	17	17
遵义市仁怀市后山苗族布依族乡	72	4	4	4	4
遵义市遵义县平正仡佬族乡	145	7	7	7	7
遵义市遵义县洪关苗族乡	63	3	3	3	3
遵义市桐梓县马鬃苗族乡	109	10	10	10	10
遵义市正安县谢坝仡佬族苗族乡	93	6	6	6	6
遵义市正安县市坪苗族仡佬族乡	111	4	4	4	4
遵义市余庆县花山苗族乡	106	4	4	4	4
遵义市道真仡佬族苗族自治县上坝土家族乡	93	4	4	4	4
安顺市西秀区鸡场布依族苗族乡	110	5	5	5	5
安顺市西秀区杨武布依族苗族乡	152	10	10	10	10
安顺市西秀区岩腊苗族布依族乡	114	8	8	8	8
安顺市西秀区新场布依族苗族乡	70	8	8	8	8
安顺市西秀区黄腊布依族苗族乡	72	7	7	7	7
安顺市平坝县十字回族乡	110	11	11	11	11
安顺市平坝县羊昌布依族苗族乡	76	7	7	7	7
安顺市普定县补郎苗族乡	81	11	11	11	11
安顺市普定县猴场苗族仡佬族乡	93	10	10	10	10
安顺市普定县猫洞苗族仡佬族乡	89	15	15	15	15

#已通电话的村（个）	#已通邮的村（个）	年末总人口（人）	#少数民族（人）	乡镇企业从业人员（人）	乡镇企业总产值（万元）	#工业企业（万元）	乡镇企业年净利润总额（万元）	农林牧渔业总产值（万元）	农作物总播种面积（亩）
6	6	14846	4134	131	501	113	107	5998	10442
11	11	35307	14261	200	486	325	85	8755	42675
16	16	40085	20605	10894	482983	327843	82589	10965	35868
7	1	16065	14168	1025	6146	2026	1632	24236	30323
18	18	30592	22229	12816	557162	439528	151515	18948	20400
21	21	26463	17983	1077	53847	47690	13462	26819	35793
15	15	37545	13246	873	24870	24170	4978	9127	43499
7	7	14417	6910	1013	20245	12395	1552	18031	29466
13	13	42686	26680	6475	62865	8304	16178	31812	40526
17	4	43280	37858	14425	210600	46332	18532	22784	23720
10	2	27456	11243	845	37973	4944	9433	29004	47415
3	2	35108	26337	6195	59700	11909	3757	34421	76665
4	4	10940	4100					5826	21240
7	7	25971	4201	1319	19258	18136	7528	12490	58115
3	3	11893	1179	249	30000	20000	3000	20234	74640
10	1	9405	2682					8000	15000
6	6	15059	12038	230	17034	12384	1765	19350	48915
4	4	22576	18037	590	4023	692	4012	21743	26405
4	4	14855	8101	202	4200	4200	1002	16642	45241
4	4	21478	12739	410	248574	196748	265740	16527	64875
5	5	19748	7800	2706	3650	620	1095	28450	123000
10	10	31853	18576	3010	15000	9000	7100	57600	154188
8	8	21751	10800	9957	848	413	195	1293	77192
8	8	17826	6773	50	5500	4000	500	1960	32000
7	7	17648	15111	960	4120	2010	50	9210	50375
11	11	39419	9780	380	19936	13000	2600	12350	361400
7	7	27600	16522	3315	95320	70900	5900	17100	45808
11	11	30186	9810	1500	11300	7942	3210	12883	22125
10	10	28850	9000	153	10463	8625	6120	18871	42708
15	15	38900	11200	268	20000	18000	7400	4336	10209

9-1(一) 续表 20

民族乡名称	行政区划面积（平方公里）	村民委员会（个）	#已通公路的村（个）	#已通自来水的村（个）	#已通电的村（个）
毕节市七星关区大屯彝族乡	60	8	8	8	8
毕节市七星关区田坎彝族乡	61	7	7	7	7
毕节市七星关区阿市苗族彝族乡	102	13	13	13	13
毕节市七星关区团结彝族苗族乡	84	13	13	13	13
毕节市七星关区阴底彝族苗族白族乡	117	12	12	12	12
毕节市七星关区千溪彝族苗族白族乡	54	5	5	5	5
毕节市黔西县永燊彝族苗族乡	95	13	13	13	13
毕节市黔西县新仁苗族乡	69	9	9	5	9
毕节市黔西县花溪彝族苗族乡	83	10	10	10	10
毕节市黔西县中建苗族彝族乡	62	6	6	6	6
毕节市黔西县定新彝族苗族乡	95	13	13	13	13
毕节市黔西县太来彝族苗族乡	100	13	13	13	13
毕节市黔西县绿化白族彝族乡	43	7	7	7	7
毕节市黔西县红林彝族苗族乡	107	11	11	11	11
毕节市黔西县五里布依族苗族乡	73	10	10	10	10
毕节市黔西县铁石苗族彝族乡	90	11	11	11	11
毕节市大方县竹园彝族苗族乡	53	9	9	9	9
毕节市大方县响水白族彝族仡佬族乡	114	16	16	16	16
毕节市大方县鼎新彝族苗族乡	110	12	12	12	12
毕节市大方县牛场苗族彝族乡	106	10	10	10	10
毕节市大方县理化苗族彝族乡	129	10	10	10	10
毕节市大方县安乐彝族仡佬族乡	68	8	8	8	8
毕节市大方县风山彝族蒙古族乡	60	8	8	8	8
毕节市大方县百纳彝族乡	93	6	6	6	6
毕节市大方县三元彝族苗族白族乡	94	8	8	8	8
毕节市大方县沙厂彝族乡	74	6	6	6	6
毕节市大方县黄泥彝族苗族满族乡	64	6	6	6	6
毕节市大方县核桃彝族白族乡	88	9	9	9	9
毕节市大方县八堡彝族苗族乡	106	9	9	9	9
毕节市大方县兴隆苗族乡	100	8	8	8	8

#已通电话的村（个）	#已通邮的村（个）	年末总人口（人）	#少数民族（人）	乡镇企业从业人员（人）	乡镇企业总产值（万元）	#工业企业（万元）	乡镇企业年净利润总额（万元）	农林牧渔业总产值（万元）	农作物总播种面积（亩）
8	8	23890	8448	1523	8250	6420	6338	5064	13796
7	1	18908	4934	151	545	545	300	17648	51870
13	13	27526	8996	60	4330	2900	980	7300	99400
13	7	26814	6533	216	2235	410	140	5618	57242
12	7	46533	13596	251	7865	1030	719	23147	67500
5	5	25566	6818	310	4500	4300	450	7100	73000
13	13	27174	6631	708	2500	1000	1300	176	55560
9	9	21722	6984	563	298	82	60	1686	31729
10	10	22650	16988	3960	83440	54530	6324	28910	57420
6	6	14427	5049	303	25670	3461	249	6768	2118
13	13	22963	5797	300	1000	50	60	24533	74238
13	13	32272	10650	14	170	170	14	61546	48504
7	7	18896	7969	635	19256	15013	3910	68	51068
11	1	22782	12486	424	885	669	310	2485	13000
10	10	23298	5359	500	49560	49514		17455	43560
11	11	23247	13622	13	7986	5986	2328	24600	12300
9	9	26532	10237	1758	32737	29600	3563	5312	40232
16	1	41331	15521	110	476	121	69	8923	77001
12	12	47865	30067					800	29340
10	10	44984	15017	1048	2100	600	840	23129	53175
1	1	51803	20155	68	510	510	117	9720	72500
8	8	16127	11324	456	23549	20416	183	11765	1467
3	8	16112	6807	1520	84000	54000	9800	6325	18000
6	1	21197	6692	88	5620	2760	1621	16062	18458
8	8	20611	11516					11000	76650
6	6	13142	3300	49	268	91	39	7410	20300
6	6	13810	5648	80	500	400	200	1410	2000
9	9	35347	12497					6943	30000
9	9	39951	12395		765			1145	50463
8	1	31024	9521	9523	13712				18785

9–1(一)　续表 21

民族乡名称	行政区划面积（平方公里）	村民委员会（个）	#已通公路的村（个）	#已通自来水的村（个）	#已通电的村（个）
毕节市大方县大山苗族彝族乡	85	11	11	11	11
毕节市大方县星宿苗族彝族仡佬族乡	127	10	4	8	10
毕节市织金县自强苗族乡	53	11	11	1	11
毕节市织金县官寨苗族乡	63	16	16	7	16
毕节市织金县后寨苗族乡	108	13	13	13	13
毕节市织金县大平苗族彝族乡	56	13	13	3	13
毕节市织金县茶店布依族苗族彝族乡	86	21	21	21	21
毕节市织金县金龙苗族彝族布依族乡	108	20	20	5	20
毕节市织金县鸡场苗族彝族布依族乡	105	24	24	24	24
毕节市金沙县太平彝族苗族乡	97	5	5	5	5
毕节市金沙县石场苗族彝族乡	120	11	11	11	11
毕节市金沙县马路彝族苗族乡	83	7	7	3	7
毕节市金沙县安洛苗族彝族满族乡	101	8	8	8	8
毕节市金沙县新化苗族彝族满族乡	90	10	10	10	10
毕节市金沙县大田彝族苗族布依族乡	84	7	7	7	7
毕节市赫章县兴发苗族彝族回族乡	113	18	18	18	18
毕节市赫章县松林坡白族彝族苗族乡	140	10	10	10	10
毕节市赫章县雉街彝族苗族乡	158	18	18	2	18
毕节市赫章县珠市彝族乡	193	26	21	26	26
毕节市赫章县双坪彝族苗族乡	84	11	11	11	11
毕节市赫章县辅处彝族苗族乡	83	6	6	6	6
毕节市赫章县铁匠苗族乡	106	8	8	8	8
毕节市赫章县可乐彝族苗族乡	132	19	19	19	19
毕节市赫章县河镇彝族苗族乡	129	25	25	25	25
毕节市赫章县结构彝族苗族乡	129	25	25	25	25
毕节市赫章县水塘堡彝族苗族乡	189	16	16	11	16
毕节市赫章县古达苗族彝族乡	173	21	21	15	20
毕节市纳雍县库东关彝族苗族白族乡	59	10	10	10	10
毕节市纳雍县董地苗族彝族乡	99	11	11	11	11
毕节市纳雍县左鸠戛彝族苗族乡	57	6	6	6	6

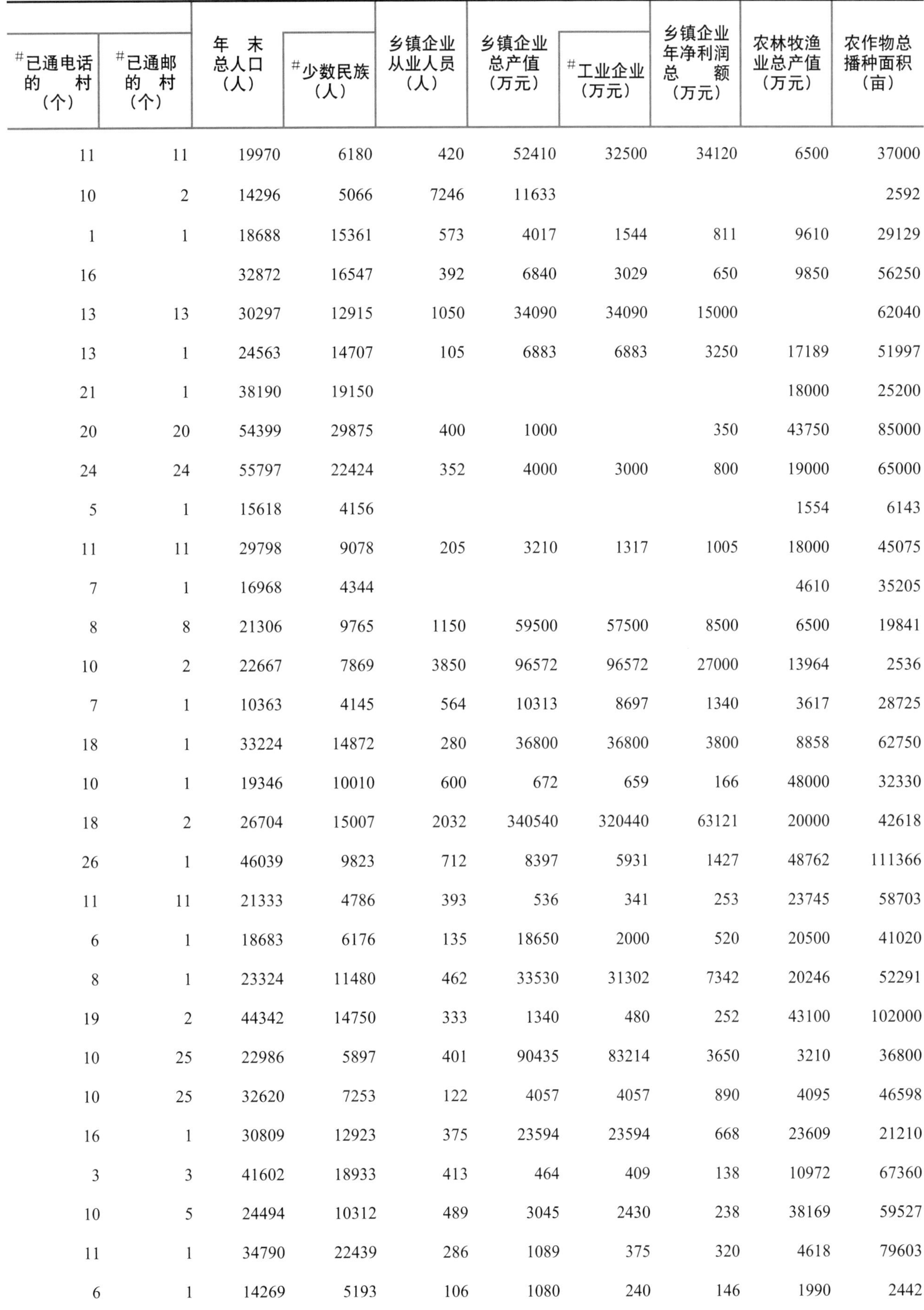

#已通电话的村（个）	#已通邮的村（个）	年末总人口（人）	#少数民族（人）	乡镇企业从业人员（人）	乡镇企业总产值（万元）	#工业企业（万元）	乡镇企业年净利润总额（万元）	农林牧渔业总产值（万元）	农作物总播种面积（亩）
11	11	19970	6180	420	52410	32500	34120	6500	37000
10	2	14296	5066	7246	11633				2592
1	1	18688	15361	573	4017	1544	811	9610	29129
16		32872	16547	392	6840	3029	650	9850	56250
13	13	30297	12915	1050	34090	34090	15000		62040
13	1	24563	14707	105	6883	6883	3250	17189	51997
21	1	38190	19150					18000	25200
20	20	54399	29875	400	1000		350	43750	85000
24	24	55797	22424	352	4000	3000	800	19000	65000
5	1	15618	4156					1554	6143
11	11	29798	9078	205	3210	1317	1005	18000	45075
7	1	16968	4344					4610	35205
8	8	21306	9765	1150	59500	57500	8500	6500	19841
10	2	22667	7869	3850	96572	96572	27000	13964	2536
7	1	10363	4145	564	10313	8697	1340	3617	28725
18	1	33224	14872	280	36800	36800	3800	8858	62750
10	1	19346	10010	600	672	659	166	48000	32330
18	2	26704	15007	2032	340540	320440	63121	20000	42618
26	1	46039	9823	712	8397	5931	1427	48762	111366
11	11	21333	4786	393	536	341	253	23745	58703
6	1	18683	6176	135	18650	2000	520	20500	41020
8	1	23324	11480	462	33530	31302	7342	20246	52291
19	2	44342	14750	333	1340	480	252	43100	102000
10	25	22986	5897	401	90435	83214	3650	3210	36800
10	25	32620	7253	122	4057	4057	890	4095	46598
16	1	30809	12923	375	23594	23594	668	23609	21210
3	3	41602	18933	413	464	409	138	10972	67360
10	5	24494	10312	489	3045	2430	238	38169	59527
11	1	34790	22439	286	1089	375	320	4618	79603
6	1	14269	5193	106	1080	240	146	1990	2442

9-1(一) 续表 22

民族乡名称	行政区划面积（平方公里）	村民委员会（个）	#已通公路的村（个）	#已通自来水的村（个）	#已通电的村（个）
毕节市纳雍县锅圈岩苗族彝族乡	104	15	15	15	15
毕节市纳雍县新房彝族苗族乡	100	25	25	25	25
毕节市纳雍县化作苗族彝族乡	97	19	19	19	19
毕节市纳雍县姑开苗族彝族乡	77	12	12	12	12
毕节市纳雍县羊场苗族彝族乡	117	15	15	15	15
毕节市纳雍县昆寨苗族彝族白族乡	90	16	16	16	16
毕节市纳雍县猪场苗族彝族乡	87	11	11	11	11
毕节市威宁彝族回族苗族自治县新发布依族乡	110	31	31	31	31
毕节市大方县大水彝族苗族布依族乡	72	10	10	10	10
毕节市黔西县金坡苗族彝族满族乡	85	9	9	9	9
毕节市大方县普底彝族苗族白族乡	83	8	8	8	8
毕节市黔西县仁和彝族苗族乡	74	10	10	10	10
铜仁市碧江区桐木坪侗族乡	66	3	3	3	3
铜仁市碧江区瓦屋侗族乡	115	6	6	6	6
铜仁市碧江区和平土家族侗族乡	117	9	9	9	9
铜仁市碧江区滑石侗族苗族土家族乡	79	7	7	7	7
铜仁市碧江区六龙山侗族土家族乡	86	4	4	4	4
铜仁市万山区高楼坪侗族乡	76	14	14	14	14
铜仁市万山区黄道侗族乡	92	10	10	10	10
铜仁市万山区熬寨侗族乡	89	5	5	5	5
铜仁市万山区下溪侗族乡	65	7	7	7	7
铜仁市万山区鱼塘侗族土家族苗族乡	124	12	12	12	12
铜仁市万山区大坪侗族土家族苗族乡	76	14	14	14	14
铜仁市德江县楠杆土家族乡	124	13	13	13	13
铜仁市德江县沙溪土家族乡	119	14	14	14	14
铜仁市德江县桶井土家族乡	94	22	22	22	22
铜仁市德江县堰塘土家族乡	102	11	11	11	11
铜仁市德江县荆角土家族乡	98	15	15	15	15
铜仁市德江县长丰土家族乡	95	14	14	14	14
铜仁市德江县龙泉土家族乡	81	12	12	12	12

#已通电话的村（个）	#已通邮的村（个）	年末总人口（人）	#少数民族（人）	乡镇企业从业人员（人）	乡镇企业总产值（万元）	#工业企业（万元）	乡镇企业年净利润总额（万元）	农林牧渔业总产值（万元）	农作物总播种面积（亩）
15	1	30770	12730	220	1683	1683	1500	4800	84072
25	1	45994	18902	361	1600	1377	325	32275	89346
19	2	43013	25723	432	2035	410	252	7721	80805
12	1	39579	15742	562	2215	1719	483	3940	46882
15	2	34388	8614	236	2200	160	176	10265	20038
16	1	29880	15138	108	1675	1469	502	1066	71469
11	1	21873	15849	821	4206	1009	664	3996	46503
31	1	51597	14879	106	22500	22500	5000	320	6
10	10	20853	12671	3210	8310	8100	1750	4500	7000
9	9	23015	10350	300	2780	2610	600	10240	22000
8	8	15423	11487	50	6538	10	660	1800	21300
10	10	16472	12091	451	796	715	311	3800	3500
3	3	9856	7588	190	2000	300	1200	13000	26000
6	6	11330	10088	400	2880	2780	800	10200	8100
9	9	23589	16965	173	7320	2896	680	23875	56415
7	7	23461	23223	123	6867	5868	600	34021	32000
4	4	4319	3888					3500	4545
14	14	18236	12255	7080	50700	30400	14500	4200	20850
10	1	15988	15669	660	1500	1325	201	12850	8000
5	5	9041	7235	170	1200		310	6500	5272
7	7	8654	8512	460	2850	2350	870	11000	1520
12	12	28594	26473	80	4000	2400	800	17000	29000
14	14	18236	12255	7080	50700	30400	14500	4200	20850
13	13	18146	15061	20	91		39	16325	55412
14	14	13363	9889	33	452	301	81	20100	44702
22	22	20861	20444	159	984	94	42	16141	47459
11	11	16597	14273	95	392		315	31213	67962
15	15	16440	10850	120	610	510	108	14685	25865
14	14	19048	16191	18	298		57	15968	55900
12	12	13915	11132	86	532		72	21567	46870

9-1(一) 续表 23

民族乡名称	行政区划面积（平方公里）	村民委员会（个）	#已通公路的村（个）	#已通自来水的村（个）	#已通电的村（个）
铜仁市德江县钱家土家族乡	80	12	12	12	12
铜仁市江口县德旺土家族苗族乡	191	9	9	9	9
铜仁市江口县官和侗族土家族苗族乡	120	4	4	4	4
铜仁市石阡县聚风仡佬族侗族乡	159	18	18	18	18
铜仁市石阡县大沙坝仡佬族侗族乡	63	15	15	15	15
铜仁市石阡县枫香仡佬族侗族乡	70	12	12	12	12
铜仁市石阡县青阳苗族仡佬族侗族乡	135	14	14	14	14
铜仁市石阡县龙井侗族仡佬族乡	99	23	23	23	23
铜仁市石阡县石固仡佬族侗族乡	167	14	14	14	14
铜仁市石阡县坪地仡佬族侗族乡	123	18	18	18	18
铜仁市石阡县甘溪仡佬族侗族乡	158	9	9	9	9
铜仁市石阡县坪山仡佬族侗族乡	123	8	8	8	8
铜仁市思南县思林土家族苗族乡	56	13	13	13	13
铜仁市思南县枫柽土家族苗族乡	68	15	15	7	15
铜仁市思南县杨家坳苗族土家族乡	76	18	18	10	18
铜仁市思南县胡家湾苗族土家族乡	59	14	14	9	14
铜仁市思南县宽坪土家族苗族乡	68	14	14	6	14
铜仁市思南县三道水土家族苗族乡	62	17	17	7	17
铜仁市思南县天桥土家族苗族乡	69	12	12	7	12
铜仁市思南县兴隆土家族苗族乡	56	13	13	7	13
黔西南布依族苗族自治州晴隆县三宝彝族乡	24	3	3	3	3
黔西南布依族苗族自治州兴仁县鲁础营回族乡	145	8	8	8	8
黔西南布依族苗族自治州望谟县油迈瑶族乡	169	8	8	8	8
黔东南苗族侗族自治州从江县秀塘壮族乡	178	13	13	13	13
黔东南苗族侗族自治州从江县刚边壮族乡	145	15	15	15	15
黔东南苗族侗族自治州从江县翠里瑶族壮族乡	165	20	20	20	20
黔东南苗族侗族自治州镇远县尚寨土家族乡	70	4	4	4	4
黔东南苗族侗族自治州麻江县坝芒布依族乡	128	7	7	7	7
黔东南苗族侗族自治州榕江县水尾水族乡	171	5	5	5	5
黔东南苗族侗族自治州榕江县三江水族乡	199	13	13	13	13

		年末总人口（人）		乡镇企业从业人员（人）	乡镇企业总产值（万元）		乡镇企业年净利润总额（万元）	农林牧渔业总产值（万元）	农作物总播种面积（亩）
#已通电话的村（个）	#已通邮的村（个）		#少数民族（人）			#工业企业（万元）			
12	12	15667	15667	160	418	310	52	17825	57496
9	9	16938	8228	182	8335	7000	1667	3658	21975
4	4	9241	7501					1658	10394
18	1	21357	20123	279	2346	800	1267	4679	36246
15	3	21627	19730	60	132	60	32	13700	32680
12	1	10088	7868	530	1250	1005	640	1250	1560
14	1	13784	9957	105	388	145	245	8843	10980
23	1	27958	23852	68	685	302	359	25413	8600
14	1	14826	10971	41	452	208	196	20185	5000
18	1	20914	16643	256	1045	305	575	14687	20301
9	1	15085	12310	90	422	102	235	17230	21000
8	1	8245	6514	895	47300	40100	14190	9854	2184
7	4	14019	6537	50	480		105	13500	30300
6	3	17608	8536	62	1486	832	138	16897	28036
10	7	22074	11950	201	832		97	17681	38234
6	3	15681	11590	78	264	145	78	13258	38755
6	3	15828	8782	137	200	200	50	14320	31250
10	3	20419	11536	115	1250		475	13606	23650
6	4	16172	8594	135	519		340	14530	31420
7	1	16161	9106	269	536		145	13256	37643
3	1	6112	5989	185	200		32	682	1386
8	8	19230	7429	310	2360	790	790	7300	60300
8	8	13729	13729					8841	50883
13	1	8062	6996					100	6749
15	15	11452	177	530	1996		92	3301	4819
20	20	14331	13709	12	573	573	279	11350	12570
4	4	8103	7455	26	310		90	5710	36750
7	7	17128	11180	151	15000	15000	100	6304	50586
5	5	3619	3338					10485	5318
13	13	14950	14202	27	10	10	47	245	1677

9-1(一) 续表 24

民族乡名称	行政区划面积（平方公里）	村民委员会（个）	#已通公路的村（个）	#已通自来水的村（个）	#已通电的村（个）
黔东南苗族侗族自治州榕江县仁里水族乡	83	8	8	8	8
黔东南苗族侗族自治州榕江县定威水族乡	147	7	7	7	7
黔东南苗族侗族自治州榕江县兴华水族乡	176	9	9	9	9
黔东南苗族侗族自治州榕江县塔石瑶族水族乡	86	9	9	9	9
黔东南苗族侗族自治州雷山县达地水族乡	73	10	10	10	10
黔东南苗族侗族自治州黎平县顺化瑶族乡	59	4	4	4	4
黔东南苗族侗族自治州黎平县雷洞瑶族水族乡	82	16	16	16	16
黔东南苗族侗族自治州岑巩县羊桥土家族乡	161	15	15	15	15
黔南布依族苗族自治州都匀市归兰水族乡	150	12	12	12	12
黔南布依族苗族自治州荔波县瑶山瑶族乡	207	8	8	8	8
黔南布依族苗族自治州荔波县黎明关水族乡	488	14	14	14	14
黔南布依族苗族自治州平塘县卡蒲毛南族	108	6	6	6	6
贵阳市花溪区湖潮布依族苗族乡	111	20	20	20	20
云南省	**41700**	**1058**	**1058**	**1037**	**1058**
昆明市晋宁县夕阳彝族乡	157	10	10	10	10
昆明市晋宁县双河彝族乡	152	6	6	6	6
昆明市宜良县九乡彝族回族乡	256	8	8	8	8
昆明市宜良县耿家营彝族苗族乡	199	9	9	9	9
昭通市昭阳区守望回族乡	67	7	7	7	7
昭通市昭阳区小龙洞回族彝族乡	124	6	6	6	6
昭通市布嘎回族乡	97	5	5	5	5
昭通市青岗岭回族彝族乡	113	7	7	7	7
昭通市鲁甸县桃源回族乡	58	7	7	7	7
昭通市鲁甸县茨院回族乡	43	6	6	6	6
昭通市大关县上高桥回族彝族苗族乡	104	6	6	6	6
昭通市永善县马楠苗族彝族乡	211	6	6	6	6
昭通市永善县伍寨彝族苗族乡	174	5	5	5	5
昭通市镇雄县果珠彝族乡	91	5	5	5	5
昭通市镇雄县林口彝族苗族乡	117	8	8	8	8
昭通市彝良县龙街苗族彝族乡	238	12	12	12	12

#已通电话的村（个）	#已通邮的村（个）	年末总人口（人）	#少数民族（人）	乡镇企业从业人员（人）	乡镇企业总产值（万元）	#工业企业（万元）	乡镇企业年净利润总额（万元）	农林牧渔业总产值（万元）	农作物总播种面积（亩）
8	8	12606	11204					1150	22156
7	1	6392	5945					7948	26540
9	1	11821	11712	32	244	225	150	5487	5634
9	9	10818	9882	72	1190			1523	8000
10	10	11416	10147					8956	29730
4	4	5426	5392					3850	6511
16	16	13124	13027					3230	7008
15	15	29868	22699					17800	61200
12	12	34385	33088	768	456	456	558	25426	51392
8	8	10249	9984	130	900	900	220	4426	17720
14	14	19735	17518	512	2511	2511	608	29000	29860
6	1	12742	11709	112				1650	26613
20	20	47123	15372					20281	6795
1058	**1045**	**2822799**	**1779601**	**79563**	**2047983**	**1615591**	**236875**	**3292375**	**8860173**
10	10	9625	7707	663				19469	28883
6	6	9475	7728	161	1285	230	103	40907	39857
8	8	19571	4549	1120	4675		50	28000	77685
9	9	19360	6790	1207	4608	3780		47000	72330
7	7	47624	34783	657	9776	5915	496	28110	87731
6	6	39806	32904	2000	1880		810	27086	66500
5	5	33800	22550	340	880		68	23500	75800
7	7	31165	9505	135	2780	1055	1370	16181	45800
7	7	44386	41723	1862	96209	92740	18763	35000	80700
6	6	31565	9167	1965	186085	156890	29240	19915	31600
6	6	22391	7440	159	3653	526	479	21000	46545
6	6	17117	5991					7724	45000
5	5	16168	4450	35	2980	2980	-1331	8510	78610
5	5	43615	10903	738	7603	7603	2456	36857	69600
8	8	52210	13085	345	1280	1280	580	56100	85618
12	12	49912	11904					14983	95995

9-1(一)　续表 25

民族乡名称	行政区划面积（平方公里）	村民委员会（个）	#已通公路的村（个）	#已通自来水的村（个）	#已通电的村（个）
昭通市彝良县奎香苗族彝族乡	229	9	9	9	9
昭通市彝良县树林彝族苗族乡	124	4	4	4	4
昭通市彝良县柳溪苗族乡	97	5	5	5	5
昭通市彝良县洛旺苗族乡	168	8	8	8	8
昭通市威信县双河苗族彝族乡	146	8	8	8	8
曲靖市师宗县龙庆彝族壮族乡	481	14	14	14	14
曲靖市师宗县五龙壮族乡	476	13	13	13	13
曲靖市师宗县高良壮族苗族瑶族乡	561	11	11	11	11
曲靖市罗平县长底布依族乡	89	6	6	6	6
曲靖市罗平县旧屋基彝族乡	120	7	7	7	7
曲靖市罗平县鲁布革布依族苗族乡	249	9	9	9	9
曲靖市富源县古敢水族乡	83	3	3	3	3
曲靖市会泽县新街回族乡	263	16	16	16	16
楚雄彝族自治州南华县雨露白族乡	243	7	7	7	7
楚雄彝族自治州大姚县湾碧傈僳傣族乡	558	12	12	12	12
楚雄彝族自治州永仁县永兴傣族乡	36	12	12	12	12
楚雄彝族自治州武定县东坡傣族乡	168	8	8	8	8
玉溪市红塔区小石桥彝族乡	73	3	3	3	3
玉溪市红塔区洛河彝族乡	171	5	5	5	5
玉溪市江川县安化彝族乡	96	5	5	5	5
玉溪市通海县高大傣族彝族乡	110	6	6	6	6
玉溪市通海县里山彝族乡	100	6	6	6	6
玉溪市通海县兴蒙蒙古族乡	5	3	3	3	3
玉溪市华宁县通红甸彝族苗族乡	115	6	6	6	6
玉溪市易门县十街彝族乡	159	8	8	8	8
玉溪市易门县浦贝彝族乡	179	7	7	7	7
玉溪市易门县铜厂彝族乡	293	9	9	9	9
红河哈尼族彝族自治州河口瑶族自治县桥头苗族壮族乡	175	8	8	8	8
红河哈尼族彝族自治州金平苗族瑶族傣族自治县者米拉祜族乡	376	4	4	4	4
红河哈尼族彝族自治州蒙自县期路白苗族乡	212	6	6	6	6

#已通电话的村（个）	#已通邮的村（个）	年末总人口（人）	#少数民族（人）	乡镇企业从业人员（人）	乡镇企业总产值（万元）	#工业企业（万元）	乡镇企业年净利润总额（万元）	农林牧渔业总产值（万元）	农作物总播种面积（亩）
9	9	56224	11388					34907	66277
4	4	28494	7788					5200	51008
5	5	23619	6070					16333	26071
8	8	33262	8065	186	3877	2858	1585	13866	64399
8	8	35179	9600					21863	81325
14	14	43810	22385	542	1397	285	620	66450	168700
13	13	37269	13974	958	3890	1250	1890	51630	179300
11	11	28290	22100	921	11085	1160	1909	14123	146890
6	6	18451	6088	700	2763	415	620	33000	86365
7	7	11104	4228	152	1020	280	530	27803	51409
9	9	20963	18702	149	1607	103	880	31474	48315
3	3	16718	6556	389	3384	1845	249	18862	48042
16	16	45756	11082	102	1192	370	187	31600	59900
7	7	13918	11692						41438
12	12	18154	10338	25	93	7	23	23014	39822
12	12	11874	7658	880	17129	6460	1753	25873	35265
8	8	14600	11900	190	11210	483	896	9986	33168
3	3	6617	3041	955	55354	52982	4383	23635	60146
5	5	10137	9254	1033	55131	23579	6551	26265	25940
5	5	9669	9186	82	4200	4200	265	28787	59402
6	6	11512	7877	1491	26417	22822	2690	23500	30439
6	6	8972	4625	3725	498270	496753	26609	23864	45660
3	3	5871	5651	1381	26500	13136	2069	9951	9563
6	6	10596	4634	4840	17940	835	10220	25085	41100
8	8	12470	7080	644	6295		434	34065	50413
7	7	17495	9453	592	8388	8388	4632	33132	51958
9	9	21724	14240					7729	86902
8	8	19831	15057					10549	61724
4	4	24589	24439	116	2550	1950	1850	25363	50771
6	6	19171	14768					8775	56321

9-1(一) 续表 26

民族乡名称	行政区划面积(平方公里)	村民委员会(个)	#已通公路的村(个)	#已通自来水的村(个)	#已通电的村(个)
红河哈尼族彝族自治州蒙自县老寨苗族乡	157	4	4	4	4
红河州开远市大庄回族乡	104	5	5	5	5
文山壮族苗族自治州文山市东山彝族乡	158	4	4	4	4
文山壮族苗族自治州文山市红甸回族乡	91	4	4	4	4
文山壮族苗族自治州文山市秉烈彝族乡	293	10	10	10	10
文山壮族苗族自治州文山市柳井彝族乡	173	7	7	7	7
文山壮族苗族自治州文山市坝心彝族乡	126	5	5	5	5
文山壮族苗族自治州砚山县阿舍彝族乡	268	7	7	7	7
文山壮族苗族自治州砚山县维末彝族乡	581	10	10	10	10
文山壮族苗族自治州砚山县盘龙彝族乡	238	5	5	5	5
文山壮族苗族自治州砚山县干河彝族乡	237	4	4	4	4
文山壮族苗族自治州丘北县舍得彝族乡	303	7	7	7	7
文山壮族苗族自治州丘北县新店彝族乡	460	6	6	6	6
文山壮族苗族自治州丘北县树皮彝族乡	580	9	9	6	9
文山壮族苗族自治州丘北县八道哨彝族乡	230	5	5	1	5
文山壮族苗族自治州丘北县腻脚彝族乡	424	7	7	1	7
文山壮族苗族自治州麻栗坡县猛硐瑶族乡	215	5	5	5	5
文山壮族苗族自治州富宁县洞波瑶族乡	533	12	12	12	12
普洱市澜沧拉祜族自治县酒井哈尼族乡	381	4	4	4	4
普洱市澜沧拉祜族自治县发展河哈尼族乡	486	4	4	4	4
普洱市澜沧拉祜族自治县谦六彝族乡	896	15	15	15	15
普洱市澜沧拉祜族自治县文东佤族乡	180	6	6	6	6
普洱市澜沧拉祜族自治县安康佤族乡	179	5	5	5	5
普洱市澜沧拉祜族自治县雪林佤族乡	247	7	7	7	7
普洱市思茅区云仙彝族乡	681	12	12	12	12
普洱市思茅区龙潭彝族傣族乡	326	6	6	6	6
普洱市墨江哈尼族自治县孟弄彝族乡	213	7	7	7	7
普洱市西盟佤族自治县力所拉祜族乡	186	5	5	5	5
大理白族自治州大理市太邑彝族乡	107	5	5	5	5
大理白族自治州鹤庆县六合彝族乡	250	13	13	13	13

#已通电话的村（个）	#已通邮的村（个）	年末总人口（人）	#少数民族（人）	乡镇企业从业人员（人）	乡镇企业总产值（万元）	#工业企业（万元）	乡镇企业年净利润总额（万元）	农林牧渔业总产值（万元）	农作物总播种面积（亩）
4	4	12923	8925	5440	2295	2295	280	17487	75000
5	5	19210	16379	76	11245	11245	563	40163	54620
4	4	11247	10023	729	6747		640	16338	61568
4	4	15057	11679	784	5966	5966	109	23372	89553
10	10	24493	23068					22157	94242
7	7	15972	10393					13532	61354
5	1	8269	4283					4461	42309
7	7	27230	22761					23840	104591
10	10	61962	40698	186	8150	8150	2800	58356	306892
5	5	34777	21769	2114	72838	68438		34185	89769
4	4	24777	20101					29745	140127
7	7	23366	20963	32	1121		208	14612	70900
6	6	23438	20981	12	1205		682	12188	106776
9	9	47743	27798	169	305	203	203	84031	337866
5	5	36995	26716	471	53435	44555	2622	47662	161094
7	7	31516	20959	33	8099	8099	2506	37693	155940
5	5	15133	14494	100	3520	2000	159	14697	38495
12	12	39457	35008	48	1899			38784	98641
4	4	13370	12714	105	205		25	12516	52801
4	4	16293	12401	450	967	132	167	11323	52432
15	15	46466	38092	655	294		60	23584	145685
6	6	14641	10477	15	399			11842	73562
5	5	12721	12452	45	293		6	8086	58379
7	7	13541	13474	10	25			2286	37589
12	12	17160	8091					37151	68243
6	6	11335	4761	5	152		15	19481	38503
7	7	12751	10771	21	300	300	30	10638	50665
5	5	12120	11682	12120	11682			5693	37702
5	5	9328	9034	210	36798	36798	7123	3348	14943
13	13	15853	15275	460	1910	754	540	17400	33007

9−1(一) 续表 27

民族乡名称	行政区划面积（平方公里）	村民委员会（个）	#已通公路的村（个）	#已通自来水的村（个）	#已通电的村（个）
大理白族自治州宾川县钟英傈僳族彝族乡	292	6	6	6	6
大理白族自治州宾川县拉乌彝族乡	231	7	7	7	7
大理白族自治州祥云县东山彝族乡	316	8	8	8	8
大理白族自治州弥渡县牛街彝族乡	264	11	11	11	11
大理白族自治州永平县北斗彝族乡	482	9	9	9	9
大理白族自治州永平县厂街彝族乡	357	11	11	11	11
大理白族自治州永平县水泄彝族乡	396	9	9	9	9
大理白族自治州云龙县苗尾傈僳族乡	662	8	8	8	8
大理白族自治州云龙县团结彝族乡	306	5	5	5	5
丽江市华坪县永兴傈僳族乡	315	7	7	7	7
丽江市华坪县通达傈僳族乡	152	5	5	5	5
丽江市华坪县新庄傈僳族傣族乡	277	7	7	7	7
丽江市华坪县船房傈僳族傣族乡	174	4	4	4	4
丽江市永胜县羊坪彝族乡	164	5	5	5	5
丽江市永胜县东山傈僳族彝族乡	379	5	5	5	5
丽江市永胜县六德傈僳族彝族乡	331	8	8	8	8
丽江市永胜县大安彝族纳西族乡	241	8	8		8
丽江市永胜县光华傈僳族彝族乡	170	8	8	8	8
丽江市永胜县松坪傈僳族彝族乡	291	8	8	8	8
丽江市宁蒗彝族自治县翠玉傈僳族普米族乡	593	6	6	6	6
丽江市古城区金江白族乡	89	5	5	5	5
丽江市玉龙纳西族自治县九河白族乡	359	11	11	11	11
丽江市玉龙纳西族自治县石头白族乡	574	5	5	5	5
丽江市玉龙县黎明傈僳族乡	812	7	7	7	7
保山市隆阳区瓦马彝族白族乡	307	21	21	21	21
保山市隆阳区瓦房彝族苗族乡	300	19	19	19	19
保山市隆阳区杨柳白族彝族乡	492	18	18	18	18
保山市隆阳区芒宽彝族傣族乡	510	12	12	12	12
保山市施甸县摆榔彝族布朗族乡	83	4	4	4	4
保山市施甸县木老元布朗族彝族乡	77	4	4	4	4

#已通电话的村（个）	#已通邮的村（个）	年末总人口（人）	#少数民族（人）	乡镇企业从业人员（人）	乡镇企业总产值（万元）	#工业企业（万元）	乡镇企业年净利润总额（万元）	农林牧渔业总产值（万元）	农作物总播种面积（亩）
6	6	8802	5398	39	786	320	188	12817	29998
7	7	10605	4769	146	3200	2100	420	19134	28120
8	8	9940	9590					32129	31061
11	11	19924	7312	36	1500	1000	300	20000	63932
9	9	13349	10256	23	4848		2460	41454	52475
11	11	19753	11161	76	13522	13522	4986	40134	73469
9	9	17055	13362	120	62500	62500	5293	34775	64196
8	8	18327	15579	122	18566	7080	246	15912	46359
5	1	11318	10875	300	1860		539	16115	34995
7	7	13696	5565	3492	1533	1533	491	22855	17473
5	5	8020	6319	27	542		75	19642	20020
7	7	17727	8658	347	1915	915	958	25693	48260
4	4	10071	3935	250	5540		471	10200	20706
5	5	7994	7994					4656	28750
5	5	7712	7657					9673	27715
8	8	13755	11004	165	12545	2448	480	8950	32256
8	8	15124	10148					11506	50476
8	3	14949	8042					10965	35791
8	8	8080	7842					4653	35820
6	6	15244	12250						30709
5	5	3344	2635					5716	4615
11	11	28618	27650					35787	64935
5	5	9511	8905					6356	18208
7	7	15246	11239					12370	67650
21	21	25657	13157	42	8215	1230	1890	42161	83553
19	19	34095	14508	1863	16258	8036	2146	58887	111373
18	18	39360	27176	2842	64099	11544	3902	66708	169141
12	12	42963	26740	3978	94237	78072	2256	104176	114630
4	4	7398	5220					15346	32347
4	4	5972	2917					6489	11199

9–1(一)　续表 28

民族乡名称	行政区划面积(平方公里)	村民委员会(个)	#已通公路的村(个)	#已通自来水的村(个)	#已通电的村(个)
保山市龙陵县木城彝族傈僳族乡	235	5	5	5	5
保山市昌宁县朱街彝族乡	281	10	10	10	10
保山市昌宁县苟街彝族苗族乡	358	11	11	11	11
保山市昌宁县湾甸傣族乡	316	5	5	5	5
德宏傣族景颇族自治州陇川县户撒阿昌族乡	256	11	11	11	11
德宏傣族景颇族自治州潞西市三台山德昂族乡	147	4	4	4	4
德宏傣族景颇族自治州梁河县曩宋阿昌族乡	109	9	9	9	9
德宏傣族景颇族自治州梁河县九保阿昌族乡	156	6	6	6	6
德宏傣族景颇族自治州盈江县苏典傈僳族乡	428	4	4	4	4
怒江傈僳族自治州福贡县匹河怒族乡	402	9	9	9	9
怒江傈僳族自治州泸水县洛本卓白族乡	262	8	8	8	8
迪庆藏族自治州香格里拉县三坝纳西族乡	980	7	7	7	7
迪庆藏族自治州德钦县霞若傈僳族乡	1412	7	7	7	7
迪庆藏族自治州德钦县拖顶傈僳族乡	375	7	7	7	7
临沧市凤庆县新华彝族苗族乡	340	11	11	11	11
临沧市凤庆县腰街彝族乡	92	6	6	6	6
临沧市凤庆县郭大寨彝族白族乡	176	11	11	11	11
临沧市云县栗树彝族傣族乡	250	16	16	16	16
临沧市云县忙怀彝族布朗族乡	238	11	11	11	11
临沧市云县后箐彝族乡	187	11	11	11	11
临沧市永德县大雪山彝族拉祜族傣族乡	379	8	8	8	8
临沧市永德县乌木龙彝族乡	204	10	10	10	10
临沧市临翔区平村彝族傣族乡	297	5	5	5	5
临沧市临翔区南美拉祜乡	121	4	4	4	4
临沧市耿马傣族佤族自治县芒洪拉祜族布朗族乡	259	5	5	5	5
临沧市沧源佤族自治县勐角傣族彝族拉祜族乡	218	9	9	9	9
临沧市镇康县军赛佤族拉祜族傈僳族德昂族乡	1228	6	6	6	6
西双版纳傣族自治州景洪市基诺山基诺族乡	623	7	7	7	7
西双版纳傣族自治州景洪市景哈哈尼族乡	399	6	6	6	6
西双版纳傣族自治州勐腊县瑶区瑶族乡	464	4	4	4	4

#已通电话的村（个）	#已通邮的村（个）	年末总人口（人）	#少数民族（人）	乡镇企业从业人员（人）	乡镇企业总产值（万元）	#工业企业（万元）	乡镇企业年净利润总额（万元）	农林牧渔业总产值（万元）	农作物总播种面积（亩）
5	5	9465	4001	253	4328	4328	475	27152	44577
10	10	14195	13192	323	11230	8273	3862	22778	69360
11	11	23699	6229	545	16059	16059	1144	47870	78323
5	5	18675	5769	912	119600	90960	35880	45108	122218
11	11	26175	17899	2658	23564		6898	30258	124112
4	4	7713	5966					11495	43631
9	9	26413	7316					10496	48566
6	6	15711	7803	56	732	49	104	12653	39206
4	4	8523	6371					8859	48128
9	9	12288	12061	51	280		108	3201	41907
8	8	14928	14004	32	1650		280	4749	3185
7	7	18672	15672						
7	7	8383	8195						
7	7	9913	9723						
11	11	24732	19118	510	10750		507	50500	76310
6	6	9158	8243	90	15044	15	2257	15044	38637
11	11	21720	8680	3280	170		170	35800	46000
16	16	22038	17408					22761	68415
11	11	20271	16063					24700	47280
11	11	21266	15592					26062	79452
8	8	22367	8246	132	26435	26435	5096	35094	89456
10	10	28209	20846	280	7800	2900	769	27600	118100
5	5	9160	5251	64	97	97		13419	41547
4	4	4942	4190	38	6138	6138	264	8198	31068
5	5	8559	5622						38650
9	9	14598	14396	87	4862	3198	307	9825	61147
6	6	14470	4958	248	9000	248	9000	27784	77086
7	7	14343	13424					4448	36121
6	6	16970	16003	168	16979	16979	324	28621	16456
4	4	9200	8576	238	147517	147517	-336	34824	45585

9-1(一) 续表 29

民族乡名称	行政区划面积（平方公里）	村民委员会（个）	#已通公路的村（个）	#已通自来水的村（个）	#已通电的村（个）
西双版纳傣族自治州勐腊县象明彝族乡	934	5	5	5	5
西双版纳傣族自治州勐海县格朗和哈尼族乡	313	5	5	5	5
西双版纳傣族自治州勐海县布朗山布朗族乡	1001	7	7	7	7
西双版纳傣族自治州勐海县西定哈尼族乡	615	11	11	11	11
西藏自治区	**13456**	**28**	**28**	**28**	**28**
山南市错那县麻麻门巴民族乡	83	1	1	1	1
山南市错那县贡日门巴民族乡	110	2	2	2	2
山南市错那县吉巴门巴民族乡	202	2	2	2	2
山南市错那县勒门巴民族乡	363	2	2	2	2
山南市隆子县斗玉珞巴民族乡	619	6	6	6	6
林芝市巴宜区更章门巴民族乡	633	3	3	3	3
林芝市米林县南伊珞巴民族乡	880	4	4	4	4
林芝市墨脱县达木珞巴民族乡		5	5	5	5
昌都市芒康县纳西民族乡	10566	3	3	3	3
甘肃省	**16176**	**295**	**286**	**294**	**295**
临夏州广河县阿里麻土东乡族乡	36	6	6	6	6
甘南州临潭县长川回族乡	47	10	10	10	10
甘南州临潭县卓洛回族乡	25	3	3	3	3
甘南州卓尼县勺哇土族乡	100	2	2	2	2
陇南市文县铁楼藏族乡	324	16	16	16	16
陇南市武都区坪垭藏族乡	95	9	9	9	9
陇南市武都区磨坝藏族乡	84	8	8	8	8
陇南市宕昌县新城子藏族乡	91	10	10	10	10
酒泉市肃州区黄泥堡裕固族乡	98	3	3	3	3
酒泉市玉门市小金湾东乡族乡	24	5	5	5	5
白银市会宁县新添堡回族乡	218	13	5	13	13
庆阳市正宁县五倾源回族乡	145	5	5	5	5
平凉市崆峒区峡门回族乡	209	24	24	24	24
平凉市华亭县神峪回族乡	101	11	11	11	11
平凉市华亭县山寨回族乡	82	8	8	8	8

#已通电话的村（个）	#已通邮的村（个）	年末总人口（人）	#少数民族（人）	乡镇企业从业人员（人）	乡镇企业总产值（万元）	#工业企业（万元）	乡镇企业年净利润总额（万元）	农林牧渔业总产值（万元）	农作物总播种面积（亩）
5	5	12212	11968					58151	41574
5	5	17569	17114					24724	49000
7	7	22971	21232					37765	52983
11	11	26409	24287		846			33500	52328
28	**28**	**9034**	**4787**	**22**	**130**	**130**	**90**	**5995**	**12997**
1	1	158	158					45	195
2	2	206	198	2	30	30	30	80	144
2	2	197	197					123	452
2	2	148	148					58	32
6	6	1458	506					1241	2059
3	3	547	547	20	100	100	60	1846	3390
4	4	1093	1059					261	2734
5	5	4615	1362					2221	3507
3	3	612	612					121	485
295	**284**	**320944**	**214723**	**4483**	**255407**	**238178**	**31599**	**122662**	**855562**
6	6	14801	14801					916	12093
10	10	11448	3996					30	30621
3	3	2946	2803						6300
2	2	1866	1168					1095	4860
16	16	10230	2545	68	1300	800	400	23	2825
9	9	6350	6350	68	2390		300	9800	14179
8	8	5394	1845	18	80		45	950	16829
10	10	7675	2129	232	285	152	65	1141	11000
3	3	1665	998					6100	6601
5	5	6757	6757					6227	20885
13	13	19911	15142	286	7032	6029	715	859	101093
5	5	6463	2232						14457
24	24	22320	20978	1830	228500	225000	28650	10370	50865
11	11	11625	4029	937	4761	3830	285	9487	40798
8	8	14388	4128	470	2537	768	155	9447	36218

9-1(一) 续表 30

民族乡名称	行政区划面积（平方公里）	村民委员会（个）	#已通公路的村（个）	#已通自来水的村（个）	#已通电的村（个）
平凉市崆峒区白庙回族乡	66	9	9	9	9
平凉市崆峒区大秦回族乡	58	12	12	12	12
平凉市崆峒区寨河回族乡	84	12	12	12	12
平凉市崆峒区大寨回族乡	227	24	24	24	24
平凉市崆峒区西阳回族乡	89	13	13	13	13
平凉市崆峒区上杨回族乡	46	7	7	7	7
张掖市肃南裕固族自治县祁丰藏族乡	10202	13	12	12	13
张掖市肃南裕固族自治县马蹄藏族乡	1879	23	23	23	23
张掖市肃南裕固族自治县白银蒙古族乡	448	3	3	3	3
张掖市甘州区平山湖蒙古族乡	1024	3	3	3	3
临夏州临夏县井沟东乡族乡	64	13	13	13	13
临夏州和政县梁家寺东乡族乡	39	8	8	8	8
临夏州临夏县安家坡东乡族乡	16	4	4	4	4
酒泉市瓜州县七墩回族东乡族乡	28	3	3	3	3
酒泉市瓜州县广至藏族乡	135	6	6	6	6
酒泉市瓜州县沙河回族乡	48	5	5	5	5
酒泉市玉门市独山子东乡族乡	45	4	4	4	4
青海省	**5821**	**340**	**340**	**340**	**340**
西宁市大通县朔北藏族乡	84	18	18	18	18
西宁市大通县向化藏族乡	172	9	9	9	9
西宁市湟中县群加藏族乡	164	5	5	5	5
西宁市湟中县大才回族乡	63	16	16	16	16
西宁市湟中县汉东回族乡	40	4	4	4	4
西宁市湟源县日月藏族乡	482	22	22	22	22
海东地区民和县杏儿藏族乡	65	7	7	7	7
海东地区乐都县下营藏族乡	72	10	10	10	10
海东地区乐都县中坝藏族乡	130	14	14	14	14
海东地区乐都县达拉土族乡	111	21	21	21	21
海东市互助土族自治县松多藏族乡	207	8	8	8	8
海东市化隆回族自治县雄先藏族乡	183	24	24	24	24

#已通电话的村（个）	#已通邮的村（个）	年末总人口（人）	#少数民族（人）	乡镇企业从业人员（人）	乡镇企业总产值（万元）	#工业企业（万元）	乡镇企业年净利润总额（万元）	农林牧渔业总产值（万元）	农作物总播种面积（亩）
9	9	13954	6670					219	31727
12	1	13362	11624					8339	32546
12	12	16348	12515					7964	48888
24	24	23349	16495	89	5673	569	238	12820	85039
13	13	12690	12690					238	53616
7	7	8094	7527	238	774	599	461	5119	22977
13	13	3250	2741					340	9334
23	23	5103	2765					12076	19133
3	3	671	395					511	1085
3	3	860	148						198
13	13	19857	10427	40	175	1	50	6388	44972
8	8	18051	17436	57	400	400	160		12985
4	4	12625	7864	150	1500	30	75	150	12900
3	3	4058	2261					134	17235
6	6	8735	3078					5265	34651
5	5	8737	2825					1455	30649
4	4	7361	7361					5200	28004
340	**326**	**227961**	**160241**	**31**	**630**		**65**	**141449**	**634111**
18	18	18980	7877					13819	47860
9	9	8285	4527					11140	31212
5	5	2271	1685					2615	6700
16	16	26816	19790					13284	38700
4	4	6106	6106					5061	20229
22	22	13523	6140					18600	38135
7	7	4556	3552	6	30		15	5338	7450
10	10	4759	1494					8142	10868
14	14	7431	2851					700	18133
21	21	9213	4916					5353	22340
8	8	6982	5096					4916	21370
24	24	9389	6201					7503	34935

9-1(一) 续表 31

民族乡名称	行政区划面积(平方公里)	村民委员会(个)	#已通公路的村(个)	#已通自来水的村(个)	#已通电的村(个)
海东市化隆回族自治县查甫藏族乡	121	12	12	12	12
海东市化隆回族自治县金源藏族乡	315	14	14	14	14
海东市化隆回族自治县塔加藏族乡	160	9	9	9	9
海东市循化撒拉族自治县道帏藏族乡	444	27	27	27	27
海东市循化撒拉族自治县尕楞藏族乡	185	11	11	11	11
海东市循化撒拉族自治县岗察藏族乡	266	3	3	3	3
海东市循化撒拉族自治县文都藏族乡	225	16	16	16	16
海东地区平安县沙沟回族乡	90	10	10	10	10
海东地区平安县巴藏沟回族乡	69	13	13	13	13
海东地区平安县石灰窑回族乡	84	14	14	14	14
海东地区平安县洪水泉回族乡	75	15	15	15	15
海东地区平安县古城回族乡	112	14	14	14	14
海东地区互助县巴扎藏族乡	523	8	8	8	8
海北州门源县皇城蒙古族乡	543	4	4	4	4
海北州海晏县哈勒景蒙古乡	672	3	3	3	3
海南州贵德县新街回族乡	163	9	9	9	9
新疆维吾尔自治区	**57553**	**252**	**252**	**251**	**252**
吐鲁番地区鄯善县东巴扎回族乡	144	4	4	4	4
和田地区皮山县瑙阿巴提塔吉克族乡	6000	3	3	3	3
和田地区皮山县康克尔柯尔克孜族乡	2200	2	2	2	2
巴音郭楞蒙古自治州和硕县乌什塔拉回族乡	443	8	8	8	8
昌吉回族自治州奇台县大泉塔塔尔族乡	1350	2	2	2	2
昌吉回族自治州奇台县五马场哈萨克族乡	1838	4	4	4	4
昌吉回族自治州奇台县乔仁哈萨克族乡	2132	2	2	2	2
昌吉回族自治州木垒哈萨克自治县大南沟乌孜别克族乡	1393	3	3	3	3
昌吉回族自治州玛纳斯县旱卡子滩哈萨克族乡	425	4	4	4	4
昌吉回族自治州玛纳斯县塔西河哈萨克族乡	840	5	5	5	5
昌吉回族自治州玛纳斯县清水河哈萨克族乡	2876	6	6	6	6
昌吉回族自治州阜康市三工河哈萨克族乡	1323	3	3	3	3
昌吉回族自治州阜康市上户沟哈萨克族乡	3780	8	8	8	8

#已通电话的村（个）	#已通邮的村（个）	年末总人口（人）	#少数民族（人）	乡镇企业从业人员（人）	乡镇企业总产值（万元）	#工业企业（万元）	乡镇企业年净利润总额（万元）	农林牧渔业总产值（万元）	农作物总播种面积（亩）
12	12	5815	3759					4912	29439
14		7053	7050					6502	21042
9	9	4467	4464					3876	11041
27	27	14674	15200						44415
11	11	5301	5347						20275
3	3	2120	2104						
16	16	8591	11694						32887
10	10	11460	8147					9810	21500
13	13	4677	3121					71	19000
14	14	9030	4730					1700	48000
15	15	8265	3958	25	600		50	1300	4100
14	14	13122	8591					9243	32000
8	8	5267	3582					3074	7896
4	4	1949	1639					4490	16240
3	3	1434	1416						1144
9	9	6425	5204						27200
249	**240**	**336954**	**261207**	**4072**	**69228**	**56502**	**7876**	**778361**	**2171048**
4	4	4334	4180					13726	12580
3	1	1099	1099						3315
2	2	1774	1774					72	943
8	8	10131	5856					49113	175000
2	2	4494	3557	106	1180		136	23600	49901
4	4	8636	7142					48200	105131
2	2	3837	2768					21852	24000
3	3	3784	3651	2	850			182	8300
4	4	4798	3158					12272	24651
5	5	4479	4165	66	418	400	218	1099	19000
6	6	6574	5686					158500	12760
3		4611	3795	146		4608		11192	48465
8	8	11383	7641					46825	235000

9-1(一)　续表 32

民族乡名称	行政区划面积（平方公里）	村民委员会（个）	#已通公路的村（个）	#已通自来水的村（个）	#已通电的村（个）
昌吉回族自治州昌吉市阿什里哈萨克族乡	3300	6	6	6	6
昌吉回族自治州呼图壁县石梯子哈萨克族乡	1226	6	6	6	6
乌鲁木齐市米东区柏杨河哈萨克族乡	768	6	6	5	6
克孜勒苏柯尔克孜自治州阿克陶县塔尔塔吉克族乡	1010	8	8	8	8
喀什地区塔什库尔干塔吉克自治县科克亚尔柯尔克孜族乡	602	2	2	2	2
喀什地区泽普县布依鲁克塔吉克族乡	2400	4	4	4	4
喀什地区莎车县孜热普夏提塔吉克族乡	121	13	13	13	13
伊犁哈萨克自治州察布查尔锡伯自治县米粮泉回族乡	45	3	3	3	3
伊犁哈萨克自治州特克斯县科克铁热克柯尔克孜族乡	862	7	7	7	7
伊犁哈萨克自治州特克斯县呼吉尔特蒙古族乡	220	5	5	5	5
伊犁哈萨克自治州伊宁县愉群翁回族乡	155	16	16	16	16
伊犁哈萨克自治州尼勒克县科克浩特浩尔蒙古族乡	1013	10	10	10	10
伊犁哈萨克自治州霍城县伊车嘎善锡伯族乡	80	5	5	5	5
伊犁哈萨克自治州霍城县三宫回族乡	72	5	5	5	5
伊犁哈萨克自治州昭苏县胡松图喀尔逊蒙古族乡	1027	8	8	8	8
伊犁哈萨克自治州昭苏县察汗乌苏蒙古族乡	646	7	7	7	7
伊犁哈萨克自治州昭苏县夏特柯尔克孜族乡	1002	8	8	8	8
塔城地区塔城市阿西尔达斡尔族乡	402	20	20	20	20
塔城地区乌苏市塔布勒合特蒙古族乡	1854	4	4	4	4
塔城地区乌苏市吉尔格勒特郭楞蒙古族乡	306	8	8	8	8
塔城地区额敏县额玛勒郭楞蒙古族乡	123	10	10	10	10
塔城地区额敏县霍吉尔特蒙古族乡	163	5	5	5	5
阿克苏地区乌什县雅曼苏柯尔克孜族乡	1806	7	7	7	7
阿克苏地区温宿县博孜东柯尔克孜族乡	5116	9	9	9	9
哈密地区伊吾县前山哈萨克族乡	748	3	3	3	3
哈密地区哈密市德外都如克哈萨克族乡	2000	2	2	2	2
哈密地区哈密市乌拉台哈萨克族乡	1744	3	3	3	3
阿勒泰地区布尔津县禾木哈纳斯蒙古族乡	3040	2	2	2	2
阿勒泰地区阿勒泰市汗德尕特蒙古族乡	960	6	6	6	6

#已通电话的村（个）	#已通邮的村（个）	年末总人口（人）	#少数民族（人）	乡镇企业从业人员（人）	乡镇企业总产值（万元）	#工业企业（万元）	乡镇企业年净利润总额（万元）	农林牧渔业总产值（万元）	农作物总播种面积（亩）
6	6	8259	7817	40	197	197	-24	1372	42145
6	6	7442	6078					27911	102000
6	6	5342	3798	2764	37682	37682		6696	3696
8	8	5343	5343					4049	7364
2	2	1080	1022					837	2109
4	4	3782	2734	85	720	1	85	11388	7437
13	13	10392	10176	130	8000	7000	5000	11000	53000
3	1	5376	4731					15564	21539
7	7	18995	17163	35	355	165	38	22949	77416
5	5	7640	5215	50	3000	150	1000	22648	52589
16	16	52615	50059	350	2577		773	63337	120834
10	10	17325	12406					15682	73431
5	5	13500	5737	80	6299	6299	182	22590	90735
5	5	16584	1675	5				2612	27908
8	8	9013	6883					17460	65566
7	7	10285	8437					22130	71529
8	8	14811	13365					25020	80300
20	20	10021	4687					34205	220050
4	4	2775	2719					6900	32000
8	8	5693	2356	140	6550		350	15963	45848
10	10	4588	1916	19	1400		118	9804	54632
5	5	4005	1896					6773	79112
7	7	9971	9920	34				4128	35761
9	9	6469	6268					4782	43504
3	1	4428	3889					11538	22179
2	2	1639	1539					3824	6610
		2972	2900						2349
2	2	2694	2640					566	300
6	6	3981	3366	20					10059

9—1 全国各民族乡基本情况(2019年)(二)

民族乡名称	#粮食播种面积(亩)	粮食产量(吨)	肉类总产量(吨)	农民合作社个数(个)	农民合作社成员数(户)
北京	**7194**	**2879**	**348**	**85**	**2330**
朝阳区常营回族乡					
通州区于家务回族乡	3566	1507	141	18	861
密云县檀营满族蒙古族乡					
怀柔区喇叭沟门满族乡	1714	734	141	55	989
怀柔区长哨营满族乡	1914	639	66	12	480
天津市	**1000**	**1664**	**1067**	**27**	**2405**
蓟县孙各庄满族乡	1000	1664	1067	27	2405
河北省	**1052039**	**509158**	**103261**	**1157**	**14310**
石家庄市新乐市彭家庄回族乡	40012	19091	7215	25	323
石家庄市藁城市九门回族乡	70360	26741	4490	17	50
石家庄市无极县高头回族乡	64008	27897	2167	15	161
唐山市遵化市汤泉满族乡	8775	3254	1230	2	46
唐山市遵化市西下营满族乡	359	2010	1058	3	15
唐山市遵化市东陵满族乡	18855	8514	5854	10	127
邯郸市邱县陈村回族乡	9234	4326	6033	4	463
邯郸市大名县营镇回族乡	17407	5574	650	5	155
保定市易县凌云册满族回族乡	35856	32650	2450	53	108
保定市定州市号头庄回族乡	96839	45207	2991	40	1150
张家口市沽源县大二号回族乡	2891	348	133	33	164
张家口市怀来县王家楼回族乡	13355	6876	1172	27	321
廊坊市永清县管家务回族乡	15450	9361	2368	17	502
廊坊市文安县大围河回族满族乡	43800	22533	3396	16	170
承德市丰宁满族自治县南关蒙古族乡	33885	8013	1562	36	883
承德市滦平县平坊满族乡	11070	2599	756	8	67
承德市滦平县安纯沟门满族乡	10832	3973	915	18	60
承德市滦平县五道营子满族乡	2988	1805	2011	18	62
承德市滦平县邓厂满族乡	4500	2022	1883	18	90
承德市滦平县马营子满族乡	9361	2603	1743	19	58
承德市滦平县付家店满族乡	6240	1855	3270	6	60

农业技术服务机构个数（个）	农业技术服务机构从业人员数（人）	公共财政收入（万元）	公共财政支出（万元）	农村居民人均可支配收入（元）	学校数（个）	在校学生数（人）	教师数（人）	图书馆（个）	文化站（个）
4	**18**	**90441**	**108569**	**30503**	**15**	**9827**	**1324**	**27**	**19**
		28990	20878	34939	8	7039	942	1	1
1	11	43170	43170	29113	4	1520	236	25	1
		6818	6818		1	989	74		1
2	4	4458	18839	23899	1	112	34	1	15
1	3	7005	18864	22465	1	167	38		1
		2200	**2600**	**23180**	**4**	**625**	**67**		**1**
		2200	2600	23180	4	625	67		1
100	**288**	**86841**	**95766**	**11128**	**243**	**67607**	**4951**	**80**	**86**
1	2	857	857	17516	9	1590	110	1	1
2	10	4125	4119	18800	5	5447	271	2	13
3	15	734	734	13400	8	2180	130	1	15
6	10	240	240	9826	2	837	65	1	1
9	12	273	521	9168	1	926	79	1	1
2	5	675	675	9747	7	2318	135	1	1
1	3	227	227	11550	1	518	39	1	1
3	12	397	397	10170	6	1012	98		1
1	1	4350	4350	10265	6	1345	89	12	1
1	6	735	735	3600	10	3386	229	17	1
1	10	625	627	10342	1	82	16		4
2	8	670	670	9970	2	402	43	1	1
1	2	3014	3014	9773	3	1132	96	1	1
3	5	2243	2243	13226	11	4326	293	1	1
1	1	1417	1417	5524	15	1553	145		1
2	4	2577	2684	4823	1	134	43		1
1	6	825	870	4900	2	491	69		1
1	4	877	577	4530	1	108	23	6	1
		481	439	4455	1	104	18	2	
1	2	569	503	4130	1	352	37	1	1
1	2	517	464	4570	4	73	26		1

9-1(二) 续表 1

民族乡名称	#粮食播种面积（亩）	粮食产量（吨）	肉类总产量（吨）	农民合作社个数（个）	农民合作社成员数（户）
承德市滦平县小营满族乡	13215	4231	1339	15	76
承德市滦平县西沟满族乡	10214	3144	2730	30	723
承德市承德县岗子满族乡	10400	4106	2858	20	170
承德市承德县两家满族乡	7998	3352	855	25	239
承德市兴隆县八卦岭满族乡	2220	668	212	22	272
承德市兴隆县南天门满族乡	3570	1144	541	4	40
承德市隆化县尹家营满族乡	16589	7102	2539	56	868
承德市隆化县庙子沟蒙古族满族乡	8090	4239		20	110
承德市隆化县偏坡营满族乡	16650	10033	4593	63	363
承德市隆化县八达营蒙古族乡	20895	2890	2272	20	121
承德市隆化县太平庄满族乡	14638	8664	788	5	45
承德市隆化县旧屯满族乡	11000	5531	1008	38	212
承德市隆化县西阿超满族蒙古族乡	8009	3012	3352	48	308
承德市隆化县白虎沟蒙古族满族乡	8155	4085	1667	38	185
承德市平泉县七家岱满族乡	9776	5811	415	12	136
承德市平泉县茅兰沟满族蒙古族乡	29368	13588	1688	28	569
沧州市黄骅市羊二庄回族乡	16534	45143	9176	103	1110
沧州市黄骅市新村回族乡					
沧州市河间市果子洼回族乡	19038	9488	1978	48	406
沧州市献县本斋回族乡	29957	15059	3350	27	1450
沧州市沧县大褚村回族乡	3560	14800	2342	13	302
沧州市沧县杜林回族乡	59887	27520		56	421
沧州市沧县李天木回族乡	130299	36921	2170	38	534
沧州市沧县捷地回族乡	30400	27579	3278	10	460
沧州市黄骅市羊三木回族乡	55500	13796	764	28	155
内蒙古自治区	**2424310**	**714446**	**69042**	**1153**	**6368**
呼伦贝尔市莫力达瓦达斡尔族自治旗巴彦鄂温克民族乡	457550	98580	1895	161	881
呼伦贝尔市莫力达瓦达斡尔族自治旗杜拉尔鄂温克民族乡	225000	33750	760	92	481
呼伦贝尔市扎兰屯市达斡尔民族乡	151032	51604	435	44	244
呼伦贝尔市扎兰屯市萨马街鄂温克民族乡	169451	53208	3440	54	321
呼伦贝尔市扎兰屯市南木鄂伦春民族乡	46000	33500	32500	86	540

农业技术服务机构个数（个）	农业技术服务机构从业人员数（人）	公共财政收入（万元）	公共财政支出（万元）	农村居民人均可支配收入（元）	学校数（个）	在校学生数（人）	教师数（人）	图书馆（个）	文化站（个）
3	10	913	858	6358	8	641	86	10	10
1	2	802	647	4840	1	284	37		1
7	20	736	692	12546	1	307	21		1
3	7	679	622	7002	1	344	21		1
1	3	747	747	13849	3	947	50		1
1	4	505	505	13849	2	310	25		1
1	3	731	731	8250	7	620	38	1	1
1	2	855	855	10300	1	310	40		1
1	3	1229	1229	8576	2	634	70	1	1
1	2	1029	1029	8310	9	615	65		1
1	3	723	723	7059	9	403	50		1
1	1	883	883	9082	10	432	38		1
1	3	646	646	8890	8	410	50		1
1	4	812	812	9180	5	380	40	5	6
5	5	720	720	5450	1	324	62	1	1
6	9	902	902	7380	9	927	118	1	1
12	52	8987	8987	17744	13	3012	430		1
		11214	11212	23165					
		1496	1637	9820	3	1837	136	1	1
1	2	1012	1012	8100	6	1674	90	1	1
1	5	5670	5670	16200	11	3452	134		1
		8976	8976	10275	14	6359	319		1
2	8	3120	8955	10350	10	6564	313	1	1
2	8	3389	6942	12868	8	7934	607	1	1
4	12	3639	3414	16533	4	571	57	8	
16	**105**	**43846**	**42693**	**12050**	**24**	**6692**	**1040**	**36**	**23**
2	11	4433	4433	8650	1	56	16		1
1	3	2652	2652	5000	1	96	43	10	1
1	9	1461	1361	16840	1	466	73	7	1
1	3	908	821	17349	3	517	41		1
1	4	1449	1348	15796	2	466	99		1

9-1(二) 续表 2

民族乡名称	#粮食播种面积（亩）	粮食产量（吨）	肉类总产量（吨）	农民合作社个数（个）	农民合作社成员数（户）
呼伦贝尔市阿荣旗查巴奇鄂温克民族乡	278900	56000	1205	134	475
呼伦贝尔市阿荣旗新发朝鲜族民族乡	90000	36000		84	96
呼伦贝尔市阿荣旗音河达斡尔鄂温克民族乡	87900	52740	1169	112	1245
呼伦贝尔市阿荣旗得力其尔鄂温克民族乡	300000	110558	2340	110	805
呼伦贝尔市根河市敖鲁古雅鄂温克民族乡	16845	1199	65	10	75
呼伦贝尔市额尔古纳市三河回族乡	208000	56000		30	150
呼伦贝尔市额尔古纳市室韦俄罗斯民族乡	100000	19849	607	12	60
兴安盟科尔沁右翼前旗满族屯满族乡	3202	1245	745	17	85
赤峰市松山区当铺地满族乡	157630	58965	22658	48	
赤峰市喀喇沁旗十家满族乡	75800	40648	870	79	397
乌兰察布市凉城县曹碾满族乡	57000	10600	347	20	113
呼伦贝尔市鄂温克族自治旗巴彦塔拉达斡尔族乡			5	60	400
辽宁省	**1801544**	**1037270**	**258439**	**1711**	**24673**
沈阳市康平县柳树屯蒙古族满族乡	65828	41400	6500	85	543
沈阳市康平县沙金台蒙古族满族乡	65020	21496	6500	64	381
沈阳市法库县四家子蒙古族乡	54640	39000	10140	47	524
沈阳市康平县东升满族蒙古族乡	88784	44064	6946	60	865
沈阳市康平县西关屯蒙古族满族乡	67000	27000	1700	30	385
大连市瓦房店市三台满族乡	37253	11380	8846	19	558
大连市瓦房店市杨家满族乡	48480	13280	14412	15	254
大连市庄河市太平岭满族乡	48761	15648	1800	7	50
大连市庄河市桂云花满族乡	25113	9851	7278	25	596
抚顺市抚顺县拉古满族乡	35229	14021	733	9	200
抚顺市抚顺县汤图满族乡	20685	182310	1243	52	729
本溪市桓仁满族自治县雅河朝鲜族乡	27547	13025	175	7	255
锦州市义县地藏寺满族乡	30225	7596	4256	13	256
锦州市义县大定堡满族乡	1800	9900	2320	28	325
阜新市彰武县二道河子蒙古族乡	60045	36593	7300	11	60
辽阳市辽阳县吉洞峪满族乡	29200	10200	880	58	1471
辽阳市辽阳县甜水满族乡	38000	8600	2100	41	1320
铁岭市开原市林丰满族乡	27126	18688	1200	5	436

农业技术服务机构个数（个）	农业技术服务机构从业人员数（人）	公共财政收入（万元）	公共财政支出（万元）	农村居民人均可支配收入（元）	学校数（个）	在校学生数（人）	教师数（人）	图书馆（个）	文化站（个）
1	6	1300	1000	17250	1	810	73	12	1
1	6	4225	4133	26000					1
1	9	5983	5566	22000	1	548	94		1
1	10	2481	2294	17524	1	640	74	1	1
		1763	1772	25200					1
		1871	2163	24000	3	368	99	3	3
1	6	1712	1571	14800	1		14	1	1
1	2	2022	1902	4827	1	376	71	2	1
1	5	4521	4521		4	1627	243		1
1	4	2438	2325	12437	3	719	94		1
1	6	2765	2765	8800					1
1	21	1863	2068	13000	1	3	6		5
156	**525**	**88037**	**88649**	**11412**	**189**	**46403**	**5442**	**24**	**54**
1	2	3175	3175	13200	1	795	112	1	1
1	12	4750	4750	14310	1	1111	109		1
5	15	1399	1399	10260	1	468	74		1
1	10	3640	3640	15464	1	1124	109	1	1
5	7	1300	1300	9400	1	1038	110		1
1	15	3693	3693	17456	2	977	113		1
1	14	2924	2924		4	720	106	1	1
1	8	2539	2539	14000	4	733	85		1
1	2	4336	4163	17021	3	581	109		1
		9561	9561	14294	1	508	92	1	1
1	2	800	1051		1	480	56	1	1
1	7	1397	1397	15700	1	170	25	1	1
1	3	602	602	9198	1	192	57		1
1	15	1560	1560	9200	1	180	43	1	1
5	28	1474	1474	10873	1	615	75	1	1
11	20	1157	1157	11800	9	1261	106	1	1
1	5	1393	1393	11000	5	954	134	1	1
7	26	1516	2087	8125	1	280	37		1

9-1(二) 续表 3

民族乡名称	#粮食播种面积（亩）	粮食产量（吨）	肉类总产量（吨）	农民合作社个数（个）	农民合作社成员数（户）
铁岭市铁岭县白旗寨满族乡	27270	17725	4171	38	228
铁岭市西丰县成平满族乡	33510	16750	9940	20	924
铁岭市西丰县德兴满族乡	23693	8678	984	13	91
铁岭市西丰县和隆满族乡	26847	14450	342	32	318
铁岭市西丰县金星满族乡	38163	27044	5405	29	317
铁岭市西丰县明德满族乡	30881	20322	6842	5	27
铁岭市西丰县营厂满族乡	23870	11950	1700	16	606
铁岭市清河区聂家满族乡	42540	29778	4800	8	231
朝阳市北票市马友营蒙古族乡	67289	43825	9110	66	358
朝阳市北票市凉水河蒙古族乡	23200	12900	4166	19	176
朝阳市建平县三家蒙古族乡	119476	60463	927	131	675
朝阳市凌源市三家子蒙古族乡	42450	17995	3576	17	794
朝阳市朝阳县松岭门蒙古族乡	17435	4000	4460	3	18
朝阳市朝阳县乌兰河硕蒙古族乡	35411	11458	2219	11	1098
葫芦岛市绥中县西平坡满族乡	24690	11223	8107	38	381
葫芦岛市绥中县范家满族乡	16170	6364	8560	45	240
葫芦岛市绥中县高甸子满族乡	23663	17054	7650	65	362
葫芦岛市绥中县葛家满族乡	10585	4935	3905	6	95
葫芦岛市绥中县明水满族乡	6550	5600	2800	32	600
葫芦岛市绥中县网户满族乡	18000	10350	13500	75	529
葫芦岛市兴城市白塔满族乡	23010	7546	10643	23	149
葫芦岛市兴城市大寨满族乡	43125	23107	5124	6	251
葫芦岛市兴城市碱厂满族乡	13660	489	761	10	113
葫芦岛市兴城市旧门满族乡	10326	3421	6901	18	162
葫芦岛市兴城市刘台子满族乡	9000	4500	2092	29	149
葫芦岛市兴城市南大山满族乡	18795	8032	4390	41	275
葫芦岛市兴城市望海满族乡	14000	8400	7800	42	507
葫芦岛市兴城市围屏满族乡			8919	29	466
葫芦岛市兴城市羊安满族乡	8986	1495	1132	34	210
葫芦岛市兴城市药王庙满族乡	28000	12000	3500	8	300

农业技术服务机构个数（个）	农业技术服务机构从业人员数（人）	公共财政收入（万元）	公共财政支出（万元）	农村居民人均可支配收入（元）	学校数（个）	在校学生数（人）	教师数（人）	图书馆（个）	文化站（个）
1	2	680	680	12700	3	628	82		1
1	3	701	701	13690	3	300	66		1
2	4	848	848	13690	1	129	25		1
1	6	667	667	13690	4	739	97	1	1
5	17	661	661	13690	2	266	34		1
1	2	660	660	13690	1	139	28		1
1	3	513	513	10220	3	510	65		1
1	3	1477	1477	9500	1	418	64		1
1	4	2891	2891	14200	6	952	141		1
1	4	1524	1524	7550	2	102	50		1
3	12	690	1184	13102	8	2220	214	1	1
1	3	7430	5305	8600	12	3531	237		1
	8	1320	1320	10500	2	620	77		1
5	8	1778	1778	7930	5	546	85	1	1
6	8	839	839	9850	2	1264	94		1
4	12	700	700	9560	2	749	65	1	1
4	17	1393	1393	8021	5	1122	103	1	1
1	6	684	684	6899	1	950	96	1	1
4	17	4552	4552	8835	4	593	70	1	1
1	34	691	691	11000	4	1650	106	1	1
6	18	1544	1335	12000	9	1076	192		1
5	6	946	879	11500	8	2167	215		1
8	12	31	31	4900	4	961	106		1
9	36	243	548	10787	4	663	80		1
1	3	485	485	10844	3	749	75		1
4	6	635	564	11000	4	1019	109	1	1
7	20	537	537	14000	5	1450	144		1
7	8	502	490	10820	6	917	70		1
1	1	1214	1214	14980	4	744	166	1	1
5	5	620	620	5500	8	1150	124		1

9-1(二) 续表 4

民族乡名称	#粮食播种面积(亩)	粮食产量(吨)	肉类总产量(吨)	农民合作社个数(个)	农民合作社成员数(户)
葫芦岛市兴城市三道沟满族乡	20300	11032	684	25	414
葫芦岛市兴城市元台子满族乡	33010	11170	2218	22	380
葫芦岛市建昌县二道湾子蒙古族乡	44419	15512	4150	23	120
丹东市宽甸满族自治县下露河朝鲜族乡	6900	3000	740	12	300
丹东市东港市合隆满族乡	46904	23079	4132	101	2923
丹东市凤城市大堡蒙古族乡	58680	27572	7760	43	678
吉林省	**2174990**	**1194435**	**50166**	**1646**	**24723**
延边朝鲜族自治州珲春市三家子满族乡	51120	29416		41	206
延边朝鲜族自治州珲春市杨泡满族乡	2306	16660	259	48	418
吉林市昌邑区土城子满族朝鲜族乡	59233	48596	3179	32	295
吉林市昌邑区两家子满族乡	69729	42785	9481	12	110
吉林市永吉县金家满族乡	85918	58500	1190	58	1899
吉林市蛟河市乌林朝鲜族乡	99756	54831	4794	58	840
通化市梅河口市小杨满族朝鲜族乡	56145	29856	484	56	772
通化市集安市凉水朝鲜族乡	9300	2984	182	9	268
通化市通化县金斗朝鲜族满族乡	16920	6823	422	33	309
通化市通化县大泉源满族朝鲜族乡	72716	15229	1349	30	1904
通化市辉南县楼街朝鲜族乡	90375	55313	888	80	3202
通化市柳河县姜家店朝鲜族乡	62395	41996	76	8	136
辽源市东丰县三合满族朝鲜族乡	64210	65101	1345	122	1820
长春市双阳区双营子回族乡	56925	27183	1251	81	522
长春市榆树市延和朝鲜族乡	8430	4733	5469	4	20
长春市九台市胡家回族乡	136081	94872	150	75	671
长春市九台市莽卡满族乡	111000	68600	5777	113	904
白城市通榆县包拉温都蒙古族乡	76800	15500	210	12	156
白城市通榆县向海蒙古族乡	256500	51300	834	135	717
白城市洮南市呼和车力蒙古族乡	54000	27000	765	27	350
白城市洮南市胡力吐蒙古族乡	5000	30500	830	7	44
白城市镇赉县哈吐气蒙古族乡	75630	31000		65	668
白城市镇赉县莫莫格蒙古族乡	104265	53512	2180	13	223

农业技术服务机构个数（个）	农业技术服务机构从业人员数（人）	公共财政收入（万元）	公共财政支出（万元）	农村居民人均可支配收入（元）	学校数（个）	在校学生数（人）	教师数（人）	图书馆（个）	文化站（个）
5	20	823	569	6443	3	630	99		1
5	6	590	590	11750	3	967	150	1	1
1	2	341	341	9590	5	2085	185	1	1
1	2	217	217	15800	1	549	111	1	1
1	10	580	2215	18492	5	831	106	1	1
1	6	813	1081	14000	7	830	159		1
85	**347**	**50480**	**49854**	**12424**	**96**	**21091**	**3451**	**63**	**44**
1	3	3706	4054	8000	1	84	35		
3	7	1846	2362	13000	1	42	27	8	1
7	6	1393	1393	11005	2	744	88	1	1
3	9	110	105	12009	5	1325	112	2	1
2	10	402	402	12798	1	600	106	1	1
1	5	405	405	13120	4	956	203		1
5	14	610	610	13600	4	475	119	1	18
6	21	2188	2188	11000	1	169	53	1	1
1	5	663	663	17338	1	78	26		1
1	9	1270	1270	15814	3	861	187	1	1
5	14	946		14108	3	1009	179	12	1
4	12	321	975	16059	1	318	54	11	1
10	46	2975	2975	17351	14	2390	259	1	1
2	6	5450	5807	11000	6	893	114	1	1
1	1	448	51	17696	1	2	9	3	1
1	7	3088	2332	9752	1	1443	170		1
2	16	4293	4293	10500	3	1833	267	12	1
2	5	731	820	11700	1	170	72		1
1	13	1044	882	9500	3	595	210		1
2	9	2067	2067	6906	5	486	89		1
1	11	1421	1135	9500	4	552	104		1
2	4	983	925	10040	1	203	58	6	1
4	10	706	725	9567	1	495	146		1

9-1(二) 续表 5

民族乡名称	#粮食播种面积（亩）	粮食产量（吨）	肉 类总产量（吨）	农民合作社个数（个）	农民合作社成员数（户）
白城市大安市新艾里蒙古族乡	62100	35490	1152	25	500
白城市洮北区德顺蒙古族乡	163000	8300	1800	140	1865
松原市扶余县三骏满族蒙古族锡伯族乡	232220	143000	6100	145	3050
四平市公主岭市龙山满族乡	82725	54725		17	854
四平市双辽市那木斯蒙古族乡	10191	80630		200	2000
黑龙江省	**3984889**	**2393401**	**42047**	**3031**	**32368**
哈尔滨市南岗区红旗满族乡	40631	30000	971	98	490
哈尔滨市双城市乐群满族乡	104923	83938	1230	95	475
哈尔滨市双城市同心满族乡	103000	130000		205	1048
哈尔滨市双城市希勤满族乡	135100	101000	400	46	230
哈尔滨市双城市青岭满族乡	125850	80962	612	75	405
哈尔滨市五常市红旗满族乡	15491			230	1241
哈尔滨市五常市营城子满族乡	600			85	2100
哈尔滨市五常市民乐朝鲜族乡	4977			358	5265
哈尔滨市尚志市河东朝鲜族乡	50888	4	248	29	194
哈尔滨市尚志市鱼池朝鲜族乡	55671	1635	426	39	260
哈尔滨市依兰县迎兰朝鲜族乡	245000	145000	468	166	816
齐齐哈尔市梅里斯达斡尔族区莽格吐达斡尔族乡	250000	9336	120	7	49
齐齐哈尔市泰来县宁姜蒙古族乡	13843	7600		40	634
齐齐哈尔市泰来县胜利蒙古族乡	14050			4	1728
齐齐哈尔市富裕县友谊达满柯族乡	152392	30478	1550	25	170
齐齐哈尔市讷河市兴旺鄂温克族乡	303621	6951	1685	5	30
齐齐哈尔市富拉尔基区杜尔门沁达族乡	92695	48539	1568	16	1585
牡丹江市穆棱市福禄朝鲜族满族乡	57430	17328	1165	15	362
牡丹江市宁安市江南朝、满族乡			2672	67	1028
牡丹江市宁安市卧龙朝鲜族乡	136442	92791	4475	268	4360
牡丹江市西安区海南朝鲜族乡	183285	54950	3000	35	694
佳木斯市同江市街津口赫哲族乡	8412	26000	452	16	92
佳木斯市同江市八岔赫哲族乡	14067	32000		35	1367
佳木斯市桦川县星火朝鲜族乡	69000	35450	147	8	56

农业技术服务机构个数（个）	农业技术服务机构从业人员数（人）	公共财政收入（万元）	公共财政支出（万元）	农村居民人均可支配收入（元）	学校数（个）	在校学生数（人）	教师数（人）	图书馆（个）	文化站（个）
2	5	2365	2365	9265	1	218	73	1	1
3	15	435	435	17200	5	444	135	1	1
6	40	8100	8100	13350	9	3350	318		1
1	2	744	744	10600	4	756	63		1
6	42	1771	1771	10550	10	600	175		1
60	**298**	**74090**	**74299**	**13943**	**75**	**14621**	**2857**	**144**	**86**
1	10	10299	10255	21000	2	475	97	9	1
1	10	879	879	16819	2	658	65		1
1	7	961	961	16968	1	658	76	4	1
1	5	1125	1125	14800	1	567	74	2	1
6	20	900	900	17473	1	576	204	3	1
1	15	610	610	17894	1	712	78	1	1
1	2	604	604	16500	2	450	77		1
3	8	380	380	23560			32	4	1
1	6	580	580	17902	1	45	18	8	1
1	7	651	651	2	1	112	39		1
1	5	2156	2156	18187	4	203	155		1
1	2	4596	4596	10134	1	128	53		1
1	20	2300	2300	8500	2	530	56		
1	1	1206	1206	12000	5	600	67	5	
1	15	763	763	13979	3	2150	191	14	14
		1018	1018	10724	3	1438	139	1	1
1	1	2217	2496	24156	3	867	73	3	1
1	9	249	249	21200	1	124	78	1	1
1	13	868	1241		5	390	120	1	1
1	1	667	667		1	388	84	1	1
1	3	645	645	17920	3	48	27	16	16
1	2	4508	4508	19555	1	6	13		1
1	2	7441	7191	17320	1	12	14		1
1	4	1717	1681	11368				14	1

9-1(二) 续表 6

民族乡名称	#粮食播种面积（亩）	粮食产量（吨）	肉类总产量（吨）	农民合作社个数（个）	农民合作社成员数（户）
佳木斯市汤原县汤旺朝鲜族乡	2441	19669		17	625
大庆市肇源县超等蒙古族乡	5468	32000	1520	15	521
大庆市肇源县浩德蒙古族乡	78195	37600	6384	35	400
大庆市肇源县义顺蒙古族乡	3743	23000	2320	6	268
黑河市逊克县新鄂鄂伦春族乡	3076	5044	850	6	30
黑河市逊克县新兴鄂伦春族乡	27469	9	47	13	65
黑河市爱辉区新生鄂伦春族乡	41880	4242	2	13	63
黑河市爱辉区四嘉子满族乡	72420	13132		19	561
黑河市爱辉区坤河达斡尔族满族乡			8	447	
黑河市北安市主星朝鲜族乡	61593	30852	42	7	50
黑河市孙吴县沿江达斡尔族满族乡	112136	70758	312	63	1689
绥化市北林区兴和朝鲜族乡	24480	10286		1	63
绥化市北林区红旗满族乡	103150	138000		117	1170
绥化市望奎县厢白满族乡	165000	90000		110	550
绥化市望奎县灵山满族乡	98876	40826	724	9	60
伊春市铁力市年丰朝鲜族乡	92160	41000	222	7	292
鹤岗市萝北县东明朝鲜族乡	46400	22000	643	10	75
鹤岗市绥滨县福兴满族乡	51810	27648		5	55
大兴安岭地区呼玛县白银纳鄂伦春族乡	80315	8642	68	13	67
大兴安岭地区塔河县十八站鄂伦春族乡	42414	7709	799	8	86
双鸭山市饶河县四排赫哲族乡	38040	15787		11	206
双鸭山市友谊县成富朝鲜族满族乡	100440	44281	37	13	65
七台河市勃利县杏树朝鲜族乡	139288	53300	3940	26	131
七台河市勃利县吉兴朝鲜族、满族乡	146300	48283	5	48	260
鸡西市密山市和平朝鲜族乡	147000	610000	909	2	142
鸡西市鸡东县鸡林朝鲜族乡	46956	21583	11	5	61
鸡西市鸡东县明德朝鲜族乡	65400	40000	80	24	120
鸡西市城子河区永丰朝鲜族乡	11072	3790	1936	14	14
江苏省	**60750**	**26101**	**6310**	**46**	**5060**
扬州市高邮市菱塘回族乡	60750	26101	6310	46	5060

农业技术服务机构个数（个）	农业技术服务机构从业人员数（人）	公共财政收入（万元）	公共财政支出（万元）	农村居民人均可支配收入（元）	学校数（个）	在校学生数（人）	教师数（人）	图书馆（个）	文化站（个）
1	1	690	854	12665	1	5	14		7
2	3	911	911	10120	1	1035	145	8	1
1	5	685	685	13000	1	350	82		1
2	2	1303	1303	13000	2	352	76	1	1
1	2	330	330	15660				1	1
1	9	1024	1037	11560				4	1
1	3	1654	1604	16534	1		19		1
1	7	651	590	16725	1	37	26	7	1
		2188	2188						1
1	9	196	196	16678				3	3
1	3	120	120	19447	1	5	21	1	1
1	2	560	560	22047	1		14		1
1	11	721	721	19967	2	221	66	1	1
		643	643	12040	3	155	114	1	1
1	10	531	531	9131	1	114	26		1
1	5	1746	1521	13945	1	40	47		1
1	12	1405	1405	21320	1	10	15		1
1	2			10900	1	14	18		1
1	5	2200	2133	14518	1	28	25		1
1	2	2924	3218	12227	1	35	23	1	1
1	2	647	647	13210	1	3	6	1	1
1	3			23666					1
3	16	1529	1529	12437	5	399	84		1
1	2	930	720	11256	2	425	89		1
1	5	1146	1176	17102	1	204	70	13	1
1	1	584	584	20090				6	1
1	4	516	516	14800	1	52	47	9	1
1	4	915	915						1
7	**34**	**12283**	**5892**	**36200**	**3**	**1975**	**156**	**1**	**1**
7	34	12283	5892	36200	3	1975	156	1	1

9-1(二) 续表 7

民族乡名称	#粮食播种面积（亩）	粮食产量（吨）	肉 类总产量（吨）	农民合作社个数（个）	农民合作社成员数（户）
浙江省	**91727**	**38200**	**11172**	**307**	**2602**
金华市兰溪市水亭畲族乡	25350	13452	8617	11	57
衢州市龙游县沐尘畲族乡	13145	4711	30	33	102
丽水市莲都区丽新畲族乡	9963	3799	733	22	602
丽水市龙泉市竹垟畲族乡	13755	4665	231	22	89
丽水市云和县雾溪畲族乡	1222	390	19	12	78
丽水市云和县安溪畲族乡	1487	560	387	10	50
丽水市遂昌县三仁畲族乡	8835	2690	509	46	322
丽水市松阳县板桥畲族乡	120	66	1	5	50
杭州市桐庐县莪山畲族乡	7188	3023	135	11	460
温州市平阳县青街畲族乡	2436	1154	134	30	30
温州市苍南县岱岭畲族乡	3255	1174	157	37	231
温州市苍南县凤阳畲族乡	1677	1062	138	23	150
温州市文成县周山畲族乡	1944	995	61	21	256
温州市泰顺县竹里畲族乡	1350	460	20	24	125
安徽省	**466224**	**224224**	**14795**	**220**	**8375**
淮南市谢家集区孤堆回族乡	54507	25531	580	10	383
合肥市肥东县牌坊回族满族乡	60125	29694	1849	31	2203
滁州市定远县二龙回族乡	64005	28926	1351	19	832
淮南市凤台县李冲回族乡	20715	5971	1382	39	195
淮南市潘集区古沟回族乡	32250	32500	980	9	67
六安市寿县陶店回族乡	82432	43875	2215	23	145
宣城市宁国市云梯畲族乡	3750	1160	990	10	58
蚌埠市五河县临北回族乡	85935	36367	4598	69	4120
阜阳市颍上县赛涧回族乡	62505	20200	850	10	372
福建省	**254402**	**100484**	**35946**	**698**	**7365**
福州市罗源县霍口畲族乡	13782	5149	351	51	787
福州市连江县小沧畲族乡	300	90	58	2	18
宁德市福安市坂中畲族乡	15410	4450	277	19	146
宁德市福安市康厝畲族乡	21795	6872	1365	74	514

农业技术服务机构个数（个）	农业技术服务机构从业人员数（人）	公共财政收入（万元）	公共财政支出（万元）	农村居民人均可支配收入（元）	学校数（个）	在校学生数（人）	教师数（人）	图书馆（个）	文化站（个）
14	**53**	**43895**	**40438**	**23352**	**17**	**2756**	**321**	**23**	**18**
1	3	3906	3883	21000	3	1006	80	20	20
1	4	1764	1911	24090	2	184	34	10	1
1	7	4203	4721	28820	2	278	21		1
1	3	6732	6050	22843	1	76	18		1
1	1	1094	1086	23315				1	1
1	1	3008	1412	25140	1	124	15	4	1
1	8	4587	4535	19455	1	179	19	6	8
1	5	2548	3202	19186	1	145	18		1
1	5	4917	1850	30664	2	335	47	2	1
1	2	1309	1309	23846	2	151	27	1	1
		3156	3016	22553	1	215	29	1	1
1	2	2377	2377	24219	1	63	13	1	1
2	7	1260	1612	19120					
1	5	3036	3475	19300				1	1
15	**45**	**30366**	**32605**	**17489**	**52**	**10642**	**964**	**34**	**9**
1	5	2432	2090	15737	6	1121	102		1
1	2	16244	16244	23612	15	2315	321	14	1
3	5	808	808	13785	1	219	40		1
1	6	625	963	14000	5	1220	100	7	1
1	4	852	1001	16550	7	1260	93	1	1
1	3	3765	5270	12387	4	730	52	5	1
2	7	1664	1656	20500	1	136	20	6	1
4	5	3652	3345	18120	9	1901	130		1
1	8	323	1228	15350	4	1740	106	1	1
33	**179**	**62257**	**58666**	**18364**	**73**	**33409**	**2652**	**7**	**21**
1	2	2169	2169	15053	3	475	63		1
2	2	1249	1249	13232					1
1	8	5912	2494	18895	7	6427	438	1	1
3	10	2346	2113	19411	2	1329	102		2

9-1(二) 续表 8

民族乡名称	#粮食播种面积（亩）	粮食产量（吨）	肉 类总产量（吨）	农民合作社个数（个）	农民合作社成员数（户）
宁德市福安市穆云畲族乡	25816	8027	361	55	352
宁德市霞浦县盐田畲族乡	9629	2871	153	63	318
宁德市霞浦县崇儒畲族乡	9330	3453	821	82	439
宁德市霞浦县水门畲族乡	11416	3708	2936	68	822
宁德市蕉城区金涵畲族乡	3800	1250	291	32	305
宁德市福鼎市硖门畲族乡	4315	2105	388	19	96
宁德市福鼎市佳阳畲族乡	11501	3969	618	43	230
漳州市漳浦县赤岭畲族乡	8306	3901	10762	21	231
漳州市漳浦县湖西畲族乡	13492	6068	1393	24	738
漳州市龙海市隆教畲族乡	4885	1735	6873	26	330
三明市永安市青水畲族乡	19839	14530	2028	63	457
三明市宁化县治平畲族乡	17381	6061	850	11	726
龙岩市上杭县官庄畲族乡	24641	8592	4118	21	320
龙岩市上杭县庐丰畲族乡	38093	17448	2025	23	515
泉州市惠安县百崎回族乡	671	205	278	1	21
江西省	**93990**	**45007**	**16987**	**170**	**4538**
鹰潭市贵溪樟坪畲族乡	2510	903	4	12	60
上饶市铅山县太源畲族乡	1260	448	135	7	116
上饶市铅山县篁碧畲族乡	2800	1213	192	16	91
吉安市永丰县龙冈畲族乡	29282	12006	236	6	78
赣州市南康赤土畲族乡	12896	11300	15271	21	1945
吉安市青原区东固畲族乡	24225	10800	410	31	698
抚州市乐安县金竹畲族乡	15647	6259	182	61	1282
吉安市峡江县金坪民族乡	5370	2078	557	16	268
河南省	**208155**	**120869**	**16762**	**156**	**37326**
郑州市荥阳市金寨回族乡	3210	2600	179		
商丘市民权县伯党回族乡	34130	16860	5010	11	77
商丘市民权县胡集回族乡	38913	24356	1402	11	274
平顶山市叶县马庄回族乡	9041	9810	670	7	166
平顶山市郏县姚庄回族乡	11850	4811	1534	7	42

农业技术服务机构个数（个）	农业技术服务机构从业人员数（人）	公共财政收入（万元）	公共财政支出（万元）	农村居民人均可支配收入（元）	学校数（个）	在校学生数（人）	教师数（人）	图书馆（个）	文化站（个）
1	11	2895	2895	19246	1	408	30		1
1	4	2450	2613	19204	5	1570	119		1
1	3	4673	4673	18017	3	379	64		1
2	6	3894	3838	17366	2	621	89	1	1
6	14	2842	2850	18800	3	6633	386		1
1	6	4603	4603	18215	5	1745	134		1
1	10	2899	2899	16712	2	454	50		2
1	4	721	721	18809	3	1518	92		1
1	2	3664	3928	18762	8	2693	160	1	1
1	3	11838	11838	20926	10	1916	159	1	1
3	52	2201	2201	23229	3	998	106	1	1
1	6	1735	1735	15401	3	861	65	1	1
4	10	2614	2506	18555	4	1684	170		1
1	11	1538	1356	17821	4	804	164		1
1	15	2014	1984	13878	5	2894	261	1	1
13	**64**	**32148**	**30640**	**14554**	**52**	**7949**	**609**	**4**	**8**
1	4	848	848	17854	5	126	53		1
1	5	1979	1965	15670	1	126	34		1
1	8	1897	1897	13051	1	319	30		1
6	24	2721	1413	18364	13	1894	96	1	1
1	9	13818	13818	14548	14	2486	175	2	1
1	5	1764	1578	13597	13	2000	125		1
1	5	2010	2010	10611	4	636	78		1
1	4	7110	7110	14380	1	362	18	1	1
44	**165**	**15414**	**19457**	**12989**	**65**	**20425**	**1605**	**14**	**12**
1	12	2134	2071	19766	1	386	37	1	1
6	35	351	510	8480	7	1754	154		1
7	38	273	385	9135	7	1523	108		1
1	4	798	898	8520	4	1146	129	1	1
2	9	808	803	9566	5	689	36		1

9-1(二) 续表 9

民族乡名称	#粮食播种面积（亩）	粮食产量（吨）	肉 类总产量（吨）	农民合作社个数（个）	农民合作社成员数（户）
新乡市封丘县荆乡回族乡	12300	6138	1559	9	46
许昌市许昌县艾庄回族乡	16650	8850	1220	6	110
许昌市禹州市山货回族乡	20565	9365	983	8	41
南阳市镇平县郭庄回族乡	12670	11620	196	19	134
南阳市方城县袁店回族乡	17130	9358	1961	32	532
驻马店市西平县蔡寨回族乡	30120	16566	1980	35	175
洛阳市瀍河回族区廛河回族乡	1576	535	68	11	35729
湖北省	**331510**	**110579**	**22866**	**596**	**17939**
荆门市钟祥市九里回族乡	44610	26661	2226	52	352
荆州市洪湖市老湾回族乡	11000	11087	2422	13	113
荆州市松滋市卸甲坪土家族乡	13318	4785	854	27	956
宜昌市宜都市潘家湾土家族乡	29816	8861	6511	44	1111
十堰市郧西县湖北口回族乡	28320	7068	1332	56	4350
恩施土家族苗族自治州恩施市芭蕉侗族乡	46406	11207	3815	134	5225
恩施土家族苗族自治州宣恩县长潭河侗族乡	66526	15942	5741	123	4836
恩施土家族苗族自治州宣恩县晓关侗族乡	70204	18194	4684	71	160
神农架林区下谷坪土家族乡	7210	2329	492	14	116
恩施土家族苗族自治州鹤峰县铁炉白族乡	14100	4446	1300	62	720
湖南省	**1626077**	**681784**	**158840**	**3033**	**61378**
怀化市辰溪县罗子山瑶族乡	4975	2540	200	8	125
怀化市辰溪县苏木溪瑶族乡	7300	3650	242	18	1200
怀化市辰溪县上蒲溪瑶族乡	7079	4008	1100	8	500
怀化市辰溪县后塘瑶族乡	9800	4120	1024	27	1564
怀化市辰溪县仙人湾瑶族乡	14707	8442	3556	21	50
怀化市洪江市深渡苗族乡	14156	5864	722	9	298
怀化市洪江市龙船塘瑶族乡	12302	5215	268	10	75
怀化市会同县炮团侗族苗族乡	3374	2699	28	13	60
怀化市会同县宝田侗族苗族乡	5276	3130	3	13	781
怀化市会同县蒲稳侗族苗族乡	6621	2690	450	6	128
怀化市会同县金子岩侗族苗族乡	21570	10978	1570	18	192

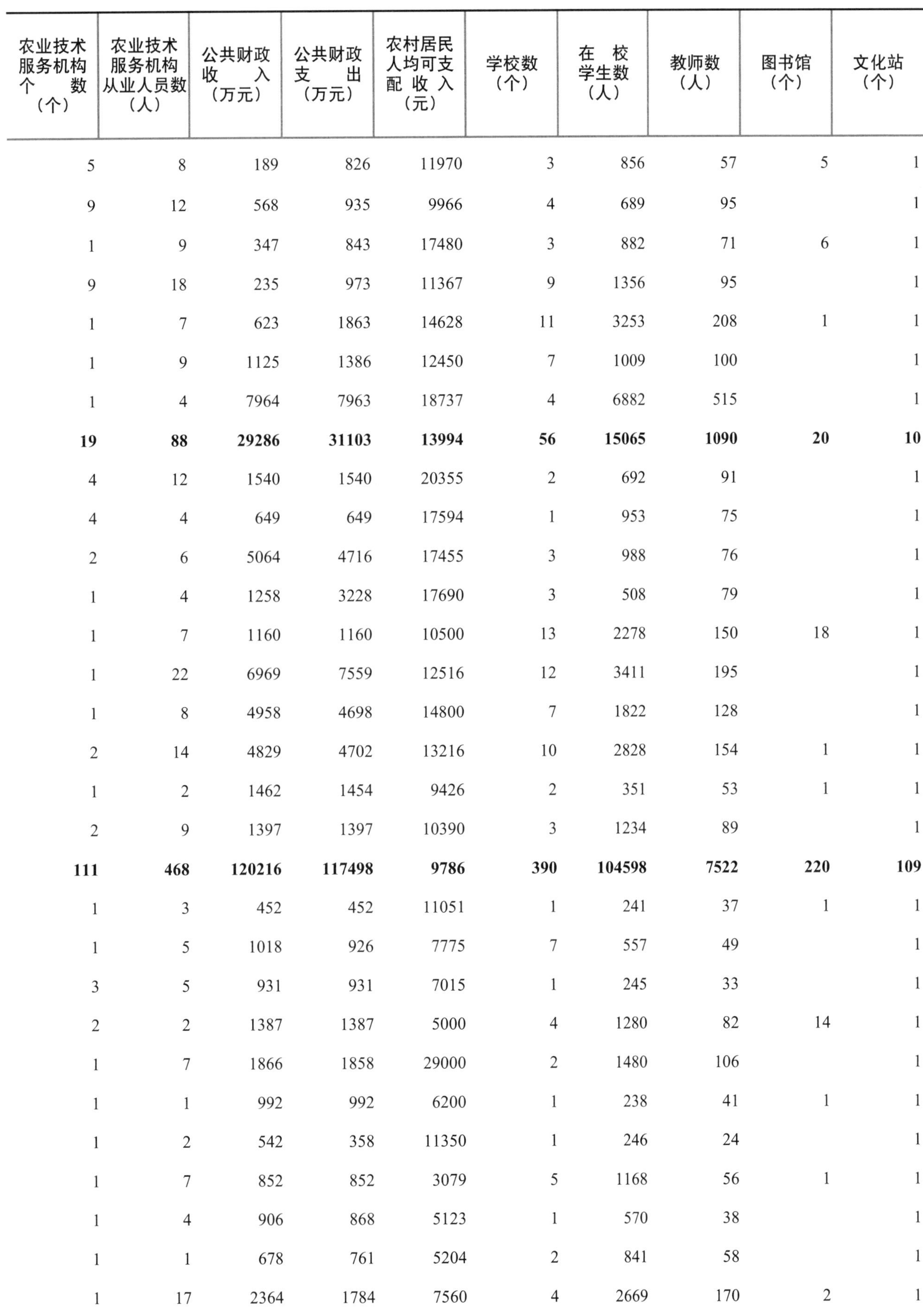

农业技术服务机构个数（个）	农业技术服务机构从业人员数（人）	公共财政收入（万元）	公共财政支出（万元）	农村居民人均可支配收入（元）	学校数（个）	在校学生数（人）	教师数（人）	图书馆（个）	文化站（个）
5	8	189	826	11970	3	856	57	5	1
9	12	568	935	9966	4	689	95		1
1	9	347	843	17480	3	882	71	6	1
9	18	235	973	11367	9	1356	95		1
1	7	623	1863	14628	11	3253	208	1	1
1	9	1125	1386	12450	7	1009	100		1
1	4	7964	7963	18737	4	6882	515		1
19	**88**	**29286**	**31103**	**13994**	**56**	**15065**	**1090**	**20**	**10**
4	12	1540	1540	20355	2	692	91		1
4	4	649	649	17594	1	953	75		1
2	6	5064	4716	17455	3	988	76		1
1	4	1258	3228	17690	3	508	79		1
1	7	1160	1160	10500	13	2278	150	18	1
1	22	6969	7559	12516	12	3411	195		1
1	8	4958	4698	14800	7	1822	128		1
2	14	4829	4702	13216	10	2828	154	1	1
1	2	1462	1454	9426	2	351	53	1	1
2	9	1397	1397	10390	3	1234	89		1
111	**468**	**120216**	**117498**	**9786**	**390**	**104598**	**7522**	**220**	**109**
1	3	452	452	11051	1	241	37	1	1
1	5	1018	926	7775	7	557	49		1
3	5	931	931	7015	1	245	33		1
2	2	1387	1387	5000	4	1280	82	14	1
1	7	1866	1858	29000	2	1480	106		1
1	1	992	992	6200	1	238	41	1	1
1	2	542	358	11350	1	246	24		1
1	7	852	852	3079	5	1168	56	1	1
1	4	906	868	5123	1	570	38		1
1	1	678	761	5204	2	841	58		1
1	17	2364	1784	7560	4	2669	170	2	1

9-1(二) 续表 10

民族乡名称	#粮食播种面积（亩）	粮食产量（吨）	肉类总产量（吨）	农民合作社个数（个）	农民合作社成员数（户）
怀化市会同县漠滨侗族苗族乡	4900	1100	500	5	23
怀化市会同县青朗侗族苗族乡	16203	5489	988	16	681
怀化市沅陵县二酉苗族乡	38960	19675	1711	53	1801
怀化市沅陵县火场土家族乡	6780	4895	150	9	599
怀化市中方县蒿吉坪瑶族乡	4135	2165	240	26	786
怀化市通道侗族自治县大高坪苗族乡	151	76	20	13	380
怀化市新晃侗族自治县步头降苗族乡	9258	3789	30	8	793
怀化市新晃侗族自治县米贝苗族乡	19235	6358	1986	13	961
邵阳市绥宁县河口苗族乡	18430	10175	2289	103	1178
邵阳市绥宁县麻塘苗族乡	11050	3215	347	38	477
邵阳市绥宁县东山侗族乡	21667	10248	3631	96	779
邵阳市绥宁县鹅公岭侗族苗族乡	14600	7300	2016	80	1800
邵阳市绥宁县寨市苗族侗族乡	12300	4691	5369	34	1409
邵阳市绥宁县乐安铺苗族侗族乡	28296	14728	2979	65	1260
邵阳市绥宁县关峡苗族乡	39702	15205	5661	141	834
邵阳市绥宁县长铺子苗族乡	35689	15965	6485	149	6328
邵阳市隆回县山界回族乡	19466	5639	1199	46	192
邵阳市隆回县虎形山瑶族乡	2446	1536	309	12	1213
邵阳市洞口县那溪瑶族乡	3588	1510	610	15	90
邵阳市洞口县大屋瑶族乡	17436	7750	1320	28	860
邵阳市洞口县长塘瑶族乡	31834	11700	1871	20	225
邵阳市新宁县黄金瑶族乡	8761	3993	380	7	1102
邵阳市新宁县麻林瑶族乡	796	5068	1126	30	421
永州市蓝山县荆竹瑶族乡	2649	1060	485	12	298
永州市蓝山县湘江源瑶族乡	2380	873	565	11	56
永州市蓝山县浆洞瑶族乡	4348	1530	86	7	75
永州市蓝山县汇源瑶族乡	2895	931	521	5	115
永州市蓝山县犁头瑶族乡	10200	3010	258	13	188
永州市蓝山县大桥瑶族乡	1660	551	122	4	114
永州市江永县松柏瑶族乡	26153	14229	1800	43	1934

农业技术服务机构个数（个）	农业技术服务机构从业人员数（人）	公共财政收入（万元）	公共财政支出（万元）	农村居民人均可支配收入（元）	学校数（个）	在校学生数（人）	教师数（人）	图书馆（个）	文化站（个）
1	2	2240	2200	6000	5	1188	72	1	1
1	3	1994	1835	8000	5	2187	156	1	
1	13	3387	3387	10212	5	1793	205	1	1
2	3	607	966	11375	3	372	39	1	
1	4	1161	1161	8500	1	179	33	1	1
2	3	368	368	4500	5	278	22	1	1
1	1	1085	1085	4083	2	589	60	8	1
3	5	245	252	4400	7	1989	96		1
1	2	684	684	9873	1	1021	73	1	1
1	1	520	520	10771	2	728	60	1	1
1	17	3609	4017	12164	3	367	17	1	
1	12	1206	1206	7974	2	536	61	3	4
1	2	544	544	11800	2	299	38	1	1
1	10	2549	2676	6713	2	470	55		
2	13	5917	5894	11358	4	901	141	1	1
1	11	6931	7310	8019	5	4296	294	1	1
1	7	831	831	6896	2	1015	73		1
1	10	551	551	4062	2	309	32		1
1	2	73	180	3000	1	229	20		1
1	6	2212	2212	9429	9	2427	137	1	1
1	17	643	643	4930	8	2350	145	17	1
1	7	2405	2655	3244	4	1347	75		1
1	13	1941	1722	2397	4	847	39	1	1
1	1	279	269	4153	1	119	17	10	1
1	1	366	355	4500	3	128	14	5	4
1	2	488	488	4350	1	187	20	1	1
1	2	300	290	4253	2	143	15	1	1
1	1	370	365	4132	2	854	60	8	7
1	1	343	343	4320	2	102	15	1	1
1	8	521	520	5786	3	2703	179	4	1

9–1(二) 续表 11

民族乡名称	#粮食播种面积（亩）	粮食产量（吨）	肉　类总产量（吨）	农民合作社个数（个）	农民合作社成员数（户）
永州市江永县千家洞瑶族乡	64251	3542	3542	22	705
永州市江永县兰溪瑶族乡	8122	5012	32	23	2026
永州市江永县源口瑶族乡	21270	7231	3980	29	1320
永州市宁远县九疑瑶族乡	15008	14853	8196	38	642
永州市宁远县棉花坪瑶族乡	3126	1220	581	5	119
永州市宁远县桐木漯瑶族乡	1586	869	245	6	521
永州市宁远县五龙山瑶族乡	5710	1910	1082	16	772
永州市道县横岭瑶族乡	17300	6950	1340	11	315
永州市道县洪塘营瑶族乡	15987	6159	462	10	51
永州市道县审章塘瑶族乡	34840	14841	1760	12	745
永州市祁阳县晒北滩瑶族乡	860	550	300	11	120
永州市新田县门楼下瑶族乡	8531	2021	1116	22	987
永州市双牌县上梧江瑶族乡	15032	5114	1076	51	1126
永州市江华瑶族自治县小圩壮族乡	39124	13421	4521	24	219
张家界市桑植县刘家坪白族乡	6000	2605	228	35	470
张家界市桑植县马合口白族乡	12580	5921	551	12	1063
张家界市桑植县走马坪白族乡	31000	12400	31000	625	197
张家界市桑植县芙蓉桥白族乡	25929	22506	1559	56	520
张家界市桑植县洪家关白族乡	11651	10603	569	23	2387
张家界市慈利县三官寺土家族乡	19350	5860	135	24	145
张家界市慈利县高峰土家族乡	34415	11888	3281	17	1252
张家界市慈利县金岩土家族乡	23505	9895	2815	16	618
张家界市慈利县许家坊土家族乡	20345	9921	1047	19	154
张家界市慈利县阳和土家族乡	26948	14505		9	1206
张家界市慈利县甘堰土家族乡	57872	25357	1012	39	339
张家界市慈利县赵家岗土家族乡	20185	18643	601	19	345
郴州市桂阳县白水瑶族乡	13735	5015	2437	16	70
郴州市北湖区保和瑶族乡	17126	6647	1109	28	161
郴州市北湖区仰天湖瑶族乡	16413	6453	1050	54	666
郴州市宜章县莽山瑶族乡	11660	4388	450	38	500

农业技术服务机构个数（个）	农业技术服务机构从业人员数（人）	公共财政收入（万元）	公共财政支出（万元）	农村居民人均可支配收入（元）	学校数（个）	在校学生数（人）	教师数（人）	图书馆（个）	文化站（个）
2	10	318	312	6300	1	772	62	1	1
1	4	1623	1623	3689	3	548	41	1	1
2	9	200	190	3590	7	1400	70	1	1
4	14	815	815	4512	4	2309	158	30	1
2	2	565	565	7300	2	269	27	1	1
7	7	344	344	3895	2	489	38		1
1	3	415	442	4500	3	605	63	1	1
1	3	73	73	6253	5	667	53		1
2	2	615	615	8634	5	1213	60		1
1	5	288	288	11300	13	2125	145		15
1	1	525	534	8602	3	134	17		1
1	5	980	980	11160	1	248	26	1	1
1	2	813	1201	8736	2	186	40	1	1
1	4	1797	1797	11025	9	2937	165		1
1	4	1618	1618	5122	3	331	27	1	1
1	5	2067	2057	8059	5	801	59		1
1	6	519	544	9555	3	1115	96		1
1	3	2298	2075	8035	3	1149	109		1
1	7	2298	2455	10075	9	3859	275	1	1
1	10	2612	2612	10080	19	2840	195	1	1
1	9	748	748	10168	6	1637	112	17	1
1	3	1238	1238	5381	9	1920	115	1	1
2	10	1672	1672	4832	8	1639	121		
1	5	2153	2153	10685	6	1064	40	1	1
1	6	1086	1086	7009	12	2960	187	21	1
1	1	1243	1243	15426	16	1606	121	2	1
1	2	2365	2365	8923	3	1312	88		1
1	1	1828	1802	18610	4	1351	45	2	1
1	2	1673	1568	16354	9	1810	147	16	1
1	1	895	908	4702	4	1695	45		6

9-1(二) 续表 12

民族乡名称	#粮食播种面积（亩）	粮食产量（吨）	肉类总产量（吨）	农民合作社个数（个）	农民合作社成员数（户）
郴州市汝城县文明瑶族乡	41156	17339	1062	96	2006
郴州市汝城县延寿瑶族乡	17203	6626	343	25	659
郴州市临武县西山瑶族乡	15184	5563	598	56	84
郴州市资兴市回龙山瑶族乡	44143	13908	2501	36	800
郴州市资兴市八面山瑶族乡	29772	8647	2080	32	476
常德市鼎城区许家桥回族维吾尔族乡	111032	41879	5179	28	1926
常德市汉寿县毛家滩回族维吾尔族乡	59232	25159	8500	17	930
常德市桃源县枫树维吾尔族回族乡	66443	24814	3889	52	287
常德市桃源县青林回族维吾尔族乡	88430	33654	3669	41	480
株洲市炎陵县中村瑶族乡	12561	2820	316	30	650
衡阳市常宁市塔山瑶族乡	332	87	59	52	1338
益阳市桃江县鲊埠回族乡	18000	7200	350	5	36
广东省	**61102**	**50552**	**12753**	**140**	**1353**
惠州市龙门县蓝田瑶族乡	14024	3828	304	22	144
清远市连州市三水瑶族乡	1875	650	617	13	209
清远市连州市瑶安瑶族乡	9040	20000	500	17	89
清远市阳山县秤架瑶族乡	11427	16163	8199	31	338
肇庆市怀集县下帅壮族瑶族乡	8000	3268	625	14	70
韶关市始兴县深渡水瑶族乡	4080	1632	708	8	266
河源市东源县漳溪畲族乡	12656	5011	1800	35	237
广西壮族自治区	**981507**	**355586**	**71439**	**1414**	**52286**
梧州市蒙山县长坪瑶族乡	3266	898	133	3	28
梧州市蒙山县夏宜瑶族乡	5137	1571	326	9	201
贺州市八步区黄洞瑶族乡	6061	2078	511	6	885
贺州市平桂管理区大平瑶族乡	11820	3355	370	14	130
贺州市昭平县仙回瑶族乡	14520	4147	800	21	187
贺州市钟山县两安瑶族乡	15240	5265	1628	14	168
贺州市钟山县花山瑶族乡	6975	2225	1452	11	210
贵港市平南县马练瑶族乡	20600	7088	1640	16	82
贵港市平南县国安瑶族乡	11451	3485	1037	20	1201

农业技术服务机构个数（个）	农业技术服务机构从业人员数（人）	公共财政收入（万元）	公共财政支出（万元）	农村居民人均可支配收入（元）	学校数（个）	在校学生数（人）	教师数（人）	图书馆（个）	文化站（个）
3	10	7195	5369	10969	28	6937	452		1
1	2	2187	2002	9306	6	3345	243		1
1	5	948	300	9541	3	580	38	1	1
1	7	1174	1174	21689	2	545	68		1
1	4	1107	1107	21689	3	565	68		1
1	10	4709	4882	11000	4	1692	166	2	1
1	6	1772	1772	17600	3	1427	103		1
1	8	3154	2347	16211	9	2907	231		1
2	13	1710	1710	15371	12	2637	213	1	1
1	3	1133	1133	7490	3	925	79		1
3	13	880	880	15860	6	817	67		1
2	7	2200	2200	22656	5	1742	90		1
11	**24**	**9135**	**9045**	**16421**	**15**	**4259**	**386**	**5**	**7**
1	2	469	469	18283	2	823	90	1	1
2	2	567	560	12169	1	200	16		1
2	2	1201	1201	12000	1	537	39	1	1
2	10	1861	1818	17099	1	664	47		1
1	5	2321	2350	20394	1	1050	67	1	1
2	2	1150	1150	15643	1	110	20	1	1
1	1	1566	1498	16608	8	875	107	1	1
89	**260**	**112609**	**122999**	**7246**	**511**	**105768**	**6658**	**27**	**60**
2	2	644	661	8979	1	59	9		1
1	2	1285	1334	8910	1	580	58	1	1
3	6	1047	1034	10320	1	442	41		1
2	2	3079	3079	8583	5	1438	113		1
1	1	366	366	8166	7	1206	70		1
3	3	1374	1371	11335	18	1898	119	1	1
1	3	1216	1216	11402	7	998	64		1
1	4	452	3210	11700	18	2961	172		1
1	3	86	2482	10900	5	1520	110	1	1

9-1(二) 续表 13

民族乡名称	#粮食播种面积（亩）	粮食产量（吨）	肉类总产量（吨）	农民合作社个数（个）	农民合作社成员数（户）
防城港市上思县南屏瑶族乡	748	311	108	18	101
防城港市防城区十万山瑶族乡	4210	1623	383	7	83
南宁市马山县古寨瑶族乡	27660	7600	1804	38	1311
南宁市马山县里当瑶族乡	23829	6642	1745	48	1259
南宁市上林县镇圩瑶族乡	22490	6321	1639	53	613
柳州市三江侗族自治县同乐苗族乡	14160	5721	1546	46	372
柳州市三江侗族自治县福禄苗族乡	927	5344	955	15	22613
柳州市三江侗族自治县高基瑶族乡	8610	2814	2126	31	728
柳州市融水苗族自治县滚贝侗族乡	12570	3646	524	31	231
柳州市融水苗族自治县同练瑶族乡	893	714	346	11	332
柳州市柳城县古砦仫佬族乡	3198	15723	1731	31	278
桂林市临桂县宛田瑶族乡	1799	8679	2448	6	455
桂林市临桂县黄沙瑶族乡	589	2628	215	5	3498
桂林市灵川县大境瑶族乡	977	5063	795	28	93
桂林市灵川县兰田瑶族乡	7215	2276	387	12	380
桂林市全州县蕉江瑶族乡	1130	6020	2098	11	650
桂林市全州县东山瑶族乡	47330	15893	708	16	
桂林市兴安县华江瑶族乡	14805	6222	1318	13	136
桂林市灌阳县洞井瑶族乡	20730	7938	716	58	421
桂林市灌阳县西山瑶族乡	20685	9320	828	18	4251
桂林市资源县车田苗族乡	25954	10163	1423	77	180
桂林市资源县两水苗族乡	21197	7460	1357	15	152
桂林市资源县河口瑶族乡	6321	2316	113	7	144
桂林市平乐县大发瑶族乡	24660	7199	1251	15	121
桂林市荔浦县蒲芦瑶族乡	10005	3611	1134	13	96
桂林市雁山区草坪回族乡	1770	496	793	3	48
百色市右江区汪甸瑶族乡	37524	11798	7007	32	219
百色市田东县作登瑶族乡	37320	10449	1656	21	168
百色市田林县潞城瑶族乡	21522	6550	2190	49	459
百色市田林县利周瑶族乡	20319	6298	688	31	468

农业技术服务机构个数（个）	农业技术服务机构从业人员数（人）	公共财政收入（万元）	公共财政支出（万元）	农村居民人均可支配收入（元）	学校数（个）	在校学生数（人）	教师数（人）	图书馆（个）	文化站（个）
1	3	3682	3682	12010	4	745	107		1
1	1	1416	1416	9805	5	1055	59		1
1	9	7155	7008	7725	11	2059	122	1	1
1	7	5673	5679	11844	9	1734	103	1	1
1	10	4068	4317		9	2657	174		1
1	3	2163	2184	8865	28	5834	331	1	1
1	3	1813	1816	8856	15	5710	254	1	1
1	2	1346	1346	15000	2	326	38		1
1	2	163	1633	5000	6	643	47		1
1	2	123	1245	7253	3	517	46		1
3	13	2795	2461	13813	14	2058	162	1	1
1	4	2961	2961	12900	4	1540	120		1
1	5	2006	2006	7557	2	113	16		1
2	2	425	1089	8809	6	765	79	1	1
4	11	1025	966	6211	1	323	41	1	1
2	5	631	312	5200	9	951	43	1	1
3	9	1183	586	8502	34	3025	155	1	1
1	6	1271	795	19561	3	400	37	1	1
1	3	946	958	7590	9	949	86	1	1
1	2	1222	1222	5970	11	941	95		1
1	4	3475	3154	9968	25	3048	160		1
1	4	978	978	12432	3	287	41	1	1
1	1	964	909	8642	3	140	32		1
1	5	2485	2485	11531	10	910	102		1
1	5	2251	1391	15639	11	307	55	1	1
1	5	630	606	9920	1	309	33	1	1
1	1	3050	2940	12600	6	1691	126		1
1	8	3029	2599	8280	16	3097	191		1
1	3	4661	4661		4	2610	175	1	1
1	3	1300	1468		3	1260	116	1	1

9-1(二) 续表 14

民族乡名称	#粮食播种面积（亩）	粮食产量（吨）	肉　类总产量（吨）	农民合作社个数（个）	农民合作社成员数（户）
百色市田林县八桂瑶族乡	14975	6058	1155	12	360
百色市田林县八渡瑶族乡	23738	7458	2078	18	160
百色市凌云县伶站瑶族乡	22100	5630	1311	9	374
百色市凌云县朝里瑶族乡	9215	2314	514	8	101
百色市凌云县沙里瑶族乡	1793	6837	861	31	465
百色市凌云县玉洪瑶族乡	32329	6620	1234	41	1200
百色市西林县足别瑶族苗族乡	1117	4225	455	25	261
百色市西林县普合苗族乡	20325	5108	1424	11	399
百色市西林县那佐苗族乡	35799	9562	1138	41	967
河池市南丹县八圩瑶族乡	28485	6655	1545	39	267
河池市南丹县里湖瑶族乡	30615	6345	1541	21	107
河池市南丹县中堡苗族乡	9300	1983	552	12	284
河池市天峨县八腊瑶族乡	2289	8382	1197	30	1498
河池市凤山县平乐瑶族乡	27108	6872	1650	44	594
河池市凤山县江洲瑶族乡	15540	2988	629	7	7
河池市凤山县金牙瑶族乡	26520	5363	1124	85	1589
河池市东兰县三弄瑶族乡	6545	1325	417	12	74
河池市环江毛南族自治县驯乐苗族乡	1873	8857	1869	26	225
河池市宜州市北牙瑶族乡	62020	18921	1827	65	382
河池市宜州市福龙瑶族乡	73605	17132	992	4	20
重庆市	**221258**	**92474**	**41855**	**243**	**7472**
奉节县云雾土家族乡	7011	2291	100	11	46
奉节县长安土家族乡	28129	9396	2560	47	47
奉节县龙桥土家族乡	11267	6464	2123	10	50
奉节县太和土家族乡	390	5136	826	23	24
万州区恒合土家族乡	20042	22468	17642	37	1420
万州区地宝土家族乡	200	200	2790	11	325
云阳县清水土家族乡	29050	9871	420	14	2862
巫山县红椿土家族乡	3208	1269	450	34	312
巫山县邓家土家族乡	13260	5180	268	13	73

农业技术服务机构个数（个）	农业技术服务机构从业人员数（人）	公共财政收入（万元）	公共财政支出（万元）	农村居民人均可支配收入（元）	学校数（个）	在校学生数（人）	教师数（人）	图书馆（个）	文化站（个）
1	2	1942	1942		3	2761	127		1
1	2	1310	1310		4	1850	119	1	1
4	6	4532	4867	5911	20	3018	110		1
1	2	2582	2371	4111	4	1283	71	1	1
1	2	3718	3718	9037	5	2233	102		1
2	4	5450	5450	6061	7	1910	143		1
1	3	2086	2067		2	552	38	1	1
1	2	1948	2146		2	448	42		1
4	12	3321	3340		7	2609	194	1	1
1	3	1469	1558		14	4491	199	1	1
1	7	80	2281		13	5728	219		1
2	4	282	620		5	886	58		1
3	11	1546	1546	7712	6	852	118		1
1	8	840	840	4750	10	2683	163	2	1
1	4	604	604	6500	7	1878	121		1
1	4	623	623	4168	34	3065	215		1
5	6	221	1933	5976	1	274	22		1
1	3	2625	3210	8895	7	2178	142	1	1
2	6	2199	2101	9097	17	6495	319		1
1	2	788	846		13	3468	234		2
32	**119**	**32125**	**34031**	**13717**	**23**	**7444**	**645**	**52**	**20**
2	6	1479	1479	12500	1	280	18		1
1	7	2479	2479	11987	5	652	76		1
1	5	3824	3824	12893	1	350	37		7
19	20	2119	2606	10840	2	778	48		1
1	6	208	208	14241	2	1774	112	1	1
1	10	1746	1746	11458	1	450	40	1	1
1	18	3002	3002	17520	2	1249	101	15	1
1	4	2250	2238	12035	1	218	17	6	1
1	2	1704	1916	10890	1	153	19	6	1

9–1(二) 续表 15

民族乡名称	#粮食播种面积（亩）	粮食产量（吨）	肉类总产量（吨）	农民合作社个数（个）	农民合作社成员数（户）
忠县磨子土家族乡	25151	8752	615	3	44
武隆区石桥苗族土家族乡	23221	6005	95	10	342
武隆区文复苗族土家族乡	20172	5187	11590	11	1802
武隆区后坪苗族土家族乡	16848	4299	1157	14	80
武隆区浩口苗族仡佬族乡	23309	5956	1219	5	45
四川省	**940803**	**314037**	**82519**	**1434**	**44378**
甘孜藏族自治州九龙县子耳彝族乡	3824	947	193	25	729
甘孜藏族自治州九龙县小金彝族乡	2540	1032	89	10	338
甘孜藏族自治州九龙县朵落彝族乡	687	283	85	16	264
阿坝藏族羌族自治州松潘县十里回族乡	2890	725	141	21	168
攀枝花市仁和区大龙潭彝族乡	24097	8502	2294	59	2658
攀枝花市仁和区啊喇彝族乡	9589	3921	818	23	180
攀枝花市米易县麻陇彝族乡	6780	1156	1050	19	1816
攀枝花市米易县白坡彝族乡	24201	9089	1254	41	983
攀枝花市米易县湾丘彝族乡	22095	8676	876	19	2108
攀枝花市米易县新山傈僳族乡	12975	5161	1321	14	1229
攀枝花市盐边县红果彝族乡	15631	5743	1602	29	2103
攀枝花市盐边县温泉彝族乡	16924	5306	2524	11	106
攀枝花市盐边县格萨拉彝族乡					
攀枝花市盐边县红宝苗族彝族乡					
泸州市叙永县白蜡苗族乡	31668	10284	2501	17	362
泸州市叙永县合乐苗族乡	26595	7989	1008	26	759
泸州市叙永县枧槽苗族乡	18700	2148	750	10	132
泸州市叙永县石厢子彝族乡	5940	794	524	21	551
泸州市叙永县水潦彝族乡	36139	28893	2345	11	1093
泸州市古蔺县箭竹苗族乡	9888	4153	1102	21	131
泸州市古蔺县大寨苗族乡	8572	3648	786	15	263
泸州市古蔺县马嘶苗族乡	25600	6900	1500	35	260
广元市青川县蒿溪回族乡	10987	3018	2173	11	357
广元市青川县大院回族乡	17970	4985	790	11	837

农业技术服务机构个数（个）	农业技术服务机构从业人员数（人）	公共财政收入（万元）	公共财政支出（万元）	农村居民人均可支配收入（元）	学校数（个）	在校学生数（人）	教师数（人）	图书馆（个）	文化站（个）
1	14	159	159	13479	1	248	41	1	1
1	9	2378	2659	15349	2	352	45	7	1
1	10	2203	2428	15282	1	239	25	7	1
		7099	6826	14343	2	370	41	1	1
1	8	1476	2461	14171	1	331	25	7	1
87	**403**	**75200**	**71860**	**13530**	**206**	**54560**	**3734**	**185**	**115**
2	4	451	451	15500	2	125	12	1	1
2	4	442	442	14653	2	153	10	1	1
2	4	428	428	13662	1	86	8	1	1
1	2	806	806	13844	1	225	35		1
1	1	1724	1681	19086	1	605	53	1	1
1	3	1285	1892	18560	1	372	31	7	1
1	2	1055	1055	18526	1	289	22		1
		1425	1330	21118	1	390	46		1
2	3	1247	1099	20267	1	946	64	1	1
2	3	757	757	18126	1	266	25	1	1
1	2	1352	1417	15760	1	457	56		1
1	2	986	986	15890	2	683	58	1	1
1	4	1557	1557	9522	7	1372	65		1
1	3	1020	1020	9467	1	773	41	1	1
1	7	1138	1138	11098	7	1802	95	1	1
1	2	3221	3221	10674	3	1115	66	6	1
1	5	1515	1515	10583	1	2081	99	1	1
1	6	1585	1585	13947	9	1975	90	1	1
1	6	1145	1145	18262	3	325	35	3	3
1	5	275	275	11200	4	1700	98	10	6
1	1	442	472	14367	1	138	21		1
1	1	567	580	13000	1	370	43	1	1

9-1(二) 续表 16

民族乡名称	#粮食播种面积（亩）	粮食产量（吨）	肉类总产量（吨）	农民合作社个数（个）	农民合作社成员数（户）
乐山市金口河区和平彝族乡	13460	3801	2100	65	
乐山市金口河区共安彝族乡	7879	2105	1200	28	272
南充市阆中市博树回族乡					
宜宾市筠连县高坪苗族乡	15810	1325	1111	7	664
宜宾市筠连县联合苗族乡	21872	4265	575	13	449
宜宾市筠连县团林苗族乡	8319	4550	1686	3	51
宜宾市屏山县屏边彝族乡	9003	3337	100	27	1100
宜宾市屏山县清平彝族乡	14625	3615	6375	17	220
宜宾市兴文县大坝苗族乡	25460	4325	70	72	1520
宜宾市兴文县大河苗族乡	56955	24561	11061	63	1247
宜宾市兴文县麒麟苗族乡	48278	4863	186	51	362
宜宾市兴文县仙峰苗族乡	29015	8367	3180	6	162
宜宾市珙县罗渡苗族乡	21280	6686	3250	30	135
宜宾市珙县玉和苗族乡	7440	3298	108	8	205
宜宾市珙县观斗苗族乡	3161	2155	623	10	628
雅安市汉源县小堡藏族彝族乡	600	540	10	5	23
雅安市汉源县坭美彝族乡	11768	1538	811	17	375
雅安市汉源县永利彝族乡	574	17501	1480	27	295
雅安市汉源县顺河彝族乡	2990	1271			
雅安市汉源县片马彝族乡	9863	3736	643	30	297
雅安市石棉县蟹螺藏族乡	5525	1556	800	15	75
雅安市石棉县栗子坪彝族乡	2715	794	351	10	152
雅安市石棉县新民藏族彝族乡	10568	3299	5817	9	506
雅安市石棉县草科藏族乡	7500	1360		13	371
雅安市宝兴县跷碛藏族乡	14500	7000		56	478
雅安市荥经县宝峰彝族民族乡	2767	1171	281	2	14
雅安市荥经县民建彝族民族乡					25
雅安市石棉县王岗坪彝族藏族乡	5313	1542	54	13	326
凉山彝族自治州西昌市高草回族乡					
凉山彝族自治州西昌市裕隆回族乡					

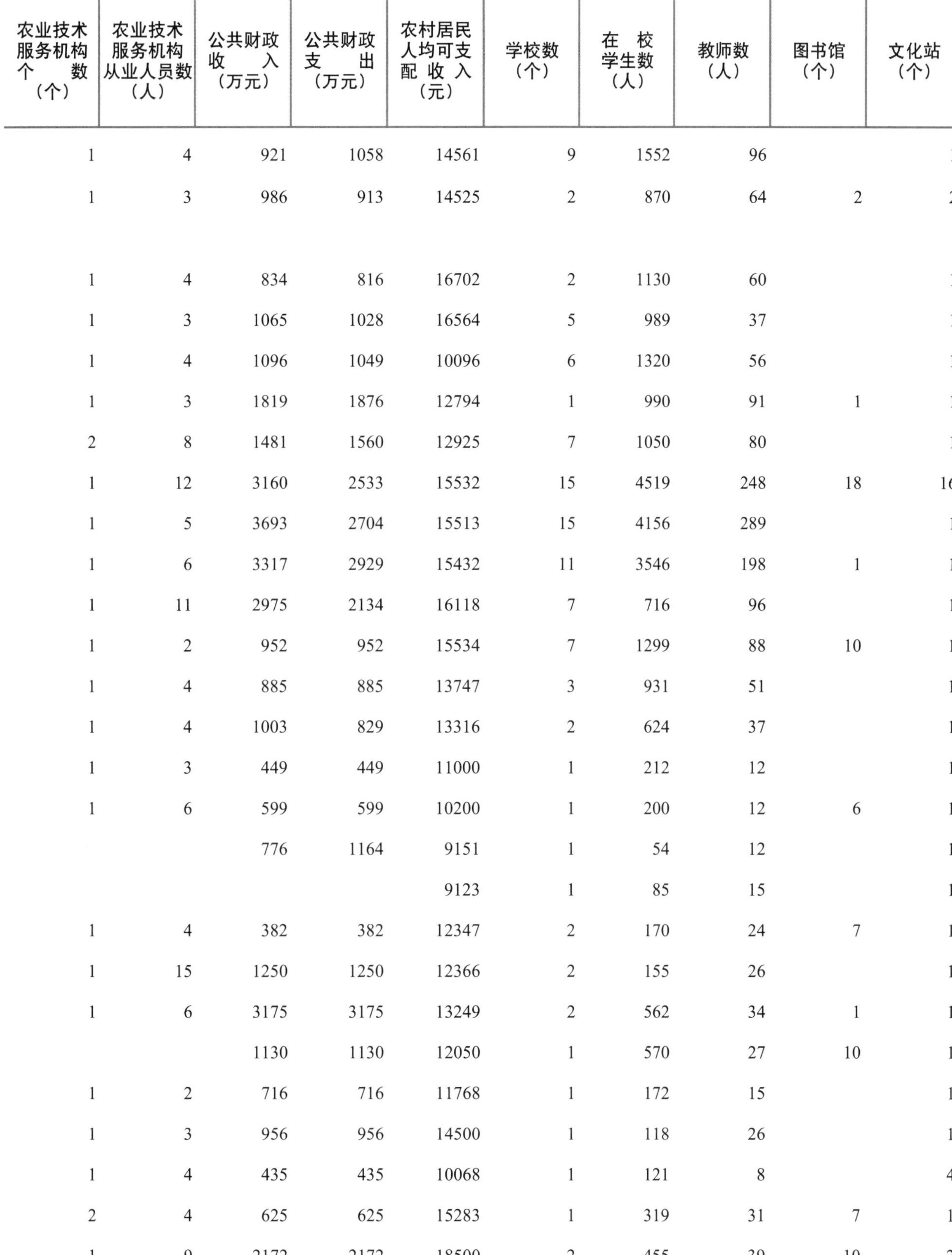

农业技术服务机构个数（个）	农业技术服务机构从业人员数（人）	公共财政收入（万元）	公共财政支出（万元）	农村居民人均可支配收入（元）	学校数（个）	在校学生数（人）	教师数（人）	图书馆（个）	文化站（个）
1	4	921	1058	14561	9	1552	96		1
1	3	986	913	14525	2	870	64	2	2
1	4	834	816	16702	2	1130	60		1
1	3	1065	1028	16564	5	989	37		1
1	4	1096	1049	10096	6	1320	56		1
1	3	1819	1876	12794	1	990	91	1	1
2	8	1481	1560	12925	7	1050	80		1
1	12	3160	2533	15532	15	4519	248	18	16
1	5	3693	2704	15513	15	4156	289		1
1	6	3317	2929	15432	11	3546	198	1	1
1	11	2975	2134	16118	7	716	96		1
1	2	952	952	15534	7	1299	88	10	1
1	4	885	885	13747	3	931	51		1
1	4	1003	829	13316	2	624	37		1
1	3	449	449	11000	1	212	12		1
1	6	599	599	10200	1	200	12	6	1
		776	1164	9151	1	54	12		1
				9123	1	85	15		1
1	4	382	382	12347	2	170	24	7	1
1	15	1250	1250	12366	2	155	26		1
1	6	3175	3175	13249	2	562	34	1	1
		1130	1130	12050	1	570	27	10	1
1	2	716	716	11768	1	172	15		1
1	3	956	956	14500	1	118	26		1
1	4	435	435	10068	1	121	8		4
2	4	625	625	15283	1	319	31	7	1
1	9	2172	2172	18500	2	455	39	10	2

9-1(二) 续表 17

民族乡名称	#粮食播种面积（亩）	粮食产量（吨）	肉类总产量（吨）	农民合作社个数（个）	农民合作社成员数（户）
凉山彝族自治州木里藏族自治县屋脚蒙古族乡	242	6513	543	7	629
凉山彝族自治州木里藏族自治县俄亚纳西族乡	13165	3889	758	20	1337
凉山彝族自治州木里藏族自治县白碉苗族乡					
凉山彝族自治州木里藏族自治县项脚蒙古族乡	9531	1972	606	12	864
凉山彝族自治州木里藏族自治县固增苗族乡	4780	2390	1879	4	3100
凉山彝族自治州盐源县大坡蒙古族乡					
凉山彝族自治州德昌县金沙傈僳族乡					
凉山彝族自治州德昌县南山傈僳族乡					
凉山彝族自治州会理县新安傣族乡					
凉山彝族自治州冕宁县和爱藏族乡					
凉山彝族自治州越西县保安藏族乡					
绵阳市平武县木皮藏族乡	133	41	12	6	101
绵阳市平武县木座藏族乡	500	150	10	3	47
绵阳市平武县白马藏族乡	114	32	39	26	180
绵阳市平武县黄羊关藏族乡	1395	426	92	3	42
绵阳市平武县虎牙藏族乡	2500	918	198	6	158
绵阳市平武县泗耳藏族乡	126	138	25	8	42
绵阳市平武县豆叩羌族乡	55877	6988	723	42	984
绵阳市平武县锁江羌族乡	52067	13756	2402	39	1647
绵阳市北川羌族自治县桃龙藏族乡	16912	3234	1500	7	133
绵阳市盐亭县大兴回族乡	9793	4162	315	4	325
达州市宣汉县渡口土家族乡	5252	2292	16	10	1732
达州市宣汉县龙泉土家族乡	8500	1428	720	5	126
达州市宣汉县三墩土家族乡	10064	7269	1144	16	2035
达州市宣汉县漆树土家族乡	7312	4699	1470	15	1251
绵阳市平武县旧堡羌族乡	4038	1802	339	13	125
绵阳市平武县阔达藏族乡	10156			6	
绵阳市平武县土城藏族乡	10976	2058	21	17	85
绵阳市平武县平通羌族乡					

农业技术服务机构个数（个）	农业技术服务机构从业人员数（人）	公共财政收入（万元）	公共财政支出（万元）	农村居民人均可支配收入（元）	学校数（个）	在校学生数（人）	教师数（人）	图书馆（个）	文化站（个）
1	2			3570	1	317	27		1
				10749	1	495	25	7	6
1	3	1192	1192	10713	1	246	21	3	1
1	1			6500	1	394	16	1	1
1		259	122	19913	1				1
1	1	335	332	12000	1	13	7	3	3
1	1	1314	701		1		2		
1	1	308	360	12599	1				1
2	2	450	280	10891	1	62	11		1
		283	273	11527	1	3	2		1
2	6	1212	1473	11891	1	237	24		2
2	3	1493	1435	12000	4	245	44	2	3
1	3	352	352	18186	1	59	12	1	1
1	5	698	698	16784	1	152	30		1
1	5	414	414	14500	1	748	32	8	1
1	4	960	960	8532	1	840	81	14	1
1	6	851	851	7832	3	2465	136	2	1
2	9	1342	1342	8668	9	1478	90	1	5
2	3	367	332		1	51	10	1	1
1	2	526		13114	1	101	17	1	1
4	5	501	502	11950	1	67	12		1

9-1(二) 续表 18

民族乡名称	#粮食播种面积（亩）	粮食产量（吨）	肉类总产量（吨）	农民合作社个数（个）	农民合作社成员数（户）
贵州省	**3892245**	**1652205**	**499038**	**6286**	**159552**
贵阳市南明区小碧布依族苗族乡					
贵阳市花溪区高坡苗族乡	13642	4836	2321	20	50
贵阳市花溪区孟关苗族布依族乡	2325	5750	1728	12	75
贵阳市花溪区马铃布依族苗族乡	2966	1483	146	18	561
贵阳市花溪区黔陶布依族苗族乡	3465	4183	92	7	568
贵阳市乌当区偏坡布依族乡	249	1221	52	8	52
贵阳市乌当区新堡布依族乡	12067	3100	420	7	276
贵阳市白云区牛场布依族乡	7683	1028	674	26	79
贵阳市白云区都拉布依族乡	3585	110	235	9	107
贵阳市清镇市麦格苗族布依族乡	19465	7709	226312	35	753
贵阳市清镇市王庄布依族苗族乡	24000	10230	3800	14	130
贵阳市清镇市流长苗族乡	5803	1451	2180	34	1450
贵阳市开阳县高寨苗族布依族乡	17970			73	434
贵阳市开阳县南江布依族苗族乡	22121	7088	2311	43	366
贵阳市开阳县禾丰布依族苗族乡	20790	5374	1936	52	312
贵阳市修文县大石布依族乡	15195	7167	1061	5	41
贵阳市息烽县青山苗族乡	12500	3455	1156	7	550
六盘水市水城县坪寨彝族乡	2900	720	455	9	85
六盘水市水城县南开苗族彝族乡	19655	2709	1831	98	579
六盘水市水城县青林苗族彝族乡	3105	656	746	8	1336
六盘水市水城县金盆苗族彝族乡	22395	12058	1510	21	125
六盘水市水城县新街彝族苗族布依族乡	6050	2860	838	16	501
六盘水市水城县杨梅彝族苗族回族乡	9856	5926	1566	9	50
六盘水市水城县野钟苗族彝族布依族乡	24620	5130	670	9	400
六盘水市水城县果布嘎彝族苗族布依族乡	18125	2520	452	22	4514
六盘水市水城县龙场苗族白族彝族乡	18480	4555	1532	47	402
六盘水市水城县营盘苗族彝族白族乡	10095	3405	1061	9	584
六盘水市水城县顺场苗族彝族布依族乡	10250	3240	430	56	4250
六盘水市水城县花戛苗族布依族彝族乡	6465	2784	548	9	35
六盘水市水城县猴场苗族布依族乡	6100	2875	843	16	501

农业技术服务机构个数（个）	农业技术服务机构从业人员数（人）	公共财政收入（万元）	公共财政支出（万元）	农村居民人均可支配收入（元）	学校数（个）	在校学生数（人）	教师数（人）	图书馆（个）	文化站（个）
230	**1745**	**415436**	**415094**	**9234**	**1682**	**473795**	**30522**	**345**	**227**
1	5	21500	3268		8	2840	211		
1	7	567	3511	13143	7	3117	166	1	1
1	12	1741	1813	16840	9	5347	374		1
1	4	891	1890	13145	7	765	64		1
1	6	1410	2809	16747	5	714	44		1
1	7	902	902	16896	2	270	39		1
1	6	1836	1836	14720	5	392	66		1
1	7	630	3432	15052	3	1673	132	1	1
1	2	2006	2338	16511	3	1112	93	1	1
3	12	2004	3029	1483	8	1946	107		1
1	7	1975	3669	15004	14	2945	173	1	1
1	10	658	2015	15454	9	4603	267		1
1	11	800		12910	5	2228	114	14	1
3	12	1121	1588	13577	8	1146	93		1
1	14	1440	2305	14254	3	1101	105	1	1
3	11	41	2380	10396	2	1182	84		1
1	3	755	755	13500	3	824	66	1	1
1	5	1509	1422	8993	6	1190	89		1
1	3	3019	3019	9482	18	6016	295		1
1	4	520	1215	9010	8	2861	159		1
1	7	420	1593	9022	8	4595	226		1
1	4	1563	1563	8460	6	1225	83		1
1	3	305	305	9011	10	2187	165		1
1	3	950	800	8978	7	3219	147		1
1	5	412	412	9010	4	1887	110		1
1	5	1770	1770	9500	8	3766	174		1
1	6	1556	1556	9099	7	2614	164		1
1	4	1420	1420	8376	7	2419	174		1
1	5	1574	1574	8967	5	2001	118		1
1	7	350	350	9403	9	2760	168		1

9-1(二) 续表 19

民族乡名称	#粮食播种面积（亩）	粮食产量（吨）	肉 类总产量（吨）	农民合作社个数（个）	农民合作社成员数（户）
六盘水市盘县普田回族乡	5031	4675	410	6	38
六盘水市盘县旧营白族彝族苗族乡	21570	8158	1630	14	135
六盘水市盘县羊场布依族白族苗族乡	28905	6690	1281	16	10994
六盘水市盘县保基苗族彝族乡	12474	5979	1039	7	1554
六盘水市盘县淤泥彝族乡	20400	5087	2609	40	665
六盘水市盘县普古彝族苗族乡	18633	4674	3303	26	8513
六盘水市盘县坪地彝族乡	29895	4913	655	15	8286
六盘水市六枝特区梭戛苗族彝族乡	16320	4422	585	22	109
六盘水市六枝特区落别布依族彝族乡	26111	15083	1098	29	133
六盘水市六枝特区中寨苗族彝族布依族乡	18480	9833	817	21	81
六盘水市六枝特区牛场苗族彝族乡	28695	1686	1851	13	72
六盘水市六枝特区月亮河彝族苗族乡	26685	13100	2359	57	543
遵义市仁怀市后山苗族布依族乡	20980	4993	890	10	35
遵义市遵义县平正仡佬族乡	29745	8768	2563	34	140
遵义市遵义县洪关苗族乡	22230	3086	1611	30	160
遵义市桐梓县马鬃苗族乡	8000	5000	1900	32	2300
遵义市正安县谢坝仡佬族苗族乡	21615	2120	529	21	603
遵义市正安县市坪苗族仡佬族乡	18165	7686	896	10	468
遵义市余庆县花山苗族乡	13562	10210	4232	37	202
遵义市道真仡佬族苗族自治县上坝土家族乡	34290	7650	900	10	450
安顺市西秀区鸡场布依族苗族乡	67900	24492	2103	41	238
安顺市西秀区杨武布依族苗族乡	41405	22446	3810	63	1196
安顺市西秀区岩腊苗族布依族乡	20546	5250	3204	37	650
安顺市西秀区新场布依族苗族乡	12000	6000	1060	40	210
安顺市西秀区黄腊布依族苗族乡	24070	9495	2150	60	634
安顺市平坝县十字回族乡	123200	73920	1800	31	170
安顺市平坝县羊昌布依族苗族乡	22403	9000	2500	17	500
安顺市普定县补郎苗族乡	17800	6230	304	31	180
安顺市普定县猴场苗族仡佬族乡	22765	5881	199	9	55
安顺市普定县猫洞苗族仡佬族乡	4000	3500	200	61	333

农业技术服务机构个数（个）	农业技术服务机构从业人员数（人）	公共财政收入（万元）	公共财政支出（万元）	农村居民人均可支配收入（元）	学校数（个）	在校学生数（人）	教师数（人）	图书馆（个）	文化站（个）
1	6	2329	1786	8160	7	928	96	1	1
1	18	726	3634	9435	7	2101	135		1
1	8	4637	4022	9388	9	4342	232	1	1
1	14	1885	1882	8974	8	2170	113	3	1
1	22	5301	5556	10801	8	3725	197		1
1	16	2380	2380	9320	11	3983	197		1
1	21	4152	4152	9235	21	3651	216		1
3	17	339	1210	69419	15	4470	382	1	1
1	25	1165	1918	9387	9	3318	222		1
2	35	1950	2580	8686	15	3689	264	1	1
2	4	408	1502	8900	8	3740	158		1
1	16	2130	2219	8640	8	2585	165	18	1
4	16	2944	2944	9978	3	1505	82		1
1	34	2435	2435	9572	8	2056	180		1
1	17	875	875	9800	5	1040	104		1
1	9	704	704	9011	9	567	55	1	1
1	12	1441	967	10143	3	637	45		1
1	2	1500	1200	10042	5	1831	169		1
1	4	1972	1972	11175	5	1060	87	1	1
3	13	1810	1808	10100	8	2856	197	1	1
3	80	2600	2881	10714	3	3314	160	1	1
1	10	2067	2067	11655	18	3527	244	2	1
1	9	2342	2342	9687	10	2106	128		1
1	11	1899	1899	9768	4	1175	123		1
1	12	2544	2544	10219	4	1065	112	1	1
1	11	1677	1808	10098	15	3993	278		1
1	15	1625	1420	8550	10	2700	181		1
1	5	1454	1454	6973	9	3086	208		1
1	7	1438	1438	8020	11	2928	196		1
1	6	1407	1114	8630	7	1193	118		1

9-1(二) 续表 20

民族乡名称	#粮食播种面积（亩）	粮食产量（吨）	肉类总产量（吨）	农民合作社个数（个）	农民合作社成员数（户）
毕节市七星关区大屯彝族乡	8474	4120	1273	9	43
毕节市七星关区田坎彝族乡	23715	5587	990	11	60
毕节市七星关区阿市苗族彝族乡	82950	8800	960	15	85
毕节市七星关区团结彝族苗族乡	43165	6657	913	36	1642
毕节市七星关区阴底彝族苗族白族乡	63825	14120	2020	42	1012
毕节市七星关区干溪彝族苗族白族乡	43120	8662	1003	33	125
毕节市黔西县永燊彝族苗族乡	11695	31500	1072	43	215
毕节市黔西县新仁苗族乡	8327	931	1283	11	52
毕节市黔西县花溪彝族苗族乡	30765	6097	1050	21	108
毕节市黔西县中建苗族彝族乡	1118	5675	869	7	172
毕节市黔西县定新彝族苗族乡	35109	9864	886	16	154
毕节市黔西县太来彝族苗族乡	13169	10049	798	47	245
毕节市黔西县绿化白族彝族乡	28316	6621	806	12	135
毕节市黔西县红林彝族苗族乡	10000	4418	425	16	241
毕节市黔西县五里布依族苗族乡	12000	8800	1536	13	272
毕节市黔西县铁石苗族彝族乡	8000	5600	2000	34	174
毕节市大方县竹园彝族苗族乡	29535	3685	1596	12	132
毕节市大方县响水白族彝族仡佬族乡	50810	8111	1105	8	35
毕节市大方县鼎新彝族苗族乡	26847	9565	7652	75	1149
毕节市大方县牛场苗族彝族乡	36840	11052	1721	25	390
毕节市大方县理化苗族彝族乡	55000	19250	4232	80	3272
毕节市大方县安乐彝族仡佬族乡	1467	7300	70	61	98
毕节市大方县凤山彝族蒙古族乡	7000	2000	500	30	850
毕节市大方县百纳彝族乡	13700	3900	389	23	175
毕节市大方县三元彝族苗族白族乡	58515	23460	512	37	185
毕节市大方县沙厂彝族乡	5800	650	923	28	182
毕节市大方县黄泥彝族苗族满族乡	1600	500	500	27	222
毕节市大方县核桃彝族白族乡	15000	7500	1767	81	1462
毕节市大方县八堡彝族苗族乡	44271	7781	1616	26	49
毕节市大方县兴隆苗族乡	12785	9821	2847	95	1833

农业技术服务机构个数（个）	农业技术服务机构从业人员数（人）	公共财政收入（万元）	公共财政支出（万元）	农村居民人均可支配收入（元）	学校数（个）	在校学生数（人）	教师数（人）	图书馆（个）	文化站（个）
1	5	1732	1732	7221	7	2264	163	1	1
1	5	1390	1390	5631	6	1695	117		7
1	9	3614	3614	8100	10	2420	221		1
1	26	2051	2051	6835	15	3378	213	1	1
1	11	2374	2374	8643	16	4703	284		1
1	10	1758	1758	7241	6	2578	212		1
1	6	1770	1770	8800	8	2097	129		1
1	7	2521	2521	8120	11	1691	168	10	10
1	7	1393	1393	8576	10	1357	106		1
1	5	1578	1578	8787	6	999	101		1
1	6	2132	2132	8210	10	1979	149	1	1
1	8	1422	1422	8565	12	3344	187		1
1	7	2108	2108	8086	5	1679	123		1
1	7	1678	1678	7500	9	2546	158		1
1	9	1460	1460	7400	11	2829	180	1	1
1	7	1370	1370	8000	9	1992	110		1
1	15	3453	3000	7128	10	2912	195		1
1	9	3088	4201	9136	15	4571	248		1
1	10	3806	3421	9691	16	7539	408		1
1	8	2125	1786	9000	13	6686	373		1
1	11	4711	3235	9539	14	5042	257	1	1
1	5	1637	1163	8493	7	1535	95		1
1	2	2346	1353	9799	6	2961	139		1
1	3	572	572	8745	8	3580	247		1
1	4	2260	2236	9469	11	1330	80	13	1
1	1	1412	1412	9237	7	1641	131		1
1	3	1510	1510	9485	5	764	72		1
1	4	2955	2973	9469	12	4409	219		1
1	8	2254	2254	8826	9	2981	263	1	1
1	8	2631	1678	9177	11	3524	195	1	1

9-1(二) 续表 21

民族乡名称	#粮食播种面积（亩）	粮食产量（吨）	肉类总产量（吨）	农民合作社个数（个）	农民合作社成员数（户）
毕节市大方县大山苗族彝族乡	36000	7100	360	48	395
毕节市大方县星宿苗族彝族仡佬族乡	2592	6800	320	37	185
毕节市织金县自强苗族乡	19830	50890	2103	49	175
毕节市织金县官寨苗族乡	30690	2953	390	32	40
毕节市织金县后寨苗族乡	39480	3102	750	42	210
毕节市织金县大平苗族彝族乡	31057	9135	987	48	253
毕节市织金县茶店布依族苗族彝族乡	15000	38000	1300	8	3
毕节市织金县金龙苗族彝族布依族乡	5000	2500	15400	84	402
毕节市织金县鸡场苗族彝族布依族乡	11750	5875	1500	59	143
毕节市金沙县太平彝族苗族乡	2100	440	510	13	115
毕节市金沙县石场苗族彝族乡	20850	8620	1483	35	30
毕节市金沙县马路彝族苗族乡	32775	6490	1200	16	356
毕节市金沙县安洛苗族彝族满族乡	16100	11450	1788	16	105
毕节市金沙县新化苗族彝族满族乡	2206	7668	986	21	105
毕节市金沙县大田彝族苗族布依族乡	15750	4087	1025	13	68
毕节市赫章县兴发苗族彝族回族乡	22450	4906	1510	31	101
毕节市赫章县松林坡白族彝族苗族乡	25470	32000	534	24	576
毕节市赫章县雉街彝族苗族乡	28320	9121	5933	32	151
毕节市赫章县珠市彝族乡	67786	15380	2415	38	293
毕节市赫章县双坪彝族苗族乡	34800	14675	1063	22	158
毕节市赫章县辅处彝族苗族乡	30520	7032	1200	19	560
毕节市赫章县铁匠苗族乡	29587	5820	1140	55	379
毕节市赫章县可乐彝族苗族乡	70100	39960	4200	15	301
毕节市赫章县河镇彝族苗族乡	27500	21750	647	48	369
毕节市赫章县结构彝族苗族乡	29632	6325	1125	30	182
毕节市赫章县水塘堡彝族苗族乡	9526	5966	2000	29	193
毕节市赫章县古达苗族彝族乡	48776	10085	2039	52	184
毕节市纳雍县厍东关彝族苗族白族乡	35082	8105	1352	28	996
毕节市纳雍县董地苗族彝族乡	56079	9560	1362	40	390
毕节市纳雍县左鸠戛彝族苗族乡	1604	4682	1465	15	702

农业技术服务机构个数（个）	农业技术服务机构从业人员数（人）	公共财政收入（万元）	公共财政支出（万元）	农村居民人均可支配收入（元）	学校数（个）	在校学生数（人）	教师数（人）	图书馆（个）	文化站（个）
1	5	2237	1447	8150	11	4026	207		1
1	2	2382	2037	9341	10	2382	142	11	1
1	6	930	798	8976	5	1075	89		1
1	1	1165	1465	8946	11	3118	169	1	1
1	3	4129	3098	9310	7	2442	105	1	13
1	3	4794	4794	9723	10	2120	128		1
1	4	1424	1686	7080	8	4500	230		1
1	3	2136	1528	7986	12	4526	237		1
1	18	1524	1485	8650	20	6866	292		1
1	4	139	139	7120	8	2150	132	1	1
2	5	1977	1977	7850	10	2294	129	10	1
1	3	1155	1155	7385	6	1685	132	1	1
1	10	3444	3444	9590	11	3411	185	9	1
1	5	5880	6000	8015	13	3700	251	10	1
1	4	1459	1459	4250	10	1394	172	8	1
1	15	3459	3459	7600	6	3222	182		1
1	3	2864	2864	8820	8	2786	152		1
1	9	2212	2212	8868	13	5513	259		1
1	11	3265	3264	8793	19	7770	409	27	1
1	8	3008	3008	8799	7	2781	205		1
1	3	3100	3300	8563	8	2680	154	10	1
1	6	1785	1746	7610	3	2352	135		1
1	10	1621	3131	7660	8	5933	368		1
1	8	1873	1873	9001	6	4761	265	6	1
1	8	2339	2340	8870	11	3822	227	1	1
1	13	2791	2791	3658	9	3837	246		1
1	11	297	339	7850	13	5618	309	1	1
1	7	1513	1513	9139	13	3441	219		1
1	11	1845	2021	8606	19	4960	272		1
1	13	939	939	8372	8	2062	144		1

9-1(二) 续表 22

民族乡名称	#粮食播种面积（亩）	粮食产量（吨）	肉类总产量（吨）	农民合作社个数（个）	农民合作社成员数（户）
毕节市纳雍县锅圈岩苗族彝族乡	53193	1596	1850	43	2929
毕节市纳雍县新房彝族苗族乡	67494	14121	1008	51	255
毕节市纳雍县化作苗族彝族乡	50115	9968	1478	78	325
毕节市纳雍县姑开苗族彝族乡	32554	9224	1488	19	1325
毕节市纳雍县羊场苗族彝族乡	11708	9366	1462	39	786
毕节市纳雍县昆寨苗族彝族白族乡	49932	5678	1451	58	290
毕节市纳雍县猪场苗族彝族乡	34207	5516	1866	22	198
毕节市威宁彝族回族苗族自治县新发布依族乡	40000	67000	4032	31	186
毕节市大方县大水彝族苗族布依族乡	3980	1990	443	20	220
毕节市黔西县金坡苗族彝族满族乡	6000	3500	550	19	1210
毕节市大方县普底彝族苗族白族乡	2500	1453	184	37	259
毕节市黔西县仁和彝族苗族乡	3000	99	980	35	175
铜仁市碧江区桐木坪侗族乡	18500	4700	2707	62	630
铜仁市碧江区瓦屋侗族乡	6000	3000	1000	7	49
铜仁市碧江区和平土家族侗族乡	24120	7143	2268	77	587
铜仁市碧江区滑石侗族苗族土家族乡	24000	12000	487	107	672
铜仁市碧江区六龙山侗族土家族乡	4545	2273	360	12	338
铜仁市万山区高楼坪侗族乡	12200	650	1392	68	1732
铜仁市万山区黄道侗族乡	6030	22000	3015	25	135
铜仁市万山区敖寨侗族乡	2820	3280	2223	18	268
铜仁市万山区下溪侗族乡	520	2010		34	1162
铜仁市万山区鱼塘侗族土家族苗族乡	20000	63000	2500	106	326
铜仁市万山区大坪侗族土家族苗族乡	12200	650	1392	68	1732
铜仁市德江县楠杆土家族乡	30590	7536	1642	51	263
铜仁市德江县沙溪土家族乡	34457	7945	1846	33	7800
铜仁市德江县桶井土家族乡	28184	6810	1396	70	3455
铜仁市德江县堰塘土家族乡	39016	9904	1375	47	2290
铜仁市德江县荆角土家族乡	14537	6251	1313	35	7600
铜仁市德江县长丰土家族乡	30480	7678	1852	102	500
铜仁市德江县龙泉土家族乡	30301	7618	2011	45	1949

农业技术服务机构个数（个）	农业技术服务机构从业人员数（人）	公共财政收入（万元）	公共财政支出（万元）	农村居民人均可支配收入（元）	学校数（个）	在校学生数（人）	教师数（人）	图书馆（个）	文化站（个）
1	26	2404	1320	8448	13	4958	274		1
1	5	1534	1534	9231	14	5472	326		1
1	6	1690	1690	9122	20	5792	278		1
1	10	2125	2125	9683	23	7350	273		1
1	15	1100	1100	8850	22	4644	279		1
1	10	1296	1437	8359	22	3582	209		1
1	11	1003	962	8439	12	3611	225		1
1	10	848	2330	4320	21	6750	333	32	1
1	3	2278	2217	8820	12	1565	105		1
1	6	2203	2077	8500	11	2573	157		1
1	2	651	696	8900	7	1076	87		1
1	4	4547	4576	9532	9	2773	157		1
2	3	1621	1621	9000	6	650	98	1	2
1	2	1747	1747	10290	4	973	68		1
1	14	3675	3675	8780	12	1286	128		1
1	21	863	863	12000	9	1246	117		1
1	8	1088	1088	5800	2	86	19	2	1
3	17	6800	6800	9400	7	1800	120	14	1
1	4	1851	1851	8800	9	1241	125	9	1
1	4	3597	3597	7860	8	513	73	8	1
1	3	2804	2804	7350	6	523	76	8	1
1	10	3524	3524	8900	16	3016	236	13	1
3	17	6800	6800	9400	7	1800	120	14	1
5	20	1844	1844	8500	7	1648	141		1
1	6	1712	1712	8895	5	567	53		1
6	32	3921	3937	8634	14	2719	213		2
1	12	2913	2913	8165	10	1288	155		3
1	14	1711	1458	8877	3	1271	88		1
1	11	2155	2149	8870	6	1799	141		1
1	4	1723	1723	8908	5	1058	116		1

9-1(二) 续表 23

民族乡名称	#粮食播种面积（亩）	粮食产量（吨）	肉类总产量（吨）	农民合作社个数（个）	农民合作社成员数（户）
铜仁市德江县钱家土家族乡	28340	6001	1248	40	300
铜仁市江口县德旺土家族苗族乡	21975	60370	2200.5	19	116
铜仁市江口县官和侗族土家族苗族乡	10393.5	3212.1	1056.9	37	189
铜仁市石阡县聚凤仡佬族侗族乡	16432	7839	2576	56	1238
铜仁市石阡县大沙坝仡佬族侗族乡	1910	2598	103	23	318
铜仁市石阡县枫香仡佬族侗族乡	946	227	1058	24	900
铜仁市石阡县青阳苗族仡佬族侗族乡	3256	4392	1290	24	1610
铜仁市石阡县龙井侗族仡佬族乡	5236	7600	2107	45	5757
铜仁市石阡县石固仡佬族侗族乡	1800	10651	886	60	120
铜仁市石阡县坪地仡佬族侗族乡	2011	12560	1156	32	364
铜仁市石阡县甘溪仡佬族侗族乡	1020	61200	756	13	128
铜仁市石阡县坪山仡佬族侗族乡	1748	6795	426	35	1852
铜仁市思南县思林土家族苗族乡	14250	4390	1562	25	1210
铜仁市思南县枫芸土家族苗族乡	21654	4832	972	42	365
铜仁市思南县杨家坳苗族土家族乡	25300	13350	1829	28	153
铜仁市思南县胡家湾苗族土家族乡	21003	5008	756	22	10635
铜仁市思南县宽坪土家族苗族乡	25300	4300	893	15	1570
铜仁市思南县三道水土家族苗族乡	17230	6934	836	21	218
铜仁市思南县天桥土家族苗族乡	20395	4936	980	19	72
铜仁市思南县兴隆土家族苗族乡	21000	5713	1204	20	742
黔西南布依族苗族自治州晴隆县三宝彝族乡	482	468	3452	18	493
黔西南布依族苗族自治州兴仁县鲁础营回族乡	35710	7490	1471	10	93
黔西南布依族苗族自治州望谟县油迈瑶族乡	13185	3350	490	33	206
黔东南苗族侗族自治州从江县秀塘壮族乡	3756	3200	700	13	310
黔东南苗族侗族自治州从江县刚边壮族乡	4019	8008	510	29	759
黔东南苗族侗族自治州从江县翠里瑶族壮族乡	8630	3047	732	36	317
黔东南苗族侗族自治州镇远县尚寨土家族乡	16350	3420	710	4	32
黔东南苗族侗族自治州麻江县坝芒布依族乡	24132	4962	460	7	500
黔东南苗族侗族自治州榕江县水尾水族乡	4018	672	224	15	601
黔东南苗族侗族自治州榕江县三江水族乡	884	2825	834	272	1024

农业技术服务机构个数（个）	农业技术服务机构从业人员数（人）	公共财政收入（万元）	公共财政支出（万元）	农村居民人均可支配收入（元）	学校数（个）	在校学生数（人）	教师数（人）	图书馆（个）	文化站（个）
5	10	2036	2028	8896	8	1366	145		1
1	4		1480	5120	2	464	36		1
1	5	10	1157.2	4825	2	206	23	3	1
1	6	2011	2011	9069	4	2347	189	1	1
1	8	295	1479	8926	10	1832	187	1	4
1	6	1606	1606	12500	7	669	80	1	1
1	6	1116	1116	8852	10	1465	119		1
1	4	1354	1354	8156	5	2122	223		1
1	8	1993	1356	8868	6	671	68		1
1	4	356	1092	8900	15	1476	149	1	1
1	5	1420	1420	7632	9	1280	115		1
1	6	748	912	8815	6	780	78	1	1
1	12	2157	2320	8335	6	1279	127	1	1
1	16	1811	1811	8975	7	1563	126	1	1
1	12	2070	2050	7250	12	2172	154	1	1
1	11	1650	1601	9483	4	1675	136	1	1
1	13	800	910	3450	9	2252	152	1	1
1	15	1904	1780	9900	8	1788	171		1
1	14	1653	1729	8879	7	1384	117	1	1
1	16	1842	1581	9930	8	1405	145	1	1
1	4	652	652	6040	2	729	67	2	1
1	9	2223	2221	9296	9	1971	164	9	1
2	19	1924	1924	8350	3	769	108		1
1	3	751	638	8483	2	660	57		1
1	3	775	1026	8310	7	1776	117		1
1	3	966	762	8450	8	1700	99		1
1	3	616	662	9383	5	645	53		1
1	4	1915	1890	8088	3	1350	125		1
1	4	1486	1460	8800	1	394	36	1	2
1	5	1416	1083	8797	10	3234	88	2	1

9-1(二) 续表 24

民族乡名称	#粮食播种面积（亩）	粮食产量（吨）	肉类总产量（吨）	农民合作社个数（个）	农民合作社成员数（户）
黔东南苗族侗族自治州榕江县仁里水族乡	13405	3458	772	21	109
黔东南苗族侗族自治州榕江县定威水族乡	8500	1875	250	29	325
黔东南苗族侗族自治州榕江县兴华水族乡	4175	1878	114	17	85
黔东南苗族侗族自治州榕江县塔石瑶族水族乡	4400	3200	50	39	234
黔东南苗族侗族自治州雷山县达地水族乡	16680	4073	1210	10	1195
黔东南苗族侗族自治州黎平县顺化瑶族乡	2100	900	166	10	366
黔东南苗族侗族自治州黎平县雷洞瑶族水族乡	6536	4128	532	18	1107
黔东南苗族侗族自治州岑巩县羊桥土家族乡	31100	8010	1330	15	125
黔南布依族苗族自治州都匀市归兰水族乡	35972	10183	2660	33	276
黔南布依族苗族自治州荔波县瑶山瑶族乡	4500	2300	1370	31	224
黔南布依族苗族自治州荔波县黎明关水族乡	22560	7248	1820	65	842
黔南布依族苗族自治州平塘县卡蒲毛南族	13754	3500	250	17	1059
贵阳市花溪区湖潮布依族苗族乡	1886	943	2674	13	65
云南省	**5246500**	**1608584**	**372184**	**4155**	**190905**
昆明市晋宁县夕阳彝族乡	12993	3632	718	11	833
昆明市晋宁县双河彝族乡	6440	1491	1979	21	20
昆明市宜良县九乡彝族回族乡	44520	11782	3030	21	1393
昆明市宜良县耿家营彝族苗族乡	52455	12048	4553	3	967
昭通市昭阳区守望回族乡	43865	17514	2100	14	372
昭通市昭阳区小龙洞回族彝族乡	65800	21450	2880	51	1020
昭通市布嘎回族乡	33000	6780	385	12	2480
昭通市青岗岭回族彝族乡	38170	15445	2812	30	540
昭通市鲁甸县桃源回族乡	34400	13700	2506	63	3391
昭通市鲁甸县茨院回族乡	18930	8227	1416	37	1435
昭通市大关县上高桥回族彝族苗族乡	38490	5195	1879	17	1348
昭通市永善县马楠苗族彝族乡	35100	4500	3180	52	2372
昭通市永善县伍寨彝族苗族乡	57180	7971	2130	13	1052
昭通市镇雄县果珠彝族乡	57000	13740	4992	48	5325
昭通市镇雄县林口彝族苗族乡	84310	18710	3410	2	61
昭通市彝良县龙街苗族彝族乡	42190	22207	3714	57	3850

农业技术服务机构个数（个）	农业技术服务机构从业人员数（人）	公共财政收入（万元）	公共财政支出（万元）	农村居民人均可支配收入（元）	学校数（个）	在校学生数（人）	教师数（人）	图书馆（个）	文化站（个）
1	5	1332	1426	8797	6	791	55	1	1
1	5	1900	1900	8803	1	502	33	1	1
1	4	1254	1254	8723	7	1444	66		1
1	4	1383	1383	8805	7	994	48	1	1
1	8	193	203	8964	5	854	70	11	1
1	3	1291	1236	8570	5	475	32		1
1	3	1519	1519	8592	13	1004	75		1
1	6	1236	1236	9320	13	3396	207		1
1	8	1834	1773	9865	13	1440	94		1
1	14	20260	20300	9927	6	1160	75	3	1
1	12	5049	3397	9971	8	860	79	14	1
1	4	2752	1600	10065	5	755	80	5	1
1	11	15274	14878	12905	11	6527	361		1
263	**2717**	**393625**	**450615**	**9803**	**1155**	**309362**	**21696**	**164**	**166**
1	6	1648	2127	12012	2	426	49	1	1
1	5	2347	2152	13112	4	751	186		1
1	10	1123	1123	9097	8	944	89		1
1	14	2021	2021	9013	5	1486	118		1
1	12	3021	3089	8130	7	4712	263		1
1	13	3268	3268	8800	9	5192	343		1
1	29	310	300	6280	6	4456	261		1
1	25	2289	2289	8399	10	3414	222		1
1	7	8103	8103	9958	13	3769	395		1
1	8	3201	3201	10740	7	4316	332		1
1	18	3518	3518	7818	7	1730	105	1	1
1	20	1233	1233	6241	1	902	61		1
2	4	1726	1728	8792	1	2098	88		1
1	3	3951	3951	9389	16	9043	314		1
1	3	3810	3810	7210	21	8823	339		1
1	4	2316	2316	8394	14	6993	367		1

9−1(二) 续表 25

民族乡名称	#粮食播种面积（亩）	粮食产量（吨）	肉类总产量（吨）	农民合作社个数（个）	农民合作社成员数（户）
昭通市彝良县奎香苗族彝族乡	43179	24000	3403	24	4660
昭通市彝良县树林彝族苗族乡	41500	10300	1150	4	44
昭通市彝良县柳溪苗族乡	23692	8385	1050	21	202
昭通市彝良县洛旺苗族乡	35826	15380	2483	22	246
昭通市威信县双河苗族彝族乡	69680	18910	3779	35	695
曲靖市师宗县龙庆彝族壮族乡	70650	27580	13740	14	495
曲靖市师宗县五龙壮族乡	35340	18930	9360	17	140
曲靖市师宗县高良壮族苗族瑶族乡	53920	35260	8252	11	330
曲靖市罗平县长底布依族乡	28440	13353	2543	5	358
曲靖市罗平县旧屋基彝族乡	17700	9652	5778	5	176
曲靖市罗平县鲁布革布依族苗族乡	18585	8468	2294	35	737
曲靖市富源县古敢水族乡	9619	9469	4957	21	367
曲靖市会泽县新街回族乡	46300	21120	13660	10	815
楚雄彝族自治州南华县雨露白族乡	23693	6933	1999	33	1272
楚雄彝族自治州大姚县湾碧傈僳傣族乡	26550	7633	1028	26	1647
楚雄彝族自治州永仁县永兴傣族乡	26121	8952	2942	26	1455
楚雄彝族自治州武定县东坡傣族乡	16800	7650	2674	8	1450
玉溪市红塔区小石桥彝族乡	9995	1136	993	4	604
玉溪市红塔区洛河彝族乡	9522	4411	2865	1	10
玉溪市江川县安化彝族乡	12000	5560	467	2	802
玉溪市通海县高大傣族彝族乡	9820	4020	1634	7	743
玉溪市通海县里山彝族乡	10258	3672	2014	21	1793
玉溪市通海县兴蒙蒙古族乡	400	135	342	13	1436
玉溪市华宁县通红甸彝族苗族乡	16400	5351	998	6	542
玉溪市易门县十街彝族乡	23807	8022	3455	21	2108
玉溪市易门县浦贝彝族乡	25517	8005	4301	16	1602
玉溪市易门县铜厂彝族乡	41391	1245	3167	15	1307
红河哈尼族彝族自治州河口瑶族自治县桥头苗族壮族乡	30548	10313	531	17	1503
红河哈尼族彝族自治州金平苗族瑶族傣族自治县者米拉祜族乡	32626	11978	1122	14	150
红河哈尼族彝族自治州蒙自县期路白苗族乡	45936	7186	693	4	108

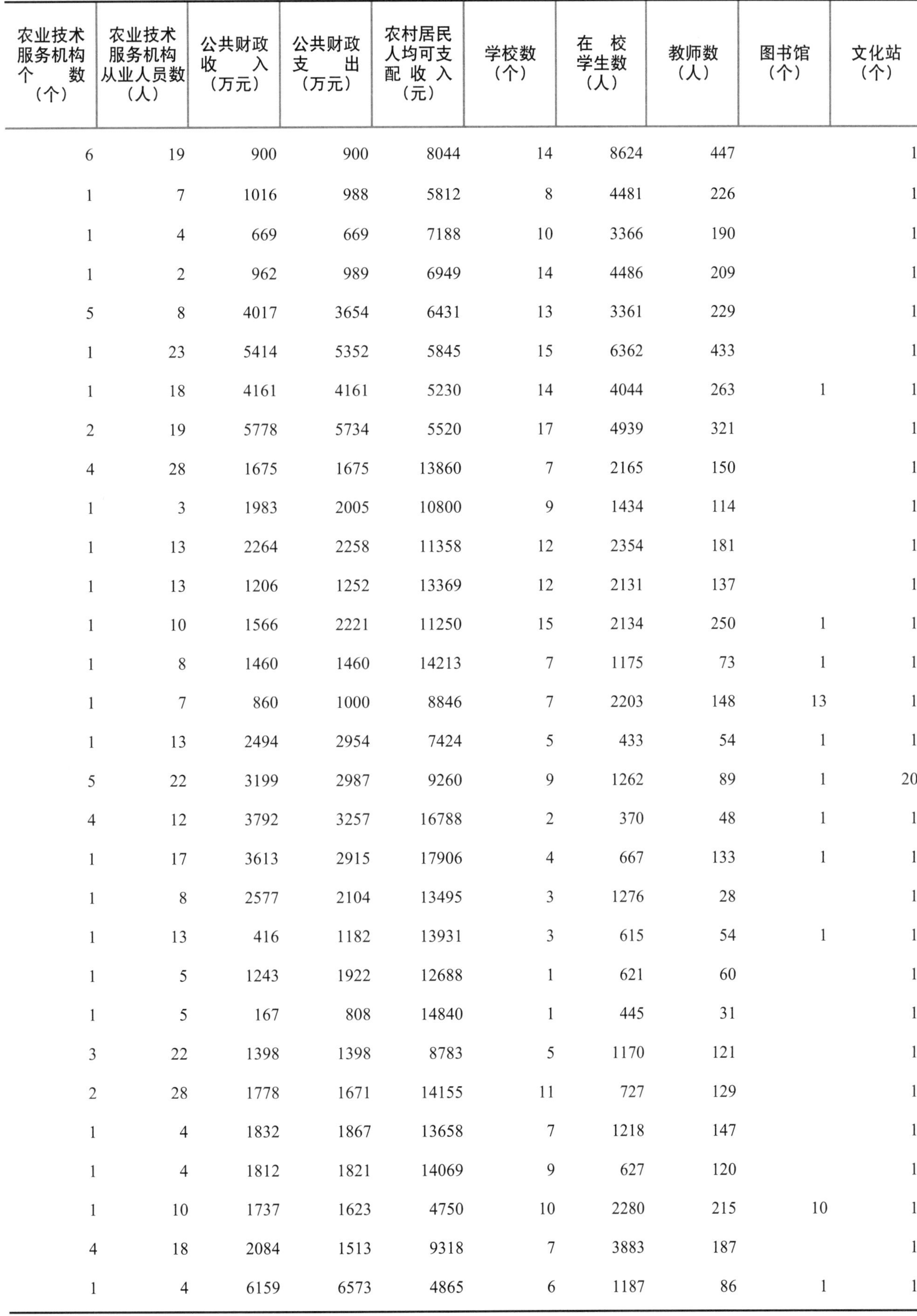

农业技术服务机构个数（个）	农业技术服务机构从业人员数（人）	公共财政收入（万元）	公共财政支出（万元）	农村居民人均可支配收入（元）	学校数（个）	在校学生数（人）	教师数（人）	图书馆（个）	文化站（个）
6	19	900	900	8044	14	8624	447		1
1	7	1016	988	5812	8	4481	226		1
1	4	669	669	7188	10	3366	190		1
1	2	962	989	6949	14	4486	209		1
5	8	4017	3654	6431	13	3361	229		1
1	23	5414	5352	5845	15	6362	433		1
1	18	4161	4161	5230	14	4044	263	1	1
2	19	5778	5734	5520	17	4939	321		1
4	28	1675	1675	13860	7	2165	150		1
1	3	1983	2005	10800	9	1434	114		1
1	13	2264	2258	11358	12	2354	181		1
1	13	1206	1252	13369	12	2131	137		1
1	10	1566	2221	11250	15	2134	250	1	1
1	8	1460	1460	14213	7	1175	73	1	1
1	7	860	1000	8846	7	2203	148	13	1
1	13	2494	2954	7424	5	433	54	1	1
5	22	3199	2987	9260	9	1262	89	1	20
4	12	3792	3257	16788	2	370	48	1	1
1	17	3613	2915	17906	4	667	133	1	1
1	8	2577	2104	13495	3	1276	28		1
1	13	416	1182	13931	3	615	54	1	1
1	5	1243	1922	12688	1	621	60		1
1	5	167	808	14840	1	445	31		1
3	22	1398	1398	8783	5	1170	121		1
2	28	1778	1671	14155	11	727	129		1
1	4	1832	1867	13658	7	1218	147		1
1	4	1812	1821	14069	9	627	120		1
1	10	1737	1623	4750	10	2280	215	10	1
4	18	2084	1513	9318	7	3883	187		1
1	4	6159	6573	4865	6	1187	86	1	1

9-1(二) 续表 26

民族乡名称	#粮食播种面积（亩）	粮食产量（吨）	肉类总产量（吨）	农民合作社个数（个）	农民合作社成员数（户）
红河哈尼族彝族自治州蒙自县老寨苗族乡	33700	2202	178	10	298
红河州开远市大庄回族乡	43503	15293	1995	17	119
文山壮族苗族自治州文山市东山彝族乡	29180	7827	829	17	720
文山壮族苗族自治州文山市红甸回族乡	39939	10922	1557	35	245
文山壮族苗族自治州文山市秉烈彝族乡	62121	19852	1821	23	55
文山壮族苗族自治州文山市柳井彝族乡	33300	8895	931	21	1213
文山壮族苗族自治州文山市坝心彝族乡	22321	8160	1560	20	396
文山壮族苗族自治州砚山县阿舍彝族乡	55853	15813	4446	19	1051
文山壮族苗族自治州砚山县维末彝族乡	156842	45782	4879	54	2043
文山壮族苗族自治州砚山县盘龙彝族乡	56207	19981	2890	23	594
文山壮族苗族自治州砚山县干河彝族乡	66208	16653	2133	20	1619
文山壮族苗族自治州丘北县舍得彝族乡	49400	16300	2300	13	185
文山壮族苗族自治州丘北县新店彝族乡	62754	28239	3551	3	76
文山壮族苗族自治州丘北县树皮彝族乡	90059	21270	6034	58	1568
文山壮族苗族自治州丘北县八道哨彝族乡	76359	17500	1	38	228
文山壮族苗族自治州丘北县腻脚彝族乡	74678	19513	5881	46	1161
文山壮族苗族自治州麻栗坡县猛硐瑶族乡	24429	5661	1333	21	2451
文山壮族苗族自治州富宁县洞波瑶族乡	48079	14902	1689	35	426
普洱市澜沧拉祜族自治县酒井哈尼族乡	29669	8466	806	13	222
普洱市澜沧拉祜族自治县发展河哈尼族乡	35458	12636	3648	30	993
普洱市澜沧拉祜族自治县谦六彝族乡	113723	32286	3143	41	876
普洱市澜沧拉祜族自治县文东佤族乡	50673	11339		30	637
普洱市澜沧拉祜族自治县安康佤族乡	36119	799	519	16	514
普洱市澜沧拉祜族自治县雪林佤族乡	32226	603	86	12	295
普洱市思茅区云仙彝族乡	68243	16538	2953	39	582
普洱市思茅区龙潭彝族傣族乡	26407	6333	1374	15	914
普洱市墨江哈尼族自治县孟弄彝族乡	33766	7697	1061	7	450
普洱市西盟佤族自治县力所拉祜族乡	26498	6418	525	20	1237
大理白族自治州大理市太邑彝族乡	14343	5210	1623	49	605
大理白族自治州鹤庆县六合彝族乡	26678	6620	2964	17	1012

农业技术服务机构个数(个)	农业技术服务机构从业人员数(人)	公共财政收入(万元)	公共财政支出(万元)	农村居民人均可支配收入(元)	学校数(个)	在校学生数(人)	教师数(人)	图书馆(个)	文化站(个)
1	4	1835	1513	15449	6	1610	108	5	1
1	8	1955	2076	17336	7	1759	132		1
1	11	3280	3279	9496	8	2800	236	5	1
1	4	1593	1165		4	1394	92		1
1	4	4398	3308	8010	11	3112	213	10	1
1	4	4875	3655	6250	8	1557	116	1	1
1	8	6278	5877		1	633	48		1
1	4	470	3583	10815	9	4016	222	1	8
2	8	719	4178	12412	15	7576	437		1
1	8	612	2527	11678	9	4082	269		1
1	6	2838	1747	11223	5	2479	232	1	1
11	11	3805	3685	11001	9	2746	153		1
		4867	3629	8741	5	4530	211		1
5	569	8379	8379	9827	13	6750	377	10	1
1	25	3694	3623	8898	12	4612	274	7	1
1	10	4399	4399	11389	10	3646	185	1	1
1	5	152	17602	11100	16	2551	182	1	1
1	22	4249	4036	12691	16	3388	292		1
1	12	5483	5502	7327	6	1521	101		1
1	14	5140	5140	8660	9	1615	102		1
1	27	16165	16215	9500	18	5080	328		1
1	11	5339	5368	9085	9	1739	113		1
1	10	6349	6391	5129	9	1627	107		1
1	12	7983	8710	8567	12	2283	142		1
1	15	2861	2861		3	1107	88		1
2	17	1977	1977	12304	4	1536	101		1
3	11	10040	10859	9363	2	1028	76	1	1
1	9		4441	9770	3	1084	93	1	1
1	4	2293	1963	12914	6	838	85	1	1
1	24	2553	2366	6488	17	1290	105		1

9-1(二) 续表 27

民族乡名称	#粮食播种面积（亩）	粮食产量（吨）	肉类总产量（吨）	农民合作社个数（个）	农民合作社成员数（户）
大理白族自治州宾川县钟英傈僳族彝族乡	21472	6833	878	28	1034
大理白族自治州宾川县拉乌彝族乡	18200	6624	2454	35	1675
大理白族自治州祥云县东山彝族乡	20793	8527	403	40	1152
大理白族自治州弥渡县牛街彝族乡	43185	18738	7174	50	2331
大理白族自治州永平县北斗彝族乡	43306	10734	1964	53	1675
大理白族自治州永平县厂街彝族乡	58012	15205	1997	84	3692
大理白族自治州永平县水泄彝族乡	55316	14484	1901	58	1834
大理白族自治州云龙县苗尾傈僳族乡	35280	9786	2610	22	126
大理白族自治州云龙县团结彝族乡	29200	8807	16000	31	1719
丽江市华坪县永兴傈僳族乡	17473	3931	893	29	1204
丽江市华坪县通达傈僳族乡	10510	6915	462	17	1694
丽江市华坪县新庄傈僳族傣族乡	29034	6761	1894	37	3904
丽江市华坪县船房傈僳族傣族乡	15211	3877	1475	28	1595
丽江市永胜县羊坪彝族乡	28750	5521	667	16	283
丽江市永胜县东山傈僳族彝族乡	21000	5505	2355	22	587
丽江市永胜县六德傈僳族彝族乡	25156	8936	2447	46	521
丽江市永胜县大安彝族纳西族乡	26005	6594	1640	51	720
丽江市永胜县光华傈僳族彝族乡	25596	8477	876	24	480
丽江市永胜县松坪傈僳族彝族乡	23050	5206	1800	20	410
丽江市宁蒗彝族自治县翠玉傈僳族普米族乡	22584	4666	822		
丽江市古城区金江白族乡	4010	1520	121	7	289
丽江市玉龙纳西族自治县九河白族乡	51107	10483	2834	40	683
丽江市玉龙纳西族自治县石头白族乡	8400	4050	1135	22	120
丽江市玉龙县黎明傈僳族乡	45626	9396	4250	9	2300
保山市隆阳区瓦马彝族白族乡	62100	24000	8120	18	4230
保山市隆阳区瓦房彝族苗族乡	76563	37504	8902	52	4608
保山市隆阳区杨柳白族彝族乡	99756	50879	5904	75	7926
保山市隆阳区芒宽彝族傣族乡	62330	36814	6697	82	7590
保山市施甸县摆榔彝族布朗族乡	23360	6284	1968	17	1633
保山市施甸县木老元布朗族彝族乡	10130	3886	1170	12	650

农业技术服务机构个数（个）	农业技术服务机构从业人员数（人）	公共财政收入（万元）	公共财政支出（万元）	农村居民人均可支配收入（元）	学校数（个）	在校学生数（人）	教师数（人）	图书馆（个）	文化站（个）
3	10	2795	2524	8178	7	834	96		1
1	7	1727	1615	14388	3	1247	80		1
1	11	1926	2184	13075	9	757	73		1
1	12	999	6121	6573	12	1910	154	11	1
6	7	468	3837	11011	12	1057	89	2	1
1	9	864	3728	13016	12	1376	197	1	1
2	28	982	3646	11400	10	1720	153	1	1
4	19	5483	4619	10046	9	1581	109		1
61	549	3747	4178	8501	6	1233	130	1	1
1	4	6647	6433	8053	9	976	91		1
1	32	1441	1551	10472	3	578	46		1
1	17	2000	2000	12503	7	1230	122		1
1	14	1365	1870	8960	5	470	63		1
1	5	3973	3926	10260	6	431	57		1
1	24	4321	4199	9883	6	553	66		1
1	28	10042	10699	9296	7	1752	133		1
1	6	5530	5373	9603	10	1308	138		1
1	8	4458	4614	10791	8	1226	125		1
1	7	4202	4172	8850	9	980	94		1
1	5	1420	845	7825	9	1536	100		1
1	6	1550	1550	14544	6	244	37		1
1	5	1409	1494	11277	12	1720	638	1	1
1	4	1113	1128	10866	7	692	76		1
1	3	1700	1700	9800	8	1520	125		1
2	7	472	2410	10320	17	2960	194	1	1
1	14	2201	2038	13495	20	3359	229		1
2	17	1328	2455	12023	15	2833	140	1	1
2	18	5315	2431	17924	14	5417	267	1	1
2	12	2311	2311	12070	8	1022	75	1	1
1	14	2085	2085	9387	5	772	64	5	1

9-1(二) 续表 28

民族乡名称	#粮食播种面积（亩）	粮食产量（吨）	肉 类总产量（吨）	农民合作社个数（个）	农民合作社成员数（户）
保山市龙陵县木城彝族傈僳族乡	27027	7168	1262	27	2163
保山市昌宁县朱街彝族乡	42621	12821	3177	27	4824
保山市昌宁县苟街彝族苗族乡	45460	12072	7577	41	2713
保山市昌宁县湾甸傣族乡	61447	21686	3253	45	2984
德宏傣族景颇族自治州陇川县户撒阿昌族乡	105058	41511	18197	48	1851
德宏傣族景颇族自治州潞西市三台山德昂族乡	26606	7353	678	31	571
德宏傣族景颇族自治州梁河县曩宋阿昌族乡	24031	9224	2372	51	2481
德宏傣族景颇族自治州梁河县九保阿昌族乡	6427	6427	1090	52	861
德宏傣族景颇族自治州盈江县苏典傈僳族乡	24440	7449	987	8	1944
怒江傈僳族自治州福贡县匹河怒族乡	12255	1911	959	35	909
怒江傈僳族自治州泸水县洛本卓白族乡	1866	2846	822	21	675
迪庆藏族自治州香格里拉县三坝纳西族乡				200	3531
迪庆藏族自治州德钦县霞若傈僳族乡				79	1322
迪庆藏族自治州德钦县拖顶傈僳族乡				125	750
临沧市凤庆县新华彝族苗族乡	73000	16450	5104	38	3500
临沧市凤庆县腰街彝族乡	24861	4489	1748	20	6169
临沧市凤庆县郭大寨彝族白族乡	46000	9800	1100	26	2318
临沧市云县栗树彝族傣族乡	50190	14500	4300	16	165
临沧市云县忙怀彝族布朗族乡	46780	14200	4320	11	120
临沧市云县后箐彝族乡	67900	15750	3010	11	120
临沧市永德县大雪山彝族拉祜族傣族乡	50760	13920	1960	14	152
临沧市永德县乌木龙彝族乡	87627	13918	2437	8	7011
临沧市临翔区平村彝族傣族乡	19856	6107	347	13	2272
临沧市临翔区南美拉祜乡	11858	2312	410	46	1213
临沧市耿马傣族佤族自治县芒洪拉祜族布朗族乡	18424	4889	598	4	653
临沧市沧源佤族自治县勐角傣族彝族拉祜族乡	48878	11953	857	39	1443
临沧市镇康县军赛佤族拉祜族傈僳族德昂族乡	60726	13974	1273	19	633
西双版纳傣族自治州景洪市基诺山基诺族乡	31082	8121	621	43	751
西双版纳傣族自治州景洪市景哈哈尼族乡	12493	4675	608	16	225
西双版纳傣族自治州勐腊县瑶区瑶族乡	24545	7265	972	40	263

农业技术服务机构个数（个）	农业技术服务机构从业人员数（人）	公共财政收入（万元）	公共财政支出（万元）	农村居民人均可支配收入（元）	学校数（个）	在校学生数（人）	教师数（人）	图书馆（个）	文化站（个）
2	13	1430	1430	11988	6	1042	83		1
1	12	1276	4223	9726	11	1464	115		1
1	14	1906	4271	11412	8	1419	82		1
2	10	412	3449	15169	5	1955	195		1
1	12	2578	2234	10807	13	3327	227	1	1
1	9	1924	1924	7783	2	832	58		1
1	14	3001	3088	15685	11	1762	196		1
1	21	3179	3524	9621	8	1445	150		1
1	6	866	866	7556	9	1061	84		1
1	25	3345	3101	6238	2	1448	111	1	1
2	9	953	1120	6950	9	1705	104		1
1	7	2610	2312		2	894	95		1
1	5	1792	1640		1	999	106		1
1	6	5181	4966						1
1	3	1609	1292	12465	12	2460	198		1
1	11	1304	1303	12430	8	1433	85	15	1
1	22	1055	1055	12758	16	2948	176	12	1
1	3		988	10974	14	2846	146		1
1	11		1071	10747	11	2387	169		1
1	5		1236	10420	12	2158	166		1
1	13	4920	2084	14329	7	2543	167	1	1
1	16	6002	6002	12003	11	3536	202	1	1
1	15	1797	1968	11299	6	1364	95	4	1
1	3	2176	2022	9961	1	725	52	1	1
1	2	1093	1623		7	547	52	1	1
1	17	3688	6538	10988	9	1537	142	1	1
1	12	1863	1773	11359	8	2633	147		1
1	15	3446	3029		1	743	56	1	1
1	8	4582	4447	18027	4	3347	214	7	1
2	17	628	2745	9993	3	1214	105	3	1

9-1(二) 续表 29

民族乡名称	#粮食播种面积（亩）	粮食产量（吨）	肉　类总产量（吨）	农民合作社个数（个）	农民合作社成员数（户）
西双版纳傣族自治州勐腊县象明彝族乡	24370	7049	407	54	270
西双版纳傣族自治州勐海县格朗和哈尼族乡	34895	1958	395	123	1278
西双版纳傣族自治州勐海县布朗山布朗族乡	37281	11079	713	78	806
西双版纳傣族自治州勐海县西定哈尼族乡	45828	27654	750	49	258
西藏自治区	**7152**	**2342**	**466**	**40**	**1073**
山南市错那县麻麻门巴民族乡	68	1	23	1	66
山南市错那县贡日门巴民族乡	83	35	37	1	13
山南市错那县吉巴门巴民族乡	452	104	39	2	61
山南市错那县勒门巴民族乡	4		1	1	55
山南市隆子县斗玉珞巴民族乡	875	813	108	7	337
林芝市巴宜区更章门巴民族乡	945	228	20	7	60
林芝市米林县南伊珞巴民族乡	2318	700		14	165
林芝市墨脱县达木珞巴民族乡	2066	310	150	7	316
昌都市芒康县纳西民族乡	342	151	88		
甘肃省	**603129**	**2084645**	**271752**	**829**	**26788**
临夏州广河县阿里麻土东乡族乡	11600	5477		18	1912
甘南州临潭县长川回族乡	13598	1873	438	38	190
甘南州临潭县卓洛回族乡	2900			5	52
甘南州卓尼县勺哇土族乡	3820	1910000	250000	9	54
陇南市文县铁楼藏族乡	948	324	925	72	370
陇南市武都区坪垭藏族乡	7225	2035	140	19	458
陇南市武都区磨坝藏族乡	7522	1657	184	18	90
陇南市宕昌县新城子藏族乡	7400	1260	34	10	50
酒泉市肃州区黄泥堡裕固族乡	634	305	393	25	125
酒泉市玉门市小金湾东乡族乡	4475	2242	321	7	480
白银市会宁县新添堡回族乡	94610	15286	203	64	618
庆阳市正宁县五倾源回族乡	13202	6139		12	657
平凉市崆峒区峡门回族乡	42304	10697	974	37	658
平凉市华亭县神峪回族乡	33236	7677	651	18	243
平凉市华亭县山寨回族乡	26221	5867	520	16	141

农业技术服务机构个数（个）	农业技术服务机构从业人员数（人）	公共财政收入（万元）	公共财政支出（万元）	农村居民人均可支配收入（元）	学校数（个）	在校学生数（人）	教师数（人）	图书馆（个）	文化站（个）
1	15	442	4149	11722	3	1770	127	3	1
1	15	2061	2044	13375	2	600	32		1
1	13	2612	2610	9232	9	1278	96	1	1
1	11	3323	3555	8880	3	1562	77	6	1
7	**37**	**4047**	**4763**	**14378**	**8**	**2599**	**264**	**18**	**9**
1	3			17891	1	40	10	1	1
			720	22950		40			1
1	5			16542					1
				18910				3	1
1	5	1131	1131	20543	1	213	25	8	1
1	4			21970	1	171	26	4	1
1	8	1122	1122	12489	1	136	21		1
1	12	1059	1055	10526	4	1999	182	2	2
1		735	735	19745					
68	**226**	**30996**	**27895**	**7485**	**205**	**27901**	**2502**	**27**	**32**
6	8	852	852	5530	10	1680	100		1
3	4	980	1024	6055	16	840	105		1
				6500	2	200	30		1
	5			7640	1	206	31		1
1	5			5763	4	263	62	1	1
4	4	668	668	5050	1	517	37		1
2	6	621	221	3529	7	269	25		1
1	5	3745	2771	6695	4	703	52		1
5	3	1266	941	16724	1	49	12	1	1
1	7	880	880	14290	1	1467	73	1	1
1	14	1192	1150	5752	12	1011	116		1
1	10	1254	1254	7563	1	604	44		1
5	17	2743	2339	10166	18	1357	148		1
7		1521	1533	5460	13	1300	145		1
	5	1289	1233	6800	9	973	138	1	1

9–1(二) 续表 30

民族乡名称	#粮食播种面积（亩）	粮食产量（吨）	肉类总产量（吨）	农民合作社个数（个）	农民合作社成员数（户）
平凉市崆峒区白庙回族乡	25905	7479	4243	42	423
平凉市崆峒区大秦回族乡	26633	7658	849	29	1026
平凉市崆峒区寨河回族乡	43654	12844	1303	16	222
平凉市崆峒区大寨回族乡	70298	16816	1068	51	330
平凉市崆峒区西阳回族乡	46079	14239		40	1424
平凉市崆峒区上杨回族乡	16832	5045	401	17	374
张掖市肃南裕固族自治县祁丰藏族乡	7114	3248	1141	23	115
张掖市肃南裕固族自治县马蹄藏族乡	17407	4360	2733	62	354
张掖市肃南裕固族自治县白银蒙古族乡	828	481	108	6	30
张掖市甘州区平山湖蒙古族乡	178	50		18	200
临夏州临夏县井沟东乡族乡	43874	22000	41	56	14030
临夏州和政县梁家寺东乡族乡	12000	8400	2500	17	41
临夏州临夏县安家坡东乡族乡	9703	5970	296	12	100
酒泉市瓜州县七墩回族东乡族乡	1686	850	1958	10	652
酒泉市瓜州县广至藏族乡	10	5	4	31	352
酒泉市瓜州县沙河回族乡	6020	2400	75	16	292
酒泉市玉门市独山子东乡族乡	5215	1960	250	15	725
青海省	**370247**	**170875**	**46632**	**795**	**9437**
西宁市大通县朔北藏族乡	19212	12039	817	62	852
西宁市大通县向化藏族乡	28092	13758	987	24	24
西宁市湟中县群加藏族乡	3500			7	35
西宁市湟中县大才回族乡	20890	1188	1403	29	29
西宁市湟中县汉东回族乡	11927	5006	543	8	
西宁市湟源县日月藏族乡	16312	3817	2933	14	312
海东地区民和县杏儿藏族乡	7000	5287	412	7	4438
海东地区乐都县下营藏族乡	6074	1315	580	26	171
海东地区乐都县中坝藏族乡	18000	1340	106	21	100
海东地区乐都县达拉土族乡	22340	16562	1196	65	218
海东市互助土族自治县松多藏族乡	12200	11045	220	8	14
海东市化隆回族自治县雄先藏族乡	19136	5826	510	27	215

农业技术服务机构个数（个）	农业技术服务机构从业人员数（人）	公共财政收入（万元）	公共财政支出（万元）	农村居民人均可支配收入（元）	学校数（个）	在校学生数（人）	教师数（人）	图书馆（个）	文化站（个）
5	24	956	956	9216	10	1140	140	1	1
4	3	932	883	7258	8	1546	109		1
2	38	982	982	6568	12	890	86		1
4	5	1508	1557	7305	17	1404	129	1	1
3	10	721	721	6853	12	1189	125		1
3	12	730	730	8050	8	617	71		1
1	13	1180	1180	18105	1	204	16		1
1	4	1263	942	15541	2	178	49	2	1
1	1	654	651	1165				1	1
1	3	741	684	10095					1
1		527	486	6605	14	2252	133		1
	6			4200	8	2095	127		1
1	1	464	456	8393	5	1450	157	12	1
1	3	720	511	9823	1	365	28	4	1
1	2	983	927	9600	2	665	61	1	1
1	5	876	615	9416	1	439	39		1
1	3	751	751	7887	4	2028	114	1	1
31	**76**	**16504**	**15956**	**8840**	**72**	**13424**	**1014**	**94**	**75**
1	7			14641	4	1552	115	1	1
2	3	814	814	12255	1	517	48		1
1	1	470	470	8466	2	229	24		1
		7		9318	2	2776	151		1
		674	674	12795	3	406	34		1
2	2	1191	1131	11639	2	946	84		1
1	3	598	599	11886	2	1064	53	1	1
1	1	698	957	9984	1	205	22		1
1	2	827	355	10238	8	233	28	1	15
1	2	1055	1054	9464	12	238	34	22	1
1	3	753	753	8809	5	337	37		1
2	6	1182	1182	10701					

9–1(二) 续表 31

民族乡名称	#粮食播种面积（亩）	粮食产量（吨）	肉类总产量（吨）	农民合作社个数（个）	农民合作社成员数（户）
海东市化隆回族自治县查甫藏族乡	16629	4851	378	11	109
海东市化隆回族自治县金源藏族乡	8643	1438	1175	13	109
海东市化隆回族自治县塔加藏族乡	7787	1178	301	7	42
海东市循化撒拉族自治县道帏藏族乡	24213	1770	867	91	455
海东市循化撒拉族自治县尕楞藏族乡	14493	10755	84	10	109
海东市循化撒拉族自治县岗察藏族乡			1053	3	17
海东市循化撒拉族自治县文都藏族乡	19989	5295	529	28	369
海东地区平安县沙沟回族乡	11508	13951	26788	32	241
海东地区平安县巴藏沟回族乡	11052	4257	357	49	17
海东地区平安县石灰窑回族乡	10000	2250	400	57	600
海东地区平安县洪水泉回族乡	20661	41170	1746	85	426
海东地区平安县古城回族乡	17500	4853	2	74	82
海东地区互助县巴扎藏族乡	2757	124	716	7	10
海北州门源县皇城蒙古族乡	9188	1230	1550	9	50
海北州海晏县哈勒景蒙古乡	1144	570	980	7	113
海南州贵德县新街回族乡	10000			14	280
新疆维吾尔自治区	**1181457**	**1062857**	**64726**	**692**	**8722**
吐鲁番地区鄯善县东巴扎回族乡			747	2	10
和田地区皮山县瑙阿巴提塔吉克族乡	858	138	219		
和田地区皮山县康克尔柯尔克孜族乡	910	34	25		
巴音郭楞蒙古自治州和硕县乌什塔拉回族乡	81851	63351	1635	73	774
昌吉回族自治州奇台县大泉塔塔尔族乡	36714	19369	354	12	270
昌吉回族自治州奇台县五马场哈萨克族乡	82723	42913	550	26	598
昌吉回族自治州奇台县乔仁哈萨克族乡	18000	9000	800	5	60
昌吉回族自治州木垒哈萨克自治县大南沟乌孜别克族乡	2600	78	3	56	672
昌吉回族自治州玛纳斯县旱卡子滩哈萨克族乡	14238	15924	32	8	125
昌吉回族自治州玛纳斯县塔西河哈萨克族乡	7300	1460	2250	9	150
昌吉回族自治州玛纳斯县清水河哈萨克族乡	6474	295	1510	12	52
昌吉回族自治州阜康市三工河哈萨克族乡	8733	2620	73	17	518
昌吉回族自治州阜康市上户沟哈萨克族乡	50300	6030	3529	36	188

农业技术服务机构个数（个）	农业技术服务机构从业人员数（人）	公共财政收入（万元）	公共财政支出（万元）	农村居民人均可支配收入（元）	学校数（个）	在校学生数（人）	教师数（人）	图书馆（个）	文化站（个）
2	6	535	535	10385	4	576	24		
2	5	741	741	8570	3	499	34		
2	5	700	700	9525	1	293	18		
1	2	1139	1139						
1	1	784	784						
1	5	840	840						
1	3	660	660	10799	5	1265	81	1	1
1	3	731	397	9856	2	185	21	13	1
3	4			8900	5	450	56		1
1	3	808	808	11080	2	122	23	15	15
1	2				5	962	81	15	15
1	6	535	600	11592	2	216	26	9	1
				19783				3	3
1	1	764	764	25636				3	3
				9748	1	353	20	10	10
68	**348**	**93415**	**98679**	**14831**	**132**	**37089**	**4136**	**74**	**42**
4	8	1466	1468	16720	1	516	45	1	
		15	15	9686	1	89	13	1	3
2	33	18	18	10206	1	458	18	1	1
			3100	18049	5	1437	177		1
5	13	953	953	17691	1	319	51		1
5	14	1748	2585	11000	2	714	74	1	1
2	6	766	766	17624	1	199	40		1
1	12	2179	2179	15100	1	277	50		1
2	4	1087	1087	18896	1	246	39	1	1
1	19	870	870	19736	1	265	64	1	1
1	4	560	560	19697	1	368	108	1	1
1	4	4925	4925	17845					1
1	2	7734	7734	18388	2	869	148		1

9–1(二)　续表 32

民族乡名称	#粮食播种面积（亩）	粮食产量（吨）	肉　类总产量（吨）	农民合作社个数（个）	农民合作社成员数（户）
昌吉回族自治州昌吉市阿什里哈萨克族乡	8853	3231	2920	11	85
昌吉回族自治州呼图壁县石梯子哈萨克族乡	85766	59071	2720	63	36
乌鲁木齐市米东区柏杨河哈萨克族乡	1175	450	1345	53	385
克孜勒苏柯尔克孜自治州阿克陶县塔尔塔吉克族乡	7364	1151	60	6	30
喀什地区塔什库尔干塔吉克自治县科克亚尔柯尔克孜族乡	1800	405	40	5	175
喀什地区泽普县布依鲁克塔吉克族乡	5893	2712	423	3	55
喀什地区莎车县孜热普夏提塔吉克族乡	19223	7689	999	15	169
伊犁哈萨克自治州察布查尔锡伯自治县米粮泉回族乡	18204	14269	720	9	300
伊犁哈萨克自治州特克斯县科克铁热克柯尔克孜族乡	65504	19074	15151	45	520
伊犁哈萨克自治州特克斯县呼吉尔特蒙古族乡	12348	8742	999	18	137
伊犁哈萨克自治州伊宁县愉群翁回族乡	114130	88204	1130	13	160
伊犁哈萨克自治州尼勒克县科克浩特浩尔蒙古族乡	57001	27466	9865	12	154
伊犁哈萨克自治州霍城县伊车嘎善锡伯族乡	50622	20479	1311	20	121
伊犁哈萨克自治州霍城县三宫回族乡	22886		1440	7	35
伊犁哈萨克自治州昭苏县胡松图喀尔逊蒙古族乡	58600	24342	1600	23	315
伊犁哈萨克自治州昭苏县察汗乌苏蒙古族乡	51364	22773	2100	15	271
伊犁哈萨克自治州昭苏县夏特柯尔克孜族乡	65058	28969	2400	3	121
塔城地区塔城市阿西尔达斡尔族乡	53403	19844	349	37	185
塔城地区乌苏市塔布勒合特蒙古族乡	18000	10400	500	2	200
塔城地区乌苏市吉尔格勒特郭楞蒙古族乡	6672	429946	4	5	45
塔城地区额敏县额玛勒郭楞蒙古族乡	37972	36805	4	16	82
塔城地区额敏县霍吉尔特蒙古族乡	66935	55932	128	9	45
阿克苏地区乌什县雅曼苏柯尔克孜族乡	22253	12706	120	8	72
阿克苏地区温宿县博孜东柯尔克孜族乡	17568	6279	2510	9	443
哈密地区伊吾县前山哈萨克族乡	327	118	939	8	1052
哈密地区哈密市德外都如克哈萨克族乡			636	7	51
哈密地区哈密市乌拉台哈萨克族乡			200		
阿勒泰地区布尔津县禾木哈纳斯蒙古族乡	300	150	11	4	35
阿勒泰地区阿勒泰市汗德尕特蒙古族乡	1536	439	2378	10	26

农业技术服务机构个数（个）	农业技术服务机构从业人员数（人）	公共财政收入（万元）	公共财政支出（万元）	农村居民人均可支配收入（元）	学校数（个）	在校学生数（人）	教师数（人）	图书馆（个）	文化站（个）
				2	1	763	111	1	1
1	3	1649	1649	16620	1	708	78		
1	31	2812	2869	19650	1	354	27		1
1	7	3776	3776	6757	8	631	118		1
1	4	1169	1169	10231	3	51	17	3	1
1	1	68	89	10563	1	697	49	5	1
4	10	2593	2593	8500	11	2521	136	6	1
1	2	639	639	18111	1	983	73		1
1	3	4477	4622	12350	13	2454	268	3	1
2	55	3063	3126	10500	2	599	84	1	1
1	16	3889	4006	16562	16	6953	627		1
2	10	3741	5383	17125	4	1617	217	11	1
6	13	6826	6205	18667	8	1003	85	5	1
1	6	2055	1820	15037	9	2647	237	4	1
3	12	3070	3070	16569	1	1108	89		1
1	1	3905	3905	15237	2	1091	113		1
1	1	1614	1614	15887	2	2044	162		1
2	6	3800	3800	18700	3	326	78		1
1	1	1662	1542	15098	1	53	11	1	1
1	2	1630	1630	15765	1	230	45	1	1
1	1	3415	3415	14418	1	191	48	1	1
1	3	4059	4059	13684	2	861	98	1	1
4	20	2312	2312	10762	3	960	63	7	1
1	2	1173	1173		10	1280	141	1	1
1	13	638	635	15983	3	496	109		1
1	3	855	959	15889	2	126	35	3	1
		1669	1669		1	296	58	1	1
1	1	1946	2029	28630	2	138	57	5	1
1	2	2588	2657	16418	1	151	75	7	1

9-1 全国各民族乡基本情况(2019年)(三)

民族乡名称	村文化活动室(个)	医疗卫生机构(个)	医院(个)	基层医疗卫生机构(个)	卫生院(个)
北京	**52**	**74**	**2**	**70**	**4**
朝阳区常营回族乡		5		5	1
通州区于家务回族乡	24	25		25	1
密云县檀营满族蒙古族乡		1	1		
怀柔区喇叭沟门满族乡	15	18	1	15	1
怀柔区长哨营满族乡	13	25		25	1
天津市	**14**	**12**		**12**	**1**
蓟县孙各庄满族乡	14	12		12	1
河北省	**582**	**739**	**4**	**725**	**56**
石家庄市新乐市彭家庄回族乡	4	9		9	1
石家庄市藁城市九门回族乡	13	14		14	1
石家庄市无极县高头回族乡	15	16		16	1
唐山市遵化市汤泉满族乡	10	10		9	1
唐山市遵化市西下营满族乡	14	20		20	1
唐山市遵化市东陵满族乡	27	29		29	2
邯郸市邱县陈村回族乡	5	4		4	1
邯郸市大名县营镇回族乡	17	18		18	1
保定市易县凌云册满族回族乡	19	20		20	1
保定市定州市号头庄回族乡	17	19		19	2
张家口市沽源县大二号回族乡	4	5		5	1
张家口市怀来县王家楼回族乡	14	18		18	2
廊坊市永清县管家务回族乡	12	13		13	1
廊坊市文安县大围河回族满族乡	24	25		25	1
承德市丰宁满族自治县南关蒙古族乡	14	15		15	2
承德市滦平县平坊满族乡	8	9		9	1
承德市滦平县安纯沟门满族乡	11	12		12	2
承德市滦平县五道营子满族乡	6	7		7	1
承德市滦平县邓厂满族乡	2	5		5	1
承德市滦平县马营子满族乡	10	11		11	1
承德市滦平县付家店满族乡	6	7		7	1

村卫生室（个）	卫生人员（人）	卫生技术人员（人）	其中：执业（助理）医师（人）	乡村医生和卫生员（人）	医疗卫生机构床位数（张）	医院（张）	基层医疗卫生机构（张）	卫生院（张）
67	**305**	**238**	**115**	**67**	**35**	**40**	**26**	**35**
4	101	101	53					
24	114	86	26	28	20		20	20
						40		
15	49	34	19	15	6		6	6
24	41	17	17	24	9			9
11	**26**	**7**	**5**	**19**	**12**		**12**	**12**
11	26	7	5	19	12		12	12
669	**1669**	**761**	**455**	**885**	**1438**	**179**	**1254**	**869**
8	24	16	15	8	35		35	18
13	79	54	39	25	60		60	34
15	38	8	8	30	60		60	45
8	24	4	2	20	9		9	8
19	31	12	6	19	36		36	17
27	63	36	22	27	59		59	48
3	11	10	9	1	28		28	20
17	31	8	8	23	35		35	20
19	28	9	9	19	30		30	30
17	46	24	24	22	38		38	19
4	9	5	5	4	30		30	20
16	43	14	6	29	68		68	20
12	32	17	5	15	36		36	36
24	33	11	3	22	20		20	20
13	62	23	18	39	41		41	41
8	21	8	8	13	16		16	2
10	30	18	8	12	30		30	5
6	8	2	2	6	15		15	2
4	8	1	1	2	7		7	2
10	20	11	4	9	18		18	2
6	14	8	6	6	14		14	4

9-1(三) 续表 1

民族乡名称	村文化活动室（个）	医疗卫生机构（个）	医院（个）	基层医疗卫生机构（个）	卫生院（个）
承德市滦平县小营满族乡	10	12		12	2
承德市滦平县西沟满族乡	9	12		12	1
承德市承德县岗子满族乡	10	11		11	1
承德市承德县两家满族乡	9	14		14	1
承德市兴隆县八卦岭满族乡	8	8		8	1
承德市兴隆县南天门满族乡	10	12		12	2
承德市隆化县尹家营满族乡	11	12		7	1
承德市隆化县庙子沟蒙古族满族乡	6	7		7	1
承德市隆化县偏坡营满族乡	14	14		14	1
承德市隆化县八达营蒙古族乡	12	14		13	1
承德市隆化县太平庄满族乡	11	12		11	1
承德市隆化县旧屯满族乡	11	13		12	1
承德市隆化县西阿超满族蒙古族乡	10	10		10	1
承德市隆化县白虎沟蒙古族满族乡	6	7		6	1
承德市平泉县七家岱满族乡	5	5		5	1
承德市平泉县茅兰沟满族蒙古族乡	11	18		18	1
沧州市黄骅市羊二庄回族乡	48	53		53	3
沧州市黄骅市新村回族乡		5		5	1
沧州市河间市果子洼回族乡	20	19		19	1
沧州市献县本斋回族乡	11	12		12	1
沧州市沧县大褚村回族乡	26	45	1	44	1
沧州市沧县杜林回族乡	38	40		40	2
沧州市沧县李天木回族乡	10	55	2	53	1
沧州市沧县捷地回族乡	16	34	1	33	1
沧州市黄骅市羊三木回族乡	8	9		9	1
内蒙古自治区	**154**	**123**	**4**	**104**	**19**
呼伦贝尔市莫力达瓦达斡尔族自治旗巴彦鄂温克民族乡	17	18		18	1
呼伦贝尔市莫力达瓦达斡尔族自治旗杜拉尔鄂温克民族乡	10	10		10	1
呼伦贝尔市扎兰屯市达斡尔民族乡	7	1		1	1
呼伦贝尔市扎兰屯市萨马街鄂温克民族乡	6	1	1		1
呼伦贝尔市扎兰屯市南木鄂伦春民族乡	8	4		4	2

村卫生室（个）	卫生人员（人）	卫生技术人员（人）	其中：执业（助理）医师（人）	乡村医生和卫生员（人）	医疗卫生机构床位数（张）	医院（张）	基层医疗卫生机构（张）	卫生院（张）
10	28	18	10	10	29		29	6
11	21	11	6	10	16		16	2
10	15	5	5	10	12		12	12
13	19	6	6	13	25		25	25
7	23	15	13	8	22		22	22
10	24	14	9	10	15		15	15
6	22	4	4	11	18		18	18
6	12	6	6	6	18		18	18
13	25	20	6	5	20		20	20
12	38	26	15	12	42		42	12
10	30	15	5	10	35		30	10
11	17	12	9	5	30		30	15
9	32	23	11	9	25		25	25
5	20	18	4	2	15		15	15
4	11			11	11		11	11
17	22			22	24		24	24
50	96	6		90	56		56	56
4	22	9	8	7	6		6	6
18	47	23	10	24	20		20	20
11	21	10	10	11	21		21	10
43	90	52	41	38	42	22	20	20
38	118	44	13	74	50		50	50
52	158	71	21	87	80	60	20	20
32	88	48	29	40	112	97	15	15
8	15	6	6	9	9		9	9
174	**630**	**406**	**193**	**195**	**384**	**24**	**138**	**245**
17	31	16	4	15	50			
9	15	7	2	8	15		9	6
6	25	15	15	10	15		7	8
6	30	21	10	9	24			24
2	40	38	23	2	14		14	14

9−1(三)　续表 2

民族乡名称	村文化活动室（个）	医疗卫生机构（个）	医院（个）	基层医疗卫生机构（个）	卫生院（个）
呼伦贝尔市阿荣旗查巴奇鄂温克民族乡	11	15		15	1
呼伦贝尔市阿荣旗新发朝鲜族民族乡	9				1
呼伦贝尔市阿荣旗音河达斡尔鄂温克民族乡	8	1		1	1
呼伦贝尔市阿荣旗得力其尔鄂温克民族乡	9	1			1
呼伦贝尔市根河市敖鲁古雅鄂温克民族乡	1	1		1	1
呼伦贝尔市额尔古纳市三河回族乡		19	2	17	
呼伦贝尔市额尔古纳市室韦俄罗斯民族乡	1	1	1		
兴安盟科尔沁右翼前旗满族屯满族乡	5	1		7	1
赤峰市松山区当铺地满族乡	25	28		28	3
赤峰市喀喇沁旗十家满族乡	14	20			2
乌兰察布市凉城县曹碾满族乡	16				1
呼伦贝尔市鄂温克族自治旗巴彦塔拉达斡尔族乡	7	2		2	1
辽宁省	**489**	**635**	**18**	**616**	**49**
沈阳市康平县柳树屯蒙古族满族乡	9	10		10	1
沈阳市康平县沙金台蒙古族满族乡	11	12		12	1
沈阳市法库县四家子蒙古族乡	9	10		10	1
沈阳市康平县东升满族蒙古族乡	10	11		11	1
沈阳市康平县西关屯蒙古族满族乡	9	10		10	1
大连市瓦房店市三台满族乡	10	9		9	1
大连市瓦房店市杨家满族乡	9	12		12	1
大连市庄河市太平岭满族乡	6	7		7	1
大连市庄河市桂云花满族乡	5	7		7	2
抚顺市抚顺县拉古满族乡	10	12		12	1
抚顺市抚顺县汤图满族乡	9	8		8	1
本溪市桓仁满族自治县雅河朝鲜族乡	8	10		10	1
锦州市义县地藏寺满族乡	5	6		6	1
锦州市义县大定堡满族乡	8	9		9	1
阜新市彰武县二道河子蒙古族乡	8	1		1	1
辽阳市辽阳县吉洞峪满族乡	13	14	1	13	1
辽阳市辽阳县甜水满族乡	14	19	2	17	
铁岭市开原市林丰满族乡	10	11		11	1

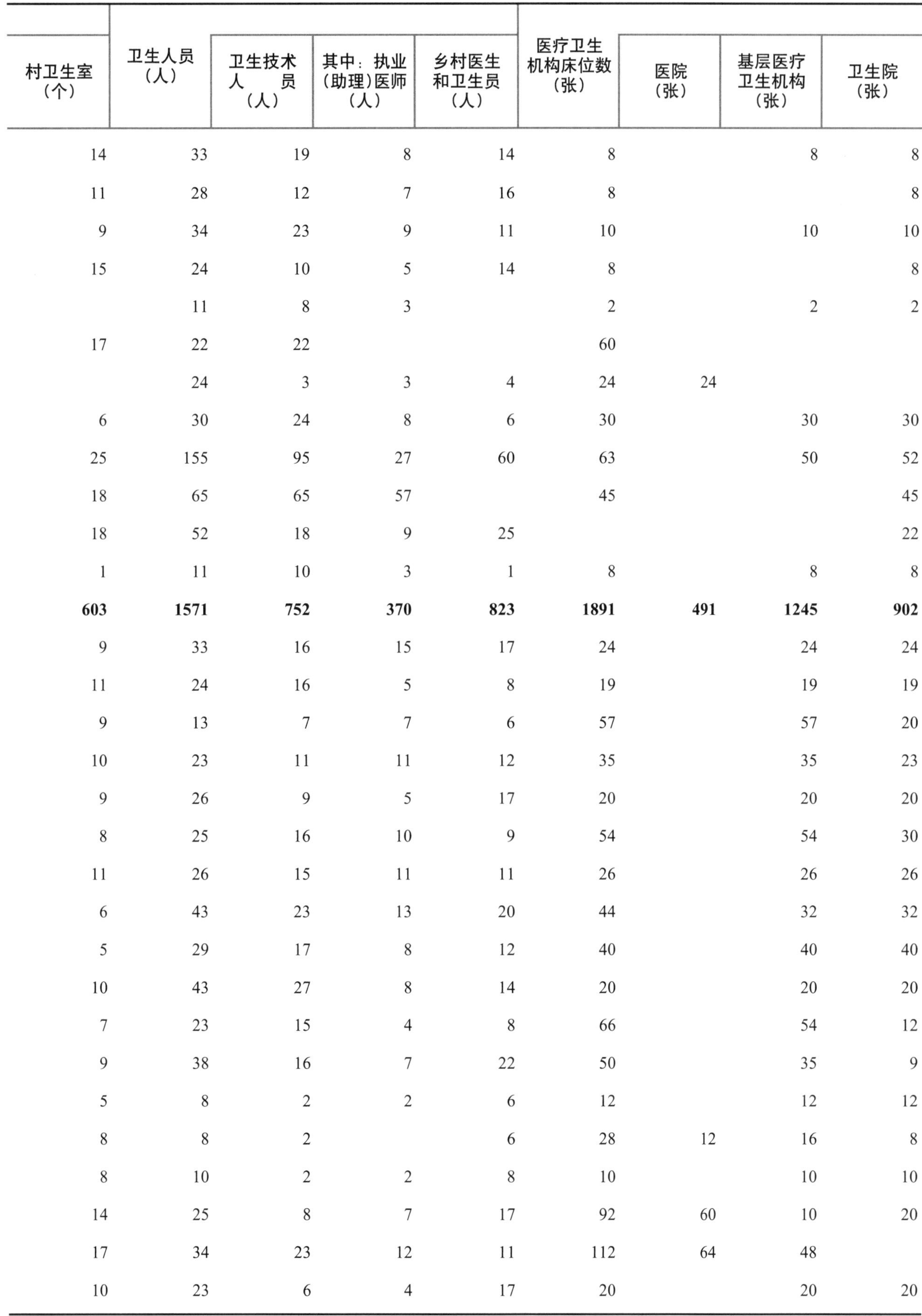

村卫生室（个）	卫生人员（人）				医疗卫生机构床位数（张）			
		卫生技术人员（人）	其中：执业（助理）医师（人）	乡村医生和卫生员（人）		医院（张）	基层医疗卫生机构（张）	卫生院（张）
14	33	19	8	14	8		8	8
11	28	12	7	16	8			8
9	34	23	9	11	10		10	10
15	24	10	5	14	8			8
	11	8	3		2		2	2
17	22	22			60			
	24	3	3	4	24	24		
6	30	24	8	6	30		30	30
25	155	95	27	60	63		50	52
18	65	65	57		45			45
18	52	18	9	25				22
1	11	10	3	1	8		8	8
603	**1571**	**752**	**370**	**823**	**1891**	**491**	**1245**	**902**
9	33	16	15	17	24		24	24
11	24	16	5	8	19		19	19
9	13	7	7	6	57		57	20
10	23	11	11	12	35		35	23
9	26	9	5	17	20		20	20
8	25	16	10	9	54		54	30
11	26	15	11	11	26		26	26
6	43	23	13	20	44		32	32
5	29	17	8	12	40		40	40
10	43	27	8	14	20		20	20
7	23	15	4	8	66		54	12
9	38	16	7	22	50		35	9
5	8	2	2	6	12		12	12
8	8	2		6	28	12	16	8
8	10	2	2	8	10		10	10
14	25	8	7	17	92	60	10	20
17	34	23	12	11	112	64	48	
10	23	6	4	17	20		20	20

9-1(三) 续表 3

民族乡名称	村文化活动室（个）	医疗卫生机构（个）	医院（个）	基层医疗卫生机构（个）	卫生院（个）
铁岭市铁岭县白旗寨满族乡	9	10		10	1
铁岭市西丰县成平满族乡	10	21		21	1
铁岭市西丰县德兴满族乡	7	8		8	1
铁岭市西丰县和隆满族乡	10	11		11	1
铁岭市西丰县金星满族乡	9	12		12	1
铁岭市西丰县明德满族乡	7	10		10	1
铁岭市西丰县营厂满族乡	9	10		10	1
铁岭市清河区聂家满族乡	1	14		14	1
朝阳市北票市马友营蒙古族乡	9	10	1	9	1
朝阳市北票市凉水河蒙古族乡	6	10		10	1
朝阳市建平县三家蒙古族乡	14	18	1	17	1
朝阳市凌源市三家子蒙古族乡	17	45	1	44	1
朝阳市朝阳县松岭门蒙古族乡	6	19	1	17	
朝阳市朝阳县乌兰河硕蒙古族乡	7	17		17	1
葫芦岛市绥中县西平坡满族乡	10	11	1	10	
葫芦岛市绥中县范家满族乡	4	11	1	10	
葫芦岛市绥中县高甸子满族乡	9	3	1	2	
葫芦岛市绥中县葛家满族乡	10	6	1	5	1
葫芦岛市绥中县明水满族乡	6	9	1	8	1
葫芦岛市绥中县网户满族乡	14	15	1	14	1
葫芦岛市兴城市白塔满族乡	11	16		16	2
葫芦岛市兴城市大寨满族乡	3	14		14	1
葫芦岛市兴城市碱厂满族乡	7	6	1	5	
葫芦岛市兴城市旧门满族乡	8	11		11	1
葫芦岛市兴城市刘台子满族乡	10	11	1	10	1
葫芦岛市兴城市南大山满族乡	17	10	1	9	
葫芦岛市兴城市望海满族乡	10	9		9	1
葫芦岛市兴城市围屏满族乡	8	11		11	1
葫芦岛市兴城市羊安满族乡	11	15		15	1
葫芦岛市兴城市药王庙满族乡	11	10		10	1

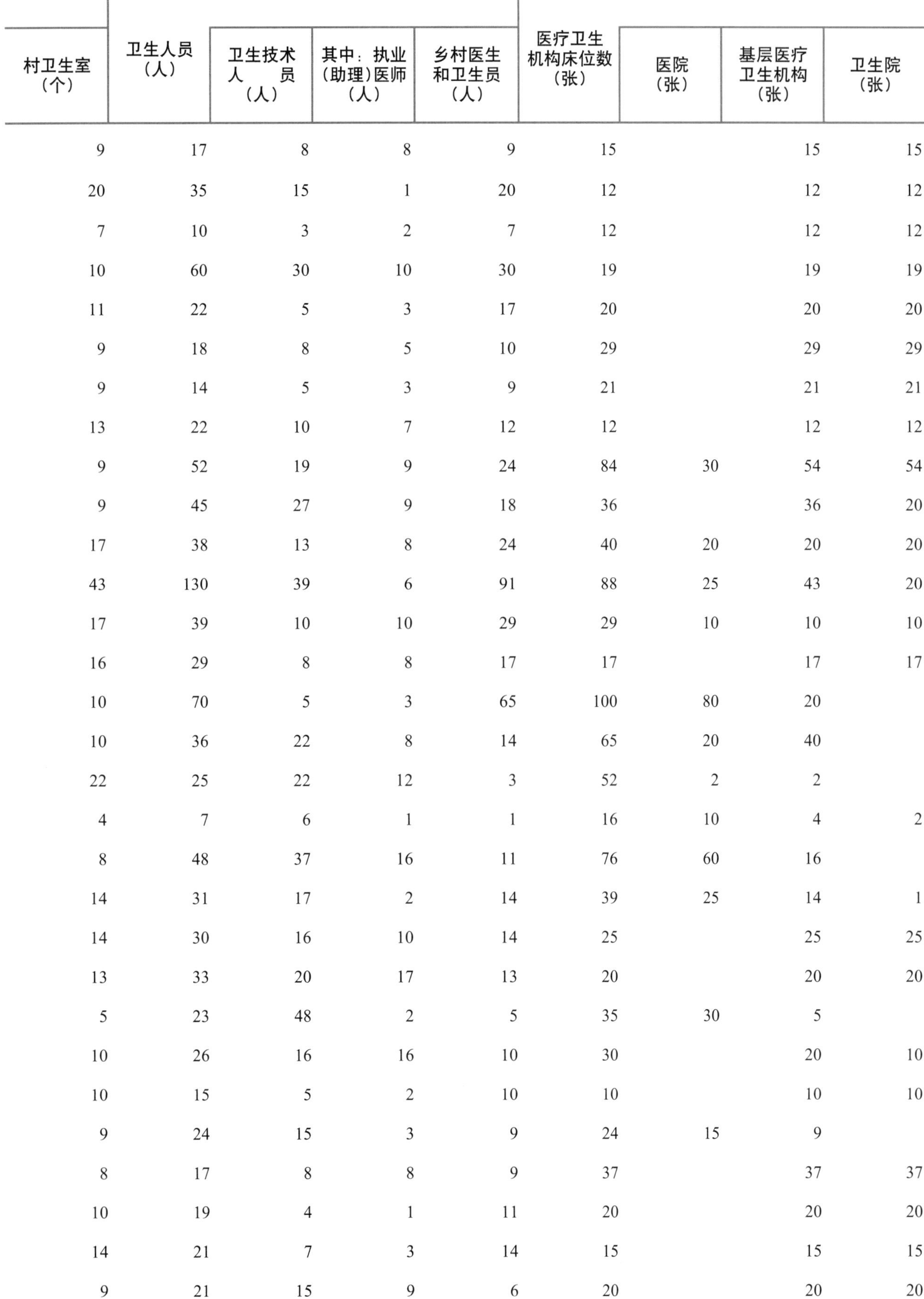

村卫生室（个）	卫生人员（人）	卫生技术人员（人）	其中：执业（助理）医师（人）	乡村医生和卫生员（人）	医疗卫生机构床位数（张）	医院（张）	基层医疗卫生机构（张）	卫生院（张）
9	17	8	8	9	15		15	15
20	35	15	1	20	12		12	12
7	10	3	2	7	12		12	12
10	60	30	10	30	19		19	19
11	22	5	3	17	20		20	20
9	18	8	5	10	29		29	29
9	14	5	3	9	21		21	21
13	22	10	7	12	12		12	12
9	52	19	9	24	84	30	54	54
9	45	27	9	18	36		36	20
17	38	13	8	24	40	20	20	20
43	130	39	6	91	88	25	43	20
17	39	10	10	29	29	10	10	10
16	29	8	8	17	17		17	17
10	70	5	3	65	100	80	20	
10	36	22	8	14	65	20	40	
22	25	22	12	3	52	2	2	
4	7	6	1	1	16	10	4	2
8	48	37	16	11	76	60	16	
14	31	17	2	14	39	25	14	1
14	30	16	10	14	25		25	25
13	33	20	17	13	20		20	20
5	23	48	2	5	35	30	5	
10	26	16	16	10	30		20	10
10	15	5	2	10	10		10	10
9	24	15	3	9	24	15	9	
8	17	8	8	9	37		37	37
10	19	4	1	11	20		20	20
14	21	7	3	14	15		15	15
9	21	15	9	6	20		20	20

9-1(三) 续表 4

民族乡名称	村文化活动室（个）	医疗卫生机构（个）			
			医院（个）	基层医疗卫生机构（个）	卫生院（个）
葫芦岛市兴城市三道沟满族乡	11	9		9	1
葫芦岛市兴城市元台子满族乡	9	19		19	1
葫芦岛市建昌县二道湾子蒙古族乡	12	13	1	12	1
丹东市宽甸满族自治县下露河朝鲜族乡	6	7	1	6	1
丹东市东港市合隆满族乡	10	14		14	1
丹东市凤城市大堡蒙古族乡	8	12		12	1
吉林省	**302**	**244**	**3**	**225**	**31**
延边朝鲜族自治州珲春市三家子满族乡	8	9		9	1
延边朝鲜族自治州珲春市杨泡满族乡	7	6		6	1
吉林市昌邑区土城子满族朝鲜族乡	12	12		12	1
吉林市昌邑区两家子满族乡	13	14		14	1
吉林市永吉县金家满族乡	7	8		8	1
吉林市蛟河市乌林朝鲜族乡	20	16		16	1
通化市梅河口市小杨满族朝鲜族乡	16				1
通化市集安市凉水朝鲜族乡	10			5	1
通化市通化县金斗朝鲜族满族乡	5	6		6	1
通化市通化县大泉源满族朝鲜族乡	20				2
通化市辉南县楼街朝鲜族乡	12			18	1
通化市柳河县姜家店朝鲜族乡	10	9		9	1
辽源市东丰县三合满族朝鲜族乡	16	19	1		2
长春市双阳区双营子回族乡	6	6		6	1
长春市榆树市延和朝鲜族乡	1	1	1	1	1
长春市九台市胡家回族乡	9	9		9	1
长春市九台市莽卡满族乡	12	13			1
白城市通榆县包拉温都蒙古族乡	3	4		4	1
白城市通榆县向海蒙古族乡	16	18		18	2
白城市洮南市呼和车力蒙古族乡	7				1
白城市洮南市胡力吐蒙古族乡	10	11	1	10	1
白城市镇赉县哈吐气蒙古族乡	5	5		5	1
白城市镇赉县莫莫格蒙古族乡	13	14		14	1

村卫生室（个）	卫生人员（人）	卫生技术人员（人）	其中：执业（助理）医师（人）	乡村医生和卫生员（人）	医疗卫生机构床位数（张）	医院（张）	基层医疗卫生机构（张）	卫生院（张）
8	18	10	5	8	20		20	20
18	22	4	4	18	20		20	20
12	28	10	6	12	34	22	12	12
6	24	14	4	10	20	6	14	14
13	21	8	8	13	30		30	30
11	27	12	10	15	20		20	20
287	**881**	**485**	**256**	**358**	**399**	**30**	**196**	**386**
8	12	12	12		20		20	20
5	15	12	8	3	6		3	3
11	32	14	8	10	15		15	15
13	53	33	13	20	15		15	15
7	47	43	24	4	10			10
15	62	29	13	28	9		9	9
13		4	2	12	18			18
4		7	5	4			10	10
5	17	12	12	5	10			10
18	62	30	12	25	26	26	26	26
17	79	46	9	24			15	28
8	18	18	5	6	14		14	14
16	16			16	65			
5	50	14	7	15	12			12
	1	1	1		4	4		4
8	30	9	4	21	36		16	20
12	44	10	10	24	25			25
3	9	6	3	3	5		5	5
16	62	36	19	16	20		20	20
6	35	28	7	7				8
10	32	22	11	10				
4	13	8	6	4	10		10	10
13	28	14	13	14	20			20

9-1(三) 续表 5

民族乡名称	村文化活动室（个）	医疗卫生机构（个）	医院（个）	基层医疗卫生机构（个）	卫生院（个）
白城市大安市新艾里蒙古族乡	5	6		6	1
白城市洮北区德顺蒙古族乡	19	19		19	1
松原市扶余县三骏满族蒙古族锡伯族乡	29	30		30	1
四平市公主岭市龙山满族乡		9			1
四平市双辽市那木斯蒙古族乡	11				1
黑龙江省	**355**	**301**	**8**	**218**	**48**
哈尔滨市南岗区红旗满族乡	9				1
哈尔滨市双城市乐群满族乡	8	9		9	1
哈尔滨市双城市同心满族乡	7	12	1	11	
哈尔滨市双城市希勤满族乡	6	12			1
哈尔滨市双城市青岭满族乡	6	14	1	13	1
哈尔滨市五常市红旗满族乡	8	1			1
哈尔滨市五常市营城子满族乡	7	1			1
哈尔滨市五常市民乐朝鲜族乡	6	1			1
哈尔滨市尚志市河东朝鲜族乡	8	5		1	1
哈尔滨市尚志市鱼池朝鲜族乡	7	1			1
哈尔滨市依兰县迎兰朝鲜族乡	15				1
齐齐哈尔市梅里斯达斡尔族区莽格吐达斡尔族乡	3	4		4	1
齐齐哈尔市泰来县宁姜蒙古族乡		8			1
齐齐哈尔市泰来县胜利蒙古族乡	5	6			1
齐齐哈尔市富裕县友谊达满柯族乡	14	19		19	1
齐齐哈尔市讷河市兴旺鄂温克族乡	12	14		14	2
齐齐哈尔市富拉尔基区杜尔门沁达族乡	2	1	1		1
牡丹江市穆棱市福禄朝鲜族满族乡	11	7		7	1
牡丹江市宁安市江南朝、满族乡	21	27			
牡丹江市宁安市卧龙朝鲜族乡	13	14		14	1
牡丹江市西安区海南朝鲜族乡	1				1
佳木斯市同江市街津口赫哲族乡	6	1			1
佳木斯市同江市八岔赫哲族乡	4	1			1
佳木斯市桦川县星火朝鲜族乡	14				1

村卫生室（个）	卫生人员（人）	卫生技术人员（人）	其中：执业（助理）医师（人）	乡村医生和卫生员（人）	医疗卫生机构床位数（张）	医院（张）	基层医疗卫生机构（张）	卫生院（张）
5	11	8	6	3	14			14
18	50	27	14	20	12			12
29	80	24	5	46	18		18	18
8	23	18	5	8	15			15
10			22	10				25
356	**1220**	**686**	**372**	**517**	**1064**	**165**	**503**	**796**
12	57	33	11	24	70			
8	78	53	12	25	36			36
11	31	12	11	19	19	19		19
11	26	13	4	13	13		13	16
12	26	13	11	13	40	40		40
12	32	16	4	12	18			18
7	13			13	24		14	10
6	13	7	5	6	34		12	22
4	12	8	8	4	30		30	30
10	61	15	12	46				10
15	53	27	4	26	20			20
3	14	11	11	3	12		12	12
7	20	13		7	20			20
5	15	12		3	14			14
18	58	26	26	26	38		38	38
14	37	20	15	15	25			25
3	14	14	14		19			
6	13	7	4	6	20		20	20
					20			
13	22	6	6	16	56		38	18
15	23	5		18				18
6	17	11	4	6				8
4	16	13	6	3	10			10
14	30	16	7	14	12			

9-1(三) 续表 6

民族乡名称	村文化活动室（个）	医疗卫生机构（个）	医院（个）	基层医疗卫生机构（个）	卫生院（个）
佳木斯市汤原县汤旺朝鲜族乡	6	4		4	1
大庆市肇源县超等蒙古族乡	7	8	1	7	
大庆市肇源县浩德蒙古族乡	5	6		6	1
大庆市肇源县义顺蒙古族乡	1	1	1		1
黑河市逊克县新鄂鄂伦春族乡	5	5		5	1
黑河市逊克县新兴鄂伦春族乡	4	2		1	1
黑河市爱辉区新生鄂伦春族乡	3	2		2	1
黑河市爱辉区四嘉子满族乡	6	1		1	1
黑河市爱辉区坤河达斡尔族满族乡	6	1		1	1
黑河市北安市主星朝鲜族乡		3			1
黑河市孙吴县沿江达斡尔族满族乡	8	9		9	1
绥化市北林区兴和朝鲜族乡	2	1			1
绥化市北林区红旗满族乡	5	13		13	1
绥化市望奎县厢白满族乡	5	9	1	8	1
绥化市望奎县灵山满族乡	5	1	1		1
伊春市铁力市年丰朝鲜族乡	10	12		12	1
鹤岗市萝北县东明朝鲜族乡	7	3		3	1
鹤岗市绥滨县福兴满族乡	1				1
大兴安岭地区呼玛县白银纳鄂伦春族乡	6	4		4	1
大兴安岭地区塔河县十八站鄂伦春族乡	6	4	1	3	
双鸭山市饶河县四排赫哲族乡	4	1		1	1
双鸭山市友谊县成富朝鲜族满族乡	2	2		2	1
七台河市勃利县杏树朝鲜族乡	11	10		10	1
七台河市勃利县吉兴朝鲜族、满族乡	14	15		15	1
鸡西市密山市和平朝鲜族乡	12	1		1	1
鸡西市鸡东县鸡林朝鲜族乡	6	1		1	1
鸡西市鸡东县明德朝鲜族乡	8	6		6	1
鸡西市城子河区永丰朝鲜族乡	7	18		11	
江苏省	**8**	**8**		**8**	**1**
扬州市高邮市菱塘回族乡	8	8		8	1

村卫生室（个）	卫生人员（人）	卫生技术人员（人）	其中：执业（助理）医师（人）	乡村医生和卫生员（人）	医疗卫生机构床位数（张）	医院（张）	基层医疗卫生机构（张）	卫生院（张）
3	18	16	2		12		12	12
7	34	15	13	19	26	10	16	10
5	23	7	3	16	20		20	20
7	25	16	7	9	20	20		
4	10	7	4	3	5		5	5
3	10	6	5	4	4		4	4
1	6	5	4	1	4		1	3
6	15	9	4	6	5			1
								1
2	6	6	3		12		4	8
8	16	8	2	8	6		6	6
	15	15	3		24			24
12	34	17	6	17	29		29	29
7	28	14	14	14	50	25	25	25
5	37	19	19	15	11	11		11
11	28	17	5	11	20		20	20
2	10	8	4	2	10		10	10
3	6	3	3	3				9
3	9	6	2	3	10			10
3	47	44	20	3	40	40		
	4	4	1		4		4	4
1	12	11	6	1	10		10	10
9	34	18	18	16	40		28	12
14	48	20	20	28	26		26	12
12	31	19	10	12				30
	3	2	2	1	16		16	16
5	14	7	1	7	30		10	20
7	16	16	16		80		80	80
7	**65**	**52**	**18**	**13**	**44**		**44**	**32**
7	65	52	18	13	44		44	32

9-1(三) 续表 7

民族乡名称	村文化活动室（个）	医疗卫生机构（个）	医院（个）	基层医疗卫生机构（个）	卫生院（个）
浙江省	**69**	**62**		**36**	**14**
金华市兰溪市水亭畲族乡	19	19		1	1
衢州市龙游县沐尘畲族乡	10	8		8	2
丽水市莲都区丽新畲族乡	9	5		5	1
丽水市龙泉市竹垟畲族乡	8	3		3	1
丽水市云和县雾溪畲族乡	2	1		1	1
丽水市云和县安溪畲族乡	8	1		1	
丽水市遂昌县三仁畲族乡	8	8			1
丽水市松阳县板桥畲族乡	5				1
杭州市桐庐县莪山畲族乡	7	8		8	1
温州市平阳县青街畲族乡	9	3		3	1
温州市苍南县岱岭畲族乡	5	1		1	1
温州市苍南县凤阳畲族乡	5	3		3	1
温州市文成县周山畲族乡		1		1	1
温州市泰顺县竹里畲族乡	1	1		1	1
安徽省	**69**	**80**	**3**	**77**	**10**
淮南市谢家集区孤堆回族乡	8	9		9	1
合肥市肥东县牌坊回族满族乡	13	15		15	2
滁州市定远县二龙回族乡	5	6		6	1
淮南市凤台县李冲回族乡	6	8	1	7	1
淮南市潘集区古沟回族乡	12	13	1	12	1
六安市寿县陶店回族乡	4	5		5	1
宣城市宁国市云梯畲族乡	4	5		5	1
蚌埠市五河县临北回族乡	11	12		12	1
阜阳市颍上县赛涧回族乡	6	7	1	6	1
福建省	**304**	**332**	**2**	**330**	**18**
福州市罗源县霍口畲族乡	24	17		17	1
福州市连江县小沧畲族乡	5	6		6	1
宁德市福安市坂中畲族乡	19	24		24	1
宁德市福安市康厝畲族乡	32	24		24	1

村卫生室（个）	卫生人员（人）	卫生技术人员（人）	其中：执业（助理）医师（人）	乡村医生和卫生员（人）	医疗卫生机构床位数（张）	医院（张）	基层医疗卫生机构（张）	卫生院（张）
50	**181**	**118**	**65**	**59**	**37**		**29**	**34**
18	29	10	10	19	8		8	8
6	18	12	5	6				
4	18	14	9	4				
2	7	5	2	2	3		3	3
	4	3	2					
1	5			5	5		5	
7	19	8	5	11	8			8
1	9	4	4	5				2
7	32	29	9	3	10		10	10
2	18	16	8	1				
	3	3	3					
2	8	7	4	1				
	6	2	2	2				
	5	5	2		3		3	3
67	**270**	**143**	**100**	**127**	**239**	**47**	**192**	**189**
8	20	6	6	14	20		20	20
13	46	26	26	20	32		32	32
5	29	19	8	10	20		20	20
6	34	11	1	23	14		14	14
11	34	20	18	14	66	30	36	30
4	20	15	10	5	20		20	20
4	10	6	2	4	6		6	6
11	35	16	16	19	17	17		17
5	42	24	13	18	44		44	30
312	**979**	**581**	**205**	**387**	**436**	**105**	**331**	**331**
16	32	17	4	15	15		15	15
5	20	15	5	5	10		10	10
23	73	48	23	25	45		45	45
23	38	13	9	25	3		3	3

9-1(三) 续表 8

民族乡名称	村文化活动室（个）	医疗卫生机构（个）	医院（个）	基层医疗卫生机构（个）	卫生院（个）
宁德市福安市穆云畲族乡	33	23	1	22	
宁德市霞浦县盐田畲族乡	22	18		18	1
宁德市霞浦县崇儒畲族乡	27	15		15	1
宁德市霞浦县水门畲族乡	23	12		12	1
宁德市蕉城区金涵畲族乡	16	29	1	28	1
宁德市福鼎市硖门畲族乡	10	12		12	1
宁德市福鼎市佳阳畲族乡	12	13		13	1
漳州市漳浦县赤岭畲族乡	9	10		10	1
漳州市漳浦县湖西畲族乡	10	16		16	1
漳州市龙海市隆教畲族乡	10	24		24	1
三明市永安市青水畲族乡	3	22		22	1
三明市宁化县治平畲族乡	12	13		13	1
龙岩市上杭县官庄畲族乡	18	22		22	1
龙岩市上杭县庐丰畲族乡	14	26		26	1
泉州市惠安县百崎回族乡	5	6		6	1
江西省	**72**	**82**		**82**	**9**
鹰潭市贵溪樟坪畲族乡	5	4		4	1
上饶市铅山县太源畲族乡	4	3		3	1
上饶市铅山县篁碧畲族乡	4	3		3	1
吉安市永丰县龙冈畲族乡	11	18		18	1
赣州市南康赤土畲族乡	18	23		23	1
吉安市青原区东固畲族乡	15	16		16	1
抚州市乐安县金竹畲族乡	10	12		12	2
吉安市峡江县金坪民族乡	5	3		3	1
河南省	**95**	**108**	**2**	**106**	**11**
郑州市荥阳市金寨回族乡	2	3		3	1
商丘市民权县伯党回族乡	9	10		10	1
商丘市民权县胡集回族乡	13	15	1	14	1
平顶山市叶县马庄回族乡	8	9	1	8	
平顶山市郏县姚庄回族乡	7	7		7	1

村卫生室（个）	卫生人员（人）	卫生技术人员（人）	其中：执业（助理）医师（人）	乡村医生和卫生员（人）	医疗卫生机构床位数（张）	医院（张）	基层医疗卫生机构（张）	卫生院（张）
22	55	21	5	34	65	65		
17	47	27	7	20	12		12	12
14	51	38	9	13	15		15	15
11	39	28	6	11	20		20	20
27	140	108	44	32	50	40	10	10
11	40	16	6	14	10		10	10
12	42	19	7	23	15		15	15
9	42	32	9	10	18		18	18
15	50	32	4	18	18		18	18
23	55	32	9	23	20		20	20
21	34	14	8	20	20		20	20
12	33	15	5	17	15		15	15
21	76	45	24	31	30		30	30
25	62	36	15	26	40		40	40
5	50	25	6	25	15		15	15
73	**251**	**118**	**56**	**104**	**254**		**184**	**228**
3	6	1	1	5	9		9	9
2	8	5	3	3	11		11	8
2	14	11	4	3	14		14	14
17	40	18	11	22	36		36	15
22	78	46	17	27	70			70
15	39	9	6	30	75		75	75
10	59	22	9	13	22		22	22
2	7	6	5	1	17		17	15
95	**391**	**223**	**88**	**163**	**430**	**38**	**392**	**324**
2	27	20	7	4	25		25	15
9	24	14	7	10	40		40	40
13	48	27	18	19	60		60	60
8	32	22	5	10	54	38	16	
6	22	16	2	6	26		26	26

9-1(三) 续表 9

民族乡名称	村文化活动室（个）	医疗卫生机构（个）	医院（个）	基层医疗卫生机构（个）	卫生院（个）
新乡市封丘县荆乡回族乡	5	6		6	1
许昌市许昌县艾庄回族乡	9	10		10	1
许昌市禹州市山货回族乡	6	7		7	1
南阳市镇平县郭庄回族乡	9	10		10	1
南阳市方城县袁店回族乡	9	11		11	1
驻马店市西平县蔡寨回族乡	6	7		7	1
洛阳市瀍河回族区廛河回族乡	12	13		13	1
湖北省	**166**	**127**	**1**	**167**	**10**
荆门市钟祥市九里回族乡	9	10		10	1
荆州市洪湖市老湾回族乡	6	8		8	1
荆州市松滋市卸甲坪土家族乡	8	10		10	1
宜昌市宜都市潘家湾土家族乡	9	10		10	1
十堰市郧西县湖北口回族乡	17	19		19	1
恩施土家族苗族自治州恩施市芭蕉侗族乡	19	23		23	1
恩施土家族苗族自治州宣恩县长潭河侗族乡	40	31		31	1
恩施土家族苗族自治州宣恩县晓关侗族乡	40	1	1	41	1
神农架林区下谷坪土家族乡	6	5		5	1
恩施土家族苗族自治州鹤峰县铁炉白族乡	12	10		10	1
湖南省	**979**	**2221**	**14**	**951**	**192**
怀化市辰溪县罗子山瑶族乡	8	1		1	1
怀化市辰溪县苏木溪瑶族乡	10	1	1	1	1
怀化市辰溪县上蒲溪瑶族乡	8	9		9	1
怀化市辰溪县后塘瑶族乡	12	18		18	1
怀化市辰溪县仙人湾瑶族乡	16	16		16	1
怀化市洪江市深渡苗族乡	9	10		10	1
怀化市洪江市龙船塘瑶族乡	7	8			1
怀化市会同县炮团侗族苗族乡	8	10		10	1
怀化市会同县宝田侗族苗族乡	6	11		11	1
怀化市会同县蒲稳侗族苗族乡	6	7		7	1
怀化市会同县金子岩侗族苗族乡	26	29		29	3

村卫生室（个）	卫生人员（人）	卫生技术人员（人）	其中：执业（助理）医师（人）	乡村医生和卫生员（人）	医疗卫生机构床位数（张）	医院（张）	基层医疗卫生机构（张）	卫生院（张）
5	20	7	7	13	55		55	48
9	32	14	8	18	20		20	20
6	25	19	6	6	20		20	20
9	47	25	3	22	20		20	20
10	65	38	16	27	65		65	30
6	36	20	8	16	25		25	25
12	13	1	1	12	20		20	20
158	**606**	**397**	**145**	**210**	**468**	**105**	**393**	**450**
9	33	24	11	9	48		18	30
7	35	14	5	10	25		25	25
9	32	15	7	17	28		28	28
9	42	28	9	14	17		17	17
18	48	33	17	15	50		50	50
22	161	98	40	63	120		120	120
30	87	56	12	31	60		60	60
41	109	83	26	38	75	105	30	75
4	17	13	6	4	10		10	10
9	42	33	12	9	35		35	35
1064	**2622**	**1722**	**863**	**1061**	**288**	**288**	**1379**	**2408**
8	18	8	3	10	24		24	16
10	22	22	2	12	15	15	15	15
8	18	7	3	11	12		12	12
17	42	42	8	17	20			20
15	37	10	6	27	25		25	25
9	26	15	8	9	29		9	20
7	14	7	7	7	22			22
9	17	11	6	9	48		48	30
10	28	17	8	11	20			20
6	25	14	9	9	33		12	21
26	91	65	30	26	65		65	65

9-1(三) 续表 10

民族乡名称	村文化活动室（个）	医疗卫生机构（个）	医院（个）	基层医疗卫生机构（个）	卫生院（个）
怀化市会同县漠滨侗族苗族乡	7	7		1	1
怀化市会同县青朗侗族苗族乡	13	15	2	13	74
怀化市沅陵县二酉苗族乡	30	36	3	30	3
怀化市沅陵县火场土家族乡	6	4		4	1
怀化市中方县蒿吉坪瑶族乡	6	7		7	1
怀化市通道侗族自治县大高坪苗族乡	4	5	1	4	1
怀化市新晃侗族自治县步头降苗族乡	7	8		8	1
怀化市新晃侗族自治县米贝苗族乡	8	8		8	1
邵阳市绥宁县河口苗族乡	12	13		12	1
邵阳市绥宁县麻塘苗族乡	11	11		11	1
邵阳市绥宁县东山侗族乡	9	16		16	1
邵阳市绥宁县鹅公岭侗族苗族乡	10	12		12	2
邵阳市绥宁县寨市苗族侗族乡	8	9		9	1
邵阳市绥宁县乐安铺苗族侗族乡	13	15		15	2
邵阳市绥宁县关峡苗族乡	29	33		30	3
邵阳市绥宁县长铺子苗族乡	29	32		29	3
邵阳市隆回县山界回族乡	5	13	1	13	1
邵阳市隆回县虎形山瑶族乡	6	7		7	1
邵阳市洞口县那溪瑶族乡	7	8	1	8	1
邵阳市洞口县大屋瑶族乡	12	13		13	1
邵阳市洞口县长塘瑶族乡	16			16	1
邵阳市新宁县黄金瑶族乡	11	11		11	1
邵阳市新宁县麻林瑶族乡	11	12		12	1
永州市蓝山县荆竹瑶族乡	6	7		6	1
永州市蓝山县湘江源瑶族乡	5	6			1
永州市蓝山县浆洞瑶族乡	6	7			1
永州市蓝山县汇源瑶族乡	5	6			1
永州市蓝山县犁头瑶族乡	7	1			1
永州市蓝山县大桥瑶族乡	4	5			1
永州市江永县松柏瑶族乡	14	16		16	2

村卫生室（个）	卫生人员（人）	卫生技术人员（人）	其中：执业（助理）医师（人）	乡村医生和卫生员（人）	医疗卫生机构床位数（张）	医院（张）	基层医疗卫生机构（张）	卫生院（张）
7		23	9	8	46		7	1
60	71	14	69		69	69		
30	71	27	16	44	131	71	60	71
3	12	9	3	3	16		16	16
6	7	4	3	3	12		12	12
4	7	7	7	7	10	6	4	6
7	23	17	2	5	27		27	20
7	19	16	7	6	30		30	30
12	37	22	6	15	42		42	28
10	21	10	3	11	20		20	10
15	43	17	3	26	28		28	10
10	29	19	9	10	28		28	25
8	13	13	10	13	18		18	10
13	53	23	13	11	21		21	21
27	61	45	18	16	68		68	33
29	52	28	28	29	56		29	27
12	12	10	6	7	52	14	24	14
6	10	6	6	4	7		7	7
7	14	5	2	8	20	8	4	8
12	16	6	6	28	24			24
15	35	35	17	18	20			20
10	34	23	7	10	29		12	17
11	31	20	15	11	19			19
5	11	5	1	5	6			6
5	9	5	4	4	7		5	2
6	13	7	3	6	8			8
5	8	5	1	3	2			2
9	22	13	4	9	10			10
4	7	5	1	2	2			2
14	68	54	20	14	48		48	48

9-1(三) 续表 11

民族乡名称	村文化活动室（个）	医疗卫生机构（个）	医院（个）	基层医疗卫生机构（个）	卫生院（个）
永州市江永县千家洞瑶族乡	12	15		15	1
永州市江永县兰溪瑶族乡	6	7		7	1
永州市江永县源口瑶族乡	18	21		21	1
永州市宁远县九疑瑶族乡	21	35		35	3
永州市宁远县棉花坪瑶族乡	5				1
永州市宁远县桐木漯瑶族乡	6	7		7	1
永州市宁远县五龙山瑶族乡	15	2		2	2
永州市道县横岭瑶族乡	8				1
永州市道县洪塘营瑶族乡	10	2		2	1
永州市道县审章塘瑶族乡	14	16		16	2
永州市祁阳县晒北滩瑶族乡	9	6		6	1
永州市新田县门楼下瑶族乡	13	14	1	13	1
永州市双牌县上梧江瑶族乡	13	13			2
永州市江华瑶族自治县小圩壮族乡	21			22	1
张家界市桑植县刘家坪白族乡	6	7		7	1
张家界市桑植县马合口白族乡	9	9			3
张家界市桑植县走马坪白族乡	14	14		14	2
张家界市桑植县芙蓉桥白族乡	13	1		1	1
张家界市桑植县洪家关白族乡	23	25		25	2
张家界市慈利县三官寺土家族乡	17			18	1
张家界市慈利县高峰土家族乡	16	1	1	1	1
张家界市慈利县金岩土家族乡	12			13	1
张家界市慈利县许家坊土家族乡	10			11	1
张家界市慈利县阳和土家族乡	10	10		10	1
张家界市慈利县甘堰土家族乡	20	22		22	2
张家界市慈利县赵家岗土家族乡	12	12		12	1
郴州市桂阳县白水瑶族乡	16	16		16	3
郴州市北湖区保和瑶族乡	11	13		13	2
郴州市北湖区仰天湖瑶族乡	15	18		18	3
郴州市宜章县莽山瑶族乡	6	7			1

村卫生室（个）	卫生人员（人）	卫生技术人员（人）	其中：执业（助理）医师（人）	乡村医生和卫生员（人）	医疗卫生机构床位数（张）	医院（张）	基层医疗卫生机构（张）	卫生院（张）
14	58	32	9	26	15			15
6	21	13	6	8	22		15	15
20	32			32	32			32
32	87	46	9	32				
5	8	6	2	1				
6	13	10	5	3				10
12	25	13	7	12	7		7	7
8	25	16	11	9	10			20
14	39	27	5	14	60			60
21	59	59	38	21	70			70
5	13	6	3	7	20		20	20
13	12	10	2	18	23	10	13	10
11	33	16	6	11	16			16
21	36	15	11	21	16		16	16
6	20	20	3	20	20		10	10
6	14		6	8	29			29
12	16	10	10	6	28		28	28
5	30	26	8	4	21			21
23	54	42	15	12	48		48	48
17	25	15	7	10	28		28	28
16	15	13	5		18		18	18
12	28	15	6	13	31		12	19
10		30	13	10	30			30
9	35	30	9	6	45		20	25
20	56	36	15	20	40		40	40
11	29	17	5	12	10		10	10
13	25	9	9	16	10		10	10
11	25	8	4	17	28		28	28
15	27	9	4	18	32		32	32
6	18	5	5	6	19		4	15

9–1(三) 续表 12

民族乡名称	村文化活动室（个）	医疗卫生机构（个）	医院（个）	基层医疗卫生机构（个）	卫生院（个）
郴州市汝城县文明瑶族乡	39	39		39	3
郴州市汝城县延寿瑶族乡	17	19		19	2
郴州市临武县西山瑶族乡	1	17	1	6	1
郴州市资兴市回龙山瑶族乡	11	15		15	2
郴州市资兴市八面山瑶族乡	15	17		17	2
常德市鼎城区许家桥回族维吾尔族乡	16	19	1	18	2
常德市汉寿县毛家滩回族维吾尔族乡	8	17		17	1
常德市桃源县枫树维吾尔族回族乡	12	13		13	1
常德市桃源县青林回族维吾尔族乡	13	28		28	2
株洲市炎陵县中村瑶族乡	12	15		15	3
衡阳市常宁市塔山瑶族乡	11	14		13	2
益阳市桃江县鲊埠回族乡	10	1	1	1	1
广东省	**81**	**52**	**2**	**50**	**7**
惠州市龙门县蓝田瑶族乡	7	8		8	1
清远市连州市三水瑶族乡	4	5		5	1
清远市连州市瑶安瑶族乡	30	11	1	10	1
清远市阳山县秤架瑶族乡	10	11			1
肇庆市怀集县下帅壮族瑶族乡	16	11		11	1
韶关市始兴县深渡水瑶族乡	4	5		5	1
河源市东源县漳溪畲族乡	10	1	1	11	1
广西壮族自治区	**564**	**616**	**7**	**492**	**69**
梧州市蒙山县长坪瑶族乡	5	6		6	1
梧州市蒙山县夏宜瑶族乡	6	7		7	1
贺州市八步区黄洞瑶族乡	4	5		5	1
贺州市平桂管理区大平瑶族乡	6	7		7	1
贺州市昭平县仙回瑶族乡	6	8		8	1
贺州市钟山县两安瑶族乡	6	7		7	1
贺州市钟山县花山瑶族乡	6	7		7	1
贵港市平南县马练瑶族乡	12	14	1	13	1
贵港市平南县国安瑶族乡	10	11		11	1

村卫生室（个）	卫生人员（人）	卫生技术人员（人）	其中：执业（助理）医师（人）	乡村医生和卫生员（人）	医疗卫生机构床位数（张）	医院（张）	基层医疗卫生机构（张）	卫生院（张）
36	79	40	25	39	87		87	87
17	44	30	15	14	41		41	41
8	29	18	15	8	28	15	10	3
12	36	25	13	11	19			19
15	30	15	10	15	20			20
16	83	61	37	22	150	50		100
16	36	28	16	8	55		55	55
12	56	44	26	12	55		55	55
26	154	128	42	26	500			500
12	33	22	11	11	30		30	30
11	17	8	8	9	21		13	13
9		38	18	9	5	30	9	30
57	**141**	**97**	**44**	**53**	**143**		**126**	**126**
7	33	21	12	7	37		30	30
4	13	11	3	2	6		6	6
10	15	5	5	10	36		26	26
10			8	10	19		19	19
10	31	21	4	10	10		10	10
4	16	11	5	3	5		5	5
12	33	28	7	11	30		30	30
599	**2407**	**1587**	**503**	**728**	**1919**	**213**	**1079**	**1762**
5	16	11	1	5	5		5	5
6	22	15	3	7	10		10	10
4	28	22	5	6	37		37	37
6	47	36	3	11	23		23	23
7	22	14	6	8	17		17	17
6	46	31	10	10	56		6	50
6	21	17	3	4	6		6	6
12	61	39	4	22	60	25		35
10	37	27	8	10	15		15	15

9-1(三) 续表 13

民族乡名称	村文化活动室（个）	医疗卫生机构（个）	医院（个）	基层医疗卫生机构（个）	卫生院（个）
防城港市上思县南屏瑶族乡	9	10		10	1
防城港市防城区十万山瑶族乡	5	7	1	6	1
南宁市马山县古寨瑶族乡	9	10		10	1
南宁市马山县里当瑶族乡	9	10		10	1
南宁市上林县镇圩瑶族乡	9	11		11	1
柳州市三江侗族自治县同乐苗族乡	19	22	1	1	1
柳州市三江侗族自治县福禄苗族乡	14	15		15	1
柳州市三江侗族自治县高基瑶族乡	8	9			1
柳州市融水苗族自治县滚贝侗族乡	11	11		11	1
柳州市融水苗族自治县同练瑶族乡	6	1		1	1
柳州市柳城县古砦仫佬族乡	15	13		13	1
桂林市临桂县宛田瑶族乡	8	18	1	1	1
桂林市临桂县黄沙瑶族乡	5	6		6	1
桂林市灵川县大境瑶族乡	10	9		9	1
桂林市灵川县兰田瑶族乡	3	1			1
桂林市全州县蕉江瑶族乡		7		1	1
桂林市全州县东山瑶族乡	16	1		1	1
桂林市兴安县华江瑶族乡	8	18		18	1
桂林市灌阳县洞井瑶族乡	9	10		10	1
桂林市灌阳县西山瑶族乡	10	11		11	1
桂林市资源县车田苗族乡	12	23	1	22	1
桂林市资源县两水苗族乡	6	7		7	1
桂林市资源县河口瑶族乡	5	6		6	1
桂林市平乐县大发瑶族乡	10	8		8	1
桂林市荔浦县蒲芦瑶族乡	9	11		11	1
桂林市雁山区草坪回族乡	3	4		4	1
百色市右江区汪甸瑶族乡	13	15	2	15	2
百色市田东县作登瑶族乡	21	22		22	1
百色市田林县潞城瑶族乡	19	21		21	2
百色市田林县利周瑶族乡	9	10		10	1

村卫生室（个）	卫生人员（人）	卫生技术人员（人）	其中：执业（助理）医师（人）	乡村医生和卫生员（人）	医疗卫生机构床位数（张）	医院（张）	基层医疗卫生机构（张）	卫生院（张）
9	34	21	4	9	16		16	16
5	7	2	2	5	8		8	8
9	44	25	14	10	60		60	60
9	46	36	9	10	60		60	60
10	63	49	9	14	80		80	80
19	78	52	12	26	74	48	26	48
14	52	38	4	14	52		14	38
8	20	1	1	8	10			10
10	13	2	2	11	25			25
11	38	12		11				50
12	69	56	13	8	61		61	61
15	52	30	10	22	12		12	12
5	14	10	5	4	4			4
8	35	26	7	9				20
3	20	17	7	3	16			16
	8	6	6		20			20
16	52	34	28	18	1		1	15
17	26	24	5	20	25	25	25	25
9	60	22	6	38	12			12
10	25	15	5	10	26		26	26
22	64	36	16	28	48	48		48
6	26	13	2	13	13		13	13
5	24	18	18	6	20			20
7	33	26	8	7	35	35		35
10	28	20	6	8	16		16	16
3	23	17	4	6	10			10
13	45	16	16	29	75	2	13	2
21	60	39	17	21	48			48
19	58	39	16	19	37		37	37
9	46	37	9	9	35		35	35

9-1(三) 续表 14

民族乡名称	村文化活动室（个）	医疗卫生机构（个）	医院（个）	基层医疗卫生机构（个）	卫生院（个）
百色市田林县八桂瑶族乡	12	14		14	2
百色市田林县八渡瑶族乡	17	19		19	2
百色市凌云县伶站瑶族乡	9	12		12	1
百色市凌云县朝里瑶族乡	6	1		1	1
百色市凌云县沙里瑶族乡	12	1		1	1
百色市凌云县玉洪瑶族乡	7	18		18	2
百色市西林县足别瑶族苗族乡	6	7			1
百色市西林县普合苗族乡	7	7			1
百色市西林县那佐苗族乡	18	19			2
河池市南丹县八圩瑶族乡	16	17			1
河池市南丹县里湖瑶族乡	14	1			1
河池市南丹县中堡苗族乡	6	7			1
河池市天峨县八腊瑶族乡	9	9			3
河池市凤山县平乐瑶族乡	10	11		11	1
河池市凤山县江洲瑶族乡	7	8		8	1
河池市凤山县金牙瑶族乡	12	14		14	2
河池市东兰县三弄瑶族乡	5	6		6	1
河池市环江毛南族自治县驯乐苗族乡	12	13		13	1
河池市宜州市北牙瑶族乡	14	21		21	2
河池市宜州市福龙瑶族乡	14	12		12	1
重庆市	**98**	**104**	**2**	**101**	**15**
奉节县云雾土家族乡	3	4		4	1
奉节县长安土家族乡	8	9		9	1
奉节县龙桥土家族乡	6	6		6	1
奉节县太和土家族乡	8	7		7	1
万州区恒合土家族乡	13	15		15	1
万州区地宝土家族乡	4	5		5	1
云阳县清水土家族乡	14	16		16	2
巫山县红椿土家族乡	5	6		6	1
巫山县邓家土家族乡	5	6		6	1

村卫生室（个）	卫生人员（人）	卫生技术人员（人）	其中：执业（助理）医师（人）	乡村医生和卫生员（人）	医疗卫生机构床位数（张）	医院（张）	基层医疗卫生机构（张）	卫生院（张）
12	47	31	7	12	39		39	39
17	50	25	14	17	45		45	45
11	57	40	7	12	53		53	42
6	23	17	5	6	8		8	8
12	46	34	4	12	22			22
16	42	24	18	6	48	30	18	18
6	28	3	3	13				9
6	32	26	4	6				17
17	81	50	7	31	48			48
16	38	22	22	16	44		16	28
14	45	15	7	14	16		14	21
6	16	10	6	6	16		16	10
6	73	55	7	18	77			77
10	42	25	15	10	40		40	30
7	39	29	3	9	32		32	25
14	35	23	12	12	98		98	50
5	23	18	2	5	8		8	8
12	46	33	15	13	20		20	20
19	118	99	29	19	127			127
11	63	57	12	12	50		50	50
95	**347**	**220**	**115**	**107**	**353**	**18**	**234**	**331**
3	9	6	1	3	10		10	10
8	27	15	4	8	50		50	50
5	17	6	3	5	10		10	10
6	26	12	4	14	25		25	25
14	69	45	35	14	79		14	65
4	24	16	6	8	15		15	15
14	42	28	20	14	36			36
5	19	14	5	5	19		19	19
5	12	7	7	5	8		8	8

9-1(三) 续表 15

民族乡名称	村文化活动室（个）	医疗卫生机构（个）	医院（个）	基层医疗卫生机构（个）	卫生院（个）
忠县磨子土家族乡	8	9		8	1
武隆区石桥苗族土家族乡	6	7		7	1
武隆区文复苗族土家族乡	6	7	1	6	1
武隆区后坪苗族土家族乡	6				1
武隆区浩口苗族仡佬族乡	6	7	1	6	1
四川省	**512**	**540**	**6**	**456**	**79**
甘孜藏族自治州九龙县子耳彝族乡	5				1
甘孜藏族自治州九龙县小金彝族乡	3				1
甘孜藏族自治州九龙县朵落彝族乡	3				1
阿坝藏族羌族自治州松潘县十里回族乡	6	6		6	1
攀枝花市仁和区大龙潭彝族乡	8	12		12	1
攀枝花市仁和区啊喇彝族乡	6	7		7	1
攀枝花市米易县麻陇彝族乡	8	8			1
攀枝花市米易县白坡彝族乡	10	11		11	1
攀枝花市米易县湾丘彝族乡	6	14		14	1
攀枝花市米易县新山傈僳族乡	4	5			1
攀枝花市盐边县红果彝族乡	11	12		12	1
攀枝花市盐边县温泉彝族乡	5	6			1
攀枝花市盐边县格萨拉彝族乡					
攀枝花市盐边县红宝苗族彝族乡					
泸州市叙永县白蜡苗族乡	7	8		8	1
泸州市叙永县合乐苗族乡	5	6		6	1
泸州市叙永县枧槽苗族乡	6	8	1	1	1
泸州市叙永县石厢子彝族乡	4	5	1	4	1
泸州市叙永县水潦彝族乡	10	12	1	11	1
泸州市古蔺县箭竹苗族乡	8	10		10	1
泸州市古蔺县大寨苗族乡	3	7	1	6	1
泸州市古蔺县马嘶苗族乡	6	1	1		1
广元市青川县蒿溪回族乡	5			7	1
广元市青川县大院回族乡	6	7		7	1

村卫生室（个）	卫生人员（人）	卫生技术人员（人）	其中：执业（助理）医师（人）	乡村医生和卫生员（人）	医疗卫生机构床位数（张）	医院（张）	基层医疗卫生机构（张）	卫生院（张）
8	37	28	13	9	55		55	55
6	17	11	6	6	12		12	12
6	16	9	2	7	20	10	10	10
5	13	8	4	5				8
6	19	15	5	4	14	8	6	8
543	**1663**	**924**	**341**	**731**	**1076**	**143**	**494**	**971**
6	5			6	4			
2	3			2	5			
2	3			2	4			
5	12	7	4	5	4		4	4
11	39	28	13	11	24		24	24
6	21	17	7	4	23			23
7	27	20	8	7	8			8
10	15	15	5		9		9	9
6	19	14	14	5	24		4	20
4	23	16	9	7	13			13
11	14	3	3	11	16		16	6
5	14	7	2	5	5			5
7	72	29	8	43	50			50
5	12	6	6	6	30			30
6	30	17	9	13	35	13	3	35
4	23	15	6	8	35	27	8	27
10	20	10	7	10	90	45	9	36
9	38	9	9	29	30		30	30
6	46	38	8	6	41	25	7	25
10	30	17	5	13	20	20		1
6	13	13	3	7			6	6
6	5	5	5		6		6	6

9−1(三) 续表 16

民族乡名称	村文化活动室（个）	医疗卫生机构（个）	医院（个）	基层医疗卫生机构（个）	卫生院（个）
乐山市金口河区和平彝族乡	5				1
乐山市金口河区共安彝族乡	7	1		1	1
南充市阆中市博树回族乡					
宜宾市筠连县高坪苗族乡	5	6		6	1
宜宾市筠连县联合苗族乡	5			6	1
宜宾市筠连县团林苗族乡	6	7		7	1
宜宾市屏山县屏边彝族乡	7	8		8	1
宜宾市屏山县清平彝族乡	7	8		7	1
宜宾市兴文县大坝苗族乡	17	5		5	2
宜宾市兴文县大河苗族乡	18	45		45	1
宜宾市兴文县麒麟苗族乡	16	42		42	2
宜宾市兴文县仙峰苗族乡	8	32		16	1
宜宾市珙县罗渡苗族乡	6	14			1
宜宾市珙县玉和苗族乡	4	6		6	1
宜宾市珙县观斗苗族乡	4	5		5	1
雅安市汉源县小堡藏族彝族乡	3	3		3	1
雅安市汉源县坭美彝族乡	5	3		3	1
雅安市汉源县永利彝族乡	6	6		6	1
雅安市汉源县顺河彝族乡	4	3		3	1
雅安市汉源县片马彝族乡	6	5		5	1
雅安市石棉县蟹螺藏族乡	7	7		7	1
雅安市石棉县栗子坪彝族乡	7	4		4	1
雅安市石棉县新民藏族彝族乡	9	7		7	1
雅安市石棉县草科藏族乡	3	4		4	1
雅安市宝兴县跷碛藏族乡	4	5		5	1
雅安市荥经县宝峰彝族民族乡	3	3		3	1
雅安市荥经县民建彝族民族乡	6	6		6	1
雅安市石棉县王岗坪彝族藏族乡	8	11		11	2
凉山彝族自治州西昌市高草回族乡					
凉山彝族自治州西昌市裕隆回族乡					

村卫生室（个）	卫生人员（人）	卫生技术人员（人）	其中：执业（助理）医师（人）	乡村医生和卫生员（人）	医疗卫生机构床位数（张）	医院（张）	基层医疗卫生机构（张）	卫生院（张）
5	20							
7	15	7	3	8	4			4
5	12	6	6	6	6		6	6
5		9	1	6	8			8
6	12	7	1	5	6		6	6
7	24	10	5	14	20		20	20
6	22	4	4	6	12		12	12
21	105	83	25	22	15			85
44	136	82	9	54	28			28
40	92	38	17	54	32			32
15	41	26	8	15	16		16	16
13	23	10	10	13	17			17
5	18	5	4	13	5			5
4	15	3	3	12	10			10
2	9	7	1	2	4			4
2	7	7	2	2	4			4
5	12	7	1	5	3		3	3
2	9	7	6	2	5			5
4	12	9	3	4	6		6	6
6	18	12	3	6	4		4	4
3	17	14	2	3	21	9	12	9
6	21	16	1	5	18		18	18
3	15	9	1	3	9		9	9
4	12	12	2		6		6	6
3	6	6	2	1	4		3	3
5	14	14	2		2			2
9		5			13			

9-1(三) 续表 17

民族乡名称	村文化活动室（个）	医疗卫生机构（个）	医院（个）	基层医疗卫生机构（个）	卫生院（个）
凉山彝族自治州木里藏族自治县屋脚蒙古族乡	2				1
凉山彝族自治州木里藏族自治县俄亚纳西族乡	6	7		7	1
凉山彝族自治州木里藏族自治县白碉苗族乡					
凉山彝族自治州木里藏族自治县项脚蒙古族乡	3	4	1	1	1
凉山彝族自治州木里藏族自治县固增苗族乡	4				1
凉山彝族自治州盐源县大坡蒙古族乡					
凉山彝族自治州德昌县金沙傈僳族乡					
凉山彝族自治州德昌县南山傈僳族乡					
凉山彝族自治州会理县新安傣族乡					
凉山彝族自治州冕宁县和爱藏族乡					
凉山彝族自治州越西县保安藏族乡					
绵阳市平武县木皮藏族乡	3	2		2	1
绵阳市平武县木座藏族乡	3	2		2	1
绵阳市平武县白马藏族乡	4	4			1
绵阳市平武县黄羊关藏族乡	4	4		4	1
绵阳市平武县虎牙藏族乡	5	5		5	1
绵阳市平武县泗耳藏族乡	2	1		1	1
绵阳市平武县豆叩羌族乡	19	19		19	2
绵阳市平武县锁江羌族乡	23	23			1
绵阳市北川羌族自治县桃龙藏族乡	6	3		3	1
绵阳市盐亭县大兴回族乡	8	9		9	1
达州市宣汉县渡口土家族乡	8	9		9	1
达州市宣汉县龙泉土家族乡	14	14		14	1
达州市宣汉县三墩土家族乡	7	8		8	1
达州市宣汉县漆树土家族乡	11	15		15	2
绵阳市平武县旧堡羌族乡	6	6			1
绵阳市平武县阔达藏族乡	6	6		6	1
绵阳市平武县土城藏族乡	9	1		1	1
绵阳市平武县平通羌族乡					

村卫生室（个）	卫生人员（人）	卫生技术人员（人）	其中：执业（助理）医师（人）	乡村医生和卫生员（人）	医疗卫生机构床位数（张）	医院（张）	基层医疗卫生机构（张）	卫生院（张）
2		4	1	5	7			
6	10	4	1	6	6		6	6
2	7	6	1	6	4	4	1	1
3	5	5	2	4			17	17
1	4	4	1		3		3	3
1	4	3	2	1				4
3	9	6	2	3	6			6
3	6	2	1	4	5		5	5
4	4	4	4		3		3	3
2	3	2		1	2			2
17	53	36	14	17	39		39	39
23	36	13	6	23	25			16
5	10	6	2	4	5			5
8	20			20	19			19
8	18	9	2	9	11		11	11
13	32	14	5	18	33		33	20
7	25	12	12	13	20		20	20
13	62	20	6	42	38		38	38
5	20	11	2	9	5			5
5	9	6	5	3	13		13	13
9	14	5	2	9	25		25	25

9-1(三) 续表 18

民族乡名称	村文化活动室（个）	医疗卫生机构（个）	医院（个）	基层医疗卫生机构（个）	卫生院（个）
贵州省	**2041**	**2104**	**65**	**1667**	**202**
贵阳市南明区小碧布依族苗族乡	12	6	2	4	1
贵阳市花溪区高坡苗族乡	19	1		1	1
贵阳市花溪区孟关苗族布依族乡	9	12	2	10	1
贵阳市花溪区马铃布依族苗族乡	3	4			1
贵阳市花溪区黔陶布依族苗族乡	7	9		9	1
贵阳市乌当区偏坡布依族乡	2	2		2	1
贵阳市乌当区新堡布依族乡	7	8			1
贵阳市白云区牛场布依族乡	13	14	1	13	1
贵阳市白云区都拉布依族乡	7	1	1		1
贵阳市清镇市麦格苗族布依族乡	15	1		1	1
贵阳市清镇市王庄布依族苗族乡	10	1	1		1
贵阳市清镇市流长苗族乡	26	1		1	1
贵阳市开阳县高寨苗族布依族乡	8	2	1	1	1
贵阳市开阳县南江布依族苗族乡	6	16	1	15	1
贵阳市开阳县禾丰布依族苗族乡	6	1		1	1
贵阳市修文县大石布依族乡	7				1
贵阳市息烽县青山苗族乡	5	7		1	1
六盘水市水城县坪寨彝族乡	4	5		5	1
六盘水市水城县南开苗族彝族乡	12	13		13	1
六盘水市水城县青林苗族彝族乡	4	6		5	1
六盘水市水城县金盆苗族彝族乡	6	9		7	1
六盘水市水城县新街彝族苗族布依族乡	3	4		4	1
六盘水市水城县杨梅彝族苗族回族乡	6	7		7	1
六盘水市水城县野钟苗族彝族布依族乡	5	6		6	1
六盘水市水城县果布嘎彝族苗族布依族乡	5	6		6	1
六盘水市水城县龙场苗族白族彝族乡	7	8		8	1
六盘水市水城县营盘苗族彝族白族乡	6	7		7	1
六盘水市水城县顺场苗族彝族布依族乡	6	7		7	1
六盘水市水城县花戛苗族布依族彝族乡	5	6		6	1
六盘水市水城县猴场苗族布依族乡	6	7		7	1

村卫生室（个）	卫生人员（人）	卫生技术人员（人）	其中：执业（助理）医师（人）	乡村医生和卫生员（人）	医疗卫生机构床位数（张）	医院（张）	基层医疗卫生机构（张）	卫生院（张）
2278	**8579**	**5052**	**1690**	**3164**	**10942**	**1947**	**3389**	**5085**
10							10	10
19	32	13	6	19	15		15	15
9	76	65	30	11	90	70	20	20
3	11		3	8	12		6	6
8	36	24	6	12	20		20	6
1	4	2	1	1	4		2	4
7	19	7	7	12	14			14
12	46	32	12	14	33	1	14	1
7	15	8	8	7	50	30	20	30
17	38	12	12	20	18		18	18
15	47	27	6	20	13	10		10
30	103	68	20	35	64		64	64
20	10	10	5					30
15	31	2	2	29	30	30		30
8	24	14	14	10	20	10	10	10
7	14	6	3	8				8
5	30	5	6	8	12		1	1
4	50	37	2	13	42		42	42
12	75	52	16	23	99		99	99
4	38	26	1	12	12		12	12
6	46	32	9	14	57		57	57
3	58	51	6	7	24		24	24
6	34	22	13	12	60		60	60
5	54	35	8	19	46		46	46
5	56	43	9	13	50		50	50
7	72	64	17	8	99		99	99
6	17	10	5	7	65		65	65
6	53	39	9	14	45		45	45
5	55	44	6	11	30		30	30
6	49	38	12	11	45		45	45

9-1(三) 续表 19

民族乡名称	村文化活动室（个）	医疗卫生机构（个）	医院（个）	基层医疗卫生机构（个）	卫生院（个）
六盘水市盘县普田回族乡	6	8		7	1
六盘水市盘县旧营白族彝族苗族乡	11	12			1
六盘水市盘县羊场布依族白族苗族乡	16	18	1	17	1
六盘水市盘县保基苗族彝族乡	7	8		8	1
六盘水市盘县淤泥彝族乡	20	22	1	21	1
六盘水市盘县普古彝族苗族乡	21	23	1	22	1
六盘水市盘县坪地彝族乡	15	17	1	16	1
六盘水市六枝特区梭戛苗族彝族乡	7	8		8	1
六盘水市六枝特区落别布依族彝族乡	13	14	1	13	1
六盘水市六枝特区中寨苗族彝族布依族乡	17	10		10	1
六盘水市六枝特区牛场苗族彝族乡	10	11	1	10	1
六盘水市六枝特区月亮河彝族苗族乡	17	19		19	2
遵义市仁怀市后山苗族布依族乡	4	5		5	1
遵义市遵义县平正仡佬族乡	5	13		13	1
遵义市遵义县洪关苗族乡	3	14		14	1
遵义市桐梓县马鬃苗族乡	10	6		6	1
遵义市正安县谢坝仡佬族苗族乡	6	7		7	1
遵义市正安县市坪苗族仡佬族乡	3	5		5	1
遵义市余庆县花山苗族乡	4	5		5	1
遵义市道真仡佬族苗族自治县上坝土家族乡	4	4		4	1
安顺市西秀区鸡场布依族苗族乡	5	12		12	1
安顺市西秀区杨武布依族苗族乡	11	12	1	4	1
安顺市西秀区岩腊苗族布依族乡	8	14		14	1
安顺市西秀区新场布依族苗族乡	8	14		14	1
安顺市西秀区黄腊布依族苗族乡	7	15		15	1
安顺市平坝县十字回族乡	11	1		1	1
安顺市平坝县羊昌布依族苗族乡	7				1
安顺市普定县补郎苗族乡	11	17		17	1
安顺市普定县猴场苗族仡佬族乡	10	15		15	1
安顺市普定县猫洞苗族仡佬族乡	15	16		16	1

村卫生室（个）	卫生人员（人）	卫生技术人员（人）	其中：执业（助理）医师（人）	乡村医生和卫生员（人）	医疗卫生机构床位数（张）	医院（张）	基层医疗卫生机构（张）	卫生院（张）
6	21	9	2	12	20		12	8
11	76	45	8	22	30			30
16	139	123	31	16	157	60	97	97
7	24	11	4	13	47		7	40
20	121	81	20	30	181	31	150	150
21	61	36	15	25	68	20	48	48
15	68	36	17	32	60	30	30	30
7	11	7	4	25	30			30
13	66	40	12	26	38	12	26	38
17	37	16	8	21	50		50	50
9	29	20	20	9	33	24	9	9
17	55	36	20	19	30		30	30
4	40	17	15	8	30		30	18
12	53	36	9	17	20			20
13	28	15	9	13	12		6	6
5	23	18	7	5	7		7	7
6	44	32	2	12	18		18	18
4	42	7	4	31	30		30	30
4	61	45	13	16	12		12	12
3	34	16	16	18	20			20
11	42	29	4	13	35	1	1	1
17	49	5	4	8	70	53	17	53
13	23	5	2	18	9			9
13	19	6	6	13	10			10
14	25	15	7	10	13		13	13
23	42	28	2	23	10		10	10
7	45	30	3	15				40
16	43	29	4	14	23		23	23
14	47	33	9	14	22		12	10
15	39	26	7	13	10			15

9-1(三) 续表 20

民族乡名称	村文化活动室（个）	医疗卫生机构（个）	医院（个）	基层医疗卫生机构（个）	卫生院（个）
毕节市七星关区大屯彝族乡	8	10		1	1
毕节市七星关区田坎彝族乡	7	9		1	1
毕节市七星关区阿市苗族彝族乡	13	15	1	14	1
毕节市七星关区团结彝族苗族乡	13	15		1	1
毕节市七星关区阴底彝族苗族白族乡	12	15	1	1	1
毕节市七星关区千溪彝族苗族白族乡	5	11		1	1
毕节市黔西县永燊彝族苗族乡	13	1		1	1
毕节市黔西县新仁苗族乡	9	14	1	13	1
毕节市黔西县花溪彝族苗族乡	10	12		12	1
毕节市黔西县中建苗族彝族乡	6	1		1	1
毕节市黔西县定新彝族苗族乡	13	1		1	1
毕节市黔西县太来彝族苗族乡	13	2	1	1	1
毕节市黔西县绿化白族彝族乡	7	1		1	1
毕节市黔西县红林彝族苗族乡	11	1		1	1
毕节市黔西县五里布依族苗族乡	10	17		17	2
毕节市黔西县铁石苗族彝族乡	11	1	1		1
毕节市大方县竹园彝族苗族乡	9	17	2	15	1
毕节市大方县响水白族彝族仡佬族乡	15	2	1	1	1
毕节市大方县鼎新彝族苗族乡	12	20	2	18	1
毕节市大方县牛场苗族彝族乡	10	22	1	21	1
毕节市大方县理化苗族彝族乡	10	17	2		1
毕节市大方县安乐彝族仡佬族乡	8	9		9	1
毕节市大方县风山彝族蒙古族乡	8	12	2	10	1
毕节市大方县百纳彝族乡	6	12	1	11	1
毕节市大方县三元彝族苗族白族乡	8	12		1	1
毕节市大方县沙厂彝族乡	6	8	1	7	1
毕节市大方县黄泥彝族苗族满族乡	6	8		8	1
毕节市大方县核桃彝族白族乡	9	17	1	16	1
毕节市大方县八堡彝族苗族乡	9	16	1	15	1
毕节市大方县兴隆苗族乡	8	15	2	13	1

村卫生室（个）	卫生人员（人）	卫生技术人员（人）	其中：执业（助理）医师（人）	乡村医生和卫生员（人）	医疗卫生机构床位数（张）	医院（张）	基层医疗卫生机构（张）	卫生院（张）
8	31	23	3	8	20			20
7	30	16	6	14	24			24
13	19	17	2	2	25		25	25
13	38	20	1	18	39			39
12	34	8	7	26	76	16		60
9	80	62	10	18	38			38
13	35	11	10	24	30		26	15
9	31	13	8	18	27	14	13	14
11	26	4	1	12				15
9	14	5	4	9	10		9	15
10	85	27	8	58	15	7	7	7
13	48	31	9	17	34		14	20
7	30	15	4	15	40		20	20
11	41	19	9	22	48		40	40
16	43	20	12	23	50		25	25
11	45	20	7	25	48	15	10	25
9	44	26	9	18	87	40		47
19	63	34	10	19	70	15	23	32
16	63	40	11	23	78	60	18	84
20	83	65	7	18	50	30	20	20
14	58	41	24	17	110	30		80
8	37	23	9	14	29		8	10
10	33	23	13	10	60	60		20
10	38	24	14	14	50			50
10	23	13	13	10	48		10	48
6	19	11	3	8	91	15	76	76
7	14	7	1	7	31			31
15	114	61	31	43	78	40		38
14	46	22	2	20	80	1		80
12	112	60	8	52	102	45	57	45

9-1(三) 续表 21

民族乡名称	村文化活动室(个)	医疗卫生机构(个)	医院(个)	基层医疗卫生机构(个)	卫生院(个)
毕节市大方县大山苗族彝族乡	11	12		12	1
毕节市大方县星宿苗族彝族仡佬族乡	10	12	1	11	1
毕节市织金县自强苗族乡	11	1		1	1
毕节市织金县官寨苗族乡	16	1		1	1
毕节市织金县后寨苗族乡	13	2	1	1	1
毕节市织金县大平苗族彝族乡	13	1		1	1
毕节市织金县茶店布依族苗族彝族乡	20	2	1	1	1
毕节市织金县金龙苗族彝族布依族乡	20	2	1		1
毕节市织金县鸡场苗族彝族布依族乡	24	27	2	25	1
毕节市金沙县太平彝族苗族乡	5	7	1	6	1
毕节市金沙县石场苗族彝族乡	11	13	1	12	1
毕节市金沙县马路彝族苗族乡	7	9		9	1
毕节市金沙县安洛苗族彝族满族乡	8	17	1	16	1
毕节市金沙县新化苗族彝族满族乡	11	34	2	31	1
毕节市金沙县大田彝族苗族布依族乡	7	2	1	1	1
毕节市赫章县兴发苗族彝族回族乡	16	17		17	1
毕节市赫章县松林坡白族彝族苗族乡	10	11		11	1
毕节市赫章县雉街彝族苗族乡	18	14		14	1
毕节市赫章县珠市彝族乡	26	27		27	1
毕节市赫章县双坪彝族苗族乡	10	12		12	1
毕节市赫章县辅处彝族苗族乡	9	10		10	1
毕节市赫章县铁匠苗族乡	8	9		9	1
毕节市赫章县可乐彝族苗族乡	19	22	2	20	1
毕节市赫章县河镇彝族苗族乡	14	15		15	1
毕节市赫章县结构彝族苗族乡	26	26		26	1
毕节市赫章县水塘堡彝族苗族乡	16	18	1	17	1
毕节市赫章县古达苗族彝族乡	21	23	1	22	1
毕节市纳雍县库东关彝族苗族白族乡	10	10		10	1
毕节市纳雍县董地苗族彝族乡	11	12		11	1
毕节市纳雍县左鸠戛彝族苗族乡	6	7		7	1

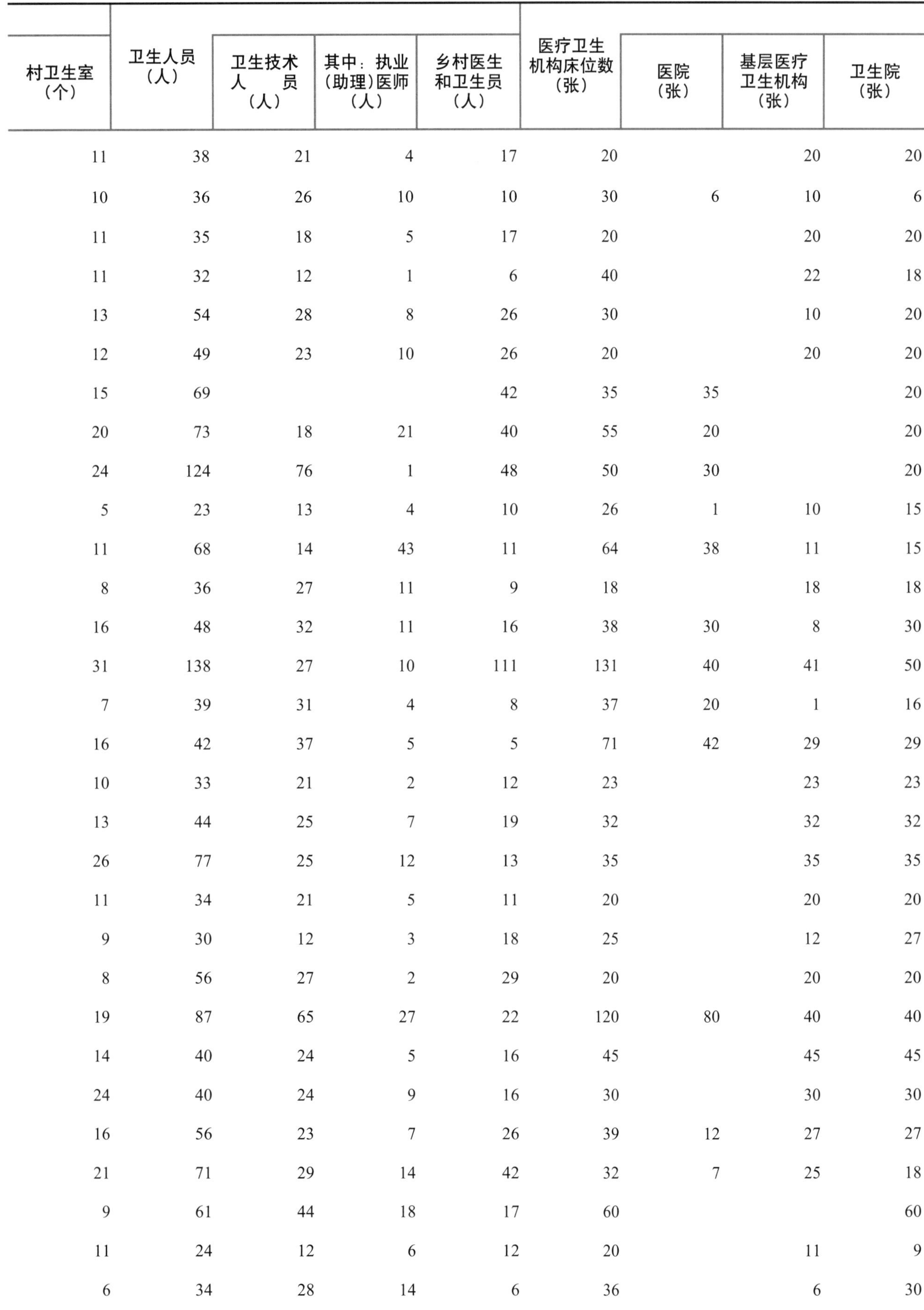

村卫生室（个）	卫生人员（人）	卫生技术人员（人）	其中：执业（助理）医师（人）	乡村医生和卫生员（人）	医疗卫生机构床位数（张）	医院（张）	基层医疗卫生机构（张）	卫生院（张）
11	38	21	4	17	20		20	20
10	36	26	10	10	30	6	10	6
11	35	18	5	17	20		20	20
11	32	12	1	6	40		22	18
13	54	28	8	26	30		10	20
12	49	23	10	26	20		20	20
15	69			42	35	35		20
20	73	18	21	40	55	20		20
24	124	76	1	48	50	30		20
5	23	13	4	10	26	1	10	15
11	68	14	43	11	64	38	11	15
8	36	27	11	9	18		18	18
16	48	32	11	16	38	30	8	30
31	138	27	10	111	131	40	41	50
7	39	31	4	8	37	20	1	16
16	42	37	5	5	71	42	29	29
10	33	21	2	12	23		23	23
13	44	25	7	19	32		32	32
26	77	25	12	13	35		35	35
11	34	21	5	11	20		20	20
9	30	12	3	18	25		12	27
8	56	27	2	29	20		20	20
19	87	65	27	22	120	80	40	40
14	40	24	5	16	45		45	45
24	40	24	9	16	30		30	30
16	56	23	7	26	39	12	27	27
21	71	29	14	42	32	7	25	18
9	61	44	18	17	60			60
11	24	12	6	12	20		11	9
6	34	28	14	6	36		6	30

9-1(三) 续表 22

民族乡名称	村文化活动室(个)	医疗卫生机构(个)	医院(个)	基层医疗卫生机构(个)	卫生院(个)
毕节市纳雍县锅圈岩苗族彝族乡	15	16		15	1
毕节市纳雍县新房彝族苗族乡	25	25		25	1
毕节市纳雍县化作苗族彝族乡	19	20		20	1
毕节市纳雍县姑开苗族彝族乡	12	13		12	1
毕节市纳雍县羊场苗族彝族乡	15	15		15	1
毕节市纳雍县昆寨苗族彝族白族乡	16	17		17	1
毕节市纳雍县猪场苗族彝族乡	11	12		11	1
毕节市威宁彝族回族苗族自治县新发布依族乡	31	31	1	30	1
毕节市大方县大水彝族苗族布依族乡	10	20		20	1
毕节市黔西县金坡苗族彝族满族乡	9	14		14	1
毕节市大方县普底彝族苗族白族乡	8	14	1	13	1
毕节市黔西县仁和彝族苗族乡	10	17	2	15	1
铜仁市碧江区桐木坪侗族乡	1	5	1	4	1
铜仁市碧江区瓦屋侗族乡	6	1			1
铜仁市碧江区和平土家族侗族乡	9	16		16	1
铜仁市碧江区滑石侗族苗族土家族乡	7	14	1	12	1
铜仁市碧江区六龙山侗族土家族乡	4	4		4	1
铜仁市万山区高楼坪侗族乡	13	17		17	1
铜仁市万山区黄道侗族乡	10	14		14	1
铜仁市万山区熬寨侗族乡	7	8		8	1
铜仁市万山区下溪侗族乡	7	9		9	1
铜仁市万山区鱼塘侗族土家族苗族乡	12	14		14	1
铜仁市万山区大坪侗族土家族苗族乡	13	17		17	1
铜仁市德江县楠杆土家族乡	13	14		12	1
铜仁市德江县沙溪土家族乡	14	4		1	1
铜仁市德江县桶井土家族乡	22	16		16	1
铜仁市德江县堰塘土家族乡	11	10		8	2
铜仁市德江县荆角土家族乡	15	16		1	1
铜仁市德江县长丰土家族乡	15	12		12	1
铜仁市德江县龙泉土家族乡	12	13		13	1

村卫生室（个）	卫生人员（人）	卫生技术人员（人）	其中：执业（助理）医师（人）	乡村医生和卫生员（人）	医疗卫生机构床位数（张）	医院（张）	基层医疗卫生机构（张）	卫生院（张）
14	25	9	18	15	85	60		25
24	66	41	11	25	45			45
19	26	7	7	19	21			21
12	38	26	2	12	52			52
14	56	42	11	14	43			43
16	72	40	14	32	40			40
11	41	22	8	19	23			23
31	64	33	7	31	15	1	1	1
19	33	9	5	19	20		20	20
13	29	8	2	21	52		13	49
12	37	11	2	26	40			40
14	253	233	48	20	481	391		90
4	17	13	2	4	14	10	4	10
7	32	21	10	11	10			10
15	42	24	8	18	10		10	10
11	35	16	8	19	111	100	11	11
3	15	13	6	2	10		10	10
16	22	6	2	16	12		12	12
13	28	15	11	13	9		9	9
7	17	9	2	8	8		8	8
8	28	20	5	8	10		10	10
13	80	59	12	21	50		50	50
16	22	6	2	16	12		12	12
13	33	19	4	13	40		21	6
14	40	28	2	10	15		12	5
22	47	21	3	16	99		99	99
13	21	14	6	14	40		16	24
15	22	10	4	11	25		25	10
14	32	15	4	16	10			10
12	41	28	10	13	37		12	25

9-1(三) 续表 23

民族乡名称	村文化活动室（个）	医疗卫生机构（个）	医院（个）	基层医疗卫生机构（个）	卫生院（个）
铜仁市德江县钱家土家族乡	12	1		1	1
铜仁市江口县德旺土家族苗族乡	9	10			1
铜仁市江口县官和侗族土家族苗族乡	4	5			1
铜仁市石阡县聚凤仡佬族侗族乡	18	1		1	1
铜仁市石阡县大沙坝仡佬族侗族乡	15	1		1	1
铜仁市石阡县枫香仡佬族侗族乡	12	12		11	1
铜仁市石阡县青阳苗族仡佬族侗族乡	14	15		1	1
铜仁市石阡县龙井侗族仡佬族乡	23	23		22	1
铜仁市石阡县石固仡佬族侗族乡	14	14		14	1
铜仁市石阡县坪地仡佬族侗族乡	18	19	1	1	1
铜仁市石阡县甘溪仡佬族侗族乡	9	10			1
铜仁市石阡县坪山仡佬族侗族乡	8	9		1	1
铜仁市思南县思林土家族苗族乡	13	14		1	1
铜仁市思南县枫芸土家族苗族乡	15	14		1	1
铜仁市思南县杨家坳苗族土家族乡	18	19		1	1
铜仁市思南县胡家湾苗族土家族乡	14	15		1	1
铜仁市思南县宽坪土家族苗族乡	14	15		1	1
铜仁市思南县三道水土家族苗族乡	17	19	1	1	1
铜仁市思南县天桥土家族苗族乡	12	13		1	1
铜仁市思南县兴隆土家族苗族乡	13	14		1	1
黔西南布依族苗族自治州晴隆县三宝彝族乡	4	1		1	1
黔西南布依族苗族自治州兴仁县鲁础营回族乡	8	8		8	1
黔西南布依族苗族自治州望谟县油迈瑶族乡	8	9			1
黔东南苗族侗族自治州从江县秀塘壮族乡		12		12	1
黔东南苗族侗族自治州从江县刚边壮族乡	1	12		12	1
黔东南苗族侗族自治州从江县翠里瑶族壮族乡	20	19		19	1
黔东南苗族侗族自治州镇远县尚寨土家族乡	4	4		4	1
黔东南苗族侗族自治州麻江县坝芒布依族乡	7	10			1
黔东南苗族侗族自治州榕江县水尾水族乡	5	6		6	1
黔东南苗族侗族自治州榕江县三江水族乡		13		13	1

村卫生室（个）	卫生人员（人）	卫生技术人员（人）	其中：执业（助理）医师（人）	乡村医生和卫生员（人）	医疗卫生机构床位数（张）	医院（张）	基层医疗卫生机构（张）	卫生院（张）
12	34	20	6	14	29		14	15
9	30	18	7	12	22			22
4	28	21	3	7	15			15
18	30	12	6	18	36		16	20
14	63	38	9	25	54		29	25
11	43	28	11	15	21	12	1	11
14	49	35	5	14	40		14	26
22	48	20	4	28	25		20	20
14	38	22	6	14	25		14	11
18	47	26	6	21	44	24	20	24
9	20	11	10	9	19		9	10
8	25	16	8	9	25		8	25
13	38	22	9	16	10		10	10
15	32	19	8	13	10		10	10
18	33	19	3	14	18		18	18
14	46	31	4	15	10		10	10
14	38	19	5	19	20		20	20
17	53	36	12	17	60	40	20	20
12	34	20	7	14	10		10	10
13	34	20	10	14	20		20	20
3	11	8	3	1	8		1	1
8	27	13	8	10	22		8	8
8	27	21	5	6	8			8
11	53	17	3	36	16		16	16
11	39	21	8	18	19		19	19
18	48	28	6	20	36		36	17
3	24	21	2	3	29		14	15
9	22	14	8	8	15			15
5	15	6	6	3	6			6
12	32	20	8	12	20		20	20

9-1(三) 续表 24

民族乡名称	村文化活动室（个）	医疗卫生机构（个）	医院（个）	基层医疗卫生机构（个）	卫生院（个）
黔东南苗族侗族自治州榕江县仁里水族乡	6	9		9	1
黔东南苗族侗族自治州榕江县定威水族乡	5	7		7	1
黔东南苗族侗族自治州榕江县兴华水族乡	9	10		9	1
黔东南苗族侗族自治州榕江县塔石瑶族水族乡	9	9		9	1
黔东南苗族侗族自治州雷山县达地水族乡	10	11	1	10	1
黔东南苗族侗族自治州黎平县顺化瑶族乡	4	4		4	1
黔东南苗族侗族自治州黎平县雷洞瑶族水族乡	16	16		16	1
黔东南苗族侗族自治州岑巩县羊桥土家族乡	15	14		14	1
黔南布依族苗族自治州都匀市归兰水族乡	12	3		3	3
黔南布依族苗族自治州荔波县瑶山瑶族乡	8	9		9	2
黔南布依族苗族自治州荔波县黎明关水族乡	14	16		16	4
黔南布依族苗族自治州平塘县卡蒲毛南族	1	7		7	1
贵阳市花溪区湖潮布依族苗族乡	10	24	3		1
云南省	**2872**	**1183**	**13**	**1147**	**142**
昆明市晋宁县夕阳彝族乡	10	11		11	1
昆明市晋宁县双河彝族乡	6	7		7	1
昆明市宜良县九乡彝族回族乡	8	13		13	1
昆明市宜良县耿家营彝族苗族乡	9	10		10	1
昭通市昭阳区守望回族乡	7	8		8	1
昭通市昭阳区小龙洞回族彝族乡	6	7		7	1
昭通市布嘎回族乡	5	6		6	1
昭通市青岗岭回族彝族乡	7	7		7	1
昭通市鲁甸县桃源回族乡	7	8		8	1
昭通市鲁甸县茨院回族乡	24	7		7	1
昭通市大关县上高桥回族彝族苗族乡	6	7		7	1
昭通市永善县马楠苗族彝族乡	6	7		7	1
昭通市永善县伍寨彝族苗族乡	5	6		6	1
昭通市镇雄县果珠彝族乡	5	6		6	1
昭通市镇雄县林口彝族苗族乡	8	10		10	1
昭通市彝良县龙街苗族彝族乡	12	13		13	1

村卫生室（个）	卫生人员（人）	卫生技术人员（人）	其中：执业（助理）医师（人）	乡村医生和卫生员（人）	医疗卫生机构床位数（张）	医院（张）	基层医疗卫生机构（张）	卫生院（张）
8	24	16	4	8	9		9	9
6	24	18	3	3	7		7	7
8	18	10	7	8	12			12
8	31	27	6	4	10		10	10
10	17	7	3	7	20			20
3	28	23	6	4	8			8
15	35	23	3	12	20		10	10
13	57	41	14	16	77		77	35
9	53	33	21	20	28		28	17
7	46	42	9	4	15		15	15
12	76	57	16	19	32		32	32
6	16	16	7		10		10	10
20	211	115	86	20	189	178		11
1062	**7135**	**4081**	**1277**	**2786**	**4449**	**420**	**3905**	**4005**
10	39	19	8	19	10		10	10
6	31	17	9	14	10		10	10
12	40	17	10	23	33		33	33
9	42	25	10	17	50		50	50
7	68	26	10	42	38		38	38
6	50	24	7	26	49		49	49
5	44	23	10	21	27		27	27
6	50	29	15	21	40		40	40
7	92	47	20	45	65		65	65
6	65	38	3	27	70		70	70
6	25	11	5	14	36		36	36
6	30	10	4	20	20		20	20
5	34	24	4	10	15		15	15
5	54	26	14	28	50		50	50
9	57	22	15	35	35		35	35
12	48	25	10	23	35		35	35

9-1(三) 续表 25

民族乡名称	村文化活动室（个）	医疗卫生机构（个）	医院（个）	基层医疗卫生机构（个）	卫生院（个）
昭通市彝良县奎香苗族彝族乡	9	9		9	1
昭通市彝良县树林彝族苗族乡	4	5		5	1
昭通市彝良县柳溪苗族乡	5	6		6	1
昭通市彝良县洛旺苗族乡	10	9		9	1
昭通市威信县双河苗族彝族乡	6	9		9	1
曲靖市师宗县龙庆彝族壮族乡	14	15		15	1
曲靖市师宗县五龙壮族乡	13	14		14	1
曲靖市师宗县高良壮族苗族瑶族乡	116	12		12	1
曲靖市罗平县长底布依族乡	6	7		7	1
曲靖市罗平县旧屋基彝族乡	48	8		8	1
曲靖市罗平县鲁布革布依族苗族乡	29	10		10	1
曲靖市富源县古敢水族乡	5	4		4	1
曲靖市会泽县新街回族乡	16	17		17	1
楚雄彝族自治州南华县雨露白族乡	39	8		8	1
楚雄彝族自治州大姚县湾碧傈僳傣族乡	123	14	1	13	1
楚雄彝族自治州永仁县永兴傣族乡	12	13		13	1
楚雄彝族自治州武定县东坡傣族乡	20	8		8	1
玉溪市红塔区小石桥彝族乡	3	4		4	1
玉溪市红塔区洛河彝族乡	5	6		5	1
玉溪市江川县安化彝族乡	5	6		6	1
玉溪市通海县高大傣族彝族乡	6	7		7	1
玉溪市通海县里山彝族乡	6	7		7	1
玉溪市通海县兴蒙蒙古族乡	4	2		2	1
玉溪市华宁县通红甸彝族苗族乡	6	7		7	1
玉溪市易门县十街彝族乡	8	9		9	1
玉溪市易门县浦贝彝族乡	7	8		8	1
玉溪市易门县铜厂彝族乡	20	10		10	1
红河哈尼族彝族自治州河口瑶族自治县桥头苗族壮族乡	93	11		9	1
红河哈尼族彝族自治州金平苗族瑶族傣族自治县者米拉祜族乡	9	12	1	11	1
红河哈尼族彝族自治州蒙自县期路白苗族乡	65	8		8	1

村卫生室（个）	卫生人员（人）	卫生技术人员（人）	其中：执业（助理）医师（人）	乡村医生和卫生员（人）	医疗卫生机构床位数（张）	医院（张）	基层医疗卫生机构（张）	卫生院（张）
8	48	23	12	22	36		36	36
4	32	17	11	14	35		35	35
5	50	25	13	19	35		35	35
8	65	30	13	35	46		46	46
8	53	27	9	26	15		15	15
14	86	42	11	44	30		30	30
13	68	39	6	29	54		54	54
11	78	45	9	33	36		36	36
6	29	17	8	12	27		27	27
7	27	14	3	13	13		13	13
9	35	15	5	20	27		27	27
3	35	21	12	14	10		10	10
16	45	16	6	23	20		20	20
7	30	14	6	12	18		18	18
13	52	28	28	23	21		21	21
12	40	21	3	19	20		20	20
7	27	12	3	14	40		40	40
3	26	16	8	10	30		30	30
4	21	10	5	11	17		17	17
5	21	11	5	10	12		12	12
6	26	10	5	6	15		15	15
6	26	13	7	13	8		8	8
1	14	10	6	4	25		25	25
6	26	15	2	6	12		12	12
8	39	23	14	16	16		16	16
7	48	32	16	16	21		21	21
9	43	20	13	23	10		10	10
8	53	37	6	16	54		54	30
10	91	67	14	24	167	95	72	33
7	30	21	13	9	30		30	30

9-1(三) 续表 26

民族乡名称	村文化活动室（个）	医疗卫生机构（个）	医院（个）	基层医疗卫生机构（个）	卫生院（个）
红河哈尼族彝族自治州蒙自县老寨苗族乡	41	5		5	1
红河州开远市大庄回族乡	32	6		6	1
文山壮族苗族自治州文山市东山彝族乡	4	4		4	1
文山壮族苗族自治州文山市红甸回族乡	29	5		5	1
文山壮族苗族自治州文山市秉烈彝族乡	10	10		10	1
文山壮族苗族自治州文山市柳井彝族乡	7	7		7	1
文山壮族苗族自治州文山市坝心彝族乡	41	5	1	4	1
文山壮族苗族自治州砚山县阿舍彝族乡	7	8		8	1
文山壮族苗族自治州砚山县维末彝族乡	105	10		10	1
文山壮族苗族自治州砚山县盘龙彝族乡	6	10		10	1
文山壮族苗族自治州砚山县干河彝族乡	4	5	1	4	1
文山壮族苗族自治州丘北县舍得彝族乡	48	7		7	1
文山壮族苗族自治州丘北县新店彝族乡	6	7		7	1
文山壮族苗族自治州丘北县树皮彝族乡	15	9		9	1
文山壮族苗族自治州丘北县八道哨彝族乡	73	5	1	4	1
文山壮族苗族自治州丘北县腻脚彝族乡	7	8		8	1
文山壮族苗族自治州麻栗坡县猛硐瑶族乡	74	5		5	1
文山壮族苗族自治州富宁县洞波瑶族乡	12				1
普洱市澜沧拉祜族自治县酒井哈尼族乡	4	5	1	4	1
普洱市澜沧拉祜族自治县发展河哈尼族乡	4	4	1	3	1
普洱市澜沧拉祜族自治县谦六彝族乡	15	16	1	15	1
普洱市澜沧拉祜族自治县文东佤族乡	6	7	1	6	1
普洱市澜沧拉祜族自治县安康佤族乡	5	6	1	5	1
普洱市澜沧拉祜族自治县雪林佤族乡	7	8	1	7	1
普洱市思茅区云仙彝族乡	12				2
普洱市思茅区龙潭彝族傣族乡	6	6		6	1
普洱市墨江哈尼族自治县孟弄彝族乡	7	8		8	1
普洱市西盟佤族自治县力所拉祜族乡	5	7		7	1
大理白族自治州大理市太邑彝族乡	5	6		6	1
大理白族自治州鹤庆县六合彝族乡	13	15		15	1

村卫生室（个）	卫生人员（人）	卫生技术人员（人）	其中：执业（助理）医师（人）	乡村医生和卫生员（人）	医疗卫生机构床位数（张）	医院（张）	基层医疗卫生机构（张）	卫生院（张）
4	40	22	9	18	30		30	30
5	86	65	16	21	25		25	25
3	27	12	5	15	10		10	10
4	49	32	3	17	30		30	30
9	73	43	6	30	30			30
6	35	17	4	18	20		20	20
4	31	18	5	13	10		10	10
7	105	78	18	27	48	48		48
9	152	104	27	48	50		50	50
9	93	61	8	32	29		29	29
4	57	41	6	16	46		16	30
6	51	26	2	25	23			23
6	41	17	9	24	24		24	24
8	136	102	13	34	54		54	54
4	66	33	16	33	60	40	20	40
7	86	57	11	29	32		32	32
4	45	32	3	13	24			24
12	137	97	14	40				106
4	39	29	3	9	32	16	16	16
3	49	26	8	14	40	20	20	20
15	116	40	10	30	168	84	84	84
6	34	18	5	13	54	27	27	27
5	32	17	5	14	30	15	15	15
7	35	15	4	9	30	15	15	15
12	57	35	11	22				20
5	37	28	8	9	30		30	30
7	27	14	6	13	13		13	13
6	36	24	7	9	16		16	16
5	53	34	9	19	18		18	18
13	57	16	7	41	20		20	20

9−1(三) 续表 27

民族乡名称	村文化活动室（个）	医疗卫生机构（个）	医院（个）	基层医疗卫生机构（个）	卫生院（个）
大理白族自治州宾川县钟英傈僳族彝族乡	48	7		7	1
大理白族自治州宾川县拉乌彝族乡	55	8		8	1
大理白族自治州祥云县东山彝族乡	8	9		9	1
大理白族自治州弥渡县牛街彝族乡	122	12		12	1
大理白族自治州永平县北斗彝族乡	9	10		10	1
大理白族自治州永平县厂街彝族乡	11	12		12	1
大理白族自治州永平县水泄彝族乡	9	10		10	1
大理白族自治州云龙县苗尾傈僳族乡	8	9			1
大理白族自治州云龙县团结彝族乡	5	6		6	1
丽江市华坪县永兴傈僳族乡	7	8		8	1
丽江市华坪县通达傈僳族乡	13	6		6	1
丽江市华坪县新庄傈僳族傣族乡	47	8		8	1
丽江市华坪县船房傈僳族傣族乡	16	5		5	1
丽江市永胜县羊坪彝族乡	5	6		6	1
丽江市永胜县东山傈僳族彝族乡	28	6		6	1
丽江市永胜县六德傈僳族彝族乡	8	9		9	1
丽江市永胜县大安彝族纳西族乡	25	9		9	1
丽江市永胜县光华傈僳族彝族乡	8	8		8	1
丽江市永胜县松坪傈僳族彝族乡	8	9		9	1
丽江市宁蒗彝族自治县翠玉傈僳族普米族乡	6	7		7	1
丽江市古城区金江白族乡	30	6		6	1
丽江市玉龙纳西族自治县九河白族乡	11	12		12	1
丽江市玉龙纳西族自治县石头白族乡	11	5		5	1
丽江市玉龙县黎明傈僳族乡	35	8		8	1
保山市隆阳区瓦马彝族白族乡	21	23		23	2
保山市隆阳区瓦房彝族苗族乡	77	20		20	1
保山市隆阳区杨柳白族彝族乡	63	19		19	1
保山市隆阳区芒宽彝族傣族乡	12	13		13	1
保山市施甸县摆榔彝族布朗族乡	15	5		5	1
保山市施甸县木老元布朗族彝族乡	14	6		6	1

村卫生室（个）	卫生人员（人）	卫生技术人员（人）	其中：执业（助理）医师（人）	乡村医生和卫生员（人）	医疗卫生机构床位数（张）	医院（张）	基层医疗卫生机构（张）	卫生院（张）
6	62	43	10	15	12		12	12
7	82	52	11	25	8		8	8
8	44	23	11	21	10		10	10
11	69	42	11	27	20		20	20
9	90	51	12	39	53		36	17
11	61	39	17	22	33		33	33
9	40	20	9	19	44		44	44
8	46	19	12	16	36		36	36
5	54	20	3	10	20		20	20
7	45	35	17	10	28		28	28
5	30	23	5	7	13		13	13
7	52	38	9	14	25		25	25
4	27	24	8	3	20		20	20
5	28	13	5	15	10		10	10
5	27	15	4	12	10	10		10
8	43	16	9	24	17		17	17
8	47	15	9	23	10		10	10
7	35	11	8	24	18		18	18
8	36	13	6	23	10		10	10
6	25	8	4	17	10		10	10
5	15	10	5	5	10		10	10
11	45	22	9	12	20		20	20
4	24	14	5	10	11		11	11
7	34	20	7	14	14		14	14
21	76	36	7	40	74		74	74
19	145	90	20	55	119		119	90
18	76	26	13	50	50		50	50
12	141	96	26	45	124		124	124
4	40	28	10	12	30		30	30
5	23	12	4	7	10		10	10

9-1(三) 续表 28

民族乡名称	村文化活动室(个)	医疗卫生机构(个)	医院(个)	基层医疗卫生机构(个)	卫生院(个)
保山市龙陵县木城彝族傈僳族乡	5	6		6	1
保山市昌宁县珠街彝族乡	10	11		11	1
保山市昌宁县苟街彝族苗族乡	11	12		12	1
保山市昌宁县湾甸傣族乡	5	7	1	6	1
德宏傣族景颇族自治州陇川县户撒阿昌族乡	128	11		11	1
德宏傣族景颇族自治州潞西市三台山德昂族乡	4	5		5	1
德宏傣族景颇族自治州梁河县曩宋阿昌族乡	66	10		10	1
德宏傣族景颇族自治州梁河县九保阿昌族乡	67	10		10	1
德宏傣族景颇族自治州盈江县苏典傈僳族乡	4	4		4	1
怒江傈僳族自治州福贡县匹河怒族乡	9	10		10	1
怒江傈僳族自治州泸水县洛本卓白族乡	8	9		9	1
迪庆藏族自治州香格里拉县三坝纳西族乡		8		8	1
迪庆藏族自治州德钦县霞若傈僳族乡		8		8	1
迪庆藏族自治州德钦县拖顶傈僳族乡		9		9	1
临沧市凤庆县新华彝族苗族乡	52	12		12	1
临沧市凤庆县腰街彝族乡	6	7		6	1
临沧市凤庆县郭大寨彝族白族乡	26	12	1	1	1
临沧市云县栗树彝族傣族乡	16	17		17	1
临沧市云县忙怀彝族布朗族乡	11	12		12	1
临沧市云县后箐彝族乡	11	12		12	1
临沧市永德县大雪山彝族拉祜族傣族乡	8	9		9	1
临沧市永德县乌木龙彝族乡	10	11		11	1
临沧市临翔区平村彝族傣族乡	40	6		6	1
临沧市临翔区南美拉祜乡	4	5		5	1
临沧市耿马傣族佤族自治县芒洪拉祜族布朗族乡	5	6		6	1
临沧市沧源佤族自治县勐角傣族彝族拉祜族乡	9	9		9	1
临沧市镇康县军赛佤族拉祜族傈僳族德昂族乡	6	7		7	1
西双版纳傣族自治州景洪市基诺山基诺族乡	32	7		7	1
西双版纳傣族自治州景洪市景哈哈尼族乡	6	8		8	1
西双版纳傣族自治州勐腊县瑶区瑶族乡	36	5		5	1

村卫生室（个）	卫生人员（人）	卫生技术人员（人）	其中：执业（助理）医师（人）	乡村医生和卫生员（人）	医疗卫生机构床位数（张）	医院（张）	基层医疗卫生机构（张）	卫生院（张）
5	26	15	6	11	50		50	40
10	48	27	11	21	30		30	30
11	104	75	17	29	90		90	90
5	64	43	10	21	138	50	88	50
10	60	19	12	29	32		32	32
4	33	16	7	10	11		11	11
9	70	49	19	21	30		30	30
9	59	50	17	9	37		37	37
3	25	16	7	7	11		11	11
9	48	22	6	26	56		56	20
8	38	21	4	17	20		20	20
7			11		22		22	22
7			8		10		10	10
8			12		35		35	35
11	76	43	12	33	31		31	31
6	46	33	5	11	11		11	11
11	60	40	14	20	27		27	27
16	68	12	4	29	30		30	30
11	39	17	8	22	34		34	34
11	38	16	4	22	30		30	30
8	57	19	8	21	30		30	30
10	87	56	11	31	50		50	50
5	36	22	2	11	13		13	13
4	26	18	7	8	6		6	6
5	25	16	7	9	18		18	18
8	43	22	6	21	9		9	9
6	45	30	9	15	30		30	30
6	73	57		16	50		50	50
7	79	59	26	20	50		50	50
4	61	37	5	10	20		20	20

9-1(三) 续表 29

民族乡名称	村文化活动室（个）	医疗卫生机构（个）	医院（个）	基层医疗卫生机构（个）	卫生院（个）
西双版纳傣族自治州勐腊县象明彝族乡	65	8		8	1
西双版纳傣族自治州勐海县格朗和哈尼族乡	6	7		7	1
西双版纳傣族自治州勐海县布朗山布朗族乡	7	8		8	1
西双版纳傣族自治州勐海县西定哈尼族乡	11	12		12	1
西藏自治区	**25**	**34**	**3**	**26**	**9**
山南市错那县麻麻门巴民族乡	1	2	1	1	1
山南市错那县贡日门巴民族乡	2	2		1	1
山南市错那县吉巴门巴民族乡	2	3			1
山南市错那县勒门巴民族乡	2	3		2	1
山南市隆子县斗玉珞巴民族乡	6	6		6	1
林芝市巴宜区更章门巴民族乡	3	4		4	1
林芝市米林县南伊珞巴民族乡	4	4		4	1
林芝市墨脱县达木珞巴民族乡	5	6	2	4	1
昌都市芒康县纳西民族乡		4		4	1
甘肃省	**297**	**265**	**3**	**225**	**34**
临夏州广河县阿里麻土东乡族乡	6	7			1
甘南州临潭县长川回族乡	10	13		13	1
甘南州临潭县卓洛回族乡		4			1
甘南州卓尼县勺哇土族乡	2	1		1	1
陇南市文县铁楼藏族乡	16				1
陇南市武都区坪垭藏族乡	9				1
陇南市武都区磨坝藏族乡	8	9		1	1
陇南市宕昌县新城子藏族乡	10	11		11	1
酒泉市肃州区黄泥堡裕固族乡	10				1
酒泉市玉门市小金湾东乡族乡	5	3		3	1
白银市会宁县新添堡回族乡	13	14		14	1
庆阳市正宁县五倾源回族乡	5	6		6	1
平凉市崆峒区峡门回族乡	24	24		24	1
平凉市华亭县神峪回族乡	11	14		13	1
平凉市华亭县山寨回族乡	8	10		10	1

村卫生室（个）	卫生人员（人）	卫生技术人员（人）	其中：执业（助理）医师（人）	乡村医生和卫生员（人）	医疗卫生机构床位数（张）	医院（张）	基层医疗卫生机构（张）	卫生院（张）
7	45	25	3	20	18		18	18
6	32	14	8	18	25		25	25
7	65	44	9	21	24		24	24
11	82	47	12	35	23		23	23
25	**96**	**58**	**11**	**43**	**45**	**20**	**6**	**24**
1	8	6	2	1	6		1	1
2	7			7	3			3
2	6				6	3		3
1	5	2		3	3			3
6	29	12	4	17	5			5
3	9	6	1	3	8	4	4	4
3	17	9	2	8				4
4	15	11	2	4	13	13		
3		12			1		1	1
255	**691**	**385**	**185**	**281**	**582**	**63**	**299**	**464**
6			5	9	15			15
12	20	8	3	12	19		12	7
3	11	8	3	3	4			4
2	7	5	1	2				2
15	34	11	5	23				40
8	18	10	4	8	10			10
8	22	14	14	8	10			10
10	20	9	3	8	10			8
1	5	5	5					10
2	24	11	4	5	19		19	17
13	24	10	6	14	23		13	10
5	8	4	2	4	17		17	17
23	38	20	14	18	37		23	14
13	76	40	36	16	44		17	27
9	41	32	6	9	19		19	19

9−1(三) 续表 30

民族乡名称	村文化活动室（个）	医疗卫生机构（个）	医院（个）	基层医疗卫生机构（个）	卫生院（个）
平凉市崆峒区白庙回族乡	9	10		10	1
平凉市崆峒区大秦回族乡	12	13		13	1
平凉市崆峒区寨河回族乡	12	16			1
平凉市崆峒区大寨回族乡	24	23		22	1
平凉市崆峒区西阳回族乡	13	14		14	1
平凉市崆峒区上杨回族乡	7	8		8	1
张掖市肃南裕固族自治县祁丰藏族乡	13	7	2	5	2
张掖市肃南裕固族自治县马蹄藏族乡	23	8		8	3
张掖市肃南裕固族自治县白银蒙古族乡	3	2		2	
张掖市甘州区平山湖蒙古族乡	1	1		1	1
临夏州临夏县井沟东乡族乡	13	14		14	1
临夏州和政县梁家寺东乡族乡	8	9	1	8	1
临夏州临夏县安家坡东乡族乡	4	5		5	1
酒泉市瓜州县七墩回族东乡族乡	3	3		3	1
酒泉市瓜州县广至藏族乡	6	7		7	1
酒泉市瓜州县沙河回族乡	5	5		5	1
酒泉市玉门市独山子东乡族乡	4	4		4	1
青海省	**218**	**195**	**6**	**85**	**39**
西宁市大通县朔北藏族乡	16	1	1		1
西宁市大通县向化藏族乡	9	10		10	1
西宁市湟中县群加藏族乡	5				1
西宁市湟中县大才回族乡	16				1
西宁市湟中县汉东回族乡				5	1
西宁市湟源县日月藏族乡	22				1
海东地区民和县杏儿藏族乡	7	1	1	1	1
海东地区乐都县下营藏族乡	10	11		11	1
海东地区乐都县中坝藏族乡	14	15	1	14	1
海东地区乐都县达拉土族乡	21	22			1
海东市互助土族自治县松多藏族乡	8	9		9	1
海东市化隆回族自治县雄先藏族乡		2			2

村卫生室（个）	卫生人员（人）	卫生技术人员（人）	其中：执业（助理）医师（人）	乡村医生和卫生员（人）	医疗卫生机构床位数（张）	医院（张）	基层医疗卫生机构（张）	卫生院（张）
9	28	12	12	16	26			26
12	33	21	6	12	12		12	12
12	18	6	6	12	36			36
22	32	7	7	22	22		22	1
13	26	13	5	13	13		10	10
7	16	9	9	7	12		12	12
3	23	18	5	5	50	48	2	2
5	31	26	1	5	25		25	25
2	2			2	3		3	
	7	7	1		7	7		7
13	33	20	7	13	17		17	17
8	28	20	3	8	33	8	25	25
4	4			4	40		10	30
2	8	4	3	4	9		9	9
6	16	10	2	6	12		12	12
4	20	10	3	10	26		8	18
3	18	15	4	3	12		12	12
282	**359**	**297**	**160**	**316**	**327**	**41**	**145**	**235**
9		9	8	18		6		1
9	19	10	3	9	8		8	8
5	14	8	1	10				8
16	16	63	14	32				16
4		15	4	4				12
19		16	3	44				11
7	13	13	2	7	13	6	7	6
10	27	12	7	15	10		2	8
14	34	34	8	34	25	20	20	5
21	26	4	4	21				14
8	20	12	7	8	24		16	8
24	7	5			28			28

9-1(三) 续表 31

民族乡名称	村文化活动室（个）	医疗卫生机构（个）	医院（个）	基层医疗卫生机构（个）	卫生院（个）
海东市化隆回族自治县查甫藏族乡		1			1
海东市化隆回族自治县金源藏族乡		1			1
海东市化隆回族自治县塔加藏族乡		1			1
海东市循化撒拉族自治县道帏藏族乡		31			
海东市循化撒拉族自治县尕楞藏族乡		12			1
海东市循化撒拉族自治县岗察藏族乡		4			
海东市循化撒拉族自治县文都藏族乡		14			
海东地区平安县沙沟回族乡	10	11	1	10	1
海东地区平安县巴藏沟回族乡	13	14		14	1
海东地区平安县石灰窑回族乡	14	1	1	1	1
海东地区平安县洪水泉回族乡	15	1	1	1	1
海东地区平安县古城回族乡	15	15		1	14
海东地区互助县巴扎藏族乡	8	9			1
海北州门源县皇城蒙古族乡	3	5		4	1
海北州海晏县哈勒景蒙古乡	3	4		4	1
海南州贵德县新街回族乡	9				1
新疆维吾尔自治区	**251**	**194**	**2**	**183**	**43**
吐鲁番地区鄯善县东巴扎回族乡	4	1		1	1
和田地区皮山县瑙阿巴提塔吉克族乡	3	1		3	1
和田地区皮山县康克尔柯尔克孜族乡	2	2		2	1
巴音郭楞蒙古自治州和硕县乌什塔拉回族乡	8	6		6	1
昌吉回族自治州奇台县大泉塔塔尔族乡	2	6		6	1
昌吉回族自治州奇台县五马场哈萨克族乡	4	5		5	1
昌吉回族自治州奇台县乔仁哈萨克族乡	1	2		1	1
昌吉回族自治州木垒哈萨克自治县大南沟乌孜别克族乡	3	3		3	1
昌吉回族自治州玛纳斯县旱卡子滩哈萨克族乡	4	4		4	1
昌吉回族自治州玛纳斯县塔西河哈萨克族乡	5	4		4	1
昌吉回族自治州玛纳斯县清水河哈萨克族乡	6	7			1
昌吉回族自治州阜康市三工河哈萨克族乡	3	3		3	1
昌吉回族自治州阜康市上户沟哈萨克族乡	8	10		10	1

村卫生室（个）	卫生人员（人）	卫生技术人员（人）	其中：执业（助理）医师（人）	乡村医生和卫生员（人）	医疗卫生机构床位数（张）	医院（张）	基层医疗卫生机构（张）	卫生院（张）
12				3	8			20
14			3		7			7
9			2		7			11
					35			
11			1					19
			5		7			
			14		28			
10	24	14	2	10	21	6	15	15
13	38	5	7	26	30		26	4
14	25	11	6	14	4			4
15	10	5	20	15	3	3	3	3
14	28	28	22	22	36		36	8
8	23	15	9	8	15			15
4	12	8	3	4			3	2
3	10	10	5	3	2			2
9	13			9	16		9	
206	**1177**	**852**	**249**	**426**	**769**		**617**	**767**
	20	19	10		4		4	4
3	8	4	4	2	8		3	4
1	15	15	2	13	20		20	20
5	40	18	18	40	34		34	34
5	20	15	8	5	10			10
4	29	18	4	11	10		10	
1	17	17	5	17	10			10
2	21	15	4	6	10		10	10
3	20	18	10	2	20			20
3	18	15	3	3	3			10
6	25	23	8	2	25			15
2	15	11	4	4	10		10	10
9	30	18	6	12	10			10

9-1(三) 续表 32

民族乡名称	村文化活动室（个）	医疗卫生机构（个）	医院（个）	基层医疗卫生机构（个）	卫生院（个）
昌吉回族自治州昌吉市阿什里哈萨克族乡	6	1		1	1
昌吉回族自治州呼图壁县石梯子哈萨克族乡	6				1
乌鲁木齐市米东区柏杨河哈萨克族乡	6	7		6	1
克孜勒苏柯尔克孜自治州阿克陶县塔尔塔吉克族乡	8	9		9	1
喀什地区塔什库尔干塔吉克自治县科克亚尔柯尔克孜族乡	2	3	1	2	1
喀什地区泽普县布依鲁克塔吉克族乡	4	1		5	1
喀什地区莎车县孜热普夏提塔吉克族乡	13	14		14	1
伊犁哈萨克自治州察布查尔锡伯自治县米粮泉回族乡	2	4		4	1
伊犁哈萨克自治州特克斯县科克铁热克柯尔克孜族乡	7	6		6	1
伊犁哈萨克自治州特克斯县呼吉尔特蒙古族乡	5	5		5	1
伊犁哈萨克自治州伊宁县愉群翁回族乡	16	14		14	1
伊犁哈萨克自治州尼勒克县科克浩特浩尔蒙古族乡	10	10		10	1
伊犁哈萨克自治州霍城县伊车嘎善锡伯族乡	5	7	1	6	1
伊犁哈萨克自治州霍城县三宫回族乡	5	5		5	1
伊犁哈萨克自治州昭苏县胡松图喀尔逊蒙古族乡	8	3		3	1
伊犁哈萨克自治州昭苏县察汗乌苏蒙古族乡	7	3		3	1
伊犁哈萨克自治州昭苏县夏特柯尔克孜族乡	8	7		7	1
塔城地区塔城市阿西尔达斡尔族乡	20				1
塔城地区乌苏市塔布勒合特蒙古族乡	4	1			1
塔城地区乌苏市吉尔格勒特郭楞蒙古族乡	8	9			1
塔城地区额敏县额玛勒郭楞蒙古族乡	8	1		5	1
塔城地区额敏县霍吉尔特蒙古族乡	9				1
阿克苏地区乌什县雅曼苏柯尔克孜族乡	7	8		8	1
阿克苏地区温宿县博孜东柯尔克孜族乡	9	11		11	2
哈密地区伊吾县前山哈萨克族乡	3	3		3	1
哈密地区哈密市德外都如克哈萨克族乡	2	2		2	1
哈密地区哈密市乌拉台哈萨克族乡	2				1
阿勒泰地区布尔津县禾木哈纳斯蒙古族乡	2	2		2	1
阿勒泰地区阿勒泰市汗德尕特蒙古族乡	6	4		4	1

村卫生室（个）	卫生人员（人）	卫生技术人员（人）	其中：执业（助理）医师（人）	乡村医生和卫生员（人）	医疗卫生机构床位数（张）	医院（张）	基层医疗卫生机构（张）	卫生院（张）
7	20	6	8	7	1		1	20
6	20	3	3	4				12
6	30	27	10	10	19		19	19
8	35	18	6	17	20			20
2	9	9	3	5	20		20	
4	17	10	6	7	10		10	10
13	57	42	3	15	50		50	50
3	33	30	11	3	20		20	20
5	47	42	9	5	23			23
4	16	6	6	10	12			12
13	187	142	11	45	99		99	99
9	43	34	9	9	25		25	25
5	37	27	7	10	24		24	24
4	44	41	3	3	28		28	28
2	36	28	8	8	20		20	20
2	14	7	4	7	35		35	35
6	16	6	7	10	25		25	25
20	25	21	6	15				9
2	6	6	2	4	4		20	15
8	8	4	4	8	64		40	24
4	12	11	4	11	6			6
6	43	21	8	22				14
7	37	15	6	16	17		17	17
9	21	21	4	21	17		17	17
2	12			12	28		28	28
1	22	18	6	4	9		9	9
		20						10
1	21	20	5	1	10		10	10
3	31	11	4	20	9		9	9

全国少数民族发展情况

一、人　口

1-1 历次人口普查全国分民族人口

单位：人

民 族	历次普查人口数					
	1953年	1964年	1982年	1990年	2000年	2010年
全国总计	**577856141**	**691220104**	**1003913927**	**1130510638**	**1242612226**	**1332810869**
汉族	542824056	651296368	936674944	1039187548	1137386112	1220844520
蒙古族	1451035	1965766	3411367	4802407	5813947	5981840
回族	3530498	4473147	7228398	8612001	9816805	10586087
藏族	2753081	2501174	3847875	4593072	5416021	6282187
维吾尔族	3610462	3996311	5963491	7207024	8399393	10069346
苗族	2490874	2782088	5021175	7383622	8940116	9426007
彝族	3227750	3380960	5453564	6578524	7762272	8714393
壮族	6864585	8386140	13383086	15555820	16178811	16926381
布依族	1237714	1348055	2119345	2548294	2971460	2870034
朝鲜族	1111275	1339569	1765204	1923361	1923842	1830929
满族	2399228	2695675	4304981	9846776	10682262	10387958
侗族	712802	836123	1426400	2508624	2960293	2879974
瑶族	665933	857265	1411967	2137033	2637421	2796003
白族	567119	706623	1132224	1598052	1858063	1933510
土家族		524755	2836814	5725049	8028133	8353912
哈尼族	481220	628727	1058806	1254800	1439673	1660932
哈萨克族	509375	491637	907546	1110758	1250458	1462588
傣族	478966	535389	839496	1025402	1158989	1261311
黎族	360950	438813	887107	1112498	1247814	1463064
傈僳族	317465	270628	481884	574589	634912	702839
佤族	286158	200272	298611	351980	396610	429709
畲族		234167	371965	634700	709592	708651
高山族	329	366	1650	2877	4461	4009
拉祜族	139060	191241	304256	411545	453705	485966
水族	133566	156099	286908	347116	406902	411847
东乡族	155761	147443	279523	373669	513805	621500
纳西族	143453	156796	251592	277750	308839	326295
景颇族	101852	57762	92976	119276	132143	147828

注：1. 各年度人口均为中国大陆人口普查数，不包括现役军人。

2. 少数民族人口合计数中不包括其他未识别的民族人口和外国人加入中国籍人口数。

3. 1982年人口数未包括西藏间接调查的28601人，据有关资料计算，如包括间接调查人口数，1982年门巴族约为6248人，珞巴族约为2065人。

4. 2010年人口数为人口普查机器汇总数据。

1-1 续表

单位：人

民 族	历次普查人口数					
	1953年	1964年	1982年	1990年	2000年	2010年
柯尔克孜族	70944	70151	113386	143537	160823	186708
土族	53277	77349	159632	192568	241198	289565
达斡尔族		63394	94126	121463	132394	131992
仫佬族		52819	90357	160648	207352	216257
羌族	35660	49105	102815	198303	306072	309576
布朗族		39411	58473	82398	91882	119639
撒拉族	30658	34664	69135	87546	104503	130607
毛南族		22382	38159	72370	107166	101192
仡佬族		26852	54164	438192	579357	550746
锡伯族	19022	33438	83683	172932	188824	190481
阿昌族		12032	20433	27718	33936	39555
普米族		14298	24238	29721	33600	42862
塔吉克族	14462	16236	26600	33223	41028	51069
怒族		15047	22896	27190	28759	37524
乌孜别克族	13626	7717	12213	14763	12370	10569
俄罗斯族	22656	1326	2917	13500	15609	15393
鄂温克族	4957	9681	19398	26379	30505	30875
德昂族		7261	12297	15461	17935	20556
保安族	4957	5125	9017	11683	16505	20074
裕固族	3861	5717	10568	12293	13719	14378
京族		4293	13108	18749	22517	28199
塔塔尔族	6929	2294	4122	5064	4890	3556
独龙族		3090	4633	5825	7426	6930
鄂伦春族	2262	2709	4103	7004	8196	8659
赫哲族		718	1489	4254	4640	5354
门巴族		3809	1140	7498	8923	10561
珞巴族			1066	2322	2965	3682
基诺族			11962	18022	20899	23143
其他未识别民族	1017299	32411	799705	752347	734438	640101
外国人加入中国籍	1004	7416	4937	3498	941	1448

1-2 历次人口普查少数民族人口的分布情况(一)

单位：人，%

地区	1953年			1964年		
	绝对数	占该地区总人口的比重(%)	占全国少数民族人口的比重(%)	绝对数	占该地区总人口的比重(%)	占全国少数民族人口的比重(%)
全　国	**34013782**	**5.89**	**100.00**	**39883909**	**5.77**	**100.00**
北　京	168404	6.08	0.50	283524	3.75	0.71
天　津	79857	2.96	0.23	115613	2.70	0.29
河　北	715752	1.75	2.10	621926	1.50	1.56
山　西	20316	0.14	0.06	40100	0.22	0.10
内蒙古	959336	15.73	2.82	1604756	13.00	4.02
辽　宁	1482619	8.07	4.36	1858900	6.90	4.66
吉　林	1193237	10.67	3.51	1342170	8.57	3.37
黑龙江	944328	7.98	2.78	1087045	5.40	2.73
上　海	31461	0.51	0.90	43591	0.40	0.11
江　苏	66362	0.16	0.20	83002	9.19	0.21
浙　江	30854	0.14	0.09	106411	0.38	0.27
安　徽	133801	0.45	0.39	155256	0.50	0.39
福　建	19979	0.15	0.06	147017	0.88	0.37
江　西	2001	0.01	0.01	9300	0.04	0.02
山　东	252506	0.52	0.74	294643	0.53	0.74
河　南	405715	0.93	1.19	517195	1.03	1.30
湖　北	35434	0.13	0.10	183035	0.54	0.46
湖　南	586737	1.78	1.72	1275719	3.43	3.20
广　东	430279	1.25	1.27	747181	1.75	1.87
广　西	7337944	37.51	21.57	8553300	41.03	21.45
海　南						
四　川	2022315	3.11	5.95	1728955	2.54	4.33
贵　州	3562493	23.69	10.47	4009683	23.39	10.05
云　南	5411883	31.59	15.91	6384114	31.13	16.01
西　藏	1273969	100.00	3.75	1213796	97.01	3.04
陕　西	56272	0.36	0.17	93978	0.45	0.24
甘　肃	1486775	11.71	4.37	955396	7.56	2.40
青　海	854136	50.95	20.51	829318	38.65	2.18
宁　夏				650366	30.86	1.63
新　疆	4449017	93.01	13.08	4948619	68.07	12.41

1-2 历次人口普查少数民族人口的分布情况(二)

单位：人，%

地　区	1982年			1990年		
	绝对数	占该地区总人口的比重(%)	占全国少数民族人口的比重(%)	绝对数	占该地区总人口的比重(%)	占全国少数民族人口的比重(%)
全　国	**66434341**	**6.62**	**100.00**	**90567245**	**8.01**	**100.00**
北　京	322320	3.49	0.49	413937	3.83	0.46
天　津	164241	2.12	0.25	202642	2.31	0.22
河　北	853275	1.61	1.28	2408876	3.94	2.66
山　西	63760	0.25	0.10	82061	0.29	0.09
内蒙古	2996477	15.55	4.51	4166260	19.42	4.60
辽　宁	2909615	8.15	4.38	6165508	15.62	6.81
吉　林	1829555	8.11	2.75	2525212	10.24	2.79
黑龙江	1613043	4.94	2.43	1997934	5.67	2.21
上　海	49748	0.42	0.07	62171	0.47	0.07
江　苏	110559	0.18	0.17	153060	0.23	0.07
浙　江	161546	0.42	0.24	212582	0.51	0.23
安　徽	261760	0.53	0.39	324227	0.58	0.36
福　建	250449	0.97	0.38	465995	1.55	0.51
江　西	22052	0.07	0.03	101144	0.27	0.11
山　东	407849	0.55	0.61	505694	0.60	0.56
河　南	799338	1.07	1.20	1008972	1.18	1.11
湖　北	1778494	3.72	2.68	2140188	3.97	2.36
湖　南	2201087	4.08	3.31	4823649	7.95	5.33
广　东	1057527	1.78	1.59	354625	0.56	0.39
广　西	13933250	38.26	20.97	16577113	39.24	18.30
海　南				1114803	17.00	1.23
四　川	3660402	3.67	5.51	4889295	4.56	5.40
贵　州	6675360	23.38	10.05	10504828	32.43	11.60
云　南	10277069	31.57	15.47	12351834	33.41	13.64
西　藏	1769935	94.97	2.66	2112168	96.18	2.33
陕　西	133098	0.46	2.20	156403	0.48	0.17
甘　肃	1555186	7.95	2.34	1857467	8.30	2.05
青　海	1535774	39.42	2.31	1878028	42.14	2.07
宁　夏	1244238	31.94	1.87	1549067	33.27	1.71
新　疆	7797344	59.61	11.74	9961202	62.42	10.45

1-2 历次人口普查少数民族人口的分布情况(三)

单位：万人

地区	2000年			2010年		
	总人口	少数民族人口	占总人口比例(%)	总人口	少数民族人口	占总人口比例(%)
全国	**126583**	**10643**	**8.41**	**133972**	**11379**	**8.49**
北京	1382	59	4.26	1961	80	4.08
天津	1001	26	2.64	1294	33	2.55
河北	6744	291	4.31	7185	299	4.16
山西	3297	10	0.29	3571	9	0.25
内蒙古	2376	493	20.76	2471	506	20.48
辽宁	4238	678	16.02	4375	664	15.18
吉林	2728	246	9.03	2746	219	7.97
黑龙江	3689	185	5.02	3831	137	3.58
上海	1674	10	0.60	2302	28	1.22
江苏	7438	25	0.33	7866	38	0.48
浙江	4677	40	0.85	5443	121	2.22
安徽	5986	38	0.63	5950	40	0.67
福建	3471	58	1.67	3689	80	2.17
江西	4140	11	0.27	4457	15	0.34
山东	9079	62	0.68	9579	73	0.76
河南	9256	113	1.22	9402	113	1.20
湖北	6028	262	4.34	5724	247	4.32
湖南	6440	658	10.21	6568	655	9.97
广东	8642	123	1.42	10430	206	1.98
广西	4489	1721	38.34	4603	1711	37.17
海南	787	136	17.29	867	145	16.72
重庆	3090	198	6.42	2885	194	6.73
四川	8329	415	4.98	8042	491	6.11
贵州	3525	1334	37.85	3475	1255	36.12
云南	4288	1433	33.41	4597	1534	33.37
西藏	262	246	94.07	300	276	91.93
陕西	3605	18	0.49	3733	19	0.51
甘肃	2562	223	8.69	2558	241	9.42
青海	518	236	45.51	563	264	46.92
宁夏	562	194	34.53	630	223	35.39
新疆	1925	1143	59.39	2181	1307	59.92

注：2000年和2010年人口数为人口普查快速汇总数据

1-3 全国少数民族分布的主要地区

民　族	分布的主要地区
蒙古族	内蒙古、辽宁、吉林、河北、黑龙江、新疆
回族	宁夏、甘肃、河南、新疆、青海、云南、河北、山东、安徽、辽宁、北京、内蒙古、天津、黑龙江、陕西、贵州、吉林、江苏、四川
藏族	西藏、四川、青海、甘肃、云南
维吾尔族	新疆
苗族	贵州、湖南、云南、广西、重庆、湖北、四川
彝族	云南、四川、贵州
壮族	广西、云南、广东
布依族	贵州
朝鲜族	吉林、黑龙江、辽宁
满族	辽宁、河北、黑龙江、吉林、内蒙古、北京
侗族	贵州、湖南、广西
瑶族	广西、湖南、云南、广东
白族	云南、贵州、湖南
土家族	湖南、湖北、重庆、贵州
哈尼族	云南
哈萨克族	新疆
傣族	云南
黎族	海南
傈僳族	云南、四川
佤族	云南
畲族	福建、浙江、江西、广东
高山族	台湾、福建
拉祜族	云南
水族	贵州、广西

1-3　续表

民　族	分布的主要地区
东乡族	甘肃、新疆
纳西族	云南
景颇族	云南
柯尔克孜族	新疆
土族	青海、甘肃
达斡尔族	内蒙古、黑龙江
仫佬族	广西
羌族	四川
布朗族	云南
撒拉族	青海
毛南族	广西
仡佬族	贵州
锡伯族	辽宁、新疆
阿昌族	云南
普米族	云南
塔吉克族	新疆
怒族	云南
乌孜别克族	新疆
俄罗斯族	新疆、黑龙江
鄂温克族	内蒙古
德昂族	云南
保安族	甘肃
裕固族	甘肃
京族	广西
塔塔尔族	新疆
独龙族	云南
鄂伦春族	黑龙江、内蒙古
赫哲族	黑龙江
门巴族	西藏
珞巴族	西藏
基诺族	云南

1-4 2010年全国人口普查各民族分城市、镇、乡村的人口

单位：人，%

民　　族	总人口	城市人口	镇人口	乡村人口
全国总计	**1332810869**	**403760040**	**266245506**	**662805323**
汉族	1220844520	386027166	247209627	587607727
少数民族合计	111324800	17680203	18916027	74728570
少数民族占全国比重	8.35	4.38	7.10	11.27
蒙古族	5981840	1351092	1411757	3218991
回族	10586087	3606760	2057256	4922071
藏族	6282187	315622	923177	5043388
维吾尔族	10069346	1161024	1092195	7816127
苗族	9426007	958670	1457396	7009941
彝族	8714393	523907	1120997	7069489
壮族	16926381	2685283	3132374	11108724
布依族	2870034	347835	404996	2117203
朝鲜族	1830929	999237	271198	560494
满族	10387958	2608600	1935398	5843960
侗族	2879974	291661	585784	2002529
瑶族	2796003	258966	393313	2143724
白族	1933510	273943	388571	1270996
土家族	8353912	1132394	1785132	5436386
哈尼族	1660932	83289	204994	1372649
哈萨克族	1462588	125800	211905	1124883
傣族	1261311	116239	291357	853715
黎族	1463064	120068	262798	1080198
傈僳族	702839	14950	60685	627204
佤族	429709	16036	63211	350462
畲族	708651	113750	118551	476350
高山族	4009	1593	826	1590
拉祜族	485966	16305	62724	406937
水族	411847	32688	47784	331375
东乡族	621500	41258	62481	517761
纳西族	326295	78456	39339	208500
景颇族	147828	11615	17536	118677
柯尔克孜族	186708	12099	23428	151181

1-4 续表

单位：人

民　族	总人口	城市人口	镇人口	乡村人口
土族	289565	41623	52268	195674
达斡尔族	131992	38755	37252	55985
仫佬族	216257	44439	51264	120554
羌族	309576	21506	74048	214022
布朗族	119639	4896	13622	101121
撒拉族	130607	17270	22019	91318
毛南族	101192	15408	18982	66802
仡佬族	550746	65389	130285	355072
锡伯族	190481	74997	25881	89603
阿昌族	39555	3090	5960	30505
普米族	42862	2530	6139	34193
塔吉克族	51069	1865	7784	41420
怒族	37524	1865	4319	31340
乌孜别克族	10569	4906	2317	3346
俄罗斯族	15393	10888	2133	2372
鄂温克族	30875	6003	10720	14152
德昂族	20556	1196	1911	17449
保安族	20074	1510	2375	16189
裕固族	14378	3000	3879	7499
京族	28199	9251	6217	12731
塔塔尔族	3556	1416	702	1438
独龙族	6930	326	828	5776
鄂伦春族	8659	2298	2794	3567
赫哲族	5354	2356	1269	1729
门巴族	10561	520	1890	8151
珞巴族	3682	122	398	3162
基诺族	23143	3638	1608	17897
其他未识别的民族	640101	52304	119571	468226
外国人加入中国籍	1448	367	281	800

1—5 2010年全国人口普查各民族6岁及6岁以上人口的受教育状况(一)

单位：人，%

民 族	合 计	未上过学	小 学	初 中
全国总计	**1242546122**	**62136405**	**357211733**	**518176222**
汉族	1140804980	53726722	317175239	482244975
少数民族合计	101741142	8409683	40036494	35931247
少数民族占全国比重	8.19	13.53	11.21	6.93
蒙古族	5493484	181845	1576111	2092137
回族	9684824	829803	3451225	3256837
藏族	5652093	1727358	2593670	751132
维吾尔族	8911219	312376	3705107	3741470
苗族	8509677	872566	3919856	2722963
彝族	7792892	1114281	4190993	1744197
壮族	15450124	734370	5587561	6601655
布依族	2598781	317940	1169545	824977
朝鲜族	1764882	22789	236872	766999
满族	9644853	206212	2635047	4433743
侗族	2619132	173293	1023789	1013249
瑶族	2496825	166437	1097493	874247
白族	1785320	104148	693269	649936
土家族	7630400	466043	2790562	2887431
哈尼族	1495794	217182	807352	341877
哈萨克族	1305071	20763	473830	535399
傣族	1154883	130337	613322	293869
黎族	1317322	85524	411397	639645
傈僳族	640339	118004	358140	122790
佤族	398890	54899	232864	83034
畲族	643415	40412	259014	235542
高山族	3674	95	751	1287
拉祜族	446816	70495	278976	69673
水族	370377	48543	174757	109644
东乡族	551196	97262	357318	68468
纳西族	307242	23495	105359	103015

1-5(一)　续表

单位：人，%

民　族	合　　计	未上过学	小　学	初　中
景颇族	132808	12534	72498	34975
柯尔克孜族	165498	5220	75643	54936
土族	266248	28772	103264	78400
达斡尔族	121946	1414	25607	51541
仫佬族	195734	8194	74142	73733
羌族	289490	20394	122080	90504
布朗族	108074	15420	63324	20384
撒拉族	113873	24119	58679	19217
毛南族	91706	3876	35010	36031
仡佬族	497661	45033	208655	162617
锡伯族	176497	1972	36721	77860
阿昌族	34844	2794	17424	10518
普米族	39094	5688	15467	10921
塔吉克族	45716	1601	22758	13707
怒族	34002	5117	15952	8259
乌孜别克族	9596	196	2809	2857
俄罗斯族	14516	183	2125	4420
鄂温克族	28111	348	6261	11070
德昂族	18251	3530	10389	3269
保安族	17517	1930	10442	3041
裕固族	13441	822	5056	3765
京族	25159	1392	6674	10191
塔塔尔族	3244	46	710	967
独龙族	6220	1018	2623	1681
鄂伦春族	7884	109	1407	3017
赫哲族	4940	94	820	1827
门巴族	9509	3559	3466	1214
珞巴族	3213	882	1554	413
基诺族	21014	1911	8616	7162

1-5 2010年全国人口普查各民族6岁及6岁以上人口的受教育状况(二)

单位：人，%

民 族	高 中	大学专科	大学本科	研 究 生
全国总计	**186646865**	**68610519**	**45625793**	**4138585**
汉族	176525992	64353701	42822692	3955659
少数民族合计	10120873	4256818	2803101	182926
少数民族占全国比重	5.42	6.20	6.14	4.42
蒙古族	860899	420682	335274	26536
回族	1240522	504660	371555	30222
藏族	270620	192834	111515	4964
维吾尔族	586636	382935	178129	4566
苗族	619448	235032	132635	7177
彝族	448569	183627	106949	4276
壮族	1653720	560431	296407	15980
布依族	168197	72622	43878	1622
朝鲜族	456566	130639	141342	9675
满族	1273292	576376	477022	43161
侗族	247176	101127	57878	2620
瑶族	220155	81596	53343	3554
白族	195778	79341	59298	3550
土家族	936733	330121	204943	14567
哈尼族	84070	29350	15456	507
哈萨克族	159961	79416	34739	963
傣族	70756	30213	15860	526
黎族	128694	35779	15722	561
傈僳族	24620	10959	5654	172
佤族	17969	7289	2746	89
畲族	68856	21606	16961	1024
高山族	742	385	374	40
拉祜族	15415	7680	4425	152
水族	23003	8911	5291	228
东乡族	17049	7041	3926	132
纳西族	39320	20933	14308	812

1-5(二) 续表

单位：人，%

民　族	高　中	大学专科	大学本科	研　究　生
景颇族	7859	3435	1467	40
柯尔克孜族	16131	10030	3443	95
土族	30221	13319	11726	546
达斡尔族	21767	11807	9132	678
仫佬族	22281	9977	6952	455
羌族	32378	15323	8395	416
布朗族	5083	2289	1528	46
撒拉族	6051	3427	2287	93
毛南族	9597	4376	2677	139
仡佬族	43041	21667	16020	628
锡伯族	29729	15525	13495	1195
阿昌族	2386	1051	650	21
普米族	3870	1836	1274	38
塔吉克族	4137	2979	519	15
怒族	2571	1451	630	22
乌孜别克族	1692	1079	919	44
俄罗斯族	3531	2272	1847	138
鄂温克族	5318	2998	1987	129
德昂族	674	263	124	2
保安族	1202	601	291	10
裕固族	1788	1186	774	50
京族	3963	1658	1219	62
塔塔尔族	643	426	433	19
独龙族	497	282	108	11
鄂伦春族	1511	1011	764	65
赫哲族	920	574	637	68
门巴族	597	373	290	10
珞巴族	175	83	105	1
基诺族	1973	942	390	20

1-6 2010年全国人口普查各民族15岁及15岁以上的文盲人口状况

单位：人，%

民　族	15岁及15岁以上人口	文盲人口	文盲人口占15岁及以上人口比例
全国总计	**1111488248**	**54190864**	**4.88**
汉族	1024636211	47108426	4.60
少数民族合计	86852037	7082438	8.15
少数民族占全国比重	7.81	13.07	
蒙古族	4805740	156455	3.26
回族	8345262	749916	8.99
藏族	4671710	1382295	29.59
维吾尔族	7464351	256724	3.44
苗族	7025185	754482	10.74
彝族	6340355	919980	14.51
壮族	13496217	600570	4.45
布依族	2109850	285427	13.53
朝鲜族	1677260	17216	1.03
满族	8632096	170832	1.98
侗族	2228281	151472	6.80
瑶族	2125293	136168	6.41
白族	1526504	84352	5.53
土家族	6475074	414066	6.39
哈尼族	1276730	178784	14.00
哈萨克族	1115037	12446	1.12
傣族	1008297	112823	11.19
黎族	1128234	75775	6.72
傈僳族	541808	100448	18.54
佤族	344456	47085	13.67
畲族	561607	32922	5.86
高山族	3270	84	2.57
拉祜族	389618	56991	14.63
水族	298766	43409	14.53
东乡族	450604	82038	18.21
纳西族	271264	20515	7.56

1-6 续表

单位：人，%

民 族	15岁及15岁以上人口	文盲人口	文盲人口占15岁及以上人口比例
景颇族	111711	10014	8.96
柯尔克孜族	138037	4161	3.01
土族	228647	26212	11.46
达斡尔族	108406	947	0.87
仫佬族	170896	6557	3.84
羌族	251028	18618	7.42
布朗族	90914	11444	12.59
撒拉族	93341	22520	24.13
毛南族	78306	3107	3.97
仡佬族	394113	39694	10.07
锡伯族	156598	1368	0.87
阿昌族	28325	2303	8.13
普米族	32685	5037	15.41
塔吉克族	37678	1411	3.74
怒族	28781	4138	14.38
乌孜别克族	8224	129	1.57
俄罗斯族	13013	142	1.09
鄂温克族	24543	254	1.03
德昂族	15293	3271	21.39
保安族	14207	1667	11.73
裕固族	11714	729	6.22
京族	21482	1151	5.36
塔塔尔族	2869	33	1.15
独龙族	5205	887	17.04
鄂伦春族	6828	71	1.04
赫哲族	4436	70	1.58
门巴族	7634	2759	36.14
珞巴族	2538	790	31.13
基诺族	18332	1785	9.74

1-7 2010年全国人口普查各民族分产业的人口

单位：人，%

民　族	总　计	第一产业	第二产业	第三产业
全国总计	**71547989**	**34584219**	**17284443**	**19679327**
汉族	65539943	30416927	16553309	18569707
少数民族合计	5978017	4144630	727539	1105848
少数民族占全国比重	8.36	11.98	4.21	5.62
蒙古族	302690	192045	27118	83527
回族	512837	270396	73806	168635
藏族	320211	262995	10460	46756
维吾尔族	545158	449906	21541	73711
苗族	502575	353974	87130	61471
彝族	511991	422672	37748	51571
壮族	965994	669288	136494	160212
布依族	151167	104854	27244	19069
朝鲜族	72332	19133	14607	38592
满族	557607	325949	81427	150231
侗族	159794	101525	31794	26475
瑶族	155806	114989	21977	18840
白族	108565	72575	14387	21603
土家族	418466	252259	83056	83151
哈尼族	101348	79930	9499	11919
哈萨克族	63313	49574	2492	11247
傣族	78770	63746	4517	10507
黎族	81296	65968	4570	10758
傈僳族	45768	41066	1640	3062
佤族	27923	21815	3262	2846
畲族	36129	18063	9544	8522
高山族	218	95	42	81
拉祜族	33055	29040	1385	2630
水族	22627	17040	3321	2266
东乡族	40761	35883	1300	3578
纳西族	19443	13119	853	5471
景颇族	8811	7252	445	1114

1-7 续表

单位：人，%

民 族	总 计	第一产业	第二产业	第三产业
柯尔克孜族	8546	6942	283	1321
土族	15978	11032	2141	2805
达斡尔族	5796	3042	516	2238
仫佬族	10431	5821	2029	2581
羌族	18297	13345	1613	3339
布朗族	7402	6327	401	674
撒拉族	5589	3650	291	1648
毛南族	5758	3662	1070	1026
仡佬族	26501	16389	4968	5144
锡伯族	9934	5339	1356	3239
阿昌族	2138	1688	204	246
普米族	2433	1892	148	393
塔吉克族	2119	1881	46	192
怒族	2215	1773	137	305
乌孜别克族	375	124	49	202
俄罗斯族	617	113	85	419
鄂温克族	1352	791	84	477
德昂族	1255	1127	40	88
保安族	1009	780	63	166
裕固族	800	527	65	208
京族	1293	633	117	543
塔塔尔族	188	103	14	71
独龙族	453	400	17	36
鄂伦春族	340	103	31	206
赫哲族	244	79	50	115
门巴族	603	509	19	75
珞巴族	182	159	3	20
基诺族	1514	1248	40	226
其他未识别的民族	29951	22616	3583	3752
外国人加入中国籍	78	46	12	20

1-8 2010年全国人口普查各民族分年龄的人口

单位：人，%

民 族	人口总计	0-14岁	15-60岁	61岁以上
全国总计	**1332810869**	**221322621**	**933893808**	**177594440**
汉族	1220844520	196208309	858795454	165840757
少数民族合计	111324800	24906147	74725436	11693217
少数民族占全国比重	8.35	11.25	8.00	6.58
蒙古族	5981840	1176100	4351233	454507
回族	10586087	2240825	7172993	1172269
藏族	6282187	1610477	4117366	554344
维吾尔族	10069346	2604995	6664484	799867
苗族	9426007	2400822	6019521	1005664
彝族	8714393	2374038	5578659	761696
壮族	16926381	3430164	11371698	2124519
布依族	2870034	760184	1768421	341429
朝鲜族	1830929	153669	1365732	311528
满族	10387958	1755862	7544429	1087667
侗族	2879974	651693	1858387	369894
瑶族	2796003	670710	1842364	282929
白族	1933510	407006	1307009	219495
土家族	8353912	1878838	5373544	1101530
哈尼族	1660932	384202	1128229	148501
哈萨克族	1462588	347551	1024109	90928
傣族	1261311	253014	892225	116072
黎族	1463064	334830	1004243	123991
傈僳族	702839	161031	479809	61999
佤族	429709	85253	306638	37818
畲族	708651	147044	477440	84167
高山族	4009	739	2896	374
拉祜族	485966	96348	347918	41700
水族	411847	113081	255321	43445
东乡族	621500	170896	395139	55465
纳西族	326295	55031	228744	42520
景颇族	147828	36117	101059	10652

1-8 续表

单位：人，%

民 族	人口总计	0–14岁	15–60岁	61岁以上
柯尔克孜族	186708	48671	123555	14482
土族	289565	60918	207268	21379
达斡尔族	131992	23586	98926	9480
仫佬族	216257	45361	147537	23359
羌族	309576	58548	217159	33869
布朗族	119639	28725	81517	9397
撒拉族	130607	37266	82562	10779
毛南族	101192	22886	65777	12529
仡佬族	550746	156633	330184	63929
锡伯族	190481	33883	138387	18211
阿昌族	39555	11230	25499	2826
普米族	42861	10176	28958	3727
塔吉克族	51069	13391	33895	3783
怒族	37523	8742	25109	3672
乌孜别克族	10569	2345	7237	987
俄罗斯族	15393	2380	11208	1805
鄂温克族	30875	6332	23159	1384
德昂族	20556	5263	13882	1411
保安族	20074	5867	12473	1734
裕固族	14378	2664	10212	1502
京族	28199	6717	18421	3061
塔塔尔族	3556	687	2509	360
独龙族	6930	1725	4649	556
鄂伦春族	8659	1831	6438	390
赫哲族	5354	918	4051	385
门巴族	10561	2927	6891	743
珞巴族	3682	1144	2292	246
基诺族	23143	4811	16071	2261
其他未识别的民族	640101	207992	371899	60210
外国人加入中国籍	1448	173	1019	256

1-9 2010年全国人口普查各民族分性别出生人口和死亡人口 (2009.11.1—2010.10.31)

单位：人，%

民族	出生人数			死亡人数		
	小计	男	女	小计	男	女
全国总计	**1190060**	**652073**	**537987**	**7421990**	**4293783**	**3128207**
汉族	1059649	582390	477259	6823973	3937020	2886953
少数民族合计	129819	69336	60483	595028	354912	240116
少数民族占全国比重	10.91	10.63	11.24	8.02	8.27	7.68
蒙古族	5504	2877	2627	24817	15455	9362
回族	12113	6501	5612	47198	27664	19534
藏族	6812	3490	3322	39143	21133	18010
维吾尔族	17132	8741	8391	52855	31018	21837
苗族	11714	6436	5278	52259	31466	20793
彝族	12041	6348	5693	52195	31585	20610
壮族	19946	11047	8899	92308	55667	36641
布依族	3758	2124	1634	18944	11321	7623
朝鲜族	684	378	306	10337	6133	4204
满族	7439	3992	3447	46716	28915	17801
侗族	3498	1937	1561	17354	10245	7109
瑶族	3329	1841	1488	14343	8997	5346
白族	1850	928	922	11687	6690	4997
土家族	7871	4175	3696	45272	26593	18679
哈尼族	2337	1220	1117	10540	6367	4173
哈萨克族	2331	1195	1136	6809	4403	2406
傣族	1508	780	728	7627	4341	3286
黎族	2053	1110	943	6456	3961	2495
傈僳族	986	536	450	5045	2982	2063
佤族	545	270	275	3132	1873	1259
畲族	591	332	259	4072	2616	1456
高山族	1		1	10	7	3
拉祜族	603	298	305	3657	2201	1456
水族	633	357	276	3481	2137	1344
东乡族	1103	611	492	2632	1440	1192
纳西族	255	134	121	2036	1128	908
景颇族	301	151	150	1062	640	422

1-9　续表

单位：人，%

民　　族	出生人数			死亡人数		
	小　计	男	女	小　计	男	女
柯尔克孜族	246	134	112	881	517	364
土族	282	150	132	1663	983	680
达斡尔族	118	57	61	547	363	184
仫佬族	254	137	117	859	539	320
羌族	325	161	164	1535	896	639
布朗族	164	91	73	671	393	278
撒拉族	240	115	125	467	268	199
毛南族	113	67	46	559	346	213
仡佬族	562	287	275	3109	1931	1178
锡伯族	105	62	43	682	463	219
阿昌族	60	33	27	202	127	75
普米族	49	26	23	236	145	91
塔吉克族	75	43	32	233	131	102
怒族	43	26	17	324	185	139
乌孜别克族	8	3	5	30	21	9
俄罗斯族	7	2	5	57	34	23
鄂温克族	34	20	14	121	86	35
德昂族	42	23	19	141	81	60
保安族	41	26	15	84	43	41
裕固族	11	6	5	63	39	24
京族	27	16	11	186	110	76
塔塔尔族	2	1	1	17	10	7
独龙族	8	4	4	64	41	23
鄂伦春族	3	2	1	35	21	14
赫哲族	3	1	2	10	5	5
门巴族	15	10	5	119	71	48
珞巴族	11	5	6	44	28	16
基诺族	33	19	14	102	57	45
其他未识别的民族	582	340	242	2956	1829	1127
外国人加入中国籍	10	7	3	33	22	11

二、教　　育

2-1 全国分地区少数民族教职工（2019年）（一）

单位：人

地　区	普通高等学校	成人高等学校	中等职业教育
全　国	**152376**	**1651**	**51510**
北　京	7745	136	487
天　津	2218	30	159
河　北	5919	12	1654
山　西	427	1	42
内蒙古	13137	109	4462
辽　宁	11301	144	3608
吉　林	6756	132	1539
黑龙江	3669	99	327
上　海	2142	11	169
江　苏	2914	13	212
浙　江	1939	8	514
安　徽	1142	2	125
福　建	1515	6	194
江　西	869	10	85
山　东	2235	4	371
河　南	3823	6	361
湖　北	5200	14	1134
湖　南	6764	16	3416
广　东	5160	66	856
广　西	16839	180	6259
海　南	902	13	327
重　庆	2158	30	1042
四　川	4482	31	865
贵　州	13496	124	6883
云　南	10501	18	5326
西　藏	1449		1089
陕　西	1960	19	83
甘　肃	2558	12	970
青　海	1615	43	970
宁　夏	2253	21	569
新　疆	9288	341	7412

2-1 全国分地区少数民族教职工(2019年)(二)

单位：人

地　区	普通中学	特殊教育学校	小　学	幼儿园
全　国	**625046**	**6421**	**639115**	**366374**
北　京	5386	90	3629	3807
天　津	1872	34	1320	603
河　北	19212	237	19414	6750
山　西	333	6	193	87
内蒙古	39657	584	35530	18048
辽　宁	41235	482	26526	16880
吉　林	13081	201	9184	2762
黑龙江	8230	72	4480	1066
上　海	1351	20	473	515
江　苏	1401	29	906	624
浙　江	2401	24	2265	1423
安　徽	1585	22	1441	611
福　建	2268	56	2555	1429
江　西	693	6	592	399
山　东	3657	38	2826	2134
河　南	5506	53	4786	2511
湖　北	15129	153	12082	7051
湖　南	44550	357	31058	20595
广　东	10884	122	4058	6997
广　西	88528	1007	104523	67399
海　南	5126	65	6728	4208
重　庆	13694	106	13884	6578
四　川	16679	134	29968	6718
贵　州	92431	882	92220	55165
云　南	58142	560	76461	37758
西　藏	12456	221	20352	5989
陕　西	903	13	669	550
甘　肃	11010	57	15066	6083
青　海	14429	98	13539	9285
宁　夏	9905	104	10109	7045
新　疆	83312	588	92278	65304

2-2 全国分地区少数民族专任教师(2019年)(一)

单位：人

地　区	普通高等学校	成人高等学校	中等职业教育
全　国	**103091**	**1020**	**41289**
北　京	4103	62	351
天　津	1504	22	117
河　北	4227	4	1228
山　西	312	1	32
内蒙古	8752	67	3497
辽　宁	7360	78	2623
吉　林	4203	96	1155
黑龙江	2464	35	241
上　海	1448	8	128
江　苏	2088	5	185
浙　江	1424	6	472
安　徽	804		105
福　建	918	3	175
江　西	643	9	56
山　东	1624	3	314
河　南	2743	4	254
湖　北	3710	5	970
湖　南	4940	8	2939
广　东	3550	32	711
广　西	11007	123	4647
海　南	581	8	208
重　庆	1571	21	942
四　川	3199	21	690
贵　州	9456	81	5812
云　南	7473	6	4429
西　藏	906		1021
陕　西	1321	9	63
甘　肃	1793	10	751
青　海	1189	34	728
宁　夏	1616	11	475
新　疆	6162	248	5970

2-2 全国分地区少数民族专任教师(2019年)(二)

单位：人

地 区	普通中学	特殊教育学校	小 学	幼儿园
全 国	**556418**	**5569**	**582412**	**217237**
北 京	4413	80	3331	2420
天 津	1638	29	1197	392
河 北	16835	198	18286	4415
山 西	291	6	181	44
内蒙古	32275	512	28968	12147
辽 宁	36027	393	23317	11044
吉 林	11086	178	8015	1693
黑龙江	7286	65	4016	640
上 海	1232	18	429	319
江 苏	1307	25	881	415
浙 江	2269	24	2205	913
安 徽	1508	21	1388	388
福 建	2081	49	2484	876
江 西	671	6	587	263
山 东	3432	28	2760	1335
河 南	5094	51	4614	1534
湖 北	13968	137	11869	3511
湖 南	42377	323	30358	10814
广 东	9846	100	3786	4358
广 西	78978	866	98310	35523
海 南	4512	36	6266	2155
重 庆	12937	101	13588	3533
四 川	15675	116	28229	4912
贵 州	85044	779	84914	33648
云 南	53224	497	72154	23942
西 藏	12077	205	20147	5058
陕 西	813	13	624	328
甘 肃	10239	46	14633	4516
青 海	12903	59	11719	5616
宁 夏	9577	97	10020	3867
新 疆	66803	511	73136	36618

2-3 全国分地区少数民族在校学生(2019年)(一)

单位：人

地区	博士生（含科研机构）	硕士生（含科研机构）	普通高等学校（普通本、专科）	成人高等学校（成人本、专科）	中等职业教育
全国	**26290**	**130314**	**2986361**	**35221**	**1277747**
北京	7101	18545	70325	639	3298
天津	721	3089	48332	462	2541
河北	176	2367	89272	477	28603
山西	35	360	10935	14	352
内蒙古	531	6297	127095		35118
辽宁	2779	10995	186860	1477	47238
吉林	1411	7272	70493	901	7125
黑龙江	924	3677	57553	971	4938
上海	1531	5741	38254	106	4288
江苏	1579	5516	83825	404	4248
浙江	443	1698	35403	270	10019
安徽	240	1029	18940	59	2685
福建	303	1479	39399	542	7395
江西	93	778	37250	18	2063
山东	345	1878	50108	179	5479
河南	115	1157	51454	98	7373
湖北	1816	8407	138198	282	22089
湖南	908	5415	159667	847	66185
广东	913	4025	35898	5231	15705
广西	335	5667	358618	5506	203121
海南	18	449	25305		27126
重庆	690	4383	81778	3107	33611
四川	894	5074	138235	3363	63396
贵州	198	4665	318543	1652	157004
云南	460	6099	250476	2413	193564
西藏	80	634	24938		21857
陕西	915	4883	38899	2819	2280
甘肃	369	2241	60307	427	9715
青海	58	882	38643	592	41690
宁夏	81	1313	52351	860	35454
新疆	228	4299	249007	1505	212187

2–3 全国分地区少数民族在校学生(2019年)(二)

单位：人

地　　区	普通中学	特殊教育学校	小　学	幼儿园
全　　国	**8192255**	**113569**	**12828721**	**5223678**
北　　京	47346	405	93521	41899
天　　津	24483	141	34858	7618
河　　北	239566	1520	354270	94677
山　　西	3679	25	6237	1083
内 蒙 古	325768	3556	420330	187939
辽　　宁	350930	2050	409547	124276
吉　　林	100729	536	119775	34781
黑 龙 江	74311	366	77352	9493
上　　海	16888	72	20537	8996
江　　苏	26378	98	41297	9176
浙　　江	51149	163	128224	54949
安　　徽	21341	62	31638	7618
福　　建	54511	423	96816	23582
江　　西	8166	94	12791	3701
山　　东	51214	207	79895	27655
河　　南	79669	209	107860	33138
湖　　北	174164	2284	227472	83945
湖　　南	448035	5911	682208	245979
广　　东	94419	353	212974	51948
广　　西	1278792	14012	1874345	779839
海　　南	95337	777	150218	47020
重　　庆	179228	2129	204269	77868
四　　川	392201	5445	763332	288438
贵　　州	1240414	14814	1742680	675814
云　　南	1007635	16443	1621279	582481
西　　藏	199879	6730	333877	135938
陕　　西	8329	69	14042	5668
甘　　肃	159637	2271	305670	131454
青　　海	204507	5474	326401	128597
宁　　夏	208056	3783	285237	103553
新　　疆	1025494	23147	2049769	1214555

三、文　　化

3-1 全国分地区少数民族文字出版的图书(2019年)(一)

单位：种数：种；印数：万册(份)；印张：千印张

地区	总计				书籍			
	种数合计	#新出	印数	印张	种数合计	#新出	印数	印张
全国合计	**6312**	**2632**	**4164**	**410893**	**4505**	**2351**	**2092**	**249770**
中央合计	426	256	164	35914	385	242	156	34626
地方	5886	2376	4000	374979	4120	2109	1936	215144
内蒙古	2314	787	1617	131094	1484	694	737	62856
辽宁	167	76	34	2720	133	63	28	2199
吉林	794	296	199	15890	529	261	128	10016
黑龙江	77	63	11	1568	77	63	11	1568
广西	46	15	50	2226	25	14	17	818
四川	718	181	499	56458	485	164	172	27147
贵州	16	16	2	374	16	16	2	374
云南	189	184	41	4402	144	139	32	3775
西藏	551	251	472	42363	440	239	227	24061
甘肃	413	202	144	18190	408	197	140	18042
青海	236	68	263	21103	112	66	36	3545
新疆	365	237	668	78591	267	193	406	60743

3-1 全国分地区少数民族文字出版的图书(2019年)(二)

单位：种数：种；印数：万册(份)；印张：千印张

地区	课本			
	种数合计	#新出	印数	印张
全国合计	**1796**	**270**	**2067**	**160952**
中央合计	36	9	8	1277
地方	1760	261	2059	159675
内蒙古	830	93	880	68238
辽宁	33	12	6	518
吉林	265	35	71	5874
黑龙江				
广西	21	1	33	1408
四川	233	17	327	29311
贵州				
云南	45	45	8	618
西藏	111	12	245	18302
甘肃				
青海	124	2	227	17558
新疆	98	44	262	17848

注：本年出版少数民族文字图书的文种有：布依文、朝鲜文、德宏傣文、侗文、规范彝文、哈尼文、哈萨克文、景颇文、柯尔克孜文、拉祜文、傈僳文、满文、蒙古文、苗文、纳西文、佤文、维吾尔文、西双版纳文、锡伯文、瑶文、载佤文、藏文、壮文等23种。

3–2 全国分地区少数民族文字出版的期刊(2019年)(一)

单位：种数：种；印数：万册(份)；印张：千印张

地区	合计				综合类			
	种数	平均期印数	总印数	总印张	种数	平均期印数	总印数	总印张
总计	**229**	**73**	**764**	**37260**	**9**	**2**	**16**	**564**
中央	17	8	65	3511	3	1	14	433
地方	212	65	699	33749	6		1	131
内蒙古	46	27	407	18091				
吉林	14	5	60	3849				
黑龙江	2	1	4	273				
广西	1	1	4	144				
四川	6	4	18	1170				
云南	3		2	84				
西藏	16	8	52	2171	1		1	104
甘肃	3	1	2	203				
青海	12	3	17	1131				
新疆	109	15	133	6632	5			27

3–2 全国分地区少数民族文字出版的期刊(2019年)(二)

单位：种数：种；印数：万册(份)；印张：千印张

地区	哲学、社会科学类				自然科学、技术类			
	种数	平均期印数	总印数	总印张	种数	平均期印数	总印数	总印张
总计	**77**	**52**	**633**	**28814**	**40**	**6**	**38**	**1719**
中央	9	5	42	2285				
地方	68	47	591	26529	40	6	38	1719
内蒙古	19	23	375	15925	8	1	9	395
吉林	5	4	51	3031	2		2	122
黑龙江								
广西								
四川	3	3	12	766				
云南								
西藏	5	5	39	1401	3	1	5	200
甘肃	2			32				
青海	5	1	10	442	2		1	59
新疆	29	10	103	4932	25	3	22	944

3-2 全国分地区少数民族文字出版的期刊(2019年)(三)

单位：种数：种；印数：万册(份)；印张：千印张

地　区	文化、教育类				文学、艺术类			
	种　数	平均期印　数	总印数	总印张	种　数	平均期印　数	总印数	总印张
总　计	**38**	**3**	**22**	**1499**	**65**	**9**	**56**	**4664**
中　央					5	1	9	794
地　方	38	3	22	1499	60	8	47	3870
内蒙古	6	1	7	441	13	2	16	1330
吉　林	3		4	228	4		3	468
黑龙江					2	1	4	273
广　西					1	1	4	144
四　川	1	1	4	332	2		1	72
云　南					3		2	84
西　藏	4	1	4	309	3	1	2	158
甘　肃					1	1	2	171
青　海	2		2	173	3	1	4	457
新　疆	22			18	28	2	8	712

3-2 全国分地区少数民族文字出版的期刊(2019年)(四)

单位：种数：种；印数：万册(份)；印张：千印张

地　区	少儿读物类				画刊类			
	种　数	平均期印　数	总印数	总印张	种　数	平均期印　数	总印数	总印张
总　计	**6**	**11**	**228**	**9386**	**5**	**1**	**14**	**433**
中　央					3	1	14	433
地　方	6	11	228	9386	2			
内蒙古	2	9	215	8590				
吉　林	1	1	9	617				
黑龙江	1	1	4	180				
广　西								
四　川								
云　南								
西　藏								
甘　肃								
青　海								
新　疆	2				2			

3-3　全国分地区少数民族文字出版的报纸(2019年)

单位：种数：种；印数：万册(份)；印张：千印张

地　区	合　计			
	种　数	平均期印　数	总印数	总印张
总　计	**103**	**114**	**26266**	**337541**
中　央	4	6	2001	20007
地　方	99	108	24265	317534
内蒙古	13	11	2368	33935
辽　宁	3	1	113	828
吉　林	8	6	765	11499
黑龙江	1		67	1344
广　西	1	1	30	300
四　川	3	2	277	2773
云　南	8	4	197	1647
西　藏	12	26	5560	82188
甘　肃	7	4	177	1476
青　海	7	4	174	1488
新　疆	43	54	14716	181531

3–4 主要少数民族语言广播播出基本情况（2019年）

地　　区	广播使用语言（种）	合计	转中央台节目	转省级台节目	转地市级台节目	制作节目播出时间
		时:分	时:分	时:分	时:分	时:分
合　　计	蒙古语	**149704 : 25**	**30018 : 55**	**25868 : 5**	**12627 : 30**	**81189 : 55**
内 蒙 古		105003 : 36	25370 : 25	14361 : 52	5644 : 0	59627 : 19
辽　　宁		5694 : 00	1631 : 0	0 : 0	0 : 0	4063 : 0
吉　　林		5330 : 50	240 : 0	532 : 50	0 : 0	4558 : 0
黑 龙 江		8323 : 00	195 : 0	148 : 0	6791 : 0	1189 : 0
青　　海		7485 : 59	389 : 30	3944 : 48	192 : 30	2959 : 11
新　　疆		17867 : 00	2193 : 0	6880 : 35	0 : 0	8793 : 25
合　　计	朝鲜语	**8887 : 40**	**1538 : 50**	**0 : 0**	**0 : 0**	**7348 : 50**
辽　　宁		3629 : 00	740 : 0	0 : 0	170 : 0	2719 : 0
吉　　林		8887 : 40	1538 : 50	0 : 0	0 : 0	7348 : 50
合　　计	藏语	**204426 : 40**	**77806 : 0**	**78162 : 46**	**9539 : 0**	**38918 :52 54**
四　　川		6419 : 20	265 : 20	5104 : 0	0 : 0	1050 : 0
云　　南		3094 : 20	0 : 0	0 : 0	0 : 0	3094 : 20
西　　藏		100094 : 32	24152 : 0	48198 : 6	8664 : 0	19080 : 26
甘　　肃		5504 : 12	548 : 30	365 : 0	0 : 0	4590 : 42
青　　海		92408 : 36	52840 : 10	24495 : 40	875 : 0	14197 : 46
合　　计	维吾尔语	**160827 : 53**	**26689 : 0**	**46929 : 23**	**12960 : 6**	**74249 : 24**
新　　疆		160827 : 53	26689 : 0	46929 : 23	12960 : 6	74249 : 24

3-5 主要少数民族语言电视播出基本情况(2019年)

地区	电视节目播出语种种类	合计	转中央台节目	转省级台节目	转地市级台节目	制作节目播出时间
	(种)	时:分	时:分	时:分	时:分	时:分
合计	蒙古语	**73410:58**	**16896:50**	**20484:16**	**7305:3**	**28724:49**
内蒙古		46195:9	11757:50	8273:30	7004:33	19159:16
辽宁		989:0	193:0	76:0	0:0	720:0
吉林		4734:24	573:0	365:0	0:0	3796:24
黑龙江		7073:0	198:0	5815:0	108:0	952:0
青海		8415:25	3512:0	2933:0	192:30	1777:55
新疆		6004:0	663:0	3021:46	0:0	2319:14
合计	朝鲜语	**11215:18**	**1489:0**	**69:0**	**12:0**	**9645:18**
吉林		11215:18	1489:0	69:0	12:0	9645:18
合计	藏语	**245168:15**	**70963:24**	**72570:7**	**43523:31**	**58111:13**
四川		27786:15	7651:0	5317:0	1946:0	12872:15
云南		1058:0	480:0	230:0	127:0	221:0
西藏		117347:35	29154:29	38006:26	38782:51	11403:49
甘肃		11827:30	715:0	736:0	1660:40	8715:50
青海		87148:55	32962:55	28280:41	1007:0	24898:19
合计	维吾尔语	**157311:42**	**25997:47**	**75602:56**	**8001:54**	**47709:5**
新疆		157311:42	25997:47	75602:56	8001:54	47709:5
合计	哈萨克语	**37313:48**	**4063:30**	**22711:36**	**511:0**	**10027:42**
新疆		37313:48	4063:30	22711:36	511:0	10027:42

四、体　　育

4—1 全国少数民族传统体育运动会情况

届 次	时 间	地 点	参加代表团（个）	运动员人数（个）	比赛项目（个）	表演项目（个）
1	1953.11	天津	15	395	6	414
2	1982.9	呼和浩特	29	863	2	68
3	1986.8	乌鲁木齐	29	1097	7	115
4	1991.11	南宁	30	1740	9	120
5	1995.11	昆明	31	2342	11	129
6	1999.8—9	拉萨、北京	31	3390	14	150
7	2003.9	银川、石嘴山	34	3735	14	125
8	2007.11	广州	34	6381	15	149
9	2011.9	贵阳	34	6790	16	185
10	2015.8	鄂尔多斯	33	7000	17	140
11	2019.9	郑州	34	7009	17	102

4-2 全国少数民族在队运动员和教练员

单位：人

年 份	少数民族运动员	少数民族教练员
1991	1120	296
1992	1197	306
1993	954	289
1994	998	326
1995	941	262
1996	1018	258
1997	1049	261
1998	1064	269
1999	1026	242
2000	1105	252
2001	1137	247
2002	1063	239
2003	1234	1791
2004	1195	1846
2005	1204	1804
2006	1150	1840
2007	1400	2268
2008	1756	1950
2009	1729	1631
2010	2103	1712
2011	2261	2089
2012	2224	457
2013	2141	511
2014	2078	411
2015	2215	382
2016	2338	384
2017	2381	2267
2018	2600	2490
2019	2916	2462

注：2002年以前少数民族教练员为一线教练员，2003年后教练员指一、二、三线教练员。

4-3 全国分地区少数民族在队运动员和教练员(2019年)

单位：人

地　区	少数民族运动员	少数民族教练员
全　国	**2916**	**2462**
中　央	26	11
地　方	2890	2451
北　京	83	35
天　津	18	12
河　北	48	45
山　西	21	17
内蒙古	293	236
辽　宁	311	171
吉　林	32	128
黑龙江	52	47
上　海	16	14
江　苏	27	23
浙　江	39	14
安　徽	14	11
福　建	18	19
江　西		4
山　东	16	71
河　南	21	78
湖　北	30	35
湖　南	69	105
广　东	31	55
广　西	298	288
海　南	48	9
四　川	12	23
贵　州	108	89
云　南	45	73
西　藏	218	290
重　庆	195	48
陕　西	42	33
甘　肃	207	47
青　海	61	40
宁　夏	32	40
新　疆	485	351

五、民族贸易和民族用品生产

5-1 全国分地区定点边销茶企业生产情况(2018年)

地　区	企业数	从业人员年末数	#专业技术人员	边销茶产量	边销茶产量占企业产品总产量的比重(%)	边销茶销售量	边销茶产值
	(个)	(人)	(人)	(吨)		(吨)	(万元)
合　计	**63**	**6522**	**1665**	**87048**	**64**	**58051**	**146239**
河　南	**1**	**38**	**3**	**165**	**70**	**130**	**286**
信阳市四季香茶业有限公司		38	3	165	70	130	286
浙　江	**5**	**440**	**66**	**10200**	**70**	**7726**	**11173**
宁波赤岩峰茶业有限公司		48	12	2780	80	1280	1640
新昌县江南诚茂砖茶有限公司		85	20	3250	100	3120	3080
浙江武义骆驼九龙砖茶有限公司		102	14	2103	73	2218	2643
浙江景宁慧明红实业发展有限公司		190	17	2017	52	1080	3750
浙江铭达茶叶有限公司		15	3	50	5	28	60
湖　北	**13**	**1524**	**341**	**23542**	**68**	**16224**	**28684**
湖北富华茶业有限公司		32	5	359	100	317	341
羊楼洞茶业股份有限公司		568	186	8279	65	4193	8368
湖北省赵李桥茶厂责任有限公司		337	42	2874	94	4030	3938
咸宁生甡川茶厂有限公司		25	5	230	90	200	230
鑫鼎生物科技有限公司		128	16	3200	55	1600	4800
宜都市安明有机富锌茶业有限公司		37	15	300	33	270	1100
湖北力沃茶业股份有限公司		66	6	2490	93	2057	3811
湖北省洞庄茶业有限公司		119	23	1500	70	1200	1900
湖北赤壁赵李桥茶业有限公司		52	13	710	55	537	850
咸宁市三山川茶业股份有限公司		50	5	1000	80	100	1100
湖北省赤壁市思庄茶业股份有限公司		38	6	2000	70	1400	1600
咸宁市柏庄茶业有限公司		57	16	300	60	120	360
湖北一盅春茶业科技有限公司		15	3	300	52	200	285
湖　南	**19**	**2486**	**669**	**21663**	**70**	**17583**	**32654**
安化怡清源茶业有限公司		120	30	322	58	262	322
湖南紫艺茶业有限公司		58	12	437	89	429	524
益阳茶厂有限公司		308	58	5530	75	5729	5884
湖南省白沙溪茶厂有限责任公司		645	287	2245	72	1009	13341
中茶湖南安化第一茶厂有限公司		243	43	310	26	325	486
湖南益阳香炉山茶业有限公司		35	5	975	65	1073	975
临湘市茶业有限责任公司		31	12	2100	100	2000	1900
湖南省临湘永巨茶业有限公司		142	38	3156	90	3062	3282
临湘市明伦茶业有限公司		282	51	3783	70	3427	2751
湖南浩茗茶业食品有限公司		60	10	302	19	213	260
湖南阿香茶果食品有限公司		75	21	54	18	54	59
岳阳三湘茶业有限公司		45	8	1755	100	1200	1580
湖南官庄干发茶业有限公司		116	32	550	60	450	907

5-1 续表 1

地 区	企业数（个）	从业人员年末数（人）	#专业技术人员（人）	边销茶产量（吨）	边销茶产量占企业产品总产量的比重(%)	边销茶销售量（吨）	边销茶产值（万元）
沅陵县天湖茶业开发有限公司							
会同瑞春茶业有限公司		135	16	10	20	10	10
湖南省高马二溪茶业有限公司		98	18	15	4	15	88
湖南金湘叶茶业股份有限公司		45	8			13	
安化连心岭茶业有限公司		30	5	100	20	80	70
城步白云湖生态农业发展有限责任公司		18	15	20	80	18	216
广 西	**6**	**203**	**86**	**588**	**8**	**468**	**7380**
广西梧州茂圣茶叶有限公司		203	86	588	58	468	7380
广西壮族自治区梧州茶厂		135	17	1967	100	1086	26965
广西梧州圣源茶叶有限公司		61	4	88	27	76	353
广西顺来茶业有限公司		128	32	56	8	52	556
广西南山白毛茶茶业有限公司		89	16	480	30	144	2000
广西金花茶叶有限公司		139	10	875	62	502	8877
四 川	**11**	**1014**	**268**	**21191**	**62**	**11759**	**28197**
四川省茶业集团股份有限公司		220	46	5000	34	300	5100
雅安茶厂股份有限公司		122	22	3098	93	2881	1653
四川吉祥茶业有限公司		85	50	1240	41	473	5704
雅安市友谊茶叶有限公司		135	25	2439	89	2290	1985
雅安市蔡龙茶厂		107	35	1050	95	50	2716
雅安市和龙茶业有限公司		99	36	2206	88	1959	2545
雅安周公山茶业有限公司		56	18	158	60	126	1109
名山区西藏朗赛茶厂		60	10	3190	100	1600	2955
雅安义兴藏茶有限公司		28	6	500	75	20	3000
绵阳平武雪宝顶茶业(集团)有限责任公司		60	10	1050	70	920	800
四川省洪雅县松潘民族茶厂		42	10	1260	100	1140	630
贵 州	**5**	**239**	**134**	**2618**	**73**	**1713**	**10718**
贵州黔韵福生态茶业有限公司		30	10	1200	60	720	1000
都匀市高寨水库茶场有限公司		56	39	62	71	47	138
贵州都云毛尖茶叶有限公司		20					
镇宁自治县金瀑农产品开发有限责任公司		38	15	1210	90	800	5200
贵州梵锦茶业有限公司		95	70	146	88	146	4380
云 南	**2**	**355**	**73**	**6228**	**58**	**1924**	**14717**
云南下关沱茶(集团)股份有限公司		277	57	1228	52	924	5717
临沧天下茶都茶业集团有限公司		78	16	5000	60	1000	9000
陕 西	**1**	**223**	**25**	**853**	**100**	**525**	**12431**
咸阳泾谓茯茶有限公司		223	25	853	100	525	12431

5-1 续表 2

地　　区	边销茶产值占企业产品总产值的比重(%)	边销茶销售收入(万元)	边销茶销售利润(万元)	全年流动资金贷款额(万元)	享受流动资金贷款利率优惠额(万元)	减　免增值税(万元)
合　计	**41**	**104362**	**11490**	**140977**	**7149**	**3308**
河　南	**68**	**243**	**48**	**200**		
信阳市四季香茶业有限公司	68	243	48	200		
浙　江	**59**	**8954**	**169**	**9860**	**91**	**471**
宁波赤岩峰茶业有限公司	80	1230	36	1500	43	39
新昌县江南诚茂砖茶有限公司	100	2950	126	2600	48	340
浙江武义骆驼九龙砖茶有限公司	51	2581	-76	2960		62
浙江景宁慧明红实业发展有限公司	52	2160	80	1300		30
浙江铭达茶叶有限公司	4	33	3	1500		
湖　北	**54**	**22848**	**1732**	**27070**	**150**	**785**
湖北富华茶业有限公司	100	301	6			9
羊楼洞茶业股份有限公司	47	5651	314	6800		
湖北省赵李桥茶厂责任有限公司	91	5532	500	4900	5	242
咸宁生甡川茶厂有限公司	90	200	20			6
鑫鼎生物科技有限公司	40	2000	100	7900	105	260
宜都市安明有机富锌茶业有限公司	35	1060	150	80		10
湖北力沃茶业股份有限公司	89	3210	193	1300	28	192
湖北省洞庄茶业有限公司	62	2200	49	3000		15
湖北赤壁赵李桥茶业有限公司	35	655	10	1460	5	38
咸宁市三山川茶业股份有限公司	70	320	30			9
湖北省赤壁市思庄茶业股份有限公司	70	1400	208	1230		
咸宁市柏庄茶业有限公司	50	130	13	400	6	4
湖北一盅春茶业科技有限公司	40	190	140			
湖　南	**40**	**24548**	**1954**	**31640**	**667**	**677**
安化怡清源茶业有限公司	21	260	1	1000	11	
湖南紫艺茶业有限公司	74	458	52	360		25
益阳茶厂有限公司	39	6259	-380	8500	232	187
湖南省白沙溪茶厂有限责任公司	40	5995	348	12000	351	90
中茶湖南安化第一茶厂有限公司	11	511	-1	500	8	26
湖南益阳香炉山茶业有限公司	65	84	1193			155
临湘市茶业有限责任公司	100	1900	85			70
湖南省临湘永巨茶业有限公司	88	3184	229	450		95
临湘市明伦茶业有限公司	32	3265	190	600		
湖南浩茗茶业食品有限公司	16	199	18	1000	22	24
湖南阿香茶果食品有限公司	6	56	-3	2260	35	1
岳阳三湘茶业有限公司	100	1080				
湖南官庄干发茶业有限公司	27	907	90	1600		

5-1 续表 3

地 区	边销茶产值占企业产品总产值的比重(%)	边销茶销售收入（万元）	边销茶销售利润（万元）	全年流动资金贷款额（万元）	享受流动资金贷款利率优惠额（万元）	减免增值税（万元）
沅陵县天湖茶业开发有限公司			9			
会同瑞春茶业有限公司	20	10	3	100		2
湖南省高马二溪茶业有限公司	4	88	3	600	8	3
湖南金湘叶茶业股份有限公司		14	-1	2520		
安化连心岭茶业有限公司	10	64	10	150		
城步白云湖生态农业发展有限责任公司	80	216	108			
广 西	**9**	**6645**	**731**	**8625**	**1375**	
广西梧州茂圣茶叶有限公司	35	6645	731	8625	1375	
广西壮族自治区梧州茶厂	100	20069	6561			
广西梧州圣源茶叶有限公司	23	563	210	1600	24	3
广西顺来茶业有限公司	7	533	85	1670	200	12
广西南山白毛茶茶业有限公司	30	1728	207	2920		
广西金花茶叶有限公司	59	4012	118	3750		
四 川	**57**	**19207**	**909**	**39900**	**333**	**674**
四川省茶业集团股份有限公司	31	4080	209	20000	57	
雅安茶厂股份有限公司	76	1256	37	4790		146
四川吉祥茶业有限公司	55	2180	76	9130	262	87
雅安市友谊茶叶有限公司	85	1902	48	670	14	247
雅安市蔡龙茶厂	90	2716	152	200		121
雅安市和龙茶业有限公司	80	2061	187	460		6
雅安周公山茶业有限公司	44	882	53	500		
名山区西藏朗赛茶厂	100	2200	49	2000		7
雅安义兴藏茶有限公司	75	600	8	300		
绵阳平武雪宝顶茶业(集团)有限责任公司	45	750	40	1850		60
四川省洪雅县松潘民族茶厂	100	580	50			
贵 州	**84**	**9556**	**4746**	**6882**	**4500**	**600**
贵州黔韵福生态茶业有限公司	60	600	180			
都匀市高寨水库茶场有限公司	52	76	16	72		
贵州都云毛尖茶叶有限公司				130		
镇宁自治县金瀑农产品开发有限责任公司	90	4500	180	680		600
贵州梵锦茶业有限公司	88	4380	4370	6000	4500	
云 南	**31**	**6760**	**529**	**8000**	**33**	**28**
云南下关沱茶(集团)股份有限公司	23	4960	489	8000	33	28
临沧天下茶都茶业集团有限公司	40	1800	40			
陕 西	**100**	**5600**	**672**	**8800**		**73**
咸阳泾谓茯茶有限公司	100	5600	672	8800		73

六、其　他

6-1 历届中国共产党全国代表大会少数民族中央委员、候补中央委员人数

届次	时间	地点	代表总数	#少数民族代表	中央委员、中央候补委员总数	#少数民族中央委员、中央候补委员人数
第一届	1921.7.23—31	上海	12	1		
第二届	1922.7.16—23	上海	12	1	5	
第三届	1923.6.12—20	广州	30余人		14	
第四届	1925.1.11—22	上海	20		14	
第五届	1927.4.27—5.9	武汉	80	1	45	
第六届	1928.6.18—7.11	莫斯科	118		36	1
第七届	1945.4.23—6.11	延安	755		77	2
第八届	1956.9.15—27	北京	1133		170	10
第九届	1969.4.1—24	北京	1512		279	
第十届	1973.8.24—28	北京	1249		319	15
第十一届	1977.8.12—18	北京	1510		333	16
第十二届	1982.9.1—11	北京	1749	104	348	31
第十三届	1987.10.25—11.1	北京	1936		285	32
第十四届	1992.10.12—18	北京	1989	198	319	32
第十五届	1997.9.12—18	北京	2048	219	344	38
第十六届	2002.11.8—14	北京	2114	230	356	35
第十七届	2007.10.15—21	北京	2213	242	371	40
第十八届	2012.11.8—14	北京	2270	249	376	39
第十九届	2017.10.18—24	北京	2280	264	376	38

6–2 历届全国人民代表大会少数民族代表人数

届　次	时　间	代表总数	#少数民族代表数	少数民族代表比例(%)	少数民族(个)
第一届	1954年	1226	178	14.50	30
第二届	1959年	1226	179	14.60	30
第三届	1964年	3040	372	12.20	53
第四届	1975年	2885	270	9.40	54
第五届	1978年	3497	381	10.90	54
第六届	1983年	2978	403	13.60	55
第七届	1988年	2970	445	14.90	55
第八届	1993年	2898	554	18.60	55
第九届	1998年	2979	428	14.37	55
第十届	2003年	2985	415	13.90	55
第十一届	2008年	2987	411	13.76	55
第十二届	2013年	2987	409	13.69	55
第十三届	2018年	2980	438	14.70	55

6–3 历届中国人民政治协商会议全国委员会少数民族委员人数

届　次	时　间	委员总数	#少数民族委员数	少数民族委员比例(%)	少数民族(个)
第一届	1949年	198	19	9.60	10
第二届	1954年	753	61	8.10	16
第三届	1959年	1071	78	7.29	19
第四届	1965年	1199	81	6.76	20
第五届	1978年	2268	147	6.49	31
第六届	1983年	2228	185	8.31	37
第七届	1988年	2180	222	10.19	45
第八届	1993年	2172	101	4.65	55
第九届	1998年	2196	259	11.80	55
第十届	2003年	2238	262	11.70	55
第十一届	2008年	2237	250	11.18	55
第十二届	2013年	2237	258	11.53	55
第十三届	2018年	2158	245	11.35	55

6-4 国务院历次全国民族团结进步表彰情况(一)

单位：个，人

地　区	1988年第一次表彰			1994年第二次表彰			1999年第三次表彰		
	集体	个人	#女	集体	个人	#女	集体	个人	#女
合　计	**565**	**601**	**106**	**642**	**613**	**106**	**626**	**628**	**118**
北　京	12	5	2	12	9	2	12	10	1
天　津	9	5	1	8	8	1	10	10	4
河　北	11	14	3	15	13	1	16	15	3
山　西	3	4	1	4	5		5	8	2
内蒙古	34	34	8	29	33	5	30	31	5
辽　宁	26	16	4	25	22	4	24	24	4
吉　林	15	26	4	18	22	3	19	23	5
黑龙江	18	12	2	16	16	2	13	19	1
上　海	8	6	2	11	7	1	12	7	4
江　苏	5	7	1	7	7	1	7	8	
浙　江	7	5	2	7	6	2	7	6	1
安　徽	5	5		6	8	1	6	7	1
福　建	8	4	1	11	6	1	8	6	1
江　西	4	3	1	4	3	1	7	4	
山　东	10	9	2	11	12	1	11	13	4
河　南	15	7		10	13	2	12	11	1
湖　北	13	15	5	19	14	3	17	17	4
湖　南	25	16	3	22	20	1	24	19	5
广　东	4	8		8	7	2	9	6	
广　西	46	39	6	41	41	10	41	39	10
海　南	11	9	2	12	10	1	12	11	3
重　庆							15	11	3
四　川	18	37	5	29	30	4	20	20	3
贵　州	33	29	7	33	23	8	31	29	9
云　南	45	39	3	47	30	7	35	44	6
西　藏	10	38	9	19	21	5	21	21	7
陕　西	3	7	1	7	5	1	7	6	1
甘　肃	18	24	1	22	19	3	23	17	4
青　海	26	16	5	17	16	2	14	20	3
宁　夏	17	25	4	17	17	2	15	22	6
新　疆	24	61	15	40	45	10	44	57	8
其　他	82	76	6	115	125	19	99	87	9

6-4 国务院历次全国民族团结进步表彰情况(二)

地　区	2005年第四次表彰			2009年第五次表彰		
	集体	个人	#女	集体	个人	#女
合　计	**642**	**676**	**135**	**739**	**749**	**161**
北　京	12	10	3	15	13	5
天　津	9	10	4	10	11	6
河　北	17	18	2	19	19	4
山　西	5	7	2	7	8	2
内蒙古	32	31	4	32	34	4
辽　宁	22	23	5	25	24	4
吉　林	19	23	5	20	22	3
黑龙江	17	15	2	17	18	2
上　海	13	7	3	16	7	3
江　苏	10	8	2	11	10	6
浙　江	8	8	1	9	10	4
安　徽	7	8	3	9	9	2
福　建	8	10	1	10	11	1
江　西	8	4	2	8	7	3
山　东	13	11	2	14	13	2
河　南	13	12	3	17	12	3
湖　北	17	18	2	19	19	6
湖　南	24	22	4	28	25	4
广　东	11	11	1	15	11	2
广　西	42	42	11	44	44	11
海　南	11	12	2	13	13	3
重　庆	16	13	2	16	15	5
四　川	23	23	3	29	27	4
贵　州	33	32	5	35	34	11
云　南	39	40	8	39	40	7
西　藏	21	21	9	24	28	5
陕　西	6	6		8	8	3
甘　肃	21	21	4	24	21	3
青　海	17	18	3	18	20	3
宁　夏	18	19	6	21	21	7
新　疆	40	52	13	40	53	16
其　他	90	121	18	127	142	17

6-4(二) 续表

地区	2014年第六次表彰			2019年第七次表彰		
	集体	个人	#女	集体	个人	#女
合计	**678**	**818**	**195**	**665**	**812**	**231**
北京	14	15	5	14	16	7
天津	9	12	4	9	11	5
河北	17	22	5	15	20	8
山西	6	8		6	7	
内蒙古	31	38	8	27	33	11
辽宁	25	26	9	23	25	9
吉林	19	24	8	21	25	8
黑龙江	15	20	8	16	19	8
上海	13	10	4	10	13	3
江苏	11	11	1	11	15	5
浙江	8	13	4	13	19	3
安徽	8	9		9	13	5
福建	9	14	2	12	12	4
江西	7	8	3	6	11	3
山东	13	15	3	11	14	3
河南	14	16	3	18	20	4
湖北	17	20	5	17	23	7
湖南	25	30	4	23	28	8
广东	17	19	3	17	21	6
广西	40	49	23	34	39	17
海南	12	15	4	12	14	6
重庆	14	17	5	14	16	6
四川	26	34	5	24	30	4
贵州	32	38	15	27	34	15
云南	37	44	12	39	42	10
西藏	22	31	9	24	30	9
陕西	8	7	1	7	9	3
甘肃	19	26	2	20	28	7
青海	17	21	3	23	28	8
宁夏	18	24	7	18	21	6
新疆	37	51	14	34	43	13
其他	118	131	16	111	133	20

主要统计指标解释

普通高等学校 指通过国家普通高等教育招生考试，招收高中毕业生为主要培养对象，实施高等学历教育的全日制大学、独立设置的学院、独立学院和高等专科学校、高等职业学校及其他机构。

大学、独立设置的学院主要实施本科及本科层次以上的教育。独立学院主要实施本科层次的教育。高等专科学校、高等职业学校实施专科层次的教育。其他机构是指承担国家普通招生计划任务不计校数的机构，包括普通高等学校分校、大专班等。

成人高等学校 指通过国家成人高等教育招生考试，招收具有高中毕业或同等学力的人员为主要培养对象，利用函授、业余、脱产等多种形式，对其实施高等学历教育的学校。包括：职工高等学校、农民高等学校、管理干部学院、教育学院、独立函授学院、广播电视大学、其他机构。其他机构是指承担国家成人招生计划任务不计校数的机构。

其他资料

其他资料一　全国行政区划(2019年底)

单位：个

省级区划名称	地级区划数	#地级市	县级区划数	#市辖区	#县级市	#县(旗)	#自治县(自治旗)	乡镇级区划数	#镇	#乡(苏木)	#民族乡	#街道
全　国	**333**	**293**	**2846**	**965**	**387**	**1323**	**120**	**38755**	**21013**	**9221**	**966**	**8519**
北京市			16	16				333	143	38	5	152
天津市			16	16				248	126	3	1	119
河北省	11	11	168	47	21	94	6	2255	1155	789	46	310
山西省	11	11	117	26	11	80		1396	577	612		207
内蒙古自治区	12	9	103	23	11	17	3	1024	508	270	17	246
辽宁省	14	14	100	59	16	17	8	1355	640	201	54	514
吉林省	9	8	60	21	20	16	3	937	426	182	28	329
黑龙江省	13	12	121	54	21	45	1	1240	557	345	52	338
上海市			16	16				215	106	2		107
江苏省	13	13	96	55	22	19		1261	718	40	1	503
浙江省	11	11	90	37	20	32	1	1360	619	259	14	482
安徽省	16	16	105	44	9	52		1498	968	271	9	259
福建省	9	9	85	29	12	44		1107	653	270	19	184
江西省	11	11	100	27	11	62		1563	828	570	8	165
山东省	16	16	137	57	27	53		1824	1087	68		669
河南省	17	17	158	53	22	83		2451	1173	618	12	660
湖北省	13	12	103	39	25	36	2	1249	760	162	10	327
湖南省	14	13	122	36	18	61	7	1937	1134	392	83	411
广东省	21	21	122	65	20	34	3	1606	1114	11	7	481
广西壮族自治区	14	14	111	41	9	49	12	1250	806	312	59	132
海南省	4	4	23	8	5	4	6	218	175	21		22
重庆市			38	26		8	4	1029	629	172	14	228
四川省	21	18	183	54	18	107	4	3440	1926	1065	83	449
贵州省	9	6	88	15	9	52	11	1440	837	315	193	288
云南省	16	8	129	17	17	66	29	1407	679	540	140	188
西藏自治区	7	6	74	8		66		697	142	534	9	21
陕西省	10	10	107	30	6	71		1312	975	21		316
甘肃省	14	12	86	17	5	57	7	1357	892	337	32	128
青海省	8	2	44	7	4	26	7	403	144	222	28	37
宁夏回族自治区	5	5	22	9	2	11		240	103	90		47
新疆维吾尔自治区	14	4	106	13	26	61	6	1103	413	489	42	200
香港特别行政区												
澳门特别行政区												
台湾省												

注：乡镇级总数包含河北省、新疆维吾尔自治区的各一个区公所。

其他资料二　全国国民经济和社会发展总量与速度指标

指　　标	总量指标			
	1978年	2000年	2018年	2019年
人口(万人)				
总人口(年末)	96259	126743	139538	140005
城镇人口	17245	45906	83137	84843
乡村人口	79014	80837	56401	55162
就业(万人)				
就业人员数	40152	72085	77586	77471
第一产业	28318	36043	20258	19445
第二产业	6945	16219	21390	21305
第三产业	4890	19823	35938	36721
城镇登记失业人数	530	595	974	945
国民经济核算				
国民总收入(亿元)	3678.7	99066.1	896915.6	988528.9
国内生产总值(亿元)	3678.7	100280.1	900309.5	990865.1
第一产业	1018.5	14717.4	64734.0	70466.7
第二产业	1755.2	45664.8	366000.9	386165.3
第三产业	905.1	39897.9	469574.6	534233.1
人均国民总收入(元)	385	7846	64400	70892
人均国内生产总值(元)	385	7942	64644	70725
人民生活				
全国居民人均可支配收入(元)	171	3721	28228	30733
城镇居民人均可支配收入(元)	343	6256	39251	42359
农村居民人均可支配收入(元)	134	2282	14617	16021
财政(亿元)				
一般公共预算收入	1132.3	13395.2	183359.8	190390.1
一般公共预算支出	1122.1	15886.5	220904.1	238858.4
能源(万吨标准煤)				
能源生产总量	62770	138570	377000	397000
能源消费总量	57144	146964	464000	487000

指数(%) (2019年为以下各年)			平均增长速度(%)	
1978年	2000年	2018年	1979—2019年	2001—2019年
145.4	110.5	100.3	0.9	0.5
492.0	184.8	102.1	4.0	3.3
69.8	68.2	97.8	-0.9	-2.0
192.9	107.5	99.9	1.6	0.4
68.7	54.0	96.0	-0.9	-3.2
306.8	131.4	99.6	2.8	1.4
750.9	185.2	102.2	5.0	3.3
178.3	158.8	97.0	1.4	2.5
3920.0	522.0	106.4	9.4	9.1
3929.2	516.9	106.1	9.4	9.0
573.0	208.1	103.1	4.3	3.9
5901.7	550.2	105.7	10.5	9.4
5677.0	592.2	106.9	10.4	9.8
2688.0	466.9	105.7	8.4	8.4
2681.6	471.5	106.1	8.4	8.5
2679.7	535.2	105.8	8.4	9.2
1708.4	446.9	105.0	7.2	8.2
2066.0	422.0	106.2	7.7	7.9
16194.1	1368.8	106.2	13.2	14.8
19686.8	1390.5	108.7	13.9	15.1
634.3	287.4	105.1	4.6	5.7
853.1	331.7	103.3	5.4	6.5

其他资料二　续表 1

指　　标	总量指标			
	1978年	2000年	2018年	2019年
固定资产投资				
全社会固定资产投资(亿元)		32917.7	645675.0	560874.3
#房地产开发		4984.1	120263.5	132194.3
对外经济贸易				
货物进出口总额(亿元)	355.0	39273.3	305008.1	315627.3
出口额	167.7	20634.4	164127.8	172373.6
进口额	187.4	18638.8	140880.3	143253.7
外商直接投资(亿美元)		407.2	1349.7	1381.4
农业				
农林牧渔业总产值(亿元)	1397.0	24915.8	113579.5	123967.9
主要农产品产量(万吨)				
谷　物		40522.4	61003.6	61369.7
棉　花	216.7	441.7	610.3	588.9
油　料	521.8	2954.8	3433.4	3493.0
肉　类		6013.9	8624.6	7758.8
水产品	465.4	3706.2	6457.7	6480.4
工业				
主要工业产量				
原　煤(亿吨)	6.2	13.8	36.8	38.5
天然气(亿立方米)	137.3	272.0	1602.7	1761.7
水　泥(亿吨)	6524.0	59700.0	220770.7	234430.6
粗　钢(万吨)	3178.0	12850.0	92800.9	99541.9
钢　材(万吨)	2208.0	13146.0	110551.7	120456.9
金属切削机床(万台)	18.3	17.7	48.9	42.1
汽　车(万辆)	14.9	207.0	2781.9	2567.7
发电机组(万千瓦)	483.8	1249.0	10600.5	9073.7
发电量(亿千瓦小时)	2566.0	13556.0	71117.7	75034.3
规模以上工业企业				
主要指标(亿元)				

指数(%)(2019年为以下各年)			平均增长速度(%)	
1978年	2000年	2018年	1979—2019年	2001—2019年
		105.1		19.6
		110.0		21.3
88899.1	803.7	103.5	18.0	11.6
102817.6	835.4	105.0	18.4	11.8
76446.8	768.6	101.7	17.6	11.3
	339.3	102.3		6.6
903.4	230.8	102.8	5.5	4.5
	151.4	100.6		2.2
271.8	133.3	96.5	2.5	1.5
669.4	118.2	101.7	4.7	0.9
	129.0	90.0	5.3	1.3
1392.6	174.9	100.4	6.6	3.0
622.3	277.9	104.0	4.6	5.5
1283.1	647.7	110.0	6.4	10.3
3593.4	392.7	104.8	9.1	7.5
3132.2	774.6	107.1	8.8	11.4
5455.5	916.3	106.3	10.2	12.4
229.8	238.4	77.9	2.1	4.7
17221.2	1240.4	92.3	13.4	14.2
1875.5	726.5	83.3	7.4	11.0
2924.7	553.5	104.7	8.6	9.4

其他资料二 续表 2

指标	总量指标			
	1978年	2000年	2018年	2019年
资产总计		126211	1134382	1205869
营业收入		84152	1049491	1067397
利润总额		4393	66351	65799
建筑业				
建筑业总产值(亿元)		12498	235086	248443
房地产业				
房地产企业房屋施工面积(万平方米)		65897	822300	893821
房地产企业房屋竣工面积(万平方米)		25105	94421	95942
房地产企业商品房销售面积(万平方米)		18637	171465	171558
#住宅		16570	147760	150144
房地产企业商品房销售额(亿元)		3935	149614	159725
#住宅		3229	126374	139440
批发、零售和旅游业				
社会消费品零售总额(亿元)	1558.6	39105.7	380986.9	408017.2
入境旅客(万人次)	180.9	8344.4	14119.8	14530.8
#外国人(万人次)	23.0	1016.0	3054.3	3188.3
国际旅游收入(亿美元)	2.6	162.2	1271.0	1312.5
国内旅客(百万人次)		744.0	5539.0	6006.0
国内旅游总花费(亿元)		3175.5	51278.3	57250.9
交通运输业				
客运量(万人)	253993.0	1478573.0	1793820.0	1760435.7
铁　路	81491.0	105073.0	337494.7	366002.3
公　路	149229.0	1347392.0	1367170.4	1301172.9
水　运	23042.0	19386.0	27981.5	27267.1
民　航	231.0	6722.0	61173.8	65993.4
货运量(万吨)	319431.0	1358682.0	5152731.6	4713624.4
铁　路	110119.0	178581.0	402630.9	438904.4
公　路	151602.0	1038813.0	3956870.7	3435480.0
水　运	47357.0	122391.0	702684.3	747225.5

指数(%)（2019年为以下各年）			平均增长速度(%)	
1978年	2000年	2018年	1979—2019年	2001—2019年
	1987.9	110.0		17.0
	1356.4	108.7		14.7
	382.2	101.6		7.3
	920.5	100.1		12.4
	906.1	101.6		12.3
	4058.6	106.8		21.5
	4318.9	110.3		21.9
26178.4	1061.2	108.0	14.5	13.2
8031.5	174.1	102.9	11.3	3.0
13883.7	313.8	104.4	12.8	6.2
49906.5	809.0	103.3	16.4	11.6
	807.3	108.4		11.6
	1802.9	111.6		16.4
693.1	119.1	98.1	4.8	0.9
449.1	348.3	108.4	3.7	6.8
871.9	96.6	95.2	5.4	-0.2
118.3	140.7	97.4	0.4	1.8
28568.6	981.8	107.9	14.8	12.8
1475.6	346.9	91.5	6.8	6.8
398.6	245.8	109.0	3.4	4.8
2266.1	330.7	86.8	7.9	6.5
1577.9	610.5	106.3	7.0	10.0

其他资料二　续表 3

指　　标	总量指标			
	1978年	2000年	2018年	2019年
民　航	6.4	196.7	738.5	753.1
管　道	10347.0	18700.0	89807.1	91261.4
沿海规模以上港口货物吞吐量(万吨)	19834.0	125603.0	922392.0	918773.8
民用汽车拥有量(万辆)	135.8	1608.9	23231.2	25376.4
#私人汽车		625.3	20574.9	22509.0
邮政、电信和信息软件业				
邮政业务总量(亿元)	14.9	232.8	12345.2	16229.6
电信业务总量(亿元)	19.2	4559.9	65633.9	106810.7
移动电话年末用户(万户)		8453.3	156609.8	160134.5
固定电话年末用户(万户)	192.5	14482.9	19208.5	19103.3
互联网宽带接入用户(万户)			40738.2	44927.9
软件业务收入(亿元)			61908.7	72432.1
金融业				
社会融资规模存量(万亿元)			200.7	251.4
货币和准货币(M2)(万亿元)		13.5	182.7	198.6
货币(M1)(万亿元)		5.3	55.2	57.6
流通中现金(M0)(万亿元)		1.5	7.3	7.7
金融机构人民币各项存款余额(万亿元)	0.1	12.4	177.5	192.9
金融机构人民币各项贷款余额(万亿元)	0.2	9.9	136.3	153.1
境内股票发行金额(亿元)		1515.8	11377.9	12538.8
保险公司保费金额(亿元)		1598.0	38013.3	42644.8
保险公司赔款及给付金额(亿元)		526.0	12297.0	12893.9
科学技术				
研究与试验发展经费支出(亿元)		896.0	19677.9	22143.6
发明专利申请授权数(件)		12683.0	432147.0	452804.0
技术市场成交额(亿元)		651.0	17697.0	22398.4
教育				
专任教师数(万人)				
#普通高等学校	20.6	46.3	167.3	174.0

指数(%)(2019年为以下各年)			平均增长速度(%)	
1978年	2000年	2018年	1979—2019年	2001—2019年
882.0	382.9	102.0	12.3	7.3
868.0	488.0	101.6	5.5	8.7
	731.5	99.6		11.0
18681.1	1577.2	109.2	13.6	15.6
	3599.5	109.4		20.8
	1894.3	102.3		16.7
9921.5	131.9	99.5	11.9	1.5
		110.3		
		117.0		
		110.7		
	1406.9	108.7		14.9
	1067.1	104.4		13.3
	527.6	105.4		9.1
157737.6	1480.0	108.7	19.7	15.2
99964.0	1654.0	112.3	18.3	15.9
	827.2	110.2		11.8
	2668.6	112.2		18.9
	2451.3	104.9		18.3
	2471.4	112.5		18.4
	3570.2	104.8		20.7
	3440.6	126.6		20.5
844.7	375.8	104.0	5.3	7.2

其他资料二 续表 4

指　　标	总量指标			
	1978年	2000年	2018年	2019年
普通高中	74.1	75.7	181.3	185.9
初中	244.1	328.7	363.9	374.7
普通小学	522.6	586.0	609.2	626.9
在校学生数(万人)				
#普通本专科	85.6	556.1	2831.0	3031.5
普通高中	1553.1	1201.3	2375.4	2414.3
初中	4995.2	6256.3	4652.6	4827.1
普通小学	14624.0	13013.3	10339.3	10561.2
教育经费支出(亿元)		3849.1	46143.0	
卫生				
医院(个)	9293.0	16318.0	33009.0	34354.0
执业(助理)医师(万人)	97.8	207.6	360.7	386.7
医院床位数(万张)	110.0	216.7	652.0	686.7
卫生总费用(亿元)	110.2	4586.6	59121.9	65841.4
文化体育				
图书出版总印数(亿册、亿张)	37.7	62.7	100.1	106.0
电视节目制作时间(万小时)		58.5	357.7	345.6
故事影片产量(部)	46.0	91.0	902.0	850.0
社会保险				
社会保险基金收入(亿元)		2644.9	79254.8	83550.4
社会保险基金支出(亿元)		2385.6	67792.7	75346.6
参加基本养老保险人数(万人)		13617.4	94293.3	96753.9
参加失业保险人数(万人)		10408.4	19643.5	20542.7
参加基本医疗保险人数(万人)		3786.9	134458.6	135407.4

注：本表速度指标中，国民总收入、国内生产总值、农林牧渔业总产值、城乡居民收入指标均按可比价格计算；固定资产投资类指标平均增长速度按累计法计算；货币供应量、财政收入和支出的平均增长速度按年度增速计算；其他指标按绝对数计算。

指数(%)（2019年为以下各年）			平均增长速度(%)	
1978年	2000年	2018年	1979—2019年	2001—2019年
250.9	245.6	102.6	2.3	4.8
153.5	114.0	104.0	1.1	0.7
12.0	107.0	102.9	0.4	0.4
3541.5	545.1	107.1	9.1	9.3
155.5	201.0	101.6	1.1	3.7
96.6	77.2	103.8	-0.1	-1.4
72.2	81.2	102.1	-0.8	-1.1
369.7	210.5	104.1	3.2	4.0
395.3	186.3	107.2	3.4	3.3
624.2	316.9	105.3	4.6	6.3
59741.8	1435.5	111.4	16.9	15.1
281.1	169.0	105.9	2.6	2.8
	590.7	96.6		9.8
1847.8	934.1	94.2	7.4	12.5
	3158.9	105.4		19.9
	3158.4	111.1		19.9
	710.5	102.6		10.9
	197.4	104.6		3.6
	3575.6	100.7		20.7

附 录

收编了各类少数民族方面的资料。

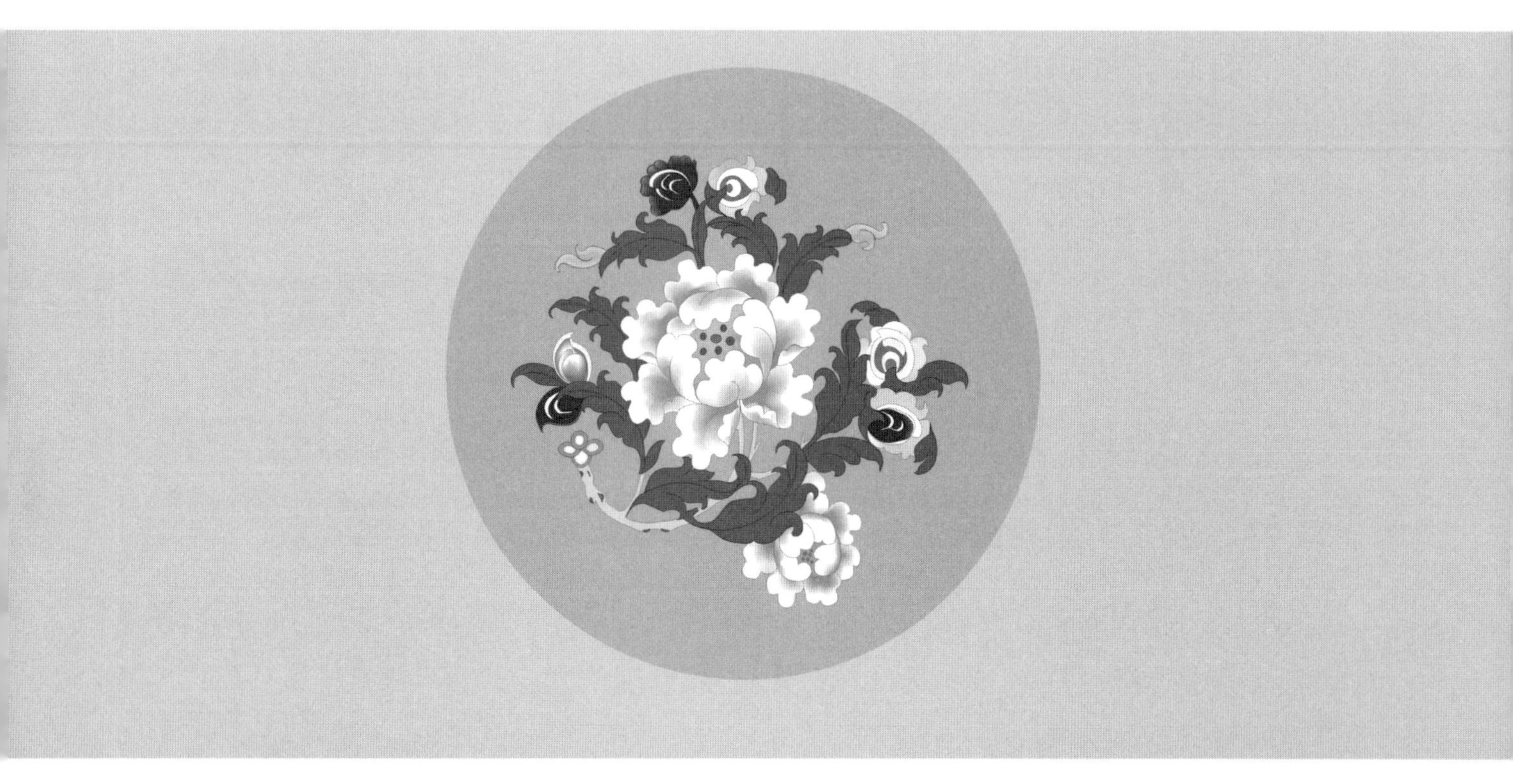

民族自治地方、民族乡名单

■民族自治地方一览表

民族自治地方	建立时间	首府驻地	面积(万平方公里)
自治区			
内蒙古自治区	1947.5.1	呼和浩特市	118.3000
广西壮族自治区	1958.3.15	南宁市	23.6660
西藏自治区	1965.9.1	拉萨市	122.8400
宁夏回族自治区	1958.10.25	银川市	6.6400
新疆维吾尔自治区	1955.10.1	乌鲁木齐市	166.0400
自治州			
吉林省			
延边朝鲜族自治州	1952.9.3	延吉市	4.3559
湖北省			
恩施土家族苗族自治州	1983.12.1	恩施市	2.3902
湖南省			
湘西土家族苗族自治州	1957.9.20	吉首市	1.5461
四川省			
甘孜藏族自治州	1950.11.24	康定县城关镇	15.1078
凉山彝族自治州	1952.10.1	西昌市	6.0111
阿坝藏族羌族自治州	1953.1.1	马尔康镇	8.3201
贵州省			
黔东南苗族侗族自治州	1956.7.23	凯里市	3.0339
黔南布依族苗族自治州	1956.8.8	都匀市	2.6207
黔西南布依族苗族自治州	1982.5.1	兴义市	1.6804
云南省			
西双版纳傣族自治州	1953.1.24	允景洪镇	1.9700
德宏傣族景颇族自治州	1953.7.24	芒市镇	1.1526
怒江傈僳族自治州	1954.8.23	鲁掌镇	1.4703
大理白族自治州	1956.11.22	大理市	2.9460
迪庆藏族自治州	1957.9.13	中心镇	2.3870
红河哈尼族彝族自治州	1957.11.18	蒙自市	3.2929
文山壮族苗族自治州	1958.4.1	开化镇	3.2239
楚雄彝族自治州	1958.4.15	楚雄市	2.9256

续表 1

民族自治地方	建立时间	首府驻地	面积(万平方公里)
甘肃省			
甘南藏族自治州	1953.10.1	合作镇	4.0898
临夏回族自治州	1956.11.19	临夏市	0.8166
青海省			
玉树藏族自治州	1951.12.25	结古镇	18.8794
海南藏族自治州	1953.12.6	恰卜恰镇	4.5895
黄南藏族自治州	1953.12.22	隆务镇	1.7921
海北藏族自治州	1953.12.31	浩门镇	3.9354
果洛藏族自治州	1954.1.1	大武镇	7.6312
海西蒙古族藏族自治州	1954.1.25	德令哈市	32.5785
新疆维吾尔自治区			
巴音郭楞蒙古自治州	1954.6.23	库尔勒市	46.2700
博尔塔拉蒙古自治州	1954.7.13	博乐市	2.5074
克孜勒苏柯尔克孜自治州	1954.7.14	阿图什市	6.9112
昌吉回族自治州	1954.7.15	昌吉市	7.7129
伊犁哈萨克自治州	1954.11.27	伊宁市	49.0039
自治县(旗)			
河北省			
孟村回族自治县	1955.11.30	孟村镇	0.0393
大厂回族自治县	1955.12.7	大厂镇	0.0176
青龙满族自治县	1987.5.10	青龙镇	0.3309
丰宁满族自治县	1987.5.15	大阁镇	0.8747
围场满族蒙古族自治县	1990.6.12	围场镇	0.9058
宽城满族自治县	1990.6.16	宽城镇	0.1933
内蒙古自治区			
鄂伦春自治旗	1951.10.1	阿里河镇	6.0378
鄂温克族自治旗	1958.8.1	巴彦托海镇	1.8750
莫力达瓦达斡尔族自治旗	1958.8.15	尼尔基镇	1.0985
辽宁省			
喀喇沁左翼蒙古族自治县	1958.4.1	大城子镇	0.2238
阜新蒙古族自治县	1958.4.7	阜新镇	0.6284
新宾满族自治县	1985.6.7	新宾镇	0.4287
岫岩满族自治县	1985.6.11	岫岩镇	0.4507
清原满族自治县	1990.6.6	清原镇	0.3926
本溪满族自治县	1990.6.8	小市镇	0.3362
桓仁满族自治县	1990.6.10	桓仁镇	0.3548
宽甸满族自治县	1990.6.12	宽甸镇	0.6125
吉林省			
前郭尔罗斯蒙古族自治县	1956.9.1	前郭镇	0.7076
长白朝鲜族自治县	1958.9.15	长白镇	0.2498
伊通满族自治县	1989.8.30	伊通镇	0.2523

续表 2

民族自治地方	建立时间	首府驻地	面积(万平方公里)
黑龙江省			
杜尔伯特蒙古族自治县	1956.12.5	泰康镇	0.6427
浙江省			
景宁畲族自治县	1984.12.24	鹤溪镇	0.1950
湖北省			
长阳土家族自治县	1984.12.8	龙舟坪镇	0.3430
五峰土家族自治县	1984.12.12	五峰镇	0.2072
湖南省			
通道侗族自治县	1954.5.7	双江镇	0.2225
江华瑶族自治县	1955.11.25	沱江镇	0.3216
城步苗族自治县	1956.11.30	儒林镇	0.2620
新晃侗族自治县	1956.12.5	新晃镇	0.1511
芷江侗族自治县	1987.9.24	芷江镇	0.2096
靖州苗族侗族自治县	1987.9.27	渠阳镇	0.2211
麻阳苗族自治县	1990.4.1	高村镇	0.1561
广东省			
连南瑶族自治县	1953.1.25	三江镇	0.1231
连山壮族瑶族自治县	1962.9.26	吉田镇	0.1264
乳源瑶族自治县	1963.10.1	乳城镇	0.2125
广西壮族自治区			
龙胜各族自治县	1951.8.19	龙胜镇	0.2537
金秀瑶族自治县	1952.5.28	金秀镇	0.2517
融水苗族自治县	1952.11.26	融水镇	0.4665
三江侗族自治县	1952.12.3	古宜镇	0.2455
隆林各族自治县	1953.1.1	新州镇	0.3542
都安瑶族自治县	1955.12.15	安阳镇	0.4092
巴马瑶族自治县	1956.2.6	巴马镇	0.1966
富川瑶族自治县	1984.1.1	富阳镇	0.1572
罗城仫佬族自治县	1984.1.10	东门镇	0.2639
环江毛南族自治县	1987.11.24	思恩镇	0.4558
大化瑶族自治县	1987.12.23	大化镇	0.2754
恭城瑶族自治县	1990.10.15	恭城镇	0.2149
海南省			
乐东黎族自治县	1987.12.28	抱由镇	0.2746
琼中黎族苗族自治县	1987.12.28	营根镇	0.2693
保亭黎族苗族自治县	1987.12.30	保城镇	0.1161
昌江黎族自治县	1987.12.30	石碌镇	0.1596
白沙黎族自治县	1987.12.30	牙叉镇	0.2118
陵水黎族自治县	1987.12.30	陵城镇	0.1128

续表 3

民族自治地方	建立时间	首府驻地	面积(万平方公里)
重庆市			
秀山土家族苗族自治县	1983.11.7	中和镇	0.2450
酉阳土家族苗族自治县	1983.11.11	钟多镇	0.5173
彭水苗族土家族自治县	1984.11.10	汉葭镇	0.3903
石柱土家族自治县	1984.11.18	南宾镇	0.3031
四川省			
北川羌族自治县	2003.10.25	曲山镇	0.2865
木里藏族自治县	1953.2.19	博瓦镇	1.3246
峨边彝族自治县	1984.10.5	沙坪镇	0.2395
马边彝族自治县	1984.10.9	民建镇	0.2383
贵州省			
威宁彝族回族苗族自治县	1954.11.11	城关镇	0.6294
松桃苗族自治县	1956.12.31	城关镇	0.2861
三都水族自治县	1957.1.2	三合镇	0.2384
镇宁布依苗族自治县	1963.9.11	城关镇	0.1721
紫云苗族布依族自治县	1966.2.11	松山镇	0.2284
关岭布依族苗族自治县	1981.12.31	关索镇	0.1468
玉屏侗族自治县	1984.11.7	平溪镇	0.0517
印江土家族苗族自治县	1987.11.20	印江镇	0.1961
沿河土家族自治县	1987.11.23	和平镇	0.2469
务川仡佬族苗族自治县	1987.11.26	都濡镇	0.2773
道真仡佬族苗族自治县	1987.11.29	玉溪镇	0.2156
云南省			
峨山彝族自治县	1951.5.12	双江镇	0.1972
澜沧拉祜族自治县	1953.4.7	勐朗镇	0.8807
江城哈尼族彝族自治县	1954.5.18	勐烈镇	0.3476
孟连傣族拉祜族佤族自治县	1954.6.16	孟连镇	0.1957
耿马傣族佤族自治县	1955.10.16	耿宣镇	0.3837
宁蒗彝族自治县	1956.9.20	大兴镇	0.0206
贡山独龙族怒族自治县	1956.10.1	茨开镇	0.4506
巍山彝族回族自治县	1956.11.9	文华镇	0.2266
石林彝族自治县	1956.12.31	鹿阜镇	0.1777
玉龙纳西族自治县	1961.4.10	黄山镇	0.6521
屏边苗族自治县	1963.7.1	玉屏镇	0.1906
河口瑶族自治县	1963.7.11	河口镇	0.1313
沧源佤族自治县	1964.2.28	勐董镇	0.2539
西盟佤族自治县	1965.3.5	西盟镇	0.1391
南涧彝族自治县	1965.11.27	南涧镇	0.1802
墨江哈尼族自治县	1979.11.28	玖联镇	0.5459
寻甸回族彝族自治县	1979.12.20	仁德镇	0.3966

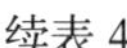

续表 4

民族自治地方	建立时间	首府驻地	面积(万平方公里)
元江哈尼族彝族傣族自治县	1980.11.12	澧江镇	0.2858
新平彝族傣族自治县	1980.11.25	桂山镇	0.4223
维西傈僳族自治县	1985.10.13	保和镇	0.4661
漾濞彝族自治县	1985.11.1	上街镇	0.1957
禄劝彝族苗族自治县	1985.11.25	屏山镇	0.4378
金平苗族瑶族傣族自治县	1985.12.7	金河镇	0.3677
普洱哈尼族彝族自治县	1985.12.15	宁洱镇	0.3670
景东彝族自治县	1985.12.20	锦屏镇	0.4532
景谷傣族彝族自治县	1985.12.25	威远镇	0.7777
双江拉祜族佤族布朗族傣族自治县	1985.12.30	勐勐镇	0.2292
兰坪白族普米族自治县	1988.5.25	金顶镇	0.4555
镇沅彝族哈尼族拉祜族自治县	1990.5.15	按板镇	0.4223
甘肃省			
天祝藏族自治县	1950.5.6	华藏寺镇	0.7147
肃北蒙古族自治县	1950.7.29	党城湾镇	6.6748
东乡族自治县	1950.9.25	锁南镇	0.1510
张家川回族自治县	1953.7.6	张家川镇	0.1293
肃南裕固族自治县	1954.4.20	红湾寺镇	2.3041
阿克塞哈萨克族自治县	1954.4.27	博罗转井镇	3.3333
积石山保安族东乡族撒拉族自治县	1981.9.30	吹麻滩镇	0.0910
青海省			
门源回族自治县	1953.12.19	浩门镇	0.6896
互助土族自治县	1954.2.17	威远镇	0.3320
化隆回族自治县	1954.3.1	巴燕镇	0.2740
循化撒拉族自治县	1954.3.1	积石镇	0.1749
河南蒙古族自治县	1954.10.16	优干宁	0.6250
民和回族土族自治县	1986.6.27	上川口镇	0.1780
大通回族土族自治县	1986.7.10	桥头镇	0.3090
新疆维吾尔自治区			
焉耆回族自治县	1954.3.15	焉耆镇	0.2439
察布查尔锡伯自治县	1954.3.25	察布查尔镇	0.4469
木垒哈萨克自治县	1954.7.17	木垒镇	1.3235
和布克赛尔蒙古自治县	1954.9.10	和布克赛尔镇	3.2000
塔什库尔干塔吉克自治县	1954.9.17	塔什库尔干镇	5.2300
巴里坤哈萨克自治县	1954.9.30	巴里坤镇	3.5714

■民族乡一览表

地　区	数　量	民族乡名称
北京市	5	朝阳区常营回族乡、通州区于家务回族乡、密云县檀营满族蒙古族乡、怀柔区喇叭沟门满族乡、怀柔区长哨营满族乡
天津市	1	蓟县孙各庄满族乡
河北省	46	石家庄市新乐市彭家庄回族乡、石家庄市藁城市九门回族乡、石家庄市无极县高头回族乡、唐山市遵化市汤泉满族乡、唐山市遵化市西下营满族乡、唐山市遵化市东陵满族乡、邯郸市邱县陈村回族乡、邯郸市大名县营镇回族乡、保定市易县凌云册满族回族乡、保定市定州市号头庄回族乡、张家口市沽源县大二号回族乡、张家口市怀来县王家楼回族乡、廊坊市永清县管家务回族乡、廊坊市文安县大围河回族满族乡、承德市丰宁满族自治县南关蒙古族乡、承德市滦平县平坊满族乡、承德市滦平县安纯沟门满族乡、承德市滦平县五道营子满族乡、承德市滦平县邓厂满族乡、承德市滦平县马营子满族乡、承德市滦平县付家店满族乡、承德市滦平县小营满族乡、承德市滦平县西沟满族乡、承德市承德县岗子满族乡、承德市承德县两家满族乡、承德市兴隆县八卦岭满族乡、承德市兴隆县南天门满族乡、承德市隆化县尹家营满族乡、承德市隆化县庙子沟蒙古族满族乡、承德市隆化县偏坡营满族乡、承德市隆化县八达营蒙古族乡、承德市隆化县太平庄满族乡、承德市隆化县旧屯满族乡、承德市隆化县西阿超满族蒙古族乡、承德市隆化县白虎沟蒙古族满族乡、承德市平泉县七家岱满族乡、承德市平泉县茅兰沟满族蒙古族乡、沧州市黄骅市羊二庄回族乡、沧州市黄骅市新村回族乡、沧州市河间市果子洼回族乡、沧州市献县本斋回族乡、沧州市沧县大褚村回族乡、沧州市沧县杜林回族乡、沧州市沧县李天木回族乡、沧州市沧县捷地回族乡、沧州市黄骅市羊三木回族乡
内蒙古自治区	17	呼伦贝尔市莫力达瓦达斡尔族自治旗巴彦鄂温克民族乡、呼伦贝尔市莫力达瓦达斡尔族自治旗杜拉尔鄂温克民族乡、呼伦贝尔市扎兰屯市达斡尔民族乡、呼伦贝尔市扎兰屯市萨马街鄂温克民族乡、呼伦贝尔市扎兰屯市南木鄂伦春民族乡、呼伦贝尔市阿荣旗查巴奇鄂温克民族乡、呼伦贝尔市阿荣旗新发朝鲜族民族乡、呼伦贝尔市阿荣旗音河达斡尔鄂温克民族乡、呼伦贝尔市阿荣旗得力其尔鄂温克民族乡、呼伦贝尔市根河市敖鲁古雅鄂温克民族乡、呼伦贝尔市额尔古纳市三河回族乡、呼伦贝尔市额尔古纳市室韦俄罗斯民族乡、兴安盟科尔沁右翼前旗满族屯满族乡、赤峰市松山区当铺地满族乡、赤峰市喀喇沁旗十家满族乡、乌兰察布市凉城县曹碾满族乡、呼伦贝尔市鄂温克族自治旗巴彦塔拉达斡尔族乡
辽宁省	54	沈阳市康平县柳树屯蒙古族满族乡、沈阳市康平县沙金台蒙古族满族乡、沈阳市法库县四家子蒙古族乡、沈阳市康平县东升满族蒙古族乡、沈阳市康平县西关屯蒙古族满族乡、大连市瓦房店市三台满族乡、大连市瓦房店市杨家满族乡、大连市庄河市太平岭满族乡、大连市庄河市桂云花满族乡、抚顺市抚顺县拉古满族乡、抚顺市抚顺县汤图满族乡、本溪市桓仁满族自治县雅河朝鲜族乡、丹东市宽甸满族自治县下露河朝鲜族乡、丹东市东港市合隆满族乡、丹东市凤城市大堡蒙古族乡、锦州市义县地藏寺满族乡、锦州市义县大定堡满族乡、阜新市彰武县二道河子蒙古族乡、辽阳市辽阳县吉洞峪满族乡、辽阳市辽阳县甜水满族乡、铁岭市开原市林丰满族乡、铁岭市铁岭县白旗寨满族乡、铁岭市西丰县成平满族乡、铁岭市西丰县德兴满族乡、铁岭市西丰县和隆满族乡、铁岭市西丰县金星满族乡、铁岭市西丰县明德满族乡、铁岭市西丰县营厂满族乡、铁岭市清河区聂家满族乡、朝阳市北票市马友营蒙古族乡、朝阳市北票市凉水河蒙古族乡、朝阳市建平县三家蒙古族乡、朝阳市凌源市三家子蒙古族乡、朝阳市朝阳县松岭门蒙古族乡、朝阳市朝阳县乌兰河硕蒙古族乡、葫芦岛市绥中县西平坡满族乡、葫芦岛市绥中县范家满族乡、葫芦岛市绥中县高甸子满族乡、葫芦岛市绥中县葛家满族乡、葫芦岛市绥中县明水满族乡、葫芦岛市绥中县网户满族乡、葫芦岛市兴城市白塔满族乡、葫芦岛市兴城市大寨满族乡、葫芦岛市兴城市碱厂满族乡、葫芦岛市兴城市旧门满族乡

续表 1

地　区	数　量	民族乡名称
辽宁省	54	葫芦岛市兴城市刘台子满族乡、葫芦岛市兴城市南大山满族乡、葫芦岛市兴城市望海满族乡、葫芦岛市兴城市围屏满族乡、葫芦岛市兴城市羊安满族乡、葫芦岛市兴城市药王满族乡、葫芦岛市兴城市三道沟满族乡、葫芦岛市兴城市元台子满族乡、葫芦岛市建昌县二道湾子蒙古族乡
吉林省	28	延边朝鲜族自治州珲春市三家子满族乡、延边朝鲜族自治州珲春市杨泡满族乡、吉林市昌邑区土城子满族朝鲜族乡、吉林市昌邑区两家子满族乡、吉林市永吉县金家满族乡、吉林市蛟河市乌林朝鲜族乡、通化市梅河口市小杨满族朝鲜族乡、通化市集安市凉水朝鲜族乡、通化市通化县金斗朝鲜族满族乡、通化市通化县大泉源满族朝鲜族乡、通化市辉南县楼街朝鲜族乡、通化市柳河县姜家店朝鲜族乡、辽源市东丰县三合满族朝鲜族乡、长春市双阳区双营子回族乡、长春市榆树市延和朝鲜族乡、长春市九台市胡家回族乡、长春市九台市莽卡满族乡、白城市通榆县包拉温都蒙古族乡、白城市通榆县向海蒙古族乡、白城市洮南市呼和车力蒙古族乡、白城市洮南市胡力吐蒙古族乡、白城市镇赉县哈吐气蒙古族乡、白城市镇赉县莫莫格蒙古族乡、白城市大安市新艾里蒙古族乡、白城市洮北区德顺蒙古族乡、松原市扶余县三骏满族蒙古族锡伯族乡、四平市公主岭市龙山满族乡、四平市双辽市那木斯蒙古族乡
黑龙江省	52	哈尔滨市南岗区红旗满族乡、哈尔滨市双城市乐群满族乡、哈尔滨市双城市同心满族乡、哈尔滨市双城市希勤满族乡、哈尔滨市双城市青岭满族乡、哈尔滨市五常市红旗满族乡、哈尔滨市五常市营城子满族乡、哈尔滨市五常市民乐朝鲜族乡、哈尔滨市尚志市河东朝鲜族乡、哈尔滨市尚志市鱼池朝鲜族乡、哈尔滨市依兰县迎兰朝鲜族乡、齐齐哈尔市梅里斯达斡尔族区莽格吐达斡尔族乡、齐齐哈尔市泰来县宁姜蒙古族乡、齐齐哈尔市泰来县胜利蒙古族乡、齐齐哈尔市富裕县友谊达满柯族乡、齐齐哈尔市讷河市兴旺鄂温克族乡、齐齐哈尔市富拉尔基区杜尔门沁达族乡、牡丹江市西安区海南朝鲜族乡、牡丹江市宁安市江南朝鲜族满族乡、牡丹江市宁安市卧龙朝鲜族乡、牡丹江市穆棱市福禄朝鲜族满族乡、佳木斯市同江市街津口赫哲族乡、佳木斯市同江市八岔赫哲族乡、佳木斯市汤原县汤旺朝鲜族乡、佳木斯市桦川县星火朝鲜族乡、大庆市肇源县超等蒙古族乡、大庆市肇源县浩德蒙古族乡、大庆市肇源县义顺蒙古族乡、黑河市逊克县新鄂鄂伦春族乡、黑河市逊克县新兴鄂伦春族乡、黑河市爱辉区新生鄂伦春族乡、黑河市爱辉区四嘉子满族乡、黑河市爱辉区坤河达斡尔族满族乡、黑河市北安市主星朝鲜族乡、黑河市孙吴县沿江达斡尔族满族乡、绥化市北林区兴和朝鲜族乡、绥化市北林区红旗满族乡、绥化市望奎县厢白满族乡、绥化市望奎县灵山满族乡、伊春市铁力市年丰朝鲜族乡、鹤岗市萝北县东明朝鲜族乡、鹤岗市绥滨县福兴满族乡、大兴安岭地区呼玛县白银纳鄂伦春族乡、大兴安岭地区塔河县十八站鄂伦春族乡、双鸭山市饶河县四排赫哲族乡、双鸭山市友谊县成富朝鲜族满族乡、七台河市勃利县杏树朝鲜族乡、七台河市勃利县吉兴朝鲜族满族乡、鸡西市密山市和平朝鲜族乡、鸡西市鸡东县鸡林朝鲜族乡、鸡西市鸡东县明德朝鲜族乡、鸡西市城子河区永丰朝鲜族乡

续表 2

地　区	数　量	民族乡名称
江苏省	1	扬州市高邮市菱塘回族乡
浙江省	14	金华市兰溪市水亭畲族乡、衢州市龙游县沐尘畲族乡、丽水市莲都区丽新畲族乡、丽水市龙泉市竹垟畲族乡、丽水市云和县雾溪畲族乡、丽水市云和县安溪畲族乡、丽水市遂昌县三仁畲族乡、丽水市松阳县板桥畲族乡、杭州市桐庐县莪山畲族乡、温州市平阳县青街畲族乡、温州市苍南县岱岭畲族乡、温州市苍南县凤阳畲族乡、温州市文成县周山畲族乡、温州市泰顺县竹里畲族乡
安徽省	9	淮南市谢家集区孤堆回族乡、合肥市肥东县牌坊回族满族乡、滁州市定远县二龙回族乡、淮南市凤台县李冲回族乡、淮南市潘集区古沟回族乡、淮南市寿县陶店回族乡、宣城市宁国市云梯畲族乡、蚌埠市五河县临北回族乡、阜阳市颍上县赛涧回族乡
福建省	19	福州市罗源县霍口畲族乡、福州市连江县小沧畲族乡、宁德市福安市坂中畲族乡、宁德市福安市康厝畲族乡、宁德市福安市穆云畲族乡、宁德市霞浦县盐田畲族乡、宁德市霞浦县崇儒畲族乡、宁德市霞浦县水门畲族乡、宁德市蕉城区金涵畲族乡、宁德市福鼎市硖门畲族乡、宁德市福鼎市佳阳畲族乡、漳州市漳浦县赤岭畲族乡、漳州市漳浦县湖西畲族乡、漳州市龙海市隆教畲族乡、三明市永安市青水畲族乡、三明市宁化县治平畲族乡、龙岩市上杭县官庄畲族乡、龙岩市上杭县庐丰畲族乡、泉州市惠安县百崎回族乡
江西省	8	鹰潭市贵溪市樟坪畲族乡、上饶市铅山县太源畲族乡、上饶市铅山县篁碧畲族乡、吉安市永丰县龙冈畲族乡、赣州市南康市赤土畲族乡、吉安市青原区东固畲族乡、抚州市乐安县金竹畲族乡、吉安市峡江县金坪民族乡
河南省	12	郑州市荥阳市金寨回族乡、商丘市民权县伯党回族乡、商丘市民权县胡集回族乡、平顶山市叶县马庄回族乡、平顶山市郏县姚庄回族乡、新乡市封丘县荆乡回族乡、许昌市许昌县艾庄回族乡、许昌市禹州市山货回族乡、南阳市镇平县郭庄回族乡、南阳市方城县袁店回族乡、驻马店市西平县蔡寨回族乡、洛阳市瀍河回族区瀍河回族乡
湖北省	10	荆门市钟祥市九里回族乡、荆州市洪湖市老湾回族乡、荆州市松滋市卸甲坪土家族乡、宜昌市宜都市潘家湾土家族乡、十堰市郧西县湖北口回族乡、恩施土家族苗族自治州恩施市芭蕉侗族乡、恩施土家族苗族自治州宣恩县长潭河侗族乡、恩施土家族苗族自治州宣恩县晓关侗族乡、神农架林区下谷坪土家族乡、恩施土家族苗族自治州鹤峰县铁炉白族乡
湖南省	83	怀化市辰溪县罗子山瑶族乡、怀化市辰溪县苏木溪瑶族乡、怀化市辰溪县上蒲溪瑶族乡、怀化市辰溪县后塘瑶族乡、怀化市辰溪县仙人湾瑶族乡、怀化市洪江市深渡苗族乡、怀化市洪江市龙船塘瑶族乡、怀化市会同县炮团侗族苗族乡、怀化市会同县宝田侗族苗族乡、怀化市会同县蒲稳侗族苗族乡、怀化市会同县金子岩侗族苗族乡、怀化市会同县漠滨侗族苗族乡、怀化市会同县青朗侗族苗族乡、怀化市沅陵县二酉苗族乡、怀化市沅陵县火场土家族乡、怀化市中方县蒿吉坪瑶族乡、怀化市通道侗族自治县大高坪苗族乡、怀化市新晃侗族自治县步头降苗族乡、怀化市新晃侗族自治县米贝苗族乡、邵阳市绥宁县河口苗族乡、邵阳市绥宁县麻塘苗族乡、邵阳市绥宁县东山侗族乡、邵阳市绥宁县鹅公岭侗族苗族乡、

续表 3

地　区	数　量	民族乡名称
湖南省	83	邵阳市绥宁县寨市苗族侗族乡、邵阳市绥宁县乐安铺苗族侗族乡、邵阳市绥宁县关峡苗族乡、邵阳市绥宁县长铺子苗族乡、邵阳市隆回县山界回族乡、邵阳市隆回县虎形山瑶族乡、邵阳市洞口县那溪瑶族乡、邵阳市洞口县大屋瑶族乡、邵阳市洞口县长塘瑶族乡、邵阳市新宁县黄金瑶族乡、邵阳市新宁县麻林瑶族乡、永州市蓝山县荆竹瑶族乡、永州市蓝山县湘江源瑶族乡、永州市蓝山县浆洞瑶族乡、永州市蓝山县汇源瑶族乡、永州市蓝山县犁头瑶族乡、永州市蓝山县大桥瑶族乡、永州市江永县松柏瑶族乡、永州市江永县千家洞瑶族乡、永州市江永县兰溪瑶族乡、永州市江永县源口瑶族乡、永州市宁远县九疑瑶族乡、永州市宁远县棉花坪瑶族乡、永州市宁远县桐木漯瑶族乡、永州市宁远县五龙山瑶族乡、永州市道县横岭瑶族乡、永州市道县洪塘营瑶族乡、永州市道县审章塘瑶族乡、永州市祁阳县晒北滩瑶族乡、永州市新田县门楼下瑶族乡、永州市双牌县上梧江瑶族乡、永州市江华瑶族自治县小圩壮族乡、张家界市桑植县刘家坪白族乡、张家界市桑植县马合口白族乡、张家界市桑植县走马坪白族乡、张家界市桑植县芙蓉桥白族乡、张家界市桑植县洪家关白族乡、张家界市慈利县三官寺土家族乡、张家界市慈利县高峰土家族乡、张家界市慈利县金岩土家族乡、张家界市慈利县许家坊土家族乡、张家界市慈利县阳和土家族乡、张家界市慈利县甘堰土家族乡、张家界市慈利县赵家岗土家族乡、郴州市桂阳县白水瑶族乡、郴州市北湖区保和瑶族乡、郴州市北湖区仰天湖瑶族乡、郴州市宜章县莽山瑶族乡、郴州市汝城县文明瑶族乡、郴州市汝城县延寿瑶族乡、郴州市临武县西山瑶族乡、郴州市资兴市回龙山瑶族乡、郴州市资兴市八面山瑶族乡、常德市鼎城区许家桥回族维吾尔族乡、常德市汉寿县毛家滩回族维吾尔族乡、常德市桃源县枫树维吾尔族回族乡、常德市桃源县青林回族维吾尔族乡、株洲市炎陵县中村瑶族乡、衡阳市常宁市塔山瑶族乡、益阳市桃江县鲊埠回族乡
广东省	7	惠州市龙门县蓝田瑶族乡、清远市连州市三水瑶族乡、清远市连州市瑶安瑶族乡、清远市阳山县秤架瑶族乡、肇庆市怀集县下帅壮族瑶族乡、韶关市始兴县深渡水瑶族乡、河源市东源县漳溪畲族乡
广西壮族自治区	59	梧州市蒙山县长坪瑶族乡、梧州市蒙山县夏宜瑶族乡、贺州市八步区黄洞瑶族乡、贺州市平桂区大平瑶族乡、贺州市昭平县仙回瑶族乡、贺州市钟山县两安瑶族乡、贺州市钟山县花山瑶族乡、贵港市平南县马练瑶族乡、贵港市平南县国安瑶族乡、防城港市上思县南屏瑶族乡、防城港市防城区十万山瑶族乡、南宁市马山县古寨瑶族乡、南宁市马山县里当瑶族乡、南宁市上林县镇圩瑶族乡、柳州市三江侗族自治县同乐苗族乡、柳州市三江侗族自治县福禄苗族乡、柳州市三江侗族自治县高基瑶族乡、柳州市融水苗族自治县滚贝侗族乡、柳州市融水苗族自治县同练瑶族乡、柳州市柳城县古砦仫佬族乡、桂林市临桂县宛田瑶族乡、桂林市临桂县黄沙瑶族乡、桂林市灵川县大境瑶族乡、桂林市灵川县兰田瑶族乡、桂林市全州县蕉江瑶族乡、桂林市全州县东山瑶族乡、桂林市兴安县华江瑶族乡、桂林市灌阳县洞井瑶族乡、桂林市灌阳县西山瑶族乡、桂林市资源县车田苗族乡、桂林市资源县两水苗族乡、桂林市资源县河口瑶族乡、桂林市平乐县大发瑶族乡、桂林市荔浦市蒲芦瑶族乡、桂林市雁山区草坪回族乡、百色市右江区汪甸瑶族乡、百色市田东县作登瑶族乡、百色市田林县潞城瑶族乡、百色市田林县利周瑶族乡、百色市田林县八桂瑶族乡、百色市田林县八渡瑶族乡、百色市凌云县伶站瑶族乡、百色市凌云县朝里瑶族乡、百色市凌云县沙里瑶族乡、百色市凌云县玉洪瑶族乡、百色市西林县足别瑶族苗族乡、百色市西林县普合苗族乡、百色市西林县那佐苗族乡、河池市南丹县八圩瑶族乡、河池市南丹县里湖瑶族乡、河池市南丹县中堡苗族乡、河池市天峨县八腊瑶族乡、河池市凤山县平乐瑶族乡、河池市凤山县江洲瑶族乡、河池市凤山县金牙瑶族乡、河池市东兰县三弄瑶族乡、河池市环江毛南族自治县驯乐苗族乡、河池市宜州市北牙瑶族乡、河池市宜州市福龙瑶族乡
重庆市	14	奉节县云雾土家族乡、奉节县长安土家族乡、奉节县龙桥土家族乡、奉节县太和土家族乡、万州区恒合土家族乡、万州区地宝土家族乡、云阳县清水土家族乡、巫山县红椿土家族乡、巫山县邓家土家族乡、忠县磨子土家族乡、武隆区石桥苗族土家族乡、武隆区文复苗族土家族乡、武隆区后坪苗族土家族乡、武隆区浩口苗族仡佬族乡

续表 4

地 区	数 量	民族乡名称
四川省	83	甘孜州九龙县子耳彝族乡、甘孜州九龙县小金彝族乡、甘孜州九龙县朵落彝族乡、阿坝州松潘县十里回族乡、攀枝花市仁和区大龙潭彝族乡、攀枝花市仁和区啊喇彝族乡、攀枝花市米易县麻陇彝族乡、攀枝花市米易县白坡彝族乡 、攀枝花市米易县湾丘彝族乡、攀枝花市米易县新山傈僳族乡、攀枝花市盐边县红果彝族乡、攀枝花市盐边县温泉彝族乡、攀枝花市盐边县格萨拉彝族乡、攀枝花市盐边县红宝苗族彝族乡、泸州市叙永县白蜡苗族乡、泸州市叙永县合乐苗族乡、泸州市叙永县枧槽苗族乡、泸州市叙永县石厢子彝族乡、泸州市叙永县水潦彝族乡、泸州市古蔺县箭竹苗族乡、泸州市古蔺县大寨苗族乡、泸州市古蔺县马嘶苗族乡、广元市青川县蒿溪回族乡、广元市青川县大院回族乡、乐山市金口河区和平彝族乡、乐山市金口河区共安彝族乡、南充市阆中市博树回族乡、宜宾市筠连县高坪苗族乡、宜宾市筠连县联合苗族乡、宜宾市筠连县团林苗族乡、宜宾市屏山县屏边彝族乡、宜宾市屏山县清平彝族乡、宜宾市兴文县大坝苗族乡、宜宾市兴文县大河苗族乡、宜宾市兴文县麒麟苗族乡、宜宾市兴文县仙峰苗族乡、宜宾市珙县罗渡苗族乡、宜宾市珙县玉和苗族乡、宜宾市珙县观斗苗族乡、雅安市汉源县小堡藏族彝族乡、雅安市汉源县坭美彝族乡、雅安市汉源县永利彝族乡、雅安市汉源县顺河彝族乡、雅安市汉源县片马彝族乡、雅安市石棉县蟹螺藏族乡、雅安市石棉县栗子坪彝族乡、雅安市石棉县新民藏族彝族乡、雅安市石棉县草科藏族乡、雅安市石棉县王岗坪彝族藏族乡、雅安市宝兴县跷碛藏族乡、雅安市荥经县宝峰彝族民族乡、雅安市荥经县民建彝族民族乡、凉山州西昌市高草回族乡、凉山州西昌市裕隆回族乡、凉山州木里藏族自治县屋脚蒙古族乡、凉山州木里藏族自治县俄亚纳西族乡、凉山州木里藏族自治县白碉苗族乡、凉山州木里藏族自治县项脚蒙古族乡、凉山州木里藏族自治县固增苗族乡、凉山州盐源县大坡蒙古族乡、凉山州德昌县金沙傈僳族乡、凉山州德昌县南山傈僳族乡、凉山州会理县新安傣族乡、凉山州冕宁县和爱藏族乡、凉山州越西县保安藏族乡 绵阳市平武县木皮藏族乡、绵阳市平武县木座藏族乡、绵阳市平武县白马藏族乡、绵阳市平武县黄羊关藏族乡、绵阳市平武县虎牙藏族乡、绵阳市平武县泗耳藏族乡、绵阳市平武县锁江羌族乡、绵阳市平武县旧堡羌族乡、绵阳市平武县阔达藏族乡、绵阳市平武县土城藏族乡、绵阳市平武县平通羌族乡、绵阳市平武县豆叩羌族乡、绵阳市盐亭县大兴回族乡、绵阳市北川羌族自治县桃龙藏族乡、达州市宣汉渡口土家族乡、达州市宣汉龙泉土家族乡、达州市宣汉三墩土家族乡、达州市宣汉漆树土家族乡
贵州省	193	贵阳市南明区小碧布依族苗族乡、贵阳市花溪区高坡苗族乡、贵阳市花溪区孟关苗族布依族乡、贵阳市花溪区马铃布依族苗族乡、贵阳市花溪区黔陶布依族苗族乡、贵阳市乌当区偏坡布依族乡、贵阳市乌当区新堡布依族乡、贵阳市白云区牛场布依族乡、贵阳市白云区都拉布依族乡、贵阳市清镇市麦格苗族布依族乡、贵阳市清镇市王庄布依族苗族乡、贵阳市清镇市流长苗族乡、贵阳市开阳县高寨苗族布依族乡、贵阳市开阳县南江布依族苗族乡、贵阳市开阳县禾丰布依族苗族乡、贵阳市修文县大石布依族乡、贵阳市息烽县青山苗族乡、六盘水市水城县坪寨彝族乡、六盘水市水城县南开苗族彝族乡、六盘水市水城县青林苗族彝族乡、六盘水市水城县金盆苗族彝族乡、六盘水市水城县新街彝族苗族布依族乡、六盘水市水城县杨梅彝族苗族回族乡、六盘水市水城县野钟苗族彝族布依族乡、六盘水市水城县果布嘎彝族苗族布依族乡、六盘水市水城县龙场苗族白族彝族乡、六盘水市水城县营盘苗族彝族白族乡、六盘水市水城县顺场苗族彝族布依族乡、六盘水市水城县花戛苗族布依族彝族乡、六盘水市水城县猴场苗族布依族乡、六盘水市盘县普田回族乡、六盘水市盘县旧营白族彝族苗族乡、六盘水市盘县羊场布依族白族苗族乡、六盘水市盘县保基苗族彝族乡、六盘水市盘县淤泥彝族乡、六盘水市盘县普古彝族苗族乡、六盘水市盘县坪地彝族乡、六盘水市六枝特区梭戛苗族彝族乡、六盘水市六枝特区落别布依族彝族乡、六盘水市六枝特区中寨苗族彝族布依族乡

续表 5

地　区	数　量	民族乡名称
贵州省	193	六盘水市六枝特区牛场苗族彝族乡、六盘水市六枝特区月亮河彝族苗族乡、遵义市仁怀市后山苗族布依族乡、遵义市遵义县平正仡佬族乡、遵义市遵义县洪关苗族乡、遵义市桐梓县马鬃苗族乡、遵义市正安县谢坝仡佬族苗族乡、遵义市正安县市坪苗族仡佬族乡、遵义市余庆县花山苗族乡、遵义市道真仡佬族苗族自治县上坝土家族乡、安顺市西秀区鸡场布依族苗族乡、安顺市西秀区杨武布依族苗族乡、安顺市西秀区岩腊苗族布依族乡、安顺市西秀区新场布依族苗族乡、安顺市西秀区黄腊布依族苗族乡、安顺市平坝县十字回族乡、安顺市平坝县羊昌布依族苗族乡、安顺市普定县补郎苗族乡、安顺市普定县猴场苗族仡佬族乡、安顺市普定县猫洞苗族仡佬族乡、毕节市七星关区大屯彝族乡、毕节市七星关区田坎彝族乡、毕节市七星关区阿市苗族彝族乡、毕节市七星关区团结彝族苗族乡、毕节市七星关区阴底彝族苗族白族乡、毕节市七星关区千溪彝族苗族白族乡、毕节市黔西县永燊彝族苗族乡、毕节市黔西县新仁苗族乡、毕节市黔西县花溪彝族苗族乡、毕节市黔西县中建苗族彝族乡、毕节市黔西县定新彝族苗族乡、毕节市黔西县太来彝族苗族乡、毕节市黔西县绿化白族彝族乡、毕节市黔西县红林彝族苗族乡、毕节市黔西县五里布依族苗族乡、毕节市黔西县铁石苗族彝族乡、毕节市大方县竹园彝族苗族乡、毕节市大方县响水白族彝族仡佬族乡、毕节市大方县鼎新彝族苗族乡、毕节市大方县牛场苗族彝族乡、毕节市大方县理化苗族彝族乡、毕节市大方县安乐彝族仡佬族乡、毕节市大方县凤山彝族蒙古族乡、毕节市大方县百纳彝族乡、毕节市大方县三元彝族苗族白族乡、毕节市大方县沙厂彝族乡、毕节市大方县黄泥彝族苗族满族乡、毕节市大方县核桃彝族白族乡、毕节市大方县八堡彝族苗族乡、毕节市大方县兴隆苗族乡、毕节市大方县大山苗族彝族乡、毕节市大方县星宿苗族彝族仡佬族乡、毕节市织金县自强苗族乡、毕节市织金县官寨苗族乡、毕节市织金县后寨苗族乡、毕节市织金县大平苗族彝族乡、毕节市织金县茶店布依族苗族彝族乡、毕节市织金县金龙苗族彝族布依族乡、毕节市织金县鸡场苗族彝族布依族乡、毕节市金沙县太平彝族苗族乡、毕节市金沙县石场苗族彝族乡、毕节市金沙县马路彝族苗族乡、毕节市金沙县安洛苗族彝族满族乡、毕节市金沙县新化苗族彝族满族乡、毕节市金沙县大田彝族苗族布依族乡 毕节市赫章县兴发苗族彝族回族乡、毕节市赫章县松林坡白族彝族苗族乡、毕节市赫章县雉街彝族苗族乡、毕节市赫章县珠市彝族乡、毕节市赫章县双坪彝族苗族乡、毕节市赫章县辅处彝族苗族乡、毕节市赫章县铁匠苗族乡、毕节市赫章县可乐彝族苗族乡、毕节市赫章县河镇彝族苗族乡、毕节市赫章县结构彝族苗族乡、毕节市赫章县水塘堡彝族苗族乡、毕节市赫章县古达苗族彝族乡、毕节市纳雍县库东关彝族苗族白族乡、毕节市纳雍县董地苗族彝族乡、毕节市纳雍县左鸠戛彝族苗族乡、毕节市纳雍县锅圈岩苗族彝族乡、毕节市纳雍县新房彝族苗族乡、毕节市纳雍县化作苗族彝族乡、毕节市纳雍县姑开苗族彝族乡、毕节市纳雍县羊场苗族彝族乡、毕节市纳雍县昆寨苗族彝族白族乡、毕节市纳雍县猪场苗族彝族乡、毕节市威宁彝族回族苗族自治县新发布依族乡、毕节市大方县大水彝族苗族布依族乡、毕节市黔西县金坡苗族彝族满族乡、毕节市大方县普底彝族苗族白族乡、毕节市黔西县仁和彝族苗族乡、铜仁市碧江区桐木坪侗族乡、铜仁市碧江区瓦屋侗族乡、铜仁市碧江区和平土家族侗族乡、铜仁市碧江区滑石侗族苗族土家族乡、铜仁市碧江区六龙山侗族土家族乡、铜仁市万山区高楼坪侗族乡、铜仁市万山区黄道侗族乡、铜仁市万山区敖寨侗族乡、铜仁市万山区下溪侗族乡、铜仁市万山区鱼塘侗族土家族苗族乡、铜仁市万山区大坪侗族土家族苗族乡、铜仁市德江县楠杆土家族乡、铜仁市德江县沙溪土家族乡、铜仁市德江县桶井土家族乡、铜仁市德江县堰塘土家族乡、铜仁市德江县荆角土家族乡、铜仁市德江县长丰土家族乡、铜仁市德江县龙泉土家族乡、铜仁市德江县钱家土家族乡、铜仁市江口县德旺土家族苗族乡、铜仁市江口县官和侗族土家族苗族乡、铜仁市石阡县聚凤仡佬族侗族乡、铜仁市石阡县大沙坝仡佬族侗族乡、铜仁市石阡县枫香仡佬族侗族乡、铜仁市石阡县青阳苗族仡佬族侗族乡、铜仁市石阡县龙井侗族仡佬族乡、铜仁市石阡县石固仡佬族侗族乡、铜仁市石阡县坪地仡佬族侗族乡、铜仁市石阡县甘溪仡佬族侗族乡、铜仁市石阡县坪山仡佬族侗族乡、铜仁市思南县思林土家族苗族乡、铜仁市思南县枫芸土家族苗族乡、铜仁市思南县杨家坳苗族土家族乡、铜仁市思南县胡家湾苗族土家族乡、铜仁市思南县宽坪土家族苗族乡、铜仁市思南县三道水土家族苗族乡、铜仁市思南县天桥土家族苗族乡、铜仁市思南县兴隆土家族苗族乡、黔西南布依族苗族自治州晴隆县三宝彝族乡、黔西南布依族苗族自治州兴仁市鲁础营回族乡、黔西南布依族苗族自治州望谟县油迈瑶族乡、黔东南苗族侗族自治州从江县秀塘壮族乡、黔东南苗族侗族自治州从江县刚边壮族乡、黔东南苗族侗族自治州从江县翠里瑶族壮族乡、黔东南苗族侗族自治州镇远县尚寨土家族乡、黔东南苗族侗族自治州麻江县坝芒布依族乡、黔东南苗族侗族自治州榕江县水尾水族乡、黔东南苗族侗族自治州榕江县三江水族乡、黔东南苗族侗族自治州榕江县仁里水族乡、黔东南苗族侗族自治州榕江县定威水族乡、黔东南苗族侗族自治州榕江县兴华水族乡、黔东南苗族侗族自治州榕江县塔石瑶族水族乡、黔东南苗族侗族自治州雷山县达地水族乡、黔东南苗族侗族自治州黎平县顺化瑶族乡、黔东南苗族侗族自治州黎平县雷洞瑶族水族乡

续表 6

地　区	数　量	民族乡名称
贵州省		黔东南苗族侗族自治州岑巩县羊桥土家族乡、黔南布依族苗族自治州都匀市归兰水族乡、黔南布依族苗族自治州荔波县瑶山瑶族乡、黔南布依族苗族自治州荔波县黎明关水族乡、黔南布依族苗族自治州平塘县卡蒲毛南族、贵阳市花溪区湖潮布依族苗族乡
云南省	140	昆明市晋宁县夕阳彝族乡、昆明市晋宁县双河彝族乡、昆明市宜良县九乡彝族回族乡、昆明市宜良县耿家彝族苗族乡、昭通市昭阳区守望回族乡、昭通市昭阳区小龙洞回族彝族乡、昭通市昭阳区布嘎回族乡、昭通市昭阳区青冈岭回族彝族乡、昭通市鲁甸县桃源回族乡、昭通市鲁甸县茨院回族乡、昭通市大关县上高桥回族彝族苗族乡、昭通市永善县马楠苗族彝族乡、昭通市永善县伍寨彝族苗族乡、昭通市镇雄县果珠彝族乡、昭通市镇雄县林口彝族苗族乡、昭通市彝良县龙街苗族彝族乡、昭通市彝良县奎香苗族彝族乡、昭通市彝良县树林彝族苗族乡、昭通市彝良县柳溪苗族乡、昭通市彝良县洛旺苗族乡、昭通市威信县双河苗族彝族乡、曲靖市师宗县龙庆彝族壮族乡、曲靖市师宗县五龙壮族乡、曲靖市师宗县高良壮族苗族瑶族乡、曲靖市罗平县长底布依族乡、曲靖市罗平县旧屋基彝族乡、曲靖市罗平县鲁布革布依族苗族乡、曲靖市富源县古敢水族乡、曲靖市会泽县新街回族乡、楚雄彝族自治州南华县雨露白族乡、楚雄彝族自治州大姚县湾碧傈僳傣族乡、楚雄彝族自治州永仁县永兴傣族乡、楚雄彝族自治州武定县东坡傣族乡、玉溪市红塔区小石桥彝族乡、玉溪市红塔区洛河彝族乡、玉溪市江川县安化彝族乡、玉溪市通海县高大傣族彝族乡、玉溪市通海县里山彝族乡、玉溪市通海县兴蒙蒙古族乡、玉溪市华宁县通红甸彝族苗族乡、玉溪市易门县十街彝族乡、玉溪市易门县浦贝彝族乡、玉溪市易门县铜厂彝族乡、红河哈尼族彝族自治州河口瑶族自治县桥头苗族壮族乡、红河哈尼族彝族自治州金平苗族瑶族傣族自治县者米拉祜族乡、红河哈尼族彝族自治州蒙自县期路白苗族乡、红河哈尼族彝族自治州蒙自县老寨苗族乡、红河哈尼族彝族自治州开远市大庄回族乡、文山壮族苗族自治州文山市东山彝族乡、文山壮族苗族自治州文山市红甸回族乡、文山壮族苗族自治州文山市秉烈彝族乡、文山壮族苗族自治州文山市柳井彝族乡、文山壮族苗族自治州文山市坝心彝族乡、文山壮族苗族自治州砚山县阿舍彝族乡、文山壮族苗族自治州砚山县维末彝族乡、文山壮族苗族自治州砚山县盘龙彝族乡、文山壮族苗族自治州砚山县干河彝族乡文山壮族苗族自治州丘北县舍得彝族乡、文山壮族苗族自治州丘北县新店彝族乡、文山壮族苗族自治州丘北县树皮彝族乡、文山壮族苗族自治州丘北县八道哨彝族乡、文山壮族苗族自治州丘北县腻脚彝族乡、文山壮族苗族自治州麻栗坡县猛硐瑶族乡、文山壮族苗族自治州富宁县洞波瑶族乡、普洱市澜沧拉祜族自治县酒井哈尼族乡、普洱市澜沧拉祜族自治县发展河哈尼族乡、普洱市澜沧拉祜族自治县谦六彝族乡、普洱市澜沧拉祜族自治县文东佤族乡、普洱市澜沧拉祜族自治县安康佤族乡、普洱市澜沧拉祜族自治县雪林佤族乡、普洱市思茅区云仙彝族乡、普洱市思茅区龙潭彝族傣族乡、普洱市墨江哈尼族自治县孟弄彝族乡、普洱市西盟佤族自治县力所拉祜族乡、大理白族自治州大理市太邑彝族乡、大理白族自治州鹤庆县六合彝族乡、大理白族自治州宾川县钟英傈僳族彝族乡、大理白族自治州宾川县拉乌彝族乡、大理白族自治州祥云县东山彝族乡、大理白族自治州弥渡县牛街彝族乡、大理白族自治州永平县北斗彝族乡、大理白族自治州永平县厂街彝族乡、大理白族自治州永平县水泄彝族乡、大理白族自治州云龙县苗尾傈僳族乡、大理白族自治州云龙县团结彝族乡、丽江市华坪县永兴傈僳族乡、丽江市华坪县通达傈僳族乡、丽江市华坪县新庄傈僳族傣族乡、丽江市华坪县船房傈僳族傣族乡、丽江市永胜县羊坪彝族乡、丽江市永胜县东山傈僳族彝族乡、丽江市永胜县六德傈僳族彝族乡、丽江市永胜县大安彝族纳西族乡、丽江市永胜县光华傈僳族彝族乡、丽江市永胜县松坪傈僳族彝族乡、丽江市宁蒗彝族自治县翠玉傈僳族普米族乡、丽江市古城区金江白族乡、丽江市玉龙纳西族自治县九河白族乡、丽江市玉龙纳西族自治县石头白族乡、丽江市玉龙纳西族自治县黎明傈僳族乡、

续表 7

地　区	数　量	民族乡名称
云南省	140	保山市隆阳区瓦马彝族白族乡、保山市隆阳区瓦房彝族苗族乡、保山市隆阳区杨柳白族彝族乡、保山市隆阳区芒宽彝族傣族乡、保山市施甸县摆榔彝族布朗族乡、保山市施甸县木老元布朗族彝族乡、保山市龙陵县木城彝族傈僳族乡、保山市昌宁县朱街彝族乡、保山市昌宁县苟街彝族苗族乡、保山市昌宁县湾甸傣族乡、德宏傣族景颇族自治州陇川县户撒阿昌族乡、德宏傣族景颇族自治州芒市三台山德昂族乡、德宏傣族景颇族自治州梁河县曩宋阿昌族乡、德宏傣族景颇族自治州梁河县九保阿昌族乡、德宏傣族景颇族自治州盈江县苏典傈僳族乡、怒江傈僳族自治州福贡县匹河怒族乡、怒江傈僳族自治州泸水市洛本卓白族乡、迪庆藏族自治州香格里拉市三坝纳西族乡、迪庆藏族自治州德钦县霞若傈僳族乡、迪庆藏族自治州德钦县拖顶傈僳族乡、临沧市凤庆县新华彝族苗族乡、临沧市凤庆县腰街彝族乡、临沧市凤庆县郭大寨彝族白族乡、临沧市云县栗树彝族傣族乡、临沧市云县忙怀彝族布朗族乡、临沧市云县后箐彝族乡、临沧市永德县大雪山彝族拉祜族傣族乡、临沧市永德县乌木龙彝族乡、临沧市临翔区平村彝族傣族乡、临沧市临翔区南美拉祜乡、临沧市耿马傣族佤族自治县芒洪拉祜族布朗族乡、临沧市沧源佤族自治县勐角傣族彝族拉祜族乡、临沧市镇康县军赛佤族拉祜族傈僳族德昂族乡、西双版纳傣族自治州景洪市基诺山基诺族乡、西双版纳傣族自治州景洪市景哈哈尼族乡、西双版纳傣族自治州勐腊县瑶区瑶族乡、西双版纳傣族自治州勐腊县象明彝族乡、西双版纳傣族自治州勐海县格朗和哈尼族乡、西双版纳傣族自治州勐海县布朗山布朗族乡、西双版纳傣族自治州勐海县西定哈尼族乡
西藏 自治区	9	山南市错那县麻玛门巴族乡、山南市错那县贡日门巴族乡、山南市错那县基巴门巴族乡、山南市错那县勒布区勒门巴族乡、林芝市林芝县更章门巴族乡、林芝市米林县南伊珞巴乡、林芝市墨脱县达木珞巴族乡、昌都市芒康县下盐井纳西族乡、山南市隆子县斗玉洛巴乡
甘肃省	32	临夏回族自治州广河县阿里麻土东乡族乡、甘南藏族自治州临潭县长川回族乡、甘南藏族自治州临潭县卓洛回族乡、甘南藏族自治州卓尼县勺哇土族乡、陇南市文县铁楼藏族乡、陇南市武都区坪垭藏族乡、陇南市武都区磨坝藏族乡、陇南市宕昌县新城子藏族乡、酒泉市肃州区黄泥堡裕固族乡、酒泉市玉门市小金湾东乡族乡、白银市会宁县新添堡回族乡、庆阳市正宁县五倾源回族乡、平凉市崆峒区峡门回族乡、平凉市华亭县神峪回族乡、平凉市华亭县山寨回族乡、平凉市崆峒区白庙回族乡、平凉市崆峒区大秦回族乡、平凉市崆峒区寨河回族乡、平凉市崆峒区大寨回族乡、平凉市崆峒区西阳回族乡、平凉市崆峒区上杨回族乡、张掖市肃南裕固族自治县祁丰藏族乡、张掖市肃南裕固族自治县马蹄藏族乡、张掖市肃南裕固族自治县白银蒙古族乡、张掖市甘州区平山湖蒙古族乡、临夏回族自治州临夏县井沟东乡族乡、临夏回族自治州和政县梁家寺东乡族乡、临夏回族自治州临夏县安家坡东乡族乡、酒泉市瓜州县七墩回族东乡族乡、酒泉市瓜州县广至藏族乡、酒泉市瓜州县沙河回族乡、酒泉市玉门市独山子东乡族乡
青海省	28	西宁市大通回族土族自治县朔北藏族乡、西宁市大通回族土族自治县向化藏族乡、西宁市湟中县群加藏族乡、西宁市湟中县大才回族乡、西宁市湟中县汉东回族乡、西宁市湟源县日月藏族乡、海东市民和回族土族自治县杏儿藏族乡、海东市乐都县下营藏族乡、海东市乐都县中坝藏族乡、海东市乐都县达拉土族乡、海东市互助土族自治县松多藏族乡、海东市化隆回族自治县雄先藏族乡、海东市化隆回族自治县查甫藏族乡、海东市化隆回族自治县金源藏族乡、海东市化隆回族自治县塔加藏族乡

续表 8

地　区	数　量	民族乡名称
青海省	28	海东市循化撒拉族自治县道帏藏族乡、海东市循化撒拉族自治县尕楞藏族乡、海东市循化撒拉族自治县岗察藏族乡、海东市循化撒拉族自治县文都藏族乡、海东市平安县沙沟回族乡、海东市平安县巴藏沟回族乡、海东市平安县石灰窑回族乡、海东市平安县洪水泉回族乡、海东市平安县古城回族乡、海东市互助土族自治县巴扎藏族乡、海北藏族自治州门源回族自治县皇城蒙古族乡、海北藏族自治州海晏县哈勒景蒙古族乡、海南藏族自治州贵德县新街回族乡
新疆维吾尔自治区	42	吐鲁番市鄯善县东巴扎回族乡、和田地区皮山县瑙阿巴提塔吉克族乡、和田地区皮山县康克尔柯尔克孜族乡、巴音郭楞蒙古自治州和硕县乌什塔拉回族乡、昌吉回族自治州奇台县大泉塔塔尔族乡、昌吉回族自治州奇台县五马场哈萨克族乡、昌吉回族自治州奇台县乔仁哈萨克族乡、昌吉回族自治州木垒哈萨克自治县大南沟乌孜别克族乡、昌吉回族自治州玛纳斯县旱卡子滩哈萨克族乡、昌吉回族自治州玛纳斯县塔西河哈萨克族乡、昌吉回族自治州玛纳斯县清水河哈萨克族乡、昌吉回族自治州阜康市三工河哈萨克族乡、昌吉回族自治州阜康市上户沟哈萨克族乡、昌吉回族自治州昌吉市阿什里哈萨克族乡、昌吉回族自治州呼图壁县石梯子哈萨克族乡、乌鲁木齐市米东区柏杨河哈萨克族乡、克孜勒苏柯尔克孜自治州阿克陶县塔尔塔吉克族乡、喀什地区塔什库尔干塔吉克自治县科克亚尔柯尔克孜族乡、喀什地区泽普县布依鲁克塔吉克族乡、喀什地区莎车县孜热普夏提塔吉克族乡、伊犁哈萨克自治州察布查尔锡伯自治县米粮泉回族乡、伊犁哈萨克自治州特克斯县科克铁热克柯尔克孜族乡、伊犁哈萨克自治州特克斯县呼吉尔特蒙古族乡、伊犁哈萨克自治州伊宁县愉群翁回族乡、伊犁哈萨克自治州尼勒克县科克浩特浩尔蒙古族乡、伊犁哈萨克自治州霍城县伊车嘎善锡伯族乡、伊犁哈萨克自治州霍城县三宫回族乡、伊犁哈萨克自治州昭苏县胡松图喀尔逊蒙古族乡、伊犁哈萨克自治州昭苏县察汗乌苏蒙古族乡、伊犁哈萨克自治州昭苏县夏特柯尔克孜族乡、塔城地区塔城市阿西尔达斡尔族乡、塔城地区乌苏市塔布勒合特蒙古族乡、塔城地区乌苏市吉尔格勒特郭楞蒙古族乡、塔城地区额敏县额玛勒郭楞蒙古族乡、塔城地区额敏县霍吉尔特蒙古族乡、阿克苏地区乌什县雅曼苏柯尔克孜族乡、阿克苏地区温宿县博孜东柯尔克孜族乡、哈密市伊吾县前山哈萨克族乡、哈密市伊州区德外里都如克哈萨克族乡、哈密市伊州区乌拉台哈萨克族乡、阿勒泰地区布尔津县禾木哈纳斯蒙古族乡、阿勒泰地区阿勒泰市汗德尕特蒙古族乡

陆地边境县、牧区半牧区县、民族自治地方国家扶贫工作重点县、民族贸易县

■陆地边境县一览表

地区	市（地区、自治州、盟）	县（市辖区、市、旗）
内蒙古自治区	包头市	达尔罕茂明安联合旗
	呼伦贝尔市	扎赉诺尔区、满洲里市、额尔古纳市 陈巴尔虎旗、新巴尔虎左旗、新巴尔虎右旗
	巴彦淖尔市	乌拉特中旗、乌拉特后旗
	乌兰察布市	四子王旗
	兴安盟	阿尔山市、科尔沁右翼前旗
	锡林郭勒盟	二连浩特市、阿巴嘎旗、苏尼特左旗 苏尼特右旗、东乌珠穆沁旗
	阿拉善盟	阿拉善左旗、阿拉善右旗、额济纳旗
辽宁省	丹东市	振兴区、元宝区、振安区、东港市、宽甸满族自治县
吉林省	通化市	集安市
	白山市	浑江区、临江市、抚松县、长白朝鲜族自治县
	延边朝鲜族自治州	图们市、珲春市、龙井市、和龙市、安图县
黑龙江省	鸡西市	虎林市、密山市、鸡东县
	鹤岗市	萝北县、绥滨县
	双鸭山市	饶河县
	伊春市	嘉荫县
	佳木斯市	同江市、抚远市
	牡丹江市	绥芬河市、穆棱市、东宁市
	黑河市	爱辉区、逊克县、孙吴县
	大兴安岭地区	呼玛县、塔河县、漠河市

续表

地区	市（地区、自治州、盟）	县（市辖区、市、旗）
广西壮族自治区	防城港市	防城区、东兴市
	百色市	靖西市、那坡县
	崇左市	凭祥市、宁明县、龙州县、大新县
云南省	保山市	腾冲市、龙陵县
	普洱市	江城哈尼族彝族自治县、孟连傣族拉祜族佤族自治县 澜沧拉祜族自治县、西盟佤族自治县
	临沧市	镇康县、耿马傣族佤族自治县、沧源佤族自治县
	红河哈尼族彝族自治州	绿春县、金平苗族瑶族傣族自治县、河口瑶族自治县
	文山壮族苗族自治州	麻栗坡县、马关县、富宁县
	西双版纳傣族自治州	景洪市、勐海县、勐腊县
	德宏傣族景颇族自治州	芒市、瑞丽市、盈江县、陇川县
	怒江傈僳族自治州	泸水市、福贡县、贡山独龙族怒族自治县
西藏自治区	日喀则市	定日县、康马县、定结县、仲巴县、亚东县、吉隆县 聂拉木县、萨嘎县、岗巴县
	林芝市	墨脱县、察隅县
	山南市	洛札县、错那县、浪卡子县
	阿里地区	噶尔县、普兰县、札达县、日土县
甘肃省	酒泉市	肃北蒙古族自治县
新疆维吾尔自治区	哈密市	伊州区、巴里坤哈萨克自治县、伊吾县
	阿克苏地区	温宿县、乌什县
	喀什地区	叶城县、塔什库尔干塔吉克自治县
	和田地区	和田县、皮山县
	昌吉回族自治州	奇台县、木垒哈萨克自治县
	博尔塔拉蒙古自治州	博乐市、阿拉山口市、温泉县
	克孜勒苏柯尔克孜自治州	阿图什市、阿克陶县、阿合奇县、乌恰县
	伊犁哈萨克自治州	霍尔果斯市、霍城县、昭苏县、察布查尔锡伯自治县
	塔城地区	塔城市、额敏县、托里县、裕民县、和布克赛尔蒙古自治县
	阿勒泰地区	阿勒泰市、布尔津县、富蕴县、福海县 哈巴河县、青河县、吉木乃县

注：1.名单顺序按民政部编《中华人民共和国行政区划简册》排列。
2.统计口径以沿陆地国境线的县级行政区划为单位。
3.资料截止时间为 2019 年 12 月 31 日。
4.新疆建设兵团 58 个边境团场暂未列入本表。

■牧区、半牧区县一览表

地　区	分　类	县　数	县(旗)名单
河北省	半牧区	6	张北县、康保县、沽源县、尚义县、 丰宁满族自治县、围场满族蒙古族自治县
山西省	半牧区	1	右玉县
内蒙古自治区	牧区	33	达尔罕茂明安联合旗、阿鲁科尔沁旗、巴林左旗、巴林右旗、克什克腾旗、翁牛特旗、科尔沁左翼中旗、科尔沁左翼后旗、扎鲁特旗、鄂托克前旗、鄂托克旗、杭锦旗、乌审旗、陈巴尔虎旗、新巴尔虎左旗、新巴尔虎右旗、鄂温克族自治旗、乌拉特中旗、乌拉特后旗、四子王旗、科尔沁右翼中旗、锡林浩特市、阿巴嘎旗、苏尼特左旗、苏尼特右旗、东乌珠穆沁旗、西乌珠穆沁旗、镶黄旗、正镶白旗、正蓝旗、阿拉善左旗、阿拉善右旗、额济纳旗
	半牧区	20	林西县、敖汉旗、开鲁县、库伦旗、奈曼旗、东胜区、达拉特旗、准格尔旗、伊金霍洛旗、扎兰屯市、阿荣旗、莫力达瓦达斡尔族自治旗、磴口县、乌拉特前旗、察哈尔右翼中旗、察哈尔右翼后旗、突泉县、科尔沁右翼前旗、扎赉特旗、太仆寺旗
辽宁省	半牧区	6	康平县、彰武县、阜新蒙古族自治县 北票市、建平县、喀喇沁左翼蒙古族自治县
吉林省	牧区	1	通榆县
	半牧区	7	双辽市、长岭县、乾安县、前郭尔罗斯蒙古族自治县 洮南市、大安市、镇赉县
黑龙江省	牧区	7	龙江县、甘南县、富裕县、肇源县、杜尔伯特蒙古族自治县、安达市、青冈县
	半牧区	8	泰来县、虎林市、肇州县、林甸县、同江市、肇东市、兰西县、明水县
四川省	牧区	10	松潘县、壤塘县、阿坝县、若尔盖县、红原县、德格县、白玉县、石渠县、色达县、理塘县
	半牧区	38	马尔康市、汶川县、理县、茂县、九寨沟县、金川县、小金县、黑水县、康定市、泸定县、丹巴县、九龙县、雅江县、道孚县、炉霍县、甘孜县、新龙县、巴塘县、乡城县、稻城县、得荣县、西昌市、盐源县、德昌县、会理县、会东县、宁南县、普格县、布拖县、金阳县、昭觉县、喜德县、冕宁县、越西县、甘洛县、美姑县、雷波县、木里藏族自治县
云南省	牧区	3	香格里拉市、德钦县、维西傈僳族自治县
西藏自治区	牧区	13	当雄县、仲巴县、萨嘎县、色尼区、嘉黎县、聂荣县、安多县、申扎县、班戈县、巴青县、革吉县、改则县、措勤县
	半牧区	25	林周县、昂仁县、谢通门县、康马县、亚东县、岗巴县、卡若区、江达县、贡觉县、类乌齐县、丁青县、察雅县、八宿县、工布江达县、曲松县、措美县、错那县、浪卡子县、比如县、索县、尼玛县、普兰县、噶尔县、札达县、日土县
甘肃省	牧区	7	天祝藏族自治县、肃南裕固族自治县、肃北蒙古族自治县、阿克塞哈萨克族自治县、玛曲县、碌曲县、夏河县
	半牧区	13	永登县、永昌县、靖远县、民勤县、山丹县、瓜州县、环县、华池县、漳县、岷县、合作市、卓尼县、迭部县
青海省	牧区	26	海晏县、祁连县、刚察县、泽库县、河南蒙古族自治县、共和县、同德县、兴海县、贵南县、玛沁县、班玛县、甘德县、达日县、久治县、玛多县、玉树市、杂多县、称多县、治多县、囊谦县、曲麻莱县、德令哈市、格尔木市、乌兰县、都兰县、天峻县
	半牧区	4	门源回族自治县、同仁县、尖扎县、贵德县
宁夏回族自治区	牧区	1	盐池县
	半牧区	2	同心县、海原县
新疆维吾尔自治区	牧区	22	伊吾县、塔什库尔干塔吉克自治县、民丰县、木垒哈萨克自治县、温泉县、和静县、阿合奇县、乌恰县、新源县、昭苏县、特克斯县、尼勒克县、托里县、裕民县、和布克赛尔蒙古自治县、阿勒泰市、布尔津县、富蕴县、福海县、哈巴河县、青河县、吉木乃县
	半牧区	15	乌鲁木齐县、伊州区、巴里坤哈萨克自治县、温宿县、沙雅县、奇台县、博乐市、精河县、尉犁县、且末县、和硕县、阿克陶县、巩留县、塔城市、额敏县

注：全国共有牧区县和半牧区县 268 个。

■民族自治地方国家扶贫工作重点县一览表

地　区	数量	县（旗、市）名称
河北省	3	丰宁满族自治县、围场满族蒙古族自治县、青龙满族自治县
内蒙古自治区	31	武川县、阿鲁科尔沁旗、巴林左旗、巴林右旗、林西县、翁牛特旗、喀喇沁旗、宁城县、敖汉旗、科尔沁左翼中旗、科尔沁左翼后旗、库伦旗、奈曼旗、莫力达瓦达斡尔族自治旗、鄂伦春自治旗、卓资县、化德县、商都县、兴和县、察哈尔右翼前旗、察哈尔右翼中旗、察哈尔右翼后旗、四子王旗、阿尔山市、科尔沁右翼前旗、科尔沁右翼中旗、扎赉特旗、突泉县、苏尼特右旗、太仆寺旗、正镶白旗
吉林省	4	龙井市、和龙市、汪清县、安图县
湖北省	9	长阳土家族自治县、恩施市、利川市、建始县、巴东县、宣恩县、咸丰县、来凤县、鹤峰县
湖南省	10	江华瑶族自治县、城步苗族自治县、通道侗族自治县、泸溪县、凤凰县、花垣县、保靖县、古丈县、永顺县、龙山县
广西壮族自治区	28	龙胜各族自治县、隆安县、马山县、天等县、龙州县、田东县、德保县、靖西市、那坡县、凌云县、乐业县、西林县、田林县、隆林各族自治县、凤山县、东兰县、巴马瑶族自治县、都安瑶族自治县、大化瑶族自治县、罗城仫佬族自治县、环江毛南族自治县、忻城县、三江侗族自治县、融水苗族自治县、金秀瑶族自治县、上林县、昭平县、富川县
海南省	3	白沙黎族自治县、琼中黎族苗族自治县、保亭黎族苗族自治县
重庆市	4	石柱土家族自治县、彭水苗族土家族自治县、酉阳土家族苗族自治县、秀山土家族苗族自治县
四川省	20	马边彝族自治县、小金县、黑水县、壤塘县、甘孜县、德格县、石渠县、色达县、理塘县、盐源县、普格县、布拖县、金阳县、昭觉县、喜德县、越西县、甘洛县、美姑县、雷波县、木里藏族自治县
贵州省	36	道真仡佬族苗族自治县、务川仡佬族苗族自治县、关岭布依族苗族自治县、镇宁布依族苗族自治县、紫云苗族布依族自治县、威宁彝族回族苗族自治县、印江土家族苗族自治县、沿河土家族自治县、松桃苗族自治县、兴仁县、普安县、晴隆县、贞丰县、望谟县、册亨县、安龙县、黄平县、施秉县、三穗县、岑巩县、天柱县、锦屏县、剑河县、台江县、黎平县、榕江县、从江县、雷山县、麻江县、丹寨县、荔波县、独山县、平塘县、罗甸县、长顺县、三都水族自治县
云南省	46	禄劝彝族苗族自治县、寻甸回族彝族自治县、宁蒗彝族自治县、宁洱哈尼族彝族自治县、墨江哈尼族自治县、景东彝族自治县、镇沅彝族哈尼族拉祜族自治县、江城哈尼族彝族自治县、孟连傣族拉祜族佤族自治县、澜沧拉祜族自治县、西盟佤族自治县、双江拉祜族佤族布朗族傣族自治县、沧源佤族自治县、双柏县、南华县、姚安县、大姚县、永仁县、武定县、泸西县、元阳县、红河县、金平县、绿春县、文山市、砚山县、西畴县、麻栗坡县、马关县、丘北县、广南县、富宁县、梁河县、泸水市、福贡县、贡山独龙族怒族自治县、兰坪白族普米族自治县、香格里拉市、德钦县、维西傈僳族自治县、漾濞彝族自治县、南涧彝族自治县、巍山彝族回族自治县、金平苗族瑶族傣族自治县、屏边苗族自治县、勐腊县
甘肃省	14	张家川回族自治县、天祝藏族自治县、临夏县、康乐县、永靖县、广河县、和政县、东乡族自治县、积石山保安族东乡族撒拉族自治县、合作市、临潭县、卓尼县、舟曲县、夏河县
青海省	12	大通回族土族自治县、民和回族土族自治县、化隆回族自治县、循化撒拉族自治县、泽库县、甘德县、达日县、杂多县、治多县、囊谦县、玛多县、曲麻莱县
宁夏回族自治区	8	盐池县、同心县、原州区、海原县、西吉县、隆德县、泾源县、彭阳县
新疆维吾尔自治区	27	巴里坤哈萨克自治县、乌什县、柯坪县、阿图什市、阿克陶县、阿合奇县、乌恰县、疏附县、疏勒县、英吉沙县、莎车县、叶城县、岳普湖县、伽师县、塔什库尔干塔吉克自治县、和田县、墨玉县、皮山县、洛浦县、策勒县、于田县、民丰县、察布查尔锡伯自治县、尼勒克县、托里县、青河县、吉木乃县

■民族贸易县一览表

地　区	数量	县（旗、市）名称
河北省	5	青龙满族自治县、丰宁满族自治县、围场满族蒙古族自治县、宽城满族自治县、孟村回族自治县
内蒙古自治区	57	苏尼特左旗、阿巴嘎旗、西乌珠穆沁旗、镶黄旗、正镶白旗、正蓝旗、苏尼特右旗、东乌珠穆沁旗、多伦县、太仆寺旗、达尔罕茂明安联合旗、四子王旗、商都县、化德县、察哈尔右翼前旗、察哈尔右翼右旗、察哈尔右翼后旗、乌拉特中旗、乌拉特后旗、鄂托克旗、杭锦旗、准格尔旗、乌审旗、伊金霍洛旗、鄂托克前旗、林西县、巴林右旗、阿鲁科尔沁旗、克什克腾旗、翁牛特旗、巴林左旗、宁城县、敖汉旗、喀喇沁旗、科尔沁右翼前旗、扎赉特旗、科尔沁左翼后旗、科尔沁右翼中旗、库伦旗、奈曼旗、扎鲁特旗、陈巴尔虎旗、新巴尔虎左旗、新巴尔虎右旗、额尔古纳左旗、鄂温克族自治旗、莫力达瓦达斡尔族自治旗、鄂伦春自治旗、阿拉善左旗、阿拉善右旗、额济纳旗、科尔沁左翼中旗、托克托县、清水河县、武川县、和林格尔县、固阳县
辽宁省	5	阜新蒙古族自治县、喀喇沁左翼蒙古族自治县、新宾满族自治县、岫岩满族自治县、桓仁满族自治县
吉林省	5	安图县、长白朝鲜族自治县、龙井市、和龙市、汪清县
黑龙江省	1	杜尔伯特蒙古族自治县
浙江省	1	景宁畲族自治县
湖北省	10	来凤县、鹤峰县、咸丰县、利川市、巴东县、建始县、宣恩县、恩施市、五峰土家族自治县、长阳土家族自治县
湖南省	12	龙山县、桑植县、永顺县、保靖县、花垣县、古丈县、泸溪县、凤凰县、新晃侗族自治县、通道侗族自治县、城步苗族自治县、江华瑶族自治县
广东省	3	连山壮族瑶族自治县、连南瑶族自治县、乳源瑶族自治县
广西壮族自治区	34	那坡县、凌云县、乐业县、西林县、隆林各族自治县、平果县、田林县、德保县、靖西县、田东县、马山县、上林县、天等县、大新县、龙州县、宁明县、隆安县、上思县、巴马瑶族自治县、环江毛南族自治县、罗城仫佬族自治县、东兰县、凤山县、都安瑶族自治县、天峨县、南丹县、大化瑶族自治县、金秀瑶族自治县、融水苗族自治县、三江侗族自治县、忻城县、资源县、龙胜各族自治县、富川瑶族自治县
海南省	8	保亭黎族苗族自治县、白沙黎族自治县、乐东黎族自治县、琼中黎族苗族自治县、东方黎族自治县、陵水黎族自治县、昌江黎族自治县、通什市
重庆市	5	酉阳土家族苗族自治县、秀山土家族苗族自治县、黔江区、彭水苗族土家族自治县、石柱土家族自治县
四川省	51	马尔康县、茂县、红原县、阿坝县、汶川县、若尔盖县、理县、黑水县、小金县、松潘县、金川县、九寨沟县、壤塘县、峨边彝族自治县、马边彝族自治县、冕宁县、宁南县、德昌县、会东县、会理县、昭觉县、金阳县、甘洛县、布拖县、普格县、喜德县、雷波县、越西县、美姑县、木里藏族自治县、盐源县、米易县、盐边县、康定县、九龙县、炉霍县、甘孜县、雅江县、新龙县、道孚县、白玉县、理塘县、德格县、乡城县、石渠县、稻城县、色达县、巴塘县、泸定县、德荣县、丹巴县

续表

地　区	数量	县（旗、市）名称
贵州省	51	道真仡佬族苗族自治县、剑河县、台江县、黎平县、榕江县、从江县、雷山县、丹寨县、黄平县、锦屏县、天柱县、麻江县、施秉县、镇远县、三穗县、岑巩县、荔波县、罗甸县、惠水县、三都水族自治县、平塘县、独山县、长顺县、贵定县、龙里县、福泉县、瓮安县、松桃苗族自治县、沿河土家族自治县、印江土家族苗族自治县、卢丰县、望谟县、册亨县、安龙县、晴隆县、兴仁市、普安县、威宁彝族回族苗族自治县、赫章县、纳雍县、镇宁布依族苗族自治县、紫云苗族布依族自治县、关岭布依族苗族自治县、大方县、黔西县、织金县、金沙县、水城县、盘县特区、六枝特区、务川仫佬族苗族自治县
云南省	68	富宁县、麻栗坡县、马关县、文山县、砚山县、丘北县、广南县、西畴县、屏边苗族自治县、河口瑶族自治县、金平苗族瑶族傣族自治县、绿春县、元阳县、红河县、泸西县、石屏县、武定县、禄劝彝族自治县、石林彝族自治县、巍山彝族回族自治县、南涧彝族自治县、漾濞彝族自治县、剑川县、鹤庆县、云龙县、弥渡县、洱源县、祥云县、宾川县、永平县、景谷傣族彝族自治县、江城哈尼族彝族自治县、孟连傣族拉祜族佤族自治县、西盟佤族自治县、澜沧拉祜族自治县、墨江哈尼族自治县、峨山彝族自治县、新平彝族傣族自治县、元江哈尼族彝族傣族自治县、勐海县、勐腊县、潞西县、陇川县、盈江县、梁河县、福贡县、泸水县、贡山独龙族怒族自治县、兰坪白族普米族自治县、香格里拉县、维西傈僳族自治县、德钦县、宁蒗彝族自治县、丽江纳西族自治县、耿马傣族佤族自治县、镇康县、沧源佤族自治县、双江拉祜族佤族布朗族傣族自治县、寻甸回族彝族自治县、景东彝族自治县、镇源彝族哈尼族拉祜族自治县、龙陵县、南华县、牟定县、大姚县、双柏县、永仁县、姚安县
甘肃省	20	张家川回族自治县、临潭县、舟曲县、玛曲县、夏河县、卓尼县、迭部县、碌曲县、临夏市、临夏县、永靖县、和政县、康乐县、广河县、东乡族自治县、积石山保安族东乡族撒拉族自治县、天祝藏族自治县、肃南裕固族自治县、肃北蒙古族自治县、阿克塞哈萨克族自治县
青海省	33	门源回族自治县、祁连县、刚察县、海晏县、尖扎县、同仁县、河南蒙古族自治县、泽库县、贵德县、同德县、兴海县、贵南县、共和县、玛沁县、班玛县、甘德县、达日县、久治县、玛多县、玉树县、杂多县、称多县、治多县、囊谦县、曲麻莱县、乌兰县、都兰县、天峻县、循化撒拉族自治县、化隆回族自治县、互助土族自治县、民和回族土族自治县、大通回族土族自治县
宁夏回族自治区	9	同心县、盐池县、固原县、西吉县、泾源县、海原县、隆德县、灵武县、彭阳县
新疆维吾尔自治区	53	且末县、若羌县、和静县、和田市、和田县、皮山县、洛浦县、民丰县、策勒县、墨玉县、于田县、坷坪县、乌什县、温宿县、喀什市、巴楚县、伽师县、疏附县、疏勒县、英吉沙县、岳普湖县、麦盖提县、莎车县、泽普县、塔什库尔干塔吉克自治县、叶城县、尼勒克县、新源县、巩留县、伊吾县、巴里坤哈萨克自治县、阿图什市、阿克陶县、阿合奇县、乌恰县、奇台县、木垒哈萨克自治县、温泉县、察布查尔锡伯自治县、霍城县、昭苏县、特克斯县、和布克赛尔蒙古自治县、裕民县、额敏县、托里县、阿勒泰市、布尔津县、青河县、哈巴河县、富蕴县、福海县、吉木乃县

民族自治地方世界遗产、国家级自然保护区、国家AAAAA级旅游区和国家级风景名胜区名单

■民族自治地方世界遗产

（截至 2019 年）

	省区	名称	地址
世界文化遗产	内蒙古自治区	元上都遗址	内蒙古自治区锡林郭勒
	湖北省	土司遗址	湖北省恩施土家苗族自治州
	云南省	红河哈尼梯田	云南省红河哈尼族彝族自治州元阳县
	西藏自治区	布达拉宫（大昭寺、罗布林卡）	西藏自治区拉萨市
	新疆维吾尔自治区	丝绸之路中国部分	新疆维吾尔自治区高昌故城、交河故城、克孜尔尕哈峰燧、克孜尔石窟、苏巴什佛寺遗址、北庭故城遗址
世界自然遗产	四川省	九寨沟	四川省阿坝藏族羌族自治州九寨沟县
		黄龙	四川省阿坝藏族羌族自治州松潘县
		四川大熊猫栖息地	四川省阿坝藏族羌族自治州小金县
	云南省	三江并流	云南省迪庆藏族自治州、怒江傈僳族自治州
	云南省、贵州省	中国南方喀斯特	云南省石林彝族自治县、贵州省黔南布依族苗族自治州荔波县
	青海省	青海可可西里	青海省玉树藏族自治州西部
	新疆维吾尔自治区	新疆天山	新疆维吾尔自治区
世界人类口述和非物质遗产	内蒙古自治区	蒙古族长调民歌	内蒙古自治区
		蒙古族呼麦	内蒙古自治区、阿拉泰、哈卡斯
	吉林省、黑龙江省、辽宁省	朝鲜族农乐舞	吉林省、黑龙江省、辽宁省等朝鲜族聚居区
	贵州省、湖北省、广西壮族自治区、四川省、云南省	贵州侗族大歌	贵州、湖北、广西、湖南等省区
	西藏自治区	藏戏	西藏自治区、青海、甘肃、四川、云南等藏语地区
		《格萨尔》史诗	西藏自治区、青海省、甘肃省、四川省、新疆维吾尔自治区
	甘肃省	甘肃花儿	临夏回族自治州
	青海省	青海热贡艺术	青海省同仁县地区
	新疆维吾尔自治区	新疆《玛纳斯》	新疆维吾尔自治区
		新疆维吾尔木卡姆艺术	新疆维吾尔自治区

■民族自治地方国家级自然保护区名录

（截至 2019 年）

地区	保护区名称	行政区域	面积（公顷）	主要保护对象	类型	建立时间
河北省	红松洼草原	围场县	7300	草原生态系统	草原草甸	1994/8/1
	塞罕坝	围场县	20029.8	森林−草原交错带生态系统	草原草甸	2007/4/6
	滦河上游	围场县	50637.4	滦河上游的自然生态环境、森林生态系统及其生物多样性和珍稀濒危的野生动植物物种	森林和野生动物	2008/1/14
内蒙古自治区	赛罕乌拉	巴林左旗	100400	森林及马鹿等野生动物	森林生态	1997/4/1
	达里诺尔鸟类	克什克腾旗	119413	珍稀鸟类	野生动物	1987/9/8
	白音敖包云杉林	克什克腾旗	13862	沙地云杉林	森林生态	1979/10/4
	黑里河	宁城县	27638	森林生态系统	森林生态	1996/12/31
	大黑山	敖汉旗	86799	天然阔叶林	森林生态	1996/9/1
	汗玛	根河市	107348	森林生态系统	森林生态	1996/11/29
	红花尔基樟子松林	额温克旗	20085	樟子松林	森林生态	1998/5/1
	辉河	鄂温克族自治旗	346848	湿地、珍禽、草原	内陆湿地	1997/12/1
	达赉湖	新巴尔虎右旗	740000	湖泊、湿地、草原生态系统	内陆湿地	1987/1/1
	科尔沁	科尔沁右翼中旗	126987	湿地珍禽、灌丛及疏林草原	野生动物	1986/6/1
	图牧吉	扎赉特旗	94830	草原生态系统及大鸨等珍禽	草原草甸	1996/8/1
	大青沟	科尔沁左翼后旗	8183	针阔混交林	森林生态	1988/5/9
	锡林郭勒草原	锡林浩特市	580000	草甸草原、沙地疏林	草原草甸	1985/8/8
	鄂尔多斯遗鸥	鄂尔多斯市东胜区	14770	遗鸥及其生境	野生动物	1991/1/1
	西鄂尔多斯	鄂托克旗、乌海市	555849	古老残遗濒危植物	野生植物	1986/12/1
	乌拉特梭梭林−蒙古野驴	乌拉特后旗	68000	梭梭林、蒙古野驴及荒漠生态系统	荒漠生态	1985/10/1
	内蒙古贺兰山	阿拉善左旗	67710	水源涵养林、野生动植物	森林生态	1992/10/27
	额济纳胡杨林	额济纳旗	26253	胡杨林	荒漠生态	1968/6/1
	阿鲁科尔沁	阿鲁科尔沁旗	136793	沙地草原、湿地生态系统及珍稀鸟类	森林生态	2005/7/23
	哈腾套海	磴口县	123600	荒漠植被和野生动植物	荒漠生态	2005/7/23
	额尔古纳	额尔古纳市	124527	寒温带针叶林	森林生态	2006/2/11
	鄂托克恐龙遗迹化石	鄂托克旗查布苏木	46410	多种类型的恐龙足迹化石，以及恐龙骨骼化石	地质遗迹	2007/4/6
	大青山	乌兰察布市卓资县、呼和浩特市、包头市	388577	山地森林灌丛珍稀野生动植物及水源涵养地	森林生态	2008/1/14
辽宁省	老秃顶子	桓仁、新宾县	15219	长白植物区系原生型森林及紫杉、人参等珍稀物种	森林生态	1981/9/18
	白石砬子	宽甸县	7467	原生型红松阔叶混交林	森林生态	1981/9/9
	海棠山	阜新蒙古族自治县	11002.7	油松栎类混交的顶极群落及野生动物	森林生态	2007/4/6
吉林省	伊通火山群	伊通自治县	765	火山地质遗迹	地质遗迹	1984/6/27
	鸭绿江上游	长白县	20306	冷水性鱼类	野生动物	1996/10/1
	天佛指山松茸	龙井市	77317	松茸及森林生态系统	野生植物	1996/8/22

续表 1

地区	保护区名称	行政区域	面积（公顷）	主要保护对象	类型	建立时间
吉林省	长白山	安图县	196465	森林及野生动物	森林生态	1960/4/1
	珲春东北虎	珲春市	108700	东北虎、豹及其栖息地	野生动物	2005/7/23
	查干湖	吉林省西部前郭、乾安和大安 2 县 1 市	50684	半干旱地区湖泊水生生态系统、湿地生态系统和野生珍稀、濒危鸟类	内陆湿地和水域生态	2007/4/6
	雁鸣湖	敦化	53940	牡丹江上游湿地及黑鹳、东方白鹳、丹顶鹤、中华秋沙鸭等濒危水禽及东北虎迁移的重要生态通道	内陆湿地和水域生态	2007/4/6
湖北省	神农架	房县、兴山、巴东	70467	森林生态系统及珍稀动物金丝猴等	森林生态	1986/7/9
	后河	五峰自治县	10340	原始森林珍稀动植物	森林生态	2000/4/1
	星斗山	利川、咸丰、恩施市	68339	水杉、珙桐及森林植被	野生植物	1988/1/1
	七姊妹山	宣恩县	34550	典型的中亚热带山地常绿阔叶林生态系统、珙桐为主的珍稀濒危植物及群落、大型猫科动物为主的珍稀濒危动物及其栖息环境和亚高山泥炭藓沼泽湿地	野生植物	2008/1/14
	长阳崩尖子	长阳土家族自治县	13313	中亚热带森林生态系统及生物多样性、国家珍稀濒危野生动植物资源及其栖息地	森林生态	1988/8/5
湖南省	小溪	永顺县	24800	原始次生林	森林生态	1985/7/16
广西壮族自治区	大明山	武鸣、马山、上林县	16994	季风常绿阔叶林、水源涵养林及自然景观	森林生态	1981/8/1
	花坪	龙胜、临桂县	17400	银杉及典型常绿阔叶林生态系统	野生植物	1961/11/1
	猫儿山	资源、兴安县	17009	典型常绿阔叶林生态系统、水源涵养林	森林生态	1976/5/1
	山口红树林	合浦县	8000	红树林生态系统	海洋海岸	1990/9/30
	岑王老山	田林县、凌云县	18994	南亚热带中山常绿阔叶混交林、垂直带谱森林生态系统和黑颈长尾雉、叉孢苏铁、伯乐树等珍稀濒危物种	森林生态	2007/4/6
	九万山	融水苗族自治县、罗城仫佬族自治县、环江毛南族自治县	25212.8	水源涵养林	森林生态	2007/4/6
	合浦儒艮	合浦县	35000	儒艮及海洋生态系统	野生动物	1986/4/27
	北仑河口海洋	防城市防城区	3000	红树林生态系统	海洋海岸	1990/3/4
	防城上岳金花茶	防城市防城区	9195	金花茶及森林生态系统	野生植物	1986/4/5
	十万大山	上思、钦州、防城	58277	水源涵养林	森林生态	1982/6/1
	弄岗	龙州、宁明县	10080	石灰岩季节雨林生态系统、白头叶猴、黑叶猴等	森林生态	1978/1/1
	大瑶山	金秀自治县	24907	水源林及瑶山鳄蜥、银杉	森林生态	1982/6/1
	木论	环江自治县	8969	中亚热带石灰岩、常绿阔叶混交林生态系统	森林生态	1991/8/18
	千家洞	灌阳县	12231	亚热带常绿阔叶林	森林生态	2006/2/11
	金钟山黑颈长尾雉	隆林各族自治县、西林县	20924.4	黑颈长尾雉	野生动物	2008/1/14

续表 2

地区	保护区名称	行政区域	面积（公顷）	主要保护对象	类型	建立时间
海南省	尖峰岭	乐东自治县	20170	热带雨林生态系统	森林生态	1976/10/1
	五指山	琼中自治县	13435.9	热带原始林生态系统	森林生态	1985/11/1
	霸王岭	昌江自治县	29980	黑冠长臂猿及生境	野生动物	1980/4/9
	吊罗山	陵水县、保亭县、琼中县	18389	森林生态系统及珍稀动植物	森林生态	2008/1/14
四川省	马边大风顶	马边自治县	30164	大熊猫及森林生态系统	野生动物	1977/5/1
	卧龙	汶川县	200000	大熊猫及森林生态系统	野生动物	1975/1/1
	九寨沟	九寨沟县	64297	大熊猫及森林生态系统	野生动物	1978/1/1
	四姑娘山	小金县	48500	野生动物及高山生态系统	野生动物	1996/11/29
	若尔盖湿地	若尔盖县	166571	高寒沼泽湿地及黑颈鹤等野生动物	内陆湿地	1994/8/18
	贡嘎山	康定、泸定县	400000	珍稀动物及高山生物多样性	森林生态	1997/12/8
	察青松多	白玉县	143682.6	白唇鹿、金钱豹等野生动物	野生动物	1995/1/1
	亚丁	稻城县	134400	森林生态系统、野生动植物、冰川	森林生态	1997/12/16
	美姑大风顶	美姑县	50655	大熊猫及森林生态系统	野生动物	1982/1/1
	长江上游珍稀、特有鱼类国家级自然保护区		33174	珍稀鱼类	野生动物	1987/12/4
	海子山	甘孜藏族自治州稻城县、理塘县	459161	高寒湿地生态系统	内陆湿地	2008/1/14
贵州省	梵净山	江口、印江、松涛	41900			1986/7/9
	麻阳河黑叶猴	沿河自治县	31113	黑叶猴等珍稀动物及生境	野生动物	1987/8/1
	草海	威宁自治县	12000	高原湿地生态系统及黑颈鹤等	内陆湿地	1985/1/1
	雷公山	黔东南自治州	47300	中亚热带森林及秃杉等珍稀植物	森林生态	1982/6/1
	茂兰	荔波县	20000	喀斯特地貌为主的森林生态系统	森林生态	1986/4/9
云南省	哀牢山	新平县	67700	原始森林、黑长臂猿等珍稀动植物	森林生态	1986/3/1
	高黎贡山	保山市和泸水县		喜马拉雅红豆杉、戴帽叶猴	森林和野生动物类型	1986
	大围山	屏边自治县	43993	南亚热带常绿阔叶林及珍稀动物	森林生态	1986/6/1
	金平分水岭	金平自治县	42027	热带半山山地苔藓常绿阔叶林以及珍稀动植物	森林生态	1986/6/1
	绿春黄连山	绿春县	65058	亚热带常绿阔叶林生态系统、野生动植物	森林生态	1983/4/1
	文山老君山	文山县	26867	原始阔叶林	森林生态	1958/10/8
	无量山	景东、南涧县	30938	亚热带常绿阔叶林及长臂猿等	森林生态	1988/3/1
	西双版纳	西双版纳自治州	241776	热带森林生态系统及珍稀野生动植物	森林生态	1958/10/9
	纳板河	景洪县	26100	森林和野生动植物	森林生态	1992/7/1
	苍山洱海	大理市	79700	断层湖泊、古代冰川遗迹、弓鱼、苍山冷杉、杜鹃林	内陆湿地	1981/11/5

续表 3

地区	保护区名称	行政区域	面积（公顷）	主要保护对象	类型	建立时间
云南省	白马雪山	德钦县	276432	高山针叶林、滇金丝猴	森林生态	1984/1/1
	南滚河	沧源自治县	50887	亚洲象及其栖息的热带季雨林	野生动物	1980/1/1
西藏自治区	雅鲁藏布江中游黑颈鹤	林周县	614350	黑颈鹤及其越冬生境	野生动物	1993/1/1
	芒康滇金丝猴	芒康县	185300	滇金丝猴及其生态系统	野生动物	1993/1/1
	珠穆朗玛峰	日喀则地区	3381000	高山森林及荒漠生态系统	森林生态	1988/4/5
	色林错	申扎县	2032380	黑颈鹤繁殖地、高原湿地生态系统	野生动物	1993/1/1
	羌塘	双湖、文南、改则等	29800000	藏羚羊、野牦牛等野生动物及高原荒漠生态系统	荒漠生态	1993/4/4
	雅鲁藏布大峡谷	墨脱县	916800	热带山地垂直带植被及珍贵动植物	森林生态	1985/7/9
	察隅慈巴沟	察隅县	101400	羚羊、山地亚热带森林生态系统	森林生态	1985/1/1
	拉鲁湿地	拉萨市	1220	高寒湿地生态系统	内陆湿地	2005/7/23
	类乌齐马鹿	类乌齐县	120614	马鹿、白唇鹿等野生动物及其生境、自然植被	野生动物	2005/7/23
甘肃省	莲花山	卓尼、康乐县	11691	森林生态系统	森林生态	1982/12/1
	尕海－则岔	碌曲县	247431	候鸟等野生动物、森林生态、石林等	野生动物	1995/10/1
	盐池湾	肃北蒙古族自治县	1360000	白唇鹿及过渡带生态系统	荒漠生态	2006/2/11
	安南坝野骆驼	阿克塞哈萨克族自治县	396000	野骆驼及其荒漠生态系统	野生动物	2006/2/11
	多儿	迭部县		野生大熊猫及其栖息地的连片保护	野生动物	2017/7/4
青海省	孟达	循化自治县	17290	森林生态系统及珍稀生物物种	森林生态	1980/4/1
	青海湖	刚察县	495200	斑头雁、棕头鸥等水禽及生态系统	野生动物	1975/8/8
	可可西里	玉树自治州	4500000	藏羚羊、野驴、野牦牛等有蹄类动物及生态系统	野生动物	1995/10/8
	隆宝	玉树县	10000	黑颈鹤、天鹅等水禽及草甸生态系统	野生动物	1986/8/9
	三江源	玉树县	15230000	珍稀动物、湿地、森林、高寒草甸、冰川等生态系统	内陆湿地	2000/5/1
宁夏回族自治区	贺兰山	银川市	206266	森林生态系统、野生动植物资源	森林生态	1982/7/1
	沙坡头	中卫县	13722	自然沙生植被及人工植被、野生动物	荒漠生态	1984/9/1
	罗山	同心县	33710	水源涵养林	森林生态	1982/7/1
	白芨滩	灵武市	74843	天然柠条母树林及沙生植被	荒漠生态	1985/1/4
	六盘山	固原县	26667	野生动物及水源涵养林	森林生态	1982/5/9
	哈巴湖	盐池县	84000	过渡区荒漠-湿地生态系统	内陆湿地	2006/2/11
新疆维吾尔自治区	阿尔金山	若羌县	4500000	三大有蹄类野生动物	荒漠生态	1983/1/1
	罗布泊野骆驼	若羌县	7800000	野骆驼及其生境	野生动物	1986/1/1
	巴音布鲁克	和静县	100000	天鹅等珍稀水禽、沼泽	野生动物	1980/5/9
	托木尔峰	温宿县	237600	野生动植物	森林生态	1980/1/1
	西天山	巩留县	31217	雪岭云杉林森林生态系统	森林生态	1983/1/2

续表 4

地区	保护区名称	行政区域	面积（公顷）	主要保护对象	类型	建立时间
新疆维吾尔自治区	甘家湖梭梭林	乌苏县	54667	梭梭林及生境	荒漠生态	1983/10/1
	哈纳斯	布尔津、哈巴河县	220162	西伯利亚动植物区系及自然景观	森林生态	1980/5/1
	塔里木胡杨	尉犁县、轮台县	395420	胡杨林及其荒漠生态系统	森林生态	2006/2/11
	艾比湖湿地	博乐市、精河县	267085	湿地及珍稀野生动植物	内陆湿地	2007/4/6
	伊宁小叶白蜡	伊宁县	16400	唯一的天然小叶白蜡集中地	野生植物	2016/5/2
	霍城四爪陆龟	霍城县	35000	珍稀动物四爪陆龟及其生境	野生动物	2016/5/2
	阿勒泰科克苏湿地	阿勒泰市	30667	湿地	内陆湿地	2017/7/4

■民族自治地方国家 AAAAA 级旅游区名单

（截至 2019 年）

地 区	数量（个）	名 称
内蒙古自治区	4	鄂尔多斯达拉特旗响沙湾旅游景区
		鄂尔多斯伊金霍洛旗成吉思汗陵旅游区
		呼伦贝尔市满洲里市中俄边境旅游区
		阿尔山 · 柴河旅游景区
辽宁省	1	本溪市本溪满族自治县本溪水洞景区
吉林省	2	延边朝鲜族自治州安图县长白山景区
		延边朝鲜族自治州敦化市六鼎山文化旅游区
湖北省	3	宜昌长阳县清江画廊景区
		恩施土家族苗族自治州恩施市恩施大峡谷景区
		恩施州巴东神农溪纤夫文化旅游区
广西壮族自治区	5	桂林市漓江景区
		桂林市乐满地度假世界
		桂林独秀峰 · 靖江王城景区
		南宁市青秀山旅游区
		桂林市两江四湖(秀峰区) · 象山(象山区)景区
海南省	2	保亭县呀诺达雨林文化旅游区
		陵水县分界洲岛旅游区
重庆市	2	云阳县龙缸景区
		酉阳桃花源景区
四川省	5	绵阳北川羌城旅游区
		阿坝藏族羌族自治州九寨沟旅游景区
		阿坝藏族羌族自治州松潘县黄龙风景名胜区
		阿坝藏族羌族自治州汶川特别旅游区
		甘孜藏族自治州泸定县海螺沟景区
贵州省	2	安顺市镇宁布依族苗族自治县黄果树瀑布景区
		黔南布依族苗族自治州荔波县樟江景区

续表

地　区	数量（个）	名　称
云南省	5	迪庆藏族自治州香格里拉普达措国家公园
		西双版纳傣族自治州勐腊县中科院西双版纳热带植物园
		大理白族自治州大理市崇圣寺三塔文化旅游区
		丽江市玉龙纳西族自治县玉龙雪山景区
		昆明市石林彝族自治县石林风景区
西藏自治区	4	拉萨布达拉宫景区
		拉萨大昭寺景区
		林芝市工布江达县巴松措景区
		日喀则市桑珠孜区扎什伦寺景区
青海省	1	海东市互助土族自治县互助土族故土园旅游区
宁夏回族自治区	4	石嘴山市沙湖旅游景区
		中卫市沙坡头旅游景区
		银川市西夏区宁夏镇北堡西部影视城
		银川市灵武市水洞沟旅游区
新疆维吾尔自治区	12	伊犁哈萨克自治州阿勒泰地区哈巴河县白沙湖景区
		昌吉回族自治州阜康市天山天池风景名胜区
		喀什地区喀什市噶尔老城景区
		伊犁哈萨克自治州特克斯县喀拉峻景区
		巴音郭楞蒙古自治州和静县巴音布鲁克景区
		吐鲁番市葡萄沟风景区
		阿勒泰地区喀纳斯景区
		喀什地区泽普县金胡杨景区
		伊犁地区新源县那拉提旅游风景区
		阿勒泰地区富蕴县可可托海景区
		乌鲁木齐天山大峡谷
		巴音郭楞蒙古自治州博湖县博斯腾湖景区

■民族自治地方国家级风景名胜区名单

（截至2019年）

地　区	数量（个）	风景名胜区名单
内蒙古自治区	2	扎兰屯风景名胜区
		额尔古纳风景名胜区
辽宁省	2	青山沟风景名胜区
		本溪水洞风景名胜区
吉林省	2	仙景台风景名胜区
		防川风景名胜区
湖南省	4	猛洞河风景名胜区

续表

地　区	数量（个）	风景名胜区名单
湖南省		德夯风景名胜区
		万佛山–侗寨风景名胜区
		湖南省凤凰风景名胜区
广西壮族自治区	3	桂林漓江风景名胜区
		桂平西山风景名胜区
		花山风景名胜区
四川省	4	黄龙寺－九寨沟风景名胜区
		贡嘎山风景名胜区
		四姑娘山风景名胜区
		邛海－螺髻山风景名胜区
贵州省	11	黄果树风景名胜区
		潕阳河风景名胜区
		荔波樟江风景名胜区
		马岭河峡谷风景名胜区
		都匀斗篷山－剑江风景名胜区
		黎平侗乡风景名胜区
		紫云格凸河穿洞风景名胜区
		平塘风景名胜区
		榕江苗山侗水风景名胜区
		沿河乌江山峡风景名胜区
		瓮安江界河风景名胜区
云南省	9	路南石林风景名胜区
		西双版纳风景名胜区
		大理风景名胜区
		三江并流风景名胜区
		丽江玉龙雪山风景名胜区
		瑞丽江—大盈江风景名胜区
		省建水风景名胜区
		普者黑风景名胜区
		阿庐风景名胜区
西藏自治区	4	雅砻河风景名胜区
		纳木措–念青唐古拉山风景名胜区
		唐古拉山–怒江源风景名胜区
		西藏自治区土林–古格风景名胜区
青海省	1	青海湖风景名胜区
宁夏回族自治区	2	西夏王陵风景名胜区
		宁夏回族自治区须弥山石窟风景名胜区
新疆维吾尔自治区	6	天山天池风景名胜区
		库木塔格沙漠风景名胜区
		博斯腾湖风景名胜区
		赛里木湖风景名胜区
		托木尔大峡谷风景名胜区
		罗布人村寨风景名胜区

民族自治地方全国重点文物保护单位，历史文化名称、名镇、名村

■民族自治地方全国重点文物保护单位

（截至 2019 年）

地 区	数量	名 称	时 代	地 址
（一）古遗址：222 处				
内蒙古自治区	70	辽上京遗址	辽	巴林左旗
		辽中京遗址	辽	宁城县
		大窑遗址	旧石器时代	呼和浩特市
		居延遗址	汉	额济纳旗
		嘎仙洞遗址	北魏	鄂伦春自治旗
		元上都遗址	元	正蓝旗
		兴隆洼遗址	新石器时代	敖汉旗
		大甸子遗址	青铜时代	敖汉旗
		固阳秦长城遗址	秦	固阳县
		缸瓦窑遗址	辽	赤峰市
		敖伦苏木城遗址	元	达尔罕茂明安联合旗
		萨拉乌苏遗址	旧石器时代	乌审旗
		岱海遗址群	新石器时代	凉城县
		庙子沟遗址	新石器时代	察哈尔右翼前旗
		架子山遗址群	青铜时代	喀喇沁旗
		大井古铜矿遗址	青铜时代	林西县
		城子山遗址	青铜时代	敖汉旗
		和林格尔土城子遗址	汉至唐	和林格尔县
		黑山头城址	金、元	额尔古纳市
		金界壕遗址	金	呼伦贝尔盟、兴安盟、通辽市、赤峰市、乌兰察布盟、包头市
		应昌路故城遗址	元	克什克腾旗
		黑城遗址	西夏至元	额济纳旗
		阿善遗址	新石器时代	包头市
		赵宝沟遗址	新石器时代	敖汉旗
		红山遗址群	新石器时代至青铜时代	赤峰市
		夏家店遗址群	新石器时代至战国	赤峰市
		朱开沟遗址	新石器时代至商	伊金霍洛旗
		秦直道遗址	秦	鄂尔多斯市
		麻池城遗址和召湾墓群	汉	包头市
		黑城城址	汉	宁城县
		朔方郡故城	汉	磴口市、巴彦淖尔市

续表 1

地　区	数量	名　称	时 代	地　　址
内蒙古自治区	70	霍洛柴登城址	汉	杭锦旗
		克里孟城址	汉至南北朝	察哈尔右翼后旗
		沃野镇故城	汉至南北朝	乌拉特前旗
		白灵淖尔城址	南北朝	固阳县
		十二连城城址	隋至唐	准格尔旗
		城川城址	唐	鄂托克前旗
		查干浩特城址	辽至明	阿鲁科尔沁旗
		安答堡子城址	金至元	达尔罕茂明安联合旗
		净州路故城	金至元	四子王旗
		砂井路总管府故城	元	四子王旗
		巴彦乌拉城址	元	鄂温克族自治旗
		蘑菇山北遗址	旧石器时代	内蒙古自治区呼伦贝尔市满洲里市
		金斯太洞穴遗址	旧石器时代、商	内蒙古自治区锡林郭勒盟东乌珠穆沁旗
		辉河水坝遗址	新石器时代	内蒙古自治区呼伦贝尔市鄂温克族自治旗
		哈克遗址	新石器时代	内蒙古自治区呼伦贝尔市海拉尔区
		白音长汗遗址	新石器时代	内蒙古自治区赤峰市林西县
		兴隆沟遗址	新石器时代	内蒙古自治区赤峰市敖汉旗
		魏家窝铺遗址	新石器时代	内蒙古自治区赤峰市红山区
		富河沟门遗址	新石器时代	内蒙古自治区赤峰市巴林左旗
		寨子圪旦遗址	新石器时代	内蒙古自治区鄂尔多斯市准格尔旗
		草帽山遗址	新石器时代	内蒙古自治区赤峰市敖汉旗
		马架子遗址	新石器时代、夏、商、周	内蒙古自治区赤峰市喀喇沁旗
		三座店石城遗址	夏至商	内蒙古自治区赤峰市松山区
		二道井子遗址	夏至商	内蒙古自治区赤峰市红山区
		太平庄遗址群	夏至商	内蒙古自治区赤峰市松山区
		尹家店山城遗址	夏至商	内蒙古自治区赤峰市松山区
		南山根遗址	周	内蒙古自治区赤峰市宁城县
		奈曼土城子城址	战国至秦汉	内蒙古自治区通辽市奈曼旗
		云中郡故城	战国至隋唐	内蒙古自治区呼和浩特市托克托县
		浩特陶海城址	辽	内蒙古自治区呼伦贝尔市陈巴尔虎旗
		灵安州遗址	辽	内蒙古自治区通辽市库伦旗
		豫州城遗址及墓地	辽	内蒙古自治区通辽市扎鲁特旗
		韩州城遗址	辽	内蒙古自治区通辽市科尔沁左翼后旗
		饶州故城址	辽	内蒙古自治区赤峰市林西县
		武安州遗址	辽、金、元	内蒙古自治区赤峰市敖汉旗
		宁昌路遗址	辽、金、元	内蒙古自治区赤峰市敖汉旗
		吐列毛杜古城遗址	金	内蒙古自治区兴安盟科尔沁右翼中旗
		四郎城古城	金、元、明	内蒙古自治区锡林郭勒盟正蓝旗
		燕家梁遗址	元	内蒙古自治区包头市九原区
		新忽热古城址	元、明	内蒙古自治区巴彦淖尔市乌拉特中旗

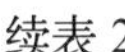

续表 2

地　区	数量	名　称	时 代	地　址
辽宁省	8	查海遗址	新石器时代	阜新蒙古族自治县
		庙后山遗址	旧石器时代	本溪满族自治县
		永陵南城址	汉至魏晋	辽宁省抚顺市新宾满族自治县
		高俭地山城	汉至唐	辽宁省本溪市桓仁满族自治县
		下古城子城址	汉至唐	辽宁省本溪市桓仁满族自治县
		赫图阿拉故城	明	新宾满族自治县
		五女山山城	高句丽（公元前 37—668 年）	桓仁满族自治县
		东山嘴遗址	新石器时代	喀左自治县
		金牛山遗址	旧石器时代	营口县
		姜女石遗址	秦 汉	绥中县
		凤凰山山城	高句丽（公元前 37—668 年）	凤城市
		海城仙人洞遗址	旧石器时代	海城市
		新乐遗址	新石器时代	沈阳市
		高台山遗址	新石器时代	新民市
		石台子山城	汉至唐	沈阳市
		牛河梁遗址	新石器时代	凌源县、建平县
吉林省	9	渤海中京城遗址	渤海（公元 698—926 年）	和龙市
		八连城遗址	唐、五代	珲春市
		塔虎城	辽、金	前郭尔罗斯蒙古族自治县
		百草沟遗址	战国至晋	汪清县
		城山子山城	唐	敦化市
		磨盘村山城	唐至金	图们市
		石人沟遗址	旧石器时代	吉林省延边朝鲜族自治州和龙市
		萨其城址	唐	吉林省延边朝鲜族自治州珲春市
		温特赫部城址与裴优城址	唐、金	吉林省延边朝鲜族自治州珲春市
湖北省	9	建始直立人遗址	旧石器时代	建始县
		施州城址	宋	恩施市
		唐崖土司城址	元至清	咸丰县
		容美土司遗	明至清	鹤峰县
		长阳人遗址	旧石器时代	湖北省宜昌市长阳土家族自治县
		不二门遗址	商、周	湖南省湘西土家族苗族自治州永顺县
		魏家寨古城遗址	汉	湖南省湘西土家族苗族自治州保靖县
		里耶大板遗址与墓群	汉	湖南省湘西土家族苗族自治州龙山县
		四方城遗址	战国至汉	湖南省湘西土家族苗族自治州保靖县
湖南省	1	老司城遗址	五代至清	永顺县

续表 3

地　区	数量	名　称	时 代	地 址
广西壮族自治区	16	百谷和高岭坡遗址	旧石器时代	百色市、田东县
		甑皮岩遗址	新石器时代	桂林市
		顶蛳山遗址	新石器时代	邕宁县
		白莲洞遗址	旧石器至新石器时代	柳州市
		鲤鱼嘴遗址	旧石器至新石器时代	柳州市
		感驮岩遗址	新石器时代至战国	那坡县
		秦城遗址	秦至晋	兴安县
		智城城址	唐	上林县
		柳城巨猿洞	旧石器时代	广西壮族自治区柳州市柳城县
		布兵盆地洞穴遗址群	旧石器时代	广西壮族自治区百色市田东县
		那赖遗址	旧石器时代	广西壮族自治区百色市田阳县
		晓锦遗址	新石器时代	广西壮族自治区桂林市资源县
		大浪古城遗址	汉	广西壮族自治区北海市合浦县
		草鞋村遗址	汉	广西壮族自治区北海市合浦县
		越州故城	南朝	广西壮族自治区钦州市浦北县
		中和窑址	宋	广西壮族自治区梧州市藤县
海南省	1	信冲洞遗址	旧石器时代	海南省昌江黎族自治县
重庆市	1	重庆冶锌遗址群	明至清	重庆市丰都县、石柱土家族自治县
四川省	5	营盘山和姜维城遗址	新石器时代	茂县、汶川县
		大洋堆遗址	周至战国	西昌市
		哈休遗址	新石器时代	四川省阿坝藏族羌族自治州马尔康县
		罕额依新石器时代文化遗址和汉代石棺葬墓群	新石器时代、汉	四川省甘孜藏族自治州丹巴县
		永平堡古城	明	四川省绵阳市北川羌族自治县
贵州省	2	龙广观音洞遗址	旧石器时代至新石器时代	贵州省黔西南布依族苗族自治州安龙县
		普安铜鼓山遗址	战国至西汉	贵州省黔西南布依族苗族自治州普安县
云南省	11	太和城遗址	南诏（公元 649—902 年）	大理白族自治州大理市
		元谋猿人遗址	旧石器时代	元谋县
		腊玛古猿化石地点		禄丰县
		石佛洞遗址	新石器时代	耿马傣族佤族自治县
		白羊村遗址	新石器时代	宾川县
		山龙山于图山城址	唐	巍山彝族回族自治县
		元谋古猿化石地点	旧石器时代	云南省楚雄彝族自治州元谋县
		玉水坪遗址	旧石器时代至新石器时代	云南省怒江傈僳族自治州兰坪白族普米族自治县
		大墩子遗址	新石器时代	云南省楚雄彝族自治州元谋县
		海门口遗址	新石器时代至夏、商、周	云南省大理白族自治州剑川县
		银梭岛遗址	新石器时代至商	云南省大理白族自治州大理市

续表 4

<table>
<tr><th>地　区</th><th>数量</th><th>名　称</th><th>时　代</th><th>地址</th></tr>
<tr><td rowspan="5">西藏自治区</td><td rowspan="5">5</td><td>古格王国遗址</td><td>约为公元十世纪前后</td><td>扎达县</td></tr>
<tr><td>卡若遗址</td><td>新石器时代</td><td>昌都县</td></tr>
<tr><td>拉加里王宫遗址</td><td>13 世纪至 18 世纪</td><td>曲松县</td></tr>
<tr><td>小恩达遗址</td><td>新石器时代</td><td>西藏自治区昌都地区昌都县</td></tr>
<tr><td>皮央和东嘎遗址</td><td>宋至明</td><td>西藏自治区阿里地区札达县</td></tr>
<tr><td rowspan="10">甘肃省</td><td rowspan="10">13</td><td>齐家坪遗址</td><td>新石器时代</td><td>广河县</td></tr>
<tr><td>林家湾遗址</td><td>新石器时代</td><td>东乡县</td></tr>
<tr><td>八角城城址</td><td>唐至明</td><td>夏河县</td></tr>
<tr><td>半山遗址</td><td>新石器时代</td><td>甘肃省临夏回族自治州广河县</td></tr>
<tr><td>然闹遗址</td><td>新石器时代</td><td>甘肃省甘南藏族自治州迭部县</td></tr>
<tr><td>磨沟遗址（含墓群）</td><td>新石器时代至商</td><td>甘肃省甘南藏族自治州临潭县</td></tr>
<tr><td>新庄坪遗址</td><td>新石器时代至商</td><td>甘肃省临夏回族自治州积石山保安族东乡族撒拉族自治县</td></tr>
<tr><td>边家林遗址</td><td>新石器时代至商</td><td>甘肃省临夏回族自治州康乐县</td></tr>
<tr><td>马家塬遗址</td><td>新石器时代、战国</td><td>甘肃省天水市张家川回族自治县</td></tr>
<tr><td>草沟井城址</td><td>汉至明</td><td>甘肃省张掖市肃南裕固族自治县</td></tr>
<tr><td rowspan="8">青海省</td><td rowspan="8">8</td><td>马厂塬(yu á n)遗址</td><td>新石器时代</td><td>民和回族土族自治县</td></tr>
<tr><td>西海郡故城遗址</td><td>汉至南北朝</td><td>海晏县</td></tr>
<tr><td>喇家遗址</td><td>新石器时代</td><td>民和回族土族自治县</td></tr>
<tr><td>塔温搭里哈遗址</td><td>青铜时代</td><td>都兰县</td></tr>
<tr><td>宗日遗址</td><td>新石器时代</td><td>青海省海南藏族自治州同德县</td></tr>
<tr><td>塔里他里哈遗址</td><td>商至周</td><td>青海省海西蒙古族藏族自治州都兰县</td></tr>
<tr><td>门源古城</td><td>宋</td><td>青海省海北藏族自治州门源回族自治县</td></tr>
<tr><td>贡萨寺旧址与宗喀巴大殿</td><td>清</td><td>青海省玉树藏族自治州治多县</td></tr>
<tr><td rowspan="14">宁夏回族自治区</td><td rowspan="14">14</td><td>水洞沟遗址</td><td>旧石器时代</td><td>灵武县</td></tr>
<tr><td>开城遗址</td><td>元</td><td>固原县</td></tr>
<tr><td>鸽子山遗址</td><td>旧石器时代</td><td>青铜峡市</td></tr>
<tr><td>菜园遗址</td><td>新石器时代</td><td>海原县</td></tr>
<tr><td>照壁山铜矿遗址</td><td>汉</td><td>中卫市</td></tr>
<tr><td>灵武窑址</td><td>宋至明</td><td>灵武市</td></tr>
<tr><td>张家场城址</td><td>汉</td><td>盐池县</td></tr>
<tr><td>页河子遗址</td><td>新石器时代</td><td>宁夏回族自治区固原市隆德县</td></tr>
<tr><td>固原古城遗址</td><td>汉至清</td><td>宁夏回族自治区固原市原州区</td></tr>
<tr><td>省嵬城址</td><td>宋</td><td>宁夏回族自治区石嘴山市惠农区</td></tr>
<tr><td>七营北嘴城址</td><td>宋至明</td><td>宁夏回族自治区中卫市海原县</td></tr>
<tr><td>柳州城址</td><td>宋至明</td><td>宁夏回族自治区中卫市海原县</td></tr>
<tr><td>大营城址</td><td>宋至明</td><td>宁夏回族自治区固原市原州区</td></tr>
<tr><td>兴武营城址</td><td>明</td><td>宁夏回族自治区吴忠市盐池县</td></tr>
</table>

续表 5

地　区	数量	名　称	时　代	地 址
新疆维吾尔自治区	49	高昌故城	高昌（公元 500–640 年）	吐鲁番县
		雅尔湖故城	高昌（公元 500–640 年）	吐鲁番县
		楼兰故城遗址	汉至晋	若羌县
		北庭故城遗址	唐	吉木萨尔县
		尼雅遗址	西汉－西晋	民丰县
		苏巴什佛寺遗址	南北朝－唐	库车县
		奴拉赛铜矿遗址	青铜时代	尼勒克县
		圆沙古城	汉	于田县
		克孜尔尕哈烽燧	汉	库车县
		孔雀河烽燧群	汉至晋	尉犁县
		罗布泊南古城遗址	汉至晋	若羌县
		莫尔寺遗址	汉至唐	疏附县
		托库孜萨来遗址	汉至唐	巴楚县
		米兰遗址	汉至唐	若羌县
		安迪尔古城遗址	汉至唐	民丰县
		石头城遗址	晋至清	塔什库尔干塔吉克自治县
		七个星佛寺遗址	晋至宋	焉耆回族自治县
		热瓦克佛寺遗址	南北朝	洛浦县
		白杨沟佛寺遗址	唐	哈密市
		大河古城	唐	巴里坤县
		乌拉泊古城	唐至元	乌鲁木齐县
		台藏塔遗址	唐至宋	吐鲁番市
		丹丹乌里克遗址	南北朝至唐	策勒县
		麻扎塔格戍堡址	唐	墨玉县
		通古斯巴西城址	唐	新和县
		骆驼石旧石器遗址	旧石器时代	新疆维吾尔自治区塔城地区和布克赛尔蒙古自治县
		岳公台一西黑沟遗址群	春秋至战国	新疆维吾尔自治区哈密地区巴里坤哈萨克自治县
		龟兹故城	西汉至宋	新疆维吾尔自治区阿克苏地区库车县
		石人子沟遗址群	汉	新疆维吾尔自治区哈密地区巴里坤哈萨克自治县
		营盘古城古墓群及古墓群	汉至晋	新疆维吾尔自治区巴音郭楞蒙古自治州尉犁县
		喀拉墩遗址	汉至南北朝	新疆维吾尔自治区和田地区于田县
		乌什喀特古城遗址	汉至唐	新疆维吾尔自治区阿克苏地区新和县
		石城子遗址	东汉	新疆维吾尔自治区昌吉回族自治州奇台县
		达玛沟佛寺遗址	南北朝	新疆维吾尔自治区和田地区策勒县
		克斯勒塔格佛寺遗址	唐	新疆维吾尔自治区阿克苏地区柯坪县
		兰城遗址	唐	新疆维吾尔自治区巴音郭楞蒙古自治州和硕县

续表 6

地　区	数量	名　称	时　代	地址
		唐王城遗址	唐	新疆维吾尔自治区阿克苏地区库车县
		阿萨古城遗址	唐至宋	新疆维吾尔自治区吐鲁番地区鄯善县
		达勒特古城遗址	唐至元	新疆维吾尔自治区博尔塔拉蒙古自治州博乐市
		唐朝墩古城遗址	唐至元	新疆维吾尔自治区昌吉回族自治州奇台县
		夏塔古城遗址	唐至元	新疆维吾尔自治区伊犁哈萨克自治州昭苏县
		昌吉州境内烽燧群	唐至清	新疆维吾尔自治区昌吉回族自治州木垒哈萨克自治县、奇台县、吉木萨尔县、阜康市、昌吉市、呼图壁县、玛纳斯县
		古代吐鲁番盆地军事防御遗址	唐至清	新疆维吾尔自治区吐鲁番地区吐鲁番市、托克逊县、鄯善县
		哈密境内烽隧遗址	唐至清	新疆维吾尔自治区哈密地区哈密市、巴里坤哈萨克自治县、伊吾县
		柳中古城遗址	唐至清	新疆维吾尔自治区吐鲁番地区鄯善县
		道尔本厄鲁特森木古城遗址	明	新疆维吾尔自治区塔城地区和布克赛尔蒙古自治县
		惠远新、老古城遗址	清	新疆维吾尔自治区伊犁哈萨克自治州霍城县
		阔纳齐兰遗址	清	新疆维吾尔自治区阿克苏地区柯坪县
		伊犁清代卡伦遗址	清	新疆维吾尔自治区伊犁哈萨克自治州霍城县、察布查尔锡伯自治县
（二）石窟寺、石刻及其他：26 处				
内蒙古自治区	2	阴山岩画	新石器至青铜时代	乌拉特前旗、乌拉特后旗、乌拉特中旗、磴口县
		真寂之寺石窟	辽	巴林左旗
湖北省	1	仙佛寺石窟	唐	来凤县
湖南省	2	溪州铜柱	五代	湘西土家族苗族自治州永顺县
		阳华岩摩崖	唐至清	江华瑶族自治县
广西壮族自治区	3	花山岩画	战国至东汉	宁明县
		桂林石刻	唐至清	桂林市
		柳侯祠碑刻	宋至民国	柳州市
四川省	1	博什瓦黑岩画	唐至宋	昭觉县
云南省	4	石钟山石窟	南诏、大理（公元 649—1094 年）	大理白族自治州剑川县
		南诏铁柱	南诏	弥渡县
		元世祖平云南碑	元	大理市
		沧源崖画	新石器时代	沧源县
甘肃省	3	炳灵寺石窟	北魏至明	临夏县
		马蹄寺石窟群	十六国～清	肃南裕固族自治县
		文殊山石窟	北朝～西夏	肃南裕固族自治县
青海省	1	贝大日如来佛石窟寺和勒巴沟摩崖	唐	玉树县

续表 7

地　区	数量	名　称	时 代	地址
宁夏回族自治区	2	须弥山石窟	北朝至唐	固原县
		贺兰山岩画	元	贺兰县
新疆维吾尔自治区	7	克孜尔千佛洞	唐至宋	拜城县
		库木吐喇千佛洞	唐至宋	库车县
		柏孜克里克千佛洞	唐至元	吐鲁番县
		森木塞姆千佛洞	晋－宋	库车县
		克孜尔尕哈石窟	北朝至唐	库车县
		平定准噶尔勒铭碑	清	昭苏县
		吐峪沟石窟	南北朝至唐	鄯善县
（三）古墓葬：82 处				
内蒙古自治区	21	辽陵及奉陵邑(含怀凌陵及奉陵)	辽	巴林右旗、巴林左旗
		成吉思汗陵	1954 年迁建	伊金霍洛旗
		宝山、罕苏木墓群	辽	阿鲁科尔沁旗
		扎赉诺尔墓群	汉	满洲里市
		王昭君墓	汉	呼和浩特市
		韩匡嗣家族墓地	辽	巴林左旗
		吐尔基山墓	辽	科尔沁左翼后旗
		萧氏家族墓	辽	奈曼旗
		张应瑞家族墓地	元	翁牛特旗
		南宝力皋吐古墓地	新石器时代	内蒙古自治区通辽市扎鲁特旗
		小黑石沟墓群	西周至战国	内蒙古自治区赤峰市宁城县
		团结墓地	东汉	内蒙古自治区呼伦贝尔市海拉尔区
		和林格尔东汉壁画墓	东汉	内蒙古自治区呼和浩特市和林格尔县
		谢尔塔拉墓地	唐至五代	内蒙古自治区呼伦贝尔市海拉尔区
		奈林稿辽墓群	辽	内蒙古自治区通辽市库伦旗
		耶律祺家族墓	辽	内蒙古自治区赤峰市阿鲁科尔沁旗
		耶律琮墓	辽	内蒙古自治区赤峰市喀喇沁旗
		沙日宝特墓群	辽	内蒙古自治区赤峰市阿鲁科尔沁旗
		砧子山古墓群	元	内蒙古自治区锡林郭勒盟多伦县
		恩格尔河墓群	元	内蒙古自治区锡林郭勒盟苏尼特左旗
		和硕端静公主墓	清	内蒙古自治区赤峰市喀喇沁旗
辽宁省	6	永陵	清	新宾满族自治县
		马城子墓地	夏至西周	辽宁省本溪市本溪满族自治县
		望江楼墓地	西汉王东汉	辽宁省本溪市桓仁满族自治县
		雅河流域墓群	汉至唐	辽宁省本溪市桓仁满族自治县
		冯家堡子墓地	汉至唐	辽宁省本溪市桓仁满族自治县
		关山辽墓	辽	辽宁省阜新市阜新蒙古族自治县

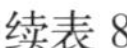

续表 8

地 区	数量	名 称	时 代	地 址
吉林省	4	干沟子墓群	战国至西汉	长白朝鲜族自治县
		龙头山古墓群龚	渤海	和龙市
		六顶山古墓	渤海(公元 698—927 年)	延边朝鲜族自治州敦化市
		鸭绿江上游积石墓群	汉至唐	吉林省白山市浑江区、江源区、临江市、长白朝鲜族自治县
湖南省	1	里耶麦茶战国墓群	战国	湖南省湘西土家族苗族自治州龙山县
广西壮族自治区	2	合浦汉墓群	汉	合浦县
		凤腾山古墓群	清	广西壮族自治区河池市环江毛南族自治县
四川省	1	凉山大石墓群	战国至汉	德昌县、喜德县
贵州省	6	交乐墓群	汉	兴仁县
		务川大坪墓群	汉	贵州省遵义市务川仡佬族苗族自治县
		兴义万屯墓群	东汉	贵州省黔西南布依族苗族自治州兴义市
		惠水仙人桥洞葬	明至清	贵州省黔南布依族苗族自治州惠水县
		黔南水族墓群	明至清	贵州省黔南布依族苗族自治州三都水族自治县、荔波县
		明十八先生墓	清	贵州省黔西南布依族苗族自治州安龙县
云南省	2	万家坝古墓群	明	云南省楚雄彝族自治州楚雄市
		顺荡火葬墓群	明	云南省大理白族自治州云龙县
西藏自治区	4	藏王墓	公元七世纪	穷结县
		烈山墓地	唐	朗县
		吉堆吐蕃墓群	唐	洛扎县
		查木钦墓群	唐	拉孜县
青海省	4	杂涅墓群	唐	青海省玉树藏族自治州玉树县
		玉树古墓群	唐	青海省玉树藏族自治州治多县、玉树县、称多县
		街子拱北	清	青海省海东地区循化撒拉族自治县
		热水墓群	唐	都兰县
宁夏回族自治区	3	西夏陵	西夏	银川市
		固原北朝隋唐墓地	北朝至唐	宁夏回族自治区固原市原州区
		窨子梁唐墓	唐	宁夏回族自治区吴忠市盐池县
新疆维吾尔自治区	28	小河墓地	公元前 2000 年～公元前 1500 年	新疆维吾尔自治区巴音郭楞蒙古自治州若羌县
		阔科克古墓群	青铜时代	新疆维吾尔自治区阿勒泰地区布尔津县
		拜其尔墓地	青铜时代	新疆维吾尔自治区哈密地区伊吾县
		大喀纳斯景区墓葬群	青铜时代至铁器时代	新疆维吾尔自治区阿勒泰地区布尔津县
		赛里木湖古墓群	青铜时代、汉至唐	新疆维吾尔自治区博尔塔拉蒙古自治州博乐市
		阿日夏特科克石围及石堆墓群	春秋至战国	新疆维吾尔自治区博尔塔拉蒙古自治州温泉县
		阿敦乔鲁石栅古墓群及岩画群	春秋至战国	新疆维吾尔自治区博尔塔拉蒙古自治州温泉县
		库车友谊路墓群	晋、十六国	新疆维吾尔自治区阿克苏地区库车县

续表 9

地　区	数量	名　称	时 代	地址
新疆维吾尔自治区	28	小洪纳海石人墓	隋、唐	新疆维吾尔自治区伊犁哈萨克自治州昭苏县
		默拉纳额什丁麻扎	明	新疆维吾尔自治区阿克苏地区库车县
		阿斯塔纳古墓群	晋至唐	吐鲁番市
		阿巴和明麻札	清	喀什市
		三海子墓葬及鹿石	青铜时代	青河县
		焉不拉克古墓群	青铜时代	哈密市
		察乌乎古墓群	青铜时代	和静县
		切木尔切克石人及石棺墓群	青铜时代至汉、魏	阿勒泰市
		扎滚鲁克石墓群	青铜时代至汉、晋	且末县
		山普拉古墓群	汉、晋	洛浦县
		楼兰墓群	新石器时代至晋	若羌县
		五堡墓群	青铜时代	哈密市
		洋海墓群	青铜时代至唐	鄯善县
		阿日夏特石人墓	隋至唐	温泉县
		麻赫穆德・喀什噶里墓	元	疏附县
		速檀・歪思汗麻扎	明	伊宁县
		叶尔羌汗国王陵	明	莎车县
		艾比甫・艾洁木麻扎	清	阿图什市
		哈密回王墓	清至民国	哈密市
		吐虎鲁克・铁木尔汗麻扎	元	霍城县
（四）古建筑及历史纪念建筑物：127 处				
内蒙古自治区	21	万部华严经塔	辽	呼和浩特市
		金刚座舍利宝塔	清	呼和浩特市
		美岱召	明	土默特右旗
		五当召	清	包头市
		汇宗寺	清	多伦县
		福会寺	清	喀喇沁旗
		喀喇沁亲王府及家庙	清	喀喇沁旗
		和硕恪靖公主府	清	呼和浩特市
		开鲁县佛塔	元	开鲁县
		清水河县长城	明	清水河县
		纳林塔秦国长城遗址	战国	伊金霍洛旗
		锦山龙泉寺	清	喀喇沁旗
		大召	明至清	呼和浩特市
		绥远城墙和将军衙署	清	呼和浩特市
		贝子庙	清	锡林浩特市
		定远营	清	阿拉善左旗

续表 10

地　区	数量	名　称	时　代	地址
内蒙古自治区	21	灵悦寺	清	喀喇沁旗
		诺尔古建筑群	清	多伦县
		库伦三大寺	清	库伦旗
		僧格林沁王府	清	科尔沁左翼后旗
		宝善寺	清	阿鲁科尔沁旗
吉林省	1	灵光塔	渤海	长白朝鲜族自治县
浙江省	1	时思寺	元至清	景宁畲族自治县
湖北省	2	鱼木寨	明至清	利川市
		大水井古建筑群	清	利川市
湖南省	4	马田鼓楼	清	通道侗族自治县
		芋头侗寨古建筑群	明、清	通道侗族自治县
		坪坦风雨桥	清	通道侗族自治县
		凤凰古城堡	清	凤凰县
广西壮族自治区	12	经略台真武阁	明	容县
		程阳永济桥	民国	三江县
		灵渠	秦	兴安县
		大士阁	明	合浦县
		莫土司衙署	明、清	忻城县
		靖江王府及王陵	明	桂林市
		岜团桥	清	三江侗族自治县
		临贺故城	汉至清	贺州市
		江头村和长岗岭村古建筑群	明至民国	灵川县
		马殷庙	明至清	富川瑶族自治县
		燕窝楼	明至清	全州县
		恭城古建筑群	明至清	恭城瑶族自治县
四川省	10	卓克基土司官寨	清	马尔康县
		德格印经院	清	德格县
		直波碉楼	清	马尔康县
		松潘古城墙	明	松潘县
		棒托寺	明、清	壤塘县
		丹巴古碉群	唐至清	丹巴县
		措尔机寺	元至清	壤塘县
		日斯满巴碉房	元至明	壤塘县
		松格嘛呢石经城和巴格嘛呢石经墙	明至清	石渠县
		波日桥	清	新龙县
贵州省	9	增冲鼓楼	清	从江县
		青龙洞	清	镇远县

续表 11

地　区	数量	名　称	时 代	地址
贵州省	9	福泉城墙	明	福泉市
		郎德上寨古建筑群	明、清	雷山县
		地坪风雨桥	清	黎平县
		寨英村古建筑群	明至清	松桃苗族自治县
		飞云崖古建筑群	明至清	黄平县
		旧州古建筑群	明至清	黄平县
		葛镜桥	明	福泉市
云南省	22	崇圣寺三塔	唐、五代	大理白族自治州大理市
		广允缅寺	清	沧源佤族自治县
		景真八角亭	清	勐海县
		曼飞龙塔	清	景洪市
		大宝积宫与琉璃殿	明	玉龙纳西族自治县
		中心镇公堂	清	香格里拉县
		喜洲白族古建筑群	明、清	大理市
		建水文庙	明、清	建水县
		水目寺塔	唐至明	祥云县
		佛图寺塔	唐	大理市
		大姚白塔	唐	大姚县
		指林寺大殿	元至清	建水县
		宝山石头城	元	玉龙纳西族自治县
		州城文庙和武庙	明至清	宾川县
		龙华寺	明至清	姚安县
		朝阳楼	明	建水县
		西门街古建筑群	明	剑川县
		沙溪兴教寺	明至民国	剑川县
		孟连宣抚司署	清	孟连傣族拉祜族佤族自治县
		曼短佛寺	清	勐海县
		双龙桥	清	建水县
		长春洞	清	巍山彝族回族自治县
		寿国寺	清	维西傈僳族自治县
西藏自治区	27	大昭寺		拉萨市
		昌珠寺		乃东县
		萨迦寺	元	萨迦县
		布达拉宫	明至民国	拉萨市
		噶丹寺	明初至清	拉萨市
		扎什伦布寺	明初至清	日喀则县
		哲蚌寺	明	拉萨市

续表 12

地　区	数量	名　称	时 代	地 址
西藏自治区	27	色拉寺	明	拉萨市
		罗布林卡	清	拉萨市
		夏鲁寺	元至清	日喀则市
		桑耶寺	789—799 年	扎囊县
		托林寺	宋	扎达县
		扎塘寺	1081—1093 年	扎囊县
		白居寺	明	江孜县
		朗色林庄园	明	扎囊县
		曲德寺、卓玛拉康	公元 10 世纪、公元 1274 年	吉隆县（大唐天竺使出铭公元 658 年）
		色喀古托寺	公元 1080 年	洛扎县
		科迦寺	公元 996 年	普兰县
		小昭寺	公元 641 年	拉萨市
		吉如拉康	唐至清	乃东县
		松卡石塔	唐	扎囊县
		聂塘卓玛拉康	宋	曲水县
		敏竹林寺	明	扎囊县
		查杰玛大殿	元至清	昌都地区
		平措林寺	明	拉孜县
		邦纳寺	明	索县
		康松桑卡林	清	扎囊县
甘肃省	1	拉卜楞寺	清	夏河县
青海省	5	隆务寺	明、清	同仁县
		贵德文庙及玉皇阁	明、清	贵德县
		藏娘佛塔及桑周寺	北宋至清	玉树县
		格萨尔三十大将军灵塔和达那寺	宋、元	囊谦县
		却藏寺	清	互助土族自治县
宁夏回族自治区	7	海宝塔	清	银川市
		同心清真大寺	清	同心县
		拜寺口双塔	西　夏	贺兰县
		一百零八塔	元	青铜峡市
		承天寺塔	清	银川市
		董府	清	吴忠市
		宁夏秦长城遗址	战国	彭阳县、西吉县、固原县
新疆维吾尔自治区	5	苏公塔	清	吐鲁番市
		伊犁将军府	清	伊宁市
		昭苏圣佑庙	清	昭苏县
		艾提尕尔清真寺	明	喀什市
		靖远寺	明	察布查尔锡伯自治县

续表 13

地　区	数量	名　称	时 代	地址
（五）革命遗址、革命纪念建筑物及近现代重要史迹和代表性建筑：55 处				
内蒙古自治区	5	乌兰夫故居	清至民国	土默特左旗
		成吉思汗庙	民国	乌兰浩特市
		“独贵龙”运动旧址	1919～1921 年	乌审旗
		百灵庙起义旧址	1936 年	达尔罕茂明安联合旗
		内蒙古自治政府成立大会会址	1947 年	乌兰浩特市
湖北省	1	五里坪革命旧址	1929～1933 年	鹤峰县
湖南省	3	沈从文故居	清	凤凰县
		湘鄂川黔革命根据地旧址	1934～1935 年	张家界市、永顺县、龙山县
		抗日胜利芷江洽降旧址	1945 年	芷江侗族自治县
广西壮族自治区	18	金田起义地址	1851 年	桂平县金田村
		中国工农红军第七军、第八军军部旧址	1929～1930 年	百色市、龙州县
		李宗仁故居(包括李宗仁府邸)	1921～1948 年	临桂县、桂林市
		李济深故居	民国	苍梧县
		右江工农民主政府旧址	1929 年	田东县
		八路军桂林办事处旧址	1938 年	桂林市
广西壮族自治区	18	北海近代建筑	近代	北海市
		刘永福、冯子材旧居建筑群	清	钦州市
		连城要塞遗址和友谊关	明至清	北海市、防城港市、宁明县、凭祥市、龙州县、大新县、靖西县、那坡县
		容县近代建筑	清至民国	容县
		太平天国永安活动旧址	1851 年	蒙山县
		马胖鼓楼	民国	三江侗族自治县
		梧州中山纪念堂	民国	梧州市
		广西农民运动讲习所旧址	1925 年	东兰县
		红军标语楼	1930 年	河池市
		湘江战役旧址	1934 年	兴安县、 全州县、灌阳县
		昆仑关战役旧址	1939～1940 年	南宁市、宾阳县、柳州市
		胡志明旧居	1942～1954 年	柳州市
海南省	1	陵水县苏维埃政府旧址	1927～1928 年	陵水黎族自治县
重庆市	1	赵世炎故居	1904～1914 年	酉阳自治县
四川省	3	泸定桥	1935 年	甘孜藏族自治州泸定县
		阿坝红军长征遗迹	1935 年	小金县、黑水县、松潘县、若尔盖县、茂县、红原县
		白利寺	1936～1950 年	甘孜藏族自治州泸定县
贵州省	4	黔东特区革命委员会旧址	1934 年	沿河土家族自治县、德江县、印江土家族苗族自治县
		黎平会议会址	1934 年	黎平县

续表 14

地　区	数量	名　称	时 代	地址
贵州省	4	“二十四道拐”抗战公路	1936 年	晴隆县
		和平村旧址	1941～1944 年	镇远县
云南省	10	纳楼长官司署	清	建水县
		南甸宣抚司署	清、民国	梁河县
		五家寨铁路桥	清	屏边苗族自治县
		茨中教堂	清	德钦县
		蒙自海关旧址	清至民国	蒙自县
		鸡街火车站	民国	个旧市
		企鹤楼	民国	石屏县
		陈氏宗祠	民国	石屏县
		允燕塔	民国	盈江县
		民族团结誓词碑	1951 年	普洱哈尼族彝族自治县
西藏自治区	1	江孜宗山抗英遗址	1904 年	江孜县
甘肃省	1	俄界会议旧址	1935 年	迭部县
青海省	3	第一个核武器研制基地旧址	1957～1995 年	海晏县
		新寨嘉那嘛呢	清	玉树县
		循化西路红军革命旧址	1939～1946 年	循化撒拉族自治县
宁夏回族自治区	1	将台堡革命旧址	1936 年	西吉县
新疆维吾尔自治区	3	坎尔井地下水利工程	清	吐鲁番市
		塔城红楼	清至民国	塔城市
		三区革命政府政治文化活动中心旧址	民国	伊宁市

■民族自治地方全国历史文化名城

(截至 2019 年)

河北省	承德市
内蒙古自治区	呼和浩特市
湖南省	凤凰县
广西壮族自治区	桂林市、柳州市、北海市
四川省	会理县
贵州省	遵义市、镇远县
云南省	昆明市、大理市、丽江市、巍山彝族回族自治县、建水县
西藏自治区	拉萨市、日喀则市、江孜县
甘肃省	天水市、张掖市
青海省	同仁县
宁夏回族自治区	银川市
新疆维吾尔自治区	喀什市、吐鲁番市、库车县、伊宁市、特克斯县

■民族自治地方中国历史文化名镇

(截至 2019 年)

内蒙古自治区	牙克石市博克图镇
	正蓝旗上都镇
	科尔沁左翼中旗花吐古拉镇
	敖汉旗四家子镇
	科尔沁左翼后旗吉尔嘎朗镇
	开鲁县开鲁镇
辽宁省	新宾满族自治县永陵镇
浙江省	景宁畲族自治县鹤溪镇
湖北省	宣恩县椒园镇
湖南省	龙山县里耶镇
	永顺县芙蓉镇
	泸溪县浦市镇
	花垣县边城镇
广西壮族自治区	昭平县黄姚镇
	灵川县大圩镇
	阳朔县兴坪镇
	兴安县界首镇
	恭城瑶族自治县恭城镇
	贺州市八步区贺街镇
	鹿寨县中渡镇
重庆市	石柱县西沱镇
	酉阳土家族苗族自治县龙潭镇
贵州省	黄平县旧州镇
	雷山县西江镇
	松桃苗族自治县寨英镇
云南省	禄丰县黑井镇
	剑川县沙溪镇
	孟连县娜允镇
	宾川县州城镇
	洱源县凤羽镇
	蒙自县新安所镇
西藏自治区	乃东县昌珠镇
	日喀则市萨迦镇
甘肃省	临潭县新城镇
青海省	循化撒拉族自治县街子镇
新疆维吾尔自治区	鄯善县鲁克沁镇
	霍城县惠远镇
	富蕴县可可托海镇

■民族自治地方中国历史文化名村

(截至 2019 年)

内蒙古自治区	土默特右旗美岱召镇美岱召村
	包头市石拐区五当召镇五当召村
吉林省	图们市月晴镇白龙村
湖北省	恩施市崔家坝镇滚龙坝村
	恩施市宣恩县沙道沟镇两河口村
	宣恩县沙道沟镇两河口村
	宣恩县椒园镇庆阳坝村
	利川市谋道镇鱼木村
湖南省	祁阳县潘市镇龙溪村
	龙山县苗儿滩镇捞车村
	通道侗族自治县坪坦乡坪坦村
	通道侗族自治县双江镇芋头村
	永顺县灵溪镇老司城村
广东省	连南瑶族自治县三排镇南岗古排村
广西壮族自治区	富川瑶族自治县朝东镇秀水村
	灵山县佛子镇大芦村
	南宁市江南区江西镇扬美村
	玉林市玉州区城北街道办事处高山村
	富川瑶族自治县朝东镇福溪村
	灌阳县文市镇月岭村
	灵川县青狮潭镇江头村
	兴安县漠川乡榜上村
	阳朔县白沙镇旧县村
四川省	丹巴县梭坡乡莫洛村
贵州省	锦屏县隆里乡隆里村
	黎平县肇兴乡肇兴寨村
	从江县往洞乡增冲村
	三都县都江镇怎雷村
	雷山县郎德镇上郎德村
	务川县大坪镇龙潭村
	从江县丙妹镇岜沙村
	黎平县茅贡乡地扪村
	榕江县栽麻乡大利村
	务川仡佬族苗族自治县大坪镇龙潭村

续表

云南省	云龙县诺邓镇诺邓村
	石屏县宝秀镇郑营村
	巍山县永建镇东莲花村
	祥云县云南驿镇云南驿村
	弥渡县密祉乡文盛街村
	永平县博南镇曲硐村
西藏自治区	吉隆县吉隆镇帮兴村
	尼木县吞巴乡吞达村
	工布江达县错高乡错高村
青海省	同仁县年都乎乡郭麻日村
	玉树县仲达乡电达村
	循化撒拉族自治县清水乡大庄村
	玉树县安冲乡拉则村
	班玛县灯塔乡班前村
宁夏回族自治区	中卫市香山乡南长滩村
新疆维吾尔自治区	鄯善县吐峪沟乡麻扎村
	哈密市回城乡阿勒屯村
	哈密市五堡乡博斯坦村
	特克斯县喀拉达拉乡琼库什台村

中国少数民族特色村寨名单

■首批中国少数民族特色村寨

（截至 2019 年）

地　区	数量（个）	少数民族特色村寨名称
北京市	4	北京市房山区窦店镇窦店村
		北京市顺义区后沙峪镇回民营村
		北京市密云县古北口镇古北口村
		北京市延庆县大庄科乡慈母川村
天津市	1	天津市蓟县孙各庄满族乡隆福寺村
河北省	9	河北省张家口市崇礼县西湾子镇黄土嘴村
		河北省承德市宽城满族自治县化皮溜子乡西岔沟村
		河北省秦皇岛市青龙满族自治县安子岭乡东山村
		河北省唐山市迁西县汉儿庄乡太阳峪村
		河北省唐山市玉田县唐自头镇小陵村
		河北省保定市易县西陵镇凤凰台村
		河北省保定市易县西陵镇忠义村
		河北省沧州市青县曹寺乡马家场村
		河北省沧州市海兴县赵毛陶镇小尤村
内蒙古自治区	3	内蒙古自治区呼伦贝尔市根河市敖鲁古雅鄂温克民族乡敖鲁古雅村
		内蒙古自治区呼伦贝尔市阿荣旗新发朝鲜族乡东光村
		内蒙古自治区锡林郭勒盟太仆寺旗贡宝力格苏木后瓦窑嘎查
辽宁省	4	辽宁省朝阳市喀喇沁左翼蒙古族自治县南哨镇白音爱里村
		辽宁省抚顺市新宾满族自治县永陵镇赫图阿拉村
		辽宁省丹东市凤城市凤山区大梨树村
		辽宁省盘锦市盘山县胡家镇红岩村
吉林省	9	吉林省吉林市龙潭区乌拉街满族镇阿拉底村
		吉林省白山市浑江区七道江镇鲜明村
		吉林省白山市抚松县漫江镇锦江满族木屋村
		吉林省白山市长白朝鲜族自治县马鹿沟镇果园村
		吉林省延边朝鲜族自治州图们市月晴镇白龙村
		吉林省延边朝鲜族自治州珲春市敬信镇防川村
		吉林省延边朝鲜族自治州和龙市西城镇金达莱村
		吉林省延边朝鲜族自治州安图县石门镇茶条村
		吉林省延边朝鲜族自治州安图县二道白河镇奶头山村
黑龙江省	4	黑龙江省齐齐哈尔市梅里斯达斡尔族区雅尔赛镇哈拉新村
		黑龙江省黑河市爱辉区新生鄂伦春族乡新生村
		黑龙江省佳木斯市郊区敖其镇敖其赫哲族村
		黑龙江省牡丹江市宁安市江南朝鲜族满族乡明星村

续表 1

地　区	数量（个）	少数民族特色村寨名称
江苏省	1	江苏省扬州市高邮市菱塘回族乡清真村
浙江省	6	浙江省杭州市桐庐县莪山畲族乡中门民族村
		浙江省湖州市安吉县章村镇郎村村
		浙江省温州市平阳县南雁镇堂基村
		浙江省丽水市莲都区大港头镇利山村
		浙江省丽水市景宁畲族自治县东坑镇深垟村
		浙江省丽水市景宁畲族自治县大均乡李宝村
安徽省	2	安徽省安庆市望江县漳湖镇回民村
		安徽省宣城市宁国市云梯畲族乡千秋村
福建省	10	福建省福州市长乐市航城街道琴江满族村
		福建省福州市连江县东湖镇天竹村
		福建省南平市延平区水南街道岭炳洋村
		福建省三明市永安市青水畲族乡沧海村
		福建省漳州市漳浦县湖西畲族乡顶坛村
		福建省漳州市华安县新圩镇官畲村
		福建省宁德市蕉城区金涵畲族乡上金贝村
		福建省宁德市蕉城区八都镇猴盾村
		福建省宁德市福安市穆云畲族乡溪塔村
		福建省宁德市霞浦县溪南镇白露坑村
江西省	3	江西省赣州市赤土畲族乡青塘村大岭背组
		江西省吉安市青原区东固畲族乡江口民族村蔡家垅自然村
		江西省吉安市峡江县金坪民族乡新民村
河南省	5	河南省洛阳市栾川县城关镇大南沟村
		河南省焦作市沁阳市太行办事处水南关村
		河南省开封市开封县朱仙镇西大街村
		河南省平顶山市叶县马庄回族乡李庄村
		河南省南阳市方城县袁店回族乡汉山村
湖北省	21	湖北省襄阳市宜城市板桥店镇王台回族村
		湖北省宜昌市点军区土城乡车溪村
		湖北省宜昌市宜都市潘家湾土家族乡潘家湾村
		湖北省宜昌市长阳土家族自治县武落钟离山庄溪村
		湖北省神农架林区下谷坪土家族乡金甲坪村
		湖北省神农架林区下谷坪土家族乡兴隆寺村
		湖北省恩施土家族苗族自治州恩施市白杨坪乡熊家岩村
		湖北省恩施土家族苗族自治州恩施市白杨坪乡麂子渡村
		湖北省恩施土家族苗族自治州恩施市三岔乡莲花池村
		湖北省恩施土家族苗族自治州恩施市芭蕉侗族乡庳口村

续表 2

地　区	数量（个）	少数民族特色村寨名称
湖北省	21	湖北省恩施土家族苗族自治州恩施市芭蕉侗族乡高拱桥村
		湖北省恩施土家族苗族自治州建始县高坪镇大店子村
		湖北省恩施土家族苗族自治州巴东县水布垭镇围龙坝村
		湖北省恩施土家族苗族自治州巴东县野三关镇石桥坪村
		湖北省恩施土家族苗族自治州宣恩县彭家寨
		湖北省恩施土家族苗族自治州咸丰县黄金洞乡麻柳溪村
		湖北省恩施土家族苗族自治州来凤县三湖乡黄柏村
		湖北省恩施土家族苗族自治州来凤县百福司镇南河村
		湖北省恩施土家族苗族自治州鹤峰县中营镇大路坪村
		湖北省恩施土家族苗族自治州鹤峰县五里乡南村村
		湖北省恩施土家族苗族自治州鹤峰县邬阳乡斑竹村
湖南省	27	湖南省长沙市开福区捞刀河镇汉回村
		湖南省张家界市永定区王家坪镇石堰坪村
		湖南省张家界市慈利县阳和土家族乡杨家坪村
		湖南省常德市桃源县枫树维回乡维回新村
		湖南省常德市石门县罗坪乡长梯隘村
		湖南省郴州市资兴市团结瑶族乡二峰村
		湖南省永州市江永县千家峒瑶族乡刘家庄村
		湖南省邵阳市隆回县虎形山瑶族乡崇木凼村
		湖南省邵阳市绥宁县黄桑坪苗族乡上堡村
		湖南省邵阳市城步苗族自治县长安营乡大寨村
		湖南省邵阳市城步苗族自治县丹口镇桃林村
		湖南省怀化市新晃侗族自治县凉伞镇冲首村
		湖南省怀化市新晃侗族自治县贡溪乡天井寨
		湖南省怀化市芷江侗族自治县碧涌镇碧河村
		湖南省怀化市靖州苗族侗族自治县三锹乡地笋村
		湖南省怀化市通道侗族自治县坪坦乡坪坦村
		湖南省怀化市通道侗族自治县坪坦乡横岭村
		湖南省湘西土家族苗族自治州吉首市矮寨镇德夯村
		湖南省湘西土家族苗族自治州吉首市寨阳乡坪朗村
		湖南省湘西土家族苗族自治州花垣县边城乡隘门村
		湖南省湘西土家族苗族自治州花垣县排料乡金龙村
		湖南省湘西土家族苗族自治州保靖县普戎镇亨章村
		湖南省湘西土家族苗族自治州古丈县默戎镇龙鼻村
		湖南省湘西土家族苗族自治州永顺县芙蓉镇（王村古镇）
		湖南省湘西土家族苗族自治州永顺县大坝乡双凤村
		湖南省湘西土家族苗族自治州永顺县灵溪镇司城村
		湖南省湘西土家族苗族自治州龙山县苗儿滩镇捞车河村

续表 3

地　区	数量（个）	少数民族特色村寨名称
广东省	7	广东省清远市连南瑶族自治县三排镇南岗千年瑶寨
		广东省清远市连南瑶族自治县三排镇连水村委会墩龙瑶寨
		广东省清远市连南瑶族自治县三排镇油岭村委会油岭古寨
		广东省韶关市乳源瑶族自治县必背镇必背村委会必背口村
		广东省韶关市乳源瑶族自治县游溪镇大寮坑村委会八一瑶族新村
		广东省韶关市乳源瑶族自治县东坪镇新村村委会东莞“双到”瑶族新村
		广东省汕尾市海丰县鹅埠镇红罗畲族村
广西壮族自治区	59	广西壮族自治区南宁市兴宁区三塘镇路东村留肖坡
		广西壮族自治区桂林市全州县东山瑶族乡清水村委清水村
		广西壮族自治区桂林市兴安县华江瑶族乡千祥村军田头屯、瓦窑面屯
		广西壮族自治区桂林市灌阳县洞井瑶族乡洞井村洞井自然村
		广西壮族自治区桂林市资源县两水苗族乡社水村
		广西壮族自治区桂林市荔浦县蒲芦瑶族乡福文村纳兑屯
		广西壮族自治区桂林市龙胜各族自治县乐江乡宝赠侗寨
		广西壮族自治区桂林市龙胜各族自治县泗水乡周家村白面瑶寨
		广西壮族自治区桂林市龙胜各族自治县和平乡龙脊古壮寨
		广西壮族自治区桂林市龙胜各族自治县和平乡金竹壮寨
		广西壮族自治区桂林市龙胜各族自治县和平乡平安壮寨
		广西壮族自治区桂林市龙胜各族自治县和平乡黄洛瑶寨
		广西壮族自治区桂林市龙胜各族自治县乐江乡地灵侗寨
		广西壮族自治区桂林市龙胜各族自治县平等乡广南侗寨
		广西壮族自治区桂林市龙胜各族自治县平等乡平等侗寨
		广西壮族自治区桂林市龙胜各族自治县三门镇同烈瑶寨
		广西壮族自治区桂林市龙胜各族自治县伟江乡布弄苗寨
		广西壮族自治区桂林市恭城瑶族自治县莲花镇红岩村
		广西壮族自治区柳州市柳城县古砦仫佬族乡滩头屯
		广西壮族自治区柳州市融安县雅瑶乡章口村
		广西壮族自治区柳州市三江侗族自治县林溪乡高秀村
		广西壮族自治区柳州市三江侗族自治县林溪乡高友村
		广西壮族自治区柳州市三江侗族自治县林溪乡冠洞村冠小屯
		广西壮族自治区柳州市三江侗族自治县林溪乡马鞍屯
		广西壮族自治区柳州市三江侗族自治县独峒乡高定村
		广西壮族自治区柳州市三江侗族自治县独峒乡岜团村
		广西壮族自治区柳州市三江侗族自治县独峒乡林略村
		广西壮族自治区柳州市三江侗族自治县独峒乡唐朝村
		广西壮族自治区柳州市三江侗族自治县独峒乡八协村座龙屯
		广西壮族自治区柳州市三江侗族自治县八江乡布央村

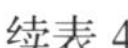

续表 4

地　区	数量（个）	少数民族特色村寨名称
广西壮族自治区	59	广西壮族自治区柳州市三江侗族自治县丹洲镇丹洲村
		广西壮族自治区柳州市三江侗族自治县良口乡和里村欧阳屯
		广西壮族自治区柳州市融水苗族自治县安陲乡吉曼村吉曼屯
		广西壮族自治区柳州市融水苗族自治县杆洞乡杆洞村杆洞屯
		广西壮族自治区柳州市融水苗族自治县四荣乡东田村小东江屯
		广西壮族自治区柳州市融水苗族自治县四荣乡荣地村
		广西壮族自治区柳州市融水苗族自治县香粉乡雨卜村卜令屯
		广西壮族自治区柳州市融水苗族自治县香粉乡中坪村雨梅屯
		广西壮族自治区柳州市融水苗族自治县安太乡林洞村
		广西壮族自治区柳州市融水苗族自治县大浪乡大新村红邓屯
		广西壮族自治区柳州市融水苗族自治县大浪乡高培村上寨屯
		广西壮族自治区柳州市融水苗族自治县拱洞乡龙培村
		广西壮族自治区梧州市蒙山县长坪瑶族乡平垌瑶寨
		广西壮族自治区防城港市防城区那良镇高林村
		广西壮族自治区崇左市凭祥市夏石镇新鸣村板小屯
		广西壮族自治区崇左市大新县堪圩乡明仕村弄朋屯
		广西壮族自治区崇左市宁明县城中镇珠连村攀龙屯
		广西壮族自治区百色市右江区平圩民族新村
		广西壮族自治区百色市德保县城关镇西读村大朔屯
		广西壮族自治区百色市靖西县新靖镇旧州街
		广西壮族自治区百色市西林县马蚌乡浪吉村那岩古木寨
		广西壮族自治区河池市南丹县里湖瑶族乡怀里屯
		广西壮族自治区河池市南丹县里湖瑶族乡王尚屯
		广西壮族自治区河池市南丹县里湖瑶族乡八雅村巴哈屯
		广西壮族自治区河池市罗城仫佬族自治县东门镇中石村石围屯
		广西壮族自治区河池市环江毛南族自治县下南乡中南村南昌屯
		广西壮族自治区来宾市金秀瑶族自治县金秀镇金田村美村屯
		广西壮族自治区贺州市昭平县黄姚镇黄姚街黄姚屯
		广西壮族自治区贺州市富川瑶族自治县城北镇凤溪村
海南省	3	海南省万宁市长丰镇边肚村委会文通村
		海南省白沙黎族自治县元门乡罗帅村
		海南省保亭黎族苗族自治县三道镇什进村
重庆市	5	重庆市黔江区小南海镇板夹溪十三寨
		重庆市石柱土家族自治县冷水镇八龙山寨
		重庆市彭水苗族土家族自治县鞍子镇罗家坨苗寨
		重庆市酉阳土家族苗族自治县酉水河镇河湾山寨
		重庆市秀山土家族苗族自治县海洋乡岩院古寨

续表 5

地　区	数量（个）	少数民族特色村寨名称
四川省	5	四川省乐山市峨边彝族自治县哈曲乡解放村
		四川省阿坝藏族羌族自治州茂县南新镇牟托村
		四川省阿坝藏族羌族自治州松潘县山巴乡上磨村
		四川省甘孜藏族自治州色达县色柯镇姑咱二村
		四川省凉山彝族自治州布拖县特木里镇日嘎村
贵州省	62	贵州省贵阳市乌当区偏坡乡偏坡村
		贵州省贵阳市乌当区王岗村
		贵州省贵阳市乌当区偏坡乡下院村
		贵州省贵阳市花溪区青岩镇龙井村
		贵州省贵阳市清镇市红枫湖镇大冲村虎山彝寨
		贵州省贵阳市开阳县南江布依族苗族乡龙广村
		贵州省六盘水市盘县淤泥彝族乡麻郎垤村
		贵州省遵义市赤水市大同镇民族村
		贵州省遵义市遵义县平正仡佬族乡红心村
		贵州省遵义市习水县桑木镇土河村
		贵州省遵义市道真仡佬族苗族自治县玉溪镇桑木坝村
		贵州省遵义市务川仡佬族苗族自治县大坪镇龙潭村
		贵州省安顺市经济技术开发区幺铺镇尚兴村
		贵州省安顺市关岭布依族苗族自治县断桥镇木城村
		贵州省安顺市镇宁布依族苗族自治县城关镇高荡村
		贵州省安顺市黄果树风景名胜区黄果树镇石头寨村
		贵州省安顺市黄果树风景名胜区白水镇滑石哨村
		贵州省毕节市黔西县百里杜鹃管委会金坡彝族苗族满族乡附源村
		贵州省毕节市赫章县朱市乡韭菜坪村
		贵州省毕节市威宁彝族回族苗族自治县板底乡板底村
		贵州省铜仁市万山区高楼坪乡青年湖村
		贵州省铜仁市江口县太平镇梵净山村寨沙侗寨
		贵州省铜仁市江口县太平镇云舍村
		贵州省铜仁市石阡县坪山乡尧上村
		贵州省铜仁市石阡县国荣乡楼上村
		贵州省铜仁市石阡县枫香乡鸳鸯湖村
		贵州省铜仁市印江土家族苗族自治县永义县团龙村
		贵州省铜仁市沿河土家族自治县沙子镇南庄村
		贵州省铜仁市松桃苗族自治县正大乡薅菜村
		贵州省铜仁市松桃苗族自治县盘信镇大湾村
		贵州省铜仁市松桃苗族自治县盘石镇响水洞村
		贵州省黔东南苗族侗族自治州凯里市三棵树镇乌利寨

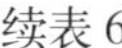

续表 6

地　区	数量（个）	少数民族特色村寨名称
贵州省	62	贵州省黔东南苗族侗族自治州天柱县坌处镇三门塘村
		贵州省黔东南苗族侗族自治州锦屏县隆里乡隆里所村
		贵州省黔东南苗族侗族自治州剑河县革东镇屯州村
		贵州省黔东南苗族侗族自治州台江县南宫乡交宫村
		贵州省黔东南苗族侗族自治州黎平县肇兴镇肇兴侗寨
		贵州省黔东南苗族侗族自治州黎平县双江镇四寨村
		贵州省黔东南苗族侗族自治州黎平县岩洞镇铜关村
		贵州省黔东南苗族侗族自治州榕江县平阳乡小丹江村
		贵州省黔东南苗族侗族自治州雷山县西江镇西江村
		贵州省黔东南苗族侗族自治州麻江县龙山镇复兴村
		贵州省黔东南苗族侗族自治州麻江县杏山镇六堡村
		贵州省黔东南苗族侗族自治州丹寨县龙泉镇卡拉村
		贵州省黔东南苗族侗族自治州丹寨县南皋乡石桥村
		贵州省黔南布依族苗族自治州都匀市经济开发区坝固镇坝固村坡脚寨
		贵州省黔南布依族苗族自治州福泉市黄丝镇黄丝村
		贵州省黔南布依族苗族自治州荔波县瑶山乡拉片村
		贵州省黔南布依族苗族自治州贵定县盘江镇音寨村
		贵州省黔南布依族苗族自治州独山县影山镇翁奇村
		贵州省黔南布依族苗族自治州平塘县卡蒲乡场河村
		贵州省黔南布依族苗族自治州惠水县好花红乡好花红村
		贵州省黔南布依族苗族自治州惠水县大龙乡九龙村
		贵州省黔南布依族苗族自治州三都水族自治县三合镇姑挂村
		贵州省黔西南布依族苗族自治州兴义市万峰林街道办事处纳灰村
		贵州省黔西南布依族苗族自治州兴义市义龙新区顶效镇楼纳村
		贵州省黔西南布依族苗族自治州兴义市义龙新区郑屯镇民族村
		贵州省黔西南布依族苗族自治州兴仁县屯脚镇鲤鱼坝村
		贵州省黔西南布依族苗族自治州兴仁县鲁础营回族乡鲁础营村
		贵州省黔西南布依族苗族自治州兴仁县李关乡鹧鸪园村
		贵州省黔西南布依族苗族自治州贞丰县者相镇纳孔村
		贵州省黔西南布依族苗族自治州安龙县钱相乡打凼村
云南省	41	云南省昆明市石林彝族自治县石林镇和摩站村委会寺背后村
		云南省玉溪市通海县兴蒙乡白阁村
		云南省保山市腾冲县滇滩镇联族村委会水城村
		云南省保山市腾冲县芒棒镇蔓乃村委会马家寨
		云南省昭通市鲁甸县桃源乡桃源村
		云南省丽江市古城区束河镇龙泉社区仁里村
		云南省丽江市玉龙纳西族自治县白沙乡玉湖村

续表 7

地　区	数量（个）	少数民族特色村寨名称
云南省	41	云南省丽江市宁蒗彝族自治县永宁乡木底箐村普米新村
		云南省普洱市江城哈尼族彝族自治县整董镇整董村民委员会曼贺村
		云南省普洱市澜沧拉祜族自治县酒井乡老达保村
		云南省普洱市澜沧拉祜族自治县惠民乡芒景村翁基寨
		云南省临沧市耿马傣族佤族自治县孟定镇遮哈村芒团村
		云南省临沧市沧源佤族自治县翁丁村翁丁大寨村
		云南省德宏傣族景颇族自治州芒市三台山允欠村委会允欠三组
		云南省德宏傣族景颇族自治州瑞丽市勐卯镇姐东村委会喊沙村
		云南省德宏傣族景颇族自治州陇川县章凤镇芒弄村委会广山村
		云南省德宏傣族景颇族自治州陇川县户撒乡芒炳村委会芒旦村
		云南省怒江傈僳族自治州泸水县上江镇新建村委会大南茂村
		云南省怒江傈僳族自治州福贡县匹河乡老姆登村委会红卫村
		云南省怒江傈僳族自治州贡山独龙族怒族自治县丙中洛镇秋那桶村委会秋那桶村
		云南省怒江傈僳族自治州贡山独龙族怒族自治县独龙江乡孔当村委会腊配村
		云南省怒江傈僳族自治州兰坪白族普米族自治县通甸镇德胜村委会罗古箐村
		云南省迪庆藏族自治州香格里拉县建塘镇红坡村次尺迪村（霞给）
		云南省大理白族自治州祥云县禾甸镇大营社区村委会七宣村
		云南省大理白族自治州宾川县鸡足山镇沙址村委会寺前村
		云南省大理白族自治州云龙县诺邓镇诺邓村委会诺邓古村
		云南省大理白族自治州剑川县沙溪镇寺登村
		云南省大理白族自治州鹤庆县金墩乡银河村委会金翅鹤村
		云南省大理白族自治州鹤庆县草海镇新华村委会北邑村
		云南省大理白族自治州巍山彝族回族自治县永建镇永和村委会东莲花村
		云南省楚雄彝族自治州南华县龙川镇岔河村委会小岔河村
		云南省楚雄彝族自治州永仁县永定镇太平地村委会方山诸葛营村
		云南省红河哈尼族彝族自治州弥勒县西一镇起飞村委会红万村
		云南省红河哈尼族彝族自治州泸西县永宁乡永宁村委会城子古村
		云南省红河哈尼族彝族自治州元阳县新街镇土锅寨村委会大鱼塘村
		云南省红河哈尼族彝族自治州红河县甲寅乡阿撒村委会作夫村
		云南省红河哈尼族彝族自治州红河县宝华乡朝阳村委会龙甲村
		云南省文山壮族苗族自治州丘北县八道哨乡八道哨村民委上那红村
		云南省文山壮族苗族自治州广南县坝美镇者歪村委会坝美村
		云南省西双版纳傣族自治州景洪市基诺山乡巴亚村委会巴坡村
		云南省西双版纳傣族自治州勐腊县勐腊镇曼龙代村委会曼龙代村
西藏自治区	10	西藏自治区拉萨市尼木县吞巴乡吞达村
		西藏自治区拉萨市曲水县曲水镇俊巴村
		西藏自治区拉萨市堆龙德庆县东嘎镇桑木村

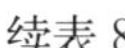
续表 8

地　区	数量（个）	少数民族特色村寨名称
西藏自治区	10	西藏自治区林芝地区林芝县鲁朗镇东巴村
		西藏自治区林芝地区工布江达县江达乡太昭村
		西藏自治区林芝地区米林县南伊乡琼林村
		西藏自治区林芝地区米林县派镇格嘎村
		西藏自治区林芝地区波密县玉普乡米堆村
		西藏自治区山南地区乃东县昌珠镇扎西曲登居委会
		西藏自治区日喀则地区拉孜县锡钦乡锡钦村
陕西省	5	陕西省宝鸡市陇县固关镇固关街村
		陕西省汉中市镇巴县清水乡朱家岭村
		陕西省安康市宁陕县江口回族镇高桥村
		陕西省商洛市镇安县茅坪回族镇茅坪村
		陕西省商洛市镇安县西口回族镇聂家沟村
甘肃省	5	甘肃省酒泉市肃北蒙古族自治县党城湾镇马场村
		甘肃省陇南市文县铁楼藏族乡麦贡山村
		甘肃省临夏回族自治州临夏市枹罕镇拜家村
		甘肃省临夏回族自治州东乡族自治县坪庄乡韩则岭村
		甘肃省甘南藏族自治州迭部县旺藏乡茨日那村
青海省	9	青海省西宁市大通回族土族自治县塔尔乡塔尔湾村
		青海省海东地区互助土族自治县五十镇北庄村
		青海省海东地区循化撒拉族自治县街子镇马家村
		青海省海东地区循化撒拉族自治县查汉都斯乡赞上村
		青海省海南藏族自治州贵德县河西镇下排村
		青海省黄南藏族自治州同仁县保安镇卧科村
		青海省黄南藏族自治州尖扎县昂拉乡尖巴昂村
		青海省黄南藏族自治州尖扎县坎布拉镇直岗拉卡村
		青海省海西蒙古族藏族自治州都兰县沟里乡秀拉赛堂村
宁夏回族自治区	12	宁夏回族自治区银川市兴庆区大新镇塔桥村
		宁夏回族自治区银川市永宁县闽宁镇原隆村
		宁夏回族自治区银川市永宁县杨河乡纳家户村
		宁夏回族自治区石嘴山市平罗县灵沙乡东润村
		宁夏回族自治区吴忠市利通区金积乡秦坝关村
		宁夏回族自治区吴忠市利通区古城镇党家河湾村
		宁夏回族自治区吴忠市利通区东塔寺乡穆民新村
		宁夏回族自治区吴忠市青铜峡市青铜峡镇余桥村
		宁夏回族自治区吴忠市盐池县冯记沟乡强记滩村
		宁夏回族自治区固原市原州区三营镇三营村
		宁夏回族自治区固原市泾源县泾河源镇冶家村
		宁夏回族自治区中卫市沙坡头区迎水桥镇鸣沙村

续表 9

地　区	数量（个）	少数民族特色村寨名称
新疆维吾尔自治区	8	新疆维吾尔自治区吐鲁番地区鄯善县鄯善城镇蒲昌村
		新疆维吾尔自治区吐鲁番地区鄯善县吐峪沟乡麻扎村
		新疆维吾尔自治区巴音郭楞蒙古自治州和硕县乃仁克尔乡乌勒泽特村
		新疆维吾尔自治区巴音郭楞蒙古自治州焉耆回族自治县永宁镇下岔河村
		新疆维吾尔自治区伊犁哈萨克自治州伊宁市都来提巴格街道办事处
		新疆维吾尔自治区伊犁哈萨克自治州伊宁县愉群翁回族乡愉群翁村
		新疆维吾尔自治区阿勒泰地区布尔津县喀纳斯景区管理委员会铁热克提乡白哈巴村
		新疆维吾尔自治区阿勒泰地区布尔津县喀纳斯景区管理委员会禾木哈纳斯蒙古民族乡禾木村

■第二批中国少数民族特色村寨

地　区	数量（个）	少数民族特色村寨名称
北京市	7	北京市怀柔区喇叭沟门满族乡中榆树店村
		北京市怀柔区喇叭沟门满族乡对角沟门村
		北京市怀柔区喇叭沟门满族乡苗营村
		北京市怀柔区长哨营满族乡七道梁村
		北京市怀柔区长哨营满族乡西沟村
		北京市怀柔区长哨营满族乡二道河村
		北京市延庆区井庄镇王仲营村
天津市	1	天津市蓟县渔阳镇桃花寺村
河北省	24	河北省辛集市新城镇南街回族村
		河北省唐山市遵化市马兰峪镇官房满族村
		河北省邯郸市大名县金滩镇金北回族村
		河北省邢台市经济开发区东汪镇七里桥村
		河北省保定市高碑店市和平办事处高二村
		河北省保定市涞水县娄村满族乡福山营村
		河北省承德市承德县两家满族乡大杨树林村
		河北省承德市承德县岗子满族乡郑栅子村
		河北省承德市兴隆县南天门满族乡郭家庄村
		河北省承德市平泉县柳溪镇大窝铺村
		河北省承德市平泉县党坝镇永安社区
		河北省承德市滦平县涝洼乡三岔口满族村
		河北省承德市滦平县两间房乡苇塘满族村
		河北省承德市丰宁满族自治县黄旗镇西村
		河北省承德市丰宁满族自治县南关蒙族乡云雾山村
		河北省承德市围场满族蒙古族自治县哈里哈乡扣花营村
		河北省承德市宽城满族自治县塌山乡尖宝山村
		河北省沧州市黄骅市羊二庄回族镇西段庄村

续表 1

地　区	数量（个）	少数民族特色村寨名称
河北省	24	河北省沧州市黄骅市羊三木回族乡刘皮庄村
		河北省沧州市盐山县韩集镇王古宅村
		河北省沧州市孟村回族自治县牛进庄乡北肖庄子村
		河北省廊坊市固安县柳泉镇大韩寨村
		河北省廊坊市大厂回族自治县夏垫镇南王庄村
		河北省廊坊市经济技术开发区南营村
内蒙古自治区	40	内蒙古自治区呼和浩特市回民区攸攸板镇西乌素图村
		内蒙古自治区呼和浩特市玉泉区小黑河镇西地村
		内蒙古自治区包头市昆都仑区卜尔汉图镇卜尔汉图嘎查
		内蒙古自治区包头市九原区阿嘎如泰苏木阿嘎如泰嘎查
		内蒙古自治区包头市九原区阿嘎如泰苏木梅力更嘎查
		内蒙古自治区包头市达茂旗巴音敖包苏木巴音花嘎查
		内蒙古自治区包头市达茂旗希拉穆仁镇哈拉乌素嘎查
		内蒙古自治区包头市达茂旗明安镇莎如塔拉嘎查
		内蒙古自治区包头市达茂旗百灵庙镇黄花滩村
		内蒙古自治区通辽市科左中旗花吐古拉镇浩日彦艾勒嘎查
		内蒙古自治区鄂尔多斯市鄂托克前旗昂素镇阿日赖嘎查
		内蒙古自治区鄂尔多斯市鄂托克旗苏米图苏木苏里格嘎查
		内蒙古自治区鄂尔多斯市乌审旗苏力德苏木陶尔庙嘎查
		内蒙古自治区鄂尔多斯市伊金霍洛旗伊金霍洛镇布拉格嘎查达尔扈特新村
		内蒙古自治区呼伦贝尔市额尔古纳市恩和俄罗斯民族乡恩和村
		内蒙古自治区呼伦贝尔市额尔古纳市三河回族乡上护林村
		内蒙古自治区呼伦贝尔市鄂伦春自治旗大杨树镇多布库尔猎民村
		内蒙古自治区呼伦贝尔市莫力达瓦达斡尔族自治旗腾克镇腾克村
		内蒙古自治区巴彦淖尔市临河区双河镇马场地村
		内蒙古自治区巴彦淖尔市五原县天吉泰镇天吉泰村
		内蒙古自治区巴彦淖尔市磴口县沙金苏木巴音宝力格嘎查
		内蒙古自治区巴彦淖尔市乌拉特前旗白彦花镇乌日图高勒嘎查
		内蒙古自治区巴彦淖尔市乌拉特中旗海流图镇巴仁宝勒格村
		内蒙古自治区巴彦淖尔市乌拉特后旗呼和温都尔镇那仁乌布尔嘎查
		内蒙古自治区巴彦淖尔市杭锦后旗团结镇联合蒙汉新村
		内蒙古自治区乌兰察布市察右后旗乌兰哈达苏木阿里乌素嘎查
		内蒙古自治区兴安盟乌兰浩特市乌兰哈达镇三合村
		内蒙古自治区兴安盟科右前旗乌兰毛都苏木勿布林嘎查
		内蒙古自治区兴安盟科右前旗满族屯满族乡满族屯嘎查
		内蒙古自治区兴安盟扎赉特旗阿拉达尔吐苏木沙日格台嘎查
		内蒙古自治区兴安盟突泉县永安镇哈拉沁村

续表 2

地　区	数量（个）	少数民族特色村寨名称
内蒙古自治区	40	内蒙古自治区锡林郭勒盟锡林浩特市白音锡勒牧场黄花树特分场
		内蒙古自治区锡林郭勒盟阿巴嘎旗洪格尔高勒镇萨如拉图雅嘎查
		内蒙古自治区锡林郭勒盟西乌珠穆沁旗脑干宝力格嘎查
		内蒙古自治区阿拉善盟阿拉善左旗巴彦浩特镇通古淖尔地区五嘎查
		内蒙古自治区阿拉善盟阿拉善右旗巴丹吉林镇阿日毛道嘎查
		内蒙古自治区阿拉善盟阿拉善右旗雅布赖镇新呼都格嘎查
		内蒙古自治区阿拉善盟阿拉善右旗阿拉腾敖包镇查干努如嘎查
		内蒙古自治区阿拉善盟阿拉善右旗塔木素布拉格苏木胡树其嘎查
		内蒙古自治区阿拉善盟额济纳旗达来呼布镇纳林高勒社区
辽宁省	31	辽宁省沈阳市沈北新区黄家街道腰长河村
		辽宁省沈阳市沈北新区兴隆台街道兴隆台村
		辽宁省沈阳市新民市后大河泡村
		辽宁省沈阳市辽中区冷子堡镇社甲村
		辽宁省沈阳市法库县公主陵村
		辽宁省大连市金普新区石河街道石河村
		辽宁省抚顺市新宾满族自治县大房子村
		辽宁省抚顺市新宾满族自治县蓝旗村
		辽宁省本溪市本溪满族自治县东营坊乡湖里村
		辽宁省本溪市本溪满族自治县小市镇同江峪村
		辽宁省本溪市桓仁满族自治县华来镇木盂子管委会木盂子村
		辽宁省丹东市东港市龙王庙镇龙王庙村
		辽宁省丹东市东港市小甸子镇海青房村
		辽宁省丹东市东港市椅圈镇依兰苏村
		辽宁省丹东市宽甸满族自治县青山沟镇青山沟村
		辽宁省丹东市宽甸满族自治县下露河朝鲜族乡通江村
		辽宁省锦州市北镇市常兴店镇杏叶村
		辽宁省阜新市阜新蒙古族自治县王府镇烟台营子村
		辽宁省辽阳市灯塔市大河南镇新光村
		辽宁省辽阳市辽阳县吉洞峪满族乡吉洞峪村
		辽宁省盘锦市盘山县甜水镇二创村
		辽宁省铁岭市清河区张相镇石家堡子村
		辽宁省铁岭市铁岭县白旗寨满族乡夹河厂村
		辽宁省铁岭市昌图县宝力农场孟可村
		辽宁省朝阳市北票市马友营蒙古族乡马友营村
		辽宁省朝阳市贾家店农场北德立吉村
		辽宁省朝阳市建平县三家蒙古族乡新爱里村
		辽宁省朝阳市喀左蒙古族自治县白塔子镇三道营子村

续表 3

地　区	数量（个）	少数民族特色村寨名称
辽宁省	31	辽宁省朝阳市喀左蒙古族自治县官大海管理区东官村
		辽宁省朝阳市喀左蒙古族自治县东哨镇十家子村
		辽宁省葫芦岛市建昌县杨树湾子乡蒙古营子村
吉林省	11	吉林省吉林市龙潭区乌拉街满族镇韩屯村
		吉林省辽源市东辽县安石镇朝阳村
		吉林省松原市前郭尔多斯蒙古族自治县查干花镇查干花村
		吉林省延边朝鲜族自治州延吉市依兰镇春兴村
		吉林省延边朝鲜族自治州延吉市小营镇河龙村
		吉林省延边朝鲜族自治州图们市石砚镇水南村
		吉林省延边朝鲜族自治州珲春市板石镇孟岭村
		吉林省延边朝鲜族自治州珲春市密江乡密江村
		吉林省延边朝鲜族自治州龙井市东盛涌镇仁化村
		吉林省延边朝鲜族自治州和龙市东城镇光东村
		吉林省延边朝鲜族自治州安图县万宝镇红旗村
黑龙江省	17	黑龙江省哈尔滨市南岗区红旗满族乡东升村
		黑龙江省哈尔滨市双城区农丰镇双利锡伯族村
		黑龙江省哈尔滨市双城区希勤乡希勤满族村
		黑龙江省哈尔滨市双城区幸福街道办事处久援满族村
		黑龙江省哈尔滨市尚志市鱼池朝鲜族乡新兴村
		黑龙江省鹤岗市萝北县东明朝鲜族乡红光村
		黑龙江省大庆市杜尔伯特蒙古族自治县巴彦查干乡永珍王府新村
		黑龙江省佳木斯市桦川县星火朝鲜族乡中星村
		黑龙江省佳木斯市同江市街津口赫哲族乡渔业村
		黑龙江省佳木斯市同江市八岔赫哲族乡八岔村
		黑龙江省牡丹江市西安区海南朝鲜族乡中兴村
		黑龙江省牡丹江市宁安市卧龙朝鲜族乡勤劳村
		黑龙江省黑河市爱辉区瑷珲镇外四道沟村
		黑龙江省黑河市爱辉区坤河达斡尔族满族乡坤河村
		黑龙江省黑河市逊克县奇克镇边疆村
		黑龙江省绥化市庆安县致富乡兴隆村
		黑龙江省绥化市绥棱县上集镇大兴村
江苏省	3	江苏省南京市江宁区禄口街道石埝民族村
		江苏省常州市武进区雪堰镇城西回民村
		江苏省宿迁市泗阳县众兴镇杨集村
浙江省	15	浙江省杭州市桐庐县莪山畲族乡新丰民族村
		浙江省杭州市建德市大慈岩镇双泉民族村
		浙江省温州市平阳县青街畲族乡王神洞民族村

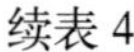续表 4

地　区	数量（个）	少数民族特色村寨名称
浙江省	15	浙江省温州市文成县黄坦镇培头民族村
		浙江省温州市泰顺县司前畲族镇左溪民族村
		浙江省温州市泰顺县竹里畲族乡竹里民族村
		浙江省湖州市安吉县报福镇中张民族村
		浙江省金华市武义县柳城畲族镇江下民族村
		浙江省衢州市衢江区大洲镇外焦民族村大路自然村
		浙江省衢州市龙游县沐尘畲族乡社里民族村
		浙江省丽水市莲都区老竹畲族镇沙溪民族村
		浙江省丽水市松阳县裕溪乡内陈民族村
		浙江省丽水市景宁畲族自治县东坑镇马坑民族村
		浙江省丽水市景宁畲族自治县鹤溪街道周湖民族村
		浙江省丽水市龙泉市八都镇署网民族村
安徽省	10	安徽省合肥市肥东县牌坊回族满族乡牌坊民族村
		安徽省蚌埠市五河县临北回族乡临北回族村
		安徽省淮南市八公山区山王镇闪冲回族村
		安徽省马鞍山市郑蒲港新区白桥镇陈桥洲民族村
		安徽省滁州市全椒县西王镇管坝民族村
		安徽省滁州市来安县施官镇贾龙民族村
		安徽省滁州市定远县二龙回族乡中汤村
		安徽省宿州市砀山县曹庄镇许庄回族村
		安徽省池州市东至县胜利镇江心回民村
		安徽省宣城市宣州区沈村镇胡村回族村
福建省	32	福建省福州市连江县丹阳镇后冠村
		福建省福州市罗源县起步镇庭洋坂村
		福建省福州市罗源县霍口畲族乡福湖村
		福建省莆田市涵江区大洋乡坝头村
		福建省三明市永安市青水畲族乡青水村
		福建省三明市宁化县中沙乡下沙村
		福建省三明市大田县桃源镇东坂村
		福建省泉州市泉港区涂岭镇小坝村
		福建省泉州市石狮市永宁镇郭坑村
		福建省泉州市安溪县官桥镇善坛村
		福建省泉州市永春县东关镇南美村
		福建省漳州市芗城区天宝镇茶铺村
		福建省漳州市漳浦县赤岭畲族乡赤岭村
		福建省南平市顺昌县洋口镇田坪村
		福建省龙岩市漳平市赤水镇香寮民族村

续表 5

地　区	数量（个）	少数民族特色村寨名称
福建省	32	福建省龙岩市上杭县庐丰畲族乡丰康村
		福建省龙岩市上杭县官庄畲族乡树人村
		福建省宁德市蕉城区霍童镇八斗村
		福建省宁德市蕉城区九都镇九仙村
		福建省宁德市福安市康厝畲族乡金斗洋村
		福建省宁德市福安市坂中畲族乡廉岭村
		福建省宁德市福安市松罗乡后洋村
		福建省宁德市福安市穆云畲族乡虎头村
		福建省宁德市福鼎市磻溪镇赤溪村
		福建省宁德市福鼎市佳阳畲族乡双华村
		福建省宁德市福鼎市秦屿镇财堡村
		福建省宁德市福鼎市硖门畲族乡瑞云村
		福建省宁德市霞浦县崇儒畲族乡上水村
		福建省宁德市霞浦县三沙镇东山村
		福建省宁德市霞浦县水门畲族乡茶岗村
		福建省宁德市屏南县甘棠乡巴地村
		福建省宁德市寿宁县竹管垅乡李家洋村
江西省	9	江西省赣州市南康区赤土畲族乡花园畲族村地前组
		江西省赣州市信丰县正平镇球狮畲族村背村自然村
		江西省赣州市信丰县安西镇田垅畲族村金田高村小组
		江西省赣州市全南县陂头镇瑶族村(高围组和白芒坑组)
		江西省赣州市大余县青龙镇元龙畲族村蓝屋自然村
		江西省赣州市会昌县洞头乡洞头畲族村（围背组、罗丁坝组和双合坵组）
		江西省抚州市资溪县乌石镇新月畲族村新建村小组
		江西省上饶市铅山县太源畲族乡太源村水美自然村
		江西省上饶市三清山管委会枫林办事处引浆畲族村畲民新村
河南省	1	河南省平顶山市郏县姚庄回族乡三郎庙村
湖北省	28	湖北省宜昌市秭归县九畹溪镇石柱土家族村
		湖北省宜昌市五峰土家族自治县采花乡栗子坪村
		湖北省宜昌市五峰土家族自治县长乐坪镇腰牌村
		湖北省宜昌市枝江市安福寺镇秦家塝村
		湖北省恩施土家族苗族自治州恩施市白果乡金龙坝村
		湖北省恩施土家族苗族自治州恩施市龙凤镇龙马村
		湖北省恩施土家族苗族自治州恩施市龙凤镇青堡村
		湖北省恩施土家族苗族自治州恩施市沐抚办事处营上村
		湖北省恩施土家族苗族自治州利川市柏杨镇水井村
		湖北省恩施土家族苗族自治州利川市沙溪乡荷花村张高寨
		湖北省恩施土家族苗族自治州利川市团堡镇野猫水村

续表 6

地　区	数量（个）	少数民族特色村寨名称
湖北省	28	湖北省恩施土家族苗族自治州建始县茅田乡耍操门村
		湖北省恩施土家族苗族自治州巴东县东瀼口镇牛洞坪村
		湖北省恩施土家族苗族自治州巴东县沿渡河镇石板坪村
		湖北省恩施土家族苗族自治州宣恩县高罗乡小茅坡营村
		湖北省恩施土家族苗族自治州宣恩县高罗镇板寮村
		湖北省恩施土家族苗族自治州宣恩县椒园镇庆阳坝村
		湖北省恩施土家族苗族自治州宣恩县万寨乡五家台村
		湖北省恩施土家族苗族自治州咸丰县大路坝区蛇盘溪村
		湖北省恩施土家族苗族自治州咸丰县高乐山镇沙坝村
		湖北省恩施土家族苗族自治州来凤县百福司镇舍米湖村
		湖北省恩施土家族苗族自治州来凤县百福司镇兴安村
		湖北省恩施土家族苗族自治州来凤县三胡乡石桥村
		湖北省恩施土家族苗族自治州鹤峰县铁炉白族乡细杉村
		湖北省恩施土家族苗族自治州鹤峰县下坪乡岩门村
		湖北省恩施土家族苗族自治州鹤峰县燕子乡董家村
		湖北省恩施土家族苗族自治州鹤峰县走马镇官仓村
		湖北省神农架林区下谷坪土家族乡板桥河村
湖南省	31	湖南省株洲市炎陵县中村瑶族乡龙渣村
		湖南省邵阳市洞口县那溪瑶族乡白椒村
		湖南省邵阳市绥宁县关峡苗族乡花园阁村
		湖南省邵阳市隆回县山界回族乡民族村
		湖南省邵阳市城步苗族自治县丹口镇边溪村
		湖南省常德市石门县壶瓶山镇泥沙社区
		湖南省张家界市永定区王家坪镇关水坪村
		湖南省张家界市武陵源区中湖乡野鸡铺居委会
		湖南省张家界市慈利县广福桥镇老棚村
		湖南省张家界市桑植县洪家关白族乡泉峪村
		湖南省益阳市资阳区蓼东回民村
		湖南省郴州市宜章县莽山瑶族乡黄家塝村
		湖南省郴州市汝城县三江口瑶族镇三江口村
		湖南省永州市江华瑶族自治县大石桥乡井头湾村
		湖南省怀化市会同县高椅乡高椅村
		湖南省怀化市沅陵县二酉苗族乡乌宿村
		湖南省怀化市新晃侗族自治县扶罗镇皂溪村
		湖南省怀化市芷江侗族自治县三道坑镇牛皮寨村
		湖南省怀化市通道侗族自治县播阳镇上湘村
		湖南省怀化市靖州苗族侗族自治县寨牙乡岩脚村
		湖南省怀化市麻阳苗族自治县石羊哨乡石羊哨村

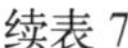

续表 7

地 区	数量（个）	少数民族特色村寨名称
湖南省	31	湖南省怀化市麻阳苗族自治县谭家寨乡楠木桥村
		湖南省娄底市新化县天门乡土坪村
		湖南省湘西土家族苗族自治州吉首市矮寨镇中黄村
		湖南省湘西土家族苗族自治州古丈县红石林镇张家坡村
		湖南省湘西土家族苗族自治州龙山县洗车河镇洗车村
		湖南省湘西土家族苗族自治州永顺县车坪乡咱河村
		湖南省湘西土家族苗族自治州凤凰县山江镇老家寨村
		湖南省湘西土家族苗族自治州泸溪县潭溪镇新寨坪村
		湖南省湘西土家族苗族自治州保靖县普戎镇波溪村
		湖南省湘西土家族苗族自治州花垣县双龙镇十八洞村
广东省	10	广东省广州市增城区正果镇畲族村
		广东省韶关市始兴县深渡水瑶族乡长梅村委会长梅一组
		广东省韶关市乳源瑶族自治县游溪镇中心洞村委会政研瑶族新村
		广东省清远市连南瑶族自治县三江镇金坑村委会红星移民新村
		广东省清远市连南瑶族自治县涡水镇大竹湾村委会小横龙村
		广东省清远市连南瑶族自治县三排镇三排村委会福彩新村
		广东省清远市连山壮族瑶族自治县吉田镇古县坪民族新村
		广东省清远市连山壮族瑶族自治县小三江镇三联村委会东西江村
		广东省清远市连山壮族瑶族自治县永和镇永梅村委会蒙洞村
		广东省潮州市饶平县饶洋镇蓝屋畲族村
广西壮族自治区	38	广西壮族自治区南宁市马山县古零镇乔老村小都百屯
		广西壮族自治区南宁市上林县大丰镇云里村内里庄
		广西壮族自治区南宁市上林县乔贤镇恭睦村内黄旦庄
		广西壮族自治区南宁市上林县巷贤镇古民庄
		广西壮族自治区南宁市上林县镇圩瑶族乡排红村排岜庄
		广西壮族自治区柳州市融安县长安镇安宁村大袍屯
		广西壮族自治区柳州市融水苗族自治县融水镇长赖屯
		广西壮族自治区柳州市融水苗族自治县四荣乡荣塘村
		广西壮族自治区柳州市三江侗族自治县林溪镇冠洞村冠大屯
		广西壮族自治区柳州市三江侗族自治县林溪镇平岩村平寨屯
		广西壮族自治区桂林市雁山区潜经村
		广西壮族自治区桂林市灵川县九屋镇东源村委老寨村
		广西壮族自治区桂林市永福县罗锦镇崇山村
		广西壮族自治区桂林市恭城瑶族自治县西岭镇杨溪村
		广西壮族自治区梧州市蒙山县夏宜瑶族乡夏宜村
		广西壮族自治区防城港市东兴市江平镇巫头村
		广西壮族自治区钦州市钦北区大寺镇那桑村委会那桑村

续表 8

地　区	数量（个）	少数民族特色村寨名称
广西壮族自治区	38	广西壮族自治区贵港市覃塘区蒙公乡新岭村新归屯
		广西壮族自治区贵港市覃塘区覃塘镇姚山村群山屯
		广西壮族自治区百色市靖西市安德镇安德街
		广西壮族自治区百色市田阳县那满镇露美村
		广西壮族自治区百色市德保县足荣镇那亮村那雷屯
		广西壮族自治区百色市凌云县伶站乡浩坤屯
		广西壮族自治区百色市凌云县下甲镇彩架村弄福屯
		广西壮族自治区贺州市富川瑶族自治县朝东镇福溪村
		广西壮族自治区贺州市富川瑶族自治县葛坡镇深坡村
		广西壮族自治区贺州市富川瑶族自治县新华乡虎马岭村
		广西壮族自治区河池市南丹县罗富镇塘丁村塘香屯
		广西壮族自治区河池市天峨县三堡乡三堡村
		广西壮族自治区河池市东兰县三弄瑶族乡弄宁原生态瑶族铜鼓民俗村
		广西壮族自治区河池市罗城仫佬族自治县小长安镇龙腾村大勒洞屯
		广西壮族自治区河池市环江毛南族自治县思恩镇陈双村
		广西壮族自治区来宾市金秀瑶族自治县金秀镇六段村
		广西壮族自治区来宾市金秀瑶族自治县六巷乡古陈村
		广西壮族自治区来宾市金秀瑶族自治县六巷乡门头村
		广西壮族自治区来宾市金秀瑶族自治县桐木镇龙腾村
		广西壮族自治区崇左市江州区驮卢镇莲塘村花梨屯
		广西壮族自治区崇左市大新县恩城乡维新村新胜屯
海南省	11	海南省三亚市吉阳区中廖村
		海南省东方市大田镇报白村
		海南省五指山市南圣镇永忠村
		海南省五指山市毛阳镇初保村
		海南省琼海市会山镇加脑村
		海南省白沙黎族自治县邦溪镇芭蕉村
		海南省昌江黎族自治县七叉镇宝山村
		海南省保亭黎族苗族自治县响水镇番道村
		海南省琼中黎族苗族自治县什运乡便文村
		海南省琼中黎族苗族自治县什运乡番道村
		海南省琼中黎族苗族自治县红毛镇什寒村
重庆市	17	重庆市武隆县浩口苗族仡佬族乡浩口村
		重庆市武隆县后坪苗族土家族乡文风村
		重庆市云阳县清水土家族乡清水村
		重庆市奉节县云雾土家族乡码头村
		重庆市巫山县邓家土家族乡池塘村

续表 9

地　区	数量（个）	少数民族特色村寨名称
重庆市	17	重庆市石柱土家族自治县金玲乡银杏村
		重庆市秀山土家族苗族自治县里仁镇南庄村
		重庆市秀山土家族苗族自治县梅江镇民族村
		重庆市秀山土家族苗族自治县清溪场镇大寨村
		重庆市秀山土家族苗族自治县溪口镇中和村
		重庆市秀山土家族苗族自治县雅江镇雅江居委会
		重庆市秀山土家族苗族自治县钟灵镇凯堡村
		重庆市武隆县石桥苗族土家族乡八角村
		重庆市酉阳土家族苗族自治县苍岭镇大河口村
		重庆市酉阳土家族苗族自治县楠木乡红庄村
		重庆市彭水苗族土家族自治县梅子垭镇佛山村
		重庆市彭水苗族土家族自治县黄家镇先锋村
四川省	50	四川省绵阳市北川羌族自治县曲山镇石椅村
		四川省绵阳市北川羌族自治县擂鼓镇猫儿石村
		四川省绵阳市北川羌族自治县桂溪乡渭沟村伊纳羌寨
		四川省绵阳市北川羌族自治县马槽乡黑水村
		四川省绵阳市北川羌族自治县青片乡上五村
		四川省攀枝花市东区银江镇阿署达村
		四川省攀枝花市西区格里坪镇庄上村
		四川省攀枝花市仁和区平地镇迤沙拉村
		四川省广元市利州区龙潭乡回民村
		四川省广元市朝天区大滩镇新生村
		四川省广元市青川县青溪镇东方村
		四川省广元市青川县大院回族乡花果村
		四川省广元市青川县篙溪回族乡青光村
		四川省乐山市金口河区共安彝族乡象鼻村
		四川省乐山市金口河区永和镇胜利村
		四川省乐山市金口河区永胜乡顺河村
		四川省乐山市峨边彝族自治县黑竹沟镇底底古村
		四川省乐山市峨边彝族自治县新林镇黄泥村
		四川省乐山市峨边彝族自治县沙坪镇峨星村
		四川省乐山市马边彝族自治县烟峰镇烟峰社区
		四川省乐山市马边彝族自治县民主乡玛瑙村
		四川省雅安市宝兴县硗碛藏族乡夹拉村
		四川省阿坝藏族羌族自治州马尔康市马尔康镇俄尔雅村
		四川省阿坝藏族羌族自治州马尔康市卓克基镇西索村
		四川省阿坝藏族羌族自治州金川县万林乡西里在村
		四川省阿坝藏族羌族自治州小金县日尔乡董马村
		四川省阿坝藏族羌族自治州壤塘县吾依乡壤古村
		四川省阿坝藏族羌族自治州汶川县龙溪乡联合村
		四川省阿坝藏族羌族自治州理县甘堡藏寨

续表 10

地　区	数量（个）	少数民族特色村寨名称
四川省	50	四川省阿坝藏族羌族自治州理县桃坪镇桃坪羌寨
		四川省阿坝藏族羌族自治州茂县松坪沟乡白腊村
		四川省阿坝藏族羌族自治州茂县凤仪镇坪头村
		四川省阿坝藏族羌族自治州松潘县小姓乡埃溪村
		四川省阿坝藏族羌族自治州九寨沟县漳扎镇隆康村
		四川省阿坝藏族羌族自治州九寨沟县大录乡大录村
		四川省阿坝藏族羌族自治州黑水县沙石多乡羊茸村
		四川省阿坝藏族羌族自治州黑水县色尔古镇色尔古村
		四川省甘孜藏族自治州康定市孔玉乡色龙村
		四川省甘孜藏族自治州泸定县得妥乡发旺村
		四川省甘孜藏族自治州丹巴县巴底镇邛山一村
		四川省甘孜藏族自治州丹巴县革什扎乡布科村
		四川省甘孜藏族自治州丹巴县革什扎乡大桑村
		四川省甘孜藏族自治州丹巴县梭坡乡莫洛村
		四川省甘孜藏族自治州九龙县呷尔镇华丘村
		四川省甘孜藏族自治州雅江县西俄洛镇杰珠村
		四川省甘孜藏族自治州道孚县协德乡先锋村
		四川省甘孜藏族自治州巴塘县措拉镇措拉村
		四川省甘孜藏族自治州巴塘县德达乡德达村
		四川省甘孜藏族自治州巴塘县竹巴龙乡基里村
		四川省甘孜藏族自治州稻城县桑堆镇吉乙二村
贵州省	151	贵州省贵阳市花溪区石板镇镇山村
		贵州省贵阳市花溪区董家堰村麦翁寨
		贵州省贵阳市乌当区羊昌镇黄连村
		贵州省贵阳市乌当区新堡布依族乡陇上村
		贵州省贵阳市乌当区新堡布依族乡马头村
		贵州省贵阳市开阳县禾丰乡穿洞村穿洞街上组
		贵州省贵阳市开阳县南江乡苗寨村
		贵州省贵阳市修文县小箐乡岩鹰山村
		贵州省遵义市桐梓县马鬃乡龙台村
		贵州省遵义市道真仡佬族苗族自治县洛龙镇大塘村
		贵州省遵义市湄潭县茅坪镇地关村平顺坝寨
		贵州省遵义市务川仡佬族苗族自治县镇南镇桃符村
		贵州省遵义市务川仡佬族苗族自治县丰乐镇庙坝村
		贵州省遵义市余庆县花山苗族乡花山村飞龙寨
		贵州省六盘水市钟山区月照社区大坝村
		贵州省六盘水市六枝特区落别乡牛角村
		贵州省六盘水市六枝特区梭戛乡高兴村
		贵州省六盘水市水城县猴场乡补那村
		贵州省六盘水市水城县玉舍镇新发村
		贵州省六盘水市水城县玉舍镇海坪村

续表 11

地　区	数量（个）	少数民族特色村寨名称
贵州省	151	贵州省六盘水市盘县羊场乡纳木村关庄新村
		贵州省安顺市西秀区大西桥镇河桥村
		贵州省安顺市西秀区黄蜡乡龙青村
		贵州省安顺市西秀区杨武乡平田村
		贵州省安顺市镇宁布依族苗族自治县双龙山办事处大寨村
		贵州省安顺市平坝区夏云镇小河湾村
		贵州省安顺市平坝区白云镇邢江村
		贵州省安顺市普定县城关镇陇财村
		贵州省安顺市关岭布依族苗族自治县关索街道办事处月亮湾村
		贵州省安顺市紫云苗族布依族自治县格凸河镇坝寨村
		贵州省安顺市开发区管委会宋旗镇平寨村三合苗寨
		贵州省安顺市龙宫管委会龙宫镇龙潭村
		贵州省铜仁市万山区敖寨乡中华山村
		贵州省铜仁市江口县太平镇寨抱村
		贵州省铜仁市江口县桃映镇匀都村羌寨
		贵州省铜仁市江口县太平镇快场村院子沟寨
		贵州省铜仁市玉屏侗族自治县皂角坪街道野鸡坪村
		贵州省铜仁市石阡县龙塘镇神仙庙村
		贵州省铜仁市石阡县中坝镇河西村
		贵州省铜仁市思南县大河坝镇鹅溪村
		贵州省铜仁市印江土家族苗族自治县木黄镇芙蓉村
		贵州省铜仁市印江土家族苗族自治县木黄镇燕子岩村
		贵州省铜仁市印江土家族苗族自治县朗溪镇河西村甘川组
		贵州省铜仁市松桃苗族自治县牛郎镇矮红村
		贵州省毕节市大方县八堡彝族苗族乡新开村
		贵州省毕节市大方县核桃彝族白族乡木寨村
		贵州省毕节市大方县凤山彝族蒙古族乡店子村
		贵州省毕节市威宁彝族回族苗族自治县龙街镇大寨村
		贵州省毕节市威宁彝族回族苗族自治县秀水乡秀中社区
		贵州省毕节市赫章县兴发彝族苗族回族乡中营村
		贵州省毕节市百里杜鹃管理区普底彝族苗族白族乡迎丰村
		贵州省黔东南苗族侗族自治州凯里市开怀街道棉席村棉席寨
		贵州省黔东南苗族侗族自治州凯里市开怀街道养朵村养朵大寨
		贵州省黔东南苗族侗族自治州凯里市三棵树镇朗利村朗利大寨
		贵州省黔东南苗族侗族自治州凯里市三棵树镇南花村南花寨
		贵州省黔东南苗族侗族自治州凯里市湾水镇岩寨村岩寨大寨
		贵州省黔东南苗族侗族自治州凯里市湾水镇洪溪村洪溪寨
		贵州省黔东南苗族侗族自治州凯里市舟溪镇营盘村营盘苗寨
		贵州省黔东南苗族侗族自治州凯里市大风洞乡对江村新寨革寨
		贵州省黔东南苗族侗族自治州凯里市大风洞乡官庄村官庄寨
		贵州省黔东南苗族侗族自治州凯里市碧波镇白秧坪村偿班大寨

续表 12

地　区	数量（个）	少数民族特色村寨名称
贵州省	151	贵州省黔东南苗族侗族自治州镇远县报京乡报京村报京大寨
		贵州省黔东南苗族侗族自治州黄平县谷陇镇山坪村
		贵州省黔东南苗族侗族自治州施秉县城关镇沙坪村
		贵州省黔东南苗族侗族自治州施秉县城关镇云台村
		贵州省黔东南苗族侗族自治州施秉县甘溪乡高碑村
		贵州省黔东南苗族侗族自治州施秉县马号乡黄古村
		贵州省黔东南苗族侗族自治州施秉县双井镇平寨村
		贵州省黔东南苗族侗族自治州施秉县双井镇龙塘村
		贵州省黔东南苗族侗族自治州施秉县双井镇铜鼓村
		贵州省黔东南苗族侗族自治州三穗县台烈镇寨头村
		贵州省黔东南苗族侗族自治州岑巩县注溪镇衙院村
		贵州省黔东南苗族侗族自治州岑巩县羊桥土家族乡杨柳村
		贵州省黔东南苗族侗族自治州天柱县坌处镇抱塘村
		贵州省黔东南苗族侗族自治州锦屏县敦寨镇雷屯村
		贵州省黔东南苗族侗族自治州锦屏县彦洞乡瑶白村
		贵州省黔东南苗族侗族自治州锦屏县河口乡文斗村
		贵州省黔东南苗族侗族自治州锦屏县平略镇平敖村
		贵州省黔东南苗族侗族自治州锦屏县茅坪镇茅坪村
		贵州省黔东南苗族侗族自治州剑河县太拥镇昂英村
		贵州省黔东南苗族侗族自治州剑河县南哨镇反召村
		贵州省黔东南苗族侗族自治州剑河县久仰镇基佑村
		贵州省黔东南苗族侗族自治州台江县台拱街道红阳村
		贵州省黔东南苗族侗族自治州台江县方召镇反排村
		贵州省黔东南苗族侗族自治州台江县老屯乡长滩村
		贵州省黔东南苗族侗族自治州台江县方召镇交汪村
		贵州省黔东南苗族侗族自治州黎平县茅贡镇地扪村
		贵州省黔东南苗族侗族自治州黎平县双江镇黄岗村
		贵州省黔东南苗族侗族自治州黎平县水口镇滚政村
		贵州省黔东南苗族侗族自治州黎平县岩洞镇述洞村
		贵州省黔东南苗族侗族自治州黎平县永从镇中罗村
		贵州省黔东南苗族侗族自治州黎平县肇兴镇堂安村
		贵州省黔东南苗族侗族自治州榕江县栽麻镇大利村
		贵州省黔东南苗族侗族自治州榕江县栽麻镇宰荡村
		贵州省黔东南苗族侗族自治州从江县西山镇秋卡村
		贵州省黔东南苗族侗族自治州从江县丙妹镇岜沙村
		贵州省黔东南苗族侗族自治州从江县翠里乡高文村
		贵州省黔东南苗族侗族自治州从江县高增乡岜扒村
		贵州省黔东南苗族侗族自治州从江县高增乡小黄村
		贵州省黔东南苗族侗族自治州从江县下江镇高坪村
		贵州省黔东南苗族侗族自治州从江县下江镇良文村
		贵州省黔东南苗族侗族自治州从江县加榜乡加车村

续表 13

地　区	数量（个）	少数民族特色村寨名称
贵州省	151	贵州省黔东南苗族侗族自治州从江县加鸠镇加翁村
		贵州省黔东南苗族侗族自治州雷山县达地乡也蒙村
		贵州省黔东南苗族侗族自治州雷山县大塘镇掌坳村
		贵州省黔东南苗族侗族自治州雷山县丹江镇乌东村
		贵州省黔东南苗族侗族自治州雷山县方祥乡格头村
		贵州省黔东南苗族侗族自治州雷山县郎德镇上郎德村
		贵州省黔东南苗族侗族自治州雷山县郎德镇也改村
		贵州省黔东南苗族侗族自治州雷山县望丰乡公统村
		贵州省黔东南苗族侗族自治州雷山县西江镇干荣村
		贵州省黔东南苗族侗族自治州雷山县大塘镇新桥村
		贵州省黔东南苗族侗族自治州雷山县方祥乡陡寨村
		贵州省黔东南苗族侗族自治州雷山县方祥乡平祥村
		贵州省黔东南苗族侗族自治州雷山县望丰乡排肖村
		贵州省黔东南苗族侗族自治州雷山县望丰乡乌响村
		贵州省黔东南苗族侗族自治州雷山县西江镇麻料村
		贵州省黔东南苗族侗族自治州雷山县西江镇猫鼻岭村
		贵州省黔东南苗族侗族自治州雷山县永乐镇乔洛村
		贵州省黔东南苗族侗族自治州雷山县方祥乡毛坪村
		贵州省黔东南苗族侗族自治州麻江县宣威镇龙江村
		贵州省黔东南苗族侗族自治州麻江县宣威镇城中村
		贵州省黔东南苗族侗族自治州麻江县宣威镇卡乌村
		贵州省黔东南苗族侗族自治州麻江县宣威镇翁保村
		贵州省黔东南苗族侗族自治州丹寨县扬武镇扬颂村
		贵州省黔东南苗族侗族自治州丹寨县排调镇麻鸟村
		贵州省黔东南苗族侗族自治州丹寨县雅灰乡送陇村
		贵州省黔东南苗族侗族自治州丹寨县兴仁镇王家村
		贵州省黔东南苗族侗族自治州丹寨县扬武镇排莫村
		贵州省黔东南苗族侗族自治州丹寨县龙泉镇高要村
		贵州省黔东南苗族侗族自治州丹寨县排调镇刘家村
		贵州省黔南布依族苗族自治州都匀市归兰水族乡奉合村榔木寨
		贵州省黔南布依族苗族自治州福泉市仙桥乡大花水村麒麟山苗寨
		贵州省黔南布依族苗族自治州荔波县玉屏街道办事处水甫村水葩古寨
		贵州省黔南布依族苗族自治州荔波县瑶山瑶族乡菇类村董蒙寨
		贵州省黔南布依族苗族自治州三都水族自治县都江镇怎雷村
		贵州省黔南布依族苗族自治州三都水族自治县九阡镇水各村
		贵州省黔南布依族苗族自治州三都水族自治县都江镇来术村
		贵州省黔南布依族苗族自治州三都水族自治县三合街道办事处排烧村
		贵州省黔南布依族苗族自治州三都水族自治县普安镇野记古寨
		贵州省黔南布依族苗族自治州三都水族自治县九阡镇石板寨
		贵州省黔南布依族苗族自治州都匀经济开发区新场村格多苗寨
		贵州省黔西南布依族苗族自治州兴义市南盘江镇南龙古寨

续表 14

地　区	数量（个）	少数民族特色村寨名称
贵州省	151	贵州省黔西南布依族苗族自治州兴仁县巴铃镇绿荫河社区
		贵州省黔西南布依族苗族自治州望谟县桑郎镇桑郎村
		贵州省黔西南布依族苗族自治州望谟县王母街道甘莱村
		贵州省黔西南布依族苗族自治州望谟县蔗香镇蔗香村
		贵州省黔西南册亨县冗渡镇大寨村
		贵州省黔西南册亨县冗渡镇威旁村
		贵州省黔西南布依族苗族自治州安龙县万峰湖镇坝盘村
		贵州省黔西南布依族苗族自治州义龙试验区龙广镇联新村
云南省	113	云南省昆明市五华区西翥街道办事处陡坡社区
		云南省昆明市石林彝族自治县圭山镇糯黑村
		云南省曲靖市宣威市东山镇芙蓉村委会花树脚自然村
		云南省玉溪市红塔区春和街道黄草坝村
		云南省玉溪市江川区九溪镇罗合白村
		云南省玉溪市华宁县华溪镇上拖卓村
		云南省玉溪市易门县龙泉街道中屯社区平滩子村
		云南省玉溪市易门县十街乡摆依村
		云南省玉溪市峨山彝族自治县岔河乡鹏展村
		云南省玉溪市峨山彝族自治县塔甸镇统邑村
		云南省玉溪市峨山彝族自治县塔甸镇大西村
		云南省玉溪市新平彝族傣族自治县漠沙镇曼线村南蘼小组
		云南省玉溪市元江哈尼族彝族傣族自治县澧江街道者嘎村
		云南省玉溪市元江哈尼族彝族傣族自治县羊街乡尼果上寨
		云南省玉溪市元江哈尼族彝族傣族自治县因远镇安定村
		云南省昭通市昭阳区小龙洞乡宁边村偏坡苗寨
		云南省昭通市昭阳区旧圃镇小寨子
		云南省昭通市永善县务基镇锦屏村单彝
		云南省昭通市彝良县龙安镇木坪村寨子
		云南省昭通市彝良县奎香乡寸田村后山
		云南省保山市隆阳区潞江镇莫卡村赧浒村
		云南省保山市腾冲市荷花镇民团村坝派
		云南省保山市腾冲市清水乡三家村中寨
		云南省保山市腾冲市猴桥镇猴桥村委会黑泥塘村
		云南省保山市腾冲市芒棒镇大水塘村委会下寨
		云南省保山市施甸县木老元乡哈寨村哈寨
		云南省保山市龙陵县龙新乡黄草坝小米地
		云南省保山市龙陵县勐糯镇大寨村大寨
		云南省普洱市思茅区思茅港镇那澜村委会芒约村
		云南省普洱市宁洱哈尼族彝族自治县同心乡那柯里村委会那柯里村
		云南省普洱市江城哈尼族彝族自治县整董镇曼滩村委员会曼滩村
		云南省普洱市江城哈尼族彝族自治县整董镇整董村委会曼乱宰村
		云南省普洱市孟连傣族拉祜族佤族自治县娜允镇娜允村委会娜允四组

续表 15

地　区	数量（个）	少数民族特色村寨名称
云南省	113	云南省普洱市孟连傣族拉祜族佤族自治县勐马镇芒海村委会芒沙村
		云南省普洱市孟连傣族拉祜族佤族自治县景信乡回俄村委会景信一二组
		云南省普洱市孟连傣族拉祜族佤族自治县芒信乡岔河村委会广伞村
		云南省普洱市孟连傣族拉祜族佤族自治县景信乡朗勒村委会朗岛村
		云南省普洱市孟连傣族拉祜族佤族自治县娜允镇娜允村委会贺雅一组
		云南省普洱市澜沧拉祜族自治县糯福乡阿里村委会老迈村
		云南省普洱市澜沧拉祜族自治县惠民镇景迈村委会笼蚌村
		云南省普洱市澜沧拉祜族自治县竹塘乡东主村委会老缅村
		云南省普洱市西盟佤族自治县勐梭镇秧落村博航十组
		云南省普洱市西盟佤族自治县勐卡镇大马散村委会永俄寨
		云南省普洱市西盟佤族自治县中课乡窝笼村委会六组
		云南省临沧市临翔区博尚镇勐准村腾龙自然村
		云南省临沧市镇康县军赛乡岔路村红岩自然村
		云南省临沧市双江自治县邦丙乡南直村南直自然村
		云南省临沧市沧源自治县单甲乡安也村护俄自然村
		云南省临沧市沧源自治县班洪乡班洪村大寨一组自然村
		云南省德宏傣族景颇族自治州芒市三台山德昂族乡允欠村委会帮弄村
		云南省德宏傣族景颇族自治州芒市遮放镇弄坎村委会贺焕村
		云南省德宏傣族景颇族自治州芒市芒市镇芒核村委会广母村
		云南省德宏傣族景颇族自治州瑞丽市畹町镇芒棒村委会回环村
		云南省德宏傣族景颇族自治州瑞丽市弄岛镇等嘎村委会等噶二组
		云南省德宏傣族景颇族自治州盈江县苏典乡下勐撇村
		云南省德宏傣族景颇族自治州盈江县铜壁关乡三合村松克村民小组
		云南省德宏傣族景颇族自治州陇川县户撒乡户早村委会芒海自然村
		云南省怒江傈僳族自治州泸水县鲁掌镇三河村委会滴水河自然村
		云南省怒江傈僳族自治州泸水县洛本卓乡托拖村委会新村自然村
		云南省怒江傈僳族自治州福贡县鹿马登乡赤恒底村委会娃底自然村
		云南省怒江傈僳族自治州贡山独龙族怒族自治县丙中洛镇甲生村委会甲生自然村
		云南省怒江傈僳族自治州贡山独龙族怒族自治县丙中洛镇甲生村委会重丁自然村
		云南省怒江傈僳族自治州贡山独龙族怒族自治县独龙江乡马库村委会钦兰当自然村
		云南省怒江傈僳族自治州贡山独龙族怒族自治县独龙江乡巴坡村委会巴坡自然村
		云南省怒江傈僳族自治州兰坪白族普米族自治县通甸镇八十一村委会八十一自然村
		云南省怒江傈僳族自治州兰坪白族普米族自治县兔峨乡果力村委会果力自然村
		云南省迪庆藏族自治州德钦县云岭乡斯农村明永一、二社
		云南省迪庆藏族自治州维西傈僳族自治县叶枝镇同乐村同乐大村
		云南省大理白族自治州大理市龙下登白族特色村寨
		云南省大理白族自治州大理市双廊白族特色村寨

续表 16

地　区	数量（个）	少数民族特色村寨名称
云南省	113	云南省大理白族自治州大理市下阳波白族特色村寨
		云南省大理白族自治州祥云县波罗彝族特色村寨
		云南省大理白族自治州宾川县萂村白族特色村寨
		云南省大理白族自治州弥渡县朵祜彝族特色村寨
		云南省大理白族自治州永平县曲硐回族特色村寨
		云南省大理白族自治州永平县龙街彝族特色村寨
		云南省大理白族自治州洱源县西湖南登白族特色村寨
		云南省大理白族自治州洱源县梨园白族特色村寨
		云南省大理白族自治州洱源县郑家庄多民族特色村寨
		云南省大理白族自治州剑川县弥井白族特色村寨
		云南省大理白族自治州剑川县大佛殿彝族特色村寨
		云南省大理白族自治州鹤庆县五星彝族特色村寨
		云南省大理白族自治州漾濞彝族自治县白塔箐白族特色村寨
		云南省大理白族自治州南涧彝族自治县盖瓦洒彝族特色村寨
		云南省大理白族自治州巍山彝族回族自治县下西莲花回族特色村寨
		云南省大理白族自治州巍山彝族回族自治县打竹彝族特色村寨
		云南省大理白族自治州巍山彝族回族自治县琢木郎彝族特色村寨
		云南省楚雄彝族自治州楚雄市紫溪镇紫溪彝村
		云南省楚雄彝族自治州楚雄市苴乡马家村
		云南省楚雄彝族自治州双柏县法脿乡李方村
		云南省楚雄彝族自治州南华县雨露白族乡袁家丫口村
		云南省楚雄彝族自治州姚安县光禄镇朝阳村
		云南省楚雄彝族自治州永仁县宜就镇火把新村（彝人新村）
		云南省红河哈尼族彝族自治州个旧市贾沙乡陡岩村委会阿邦村
		云南省红河哈尼族彝族自治州弥勒市西三镇蚂蚁村委会可邑村
		云南省红河哈尼族彝族自治州弥勒市巡检司镇高甸村委会下高甸村
		云南省红河哈尼族彝族自治州石屏县宝秀镇郑村委会郑营村
		云南省红河哈尼族彝族自治州泸西县向阳乡沙马村委会山色村
		云南省红河哈尼族彝族自治州元阳县新街镇哈尼小镇
		云南省红河哈尼族彝族自治州红河县石头寨乡旧施村委会旧施瑶寨
		云南省红河哈尼族彝族自治州金平苗族瑶族傣族自治县马鞍底乡中寨村委会标水岩村
		云南省红河哈尼族彝族自治州河口瑶族自治县桥头乡中寨村委会芭蕉田小组
		云南省文山壮族苗族自治州马关县仁和镇阿峨村委会新寨村
		云南省文山壮族苗族自治州马关县南捞乡小麻栗坡村委会坡角村
		云南省文山壮族苗族自治州马关县金厂镇金厂村委会罗家坪
		云南省文山壮族苗族自治州富宁县剥隘镇甲村村委员会坡芽村
		云南省文山壮族苗族自治州富宁县归朝镇归朝村委会老街三寨村

续表 17

地　区	数量（个）	少数民族特色村寨名称
云南省	113	云南省西双版纳傣族自治州景洪市嘎洒镇曼占宰曼丢
		云南省西双版纳傣族自治州景洪市勐罕镇曼听曼春满
		云南省西双版纳傣族自治州景洪市勐罕镇曼嘎俭曼峦嘎
		云南省西双版纳傣族自治州景洪市勐罕镇曼听曼乍
		云南省西双版纳傣族自治州景洪市勐龙镇坝卡村委会坝卡
		云南省西双版纳傣族自治州景洪市基诺山巴卡村委会巴卡老寨
西藏自治区	8	西藏自治区拉萨市城关区夺底乡洛欧村
		西藏自治区拉萨市曲水县达嘎乡色康民俗文化村
		西藏自治区昌都市八宿县然乌镇瓦巴村
		西藏自治区日喀则市白朗县嘎东镇马义村
		西藏自治区日喀则市定结县陈塘镇
		西藏自治区林芝市米林县男伊珞巴民族乡才召村
		西藏自治区山南市隆子县斗玉珞巴族民族乡斗玉村
		西藏自治区山南市错那县麻麻门巴民族乡麻麻村
陕西省	6	陕西省宝鸡市凤县凤州镇凤州村
		陕西省安康市汉滨区恒口镇联红村
		陕西省汉中市略阳县接官亭镇何家岩村
		陕西省商洛市镇安县西口回族镇青树村
		陕西省商洛市镇安县茅坪回族镇元坪村
		陕西省商洛市镇安县西口回族镇石景村
甘肃省	12	甘肃省酒泉市肃州区黄泥堡裕固族乡黄泥堡村
		甘肃省酒泉市肃北蒙古族自治县石包城乡石板墩村
		甘肃省酒泉市阿克塞哈萨克族自治县红柳湾镇红柳湾村
		甘肃省张掖市肃南裕固族自治县大河乡松木滩村
		甘肃省武威市天祝藏族自治县天堂镇天堂村
		甘肃省陇南市文县铁楼藏族乡草河坝村
		甘肃省陇南市文县铁楼藏族乡石门沟村
		甘肃省临夏回族自治州临夏县榆林乡窑湾村
		甘肃省临夏回族自治州积石山保安东乡族撒拉族自治县大河家镇大墩村
甘肃省	12	甘肃省甘南藏族自治州夏河县曲奥乡香告村
		甘肃省甘南藏族自治州迭部县多儿乡洋布村
		甘肃省甘南藏族自治州卓尼县尼巴乡尼巴村
青海省	11	青海省海东市民和回族土族自治县官亭镇喇家村
		青海省海东市互助土族自治县东沟乡塘拉村
		青海省海东市互助土族自治县红崖子沟乡张家村
		青海省海东市化隆回族自治县塔加乡塔一村
		青海省海东市化隆回族自治县塔加乡塔二村

续表 18

地　区	数量（个）	少数民族特色村寨名称
青海省	11	青海省海东市循化撒拉族自治县街子镇三兰巴海村
		青海省海东市循化撒拉族自治县清水乡塔沙坡村
		青海省海东市循化撒拉族自治县清水乡下庄村
		青海省海西蒙古族藏族自治州都兰县香日德镇中庄村
		青海省海西蒙古族藏族自治州都兰县察苏镇下西台村
		青海省海西蒙古族藏族自治州都兰县巴隆乡巴隆托托社区
宁夏回族自治区	8	宁夏回族自治区银川市贺兰县南梁台子铁东村中心区
		宁夏回族自治区石嘴山市平罗县红崖子乡红瑞村
		宁夏回族自治区吴忠市利通区郭家桥乡刘家湾村
		宁夏回族自治区吴忠市青铜峡市青铜峡镇同兴村
		宁夏回族自治区吴忠市同心县丁塘镇团结村
		宁夏回族自治区吴忠市盐池县冯记沟乡老庄子村
		宁夏回族自治区固原市西吉县硝河乡硝河村
		宁夏回族自治区中卫市沙坡头区永康镇永新村
新疆维吾尔自治区	14	新疆维吾尔自治区阿克苏地区新和县依其艾日克乡加依村
		新疆维吾尔自治区喀什地区泽普县布依鲁克塔吉克民族乡布依鲁克村
		新疆维吾尔自治区巴音郭楞蒙古自治州和静县巴音布鲁克镇巴西力克村
		新疆维吾尔自治区克孜勒苏柯尔克孜自治州阿合奇县阿合奇镇科克乔库尔民俗文化村
		新疆维吾尔自治区伊犁哈萨克自治州伊宁市达达木图乡布拉克村
		新疆维吾尔自治区伊犁哈萨克自治州尼勒克县种蜂场艾米尔布拉克队
		新疆维吾尔自治区伊犁哈萨克自治州尼勒克县克令乡克孜勒土木斯克村
		新疆维吾尔自治区伊犁哈萨克自治州霍城县惠远镇央布拉克村
		新疆维吾尔自治区伊犁哈萨克自治州昭苏县萨尔阔布乡萨尔阔布村
		新疆维吾尔自治区伊犁哈萨克自治州特克斯县特克斯镇博斯坦村
		新疆维吾尔自治区伊犁哈萨克自治州特克斯县喀拉达拉乡琼库什台村
		新疆维吾尔自治区伊犁哈萨克自治州特克斯县特克斯镇霍斯库勒村
		新疆维吾尔自治区伊犁哈萨克自治州特克斯县乔拉克铁热克镇克孜阔拉村
		新疆维吾尔自治区阿勒泰地区布尔津县冲乎尔镇布拉乃村
新疆生产建设兵团	8	新疆生产建设兵团第四师 73 团 8 连
		新疆生产建设兵团第五师 89 团 9 连少数民族特色村寨
		新疆生产建设兵团第六师军户农场 5 连
		新疆生产建设兵团第八师石河子市 143 团紫泥泉镇石门村
		新疆生产建设兵团第九师 165 团 4 连（巴依木扎）
		新疆生产建设兵团第十二师 104 团畜牧连
		新疆生产建设兵团第十三师黄田农场庙尔沟村
		新疆生产建设兵团第十三师红星四场塔水河（现牧场连）

■第三批中国少数民族特色村寨

地　区	数量（个）	少数民族特色村寨名称
北京市	2	北京市怀柔区汤河口镇小梁前村
		北京市密云区古北口镇河西村
天津市	1	天津市北辰区天穆镇天穆村
河北省	20	河北省唐山市遵化市东陵满族乡裕大村
		河北省唐山市遵化市东陵满族乡裕小村
		河北省秦皇岛市卢龙县蛤泊乡青龙河村
		河北省秦皇岛市青龙满族自治县肖营子镇高丽铺村
		河北省邯郸市大名县黄金堤乡马时庄村
		河北省保定市定州市明月店镇三十里铺村
		河北省张家口市尚义县大盘营乡五台蒙古营村
		河北省张家口市怀来县新保安镇前进街村
		河北省承德市平泉市柳溪镇薛杖子社区
		河北省承德市承德县两家满族乡两家村
		河北省承德市滦平县巴克什营镇古城川村
		河北省承德市隆化县茅荆坝乡茅荆坝村
		河北省承德市丰宁满族自治县五道营乡九道沟村
		河北省承德市宽城满族自治县大石柱子乡大闫杖子村
		河北省承德市宽城满族自治县化皮镇任杖子村
		河北省承德市围场满族蒙古族自治县四道沟乡庙宫村
		河北省承德市围场满族蒙古族自治县御道口镇御道口村
		河北省沧州市青县盘古乡曹辛庄村
		河北省廊坊市香河县五百户镇香椿营村
		河北省廊坊市大厂回族自治县大厂镇小厂村
山西省	1	山西省临汾市翼城县唐兴镇北关村
内蒙古自治区	45	内蒙古自治区包头市东河区沙尔沁镇阿都赖村
		内蒙古自治区包头市石拐区吉忽伦图苏木爬榆树嘎查
		内蒙古自治区包头市九原区阿嘎如泰苏木阿贵沟嘎查
		内蒙古自治区赤峰市巴林右旗索博日嘎镇索博日嘎嘎查
		内蒙古自治区赤峰市巴林右旗幸福之路苏木关乃英格嘎查
		内蒙古自治区赤峰市巴林右旗幸福之路苏木床金嘎查
		内蒙古自治区赤峰市巴林右旗查干沐沦苏木沙巴尔台嘎查
		内蒙古自治区赤峰市翁牛特旗紫城街道德日苏嘎查

续表 1

地　区	数量（个）	少数民族特色村寨名称
内蒙古自治区	45	内蒙古自治区赤峰市喀喇沁旗十家满族乡十家村
		内蒙古自治区通辽市奈曼旗白音他拉苏木伊和乌苏嘎查庙屯小组
		内蒙古自治区鄂尔多斯市东胜区罕台镇九成宫村
		内蒙古自治区鄂尔多斯市鄂托克前旗昂素镇巴彦乌素嘎查
		内蒙古自治区鄂尔多斯市鄂托克旗阿尔巴斯苏木呼和陶勒盖嘎查
		内蒙古自治区鄂尔多斯市鄂托克旗苏米图苏木马什亥嘎查
		内蒙古自治区鄂尔多斯市鄂托克旗棋盘井镇乌仁都西嘎查
		内蒙古自治区鄂尔多斯市杭锦旗塔然高勒巴音巴拉格嘎查
		内蒙古自治区鄂尔多斯市杭锦旗独贵塔拉镇道图嘎查
		内蒙古自治区鄂尔多斯市乌审旗乌兰陶勒盖镇巴音希利嘎查
		内蒙古自治区呼伦贝尔市满洲里市敖尔金街道办事处敖尔金新村
		内蒙古自治区呼伦贝尔市新巴尔虎左旗甘珠尔苏木甘珠尔嘎查
		内蒙古自治区呼伦贝尔市鄂伦春自治旗古里乡猎民村
		内蒙古自治区呼伦贝尔市鄂伦春自治旗托扎敏乡希日特奇猎民村
		内蒙古自治区呼伦贝尔市鄂温克族自治旗辉苏木辉道嘎查
		内蒙古自治区呼伦贝尔市鄂温克族自治旗锡尼河西苏木巴彦胡硕嘎查
		内蒙古自治区乌兰察布市商都县十八顷镇小庙子嘎查
		内蒙古自治区乌兰察布市察哈尔右翼后旗白音察干镇那仁格嘎查
		内蒙古自治区兴安盟乌兰浩特市义勒力特镇义勒力特嘎查
		内蒙古自治区兴安盟乌兰浩特市葛根庙镇哈达那拉嘎查
		内蒙古自治区兴安盟科尔沁右翼前旗桃合木苏木乌申一合嘎查
		内蒙古自治区兴安盟科尔沁右翼前旗阿力得尔苏木海力森嘎查
		内蒙古自治区兴安盟科尔沁右翼中旗杜尔基镇鲜光嘎查
		内蒙古自治区兴安盟科尔沁右翼中旗额木庭高勒苏木巴彦敖包嘎查
		内蒙古自治区兴安盟扎赉特旗巴彦乌兰苏木巴彦塔拉嘎查
		内蒙古自治区兴安盟扎赉特旗音德尔镇阿拉坦花嘎查
		内蒙古自治区兴安盟扎赉特旗好力保镇五道河子村
		内蒙古自治区锡林郭勒盟阿巴嘎旗吉尔郎图苏木海尔罕嘎查
		内蒙古自治区锡林郭勒盟阿巴嘎旗巴彦图嘎苏木脑木罕嘎查

续表 2

地　区	数量（个）	少数民族特色村寨名称
内蒙古自治区	45	内蒙古自治区锡林郭勒盟苏尼特左旗洪格尔苏木新阿米都日勒嘎查
		内蒙古自治区锡林郭勒盟苏尼特右旗脑干塔拉嘎查
		内蒙古自治区锡林郭勒盟正镶白旗宝力根陶海苏木陶林宝拉格嘎查
		内蒙古自治区锡林郭勒盟正镶白旗伊和淖日苏木阿日善嘎查
		内蒙古自治区锡林郭勒盟正镶白旗伊和淖日苏木察罕乌拉嘎查
		内蒙古自治区阿拉善盟阿拉善右旗阿拉腾朝格苏木那仁布拉格嘎查
		内蒙古自治区阿拉善盟阿拉善右旗雅布赖镇努日盖嘎查
		内蒙古自治区阿拉善盟额济纳旗巴彦陶来苏木吉日嘎郎图嘎查
辽宁省	7	辽宁省沈阳市于洪区马三街道边台村
		辽宁省沈阳市新民市公主屯镇辽滨塔村
		辽宁省沈阳市康平县郝官屯镇小塔子村
		辽宁省抚顺市新宾满族自治县永陵镇嘉禾村
		辽宁省抚顺市清原满族自治县大苏河乡三十道河村沙河子组
		辽宁省本溪市南芬区思山岭街道办事处甬子峪村
		辽宁省本溪市桓仁满族自治县五里甸子镇老黑山村
吉林省	19	吉林省吉林市昌邑区土城子满族朝鲜族乡曾通村
		吉林省通化市辉南县样子哨镇样子哨村
		吉林省白山市临江市六道沟镇三道阳岔村
		吉林省松原市前郭尔罗斯蒙古族自治县查干花镇乌兰花村
		吉林省松原市前郭尔罗斯蒙古族自治县查干花镇白音花村
		吉林省松原市前郭尔罗斯蒙古族自治县查干湖镇妙音寺村
		吉林省松原市前郭尔罗斯蒙古族自治县吉拉吐乡七家子村
		吉林省松原市前郭尔罗斯蒙古族自治县长山镇四克基村
		吉林省延边朝鲜族自治州延吉市朝阳川镇太兴村
		吉林省延边朝鲜族自治州延吉市小营镇五凤村
		吉林省延边朝鲜族自治州图们市月晴镇马牌村
		吉林省延边朝鲜族自治州图们市石岘镇河北村
		吉林省延边朝鲜族自治州敦化市官地镇江南村
		吉林省延边朝鲜族自治州珲春市敬信镇圈河村
		吉林省延边朝鲜族自治州龙井市智新镇明东村
		吉林省延边朝鲜族自治州和龙市西城镇龙浦村
		吉林省延边朝鲜族自治州汪清县百草沟镇凤林村
		吉林省延边朝鲜族自治州安图县石门镇镜城村
		吉林省延边朝鲜族自治州安图县松江镇松花村
黑龙江省	8	黑龙江省哈尔滨市宾县居仁镇三合村
		黑龙江省齐齐哈尔市讷河市兴旺鄂温克族乡索伦村
		黑龙江省齐齐哈尔市富裕县塔哈镇吉斯堡村

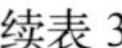
续表 3

地　区	数量（个）	少数民族特色村寨名称
黑龙江省	8	黑龙江省齐齐哈尔市富裕县友谊达满柯族乡五家子村
		黑龙江省佳木斯市抚远市乌苏镇抓吉赫哲族村
		黑龙江省佳木斯市桦川县星火朝鲜族乡星火村
		黑龙江省牡丹江市宁安市渤海镇瀑布村
		黑龙江省牡丹江市东宁市三岔口朝鲜族镇三岔口村
江苏省	4	江苏省南京市六合区竹镇镇竹墩社区
		江苏省淮安市淮阴区马头镇张庄镇村
		江苏省淮安市涟水县黄营镇朱桥村
		江苏省镇江市丹徒区世业镇卫星村
浙江省	19	浙江省杭州市桐庐县莪山畲族乡龙峰民族村
		浙江省温州市平阳县青街畲族乡九岱村
		浙江省温州市平阳县水头镇新联村
		浙江省温州市苍南县岱岭畲族乡富源村
		浙江省温州市文成县西坑畲族镇让川民族村
		浙江省温州市泰顺县彭溪镇玉塔畲族村
		浙江省温州市泰顺县司前畲族镇里光村
		浙江省金华市兰溪市水亭畲族乡西方坞村
		浙江省衢州市衢江区举村乡西坑村
		浙江省衢州市开化县池淮镇潭头村
		浙江省衢州市龙游县詹家镇浦山村
		浙江省丽水市莲都区丽新畲族乡咸宜村
		浙江省丽水市遂昌县妙高街道东峰村
		浙江省丽水市遂昌县三仁畲族乡好川村
		浙江省丽水市松阳县板桥畲族乡板桥村
		浙江省丽水市云和县凤凰山街道新岭村
		浙江省丽水市云和县安溪畲族乡黄处村
		浙江省丽水市云和县雾溪畲族乡坪垟岗村
		浙江省丽水市景宁畲族自治县大均乡伏叶村
安徽省	1	安徽省亳州市谯城区牛集镇蒋楼民族村
福建省	26	福建省福州市罗源县松山镇八井村
		福建省福州市罗源县西兰乡许洋村
		福建省莆田市涵江区白塘镇双福村
		福建省三明市永安市青水畲族乡汀海畲族村
		福建省三明市明溪县枫溪乡官坊回族村
		福建省三明市宁化县治平畲族乡治平畲族村
		福建省三明市宁化县治平畲族乡湖背角畲族村
		福建省泉州市泉港区山腰街道钟厝村

续表 4

地　区	数量（个）	少数民族特色村寨名称
福建省	26	福建省泉州市石狮市蚶江镇石渔村
		福建省泉州市安溪县湖上乡盛富村
		福建省南平市建瓯市房道镇吴大元村
		福建省南平市顺昌县仁寿镇江墩村
		福建省南平市光泽县寨里镇浆源村
		福建省南平市松溪县花桥乡招沙甲村
		福建省龙岩市漳平市桂林街道山羊村
		福建省宁德市蕉城区金涵畲族乡亭坪村
		福建省宁德市蕉城区七都镇北山村
		福建省宁德市蕉城区霍童镇东岭村
		福建省宁德市福安市坂中畲族乡仙岩村
		福建省宁德市福安市溪尾镇坎下村
		福建省宁德市福安市溪潭镇兰田村
		福建省宁德市福安市穆云畲族乡南山村
		福建省宁德市福安市甘棠镇过洋村
		福建省宁德市霞浦县崇儒畲族乡霞坪村
		福建省宁德市霞浦县沙江镇大墓里村
		福建省宁德市周宁县咸村镇云门村
江西省	3	江西省九江市武宁县东林乡山头畲族村高畲雷家自然村
		江西省鹰潭市贵溪市樟坪畲族乡樟坪畲族村樟坪组
		江西省抚州市乐安县金竹畲族乡流舍畲族村吓通村小组
山东省	7	山东省济南市天桥区桑梓店街道小寨村
		山东省泰安市泰山区省庄镇岳庄村
		山东省泰安市肥城市边院镇凤凰村
		山东省临沂市郯城县马头镇民主社区
		山东省德州市临邑县临邑镇老马家村
		山东省滨州市无棣县车王镇五营中村
		山东省菏泽市定陶区天中街道办事处南城社区
河南省	2	河南省平顶山市郏县姚庄回族乡小张庄村
		河南省许昌市襄城县颖桥镇北街村
湖北省	15	湖北省宜昌市长阳土家族自治县龙舟坪镇郑家榜村
		湖北省宜昌市五峰土家族自治县湾潭镇茶园村
		湖北省荆州市松滋市卸甲坪乡覃睦庄社区
		湖北省荆州市松滋市卸甲坪乡曲尺河村
		湖北省恩施土家族苗族州恩施市白杨坪镇洞下槽村
		湖北省恩施土家族苗族州利川市忠路镇老屋基村
		湖北省恩施土家族苗族州利川市柏杨坝镇栏堰村

续表 5

地　区	数量（个）	少数民族特色村寨名称
湖北省	15	湖北省恩施土家族苗族州建始县茅田乡太和街村
		湖北省恩施土家族苗族州宣恩县长潭河乡兴隆村
		湖北省恩施土家族苗族州宣恩县长潭河乡两溪河村
		湖北省恩施土家族苗族州宣恩县晓关乡野椒园村
		湖北省恩施土家族苗族州咸丰县清坪镇龙潭司村
		湖北省恩施土家族苗族州咸丰县忠堡镇马倌屯村
		湖北省恩施土家族苗族州来凤县大河镇五道水村
		湖北省恩施土家族苗族州鹤峰县容美镇屏山村
湖南省	29	湖南省邵阳市隆回县虎形山瑶族乡大托村
		湖南省邵阳市绥宁县乐安铺苗族侗族乡大团村
		湖南省邵阳市城步苗族自治县长安营镇长坪村
		湖南省张家界市永定区四都坪乡牧笛溪村
		湖南省郴州市汝城县文明瑶族乡沙洲村
		湖南省永州市江永县兰溪瑶族乡勾蓝瑶寨
		湖南省永州市江华瑶族自治县湘江乡桐冲口村
		湖南省怀化市洪江市龙船塘瑶族乡翁朗溪村
		湖南省怀化市芷江侗族自治县碧涌镇哨田村
		湖南省湘西土家族苗族自治州吉首市矮寨镇坪年村
		湖南省湘西土家族苗族自治州吉首市矮寨镇补点村
		湖南省湘西土家族苗族自治州吉首市马颈坳镇隘口村
		湖南省湘西土家族苗族自治州吉首市矮寨镇联团村
		湖南省湘西土家族苗族自治州吉首市矮寨镇排兄村
		湖南省湘西土家族苗族自治州吉首市矮寨镇阳孟村
		湖南省湘西土家族苗族自治州泸溪县浦市镇岩头山村
		湖南省湘西土家族苗族自治州泸溪县达岚镇岩门村
		湖南省湘西土家族苗族自治州泸溪县洗溪镇欧溪村
		湖南省湘西土家族苗族自治州凤凰县麻冲乡老洞村
		湖南省湘西土家族苗族自治州凤凰县麻冲乡竹山村
		湖南省湘西土家族苗族自治州凤凰县麻冲乡扭仁村
		湖南省湘西土家族苗族自治州花垣县双龙芷耳村
		湖南省湘西土家族苗族自治州古丈县坪坝镇曹家村
		湖南省湘西土家族苗族自治州古丈县默戎镇中寨村
		湖南省湘西土家族苗族自治州古丈县高峰镇石门寨村
		湖南省湘西土家族苗族自治州永顺县小溪镇小溪村
		湖南省湘西土家族苗族自治州永顺县泽家镇西那司村
		湖南省湘西土家族苗族自治州永顺县灵溪镇那必村
		湖南省湘西土家族苗族自治州永顺县灵溪镇洞坎村

续表 6

地　区	数量（个）	少数民族特色村寨名称
广东省	2	广东省清远市连山壮族瑶族自治县禾洞镇禾联村委会政岐村
		广东省清远市连南瑶族自治县三江镇金坑村委会金坑自然村
广西壮族自治区	40	广西壮族自治区南宁市青秀区南阳镇施厚村古岳坡
		广西壮族自治区南宁市邕宁区新江镇新江社区那蒙坡
		广西壮族自治区南宁市武鸣区双桥镇八桥村大伍屯
		广西壮族自治区南宁市隆安县那桐镇定江村定典屯
		广西壮族自治区南宁市马山县古零镇羊山村三甲屯
		广西壮族自治区南宁市马山县古寨瑶族乡本立村古朗屯
		广西壮族自治区南宁市马山县古寨瑶族乡本立村古奔屯
		广西壮族自治区南宁市上林县巷贤镇高贤社区高磨庄
		广西壮族自治区南宁市横县校椅镇青桐村委嵅僧村
		广西壮族自治区柳州市柳江区三都镇三都村边山屯
		广西壮族自治区柳州市鹿寨县拉沟乡大坪村古报屯
		广西壮族自治区柳州市鹿寨县拉沟乡木龙村五家屯
		广西壮族自治区柳州市鹿寨县平山镇青山村堡底屯
		广西壮族自治区柳州市融水苗族自治县安陲乡乌吉村乌吉屯
		广西壮族自治区柳州市融水苗族自治县安太乡小桑村
		广西壮族自治区柳州市融水苗族自治县安太乡培秀村
		广西壮族自治区柳州市融水苗族自治县红水乡良双村
		广西壮族自治区柳州市融水苗族自治县杆洞乡高培村
		广西壮族自治区柳州市融水苗族自治县良寨乡大里村
		广西壮族自治区桂林市资源县两水苗族乡塘洞村李洞寨
		广西壮族自治区桂林市龙胜各族自治县平等镇昌背侗寨
		广西壮族自治区桂林市龙胜各族自治县平等镇蒙洞村
		广西壮族自治区桂林市龙胜各族自治县乐江乡西腰村
		广西壮族自治区桂林市龙胜各族自治县马堤乡芙蓉村
		广西壮族自治区桂林市龙胜各族自治县伟江乡洋湾村
		广西壮族自治区桂林市恭城瑶族自治县观音乡狮塘村委蕉山村
		广西壮族自治区贵港市港北区港城街道龙井村
		广西壮族自治区贵港市覃塘区覃塘街道龙凤村平田屯
		广西壮族自治区百色市德保县城关镇那温村那温屯
		广西壮族自治区百色市凌云县泗城镇金保村
		广西壮族自治区百色市田林县定安镇定安村
		广西壮族自治区河池市南丹县里湖瑶族乡千户瑶寨
		广西壮族自治区来宾市象州县罗秀镇礼教村委纳禄屯
		广西壮族自治区来宾市象州县妙皇乡盘古村委古朴屯
		广西壮族自治区来宾市金秀瑶族自治县六巷乡六巷屯

续表 7

地　区	数量（个）	少数民族特色村寨名称
广西壮族自治区	40	广西壮族自治区崇左市扶绥县岜盆乡弄洞村姑辽屯
		广西壮族自治区崇左市宁明县城中镇耀达村濑江屯
		广西壮族自治区崇左市龙州县上金乡卷逢村白雪屯
		广西壮族自治区崇左市龙州县上金乡中山村旧街屯
		广西壮族自治区崇左市大新县桃城镇万礼村依沙屯
海南省	9	海南省万宁市南桥镇桥南外村
		海南省东方市大田镇马龙村
		海南省澄迈县仁兴镇新兴苗村
		海南省白沙黎族自治县七坊镇高石老村
		海南省昌江黎族自治县叉河镇排岸村
		海南省乐东黎族自治县万冲镇抱班村
		海南省陵水黎族自治县文罗镇坡村
		海南省陵水黎族自治县隆广镇常皮村
		海南省琼中黎族苗族自治县什运乡光一二村
重庆市	4	重庆市石柱土家族自治县西沱镇云梯街
		重庆市秀山土家族苗族自治县中平乡地岑村
		重庆市秀山土家族苗族自治县孝溪乡中心村
		重庆市彭水苗族土家族自治县朗溪乡田湾村何家盖
四川省	69	四川省攀枝花市米易县麻陇彝族乡中心村
		四川省攀枝花市米易县新山傈僳族乡新山村
		四川省绵阳市平武县白马藏族乡伊瓦岱惹村
		四川省绵阳市平武县白马藏族乡亚者造祖村
		四川省绵阳市平武县白马藏族乡厄哩村
		四川省绵阳市平武县豆叩镇银岭村
		四川省绵阳市平武县平通镇牛飞村
		四川省绵阳市平武县虎牙藏族乡上游村
		四川省绵阳市北川羌族自治县片口乡保尔村
		四川省绵阳市北川羌族自治县桃龙藏族乡大鹏村
		四川省绵阳市北川羌族自治县青片乡高峰村
		四川省广元市青川县前进乡古城村
		四川省广元市青川县蒿溪回族乡地坪村
		四川省乐山市金口河区和平彝族乡迎春村
		四川省乐山市金口河区共安彝族乡林丰村
		四川省宜宾市珙县上罗镇团胜村
		四川省宜宾市珙县观斗苗族乡白仁村
		四川省宜宾市珙县玉和苗族乡凤凰社区
		四川省宜宾市筠连县镇舟镇马家村

续表 8

地　区	数量（个）	少数民族特色村寨名称
四川省	69	四川省阿坝藏族羌族自治州马尔康市沙尔宗镇从恩村
		四川省阿坝藏族羌族自治州汶川县漩口镇群益村
		四川省阿坝藏族羌族自治州理县米亚罗镇八角碉村
		四川省阿坝藏族羌族自治州茂县三龙乡纳呼村
		四川省阿坝藏族羌族自治州茂县太平镇牛尾村
		四川省阿坝藏族羌族自治州茂县叠溪镇较场村
		四川省阿坝藏族羌族自治州茂县富顺镇槽木村
		四川省阿坝藏族羌族自治州茂县富顺镇团结村
		四川省阿坝藏族羌族自治州茂县白溪乡余家沟村
		四川省阿坝藏族羌族自治州茂县黑虎乡耕读百吉村
		四川省阿坝藏族羌族自治州茂县黑虎乡小河坝村
		四川省阿坝藏族羌族自治州九寨沟县马家乡苗州村
		四川省阿坝藏族羌族自治州九寨沟县草地乡下草地村
		四川省阿坝藏族羌族自治州小金县木坡乡登春村
		四川省阿坝藏族羌族自治州黑水县沙石多乡杨柳秋村
		四川省阿坝藏族羌族自治州黑水县沙石多乡昌德村
		四川省阿坝藏族羌族自治州黑水县沙石多乡羊茸村
		四川省阿坝藏族羌族自治州黑水县沙石多乡甲足村
		四川省阿坝藏族羌族自治州黑水县芦花镇铁别村
		四川省阿坝藏族羌族自治州阿坝县各莫乡俄休村
		四川省阿坝藏族羌族自治州阿坝县哇尔玛乡铁穷村
		四川省阿坝藏族羌族自治州若尔盖县冻列乡然多村
		四川省阿坝藏族羌族自治州红原县壤口乡壤口村
		四川省甘孜藏族自治州丹巴县中路乡基卡依村
		四川省甘孜藏族自治州丹巴县中路乡克格依村
		四川省甘孜藏族自治州丹巴县巴旺乡小巴旺村
		四川省甘孜藏族自治州丹巴县革什扎镇三道桥村
		四川省甘孜藏族自治州丹巴县聂呷乡拖瓦村
		四川省甘孜藏族自治州石渠县洛须镇龙溪卡村
		四川省甘孜藏族自治州白玉县赠科乡下比沙村
		四川省甘孜藏族自治州乡城县然乌乡克麦村
		四川省甘孜藏族自治州乡城县热打乡热打村
		四川省甘孜藏族自治州乡城县青德镇仲德村
		四川省凉山彝族自治州西昌市大箐乡白庙村
		四川省凉山彝族自治州西昌市裕隆回族乡兴富村
		四川省凉山彝族自治州德昌县黑龙潭镇大湾村
		四川省凉山彝族自治州德昌县铁炉乡菠萝村

续表 9

地　区	数量（个）	少数民族特色村寨名称
四川省	69	四川省凉山彝族自治州德昌县金沙傈僳族乡观音堂村
		四川省凉山彝族自治州会理县小黑箐镇白沙村
		四川省凉山彝族自治州会理县小黑箐镇岔河村
		四川省凉山彝族自治州会理县小黑箐镇茨竹村
		四川省凉山彝族自治州会理县绿水镇松坪村
		四川省凉山彝族自治州会东县野租乡柏栎箐村
		四川省凉山彝族自治州越西县南箐镇河坎村
		四川省凉山彝族自治州越西县保安藏族乡梨花村
		四川省凉山彝族自治州越西县大瑞镇林沟村
		四川省凉山彝族自治州越西县大花乡斯觉村
		四川省凉山彝族自治州越西县乐青地乡瓦曲村
		四川省凉山彝族自治州木里藏族自治县东朗乡亚英村
		四川省凉山彝族自治州木里藏族自治县水洛乡两保村
贵州省	99	贵州省贵阳市清镇市王庄布依族苗族乡小坡村
		贵州省贵阳市修文县六屯镇大木村
		贵州省六盘水市钟山区大湾镇海嘎村
		贵州省六盘水市水城县花戛乡天门村
		贵州省六盘水市水城县龙场乡娱乐村
		贵州省六盘水市盘州市淤泥彝族乡岩博村
		贵州省六盘水市六枝特区牂牁镇西陵村
		贵州省遵义市赤水市元厚镇石梅村五星苗寨
		贵州省遵义市凤冈县新建镇新建社区长碛古寨
		贵州省遵义市道真仡佬族苗族自治县河口镇梅江村
		贵州省遵义市务川仡佬族苗族自治县黄都镇丝棉社区沈家坝寨
		贵州省安顺市平坝区羊昌乡龙海村
		贵州省安顺市镇宁布依族苗族自治县丁旗街道幸福村
		贵州省安顺市关岭布依族苗族自治县普利乡马马崖村
		贵州省安顺市紫云苗族布依族自治县猫营镇沙坎村
		贵州省安顺市紫云苗族布依族自治县坝羊镇红院村
		贵州省安顺市紫云苗族布依族自治县火花镇九岭村
		贵州省安顺市经济技术开发区幺铺镇羊场村
		贵州省毕节市金沙县化觉镇前顺村
		贵州省毕节市织金县官寨乡屯上村
		贵州省毕节市纳雍县化作乡枪杆岩村
		贵州省毕节市赫章县可乐彝族苗族乡农场社区顺山苗寨
		贵州省毕节市赫章县兴发苗族彝族回族乡中寨村
		贵州省毕节市赫章县雉街彝族苗族乡发达村

续表 10

地　区	数量（个）	少数民族特色村寨名称
贵州省	99	贵州省毕节市百里杜鹃管理区黄泥乡槽门村
		贵州省毕节市百里杜鹃管理区戛木管理区大堰村
		贵州省铜仁市碧江区云场坪镇路腊村
		贵州省铜仁市万山区高楼坪侗族乡夜郎村
		贵州省铜仁市万山区万山镇土坪社区
		贵州省铜仁市江口县德旺乡坝梅村
		贵州省铜仁市江口县官和乡泗渡村
		贵州省铜仁市石阡县聚凤乡廖家屯村
		贵州省铜仁市思南县长坝镇龙门村
		贵州省铜仁市玉屏侗族自治县新店镇老寨村
		贵州省铜仁市玉屏侗族自治县朱家场镇谢桥村
		贵州省铜仁市印江土家族苗族自治县缠溪镇方家岭村
		贵州省铜仁市沿河土家族自治县后坪乡下坝村葫芦湾
		贵州省铜仁市松桃苗族自治县牛郎镇岑朵村
		贵州省黔西南布依族苗族自治州兴仁市城北街道办丰岩村
		贵州省黔西南布依族苗族自治州兴仁市大山镇野场村
		贵州省黔西南布依族苗族自治州贞丰县白层镇坝桥村
		贵州省黔西南布依族苗族自治州贞丰县珉谷街道坡旗村
		贵州省黔西南布依族苗族自治州贞丰县平街乡花江村
		贵州省黔西南布依族苗族自治州贞丰县永丰街道纳马村
		贵州省黔西南布依族苗族自治州贞丰县者相镇董箐村
		贵州省黔西南布依族苗族自治州望谟县新屯街道办新屯村
		贵州省黔西南布依族苗族自治州望谟县油迈瑶族乡油迈村
		贵州省黔西南布依族苗族自治州册亨县秧坝镇福尧村
		贵州省黔西南布依族苗族自治州安龙县笃山镇梨树村
		贵州省黔东南苗族侗族自治州凯里市舟溪镇曼洞村青曼苗寨
		贵州省黔东南苗族侗族自治州凯里市旁海镇屯寨村屯寨苗寨
		贵州省黔东南苗族侗族自治州黄平县谷陇镇滚水村滚水寨
		贵州省黔东南苗族侗族自治州黄平县重安镇下翁细村下翁细寨
		贵州省黔东南苗族侗族自治州三穗县款场乡龙脚村
		贵州省黔东南苗族侗族自治州三穗县良上镇雅中村
		贵州省黔东南苗族侗族自治州镇远县尚寨土家族乡丰收村苗屯大寨
		贵州省黔东南苗族侗族自治州岑巩县注溪镇周坪村
		贵州省黔东南苗族侗族自治州天柱县竹林镇龙塘村
		贵州省黔东南苗族侗族自治州天柱县渡马镇共和村甘溪侗寨
		贵州省黔东南苗族侗族自治州天柱县石洞镇下腾村
		贵州省黔东南苗族侗族自治州锦屏县隆里乡华寨村

续表 11

地　区	数量（个）	少数民族特色村寨名称
贵州省	99	贵州省黔东南苗族侗族自治州锦屏县偶里乡寨欧村
		贵州省黔东南苗族侗族自治州锦屏县平秋镇平秋村
		贵州省黔东南苗族侗族自治州锦屏县彦洞乡黄门村
		贵州省黔东南苗族侗族自治州剑河县磻溪镇小广村
		贵州省黔东南苗族侗族自治州台江县方召镇方召村
		贵州省黔东南苗族侗族自治州台江县南宫镇交密村
		贵州省黔东南苗族侗族自治州台江县排羊乡九摆村
		贵州省黔东南苗族侗族自治州黎平县洪州镇救寨村
		贵州省黔东南苗族侗族自治州榕江县寨蒿镇晚寨村
		贵州省黔东南苗族侗族自治州榕江县平江镇滚仲村
		贵州省黔东南苗族侗族自治州从江县秀塘壮族乡上敖村
		贵州省黔东南苗族侗族自治州雷山县望丰乡青山村
		贵州省黔东南苗族侗族自治州麻江县龙山镇河坝村
		贵州省黔东南苗族侗族自治州麻江县宣威镇瓮袍村
		贵州省黔东南苗族侗族自治州丹寨县南皋乡清江村
		贵州省黔东南苗族侗族自治州丹寨县龙泉镇高寨村
		贵州省黔东南苗族侗族自治州丹寨县排调镇羊先村
		贵州省黔东南苗族侗族自治州丹寨县兴仁镇乌佐村
		贵州省黔东南苗族侗族自治州丹寨县扬武镇老冬村
		贵州省黔东南苗族侗族自治州丹寨县兴仁镇甲劳村
		贵州省黔南布依族苗族自治州都匀市毛尖镇坪阳村总阳寨
		贵州省黔南布依族苗族自治州福泉市凤山镇金凤村
		贵州省黔南布依族苗族自治州福泉市陆坪镇新桥营村柏秧坪幺佬寨
		贵州省黔南布依族苗族自治州荔波县玉屏街道水浦村
		贵州省黔南布依族苗族自治州荔波县佳荣镇大土苗寨
		贵州省黔南布依族苗族自治州荔波县小七孔镇觉巩村巴竹寨
		贵州省黔南布依族苗族自治州平塘县平舟镇京舟村
		贵州省黔南布依族苗族自治州罗甸县沫阳镇麻怀村
		贵州省黔南布依族苗族自治州罗甸县红水河镇红河村
		贵州省黔南布依族苗族自治州长顺县白云山镇中院村
		贵州省黔南布依族苗族自治州龙里县湾滩河镇走马村孔雀寨
		贵州省黔南布依族苗族自治州龙里县醒狮镇大岩村大寨
		贵州省黔南布依族苗族自治州惠水县雅水镇西牛村
		贵州省黔南布依族苗族自治州惠水县摆金镇高寨村
		贵州省黔南布依族苗族自治州三都水族自治县三合街道拉揽村高寨
		贵州省黔南布依族苗族自治州三都水族自治县都江镇月亮村
		贵州省黔南布依族苗族自治州三都水族自治县普安镇高硐村
		贵州省黔南布依族苗族自治州三都水族自治县普安镇望结村

续表 12

地　区	数量（个）	少数民族特色村寨名称
云南省	93	云南省昆明市寻甸回族彝族自治县金所街道草海子社区额秧村
		云南省昆明市寻甸回族彝族自治县塘子街道钟灵社区小海新村
		云南省曲靖市罗平县鲁布革布依族苗族乡舍坡村委会中寨村
		云南省玉溪市峨山彝族自治县甸中镇小甸中村委会栖木堀村
		云南省玉溪市新平彝族傣族自治县彝族自治县平掌乡库独木村委会大寨村
		云南省玉溪市新平彝族傣族自治县彝族自治县桂山街道亚尼社区勒达村
		云南省玉溪市新平彝族傣族自治县彝族自治县新化乡新化村委会小黑达村
		云南省玉溪市新平彝族傣族自治县彝族自治县戛洒镇耀南村委会马家寨村
		云南省玉溪市元江哈尼族彝族傣族自治县洼垤乡它才吉村委会坡垤村
		云南省保山市施甸县摆榔彝族布朗族乡大中村委会大中村
		云南省保山市施甸县甸阳镇沙坝脚社区西山村
		云南省保山市龙陵县平达乡安乐村委会空竹洼村
		云南省昭通市镇雄县以古镇岩洞脚村委会下寨村
		云南省昭通市镇雄县林口彝族苗族乡木黑村委会湾子村
		云南省昭通市水富市两碗镇三角村委会坪头村
		云南省丽江市古城区大研街道义尚社区文林村
		云南省丽江市玉龙纳西族自治县宝山乡宝山村委会石头城村
		云南省丽江市玉龙纳西族自治县黎明傈僳族乡黎明村委会中村
		云南省丽江市玉龙纳西族自治县拉市镇南尧村委会四组
		云南省普洱市思茅区思茅港镇大车树村委会忙播村
		云南省普洱市思茅区云仙彝族乡桃子树村委会芒牛村
		云南省普洱市墨江哈尼族自治县哈尼族自治县联珠镇者铁村委会勐簸村
		云南省普洱市澜沧拉祜族自治县糯福乡南段村委会龙竹棚老寨村
		云南省普洱市澜沧拉祜族自治县惠民镇芒景村委会翁哇村
		云南省临沧市凤庆县诗礼乡古墨村委会平村
		云南省临沧市凤庆县小湾镇锦秀村委会茶王村
		云南省临沧市镇康县凤尾镇芦子园村委会小落水村
		云南省临沧市镇康县军赛佤族拉祜族傈僳族德昂族乡南榨村委会酒房坡村
		云南省临沧市双江拉祜族佤族布朗族傣族自治县勐库镇公弄村委会大寨村
		云南省临沧市双江拉祜族佤族布朗族傣族自治县勐勐镇忙乐村委会忙乐四组
		云南省临沧市双江拉祜族佤族布朗族傣族自治县沙河乡允俸村委会景亢村
		云南省临沧市耿马傣族佤族自治县孟定镇下坝村委会芒汀组
		云南省临沧市耿马傣族佤族自治县孟定镇景信村委会四方井组
		云南省临沧市耿马傣族佤族自治县孟定镇河西村委会那永组
		云南省临沧市耿马傣族佤族自治县孟定镇遮哈村委会弄棒组
		云南省临沧市耿马傣族佤族自治县勐撒镇箐门口村委会芒见组
		云南省临沧市沧源佤族自治县班老乡帕浪村委会芒黑村

续表 13

地　区	数量（个）	少数民族特色村寨名称
云南省	93	云南省楚雄彝族自治州楚雄市东瓜镇桃园社区白花山村
		云南省楚雄彝族自治州双柏县大麦地镇普龙社区进巴珠村
		云南省楚雄彝族自治州双柏县大麦地镇普龙社区埂井村
		云南省楚雄彝族自治州双柏县大麦地镇峨足村委会各莫村
		云南省楚雄彝族自治州牟定县凤屯镇河节村委会大平地村
		云南省楚雄彝族自治州南华县五顶山乡牛丛村委会渔坝塘村
		云南省楚雄彝族自治州南华县兔街镇兔街村委会兔街老村
		云南省楚雄彝族自治州大姚县赵家店镇赵家店社区紫丘村
		云南省楚雄彝族自治州大姚县桂花镇马茨村委会马茨村
		云南省楚雄彝族自治州永仁县永兴傣族乡拉姑村委会下拉姑村
		云南省楚雄彝族自治州元谋县元马镇星火社区环州驿村
		云南省楚雄彝族自治州武定县狮山镇旧城社区马豆沟村
		云南省楚雄彝族自治州武定县发窝乡发窝村委会左中梁子村
		云南省红河哈尼族彝族自治州泸西县午街铺镇水塘村委会小河边村
		云南省红河哈尼族彝族自治州元阳县新街镇爱春村委会阿者科村
		云南省红河哈尼族彝族自治州红河县迤萨镇勐龙村委会勐龙村
		云南省红河哈尼族彝族自治州红河县乐育镇然仁村委会格伍村
		云南省红河哈尼族彝族自治州屏边苗族自治县湾塘乡牛碑村委会人字桥村
		云南省红河哈尼族彝族自治州屏边苗族自治县玉屏镇姑租碑村委会刺竹林村
		云南省文山壮族苗族自治州文山市马塘镇塘子寨村
		云南省文山壮族苗族自治州西畴县西洒镇汤谷村
		云南省文山壮族苗族自治州西畴县兴街镇老黑箐村
		云南省文山壮族苗族自治州马关县坡脚镇小马固新寨村
		云南省文山壮族苗族自治州马关县马白镇马洒村委会马洒村
		云南省文山壮族苗族自治州丘北县双龙营镇普者黑村委会仙人洞村
		云南省文山壮族苗族自治州广南县者兔乡马碧村
		云南省西双版纳傣族自治州景洪市勐龙镇曼别村委会曼迷村
		云南省西双版纳傣族自治州景洪市勐罕镇曼景村委会曼景村
		云南省西双版纳傣族自治州景洪市嘎洒镇曼景罕村委会曼景罕村
		云南省西双版纳傣族自治州勐海县打洛镇打洛村委会勐景来村
		云南省西双版纳傣族自治州勐海县勐满镇城子村委会城子村
		云南省西双版纳傣族自治州勐海县勐海镇曼袄村委会曼板村
		云南省西双版纳傣族自治州勐腊县勐捧镇勐哈村委会曼掌村
		云南省大理白族自治州大理市湾桥镇古生村
		云南省大理白族自治州宾川县金牛镇彩凤村委会尼萨村
		云南省大理白族自治州弥渡县牛街彝族乡荣华村委会大核桃箐村
		云南省大理白族自治州弥渡县寅街镇瓦哲村委会瓦哲村

续表 14

地　区	数量（个）	少数民族特色村寨名称
云南省	93	云南省大理白族自治州云龙县宝丰乡宝丰村
		云南省大理白族自治州云龙县漕涧镇仁山村委会丹梯村
		云南省大理白族自治州洱源县茈碧湖镇碧云村
		云南省大理白族自治州鹤庆县西邑镇奇峰村委会奇峰村
		云南省大理白族自治州鹤庆县西邑镇响水河村委会响水河村
		云南省大理白族自治州鹤庆县草海镇新华村委会南邑村
		云南省大理白族自治州漾濞彝族自治县苍山西镇光明村委会鸡茨坪村
		云南省大理白族自治州南涧彝族自治县乐秋乡乐秋村委会下大湾村
		云南省德宏傣族景颇族自治州芒市三台山德昂族乡出东瓜村委会出东瓜一组
		云南省德宏傣族景颇族自治州芒市风平镇遮晏村委会上井坎村
		云南省德宏傣族景颇族自治州芒市五岔路乡弯丹村委会弯丹村
		云南省德宏傣族景颇族自治州芒市芒海镇吕尹村委会户那村
		云南省德宏傣族景颇族自治州盈江县勐弄乡勐弄村委会龙门寨
		云南省怒江傈僳族自治州贡山独龙族怒族自治县丙中洛镇秋那桶村委会雾里村
		云南省怒江傈僳族自治州贡山独龙族怒族自治县丙中洛镇双拉村委会双拉 1–2 组
		云南省怒江傈僳族自治州兰坪白族普米族自治县河西乡大羊村委会大古梅村
		云南省迪庆藏族自治州香格里拉市尼西乡幸福村委会上桥头村
		云南省迪庆藏族自治州香格里拉市洛吉乡尼汝村委会尼中村
		云南省迪庆藏族自治州维西傈僳族自治县攀天阁乡皆菊村委会迪妈村
西藏自治区	11	西藏自治区拉萨市堆龙德庆区乃琼镇波玛村
		西藏自治区拉萨市曲水县才纳乡四季吉祥村
		西藏自治区昌都市江达县岗托镇岗托村
		西藏自治区林芝市巴宜区更章门巴民族乡门仲村
		西藏自治区林芝市米林县羌纳乡西嘎村
		西藏自治区林芝市墨脱县德兴乡德兴村
		西藏自治区阿里地区普兰县普兰镇科迦村
		西藏自治区阿里地区普兰县普兰镇吉让居委会
		西藏自治区阿里地区普兰县普兰镇赤德村
		西藏自治区阿里地区普兰县普兰镇仁贡村
		西藏自治区阿里地区札达县达巴乡达巴村
甘肃省	10	甘肃省武威市天祝藏族自治县天堂镇本康村
		甘肃省张掖市肃南裕固族自治县大河乡西柳沟村
		甘肃省张掖市肃南裕固族自治县皇城镇东顶村
		甘肃省酒泉市肃北蒙古族自治县马鬃山镇巴音布勒格村
		甘肃省临夏回族自治州积石山保安族东乡族撒拉族自治县大河家镇甘河滩村
		甘肃省甘南藏族自治州卓尼县木耳镇博峪村
		甘肃省甘南藏族自治州舟曲县峰迭镇水泉村

续表 15

地　区	数量（个）	少数民族特色村寨名称
甘肃省	10	甘肃省甘南藏族自治州迭部县益哇镇扎尕那村
		甘肃省甘南藏族自治州夏河县阿木去乎镇安果行政村安果自然村
		甘肃省甘南藏族自治州夏河县达麦乡达麦行政村当应道自然村
青海省	22	青海省海东市互助土族自治县威远镇小庄村
		青海省海东市互助土族自治县五十镇班彦村
		青海省海东市互助土族自治县丹麻镇索卜滩村
		青海省海东市互助土族自治县丹麻镇哇麻村
		青海省海东市化隆回族自治县金源乡支哈加村
		青海省海东市化隆回族自治县甘都镇阿河滩村
		青海省海东市循化撒拉族自治县街子镇团结村
		青海省黄南藏族自治州同仁县扎毛乡扎毛村
		青海省黄南藏族自治州同仁县曲库乎乡瓜什则村
		青海省黄南藏族自治州尖扎县昂拉乡德吉村
		青海省果洛藏族自治州玛沁县拉加镇洋玉新村
		青海省果洛藏族自治州班玛县灯塔乡班前村
		青海省果洛藏族自治州班玛县江日堂乡多日麻村
		青海省果洛藏族自治州班玛县亚尔堂乡王柔村
		青海省果洛藏族自治州久治县索乎日麻乡索乎日麻村
		青海省玉树藏族自治州玉树市安冲乡拉则村
		青海省玉树藏族自治州称多县拉布乡拉司通村
		青海省玉树藏族自治州称多县拉布乡郭吾村
		青海省玉树藏族自治州囊谦县白扎乡巴麦村
		青海省海西蒙古族藏族自治州德令哈市蓄集乡陶尔根家园
		青海省海西蒙古族藏族自治州格尔木市唐古拉山镇长江源村
		青海省海西蒙古族藏族自治州茫崖市花土沟镇代尔森村
新疆维吾尔自治区	25	新疆维吾尔自治区克拉玛依市克拉玛依区小拐乡小拐村
		新疆维吾尔自治区吐鲁番市托克逊县夏乡南湖村
		新疆维吾尔自治区吐鲁番市托克逊县伊拉湖镇郭若村
		新疆维吾尔自治区阿克苏地区库车县伊西哈拉镇库木艾日克社区
		新疆维吾尔自治区昌吉回族自治州奇台县大泉塔塔尔族乡大泉湖村
		新疆维吾尔自治区博尔塔拉蒙古自治州博乐市小营盘镇明格陶勒哈村
		新疆维吾尔自治区博尔塔拉蒙古自治州温泉县扎勒木特乡博格达尔村
		新疆维吾尔自治区巴音郭楞蒙古自治州若羌县铁干里克镇果勒吾斯塘村
		新疆维吾尔自治区巴音郭楞蒙古自治州和静县巩乃斯镇阿尔先郭勒村
		新疆维吾尔自治区巴音郭楞蒙古自治州焉耆回族自治县七个星镇霍拉山村
		新疆维吾尔自治区伊犁哈萨克自治州伊宁市喀尔墩乡东梁村
		新疆维吾尔自治区伊犁哈萨克自治州伊宁市解放路街道六星街社区

续表 16

地　区	数量（个）	少数民族特色村寨名称
新疆维吾尔自治区	25	新疆维吾尔自治区伊犁哈萨克自治州伊宁县萨木于孜镇撒拉村
		新疆维吾尔自治区伊犁哈萨克自治州伊宁县阿热吾斯塘镇古库热提曼村
		新疆维吾尔自治区伊犁哈萨克自治州霍城县萨尔布拉克镇萨尔布拉克镇齐巴拉嘎西村
		新疆维吾尔自治区伊犁哈萨克自治州霍城县兰干乡其宁巴克村
		新疆维吾尔自治区伊犁哈萨克自治州霍城县三宫回族乡下三宫村
		新疆维吾尔自治区伊犁哈萨克自治州尼勒克县克令乡阔依塔斯村
		新疆维吾尔自治区伊犁哈萨克自治州察布查尔锡伯自治县纳达齐牛录乡纳达齐牛录村
		新疆维吾尔自治区伊犁哈萨克自治州察布查尔锡伯自治县琼博拉镇琼博拉村
		新疆维吾尔自治区阿勒泰地区布尔津县窝依莫克镇也拉曼村
		新疆维吾尔自治区阿勒泰地区布尔津县窝依莫克镇哈太村
		新疆维吾尔自治区阿勒泰地区布尔津县冲乎尔镇镇哈热阿布拉克村
		新疆维吾尔自治区阿勒泰地区布尔津县也格孜托别乡克孜勒托盖村
		新疆维吾尔自治区阿勒泰地区布尔津县也格孜托别乡克孜勒加尔村
新疆生产建设兵团	2	新疆生产建设兵团第四师可克达拉市六十四团十四连
		新疆生产建设兵团第四师可克达拉市七十八团三连

全国少数民族文学“骏马奖”获奖作品、全国少数民族传统体育运动会资料

■历届全国少数民族文学“骏马奖”获奖作品

	第一届	第二届	第三届	第四届	第五届	第六届	第七届	第八届	第九届	第十届	第十一届	第十二届
长篇小说	7	4	6	6	8	7	7	5	5	5	5	5
中、短篇小说集(中、短篇小说)	29	51	14	28	14	15	17	6	5	5	5	5
诗歌集(诗集、长诗、短诗)	59	33	10	25	13	14	10	5	7	5	5	5
散文、报告文学集(散文、报告文学)	17	12	5	11	10	12	12	10	8	10	9	10
评论集(评论)		6	1	4	4	4	4	5	5			
儿童文学集(儿童文学)	8		3	3	1	4	2					
电影文学	4											
剧　本	5											
翻译奖(人)		8	4	6	3	6	4	1	4	4	3	5
新人新作			18	16	10							
特别奖			22			1						
荣誉奖	11	13										
人口较少民族特别奖									5			
合　计	140	127	83	99	63	63	56	32	39	29	27	30

■历届全国少数民族传统体育运动会

项目	第一届	第二届	第三届	第四届
时间	1953年11月8日—12日	1982年9月2日—8日	1986年8月10日—17日	1991年11月10日—17日
地点	天津市	呼和浩特市	乌鲁木齐市	南宁市
参加单位	华北、东北、西北、中南、西南、东南等6大行政区和内蒙古、解放军、铁路系统共9个单位	29个省、自治区、直辖市代表团	29个省、自治区、直辖市代表团	30个省、自治区、直辖市代表团
民族及人数	蒙古、回、藏、维吾尔、哈萨克、苗、满、朝鲜、傣、纳西、塔塔尔等12个民族，395名运动员	55个少数民族，863名运动员、教练员，其中：少数民族运动员593人；2个观摩团，400多人；300多名中外记者	55个少数民族，1097名运动员、教练员，其中：少数民族运动员777人；29个观摩团，872人；中外记者580人；港澳同胞及外国朋友45人	55个少数民族，1740名运动员。29个观摩团，有教练员、裁判员、工作人员、少数民族体育先进地区和单位代表、新闻工作者共4500人
比赛项目	举重、拳击、石锁、摔跤、击剑和步射(弓箭射准)	射箭邀请赛、中国式摔跤比赛	摔跤、射箭、赛马、叼羊、射弩、抢花炮、秋千	龙舟、抢花炮、秋千、射弩、珍珠球、木球、摔跤、赛马和武术
表演项目	武术(分棒术和器械，共383项)、民间体育(分石提、爬杆等22项)、骑术(各种马上技巧表演9项)	傣族的孔雀拳、蒙古族的赛骆驼、赛马等68项	表演项目115项	表演项目120项

项目	第五届	第六届	
时间	1995 年 11 月 5 日—12 日	1999 年 9 月 24 日—30 日	1999 年 8 月 18 日—23 日
地点	昆明市	北京市(主赛场)	拉萨市(分赛场)
参加单位	31 个省、自治区、直辖市代表团，新疆生产建设兵团、解放军代表团、台湾少数民族代表团	31 个省、自治区、直辖市代表团，新疆生产建设兵团、解放军代表团、台湾少数民族代表团	31 个省、自治区、直辖市代表团、新疆生产建设兵团、解放军代表团
民族及人数	55 个少数民族，2342 名运动员。30 个省、自治区、直辖市组织了观摩团。运动员、教练员、工作人员、观摩人员、少数民族体育模范代表，中外记者及来宾共 7000 人参加了运动会。	55 个少数民族，2626 名运动员。各省、自治区、直辖市组织了观摩团、运动员、教练员、工作人员、观摩人员、少数民族体育模范代表及记者共计 6000 人。	35 个少数民族，764 名运动员。各省、自治区、直辖市组织了 33 个代表团和 40 个观摩团。运动员、教练员、工作人员、观摩人员及记者共计 2386 人。
比赛项目	抢花炮、珍珠球、木球、民族式摔跤(博克、且里西、格、北嘎、绊跤)、秋千、武术、射弩、龙舟、马上项目(速度赛马、走马、跑马、射击、跑马射箭、跑马拣哈达、叼羊)、打陀螺、毽球等共 11 项	抢花炮、珍珠球、毽球、蹴球、木球、秋千、武术、龙舟、民族式摔跤(博克、格、且里西、北嘎、绊跤)、马上项目(速度赛马、走马、跑马、射击、跑马射箭、跑马拾哈达)等 10 个项目	马上项目、射弩、打陀螺、押加等 4 个项目
表演项目	表演项目 129 项	表演项目 11 项	表演项目 39 项

项目	第七届	第八届	第九届	第十届	第十一届
时间	2003 年 9 月 6 日—13 日	2007 年 11 月 10 日—18 日	2011 年 9 月 10 日—2011 年 9 月 18 日	2015 年 8 月 9 日—17 日	2019 年 9 月 8 日—16 日
地点	银川市（主赛场）石嘴山市（分赛场）	广州市	贵阳市	鄂尔多斯市	郑州市
参加单位	31 个省、自治区、直辖市代表团，新疆生产建设兵团、解放军代表团、台湾少数民族代表团	31 个省、自治区、直辖市代表团，新疆生产建设兵团、解放军代表团、台湾少数民族代表团	31 个省、自治区、直辖市代表团，新疆生产建设兵团、中国人民解放军、台湾少数民族代表团	全国各省、自治区、直辖市及中国人民解放军、新疆生产建设兵团	全国 31 个省（自治区、直辖市）、新疆生产建设兵团、解放军以及台湾共 34 个代表团
民族及人数	55 个少数民族，3735 名运动员。30 个省、自治区、直辖市组织了观摩团。运动员、教练员、工作人员、观摩人员、少数民族体育模范代表，中外记者及来宾共 9039 人参加了运动会。	55 个少数民族，6381 名运动员。30 个省、自治区、直辖市组织了观摩团。运动员、教练员、工作人员、观摩人员、少数民族体育模范代表，中外记者及来宾共1.5万人参加了运动会。	由 55 个少数民族，6771 名运动员。31 个省、自治区、直辖市组织了观摩团。运动员、教练员、工作人员、观摩人员、少数民族体育模范代表，中外记者及来宾近万人参加了运动会。	由 55 个少数民族，运动员、教练员、裁判员及工作人员的总人数达到近 9000 人。	参赛运动员 7009 名
比赛项目	抢花炮、珍珠球、木球、民族式摔跤(博克、且里西、格、北嘎、绊跤)、秋千、武术、射弩、龙舟、马术(速度赛马、走马、跑马射箭、跑马射击、跑马拾哈达)、打陀螺、毽球、蹴球、高脚竞速、押加等共 14 项	抢花炮、珍珠球、木球、民族式摔跤(博克、且里西、格、北嘎、绊跤、朝鲜族式摔跤)、秋千、武术、射弩、龙舟、马术(速度赛马、走马、跑马射箭、跑马射击、跑马拾哈达)、打陀螺、毽球、蹴球、高脚竞速、板鞋竞速、押加等共 15 项	花炮、珍珠球、木球、蹴球、毽球、龙舟、独竹漂、秋千、射弩、陀螺、押加、高脚竞速、板鞋竞速、武术、民族式摔跤（博克、且里西、格、北嘎、绊跤、希日木）、马术（速度赛马、走马、跑马射击、跑马射箭、跑马拾哈达）等 16 个大项	花炮、珍珠球、木球、蹴球、毽球、龙舟、独竹漂、秋千、射弩、陀螺、押加、高脚竞速、板鞋竞速、少数民族武术、民族式摔跤、马术、民族健身操等 17 项	大会设有花炮、珍珠球、木球、蹴球、毽球、龙舟、独竹漂、秋千、射弩、陀螺、押加、高脚竞速、板鞋竞速、民族武术、民族式摔跤、民族马术、民族健身操等 17 个竞赛项目和表演项目
表演项目	表演项目 125 项	表演项目 148 项	3 个大类，共 188 项	表演项目 140 项	10 个表演项目共 102 个小项